专利代理人执业培训系列教程

ZHUANLI DAILIREN ZHIYE PEIXUN XILIE JIAOCHENG

专利申请代理实务

——化学分册

ZHUANLI SHENQING DAILI SHIWU HUAXUE FENCE

中华全国专利代理人协会　中国知识产权培训中心／组织编写

姜　晖／主编

知识产权出版社

全国百佳图书出版单位

图书在版编目(CIP)数据

专利申请代理实务. 化学分册/姜晖主编. —北京：知识产权出版社，2013.1（2021.11 重印）
ISBN 978－7－5130－1869－2

Ⅰ.①专… Ⅱ.①姜… Ⅲ.①化学—专利申请—代理（法律）—中国—教材
Ⅳ.①D923.42

中国版本图书馆 CIP 数据核字（2013）第 017520 号

内容提要

本书由从业经验丰富的专利代理人和资深审查员共同编写，针对专利申请化学领域的专利代理实践中的典型问题和常见问题，从相关重要法条解释、专利申请文件撰写流程、审查意见通知书的答复、专利申请文件的修改等方面作了详细阐述，并用丰富的案例对化学领域专利代理中的常见问题进行分析（包括理论分析和典型案例），对提高专利代理从业人员的整体水平具有重要作用。

读者对象：专利代理行业从业人员以及企事业单位从事专利工作的人员。

责任编辑：李　琳　胡文彬　　　**责任校对**：董志英

封面设计：独角兽工作室 平面设计　　　**责任印制**：孙婷婷

‖专利代理人执业培训系列教程‖

专利申请代理实务

——化学分册

姜　晖　主编

出版发行：	知识产权出版社有限责任公司	**网　址**：	http：//www.ipph.cn
社　址：	北京市海淀区气象路 50 号院	**邮　编**：	100081
责编电话：	010－82000860 转 8116	**责编邮箱**：	wangruipu@cnipr.com
发行电话：	010－82000860 转 8101/8102	**发行传真**：	010－82000893/82005070/82000270
印　刷：	北京九州迅驰传媒文化有限公司	**经　销**：	各大网上书店、新华书店及相关专业书店
开　本：	787mm×1092mm　1/16	**印　张**：	32
版　次：	2013 年 3 月第 1 版	**印　次**：	2021 年 11 月第 2 次印刷
字　数：	673 千字	**定　价**：	88.00 元

ISBN 978－7－5130－1869－2/D・1685（4714）

《专利申请代理实务——化学分册》

编写组成员：（按姓氏笔画排序）
王朋飞　安沛东　李彦涛
宋江秀　黄　健　黄淑辉
董晓静　彭鲲鹏　潘志娟

审稿人员：（按姓氏笔画排序）
一审：王达佐
二审：姜建成　姜　晖　张清奎
总审：李　超　吴观乐　姜　晖　徐媛媛

序　言

目前，知识产权在推动经济社会发展中的作用和地位越来越凸显，已经成为世界各国竞争的一个焦点。温家宝总理曾经指出："世界未来的竞争，就是知识产权的竞争。"我国正处于转变经济发展方式、调整产业结构的转型期，全社会的研发投入大幅增加，知识产权保护意识不断提升，专利申请数量快速增长，我国知识产权事业正处于重要的战略发展机遇期，要求我们必须直面知识产权工作面临的巨大挑战。

随着国家知识产权战略的实施，企业创新行为更加活跃，创新主体对专利中介服务的需求增加，专利中介服务业务量激增，专利代理行业的市场需求逐年增大。2011年，我国年度专利申请量达到1 633 347件，其中委托代理机构代理申请的达到1 055 247件，自1985年专利代理制度成立以来年度代理量首次突破100万件。其中，代理国外申请128 667件、国内申请926 580件。以上各项数据充分表明，我国专利代理行业的主渠道作用越来越明显，已经成为实践知识产权制度的重要支柱之一。专利代理事业的蓬勃发展也促使了专利代理人队伍的不断壮大，截至2012年10月31日，全国执业专利代理人人数已增至7 949人，专利代理机构达到909家。作为"第二发明人"，专利代理人的工作是一项法律性、技术性都极强的工作，需要由经过专门培训的高素质人员来完成。目前，我国专利中介服务能力随着专利事业的发展取得了举世瞩目的成绩。

随着国际形势的变化和我国知识产权事业的发展，专利代理能力提升面临前所未有的机遇与挑战。申请量、代理量的不断增大，专利审查工作的严格细致，对专利代理工作提出了更加高效、更加准确、更加专业的工作目标。社会需求的不断扩大，发明人、企业发明的多样化，对专利代理人的能力和水平也提出了更高的要求，迫切要求专利代理人全面提升服务能力。应当说，全面提升专利代理能力是知识产权事业发展的必然要求。专利代理人执业培训，是全面提升专利代理人服务能力的重要途径。《国家知识产权战略纲要》对知识产权中介服务职业培训提出了明确要求："建立知识产权中介服务执业培训制度，加强中介服务职业培训，规范执业资质管理。"《专利代理行业发展规划（2009年—2015年）》则对专利代理服务执业培训作出了系统性的安排。

为此，中华全国专利代理人协会在上述国际、国内形势的背景下，深入贯彻落实《国家知识产权战略纲要》和《专利代理行业发展规划（2009年—2015年）》的要求，组织编写专利代理人执业培训系列教程，具有历史性的意义。中华全国专利代理人协会精心组织，挑选在业界具有盛名的相关领域专家组成编写工作组，聘请来自国家知识产权局、最高人民法院知识产权审判庭、相关高校的资深专家与专利代理界的资深专家组成统稿及审稿工作组，并专门成立组织协调工作组承担大量的组织、协调工作。可以说，中华全国专利代理人协会对专利代理人执业培训系列教程编写工作的精心组织和有序推进，有力地保障了该系列教程的编写质量。作为专利代理人执业培训教材的垦荒者和实践者，他们为我国知识产权事业作出了重要贡献。

此次编写的专利代理人执业培训系列教程，内容涵盖专利代理职业道德、专利代理事务及流程、专利申请代理实务、专利复审及无效代理实务、专利侵权与诉讼、专利咨询服务等各个方面。这一套系列教程具有如下特点：开创性——编写专利代理人执业培训系列教程尚属首次，具有开创意义；实操性——此次编写的专利代理人执业培训系列教程在内容上注重贴合我国法律实践，对于实际操作具有重要指导意义；全面性——此次编写的专利代理人执业培训系列教程涵盖专利代理人中介服务的方方面面，能够全面提升专利代理人的服务能力；权威性——此次承担专利代理人执业培训系列教程编写任务的同志均是相关领域的专家，具有丰富的实务经验和理论水平。相信通过这样一套集开创、实操、全面、权威为一体的专利代理人执业培训系列教程的编写与出版，能够有效提高专利代理机构的服务质量以及专利代理人的业务能力，推动提高专利代理行业的业务水平。

专利代理能力的提升，是一个永恒的时代话题，一个永远跳跃着的音符。感谢为本套系列教程的组织、编写和出版付出心血的所有工作人员，大家的工作有利于提高全社会知识产权创造、运用、保护和管理能力。我相信，专利代理人执业培训系列教程的出版，对于推动专利代理能力的全面提升具有历史性的意义，必然有利于推动专利代理行业又好又快地发展，有利于服务和保障知识产权事业的发展大局。走过筚路蓝缕的岁月，迎接荆棘遍布的挑战，我相信随着专利代理能力的进一步提升，专利代理界将为我国创新型国家建设和经济发展方式的转变作出更大的贡献！

贺化

2012年12月

前　　言

近年来，随着国民经济的迅猛发展，我国的知识产权事业不断迈上新的台阶，专利申请量快速增长。2011年，我国三种专利的申请总量和发明专利申请量皆居世界第一，举世瞩目；知识产权实践的国际化趋势日益凸显，我国通过《专利合作条约》(PCT) 途径提交的国际专利申请量较2010年同比增长33.4%，是全球增长最快的国家。对于我国专利代理行业来说，这些骄人的成绩既是机遇又是挑战，挑战与机遇并存，希望与困难同在。为了使我国专利代理从业人员的执业能力适应新形势新要求，专利代理从业人员的素质和能力急需培养和提高，专利代理行业的整体水平亟待提高和优化。

国务院2008年颁布了《国家知识产权战略纲要》、国家知识产权局2009年发布了《专利代理行业发展规划（2009—2015年)》，其中提出了发展知识产权中介服务职业培训制度和加强中介服务培训的战略措施和目标。为落实该战略措施和目标，在国家知识产权局的大力支持下，中华全国专利代理人协会于2011年年初启动专利代理人执业培训系列教程的编写工作。

本套系列教程内容涵盖专利代理职业道德、专利代理事务及流程、专利申请代理实务、专利复审及无效代理实务、专利侵权与诉讼、专利咨询服务等方面内容。相信本套教程会有助于提升专利代理从业人员的执业能力，有助于提升我国的专利申请质量和专利保护水平。

《专利申请代理实务》是本套教程的一部分，其前身系中华全国专利代理人协会原副秘书长王启北先生负责组织编写的专利代理人培训教案和讲义，现分为电学、化学和机械三个分册。其中的化学分册由北京英赛嘉华知识产权代理公司专利代理人王达佐先生负责组织相关人员在教案和讲义的基础上编写，初步审核后形成初稿。全书共分五章，编写人员主要来自国家知识产权局的资深审查员和专利代理机构中执业经验丰富的专利代理人。第一章相关重要法条解释，由国家知识产权局医药生物发明审查部宋江秀处长编写；第二章专利申请文件的撰写程序，由北京路浩知识产权代理有限公司专利代理人王朋飞先生编写；第三章审查意见通知书的答复，由中咨律师事务所专利代理人安佩东先生编写；第四章专利申请文件的修改，由国家知识产权局材料工程发明审查部董晓静副处长编写；第五章撰写实务案例，涉及化学和生物领域不同类型的四个案例，分别由中国国际贸易促进委员会专利商标事务所专利代理人黄淑辉女士、北京同立钧成知识产权代理公司黄健女士、国家知识产权局化学发明审查部李彦涛副处长和北京集佳知识产权代理有限公司专利代理人彭鲲鹏博士编写。

本分册的初稿由国家知识产权局医药生物发明审查部张清奎部长、北京北翔知识产权代理有限公司专利代理人姜建成先生和国家知识产权局医药生物发明审查部姜晖处长统稿。最后经柳沈律师事务所专利代理人吴观乐先生、国家知识产权局通信发明审查部李超副部长、国家知识产权局医药生物发明审查部姜晖处长、中华全国专利代理人协会副秘书长徐媛媛女士总体审核、修改并形成定稿。

衷心感谢国家知识产权局副局长贺化同志在百忙中亲自关心、支持和指导编写工作，使本套教程编写工作得以顺利完成。国家知识产权局条法司宋建华司长，中华全国专利代理人协会杨梧会长、李建蓉秘书长等领导和专家对本书的编写给予了许多指导和帮助，在此一并致谢！

国家知识产权局有关业务部门与有关专利代理机构对本书的编写也提供了大力支持和协助，包括对编写所需的素材和资料的收集提供了各种方便，并为编写人员提供时间上的保证，为本套教程编写人员顺利完成本次教程编写工作奠定了良好的基础。在此向相关部门、机构的领导和同仁表示诚挚的谢意。

本书的编写人员在审查、代理任务非常繁重的情况下，数度集结，讨论、研究编写素材、体例，乃至遣词造句，力图精益求精。而且本分册的内容在前期也以教案的方式在数地开展培训工作，并征求了多方专家的意见。在教案编写过程中，国家知识产权局专利局材料工程发明审查部的潘志娟也参与了第一章的编写；在征求意见阶段，宫宝珉、孙俐、董铮、徐冬涛等多位专家提供了宝贵的意见。特别是，在从教案编写、开展培训等的全程中，中华全国专利代理人协会原副秘书长王启北先生给予了大量的指导，国家知识产权局材料工程发明审查部董晓静副处长做了大量的协调工作。在此，对参与本分册编写工作的所有人员致以衷心的感谢。

由于编写人员的水平和经验所限，本分册中难免有各种疏漏和不当之处，欢迎广大读者批评指正。

目　　录

第一章　相关重要法条解释

本章试图从专利保护客体、说明书的撰写、权利要求书的撰写以及授予专利权的实质条件四个角度阐述与申请文件撰写和审查意见通知书答复相关的重要法条的立法宗旨，并通过案例向读者说明这些法条的内涵。

第一节　因违反《专利法》第5条而不授予专利权的发明创造

《专利法》第5条第1款明确规定："对违反法律、社会公德或者妨害公共利益的发明创造，不授予专利权。"

《专利法》第5条第2款明确规定："对违反法律、行政法规的规定获取或者利用遗传资源，并依赖该遗传资源完成的发明创造，不授予专利权。"

1　违反法律、社会公德或者妨害公共利益的情形

申请文件中包含违反法律，尤其是违反社会公德或者妨害公共利益内容的专利申请如果得到专利权，就会有悖于专利制度鼓励发明创造、促进科学技术进步和经济社会发展的宗旨，导致公众对相关专利的合法性产生质疑，从而影响专利制度的社会公信力。违反社会公德或者妨害公共利益情节严重的专利申请，即使公开，也会给社会带来不良影响。在化学领域，此问题尤为突出，专利申请人和专利代理人同样应予以重视。

1.1　法条释义

从维护国家和社会利益的角度出发，《专利法》根据我国国情对可授予专利权的发明创造的范围作出了某些限制性规定。其中一个原则性的规定就是《专利法》第5条第1款的规定，即对违反法律、社会公德或者妨害公共利益的发明创造不授予专利权，其目的在于防止对可能扰乱正常社会秩序、导致犯罪或者造成其他不安定因素的发明创造授予专利权。下面针对违反法律、违反社会公德和妨害公共利益三类不同情况，进一步阐述《专利法》第5条第1款的内涵。

1.1.1　违反法律

《专利法》第5条第1款所称的法律，是指全国人民代表大会或者全国人民代表大会常务委员会依照立法程序制定和颁布的法律，不包括行政法规和规章，例如国务

院颁布的各种条例等并不在《专利法》第5条第1款所称的法律的范畴之内。

需要说明的是，法律是动态的，根据现实需要会不断颁布实施新的法律，修改或废止内容过时或者与社会现实情况不适应的原有法律，因此需要关注法律的变化。

违反法律的发明创造，是指发明创造与法律相违背，这样的发明创造不能被授予专利权。

1.1.2 违反社会公德

社会公德，是指公众普遍认为是正当的、并被接受的伦理道德观念和行为准则。它的内涵基于一定的文化背景，随着时间的推移和社会的进步不断发生变化，而且因地域不同而各异。中国《专利法》中所称的社会公德限于中国内地，不包括港澳台地区。

1.1.3 妨害公共利益

妨害公共利益，是指发明创造的实施或使用会给公众或社会造成危害，或者会使国家和社会的正常秩序受到影响。但是，如果发明创造因滥用而可能造成妨害公共利益的，或者发明创造在产生积极效果的同时存在某种缺点的，不会因“妨害公共利益”而被拒绝授予专利权。

1.2 法条应用

撰写申请文件时需要注意的问题：由于《专利法》第5条第1款的审查对象为整个申请文件，包括权利要求书、说明书（包括附图）和说明书摘要，因此，在撰写时，应该注意整个申请文件都不应该出现违背《专利法》第5条第1款的内容。

1.2.1 违反法律

对于化学领域中有可能因违反法律而导致无法获得授权的专利申请的情形，需要注意的是：涉及与人类身体健康密切相关的主题，如食品、药品和化妆品等的专利申请，是否违反相关的法律，如《食品安全法》等。这些法律往往是动态的，必要时可以到相关网站查找最新规定。

【案例1－1】

某案：涉及一种用于博彩的彩金分享系统，包括服务器和多个用户终端，多个用户终端通过网络与服务器通信连接；用户终端配置有语音识别单元，用户可以通过语音命令进行下注操作；服务器接收用户的语音命令，控制博彩游戏的进程。

【分析】

该案涉及用于赌博的设备，违反《刑法》，因此，不符合《专利法》第5条第1款的规定。

鉴于中国法律明令禁止赌博，因此，应避免申报与此相关的专利申请。

【案例1－2】

权利要求1：一种葛根淀粉脂肪模拟物制备方法，包括：取葛根淀粉……然后添加硫酸二甲酯，硫酸二甲酯与淀粉的体积重量比为1:2，……得葛根淀粉脂肪模拟物。

说明书中记载了该葛根淀粉脂肪模拟物用于食品中。

【分析】

由于硫酸二甲酯是一种剧毒的无色液体，在食品制备中使用“硫酸二甲酯”，会导致最终食品带有毒性，对食用者的生命构成威胁。权利要求1记载的技术方案中使用硫酸二甲酯对淀粉进行处理，并且硫酸二甲酯的体积是淀粉重量的0.5倍。由于使用了剧毒的溶剂对原料进行处理，而且所用比例较大，并且在最终产品中无法判断这种毒性是否去除，因此使用权利要求1记载的技术方案得到的产品会损害人的身体健康，违反《食品安全法》，不符合《专利法》第5条第1款的规定。

此外，还需注意的是：如果发明创造本身并没有违反法律，但是由于其被滥用而违反法律的，则不应当依据《专利法》第5条第1款的规定拒绝授予专利权。

化学领域常见的因滥用而违反法律的情形有：用于医疗目的的一些药物，这些药物本身还具有其他医药用途，如镇痛等，但这些药物如果被滥用，如作为毒品，则违反法律，但不能因为其作为毒品被滥用而不给予专利保护。类似的主题还有麻醉品、镇静剂、兴奋剂等。

1.2.2 违反社会公德

化学领域常见的违反社会公德的专利申请有：涉及克隆的人或克隆人的方法、人胚胎的工业或商业目的的应用，改变人生殖系遗传同一性的方法等主题的专利申请。其中，涉及“人胚胎的工业或商业目的的应用”的专利申请较为常见。对于“人胚胎的工业或商业目的的应用”，应当注意的是，其中的“人胚胎”是从受精卵开始到新生儿出生前任何阶段的胚胎形式，包括卵裂期、桑葚期、囊胚期、着床期、胚层分化期的胚胎等。其来源也应包括任何来源的胚胎，包括体外授精多余的囊胚、体细胞核移植技术所获得的囊胚、自然或自愿选择流产的胎儿等。

人类胚胎干细胞及其制备方法以及处于各个形成和发育阶段的人体，包括人的生殖细胞、受精卵、胚胎及个体，均属于违反社会公德而不能被授予专利权的发明。此外，对于人类胚胎干细胞的维持、扩增、富集、诱导分化、修饰方法，由于这类发明也是以人类胚胎干细胞作为原料，因此如果人类胚胎干细胞的获得有悖于伦理道德，则这类发明的实施也有违伦理道德，不能被授予专利权。

【案例1－3】

权利要求：一种可表达外源性基因的人神经干细胞的制备方法，包括下述步骤：取7周和9周的流产胚胎组织，分离前脑组织，加入培养液……

【分析】

该发明包括了从“流产胚胎”分离“前脑组织”的步骤。“流产胚胎”属于胚胎的范畴，该发明为了商业目的而对“死亡的胚胎”进行分裂、分割，显然属于人胚胎的工业或商业目的的应用，不符合《专利法》第5条第1款的规定，不能被授予专利权。

第一章

【案例 1－4】

某案，独立权利要求 1、2 和 3 如下：

1. 一种促进未分化胚胎干细胞生长的方法，所述方法包括……

2. 一种促进胚胎干细胞向神经元分化的方法，所述方法包括……

3. 一种促进胚胎干细胞分化的方法，所述方法包括……

说明书中记载了所述胚胎干细胞是人或动物胚胎干细胞。

【分析】

权利要求 1、2 和 3 所要求保护的技术方案均涉及以胚胎干细胞为原料的方法，由于说明书中记载了所使用的胚胎干细胞可以来源于人类胚胎，因此这些主题涉及“人类胚胎的工业或商业目的的应用”，不符合《专利法》第 5 条第 1 款的规定，不能被授予专利权。另外，需要说明的是，即使只是在说明书中出现上述有关胚胎或胚胎干细胞的主题，也应该认为申请涉及“人类胚胎的工业或商业目的的应用”，因此，不符合《专利法》第 5 条第 1 款的规定。

1.2.3　妨害公共利益

因妨害公共利益而无法获得授权的情形通常有：例如，发明创造以致人伤残或损害财物为手段的；专利申请的文字或者图案涉及国家重大政治事件或宗教信仰，伤害人民感情或民族感情或者宣传封建迷信的。化学领域常见的因妨害公共利益而无法获得授权的情形主要有：发明创造的实施或使用会严重污染环境、严重浪费能源或资源、破坏生态平衡、危害公众健康等。但是，如果是在产生积极效果的同时存在某种缺点的发明，例如对人体有某种副作用的药品，则不会因“妨害公共利益”而被拒绝授予专利权。

另外，由于发明创造被滥用而可能造成妨害公共利益，或者由于发明创造被授予专利权而形成垄断，从而使社会公众不能自由制造或使用，这些都不属于《专利法》第 5 条第 1 款所说的妨害公共利益。

【案例 1－5】

某案，涉及一种防尘杀菌纱窗，申请人为解决现有纱窗的隔尘效果差、杀菌率低问题，提出了一种具有能耗低、高效防尘杀菌等功能的纱窗，其采用的技术方案是：在窗纱固定框和窗户框上设置有可产生 1000～3500V 直流高压电和 20～35V 直流低压电的电源控制器，外窗纱通过导线接 1000～3500V 直流高压电正极，内纱窗通过导线接 20～35V 直流低压电负极。纱窗工作时，当人从室内接近纱窗并进入警戒范围时，设置在纱窗上的人体红外感应装置工作使内纱窗和外纱窗自动断电，确保人身安全。

【分析】

该申请中外纱窗接 1000～3500V 直流高压电，而人体红外感应装置仅用于防止室内人员触电，并未考虑室外人员的安全，当人员从室外接近外纱窗时会触电而受到伤害。因此，这样的技术方案属于《专利法》第 5 条第 1 款中“妨害公共利益的发明创造”，无法获得授权。

【案例1－6】

一种乙烯化工厂污水的处理方法，将污水直接注入地下。

【分析】

上述方案中的污水含有多种有毒的化学物质，将其注入地下严重污染环境、破坏生态平衡，该发明的实施会给公众或社会造成危害，因此该发明属于《专利法》第5条第1款所规定的妨害公共利益的范畴，不能被授予专利权。

【案例1－7】

权利要求：一种乳化柴油，包括10～25wt%柴油、75～90wt%水。

说明书记载了该乳化柴油具有节约柴油和大幅度降低成本的优点。

【分析】

有人认为本案的乳化柴油含水量非常高，会导致燃烧不充分，产生积炭和黑烟，污染环境，影响人的身体健康，因而会妨害公共利益。但是，这种理解并不正确。虽然该技术方案有产生积炭和黑烟的缺点，但是该技术方案还具有节约柴油和大幅降低成本的显著积极效果，而且该积极效果的作用远远超过其缺点。因此该方案属于在产生积极效果的同时存在某种相对较小的缺点的情况，不属于《专利法》第5条第1款所规定的妨害公共利益的范畴。

【案例1－8】

权利要求1：式（Ⅰ）化合物或其药学上适用的盐，式（Ⅰ）为……

说明书记载了该发明化合物属于一类新的兴奋剂，可用于治疗焦虑症、抑郁症、偏头痛、中风和高血压等。

【分析】

权利要求1请求保护的是一种药物化合物，虽然该化合物是一类兴奋剂，但由于它可用于抑郁症、肥胖症、老年痴呆症等的治疗，对公众健康有利，并不妨害公共利益，因此属于可以被授予专利权的客体。

注意，虽然兴奋剂被滥用而可能对社会造成危害，但这种情况并不属于《专利法》第5条第1款所说的妨害公共利益的范畴。

2 违反法律法规利用遗传资源的情形

1992年我国签署了《生物多样性公约》。该公约第15条确定了关于遗传资源的三项基本原则，即遗传资源的国家主权原则、获取遗传资源的事先知情同意原则和利用遗传资源的惠益分享原则。在《专利法》中制定相关规定，使合法获取和利用遗传资源成为可授权的先决条件，必然会对保护我国遗传资源，落实《生物多样性公约》的规定起到积极作用。

2.1 法条释义

《专利法》第5条第2款明确规定："对违反法律、行政法规的规定获取或者利用遗传资源，并依赖该遗传资源完成的发明创造，不授予专利权。"

该条款中所述的法律指全国人民代表大会或其常委会颁布实施的法律，行政法规是指国务院颁布的行政法规。在适用时均以已经颁布施行的法律和行政法规为准。同样需要说明的是，法律、行政法规是动态的，根据现实需要会不断颁布实施新的法律、行政法规，修改或废止内容过时或者与社会现实情况不适应的原有法律、行政法规，因此需要关注法律、行政法规的变化。

根据《专利法实施细则》第26条第1款的规定，《专利法》所称遗传资源，是指取自人体、动物、植物或者微生物等含有遗传功能单位并具有实际或者潜在价值的材料；《专利法》所称依赖遗传资源完成的发明创造，是指利用了遗传资源的遗传功能完成的发明创造。

上述规定中的所谓"遗传功能"是指生物体通过繁殖将性状或者特征代代相传或者使整个生物体得以复制的能力。"遗传功能单位"是指生物体的基因或者具有遗传功能的DNA或者RNA片段。而"取自人体、动物、植物或者微生物等含有遗传功能单位的材料"，是指遗传功能单位的载体，既包括整个生物体，也包括生物体的某些部分，例如器官、组织、血液、体液、细胞、基因组、基因、DNA或者RNA片段等。"发明创造利用了遗传资源的遗传功能"则是指对遗传功能单位进行分离、分析、处理等，以完成发明创造，实现其遗传资源的价值。

此外，"违反法律、行政法规的规定获取或者利用遗传资源"，是指遗传资源的获取或者利用未按照我国有关法律、行政法规的规定事先获得有关行政管理部门的批准或者相关权利人的许可。

2.2 法条应用

撰写申请文件时需要注意的问题：由于《专利法》第5条第2款的审查对象为整个申请文件，包括权利要求书、说明书（包括附图）和说明书摘要和遗传资源来源披露登记表。因此，在撰写时，应该注意整个申请文件都不应该出现违背《专利法》第5条第2款的内容。另外，《专利法》第26条第5款规定，依赖遗传资源完成的发明创造，申请人应当在专利申请文件中说明该遗传资源的直接来源和原始来源；申请人无法说明原始来源的，应当陈述理由。《专利法实施细则》第26条第2款规定，就依赖遗传资源完成的发明创造申请专利的，申请人应当在请求书中予以说明，并填写国务院专利行政部门制定的表格。因此，就依赖遗传资源完成的发明创造申请专利的，应当注意在请求书中标注有关事项，必要时需要提交遗传资源来源披露登记表。

第二节　专利保护的客体

专利权是依法授予的实施发明创造的独占权。所以，首先要明确什么是专利法意义上的发明创造。此外，这种独占权的属性也决定了并非任何发明创造都能被授予专利权。从《专利法》的立法宗旨出发，《专利法》第 2 条对专利保护的客体作出了规定，明确了专利法意义上的发明创造是指发明、实用新型和外观设计，并对这三种不同类型的发明创造分别作出了定义，其中第 2 款是对发明的定义。此外，《专利法》第 25 条进一步对专利保护的主题范畴作了某些限制性规定，明确了哪些客体不能被授予专利权。

本节主要涉及由于不符合《专利法》第 2 条第 2 款、第 25 条的规定而不授予专利权的情形。

1　《专利法》第 2 条第 2 款规定的可授权的客体

我国《专利法》第 1 条阐明了《专利法》的立法宗旨，即对发明创造授予专利权是为了保护专利权人的合法权益，鼓励发明创造，推动发明创造的应用，提高创新能力，促进科学技术进步和经济社会发展。那么，什么是专利法意义上的发明创造？这显然是《专利法》必须界定的首要问题。因此，《专利法》第 2 条规定了“发明创造”的含义，其中《专利法》第 2 条第 2 款对专利法意义上的“发明”给出了明确、正面的定义。

《专利法》第 2 条第 2 款规定：“发明，是指对产品、方法或者其改进所提出的新的技术方案。”

1.1　法条释义

由《专利法》第 2 条对发明创造的定义可知，发明和实用新型专利保护的发明创造都是“新的技术方案”，明显不同于外观设计专利的保护客体。为了帮助读者更清楚地理解和掌握什么是新的技术方案，下面从两个方面作出解释。

1.1.1　专利法意义上的“技术方案”

《专利法》所称的发明，“是指对产品、方法或者其改进所提出的新的技术方案”。在上述定义中，能够对发明专利权的保护客体产生限制作用的主要是“技术方案”这一措辞，产品或方法都是由技术方案来体现的。

技术方案是对要解决的技术问题所采取的包含有利用了自然规律的技术手段的集合（参见《专利审查指南 2010》第二部分第一章第 2 节），也就是说，技术方案是针对所要解决的技术问题而采取的一系列技术手段的集合，而技术手段通常是由技术特征来体现的。各个技术特征之间的相互关系也属于技术特征。反之，未采用技术手段解决技术问题，以获得符合自然规律的技术效果的方案，不属于《专利法》第 2 条第 2 款规定的“技术方案”。其中，“利用了自然规律”并不是要求申请文件中必须指明具体利用了什么自然规律，而是为了排除利用人为规定和经济规律等完成的发明。

根据上述规定，一项技术方案应该具备技术三要素，即同时具备技术手段、技术问题和技术效果三要素。

判断一个方案是否是技术方案，应当将要求保护的方案作为一个整体来考虑，判断整个方案是否采用了技术手段，解决了技术问题并产生了技术效果。而不应仅根据方案中存在技术特征即直接得出整个方案为技术方案的结论，还应判断方案中的技术特征对发明所要解决的问题和实现的效果是否起作用，并判断所要解决的问题和实现的效果是否为技术问题和技术效果。

1.1.2　“新的技术方案”与新颖性要求的区别

《专利法》第 2 条第 2 款中出现的“新的”一词，是用于界定能够获得发明专利的技术方案的性质。若无“新的”一词，就将导致对产品、方法提出的任何技术方案都可以被称为“发明”，这显然有悖《专利法》的立法宗旨，也有悖常理，会导致公众产生误解。这里所说的“新的技术方案”，仅仅是对可申请专利保护的发明客体的一般性定义，并不是判断新颖性的具体审查标准。正如上所述，《专利法》第 2 条第 2 款着重强调什么是专利法意义上的发明创造，其要考量的是保护客体是否是技术方案，而并不强调该技术方案必须是“新的”。至于保护客体是否属于“新的”技术方案则应该是在新颖性评价时需要考虑的。这一点在专利代理实务中必须明确。

1.2　法条应用

下列主题不属于专利法意义上的产品发明。如果以这些主题提出申请，将会导致申请不符合《专利法》第 2 条第 2 款的规定：

（1）气味或者诸如声、光、电、磁、波等信号或者能量本身；

（2）图形、平面、曲面、弧线等本身。

对于上述主题的权利要求，无论权利要求的特征部分采用何种撰写方式，都会被直接认定为该权利要求的主题不符合《专利法》第 2 条第 2 款的规定。

然而，虽然声、光、电、磁、波等信号或者能量本身不受《专利法》保护，但其发生装置或方法，以及利用其性质解决技术问题的产品或方法，属于可授予专利权的客体。

图形、平面、曲面、弧线等本身不受《专利法》保护，但具有图形、平面、曲面、弧线等的产品属于可授予专利权的客体。

【案例 1－9】

权利要求：一种利用 γ 射线对油品进行辐射脱硫的方法，其特征在于常温常压下采用 γ 射线对油品进行辐照处理。

【分析】

权利要求1请求保护的主题是一种利用γ射线对油品进行辐射脱硫的方法。虽然其技术主题涉及γ射线，但是其利用了γ射线解决了油品脱硫这样的技术问题，因而该权利要求符合《专利法》第2条第2款的规定。

【案例1－10】

权利要求1：一种白芷药材指纹图谱，通过如下方法得到：（1）白芷药材的提取：……得到供试品溶液；（2）白芷药材指纹图谱的建立：采用高效液相色谱方法进行测定……得到白芷药材水提液指纹图谱。

【分析】

权利要求1请求保护的主题是一种中药材指纹图谱。指纹图谱系指中药材经适当处理后，采用一定的分析手段得到的能够标示该中药材特性的共有峰的图谱。虽然权利要求1的特征部分对获得指纹图谱的方法进行了限定，但作为指纹图谱本身却是一种图形，而图形本身不属于《专利法》第2条第2款意义上的发明，因此不属于可授予专利权的客体。

由于指纹图谱本身属于不可授予专利权的客体，因此在实践中，对于涉及指纹图谱的发明，撰写时可以将构建或获得指纹图谱以及利用指纹图谱进行分析的方法作为请求保护的主题。

【案例1－11】

权利要求1：一种油炸食品的制作方法，其特征在于它包括下述步骤：（1）配料：……（2）和面：……（3）成形：……（4）粘挂辅料：……（5）炸制：……

说明书：记载了该方法可解决现有油炸食品中保质期短等技术问题。

【分析】

虽然《专利法》第2条第2款规定了发明应当是新的技术方案，但如果认为权利要求1保护的方法是由配料、和面、成形、粘挂辅料和炸制等组成的传统工艺，不是新的技术方案，因而不符合《专利法》第2条第2款的规定，这种理解并不正确。

根据《专利法》第2条第2款的规定，《专利法》所称的发明是对产品、方法或其改进所提出的新的技术方案。这是对可申请专利保护的发明客体的一般性定义，不是判断新颖性、创造性的具体审查标准，故权利要求1保护的方法无论是否是传统工艺，都并不影响其符合《专利法》第2条第2款规定的发明定义。就权利要求1而言，其保护一种油炸食品的制作方法，该方法采取配料、和面、成形、粘挂辅料和炸制等技术手段，解决现有油炸食品中保质期短等技术问题。由此可见，权利要求1是由解决所述技术问题的技术手段集合构成的技术方案，符合发明客体的规定。

因此，需要再次着重强调的是，在分析一项权利要求是否符合《专利法》第2条第2款的规定时，仅分析其是否符合“技术方案”的定义即可，无需判断该技术方案是否是“新的”。申请人请求保护的技术方案相对于现有技术是否是“新的”技术方案要在判断新颖性时，应用新颖性的具体判断标准进行判断。

2 《专利法》第25条规定的不授予专利权的客体

《专利法》第25条规定，对于科学发现、智力活动的规则和方法、疾病的诊断和治疗方法、动物和植物品种以及用原子核变换方法获得的物质等，不授予专利权。

2.1 法条释义

从各国专利法的规定以及长期的相关法律实践来看，绝大部分国家出于种种原因将一部分客体排除在专利保护之外。与专利有关的国际条约如TRIPS协议也允许成员国可以在本国专利制度中排除部分客体，如疾病的诊断和治疗方法、动植物品种等。

2.1.1 科学发现

科学发现，是指对自然界中客观存在的物质、现象、变化过程及其特性和规律的揭示。科学理论是对自然界认识的总结，是更为广义的发现。它们都属于人们认识的延伸。这些被认识的物质、现象、过程、特性和规律不同于改造客观世界的技术方案，不是专利法意义上的发明创造，因此不能被授予专利权。

发现与发明的区别在于，发现是一种对客观世界的认知，而发明则是一种对客观世界的改造；发现仅仅是揭示自然界原本就存在而人类尚未认识的事物，而发明是利用技术手段改造了自然界中客观存在的事物。

发明和发现虽有本质不同，但两者关系密切。通常，很多发明是建立在发现的基础之上的，进而发明又促进了发现。

2.1.2 智力活动的规则和方法

智力活动，是指人的思维运动，它源于人的思维，经过推理、分析和判断产生抽象的结果，或者必须经过人的思维运动作为媒介，间接地作用于自然产生结果。智力活动的规则和方法是指导人们进行思维、表述、判断和记忆的规则和方法。

专利法为专利权人提供的权利是禁止未经专利权人许可而进行制造、使用、销售之类的生产经营活动，而不是用专利权来禁锢人的思想，智力活动的规则和方法涉及的是在人的头脑中进行的活动，试图将这样的活动置于专利独占权的范围之内是不合理、也是不现实的。更重要的是，由于智力活动的规则和方法没有采用技术手段或者利用自然规律，也未解决技术问题和产生技术效果，因而不构成技术方案，不是专利法意义上的发明创造。基于上述原因，在《专利法》第25条中，将智力活动的规则和方法排除在可授予专利权的客体之外。

2.1.3 疾病的诊断和治疗方法

疾病的诊断和治疗方法，是指以有生命的人体或动物体为直接实施对象，进行识别、确定或消除病因或病灶的过程。

出于人道主义的考虑和社会伦理的原因，医生在诊断和治疗过程中应当有选择各种方法和条件的自由。另外，这类方法直接以有生命的人体或动物体为实施对象，无法在产业上利用，因此，不能被授予专利权。

需要说明的是，疾病的诊断和治疗方法虽然不能被授予专利权，但是用于实施疾病诊断和治疗方法的仪器或装置，以及在疾病诊断和治疗方法中使用的物质或材料都可以获得专利保护。

2.1.3.1　疾病的诊断方法

诊断方法，是指为识别、研究和确定有生命的人体或者动物体病因或病灶状态的过程。

判断权利要求是否属于疾病诊断方法的范畴时，应当关注两点：(1) 对象，(2) 直接目的，即判断该方法的对象是否为有生命的人体或动物体（包括离体样本），以及该方法的直接目的是否是为了获得疾病的诊断结果或健康状况。如果上述两个条件同时满足，那么该权利要求属于疾病的诊断方法。

注意，以下方法不属于诊断方法：(1) 如果直接目的不是获得诊断结果或健康状况，而只是从活的人体或动物体获取作为中间结果的信息的方法，或处理该信息（形体参数、生理参数或其他参数）的方法；(2) 如果直接目的不是获得诊断结果或健康状况，而只是对已经脱离人体或动物体的组织、体液或排泄物进行处理或检测以获取作为中间结果的信息的方法，或处理该信息的方法。并且，对上述两种情况需要说明的是，只有当根据现有技术中的医学知识和该专利申请公开的内容从所获得的信息本身不能够直接得出疾病的诊断结果或健康状况时，这些信息才能被认为是中间结果。

2.1.3.2　疾病的治疗方法

治疗方法，是指为使有生命的人体或者动物体恢复或获得健康或减少痛苦，进行阻断、缓解或者消除病因或病灶的过程。

治疗方法包括以治疗为目的或者具有治疗性质的各种方法。

2.1.4　动植物品种

《专利法》所称的动物是指不能自己合成，而只能靠摄取自然的碳水化合物及蛋白质来维系其生命的生物。《专利法》所称的动物不包括人。

《专利法》所称的植物是指可以借助光合作用，以水、二氧化碳和无机盐等无机物合成碳水化合物、蛋白质来维系生存，并通常不发生移动的生物。

虽然动物和植物品种属于《专利法》排除的客体，但动物和植物品种可以通过《专利法》以外的其他法律法规获得保护，例如，植物新品种可以通过《植物新品种保护条例》获得保护。另外，涉及动物和植物品种的生产方法的发明，则属于可授予专利权的客体。但这里所说的生产方法是指非生物学的方法，不包括生产动物和植物主要是生物学的方法。一种方法是否属于“主要是生物学的方法”，取决于在该方法中人的技术介入程度。如果人的技术介入对该方法所要达到的目的或者效果起了主要的控制作用或者决定性作用，则该方法不属于“主要是生物学的方法”。

2.1.5　用原子核变换方法获得的物质

原子核变换方法，是指使一个或几个原子核经分裂或者聚合，形成一个或几个新原子核的过程，例如，完成核聚变反应的磁镜阱法等。

用原子核变换方法所获得的物质，主要是指用加速器、反应堆以及其他核反应装置生产、制造的各种放射性同位素。

原子核变换方法以及用该方法所获得的物质关系到国家的经济、国防、科研和公共生活的重大利益，不宜为单位或私人垄断，因此不能被授予专利权。

2.2　法条应用

《专利法》第25条的审查对象为权利要求。也就是说，在撰写时，如果说明书和说明书摘要中存在涉及《专利法》第25条的内容，而权利要求书中不存在该内容，不会导致申请因为不符合《专利法》第25条的规定而被驳回。

2.2.1　科学发现

对于化学领域的发明而言，《专利法》第25条第1款规定的科学发现主要涉及天然物质。

2.2.1.1　天然物质

发现以天然形态存在的物质是人们对客观存在的物质的揭示，基于这种主题的专利申请在化学领域较为常见，但是由于这样的主题属于科学发现，因此不能被授予专利权。但是，首次从自然界分离或提取出来的物质不再属于"天然物质"，如果符合《专利法》规定的其他条件，则可获得专利权。

【案例1－12】

权利要求：一种中国中药野芙蓉，其特征是选择在6～9月野芙蓉 Abelmoschus manihot（L.）Medicus 鲜品花进行采收而得，限定时间以野芙蓉花蕾顶端开裂为基点时间，以距上述基点时间前后相距3小时内开放的鲜品花为最好，在距此基点前36小时和其后18小时这段时限外的花一律弃去不用。

【分析】

该权利要求所要求保护的是在特定时间采收的野芙蓉花，并未对其进行人工加工处理，只是对采收的时机作出了选择。而未经过人工处理的、作为中药材使用的药用部位实际上是动植物的一部分，是天然存在的物质，属于科学发现，不属于专利保护的客体。

【案例1－13】

权利要求：一种中国中药野芙蓉中药材饮片，其特征是选择野芙蓉 Abelmoschus manihot L. Medicus 鲜品花进行采收，经清洗、烘干、粉碎后作为制备中药制剂的原料。

【分析】

该权利要求中，野芙蓉的花采收后，对其进行了人工加工处理，所要求保护的中药材饮片已经不是天然存在的状态，因此，属于可以专利保护的客体。

上述两个案例的区别在于后者对天然存在的物质进行了人工处理而前者没有。中药材原植物只有经人工处理（如加工炮制或粉碎）之后才属于可被保护的客体。判断是否进行了人工处理的依据是原植物是否经过如干燥、切削、粉碎等人为技术手段使其原有状态如组织发生变化或被破坏。

2.2.1.2　物质的性能

虽然以天然形态存在的物质本身仅仅是一种科学发现，不能被授予专利权，但是利用自然界中存在的物质所具有的性能去解决某个技术问题并获得了有益效果则可以构成专利法意义上的发明创造，可以被授予专利权。

【案例1－14】

权利要求1：一种黑荆树皮，其特征在于其中含有的鞣酸成分能够使蛋白质收敛。

权利要求2：一种处理蛋白质的试剂，其特征在于含有黑荆树皮提取液。

权利要求3：一种处理蛋白质的方法，其特征在于用权利要求2所述的试剂对蛋白质进行处理。

说明书中记载了用黑荆树皮提取液处理过的蛋白质具有很好的耐湿热稳定性，可以适于某些用途。

【分析】

黑荆树皮是自然界中客观存在的物质，它含有的鞣酸能够使蛋白质收敛是自然界中客观存在的现象，因此权利要求1的主题只是一种发现，不是专利保护的客体；但是根据这种发现制造出的处理蛋白质的试剂以及用此试剂处理蛋白质的方法是利用了提取、加工等人工技术手段并产生了有益效果，因此权利要求2和3属于专利保护的客体。

【案例1－15】

权利要求：一种高硅石英粉的生产方法，其工艺流程包括石英原矿的精选—装窑—烧结—分选—球磨—筛分—成品，特征在于：烧结温度为1480～1600℃。

【分析】

石英在1480～1600℃经烧结会转变成高硅石，这虽然是对自然界客观存在的变化过程的一种揭示，但是权利要求1要求保护的是高硅石英粉的生产方法，其利用能够促成上述客观存在的变化过程的方法条件作为一种技术手段来改造客观世界，解决了技术问题并取得了有益的技术效果，因而不属于科学发现，而属于发明，是可授予专利权的客体。

2.2.2　智力活动的规则和方法

下面举例说明化学领域常见的属于智力活动的规则和方法的两种情况。

【案例1－16】

权利要求：一种测定温度、pH值及底物对蔗糖酶活性的影响的实验方法，其特征在于包括以下步骤：(1) 选择葡萄糖的生成量作为质量特性指标；(2) 选择温度、pH 值和底物作为相关因素；(3) 确定 20℃、30℃和 50℃作为温度水平，确定 3、4 和 5 作为 pH 值水平，选择白糖、红糖和冰糖作为底物；(4) 以因素和水平构建正交表；(5) 配列因素水平，制定实验方案；(6) 记录实验结果；(7) 评估实验结果并选定最佳温度和 pH 值。

【分析】

权利要求涉及一种实验方法，其目的是选择出最佳温度和 pH 值以提高酶的反应速度、提高酶活力等。但是该技术方案的本质是一种正交实验方法，而正交实验方法是为了利用整体设计、综合比较、统计分析的手段，通过少数实验次数找到较好生产条件，以达到最高生产工艺效果而人为设计的一种实验方法，其中，测定何特性指标、选择因素的种类及相应水平的分布等，都是根据待测对象的特点来人为设定的，因此，该主题是一种智力活动的规则和方法，不属于专利保护的客体。

2.2.3　疾病的诊断和治疗方法

根据《专利法》第 25 条的规定，疾病的诊断和治疗方法不能授予专利权。需要指出的是，虽然使用药物诊断或治疗疾病的方法不能被授予专利权，但是，药物本身是可以被授予专利权的。

2.2.3.1　*疾病的诊断方法*

(1) 常见的不授予专利权的方法

例如，血压测量法、诊脉法、足诊法、X 光诊断法、超声诊断法、胃肠造影诊断法、内窥镜诊断法、同位素示踪影像诊断法、红外光无损诊断法、患病风险度评估方法、疾病治疗效果预测方法、基因筛查诊断法。

(2) 常见的可授予专利权的方法

① 在已经死亡的人体或动物体上实施的病理解剖方法。

② 直接目的不是获得诊断结果或健康状况，而只是从活的人体或动物体获取作为中间结果的信息的方法，或处理该信息（形体参数、生理参数或其他参数）的方法。

③ 直接目的不是获得诊断结果或健康状况，而只是对已经脱离人体或动物体的组织、体液或排泄物进行处理或检测以获取作为中间结果的信息的方法，或处理该信息的方法。

对上述②和③项需要说明的是，只有当根据现有技术中的医学知识和该专利申请公开的内容从所获得的信息本身不能够直接得出疾病的诊断结果或健康状况时，这些信息才能被认为是中间结果。

涉及疾病的诊断方法的专利申请，经常涉及以下几个问题。

(1) 离体样本

一种离体样本检测方法，如果该方法的直接目的是获得同一主体的疾病诊断结果或健康状况，则属于疾病的诊断方法。

【案例1－17】

一种通过测定分析物的胃蛋白酶原Ⅰ、胃泌素和幽门螺杆菌感染标志物来诊断萎缩性胃炎的方法。

【分析】

该方法涉及一种离体样本检测方法，其直接目的是诊断该样本主体是否患有萎缩性胃炎，因此该方法属于疾病的诊断方法。

【案例1－18】

一种测定唾液中酒精含量的方法，该方法通过检测被测人唾液酒精含量，以反映出其血液中酒精含量。

【分析】

该方法涉及一种离体样本的检测方法，其直接目的是检测该样本主体的血液中的酒精含量，并不能最终确定患者是否是酒精中毒，即不是为了获得疾病的诊断结果，因此该方法不属于疾病的诊断方法。

（2）直接目的的判断方法

① 如果方法中包括了诊断全过程，即包括对检测结果进行分析、比较，以及得出诊断结果的过程，则该方法的直接目的是获得疾病的诊断结果或健康状况。

② 如果方法中没有包括具体的诊断结果，但包括与正常值进行对照、比较的步骤，则该方法的直接目的是获得疾病的诊断结果或健康状况。

③ 虽然检测方法没有分析、比较等过程，如果根据该检测值可以直接得到疾病的诊断结果或健康状况，则其直接目的是获得疾病的诊断结果或健康状况；如果根据该检测或测量值不能直接得到疾病的诊断结果或健康状况，则该检测或测量值属于中间结果信息，该方法不属于疾病的诊断方法。

【案例1－19】

一种用于大肠癌诊断的肿瘤标记物COX－2的检测方法，在RNA分解酶抑制剂的存在下，在采集后，根据情况，将使用液氮立即冻结的生物学样品均质化，调制悬浊物，从得到的悬浊物中提取RNA，将提取的RNA逆转录，得到cDNA，扩增得到的cDNA，检测扩增的cDNA。

【分析】

该方法检测到的是肿瘤标记物COX－2，该肿瘤标记物COX－2对大肠癌的诊断具有特异性，根据该检测值可筛查大肠癌患者，因此该方法属于疾病的诊断方法。

【案例1－20】

一种血液中乙肝病毒的化学发光定性定量检测方法，其特征在于，通过乙型肝炎病毒表面抗原化学发光定性定量检测试剂盒检测乙型肝炎病毒表面抗原，通过乙型肝炎病毒表面抗体化学发光定性定量检测试剂盒检测乙型肝炎病毒表面抗体，根据上述表面抗原与表面抗体的检测结果，确定血液中乙肝病毒的存在。

【分析】

该方法通过抗原抗体测定来检测血液中乙肝病毒的存在，根据该检测结果不能直接得到疾病的诊断结果或健康状况，该检测方法只能确定其主体的血液中是否存在乙肝病毒，而不能确定其主体是否为乙肝患者，因为血液中存在乙肝病毒反映出该血液主体为乙肝病毒携带者，但乙肝病毒携带者可为肝功能正常的乙肝病毒携带者和肝功能受损的乙肝病毒携带者。在肝功能正常的乙肝病毒携带者中，有些携带者的病毒检测结果可自然转阴，结束携带状态；有些携带者可以为持续终生的携带者；有些携带者可发展为肝炎。因此根据血液中乙肝病毒的存在不能直接判定其主体是否患有乙型肝炎或患有乙型肝炎的风险度，其直接目的不是诊断，该方法不属于疾病的诊断方法。

【案例1－21】

一种用于检测受检者肢体中的血液体积信号的方法，其通过测量受检查者处于两种姿态下的动脉血液体积的信号，计算取决于两种信号的比值的定量指示。

【分析】

根据测得的血液体积信号的比值不能直接得到疾病的诊断结果或健康状况，该血液体积信号的比值属于中间结果信息，因此该方法不属于疾病的诊断方法。

（3）健康状况

“健康状况”应当理解为：患病风险度、健康状况、亚健康状况以及治疗效果等。因此，患病风险度评估方法、健康状况（包括亚健康状况）的评估方法都属于疾病的诊断方法。

【案例1－22】

一种检测患者患癌症风险的方法，包括如下步骤：（i）分离患者基因组样本；（ii）检测是否存在或表达SEQ ID NO：1序列所包含的基因，其中存在或表达所述基因表明患者有患癌症的风险。

【分析】

该方法的直接目的是获得该样本主体患有癌症的风险度，是以获得同一主体的健康状况为直接目的的，因此该方法属于疾病的诊断方法。

【案例1－23】

一种依据选定测量的生理指标与相应的健康状况参考指标的比较来确定人的健康状况的方法。

【分析】

该方法涉及一种确定人体健康状况的方法，这种方法以获得同一主体的健康状况为直接目的，因此该方法属于疾病的诊断方法。

（4）“异常”

如果某种医学检测方法得到的是“异常”结果，需要判断该“异常”是否与疾病相联系。如果该“异常”与疾病直接相关，则该方法属于疾病的诊断方法。

【案例 1－24】

一种确定活体内心脏异常的方法，该方法包括步骤：分析一个图像的至少一个光谱特征；以及在该分析的基础上作出一个心脏异常的判定。

【分析】

该方法虽然检测的是“异常”，但该“异常”与疾病直接相关，因此该方法属于疾病的诊断方法。

（5）疗效和药效

疾病治疗效果预测和评估方法，属于疾病的诊断方法。

【案例 1－25】

一种通过血管成像预测肿瘤光动力学治疗效果的方法，其特征在于先获取肿瘤组织在光动力学治疗前的光声层析血管图像，然后根据肿瘤特性和治疗方案模拟肿瘤组织在光动力学治疗后的光声层析血管图像，最后将肿瘤组织在光动力学治疗前后的光声层析血管图像进行比较，从而预测该光动力学治疗方法对肿瘤的治疗效果。

【分析】

该方法的目的是为了获得疾病治疗效果的预测，因此属于疾病的诊断方法。

（6）医学参数的处理方法

对获取的医学参数进行处理的方法不属于疾病的诊断方法。

【案例 1－26】

一种血压值的校正方法，在检测到血压值后，通过将校正装置检测的压力值与检测到的血压值进行对比，判断该血压值是否在容许误差范围内，如果不在容许误差范围内，该校准装置将至少两个以上的学习压力点信号传送至电子血压计进行感测及储存，从而实现电子血压计的压力检测准确性。

【分析】

该方法涉及一种血压值的校准方法，该方法是对血压测量值进行校准，从而提高电子血压计血压检测的准确性，其直接目的不是获得诊断结果，因此不属于疾病的诊断方法。

（7）区分影像诊断方法与成像方法

区别影像诊断方法与成像方法的关键在于，判断该方法的直接目的是改进成像条件以便获取图像或对图像进行处理，还是根据图像进行诊断分析以得到诊断结果。如果该方法是以改进成像条件或提高图像质量（包括消除噪声、伪影，提高图像对比度、分辨率等）等为直接目的，则应当属于成像方法；如果该方法还包括了对影像进行分析和获得诊断结果的步骤，则该方法属于影像诊断方法。

【案例 1－27】

一种由 X 射线 CT 装置实现的 CT 成像方法，其中主处理器将由该装置的多个 X

射线传感器产生的多块图像数据组，分成从成对的 X 射线传输通道中获得的数据组，该主处理器将分组的数据分送至多个从属处理器中，从属处理器采用对应于产生图像数据的 X 射线传感器的修正数据对所提供的数据进行第一预处理，然后从属处理器执行第二预处理 FBP（滤波背投影）程序和后续程序，以及主处理器采集由从属处理器执行的这些程序而得的数据并合成该数据，以产生一 CT 图像。

【分析】

该成像方法的目的是减少数据处理时间，缩短 CT 图像的显示时间，从而可在较短的时间内得到 CT 图像，该方法的目的不在于对图像进行诊断分析以得到诊断结果，因此该方法属于成像方法，不属于疾病的诊断方法。

【案例 1－28】

生物活体内含骨部位骨组织状况的超声定量评估方法，用于判断骨折风险。

【分析】

该方法涉及一种生物活体内含骨部位骨组织状况的超声定量评估方法，该方法是以生物活体为对象，通过超声成像的方式，对获得的超声图像进行分析并评估骨折风险，其直接目的是获得疾病诊断结果，因此该方法属于疾病的诊断方法。

对于属于疾病的诊断方法的申请，为了克服该缺陷，有些案例可以根据原始文件的记载将权利要求保护的主题修改为试剂盒、制备方法或检测方法等。

2.2.3.2　*疾病的治疗方法*

治疗方法包括以治疗为目的或者具有治疗性质的各种方法。预防疾病或者免疫的方法视为治疗方法。

（1）常见的不授予专利权的方法

① 外科手术治疗方法、药物治疗方法、心理疗法。

② 以治疗为目的的针灸、麻醉、推拿、按摩、刮痧、气功、催眠、药浴、空气浴、阳光浴、森林浴和护理方法。

③ 以治疗为目的利用电、磁、声、光、热等种类的辐射刺激或照射人体或者动物体的方法。

④ 以治疗为目的采用涂覆、冷冻、透热等方式的治疗方法。

⑤ 为预防疾病而实施的各种免疫方法。

⑥ 以治疗为目的的受孕、避孕、增加精子数量、体外受精、胚胎转移等方法。

⑦ 以治疗为目的的整容、肢体拉伸、减肥、增高方法。

⑧ 处置人体或动物体伤口的方法，例如伤口消毒方法、包扎方法。

⑨ 以治疗为目的的其他方法，例如人工呼吸方法、输氧方法。

（2）常见的可授予专利权的方法

① 制造假肢或者假体的方法，以及为制造该假肢或者假体而实施的测量方法。

② 通过非外科手术方式处置动物体以改变其生长特性的畜牧业生产方法，例如，

通过对活羊施加一定的电磁刺激促进其增长、提高羊肉质量或增加羊毛产量的方法。

③ 动物屠宰方法。

④ 对于已经死亡的人体或动物体采取的处置方法，例如，解剖、整理遗容、尸体防腐、制作标本的方法。

⑤ 单纯的美容方法，即不介入人体或不产生创伤的美容方法，包括在皮肤、毛发、指甲、牙齿外部可为人们所视的部位局部实施的、非治疗目的的身体除臭、保护、装饰或者修饰方法。

【案例1－29】

一种基于放热化学反应的肿瘤热疗方法，其特征在于：将产生热反应的化学反应物采用局部微创注射的方式介入至肿瘤靶区，所述介入的化学反应物在肿瘤靶区内发生化学反应，释放热量，所释放的热量对肿瘤靶区的肿瘤细胞进行加热杀灭；所述的化学反应物为分别注射到肿瘤靶区的浓盐酸与氢氧化钠溶液……

【分析】

首先，该方法包括了对活体注射化学反应物的过程，这是一种介入性治疗或处置过程，属于外科手术方法；其次，该方法的目的是利用化学反应物在肿瘤靶区内发生化学反应杀灭肿瘤细胞，用于治疗目的，因此它属于治疗目的的外科手术方法，属于疾病的治疗方法。

【案例1－30】

一种去除牙斑的方法。

【分析】

由于该方法具有改善牙齿外观的美容效果，同时去除牙斑菌不可避免地具有预防龋齿和牙周病的治疗作用，该方法的治疗效果与美容效果不可区分，因此属于治疗方法。

【案例1－31】

防止晒黑的美容方法，该方法采用物理防晒剂通过遮蔽或散射光线进行防晒。

【分析】

该方法以美化肤色为目的，不以治疗为目的，并且也不包括创伤性或介入性的处置过程，因此属于单纯的美容方法，不属于治疗方法。

2.2.3.3　同时包括诊断和非诊断方法以及同时包括治疗和非治疗方法的情形

在发明涉及医药生物等领域时，权利要求的主题可能同时包括诊断和非诊断方法，或者同时包括治疗和非治疗方法。对于这些情形，如果说明书中明确记载该使用方法（用途）也可以用于治疗人或动物疾病或具有治疗疾病的性质，那么，即使所有活性实验都不涉及人和动物，例如杀植物病虫害的活性实验，但是，如果不能排除其可同样用于人或动物，该方法（用途）权利要求中依然可能因包括了属于《专利法》第25条第1款第（3）项规定的不授权的情形而无法获得授权；类似地，也不能因为说明书中提供的活性实验都是体外实验，而认定该方法（用途）仅仅是体外实施的。因此，撰写时需要注意排除这些会导致不授权的内容。对可能包含体内实施和治疗目的的权利要求，应在权利要求中加入“体外”或“非治疗目的”进行限定。

【案例1-32】

权利要求：一种用核酸转染细胞的方法，它包括使细胞与权利要求1所说的交联聚乙烯亚胺与核酸构成的组合物接触的步骤……

说明书：交联聚乙烯亚胺是作为转运核酸的载体。所有的活性试验都是体外试验。

【分析】

虽然说明书中所有的活性试验都是体外试验，但是说明书同时指出交联聚乙烯亚胺作为基因治疗的载体物质，将核酸（遗传物质）转移入人体细胞内部，通过恢复或增添基因表达等达到治病的目的。该权利要求中没有限定该转染是在体外还是体内进行，也没有限定“核酸”必然不是“具有治疗作用的”核酸，因此该权利要求未排除属于不授权客体的治疗方法部分，落入《专利法》第25条第1款第（3）项的范畴。

对于用药物治疗疾病的方法的申请，为了克服该缺陷，可以根据原始文件的记载将权利要求的保护主题修改为制药用途。

2.2.4 动植物品种

以下分别举例说明属于动物品种和植物品种的情形。

2.2.4.1 动物品种

动物胚胎干细胞、生殖细胞、受精卵和胚胎都属于动物品种。动物的体细胞以及动物组织和器官（除胚胎以外）不属于动物品种。由体细胞经过脱分化形成的全能干细胞能够发育为动物体，属于动物品种范畴。

【案例1-33】

权利要求：小鼠干细胞，其特征在于其源自小鼠肝脏，所述干细胞的保藏编号为……

说明书中详细描述了该申请中所得到的源自小鼠肝脏的小鼠干细胞具有分化全能性。

【分析】

来源于体细胞的干细胞通常不具有分化全能性，能够被授予专利权。但由于说明书中已经明确描述了该权利要求中所述的小鼠干细胞具备分化全能性，能够分化生长成为小鼠，所以即使该干细胞并非胚胎干细胞，其仍然属于动物品种范畴，不能被授予专利权。

【案例1-34】

一种动物细胞、组织或器官，其含有SEQ ID NO：X所示序列的基因X。

【分析】

如果说明书中描述了动物的胚胎干细胞、体细胞经脱分化形成的全能干细胞、动物各个形成和发育阶段例如生殖细胞、受精卵、胚胎等细胞、组织或器官，则权利要求中需要排除这些主题。

2.2.4.2　植物品种

植物品种包括处于不同发育阶段的植物体本身，还包括能够作为植物繁殖材料的植物细胞、组织或器官等。特定植物的某种细胞、组织或器官是否属于繁殖材料，应当依据该植物的自然特性以及说明书中对该细胞、组织或器官的具体描述进行判断。

【案例1－35】

权利要求2：百合鳞茎，其特征在于其已通过权利要求1所述的组培方法脱去病毒。

【分析】

百合鳞茎虽然仅为百合的营养器官，但是根据百合的繁殖特性，其鳞茎本身即可作为无性繁殖材料，因此，该权利要求请求保护的主题属于植物品种。

【案例1－36】

权利要求1：一种分离的基因，其核苷酸序列如SEQ ID NO：1所示。

权利要求2：一种植物细胞，其含有包含权利要求1所示序列的表达载体。

说明书中没有给出任何有关权利要求2的植物细胞能够分化生长成为完整植株的描述。

【分析】

权利要求2请求保护的是植物细胞，而在说明书中并没有给出任何有关该细胞能够分化生长成为完整植株的描述。这种情况下，不能将该细胞理解为繁殖材料，因此该细胞不属于植物品种的范畴。

【案例1－37】

一种植物细胞、组织或器官，其含有SEQ ID NO：X所示序列的基因X。

【分析】

虽然本领域技术人员公知植物细胞具有全能性，可以通过组织培养方法使任何一个植物细胞发育成一个新个体，但是应当依据该植物的自然特性以及说明书中对其的具体描述进行判断。如果说明书中描述了属于繁殖材料的植物特定细胞、组织或器官，例如愈伤组织、种子等，则权利要求中需要排除这些主题。

2.2.5　原子核变换方法和用该方法获得的物质

原子核变换方法，是指使一个或几个原子核经分裂或者聚合，形成一个或者几个新原子核的过程。由于这样的方法获得的物质常用于军事目的，关系到国家的重大利益，不宜为人垄断，不宜公开，因此原子核变换方法及其用原子核变换方法获得的物质均不能被授予专利权。例如，原子核裂变或聚变方法；用加速器、反应堆以及其他核反应装置生产的各种放射性同位素、化合物。

但是，为实现核变换而增加粒子能量的粒子加速方法可以专利保护；实现核变换方法的装置、设备、仪器等也可以给予专利保护，例如，“一种核裂变链式反应动态演示仪”、“一种氢氧源安全共振预裂解装置”等。

【案例 1－38】

一种用于生产钼 99 的装置，该装置借助同位素转换反应用钼 100 生产高放射性强度的钼 99，其特征在于包括：（a）一个电子加速器；（b）一个转换器，用于将电子束转换成高能高强度的光子束；以及（c）一个钼 100 靶。

【分析】

该装置属于原子核变换方法实现的装置，不是用原子核变换方法获得的物质，因此，属于可被授予专利权的主题。

第三节　说明书的撰写

本节内容包括说明书撰写的实质要求和形式要求，涉及《专利法》第 26 条第 3 款和第 4 款、《专利法实施细则》第 17 条和第 18 条。

1　说明书应当充分公开发明

《专利法》第 26 条第 3 款规定：“说明书应当对发明或者实用新型作出清楚、完整的说明，以所属技术领域的技术人员能够实现为准……”

1.1　法条释义

在专利制度的框架下，申请人通过说明书以向社会公众公开其作出的具备新颖性、创造性和实用性的发明创造，换取国家授予其一定时间期限之内的专利独占权，有利于鼓励其作出发明创造的积极性；公众获得了新的技术信息，既能在其基础上作出进一步改进，避免因重复研究开发而浪费社会资源，又能促进发明创造的实施，有利于发明创造的推广应用。对申请人和公众而言，这是一种双赢的结果。如果说明书对发明的说明没有达到所属技术领域的技术人员能够实现的程度，就会打破上述利益平衡，该专利申请就不会被授予专利权。如果说明书存在不满足《专利法》第 26 条第 3 款规定的缺陷，则可能无法通过后续修改克服这样的缺陷，因此在提交专利申请的时候说明书就必须满足这一要求。

《专利法》第 26 条第 3 款中规定的“能够实现”是对“清楚”、“完整”的程度的要求。“清楚”、“完整”和“能够实现”这三个方面是对说明书的整体要求，而不是三个并列的要求，即说明书对发明应进行清楚和完整的描述，达到所属技术领域的技术人员能够实现的程度。

在说明书有附图的情况下，说明书的文字说明部分与说明书附图的结合应当满足这样的要求。在申请人对涉及的生物材料提交保藏的情况下，说明书的文字说明部分、说明书附图、被保藏的生物材料三者的结合应当满足这样的要求。

1.1.1 所属技术领域的技术人员

判断说明书是否清楚、完整地公开了发明的技术内容，即专利申请是否满足充分公开的要求，应当基于所属技术领域的技术人员的知识和能力来进行评价。

所属技术领域的技术人员，也可称为本领域的技术人员，是指一种假设的“人”，假定他知晓申请日或者优先权日之前发明所属技术领域所有的普通技术知识，能够获知该领域中所有的现有技术，并且具有应用该日期之前常规实验手段的能力，但他不具有创造能力。如果所要解决的技术问题能够促使本领域的技术人员在其他技术领域寻找技术手段，他也应具有从该其他技术领域中获知该申请日或优先权日之前的相关现有技术、普通技术知识和常规实验手段的能力。

设定这一概念的目的，在于统一审查标准，尽量避免主观因素的影响。《专利法》第 26 条第 3 款规定“以所属技术领域的技术人员能够实现为准”，其含义是所属技术领域的技术人员在阅读说明书的内容之后，就能够实现该发明或者实用新型的技术方案，解决发明或者实用新型要解决的技术问题，产生其预期的有益效果。

1.1.2 清楚、完整

按照《专利审查指南 2010》的规定，清楚的说明书指说明书主题明确和表述准确，而完整的说明书指对说明书应包括理解、实现发明所需的全部技术内容。

1.1.2.1 主题明确

《专利审查指南 2010》的规定：说明书应当从现有技术出发，明确地反映出发明或者实用新型想要做什么和如何去做，使所属技术领域的技术人员能够确切地理解该发明或者实用新型要求保护的主题。换句话说，说明书应当写明发明或者实用新型所要解决的技术问题以及解决其技术问题采用的技术方案，并对照现有技术写明发明或者实用新型的有益效果。上述技术问题、技术方案和有益效果应当相互适应，不得出现相互矛盾或不相关联的情形。

1.1.2.2 表述准确

《专利审查指南 2010》规定：说明书应当使用发明或者实用新型所属技术领域的技术术语。说明书的表述应当准确地表达发明或者实用新型的技术内容，不得含糊不清或者模棱两可，以致所属技术领域的技术人员不能清楚、正确地理解该发明或者实用新型。

1.1.2.3 完整

《专利审查指南 2010》规定：凡是与理解和实现发明或者实用新型有关，但所属领域的技术人员不能从现有技术中直接、唯一地得出的内容，均应当在说明书中作出清楚、明确的描述。一份完整的说明书应当包含下列各项内容：帮助理解发明或者实用新型不可缺少的内容；确定发明或者实用新型具备新颖性、创造性和实用性所需的内容；实现发明或者实用新型所需的内容。对于克服了技术偏见的发明或者实用新型，说明书还应当解释为什么该发明或者实用新型克服了技术偏见，新的技术方案和技术偏见之间的差别以及为克服技术偏见所采用的技术手段。

1.1.3　能够实现

所属技术领域的技术人员能够实现，是指所属技术领域的技术人员按照说明书记载的内容，就能够实现该发明或者实用新型的技术方案，解决其技术问题，并且产生预期的技术效果。

说明书应当清楚地记载发明或者实用新型的技术方案，详细地描述实现发明或者实用新型的具体实施方式，完整地公开对于理解和实现发明或者实用新型必不可少的技术内容，达到所属技术领域的技术人员能够实现该发明或者实用新型的程度。

由于化学是实验科学，化学领域的发明创造能否实施往往难以预测。因此，尤其要注意《专利审查指南2010》第二部分第二章第2.1.3节规定的“由于缺乏解决技术问题的技术手段而被认为无法实现”的第（5）种情形，即“说明书中给出了具体的技术方案，但未给出实验证据，而该方案又必须依赖实验结果加以证实才能成立。例如，对于已知化合物的新用途发明，通常情况下，需要在说明书中给出实验证据来证实其所述的用途以及效果，否则将无法达到能够实现的要求”。一般来说，效果实验应包括实验所用的具体物质、实验方法、用定性或定量数据表示的实验结果以及实验结果与所述用途或效果的关系四个部分。

1.1.4　“能够实现”与实用性要求中“能够制造或者使用”的区别

《专利法》第22条第4款要求，发明必须具备实用性，即“发明或者实用新型能够制造或者使用，并且能够产生积极效果”。具备实用性是授予专利权的基本条件之一，不具备实用性就不能被授予专利权。

一项发明创造要获得专利保护，首先必须有用，即能在产业中应用，而不能是理论的、抽象的东西。“能够制造或者使用”意味着能在实际产业中予以应用。如果发明是产品，则该产品在产业中能够制造出来并且能够解决技术问题；如果发明是方法，则应能够在产业中使用并且能够解决技术问题。“在产业上能够制造或者使用的技术方案”是指符合自然规律、具有技术特征的任何可实施的技术方案。

《专利法》第26条第3款要求专利申请的说明书对发明或者实用新型作出清楚、完整的说明，以“所属技术领域的技术人员能够实现”为准。这是对专利申请说明书的要求，即通常所称的充分公开的要求。在这里，“所属技术领域的技术人员能够实现”是指所属技术领域的技术人员在阅读说明书的内容之后，就能够实现该发明或者实用新型的技术方案，解决发明或者实用新型要解决的技术问题，产生其预期的有益效果。它是衡量说明书是否达到充分公开发明创造的要求的基准，是说明书清楚、完整地说明发明创造的结果。

不具备实用性的方案通常是因为违反客观规律、依赖随机因素或独一无二的自然条件等而无法制造或使用，这种固有的缺陷与说明书公开的程度无关，即使说明书公开得再详细，发明也不具备实用性。而一项实际上可能具备新颖性、创造性、实用性的发明，则有可能因说明书的撰写未能达到充分公开的要求，所属领域技术人员难以实现而不能获得专利权。

1.2 法条应用

按照《专利审查指南2010》第十章的规定，化学发明包括化学产品、化学方法和化学产品用途。本小节重点说明化学产品的充分公开问题。此外，本小节还举例说明了化学领域涉及生物技术发明创造所独有的特殊问题——生物材料的保藏。

1.2.1 产品的表征和确认

这里所称的产品包括化合物、组合物以及仅用结构和/或组成不能清楚描述的化学产品。

1.2.1.1 产品的表征

化学产品通常应当用产品的结构和/或组成特征来表征。特殊情况下，如果产品仅用结构和/或组成特征难以清楚地表征，可以结合使用物理、化学参数和/或制备方法进行表征。

对于产品发明，说明书中应当记载至少一种制备方法，说明实施所述方法所用的原料物质、工艺步骤和条件、专用设备等，使所属技术领域的技术人员能够实施。

（1）用结构和/或组成特征表征

【案例1-39】

权利要求：一种端羟基液体聚丁二烯，其数均分子量为500~5000，分子量分布为1.5~3.0，聚丁二烯链中1，2-结构与1，4-结构的比为1:3~1:5。

说明书：描述了该液体聚丁二烯是导弹推进剂的一个组分，为适用于该用途，通常对该液体聚丁二烯的分子量分布有要求，同时为改进该液体聚丁二烯的某项性能，作为分子链主体的聚丁二烯要求具有1:3~1:5的1，2-和1，4-结构比例，这也是使其区别于现有技术已知产品的特征所在。

【分析】

该权利要求请求保护一种具有特定端羟基的液体聚丁二烯，根据说明书的上述描述，用分子量、分子量分布、端基结构、聚丁二烯链的1，2-和1，4-结构的比例，并结合主题名称聚丁二烯，能够清楚地表征请求保护的产品。

【案例1-40】

权利要求：一种通式为$(S-I-S)_nX$的星型嵌段共聚物，S为聚苯乙烯嵌段，I为聚异戊二烯嵌段，n为臂的数目，X为偶联中心，其中每个臂中两个S嵌段为对称分布或不对称分布，且S嵌段与I嵌段的摩尔比为7~3:3~7，每条臂的数均分子量为 10000～150000，n 为 3 或 4，X 为 Si 或 Sn。

【分析】

该权利要求请求保护一种通式为（S－I－S）$_n$X 的星型嵌段共聚物，说明书对于星型共聚物的每一条臂均给出了结构单元的名称、其排列形式及其比例关系以及臂的分子量等基本结构和/或组成特征；对于星型共聚物整体，给出了臂的数目以及偶联中心原子，这种表征方式使得所属技术领域的技术人员能够根据上述特征清楚地确定该星型共聚物，因此，该共聚物的表征是清楚的。

（2）结合物理化学参数和/或制备方法表征

1）结合物理化学参数表征

常用的高分子化合物的物理化学参数包括粘度、熔体流动速率、玻璃化转变温度、结晶度、熔点、密度、透明度、折射率、抗张强度（抗拉强度）、屈服强度、冲击强度、伸长率、延展度、硬度、弹性系数等。

【案例 1－41】

权利要求：一种基本上线性的乙烯共聚物，其特征是密度为 0.850～0.965g/cm^3，根据 ASTM D 1238 E 测量的熔体流动速率大于 30g/10min。

说明书：没有记载与乙烯共聚的共聚单体类型、乙烯与共聚单体单元在高分子链中所占的比例、该共聚物的分子量。

【分析】

对于基本上线性的高分子化合物，通常应当用重复单元的名称或结构式、重复单元的排列形式、共聚时不同结构单元的比例关系、分子量等基本结构和/或组成特征进行表征。虽然密度和熔体流动速率与乙烯共聚物的结构和/或组成相关，但它们只是一类乙烯共聚物固有性能的反映，并不能代替上述基本结构和/或组成特征以使所属技术领域的技术人员能够清楚地确认该乙烯共聚物。该申请说明书中没有记载与乙烯共聚的共聚单体类型、乙烯与共聚单体单元在高分子链中所占的比例、该共聚物的分子量等特征，所属技术领域的技术人员无法清楚地确定请求保护的乙烯共聚物的基本结构，导致该共聚物的表征不清楚。

对于此类申请，提交申请时应在说明书中清楚记载与乙烯共聚的共聚单体类型、乙烯与共聚单体单元在高分子链中所占的比例、该共聚物的分子量等特征，以便对该共聚物进行清楚的表征，避免说明书公开不充分。

2）结合制备方法特征表征

用制备方法特征表征高分子化合物产品权利要求时，制备方法特征包括聚合反应的类型（如本体、溶液、悬浮、乳液聚合等），所用原料单体及单体间的用量关系，聚合反应所需的功能性添加剂及其用量，引发体系及相对于单体的用量，聚合反应的温度、压力、时间等反应条件，反应的工艺步骤（如加料次序、加料方式、过程的衔接等），终止或结束的方式等。

应当注意，从技术含义理解，高分子化合物的制备方法特征往往隐含包括了某些结构和/或组成特征。例如，由原料单体和单体间的用量关系通常可导出重复单元结构和不同共聚单元的比例关系；由活性阴离子聚合的引发体系和不同单体的顺序加料方式可导出嵌段共聚的重复单元排列形式，如果再结合活性阴离子聚合引发体系的用量和不同单体的用量，甚至可计算出产物的平均分子量。应当根据具体情形及现有技术状况进行分析，不能机械地认为仅使用制备方法特征就一定不能清楚地表征高分子化合物。

【案例1－42】

权利要求：一种丙烯酰胺共聚物，该共聚物的重均分子量（a）为1500000～10000000，重均均方根半径（b）为30～150nm，重均均方根半径与重均分子量之比（b）/（a）为0.00004或更小，它由下述单体组分经水溶液聚合而制得：（A）94～99.97mol%（甲基）丙烯酰胺，（B）0.01～1mol%交联单体亚甲基双丙烯酰胺，（C）0.02～5mol%下式表示的乙烯基磺酸或其盐（式略）。

【分析】

说明书描述了该丙烯酰胺共聚物的原料单体及其用量范围和聚合方法特征，并给出了聚合物的物理化学参数特征，这种表征使所属技术领域的技术人员由此可以确定该轻度交联的无规共聚物的结构单元和不同结构单元的比例、分子量，以及其三个方向的尺寸大小。因此，该表征是清楚的。

1.2.1.2　产品的确认

（1）化合物的确认

对于化学合成或者从天然来源提取分离的具体化合物，说明书中应当说明该化合物的化学名称、结构式或分子式，并应当记载该化合物的物理—化学性能参数，以使请求保护的化合物能被清楚地确认和表征。特别是，对于从天然来源提取分离的化合物，通常不能从理论上或者提取方法本身预测或确定提取物的结构。因此，当提取分离的化合物是新化合物时，说明书一般应当记载能有效鉴别该化合物结构的数据，例如核磁、紫外、红外和质谱数据，使得要求保护的化合物结构能够被清楚地确认。

对于通式化合物，说明书中应当说明通式化合物的结构式（包括通式中各取代基的定义），对化学结构的说明应当明确到使本领域的技术人员能确认该通式化合物的程度；并且说明书中还应当记载通式化合物范围内的至少一部分具体化合物的化学名称、结构式或分子式及其物理—化学性能参数。

有些情况下，用途和/或效果的实验数据也可以作为确认化合物的依据。例如，说明书虽然没有记载化合物的任何物理—化学性能参数，但记载了该化合物的制备方法，以及对应于该化合物的具体用途和/或效果的实验数据。在这种情况下，如果根据该方法本领域技术人员必然能够制备出所述化合物，并且也能够确认所述效果是由该化合物直接产生的，而不是由例如它与其他活性成分联用的组合物产生的，则这样的实验数据也可以作为确认相应化合物的依据。

【案例1-43】

权利要求：化合物（Ⅰ）（结构式略）。

说明书：公开了式（Ⅰ）化合物的结构、相应的制备方法，并且记载了一部分具体化合物的制备实施例。虽然未给出相应的物理—化学性能参数，但是给出了所述具体化合物的用途和/或效果的实验数据。

【分析】

如果能够确定制备方法与产品的对应关系，如制备方法中反应物之间的反应位点是唯一的，由该方法只能获得所述目标化合物，并且，这些具体化合物的用途和/或效果的实验数据也说明确实制得了这些化合物，则应当认为这些具体化合物能够得到确认，并可以将其作为确认通式化合物的依据。

【案例1-44】

权利要求：中间体Y。

说明书：公开了由原料X生成中间体Y，再由Y形成最终产物Z的反应路线。Y的用途即是生成Z，Z具有A用途。说明书中虽然未给出Y的物理—化学性能参数，但给出了Z的物理—化学性能参数。

【分析】

说明书中公开了最终产物Z的物理—化学性能参数，由此可以确认最终产物Z。同时，根据从Y到Z的反应路线可以推知：要得到Z必然经由中间体化合物Y。因此，即使说明书中未给出确认Y的物理—化学性能参数，Y也能够得到确认。

【案例1-45】

权利要求：请求保护一种丁二烯、异戊二烯、苯乙烯嵌段共聚物，其特征在于该共聚物具有如下结构：S-I-B-I-S，其中S为聚苯乙烯嵌段，B为聚丁二烯嵌段，I为聚异戊二烯嵌段，其中苯乙烯含量为10～50wt%，异戊二烯含量为10～75wt%，丁二烯含量为10～75wt%。

说明书：记载了所述结构的共聚物，并记载了制备方法具体如下：先使丁二烯在双官能团烷基锂引发剂作用下进行反应，待丁二烯全部反应后，加入异戊二烯单体进行反应，在异戊二烯反应结束后加入苯乙烯单体进行反应，得到S-I-B-I-S嵌段共聚物。说明书未记载确认所述聚合物结构的数据。

【分析】

这是一种典型的活性阴离子聚合，说明书中记载了制备S-I-B-I-S嵌段共聚物的方法：首先由丁二烯在引发剂作用下反应，形成聚丁二烯链段B，然后加入异戊二烯，在聚丁二烯嵌段的两端形成聚异戊二烯链段I，最后加入苯乙烯，在两端形成聚苯乙烯S链段，因此由制备方法中加料的先后顺序可以得出嵌段共聚物中各重复单元的连接关系为S-I-B-I-S，通过单体加入量可以得出嵌段共聚物中各单体单元的含量，通过引发剂的用量可以计算共聚物的平均分子量。由此可见，虽然说明书中没有确认嵌段聚合物结构的数据，但是制备方法中单体的用量、单体的加入顺序已经隐含了请求保护的产品的结构和/或组成，因此认为嵌段聚合物的结构得到确认。

对于化合物新晶型的发明，说明书中应当记载化合物的化学名称和/或结构式，以说明化合物的化学结构，并且一般还应当至少公开可以表征晶体的下述特征之一：晶体晶胞参数（a，b，c，α，β，γ）和空间群、晶体 XRPD 图（数据）或固相 NMR 图（数据）。

此外，对于上述参数，如果现有技术中存在导致不同结果的多种测定方法和/或测定条件，则说明书中应当具体说明申请采用的测定方法和/或测定条件；若为特殊测定方法，则说明书中应当详细说明，以使所属领域技术人员能够实施该方法。

（2）组合物的确认

对于组合物发明，说明书除了应当记载组合物的组分外，还应当记载各组分的化学和/或物理状态、各组分可选择的范围、各组分的含量范围及其对组合物性能的影响等。

【案例 1－46】

权利要求：一种肥料和农药组合物，它以缓控释化学肥料颗粒为核心，外面包裹微生物肥料和无机包裹材料，最外层包裹除草剂。

说明书：组合物中的微生物肥料涉及“解磷菌、解钾菌”，在实施例 1 中，记载了“取缓控释化学肥料（球形颗粒，氮、磷、钾总含量 36%）5 公斤，在荸荠型造粒机内与膨润土 2 公斤混合，在 50℃下滚动造粒 5 分钟，同时喷加解磷菌和解钾菌液 300 毫升，干燥后涂覆无机包裹材料，之后将草铵膦 0.5 公斤、膨润土 0.5 公斤和水 1 公斤的混合物涂覆在颗粒表面”。但是说明书中没有公开解磷菌、解钾菌等的来源、生物学名称等。

【分析】

该申请要解决的技术问题是如何使传统的化肥同时具有除草的作用。为此，申请人提出了如权利要求所述的一种微生物肥料、化学肥料和除草剂的组合物的技术方案。该申请发明实质在于两类肥料与除草剂的叠加作用，而不在于菌种或菌株的选择。实施例 1 公开了四种原料（缓控释化学肥料、膨润土、解磷菌和解钾菌以及草铵膦）及其用量，生产设备（荸荠型造粒机），以及完整的工艺步骤和条件，并对产品进行了性能表征。技术方案中所述的微生物肥料虽然涉及解磷菌、解钾菌等相关菌种，但是，由于上述各菌种的微生物肥料及其生产方法在现有技术中都是已知的，该申请利用的是所述解磷菌和解钾菌所具有的解磷和解钾的功能，并且由于采用分层包裹，化学肥料和除草剂对于微生物肥料活性的影响很小，因此，对本领域技术人员来说所述各菌种的微生物肥料的含义是清楚、明确的，即使说明书中没有记载上述菌种的微生物名称、来源和生产方法，也并不影响本领域技术人员根据说明书记载的内容，实现该申请所述的肥料和农药组合物的技术方案。在说明书记载内容的基础上，本领域技术人员使用已知的原料，采用常规的设备，并使用其中提到的工艺步骤和条件能够得到所述的肥料和农药组合物，因此，该肥料和农药组合物可以得到确认。

【案例 1－47】

权利要求：繁缕多糖，其特征在于它是从繁缕中提取的，分子量分布在 4000～2000000 之间，多糖上含肽和羧基。

说明书：公开了繁缕多糖的提取方法，没有公开其结构式或分子式，也未记载能够确认该“繁缕多糖”结构和/或组成的定性定量数据或谱图等；在实施例中记载了以葡萄糖作为标准、采用硫酸－苯酚法测定多糖中己糖、糖醛酸等多糖成分的含量。

【分析】

对于权利要求请求保护的含有提取方法特征“从繁缕中提取的”的多糖产品权利要求，可视为繁缕多糖提取物的发明。虽然说明书中未记载能够确认该繁缕多糖结构和/或组成的定性定量数据或谱图，但是由于说明书公开了该繁缕多糖的提取方法，并且记载了以葡萄糖作为标准、采用硫酸－苯酚法测定多糖中己糖、糖醛酸等多糖成分的含量的数据，所属技术领域的技术人员确认能够制备出所述繁缕多糖提取物。因此所要求保护的繁缕多糖产品能够得到确认。

（3）仅用结构和/或组成不能清楚描述的化学产品的确认

对于仅用结构和/或组成不能清楚描述的化学产品，说明书中应当进一步使用适当的化学、物理参数和/或制备方法对其进行说明，使要求保护的产品能被清楚地确认。例如，中药组合物发明，由于中药组合物无法仅用结构和/或组成清楚地表征，因此，要求说明书中应描述其制备方法以使该中药组合物能被清楚地确认。

【案例 1－48】

权利要求：一种奶酪制品，其特征在于通过以下步骤制得：……

说明书：记载了该奶酪制品是通过将由天然奶酪、黄杆菌胶体、角豆树胶和补强填充剂组成的混合物加热到 65～120℃，使该混合物细分散，然后冷却至 10℃以下，再将冷却后的混合物粉碎成粒状而制得。

【分析】

在某些技术领域（如中药、食品领域），通常很难确定产品的各种成分，因而，对于这些领域的产品发明，在无法用产品本身特征进行清楚限定时，常常允许用其制备方法来表征该产品以使该产品能被清楚地确认。本案中，说明书中使用奶酪制品的制备方法对该产品进行了说明，使该奶酪制品能被清楚地确认。

1.2.2 产品的制备

对于化学产品发明，说明书中应当记载至少一种制备请求保护的产品的制备方法，并说明实施所述方法所用的原料物质、工艺步骤和条件、专用设备等，使本领域技术人员能够实施。对于化合物发明，说明书中通常需要描述制备实施例。

1.2.2.1 原料含混不清

(1) 化合物原料

【案例1-49】

权利要求：一种除草组合物，含有组分

A) 异丙甲草胺，其化学名称为2-乙基-6-甲基-N-(1'-甲基-2'-甲氧乙基)氯代乙酰替苯胺，结构式如式Ⅰ，和

B) 甲磺隆，其化学名称为2-[3-(4-甲基-6-甲基-1，3，5-三嗪-2-基)脲基磺酰基]苯甲酸甲酯，结构式如式Ⅱ。

说明书：提供了实验结果，其中使用的有效成分以组分A和B表示。

【分析】

该申请要解决的技术问题是提高异丙甲草胺的杀草效力，防止抗药性的产生。为此，申请人提出了如权利要求所述的除草组合物的技术方案。组合物中的组分B试图以中文通用名、化学名称和结构式表达同一种除草化合物，但中文通用名、化学名称和结构式实际上分别代表了三种不同的物质，而且说明书中也未提供其他线索可以确定组分B所代表化合物的唯一指向。因此，本领域的技术人员无法清楚地得知组分B究竟是何物质，导致该技术方案不清楚，更无法利用该技术方案解决该申请所要解决的技术问题，达到预期的技术效果，因此，说明书公开不充分。

本案提示：提交申请时应注意对同一物质的不同名称的核查，避免名称不对应导致技术方案无法实施的情形。本案中，如果申请人有足够的证据能证实组分B所代表化合物唯一指向其中某一种名称，则该技术方案是清楚的，发明可以实施。

【案例1-50】

权利要求：一种大豆种子包衣剂，包含水、色素、成膜剂、杀虫杀菌剂，所述杀虫杀菌剂为施乐适。

说明书中的配方实施例以及实验效果例中，使用的杀虫杀菌剂是施乐适。现有技术中未检索到施乐适，也不存在施乐适。

【分析】

该申请要解决的技术问题是改善大豆的适应性及发芽率和发芽速度。为此，申请人提出了如权利要求所述的一种大豆种子包衣剂的技术方案。由于施乐适或者适乐适是现有技术中不存在的产品，说明书也未提供其制备方法或结构。本领域技术人员无法确认所述名称指代的产品，因此，该技术方案不清楚，更无法利用该技术方案解决该申请要解决的技术问题，达到预期的技术效果，说明书公开不充分。

对于本案，如果申请人能提供足够的证据证实其中一种名称在现有技术中有记载，而另一种名称在现有技术中的确不存在，由于两者同音，可以通过将所述名称修改为现有技术有记载的名称而克服上述缺陷。

（2）植物原料

【案例1－51】

权利要求：一种用于引诱苍蝇的苍蝇诱饵，其含有茹桂、马蹄香、食苍草和回心草。

说明书：没有对原料来源及组成进行清楚的说明。

【分析】

由于说明书中未对各原料的来源或组成进行清楚的描述，经检索，原料“马蹄香”的指代不确定，现有技术中，原料“马蹄香”是中药材的异名，对应于7种功效各异的不同药用植物，例如，有的“利尿通淋”、有的“祛风清热解毒”、有的“温中散寒、理气镇痛”，等等，而该发明的产品的用途是用于引诱苍蝇，与上述“马蹄香”的功效均没有关联性，导致所属技术领域的技术人员根据说明书的记载以及现有技术无法确定该申请使用其中哪种“马蹄香”能够达到该发明的目的，从而无法实现该发明，因此说明书公开不充分。

中药领域的药材名称较为复杂，申请时应特别注意，尽量不要使用异名或别名，而要采用正规名称，最好能记载相应的拉丁名称，以便本领域技术人员能清楚地确认或获得该药材名称。如果本领域技术人员无法确定不同的异名中哪种能否实现请求保护的发明，则导致说明书不符合《专利法》第26条第3款的规定。而且，申请人如果没有足够的证据澄清时，将无法补救。

【案例1－52】

申请涉及一种中草药饲料添加剂，其中该饲料的组成包括“缩附子”和“三楂”。

【分析】

虽然“缩附子”和“三楂”这两味药在现有技术中没有记载，说明书也未描述其成分或结构，但申请人在意见陈述时指出“缩附子”即“熟附子”，“三楂”即“山楂”。原申请中由于拼音相似导致了所述两味药的打字错误。并且指出在原说明书中记载的“缩附子”的功效“缩附子以温五谷气血之海，增强胃的受纳，腐熟功能，肾主骨生髓，司生长发育”和“三楂”的功效“促进消化”也分别与现有技术中“熟附子”和“山楂”的功效相对应。因此，该情形属于明显打字错误，允许修改为正确的名称，不存在说明书公开不充分的缺陷。

本案提示：虽然对于申请中出现的某些明显错误允许修改，不会导致说明书公开不充分，但撰写申请文件时应尽量避免这样的问题，因为很多情况下即便是属于明显错误，也可能无法进行不超出原始公开范围的修改，进而会导致无法弥补的说明书公开不充分的缺陷。

（3）植物提取物原料

对于要求保护的技术方案中涉及的植物提取物，说明书通常应当公开制备该提取物的原料、提取溶剂、工艺步骤和工艺条件，以使该提取物能被清楚地确认和获得，除非本领域的技术人员根据现有技术的记载能够获得该提取物。如果说明书中记载了某植物提取物是通过市售可以购买到的，则在说明书中应公开其具体商业来源或获得途径，以使本领域的技术人员能够获得该提取物。

【案例1－53】

权利要求：一种绿色农药，主要由芹菜提炼液和桔油组成，上述材料成分占总重量百分比分别为40%～60%、5%～10%，所述芹菜提炼液主要成分为α－蒎烯。

说明书：没有公开芹菜提炼液和桔油的来源或制备方法。

【分析】

该申请要解决的技术问题是克服化学合成农药对作物毒副作用强、不环保的缺点，寻求性质温和、环保的植物作为杀虫剂。为此，申请人提出了如权利要求所述的绿色农药的技术方案。该绿色农药中的活性成分是芹菜提炼液和桔油，而且芹菜提炼液的主要成分为α－蒎烯。经过初步检索，桔油是现有技术中已知的具有杀虫活性的精油，而主要成分为α－蒎烯的芹菜提炼液没有被现有技术公开。而且说明书中也没有公开主要成分为α－蒎烯的芹菜提炼液的来源或制备方法，因此，主要成分为α－蒎烯的芹菜提炼液是公众无法获得的物质。本领域技术人员无法实现含有该芹菜提炼液的绿色农药，该技术方案自然无法解决该申请要解决的技术问题。说明书公开不充分。

通常，上述缺陷无法通过修改得以克服。因此，在提交申请时，应在说明书中清楚记载主要成分为α－蒎烯的芹菜提炼液的制备方法；如果是现有技术已知的物质，例如通过商购可以获得，则应在说明书中清楚记载其商购来源。

（4）微生物原料

如果发明使用的微生物原料是公众不能得到的，应按规定将所涉及的微生物送交国家知识产权局认可的保藏单位进行保藏（具体参见《专利审查指南2010》第二部分第十章第9.2.1节）。

【案例1－54】

权利要求：一种酒红土褐链霉菌菌剂，是以酒红土褐链霉菌S506活菌菌种通过液体深层发酵或固体发酵制备的活菌培养物为有效成分组成。

说明书：详细记载了链霉菌S506的筛选方法，包括具体的筛选条件、筛选用培养基等。说明书清楚描述了该菌株已在发明人于申请日公开发表的文章中描述，见“根际益生菌链霉菌S506固体发酵条件优化，河北师范大学学报自然科学版，32（5）：660－664，2008年2月”。另外，申请人在申请日提交了保证从申请日起20年内向公众发放生物材料的证明。

【分析】

根据《专利审查指南2010》的规定，专利申请中必须使用的生物材料在申请日

（有优先权的，指优先权日）前已在非专利文献中公开的，应当在说明书中注明了文献的出处，说明了公众获得该生物材料的途径，并由专利申请人提供了保证从申请日起 20 年内向公众发放生物材料的证明。满足此条件的生物材料可以认为是“公众可获得的，不要求进行保藏”。对于本案，由于说明书清楚描述了该菌株已在发明人于申请日公开发表的文章“根际益生菌链霉菌 S506 固体发酵条件优化，河北师范大学学报自然科学版，32（5）：660－664，2008 年 2 月”中有描述。另外，申请人在申请日提交了保证从申请日起 20 年内向公众发放生物材料的证明。因此，说明书满足公开充分的要求。

目前，如果申请人在申请日没有提供“保证从申请日起 20 年内向公众发放生物材料的证明”，但在实质审查阶段补充提供相应的声明，只要保证可以从申请日起 20 年内向公众发放生物材料，通常也可以接受。

1.2.2.2　未记载制备方法

【案例 1－55】

权利要求：一种化合物晶体，……

说明书：记载了表征该晶体的各种参数，但是，没有公开任何与该晶体的制备有关的信息。

【分析】

该申请的主题涉及一种化合物晶体，虽然说明书中已经记载了表征该晶体的各种参数，但是，该申请说明书中没有公开任何与该晶体的制备有关的信息，例如制备该化合物晶体的具体方法和详细条件，也没有给出一个说明具体操作条件的制备实施例。由于化合物晶体的获得具有不可预期性，其形成与其制备条件关系特别密切，条件的细微差别有可能导致完全不同的结果，因此，本领域的技术人员根据说明书公开的信息无法获得该化合物晶体，从而不能实现该申请请求保护的技术方案，说明书不符合《专利法》第 26 条第 3 款的规定。

对于本案，应在原始说明书中记载至少一种制备该化合物晶体的方法，以使该化合物晶体可获得。

【案例 1－56】

权利要求：一种化合物晶体，……

说明书：记载了表征该晶体的各种参数，并且描述了该晶体的制备方法，提供了具体的制备实施例，制备方法中均涉及使用晶种来进行结晶的过程，但说明书中没有记载晶种的制备。

【分析】

该申请的主题涉及一种化合物晶体，虽然说明书中已经记载了表征该晶体的各种参数，并且描述了该晶体的制备方法，提供了具体的制备实施例，但在这些方法中，都涉及使用晶种来进行结晶的过程，而说明书中却没有记载该晶种的制备。由于本领域的技术人员不能根据本领域的一般知识制得该晶种，也无法从现有技术中获知该晶种的制备方法，因此，依据说明书给出的技术信息，本领域的技术人员无法获得所述晶种，从而也无法获得所述晶体，实现该申请请求保护的技术方案，因此说明书不符合《专利法》第26条第3款的规定。

在本案中，由于晶种的制备是获得所述化合物晶体所必不可少的步骤，因此，应在原始说明书中描述该晶种的制备方法。

1.2.3 技术效果

根据《专利审查指南2010》的要求，对于化学产品发明，说明书应当完整地公开产品的用途和/或使用效果。如果根据现有技术，本领域技术人员无法预测请求保护的产品能够实现所述用途和/或使用效果，则说明书中应当记载足以证明所述产品能够实现所述用途和/或达到预期效果的定性或定量实验数据，并应当说明实验方法。否则，说明书公开不充分，不符合《专利法》第26条第3款的规定。

化学产品的用途和/或使用效果是否可以根据现有技术预测，与发明的性质、现有技术状况、权利要求请求保护的范围等因素有关。如果请求保护的产品与现有技术产品的结构或组成不相近似，或者请求保护的产品的用途不同于现有技术中结构或组成接近的产品时，则本领域技术人员无法预测所述用途和/或使用效果。

1.2.3.1 无效果实验

如果说明书只是记载了所请求保护的产品具有某技术效果，而没有记载实验数据证实或者所述的实验数据不足以证实所声称的技术效果，所属技术领域的技术人员也无法根据现有技术合理预测出该方案能够产生所声称的技术效果的，则说明书公开不充分。例如，说明书中记载了请求保护的化合物具有抑菌效果，并针对具体化合物A给出了其水溶性的实验数据，但所属技术领域技术人员根据这样的实验数据不能得出化合物A具有抑菌效果的结论，因而说明书公开不充分。

注意，如果说明书中提供的实验数据虽然能够证明实验所用产品具有所述用途和/或效果，但不足以证明请求保护的所有产品均具有所述用途和/或效果，则说明书所公开的内容不足以支持所有产品的技术效果，此时该申请存在权利要求得不到说明书支持的缺陷。

【案例1－57】

权利要求：具体化合物A或B。

说明书：化合物A和B在表格中列出，说明书中没有记载其制备实施例和确认数据，也未给出A和B的用途和/或使用效果的实验数据。

【分析】

化合物A和B仅为“表格化合物”，根据说明书记载的内容，所属技术领域的技术人员无法确定A和B在申请日前能够被获得并具有所述用途和/或使用效果。因此，说明书没有清楚、完整地对发明进行描述以使本领域技术人员能够实现，不符合《专利法》第26条第3款的规定。

在本案中，由于根据现有技术无法预测化合物A和B具有治疗冠心病的效果，因此，应在原始说明书中记载化合物A和B治疗冠心病的实验数据。

【案例1-58】

权利要求：一种生物医用高分子材料，其特征在于：所述高分子材料经过下述表面处理方法制成：将成品的细胞培养容器放入等离子处理器中，在真空状态下引入氧气、氮气或其他等离子气体，等离子发生器放电，在细胞培养容器内表面形成等离子层；在处理过程中，其工艺条件为：工作压力50~900毫巴，电源功率100~500瓦，处理时间100~500秒。

说明书：申请人声称其发明所要解决的技术问题为如何提高生物医用高分子材料的表面对细胞、细菌的吸附速度和吸附量。说明书中给出了该方法的具体步骤和工艺条件，并且指出采用氧气、氮气等等离子体处理高分子材料，可以在高分子链中引入含氧、氮基团，使高分子材料表面由疏水性变为亲水性，改变了高分子材料的表面电位、表面能极性分量和色散分量以及表面微结构，从而改善了高分子材料的生物相容性，大大提高了细胞、细菌的吸附速度和吸附量。但是说明书中并未提供任何关于吸附速度和吸附量的效果实验数据予以证实。

【分析】

说明书中给出了表面处理方法所采用的原料物质、工艺步骤和条件。申请人声称的发明所要解决的技术问题为如何提高生物医用高分子材料的表面对细胞、细菌吸附速度和吸附量，并且说明书中指出这是由于等离子处理使高分子材料表面由疏水性变为亲水性，改善了高分子材料的生物相容性从而实现的。通过检索可知，现有技术中存在等离子体处理可以在高分子表面引入羟基、羧基、氨基等活性基团、进而使其表面呈亲水性的技术教导；并且本领域的技术人员根据现有技术可知，亲水性的表面有利于吸附细菌和细胞。也就是说，本领域的技术人员根据现有技术能够预期，在真空状态下引入氧气、氮气或其他等离子体处理可以在高分子表面形成羟基、羧基、氨基等活性基团，从而提高对细胞、细菌的吸附速度和吸附量。因此，申请人声称的技术问题可以得到解决，说明书对发明的公开是充分的。

【案例1-59】

权利要求：一种增效杀菌组合物，含有活性成分A和B。

说明书：记载了该增效杀菌组合物能提高现有技术中活性成分A的杀菌活性，降低其抗药性，但说明书中仅有“该组合物的杀菌效果达到75%以上”的描述，对于增效杀菌的效果没有相关说明和实验数据。

【分析】

该申请要解决的技术问题是提高现有技术中活性成分A的杀菌活性，降低其抗药性。为此，申请人提出了如权利要求所述的增效杀菌组合物的技术方案。然而，该申请说明书对使用效果的描述，仅能说明该组合物具有杀菌效果，而无法证明其存在增效作用。并且由于只笼统地描述了该效果，没有说明实验用组合物中有效成分的用量、靶标菌，即使申请人补充活性成分单独使用的效果数据，也无法与说明书已有数据进行对比，以证明存在增效作用。而且，现有技术中也不存在活性成分A和B混配增效的技术教导或启示。因此，说明书缺乏必要的实验证据，不能证明该申请要求保护的技术方案能够解决要解决的技术问题，达到预期的效果，因此，说明书公开不充分。

在本案中，由于其发明目的是提供一种具有增效杀菌作用的组合物，因此，说明书应该记载该组合物能够产生增效杀菌的技术效果的实验数据，才能证实该发明能够实现。

【案例1-60】

权利要求：一种纯植物杀菌组合物，其特征在于由下列组分组成：黄芪10~20份，茶枯5~10份，水50~70份。

说明书中声称该组合物具有良好的杀菌效果，能杀灭金黄色葡萄球菌、枯草芽孢杆菌等，但没有提供具体的实验数据。

【分析】

该申请要解决的技术问题是提供一种环保型纯植物杀菌组合物。为此，申请人提出了如权利要求所述的以黄芪和茶枯为活性成分的组合物的技术方案。说明书提供的是断言性的结论，没有实验数据证明该组合物具有杀菌作用。黄芪是已知的具有补气作用的中药，茶枯是已知的具有杀虫作用的植物。现有技术中没有教导黄芪或茶枯具有杀菌作用，根据现有技术无法预期黄芪和茶枯的组合物具有杀菌效果。因此，该申请要求保护的技术方案无法解决该申请要解决的技术问题，达到预期的效果。说明书公开不充分。

本案中，由于根据现有技术无法预期所述组合物具有杀菌效果，因此说明书应该提供足以证明该组合物能够产生所述杀菌效果的实验数据，断言性的结论不属于可接受的实验结果。

1.2.3.2　有效果实验，但仍未公开充分的情形

（1）未说明实验所采用的具体物质

说明书中应当清楚地描述实验所采用的具体化合物、药物组合物或制剂实验样品等。如果说明书在效果实验中仅笼统地说明使用的样品或者非特定的产品，例如“本发明任意一种产品”、“本发明化合物/组合物/制剂”、“本发明包含式（Ⅰ）化合物的药物组合物”等，本领域的技术人员无法获知实验结果是由何种样品获得的，因而无法确信申请请求保护的产品具有申请人声称的用途和/或效果，从而导致说明书公开不充分，不符合《专利法》第26条第3款的规定。

【案例1-61】

申请请求保护的是一种新的通式化合物及其制药用途，用于治疗mGluR5受体介

导的疾病例如神经障碍、精神障碍和急慢性疼痛等。

说明书中描述了化合物的制备方法并公开了药理学实验方法，并将实验结果描述为“根据上述实验方法测定，本发明化合物的典型 IC_{50} 值为 10μM 或 10μM 以下。在本发明的优选方面，IC_{50} 值小于 2μM。在本发明的另一个优选方面，IC_{50} 值小于 0.2μM。在本发明的最优选方面，IC_{50} 值小于 0.05μM”。

【分析】

该申请请求保护一种通式化合物，其中包括众多的具体化合物，说明书中虽然给出了其中某些具体化合物的制备方法和确认数据，并且给出了可用来证明该发明化合物具有所述用途的实验方法，但由于说明书中没有清楚地记载所述实验是采用哪种或者哪些具体化合物进行的，所属技术领域的技术人员无法确定请求保护的化合物能够实现所述发明效果及所述用途，因此说明书没有对发明作出清楚、完整的说明，以至于本领域的技术人员依据说明书的记载，无法实现该发明，所以该申请说明书公开不充分。

需要注意的是，如果说明书中将实验所采用的产品描述为“某优选化合物/组合物”、“某制备例的化合物/组合物/药物”、“某制剂”等，并且说明书的其他部分已经明确记载了它们所代表的具体物质，则认为说明书中已清楚地说明了实验所用的具体物质。

（2）实验结果为断言性的结论

实验结果可以是定性实验结果或定量实验结果。断言性的结论，例如，“通过实验证明本发明的产品具有……效果（用途）”，由于本领域的技术人员无法获知该结论是如何获知的，因此，“断言性的结论”不属于可接受的实验结果。

采用定量数据描述实验结果时，如“……的×效果指标低于××值”、“……的抑菌有效浓度低于××值”或者“……的 IC_{50} 值在××值至××值的范围内”这类描述均属于可接受的表示方式。

【案例 1-62】

权利要求：化合物 A 在制备治疗或预防 D 病的药物中的应用。

说明书：有关已知药物化合物 A 对 D 病的疗效实验及其结果的全部描述为“对成人患者研究了化合物 A 对 D 病的效果。在大约 6 周内给患者口服化合物 A（300 毫克/天）。通过 Hamilton 的 D 病（HAM-D）的评定量表（根据“M. Hamilton 在 J. Neurol. Neurosurg. Psychiat.，1960，23，56-62”中定义的）上记分和测量值的明显降低，以及收集到的临床印象和对患者的整体印象，度量出 D 病得到改善”。

【分析】

该申请说明书中说明采用 HAM-D 评定方法验证化合物 A 对 D 病的治疗活性。根据所述实验方法，应以评定指标的具体记分值和测量值来描述 HAM-D 评定方法的实验结果。说明书中虽然指出“度量出 D 病得到改善”，但并没有给出任何评定指标的具体记分值和测量值，因此说明书对实验数据的描述是不清楚完整的，不能用于证实该化合物的活性。

在本案中，说明书中应清楚描述评价 D 病得到改善的具体指标的具体记分值和测量值，以证实该化合物能够产生治疗 D 病的技术效果。

【案例 1－63】

权利要求：一种治疗胃溃疡的中药组合物，该中药由下述重量份的中药原料黄芪 20～50、沉香 10～20、山药 20～40、白术 20～35、乌梅 10～30 制成。

说明书中记载了该权利要求的技术方案及其制备方法，同时在技术效果中描述了"经临床治疗 20 例病例，该中药组合物对胃溃疡的有效率为 95%"。

【分析】

该申请请求保护的是一种治疗胃溃疡的中药组合物。根据现有技术无法预测该组合物具有治疗胃溃疡的效果，因此说明书应提供足以证明其能产生所述技术效果的实验数据。但说明书中对于该组合物的技术效果只描述了结论性的实验结果"经临床治疗 20 例病例，该中药组合物对胃溃疡的有效率为 95%"，而没有描述实验方法例如实验过程、诊断标准、疗效的判断标准等，所属技术领域的技术人员无法得知该结果是如何得出的，因此该结论性描述无法使所属技术领域的技术人员确信该发明确实达到了所述的治疗胃溃疡的技术效果，因而说明书公开不充分。

在本案中，结论性的实验结果不能作为足以证明该中药组合物的技术效果的实验数据。提交申请时在原始说明书中还应该描述获得该结论性实验结果的实验方法，例如，实验过程、诊断标准、疗效的判断标准等，以使所属技术领域的技术人员得知该结果是如何得出的，从而确信发明达到了所述的治疗胃溃疡的技术效果。

1.2.3.3　多种技术效果

如果说明书中描述了要解决的技术问题是提供一种同时具有多种技术效果的产品，则应当给出能够证实该产品具有所述的多种技术效果的实验数据。否则说明书公开不充分。

当说明书中记载了某个请求保护的技术方案要解决多个技术问题时，只要该技术方案能够解决其中的至少一个技术问题，就可以认为满足了"解决其技术问题"的要求。需要注意的是，如果权利要求中包括多个并列技术方案，其中某个技术方案没有被说明书充分公开，则对该技术方案的公开不符合《专利法》第 26 条第 3 款的规定，同时该权利要求也不符合《专利法》第 26 条第 4 款的规定。同时应注意，说明书中只有本领域技术人员能够确定（或者通过实验数据得以证实，或者是所属技术领域的技术人员根据现有技术可以合理预测得到的）的那部分技术效果，才能作为日后争辩创造性和支持权利要求范围的有效依据。若以说明书中未证实的、也无法预见的技术效果为依据争辩发明具有创造性或者克服得不到说明书支持的缺陷，是不允许的。

【案例1－64】

权利要求：式（Ⅰ）的化合物（结构式略）。

说明书：公开了能够确认所述化合物的物理—化学性能参数，以及化合物的制备方法。记载了式（Ⅰ）化合物具有杀虫和/或除草作用，并提供了所述化合物具有杀虫作用的实验数据，但未提供该化合物具有除草作用的实验数据。

【分析】

根据说明书的记载，该申请要解决的技术问题是提供具有杀虫和/或除草作用的式（Ⅰ）化合物，即具有杀虫作用的式（Ⅰ）化合物和/或具有除草作用的式（Ⅰ）化合物，虽然说明书中未记载式（Ⅰ）化合物的除草活性的实验数据，但该申请解决了其中一个技术问题——提供了具有杀虫作用的式（Ⅰ）化合物，因此，说明书符合《专利法》第26条第3款的规定。

1.2.4　生物材料的保藏

《专利审查指南2010》第二部分第十章第9.2.1节规定，在生物技术领域中，即使说明书记载了生物材料具体特征，但仍然无法得到生物材料本身，因此，所属技术领域的技术人员无法实施发明。在此情况下，为了满足《专利法》第26条第3款的要求，应按规定将所涉及的生物材料到国家知识产权局认可的保藏单位进行保藏。

1.2.4.1　保藏单位

对于国家知识产权局认可的保藏单位，即《布达佩斯条约》承认的生物材料样品国际保藏单位，可以到WIPO网站查询（http：//www.wipo.int/treaties/en/registration/budapest/）。

外国申请人有时会将生物材料先进行国内保藏，以后再转至国际保藏单位进行国际保藏，但国家知识产权局只认可《布达佩斯条约》承认的国际保藏单位所作的国际保藏。

1.2.4.2　保藏日期

根据《专利法实施细则》第24条的规定，对于要求优先权的申请，其办理保藏手续的日期应当在优先权日前或者最迟在优先权日当日，否则将视为未保藏。对于涉及生物材料保藏的申请，如果使用经保藏的生物材料的技术方案要求了优先权，则按如下方式审查：

① 如果保藏日为申请日（或之前），但在优先权日之后，则视为未保藏。

② 如果在优先权日（或之前）未在国家知识产权局认可的保藏单位进行保藏，而在优先权日之后，于申请日（或之前）将其转移到国家知识产权局认可的保藏单位进行保藏，则视为未保藏。

对于上述两种情况，申请人也可以放弃优先权，并提交撤回优先权要求声明。

对于部分优先权的情况，如果使用经保藏的生物材料的技术方案未要求优先权，则申请日（或之前）的保藏日期即为有效保藏日期。

1.2.4.3 需要保藏的生物材料

（1）从自然界筛选的特定生物材料

对于涉及从自然界，例如土壤、废水、污水、污泥、植物，以及动物或人体中筛选获得具有某种特定功能的微生物本身，或新微生物的用途发明，通常该生物材料需要进行保藏。

【案例1-65】

权利要求：使用一种从香蕉植株中分离获得的玫瑰浅灰链霉菌（Streptomyces roseogriseolus）S-116防治香蕉镰孢菌枯萎病的方法。

【分析】

玫瑰浅灰链霉菌S-116是从植物香蕉中筛选获得的，因此需要对该菌株进行保藏。

【案例1-66】

权利要求：一种含有从甲肝患者中分离的甲肝病毒毒株吕-8的HAV抗原和HBs抗原的甲型、乙型肝炎联合疫苗。

【分析】

甲肝病毒毒株吕-8是从人体中分离得到的，因此需要对该病毒株进行保藏。

（2）通过人工诱变方法获得的特定生物材料

对于涉及通过物理、化学方法，例如通过紫外线、放射性辐射、化学诱变剂如亚硝基胍、硫酸二乙酯、甲基磺酸乙酯等对已知特定生物材料进行人工诱变获得具有某种特定功能的生物材料本身，或新生物材料的用途发明，通常该生物材料需要进行保藏。

【案例1-67】

权利要求：一种经过辐射诱变的苦瓠种子的制药用途，所述种子具有……特殊性状。

【分析】

苦瓠种子是通过化学方法辐射诱变进行人工诱变获得的，因此该苦瓠种子需要进行保藏。

（3）具有特殊性状的杂交瘤

当单克隆抗体显示出预料不到的特性和效果时，例如与其他抗原的低交叉反应性或结合抗原的特异性更强等，那么分泌该单克隆抗体的特定杂交瘤必须进行保藏。

【案例1-68】

权利要求：一种杂交瘤细胞株B9，其分泌对人血红蛋白具有高特异性结合能力的单克隆抗体。

【分析】

杂交瘤细胞株B9能分泌对人血红蛋白具有高特异性结合能力的单克隆抗体，显示出预料不到的特性和效果，因此，该杂交瘤细胞株B9须进行保藏。

（4）减毒病毒株

将分离的野生病毒株接种到用于病毒株培养和传代的细胞，如地鼠肾细胞、地鼠肝细胞中进行培养后，往往会获得毒力减弱的新病毒株。由于这种毒力减弱是病毒基因组核苷酸的随机变异所致，因而减毒株通常需要进行保藏。

【案例1-69】

权利要求：一种毒力减弱的病毒株L99-ST12，其制备方法包括以下步骤：从患流行性出血热患者肺组织标本中分离出流行性出血热病毒L99株，先在2~4日龄乳鼠脑腔中传代适应，然后转种于金黄地鼠肾细胞中培养，获得了减毒病毒株。

【分析】

毒力减弱的病毒株L99-ST12是流行性出血热病毒L99株基因组核苷酸的随机变异所致，因而该减毒株通常需要进行保藏。

1.2.4.4 不需要保藏的生物材料

一般来说，在可以获得起始生物材料的前提下，通过遗传工程操作，制备重组产品的过程是可以重复的，此时无需对上述重组生物或其他重组产品进行保藏。

如果在权利要求请求保护的技术方案中没有使用特定生物材料，并且是否使用这种特定生物材料不影响发明的效果，则无需对该生物材料进行保藏。

【案例1-70】

权利要求请求保护一种重组蛋白质，其中限定了蛋白质的序列，但是没有涉及大肠杆菌JF1125。

说明书提供了一种重组蛋白质，公开了该蛋白质的氨基酸序列及功能，并且实施例中公开了制备该蛋白质的方法，其中利用了大肠杆菌JF1125作为宿主进行表达，但大肠杆菌JF1125是本领域技术人员无法获得的菌株。

【分析】

说明书提供了一种重组蛋白质。尽管该申请实施例使用的表达重组质粒的大肠杆菌JF1125菌株是本领域技术人员无法获得的，但现有技术表明，在制备该重组蛋白质的方法中，大肠杆菌是一种常用的质粒表达宿主，在该重组蛋白质的制备中可以使用多种其他大肠杆菌菌株来表达重组质粒，而且，在已知重组蛋白质的氨基酸序列的前提下，本领域技术人员也可采用其他替代方式来获得该重组蛋白质。因此，大肠杆菌JF1125不是完成该发明所必须使用的生物材料，无需对其进行保藏。

如果权利要求请求保护的技术方案中使用了JF1125，则必须对JF1125进行保藏。

1.2.5 引证方式导致公开不充分的情形

申请人在撰写说明书时，有时会引证其他文件说明发明的相关内容。此时，应当注意该引证是否会使说明书符合《专利法》第26条第3款的规定。

1.2.5.1 视为未引证的情形

① 如果说明书中没有对所引证文件给出明确的指引以致不能获得该文件，或者虽

有引证文件，但其中实际记载的内容与发明不相关或者与引证的内容不相符的，应当视为说明书没有引证该文件。

② 如果引证文件是非专利文件或外国专利文件，并且该文件的公开日在申请的申请日之后（含申请日），则视为说明书没有引证该文件。注意：即使所引证外国专利文件有中国同族专利文件，且该中国同族专利文件的公开日不晚于该申请的公开日，也视为说明书中没有引证该外国专利文件，这是因为该中国同族专利文件的申请号或者公开号并未在原始说明书中被提及。另外，申请人用中国同族专利文件替换外国专利文件作为引证文件的修改方式不能被接受。

③ 如果引证文件是中国专利文件，并且该文件的公开日晚于申请的公开日或者没有公开，则视为说明书没有引证该文件。

当说明书中的引证文件属于上述“视为未引证情形”时，则该引证文件的内容将不被考虑。如果本领域技术人员根据说明书的描述能够实现该发明或实用新型，则说明书符合《专利法》第26条第3款的规定。反之，说明书公开不充分，不符合《专利法》第26条第3款的规定。

【案例1－71】

请求保护的是一种影像扫描的校正方法，其不必采用手调校正即可获得真实的彩色影像。该方法包括扫描含有彩色板的影像扫描器，读取数据，转换R、G、B计数值，加总取平均等步骤。

说明书：记载了该申请的“加总取平均步骤”、“参见CN1257093A的说明书第3页第2段”。

【分析】

经核实CN1257093A的公开日早于该申请的申请日，但是其公开的“加总取平均”方法只适用于白色校正，而该申请是要进行彩色校正。由于彩色校正针对产生色差后需要进行校正处理的情况较白色校正更为复杂，因此CN1257093A所公开的适用于进行白色校正的“加总取平均”方法不能直接应用于该申请中的彩色校正处理，即CN1257093A所公开的“加总取平均”方法难以与该申请中的其他步骤相结合实现该申请请求保护的影像扫描校正方法。因此，该申请说明书不符合《专利法》第26条第3款的规定。

注意，对于那些满足《专利法》第26条第3款的要求而言必不可少的内容，例如，必要技术特征，不能采用引证其他文件的方式撰写，而应当将其具体内容写入说明书。

2　说明书公开的内容应当足以支持权利要求

《专利法》第26条第4款规定，权利要求书应当以说明书为依据，清楚、简要地限定要求专利保护的范围。

2.1 法条释义

说明书是申请人公开其发明或者实用新型的文件，权利要求书是确定专利保护范围的文件。专利权人所获得的权利范围应当与其所作出的贡献相适应，因此，权利要求的保护范围与说明书的公开内容不能相互脱节，两者之间应当有一种密切的关联。《专利法》将说明书与权利要求书之间的这种关系表述为“权利要求书应当以说明书为依据”。也就是说，说明书充分公开的内容应当足以支持权利要求的保护范围，否则将导致权利要求的保护范围缺乏支持，不能被允许。

因此，申请人为了充分地保护其发明，需要在说明书中充分公开足以支持其权利要求保护范围的技术内容。如果说明书所充分公开的内容不能满足能够从中得到或概括得到权利要求所请求保护的技术方案的要求，那么说明书与权利要求书就出现了脱节，导致权利要求得不到说明书的支持。

需要注意的是，说明书的全部内容均可用于支持权利要求，而不是仅限于具体实施方式部分的内容。如果说明书的其他部分也记载了与具体实施方式或实施例有关的内容，如发明原理，从而使得从说明书的全部内容来看，能说明权利要求的概括是适当的，则应当认为说明书公开的内容足以支持权利要求。

此外，《专利法》第26条第4款关于支持的规定虽然实际上是《专利法》对权利要求书的撰写要求，而不是对说明书的要求，但是，在专利代理人的实务操作中，在撰写说明书时必须要考虑，以避免出现权利要求书不满足《专利法》第26条第4款的情形。

2.2 法条应用

以下从表述一致和实质支持两个方面加以说明。

2.2.1 表述一致

当说明书记载的内容与权利要求表述的内容一致时，则权利要求在形式上得到了说明书的支持。但是，权利要求的技术方案在说明书中存在一致性的表述，并不意味着权利要求必然得到说明书的支持。一方面，只有当所属技术领域的技术人员能够从说明书充分公开的内容中得到或概括得出该权利要求所请求保护的技术方案时，该权利要求才被认为得到了说明书的支持。另一方面，当说明书与权利要求记载的技术方案仅仅在文字表述上不一致而实质含义一致时，仍然符合《专利法》第26条第4款的规定（此时可能存在不符合《专利法实施细则》第17条第1款的规定的问题）。而当权利要求的技术方案在说明书中没有记载或与说明书中记载的内容含义不一致时，则不符合《专利法》第26条第4款的规定。

【案例1－72】

权利要求：一种废渣处理方法，……其中A步骤的处理温度是300～400℃。

说明书所记载的两个实施例中 A 步骤的处理温度分别是 350℃和 400℃，技术方案部分所记载的 A 步骤的处理温度是 350 ~400℃。

【分析】

说明书记载的温度范围与权利要求所限定的范围不一致，因此该权利要求得不到说明书的支持，不符合《专利法》第 26 条第 4 款的规定。如果本领域技术人员根据现有技术和说明书的记载可以判断出在 300℃进行处理也能够达到类似 350 ~400℃的效果，则允许将说明书相应修改为"其中 A 步骤的处理温度是 300 ~400℃"。

【案例 1 -73】

权利要求：一种组合物，……其包含乙烯/丙烯共聚物橡胶。

说明书中记载的相应组分是乙丙橡胶。

【分析】

说明书中的"乙丙橡胶"与权利要求中的"乙烯/丙烯共聚物橡胶"只是文字表述不一致，实际是相同物质，即说明书仅仅在表述形式上与权利要求不一致。

需要注意的是，该申请中由于说明书中的"乙丙橡胶"与权利要求中的"乙烯/丙烯共聚物橡胶"实际是相同物质，因此，说明书实质上是支持权利要求的，符合《专利法》第 26 条第 4 款的规定。这种情况下，有可能存在说明书不符合《专利法实施细则》第 17 条第 1 款的规定的问题。撰写时应注意申请文件的不同部分中对同一技术特征的表述尽量一致。

2.2.2 实质支持

2.2.2.1 说明书应该有足够的实施例以支持权利要求

权利要求通常由说明书记载的一个或者多个实施方式（或实施例）概括而成。实施例是对发明或者实用新型的优选的具体实施方式的举例说明。可见，说明书记载的实施方式（或实施例）是概括权利要求的重要依据。具体实施方式（或实施例）作为说明书的重要组成部分，它对于支持权利要求的保护范围极为重要。优选的实施方式不仅能帮助本领域技术人员实现发明，还用于支持权利要求。因此，优选的具体实施方式应当体现申请中解决技术问题所采用的技术方案，并应当对权利要求的技术特征给予详细说明，以支持权利要求。

至于多少个实施例才能满足对权利要求的支持，并没有硬性的规定，而应该根据发明的性质、所属技术领域、现有技术状况以及要求保护的范围来确定。当一个实施例足以支持权利要求所概括的技术方案时，说明书中可以只给出一个实施例。如果权利要求（尤其是独立权利要求）覆盖了较宽的保护范围，其概括的技术方案不能从一个实施例中找到依据时，则说明书应当给出至少两个不同实施例，以支持要求保护的范围。例如，当权利要求相对于背景技术的改进涉及数值范围时，通常应给出两端值附近（最好是两端值）的实施例，当数值范围较宽时，还应当给出至少一个中间值的实施例；而当数值范围很宽时，则应当给出多个中间值的实施例。而在技术方案比较简单的情况下，如果说明书涉及技术方案的部分已经就专利申请所要求保护的主题作出清楚、完整的说明，则说明书就不必在涉及具体实施方式部分再作重复说明，即无需描述实施例，说明书也足以支持权利要求。

通常，说明书记载的实施例越多，允许作出的概括程度就越高。一项权利要求概括得是否适当，需要根据发明的具体情况和所属技术领域的特点，并参照有关的现有技术来判定，没有一个固定、一成不变的标准。

需要特别说明的是，在化学领域，说明书对权利要求的支持还应该表现在公开足够多的实验例以支持权利要求请求保护的技术方案。在化学领域的发明中，通常是借助于实验数据来说明发明的有益效果，而借助实验数据来证明有益效果通常是以效果实施例（简称效果例）的形式来体现。

【案例 1－74】

权利要求 1：请求保护通式Ⅰ的化合物或其“前药”。

说明书中仅把“前药”定义为“可在体内转化为相应的活性药物化合物的任何衍生物”，没有说明哪些是前药，也未描述通过何种方法可以确定该发明特定的前体药物。

【分析】

权利要求 1 请求保护通式Ⅰ的化合物或其“前药”。尽管在说明书中对“前药”进行了定义，即“可在体内转化为相应的活性药物化合物的任何衍生物”，但是，该定义仅仅是一般性描述，适用于任何情形，说明书中并未说明哪些是前体药物，或者通过何种方法可以确定该发明特定的前体药物。并且，药物在体内的吸收和代谢过程非常复杂，某种“前药”是否能够转化以及在何时能够转化为母体药物是本领域技术人员难以预期的。在该申请的说明书中，没有说明究竟哪种前体药物是该发明特定的，并且能够在体内转化为通式Ⅰ化合物。因此，说明书没有公开足够的实施例以支持权利要求 1 请求保护的通式Ⅰ化合物的“前药”，不符合《专利法》第 26 条第 4 款的规定。

注意，对于请求保护的权利要求的概括范围较宽时，应在说明书中公开足够的实施例和实验例以支持该权利要求的保护范围。

【案例 1－75】

权利要求：一种聚合共混物，包括：

a）第一聚合物；

b）第二聚合物；和

c）嵌段共聚物，其中所述第一聚合物和所述第二聚合物不混溶，以及其中所述嵌段共聚物包括不同于所述第一聚合物但能够与所述第一聚合物相互作用的至少一种链段，和不同于所述第二聚合物但能够与所述第二聚合物相互作用的至少一种链段。

说明书：记载了该发明所要解决的技术问题是增强聚合共混物的物理性能，其关键在于将嵌段共聚物作为聚合共混物的相容剂，使彼此不混溶的第一聚合物和第二聚合物形成相容的混合物。所依据的原理是嵌段共聚物通过官能部分与不混溶的共混物中的聚合物相互作用。说明书中仅记载了一种具体实施方式，即由以聚（苯乙烯－b－甲基丙烯酸－共－甲基丙烯酸酐）为嵌段共聚物，氢化丁腈橡胶和六氟丙烯偏二氟乙烯弹性体共聚物作为第一聚合物和第二聚合物以特定的比例所形成的共混物。

【分析】

权利要求1请求保护一种聚合共混物，包括：第一聚合物；第二聚合物；和嵌段共聚物，其中第一聚合物与第二聚合物不混溶，以及其中所述嵌段共聚物包括不同于所述第一聚合物但能够与所述第一聚合物相互作用的至少一种链段，和不同于第二聚合物但能够与所述第二聚合物相互作用的至少一种链段。该权利要求未限定第一聚合物和第二聚合物的种类，仅用功能限定的方式限定嵌段共聚物，并且未限定各组分的含量，从而概括了非常大的保护范围。

根据说明书的记载，该发明所要解决的技术问题是增强聚合共混物的物理性能，其关键在于将嵌段共聚物作为聚合共混物的相容剂，使彼此不混溶的第一聚合物和第二聚合物形成相容的混合物。所依据的原理是嵌段共聚物通过官能部分与不混溶的共混物中的聚合物相互作用。说明书第2页给出了“相互作用”的定义：“指通过共价键、氢键、偶极键或离子键或其组合形成的键。”而说明书中仅记载了一种具体实施方式，即由以聚（苯乙烯－b－甲基丙烯酸－共－甲基丙烯酸酐）为嵌段共聚物，氢化丁腈橡胶和六氟丙烯偏二氟乙烯弹性体共聚物作为第一聚合物和第二聚合物以特定的比例所形成的共混物。该实施例只能证明向氢化丁腈橡胶和六氟丙烯偏二氟乙烯弹性体共聚物的混合物中添加适量的（苯乙烯－b－甲基丙烯酸－共－甲基丙烯酸酐）嵌段共聚物所得到的共混物表现出更细微和更均匀的相畴尺寸。而现有技术中聚合物种类繁多，结构复杂，性能各异，即便是相同的聚合物由于分子量和分子量分布的不同，其所表现出来的物理性能也是不同的，比如平均分子量越大的聚合物其相容性越小。聚合物之间的相互作用也有较大的差别，比如键合的作用力要大于氢键和极性作用，从而使得最终共混物的物理性能表现出很大的差异。比如，向氢化丁腈橡胶和六氟丙烯偏二氟乙烯弹性体共聚物的混合物中添加相同或不同重量的能够与上述两种聚合物发生作用的其他嵌段共聚物（如聚苯乙烯－4－乙烯基吡啶嵌段共聚物），由于作用力发生变化，其是否能够解决该发明技术问题并达到所述效果是根据现有技术难以预见的。聚合物之间的相容性要比小分子复杂的多，必须从热力学、动力学、形态学等多方面去考虑。而该申请说明书仅仅给出了各种供选择的第一聚合物、第二聚合物和嵌段共聚物，并未给出该发明技术问题得以解决的充分的理论依据和足够的实验数据。从而根据说明书所公开的内容，本领域技术人员难以预见该权利要求所涵盖的技术方案是否均能解决该发明技术问题并达到所述效果。因此，说明书由于没有提供足够的实施例因而不能够支持权利要求1的范围。

2.2.2.2 说明书应该有充分的展开描述以支持权利要求

虽然权利要求通常由说明书记载的一个或者多个实施方式或实施例概括而成，但是在判断权利要求是否得到说明书的支持时，不能仅仅局限于实施方式或实施例部分的内容，而应当考虑说明书的全部内容。如果说明书的其他部分也记载了有关具体实施方式或实施例的内容，从说明书的全部内容来看，能说明权利要求的概括是适当的，则应当认为权利要求得到了说明书的支持。因此，说明书为了充分支持权利要求的保护范围，应该在除实施方式或实施例外的其他部分对发明的技术方案或技术效果进行充分的展开描述，例如，发明的原理或机理、产品或方法的特征、要解决的技术问题等，以更好地满足对权利要求的支持。

【案例1－76】

权利要求1：一种纳米钴粉的制备方法，其特征在于，它包括以下步骤：1）将草酸钴 $CoC_2O_4 \cdot 2H_2O$ 晶体粉末溶于氨水中，得澄清的钴氨络合物溶液；2）使用通用氮气喷枪，将上述澄清溶液分散在液氮中预冻；3）将上述液氮中预冻后的冻结物置于冻干机中进行真空干燥得到前驱体；4）对上述干燥后的前驱体实行氢气还原，氢气流量为0.1～0.3立方米/小时，200～400℃还原，保温2～8小时得到纳米钴粉。

说明书：记载了冷冻干燥技术是该申请的发明点。其技术方案以及所有实施例均具体限定了冷冻干燥的步骤和条件，即在不同的低温和真空度下分多个阶段逐步干燥上述预冻后的冻结物。

【分析】

根据该申请说明书所述，冷冻干燥技术制备纳米钴粉的研究，至今国内外还没有相关报道。冷冻干燥技术是该申请的发明点。该申请说明书记载的技术方案以及所有实施例均具体限定了冷冻干燥的步骤和条件，即在不同的低温和真空度下分多个阶段逐步干燥上述预冻后的冻结物，由于纳米粒子非常不稳定，不可能通过一般的冷冻干燥（权利要求1的步骤3）获得并维持这类产物，而说明书中也没有对冷冻干燥的具体步骤和条件进行详细的展开描述和说明，导致本领域技术人员不能从说明书所充分公开的内容得出或概括得出权利要求1所述采用一般冷冻干燥处理工艺制备纳米钴粉的方法。

为了克服权利要求1得不到说明书的支持的缺陷，应根据说明书公开的内容对权利要求1中的冷冻干燥的步骤和条件进行具体限定。

3 说明书撰写的形式要求

《专利法实施细则》第17条规定了说明书应当写明发明或者实用新型的名称，并规定说明书应当包括下列内容：技术领域、背景技术、发明内容、附图说明、具体实施方式。

《专利法实施细则》第18条涉及对说明书附图的规定。

3.1　法条释义

专利申请的说明书不同于一般的学术论文和研究报告，它是申请人公开其发明创造内容的法律文件。

说明书的首要任务就是充分公开发明创造，但若仅仅满足该要求而不采用规定的格式来撰写，有可能会导致阅读者对说明书内容理解的困难。如果说明书以统一规范的格式撰写，会使说明书的撰写清楚规范，以有助于国家知识产权局的审查员对发明或实用新型专利申请进行审查，也有助于公众和有关行政机关、司法机关的办案人员阅读、理解说明书的内容。更为重要的是，规范的法律文件将有利于权利人对专利权的行使和保护，还有助于专利技术的广泛传播、检索和充分利用。

3.1.1　说明书的组成部分

《专利法实施细则》第17条规定，发明或者实用新型的说明书应当写明发明或者实用新型名称，并应包括技术领域、背景技术、发明内容、附图说明、具体实施方式等部分，每一部分前面应写明标题。如果根据发明或者实用新型的性质，用其他方式或者顺序撰写能够节约说明书的篇幅并使他人能够准确理解其发明或者实用新型，则允许用其他方式撰写。

3.1.1.1　名称

发明名称应当清楚、简要。通过发明名称，一方面可以了解发明或者实用新型要求保护的技术方案的主题和类型；另一方面，可以从中提取出检索需要的信息，例如在检索中可以将发明名称作为检索入口，检索到与发明或者实用新型主题相关的文献。

3.1.1.2　正文

（1）技术领域

技术领域应当是发明或者实用新型要求保护的技术方案所属或者直接应用的具体领域，而不是上位的或者相邻的技术领域，也不是发明或者实用新型本身。该技术领域往往与发明或者实用新型在国际专利分类表中可能分入的最低位置有关。

（2）背景技术

背景技术部分应当写明对发明或者实用新型的理解、检索、审查有用的背景技术，并且尽可能引证反映这些背景技术的文件，尤其要引证与发明或者实用新型专利申请最接近的现有技术文件。申请人可以对申请日前的背景技术进行介绍和评价，客观指出背景技术中存在的问题和缺点。在可能的情况下，说明存在这种问题和缺点的原因以及解决这些问题时曾经遇到的困难。

（3）发明或者实用新型的内容

1）要解决的技术问题

发明所要解决的技术问题，是指要解决的现有技术中存在的技术问题（即发明目的）。该部分的撰写应注意两个方面：其一，发明所要解决的技术问题应当针对现有技术中存在的缺陷或不足；其二，用正面的、尽可能简洁的语言，客观而有根据地反映发明要解决的技术问题，并应与技术方案所获得的效果一致或相应。

对发明或者实用新型所要解决的技术问题的描述不得采用广告式宣传用语。

当一件申请包含多项发明时，说明书中列出的多个要解决的技术问题应当都与一个总的发明构思相关。

2）技术方案

在技术方案这一部分，申请人应当清楚、完整地描述发明解决其技术问题所采取的技术方案。说明书中记载的技术方案应当与权利要求所限定的相应的技术方案表述一致。如果一件申请中有几项发明或者实用新型，应当说明每项发明或者实用新型的技术方案。

3）有益效果

申请人应在说明书中清楚地、客观地说明发明或者实用新型与现有技术相比所具有的有益效果，使本领域技术人员能够信服。有益效果可以通过对发明或者实用新型结构特点的分析和理论说明相结合，或者通过列出实验数据的方式予以说明，不得只断言发明或者实用新型具有有益的效果。

（4）附图说明

说明书带有附图的，需要集中对所有附图进行说明。

（5）具体实施方式

实现发明或者实用新型的优选的具体实施方式是说明书中的重要组成部分，它对于充分公开、理解和实现发明或者实用新型的内容，支持和解释权利要求都是极为重要的。

优选的具体实施方式应当体现申请中解决技术问题所采用的技术方案，应当对权利要求的技术特征给予详细说明，以支持权利要求。

3.1.1.3 说明书附图

就像背景技术、发明内容、具体实施方式一样，附图是说明书的一部分，属于说明书的内容。

附图的作用在于用图形补充说明书文字部分的描述，使人能够直观、形象地理解发明或者实用新型的每个技术特征和整体技术方案。因此，说明书附图应该清楚地反映发明的内容。对于机械和电学领域中的专利申请，说明书附图的作用尤其明显。但有些发明专利申请，用文字足以清楚、完整地描述其技术方案，就可以没有附图。

实用新型专利申请的说明书必须有附图。

3.1.1.4 说明书摘要

摘要的作用在于使公众通过阅读摘要中简单的文字概括即可快捷地了解发明所涉及的基本内容，判断该内容是否属于自己想要了解和阅读的内容，从而确定是否需要进一步查阅全文。摘要仅是一种技术信息，不具有法律效力。摘要的内容不属于发明或者实用新型原始记载的内容，不能作为以后修改说明书或者权利要求书的根据，也不能用来解释专利权的保护范围。如果摘要不能全面反映申请所涉及的内容，将直接影响审查员和公众对该文件的检索。

摘要应当写明发明所公开内容的概要，即写明发明的名称和所属技术领域，并清楚地反映所要解决的技术问题、解决该问题的技术方案的要点及主要用途；说明书中有附图的，应当提供一幅最能说明该发明或实用新型技术方案的主要技术特征的附图作为摘要附图（摘要附图应当是说明书附图之一）。

3.1.2　术语清楚、规范、一致

《专利法实施细则》第 17 条第 3 款规定，说明书应当用词规范、语句清楚。上述要求中的“清楚”不同于《专利法》第 26 条第 3 款中的“清楚”。《专利法》第 26 条第 3 款中对“清楚”的要求是充分公开发明，使本领域技术人员可以实现发明；而《专利法实施细则》第 17 条第 3 款要求的“清楚”是语句表述层面的，主要针对下述情况：说明书在用词和语句表达上不够规范、不够清楚，使本领域技术人员理解起来有些困难，但不影响说明书整体上充分公开发明内容以及本领域技术人员实现该发明。

做到用词规范、语句清楚，需要满足以下几方面要求：

① 采用该技术领域的技术术语。

② 自然科学名词应尽量采用国家统一规定的科技术语。

③ 不应当使用在所属技术领域中具有基本含义的词汇来表示其本意之外的其他含义。

④ 技术术语和符号应前后一致。

⑤ 应使用中文，在不产生歧义的前提下，个别词语可使用外文（如 EPROM（可擦写可编程只读存储器）、CPU、计量单位等）；某长度为……cm，……mm 等是允许的。

⑥ 计量单位、数学符号、数学公式、各种编程语言、计算机程序、特定意义的表示符号（例如中国国家标准缩写 GB）等可以使用非中文形式。

此外，所引用的外国专利文献、专利申请、非专利文献的出处和名称应当使用原文，必要时给出中文译文，并将译文放置在括号内。

⑦ 涉及计量单位，应采用国家法定计量单位；必要时可以在括号内同时标注本领域公知的其他计量单位。

⑧ 不可避免使用商品名称时，其后应注明其型号、规格、性能及制造单位。这在发明名称中是不能出现的，但有时在说明书中是无法避免的。

⑨ 尽量避免使用注册商标来确定物质或者产品，这是因为注册商标只能表示一个商标的信息，而不能表示诸如结构、性能这样的技术信息。

⑩ 不得使用“如权利要求……所述的……”一类的引用语。

3.1.3 说明书附图与文字的关系

如果说明书有附图，则应符合《专利法实施细则》第18条的有关规定。

① 申请文件中表示同一组成部分的附图标记应当一致，同一附图标记不得表示不同的部件；一件专利申请有多幅附图时，用于表示同一实施方式的各幅附图中，表示同一组成部分（同一技术特征或者同一对象）的附图标记应当一致。

② 说明书文字部分中未提及的附图标记不得在附图中出现，附图中未出现的附图标记也不得在说明书文字部分提及，即附图中的附图标记与说明书中的附图标记要一一对应。

③ 附图集中放在说明书文字部分之后，这样便于阅读查找；该规定与一般科技文献（如非专利期刊文献）不同，专利说明书的附图要集中放在文字后面，以便于查找。

3.2 法条应用

3.2.1 名称

① 说明书中发明或者实用新型的名称应当采用所属技术领域通用的技术术语，最好采用国际专利分类表中的技术术语，不得采用非技术术语。

【案例1-77】

捏压灵（错误）——一种按摩耳穴的橡胶指套。（正确）

振则灵（错误）——一种振动按摩装置。（正确）

竹香枝（错误）——一种竹枝熏香。（正确）

② 说明书中发明或者实用新型的名称应当清楚、简要、全面地反映要求保护的发明或者实用新型的主题和类型（产品或者方法）。

【案例1-78】

某专利申请，请求保护一种化合物和制备该化合物的方法两项发明，其名称应当写成“一种化合物及其制备方法”。

③ 说明书中发明或者实用新型的名称不得使用人名、地名、商标、型号或者商品名称等，也不得使用商业性宣传用语。这是因为人名、地名、商标、型号或者商品名称等本身并不具备技术含义。

【案例1-79】

人名——周林频谱治疗仪；（名称中使用了人名，不允许）

频谱匹配治疗装置。（正确）

地名——针对贵州西部氟中毒新发现氟源的降氟组合燃料；（名称中使用了地名，不允许）

洪山菜薹的种植方法。（名称中使用了地名，不允许）

商标——癣灵露配制方法。（名称中使用了商标，不允许）

商标名称——小儿速效感冒灵的制作方法。（名称中使用了商标名称，不允许）

型号、商业性宣传用语——GCQ 型高效磁化除垢器；（名称中使用了型号，不允许）

一种新的全功能节电节水环保 XY－Z 型洗碗机。（名称中使用了型号和商业性宣传用语，不允许）

3.2.2 正文

3.2.2.1 技术领域

【案例 1－80】

一项关于挖掘机悬臂的发明，其改进之处是将已有技术中的长方形悬臂截面改为椭圆形截面。以下为技术领域的几种写法：

本发明涉及一种挖掘机，特别是涉及一种挖掘机悬臂。（正确）

本发明涉及一种建筑机械（上位技术领域）。（错误）

本发明涉及一种截面为椭圆形的挖掘机悬臂（发明本身）。（错误）

再例如：

本发明涉及日常生活用品（上位技术领域）。（错误）

本发明涉及一种把手上带有凹槽的茶杯（发明本身）。（错误）

本发明涉及一种茶杯，尤其涉及在其把手上设置有便于使用者拿握的防滑结构的茶杯。（正确）

3.2.2.2 背景技术

客观地指出背景技术存在的主要问题。主要问题是指与发明所解决问题相关的、且发明所能解决的问题。例如，某发明提供一种对乙肝疗效好、治愈率高的药物组合物。背景技术中描述了临床上某些治疗乙肝的药物存在多种缺陷，如疗效慢、副作用大、疗程长等，但这些缺陷与该发明“治疗乙肝的药物组合物”要解决的问题无关，因而不宜将这些问题写入背景技术，而应在描述背景技术时着重描述现有的治疗乙肝药物所存在的问题，如疗效差、治愈率低，这正是该发明要解决的技术问题。

在指出背景技术所存在的问题时，切忌采用诽谤性语言。如有申请人在背景技术中引证某文件，称“该文件的技术方案不合理，体现出发明人的无知”。这是不允许的。

3.2.2.3 发明的内容

（1）要解决的技术问题

【案例 1－81】

“本发明要解决的技术问题是提供一种具有协调作用的治疗糖尿病的药物组合物。”

“本发明要解决的技术问题是提供一种高产率的三七皂苷提取工艺。”

(2) 技术方案

说明书中记载的技术方案应当与权利要求所限定的相应的技术方案表述一致。

【案例 1 - 82】

权利要求请求保护一种组合物，其包含乙烯/丙烯共聚物橡胶。而说明书中记载的相应组分是乙丙橡胶。由于权利要求中的“乙烯/丙烯共聚物橡胶”与说明书中的“乙丙橡胶”实际上是相同物质，但说明书与权利要求的表述不一致，因此，应将其修改为一致。

3.2.3　说明书附图

【案例 1 - 83】

某申请说明书附图的流程图中，画有菱形、方形的框，里面分别填上 1、2、3、4 的标号。而在说明书中描述了“1 是开始”、“2 是运行某某步骤”等。

上述表述方式不便于阅读和直接理解，因此，对框图、流程图作了特别规定，要求标注必要的文字或符号。

3.2.4　术语清楚、规范、一致

说明书应用词规范、语句清楚。采用该技术领域的技术术语。尽量避免使用注册商标来确定物质或者产品。这是因为注册商标只能表示一个商标的信息，而不能表示诸如结构、性能这样的技术信息。

【案例 1 - 84】

说明书中使用了“可口可乐”，由于“可口可乐”只是一个商标，我们并不知道它的确切成分，从“可口可乐”这个注册商标不能获得任何技术信息。因而在说明书中应当尽量避免使用注册商标。

第四节　权利要求书的撰写

本节内容包括权利要求书撰写的实质和形式要求，涉及《专利法》第 26 条第 4 款、第 31 条，《专利法实施细则》第 20 条第 2 款和第 34 条。

1　权利要求应该清楚、简要

《专利法》第 26 条第 4 款规定：“权利要求书应当以说明书为依据，清楚、简要地限定要求专利保护的范围。”

1.1　法条释义

权利要求书是确定专利权保护范围的法律文件。为了保证其界定的保护范围是确定的，权利要求的内容和表述就应当是清楚、简要的，能使所属技术领域的技术人员确定该权利要求所要求保护的范围与不要求保护的范围之间的界限，并在实践中能够清楚地确定某一项技术方案是否落入该权利要求的保护范围。由于清楚的权利要求在要求保护的范围和不要求保护的范围之间划出了一条明确的界限，因而能比较明确地界定申请人所获得的权利和利益。

权利要求书应当清楚，包含三层含义：每项权利要求的类型应当清楚；每项权利要求的保护范围应当清楚；所有权利要求作为整体也应当清楚。

权利要求清楚与否，应当由所属领域的技术人员从技术含义的角度进行分析判断。

1.1.1　主题类型清楚

一方面，权利要求的主题名称应当能够清楚地表明该权利要求的类型是产品权利要求还是方法权利要求。即表明权利要求的主题名称必须要么是一种产品，要么是一种方法，不能采用模棱两可的表达方式，也不允许采用混合的主题名称。

另一方面，权利要求的技术内容应当与权利要求的主题名称相适应。

要求权利要求的类型明确，并不意味着产品权利要求的技术特征都必须是产品结构类型，方法权利要求的技术特征都必须是方法步骤类型。在特殊情况下，当产品权利要求无法用结构特征并且也不能用参数特征清楚描述时，允许采用方法特征来表述。方法特征包括原料（包括其配比和/或用量）、制备工艺条件和/或步骤等特征。

1.1.2　保护范围清楚

每项权利要求的保护范围应当清楚。如果由权利要求中所用词语、标点以及语句构成的表述会导致一项权利要求的保护范围边界不清或不确定，则该权利要求不清楚。权利要求的保护范围应当根据其所用词的含义来理解，其中“含义”应当理解为所属技术领域通常具有的含义。为了使权利要求限定的范围清楚，应当对权利要求中的用词予以规范，词义要确定，无歧义，并且各个技术特征之间的关系也应当清楚，避免不同的人对同一项权利要求的范围的理解不一致。

申请文件中对技术术语的定义不应违背该术语通常具有的含义。如果在说明书中存在对权利要求所用术语的清楚定义，然而该术语严重违背或不同于其常规含义，这种定义会使权利要求的保护范围不清楚。因为在理解权利要求的保护范围时，通常需要结合说明书及其附图和申请日前发明或者实用新型所属技术领域内对该术语的常规含义进行考虑，因此，这种具有非常规含义的术语定义会产生混乱。

1.1.3　权利要求书整体清楚

权利要求书整体清楚是指权利要求之间的引用关系应当清楚。首先，一项权利要求与其引用的权利要求之间，在内容上要有一致性和相关性，不能出现前后内容相互矛盾，或前后内容在整体上无法衔接的情况。其次，撰写多项从属权利要求时，应避免被引用的各项权利要求的内容在逻辑关系上出现混乱或错误，使权利要求不清楚。从属权利要求只能引用在前的权利要求。引用两项以上权利要求的多项从属权利要求，只能以择一方式引用在前的权利要求，并不得作为另一项多项从属权利要求的基础，即在后的多项从属权利要求不能引用在前的多项从属权利要求。

1.1.4　简要

权利要求书应当简要，是指每一项权利要求应当简要，并且构成权利要求书的所有权利要求作为一个整体也应当简要。这包括以下两方面：

① 权利要求应当采用构成发明或者实用新型技术方案的技术特征来限定其保护范围。除技术特征外，一般不应在权利要求中写入发明原理、发明目的以及商业用途的描述或明显的宣传用语，否则不仅该权利要求不简要，还可能在后续司法程序中对保护范围造成不必要的限制。

② 从权利要求书的整体撰写要求来看，权利要求的数目应当合理；各权利要求之间的相同内容应避免重复。因此，权利要求应尽量采用引用在前权利要求的方式撰写；尤其注意的是，权利要求书中不得出现两项或两项以上保护范围实质上相同的同类权利要求，这会造成权利要求书整体不简要。

1.2　法条应用

1.2.1　主题类型不清楚

权利要求主题名称不清楚问题主要涉及主题名称本身是否清楚、主题名称与技术内容是否相适应。

1.2.1.1　主题名称不清楚

通常情况下，下列几类主题名称会被认为不清楚（非穷举）：

(1) 因主题名称中的术语的含义不明确而导致不清楚

例如：一种……技术，……（不清楚主题是方法还是产品）

对装置 B 的改善/改进，……（不清楚主题是方法还是产品）

一种……配方，……（不清楚主题是方法还是产品）

一种……设计，……（不清楚主题是方法还是产品）

一种……逻辑，……（不清楚主题是方法还是产品）

(2) 因包含了多个主题而导致不清楚

例如：一种……产品及其制造方法，……（两个主题）

(3) 因表述方式而导致不清楚

例如：在一个包括自动拨号器、拨号检音器和性能控制器的电话机中，其改进之处包括……（不清楚主题是方法还是产品）

一种……药物组合，……（既可能是药物组合物，也可能是将药物组合在一起的方法，故该权利要求的类型不清楚）

一种矿物蒙脱石作为药剂辅料，……（无法确定要求保护的是产品本身，还是蒙脱石用作药剂辅料的用途，故该权利要求的类型不清楚）

1.2.1.2　主题名称与技术内容不适应

权利要求的技术内容应当与权利要求的主题名称相适应。

此处的“相适应”应理解为：

①“主题名称”应反映出请求保护的技术方案所涉及的技术领域，比如“一种照相机”和“一种汽车”。如果申请人将权利要求写为“一种产品，……”或“一种方法，……”则该主题名称没有反映出请求保护的技术方案所涉及的技术领域，即权利要求的主题名称不能与权利要求的技术内容相适应。

② 权利要求的类型应当与权利要求的限定特征相适应。如果权利要求保护一种产品，则应当主要由其结构特征来描述，如果保护一种方法，则应当主要由其工艺过程、操作条件、步骤或者流程等技术特征来描述。

【案例 1 – 85】

权利要求：一种制备乳液加脂剂的方法，其特征在于产物的固含量为 30wt%，外观为淡蓝色，pH 值为 6。

【分析】

权利要求请求保护的是一种制备方法，应当用方法步骤描述其技术方案，清楚限定该方法技术主题，但是该权利要求的特征部分均是产物性状及理化参数，未能与方法类型的权利要求主题相适应。

为了克服缺陷，可以将权利要求的主题修改为产品，例如，“一种乳液加脂剂”。

【案例 1 – 86】

权利要求：一种奶酪制品，其特征在于，该奶酪制品是通过将由天然奶酪、黄杆菌胶体、角豆树胶和补强填充剂组成的混合物加热到 65 ~ 120℃，使该混合物细分散，然后冷却至 10℃ 以下，再将冷却后的混合物粉碎成粒状而制得。

【分析】

在某些技术领域（如食品领域），通常很难确定产品的各种成分，因而，对于这些领域的产品发明，在无法用产品本身特征进行清楚限定时，常常允许用其制备方法来表征该产品。在该权利要求中，制备方法是清楚的，因此其限定的产品也是清楚的。

1.2.2 保护范围不清楚

1.2.2.1 术语含义不确切、无定义

撰写权利要求时所使用的技术术语，其含义一般应当与该术语在所属技术领域中通常具有的含义相同。如果权利要求中需要使用自定义的自造词，或者在说明书中给出了不同于其通常含义而自定义的技术术语，则一般应当同时将该术语的定义表述在权利要求中，以使所属技术领域的技术人员仅根据权利要求的表述即可清楚确定请求保护的范围。

【案例 1 – 87】

权利要求：一种灯泡，其中充满稀有气体……

说明书中将“稀有气体”定义为“氦、氖、氮气或二氧化碳”。

【分析】

“稀有气体”在化学领域中具有确切含义，其包括氦、氖、氩、氪、氙和氡。由于说明书中对“稀有气体”的定义不同于其在所属技术领域通常具有的含义，因此，撰写权利要求时需要将权利要求中的“稀有气体”修改为“氦、氖、氮气或二氧化碳”，以使权利要求的保护范围清楚。

【案例1-88】

权利要求：一种钩炉香的制作方法，其特征是（1）将竹香枝放入硅酸钠溶液中浸泡；（2）……

说明书中对“竹香枝”的定义为“一种将嫩竹枝在香料中浸泡而制成的熏香”。

【分析】

权利要求中使用的“竹香枝”一词属于自造词，其在所属技术领域中不具有通常的含义，该词的使用导致权利要求的保护范围不清楚。因此，应当将“竹香枝”的定义补充到权利要求中。

【案例1-89】

权利要求：一种脂肪，它的恶心指数低于或等于1.0。

说明书中记载了大量恶心指数低于1.0的脂肪和大量恶心指数高于1.0的脂肪。恶心指数低于1.0的脂肪的实例包括由饱和脂肪与不饱和脂肪所形成的混合物，恶心指数高于1.0的脂肪的实例也包括由饱和脂肪与不饱和脂肪所形成的混合物。说明书中没有记载这些脂肪混合物的其他性能，例如熔点。说明书中记载了通过在特定的速度和温度下搅拌该脂肪，并且在室温下测量被搅拌的混合物的粘度来确定该恶心指数。恶心指数在现有技术中并不是已知的，并且没有任何已知的用于测量它的方法或装置。

【分析】

所属技术领域的技术人员根据现有技术不能明了“恶心指数”这一参数的技术含义。说明书中虽然记载了通过在特定的速度和温度下搅拌该脂肪，并且在室温下测量被搅拌的混合物的粘度来确定“恶心指数”，但说明书中却没有说明“恶心指数”和粘度之间的关系，因此不能确定“恶心指数”的技术含义，该参数的使用会导致权利要求请求保护的范围不清楚。

撰写申请文件时，尽量避免使用自造词，如果必须使用，则应该在说明书和权利要求中进行清楚的描述和限定。

【案例1-90】

权利要求：一种可室温固化的硫化硅酮牙科压印材料组合物，所述组合物包含以下物质的混合物：（1）……（2）乙氧基化非离子表面活性剂，所述表面活性剂含有足够的亚乙氧基以使得所述组合物当固化时3分钟水接触角低于65°，……

【分析】

本领域中虽然没有“3分钟水接触角”这样的技术术语，但本领域技术人员根据本领域中公知的"平衡接触角"的技术含义应当能够了解"3分钟水接触角"只是一个在特定时间点测量的"平衡接触角"，因此，"3分钟水接触角"的技术含义对于本领域技术人员来说应当是清楚的，它不会导致权利要求不清楚。

【案例1-91】

权利要求：一种威士忌，其特征在于，酒香指数B为12~20。

说明书中有"酒香指数"的定义。

【分析】

"酒香指数B"是自定义的一个参数，在申请日之前所属领域的技术人员不知道其具体含义，应当将说明书中关于"酒香指数"的定义写入权利要求中，以使撰写的权利要求清楚。

【案例1-92】

权利要求：一种杨树胚性细胞培养方法，其中在脱分化过程中使用XF培养基。

根据说明书中的记载，发明人对常规MS培养基进行了改进，添加了一定浓度的生长素和细胞分裂素等植物激素，制备成XF培养基。

【分析】

"XF"是自行定义的培养基名称，仅根据XF培养基的名称，本领域技术人员并不能确定该培养基的技术特征，因此，需要在权利要求中清楚记载"XF"的定义。

1.2.2.2　要素关系不清楚

权利要求中记载的技术特征可以是构成发明或者实用新型技术方案的组成要素，也可以是要素之间的相互关系。在撰写权利要求时，不仅要注意构成发明或者实用新型技术方案的各组成要素要清楚，还要注意这些要素之间的相互关系要清楚。

【案例1-93】

权利要求：一种硅钢片用绝缘涂层的制备方法，包括：（1）磷酸镁溶液的制备：将轻质镁化合物的粉体加入磷酸溶液，在……的温度下反应……分钟，得浓度为25.0wt%的磷酸镁溶液，调节溶液的pH值至2~3；（2）环氧树脂溶液的制备：……

【分析】

由于磷酸镁难溶于水，很难形成磷酸镁溶液，通常需要保持很低pH值，例如pH值2~3以下，才能形成磷酸镁溶液，因此，该权利要求中记载的"调节溶液的pH值至2~3"应当是在"得浓度为25.0wt%的磷酸镁溶液"之前，而非之后。这种要素关系不清楚会导致该技术方案不清楚，最终导致权利要求的保护范围不清楚。

另外，在撰写权利要求时，还要注意如果存在多个对象作为并列选择项时，这些并列选择项对于发明或者实用新型所要解决的技术问题以及产生的技术效果应当是等效的，其相互之间应当能够相互替换，否则也会导致权利要求不清楚。

【案例1-94】

权利要求：一种制备化合物C的方法，其特征在于将化合物A和B反应，其中B

是无机盐、硫酸盐、有机盐或苯磺酸盐。

【分析】

在该权利要求中，“硫酸盐”是“无机盐”的下位概念，“苯磺酸盐”是“有机盐”的下位概念，上位概念与其下位概念不是等效并列选择项，因此会导致该权利要求不清楚。

1.2.2.3 多重保护范围

【案例 1－95】

权利要求 1：一种低糖型小儿感冒颗粒，……稀释剂是蔗糖，蔗糖的用量在 1000 重量份至 4000 重量份，优选 2000 重量份至 3850 重量份，进一步优选 3850 重量份。

【分析】

该权利要求存在相互套合的三个大小不同的保护范围：“蔗糖的用量在 1000 重量份至 4000 重量份”、“蔗糖的用量在 2000 重量份至 3850 重量份”以及“蔗糖的用量为 3850 重量份”。这样的撰写会导致该权利要求不清楚。为了克服该缺陷，可以将该权利要求拆分成 3 项权利要求，即一项独立权利要求和两项从属权利要求。

【案例 1－96】

权利要求 2：权利要求 1 所述的治疗胃炎的中药组合物，其中制成活性成分的原料药及重量份最好是黄芪 30 克，龙葵 15 克，三七 10 克，苏梗 10 克，徐长卿 15 克，鸡内金 10 克，八月札 10 克，乌梅 10 克，生大黄 6 克。

【分析】

从属权利要求 2 中的“最好是”只代表一种选择，而没有限定出不同的保护范围，不会导致该权利要求的保护范围不清楚。但是，由于该用语在权利要求中也不具有实际的限定意义，因此撰写时不宜出现在权利要求中。

1.2.3 权利要求书整体不清楚

1.2.3.1 引用关系不清楚

【案例 1－97】

权利要求 1：一种组合物，包括组分 A、B 和 C。

权利要求 2：如权利要求 1 所述的制备组合物的方法，……

【分析】

权利要求 2 实质上应当是一个方法独立权利要求，撰写时采用了引用其他独立权利要求（产品权利要求 1）的方式。但是，由于权利要求 2 对权利要求 1 的引用关系不清楚，导致了权利要求 2 的保护范围不清楚。为了克服此缺陷，可以将权利要求 2 修改为：“2. 制备如权利要求 1 所述的组合物的方法，……”

1.2.3.2 缺乏引用基础

【案例1－98】

权利要求1：一种组合物，包括组分A、B和C。

权利要求2：如权利要求1所述的组合物，其特征在于，所述组分D……

【分析】

权利要求2引用了权利要求1，并在附加特征中以“所述”一词限定“组分D”，而在权利要求1中并未包括组分D，由此导致权利要求2不清楚。为了克服此缺陷，可以将权利要求2修改为：“如权利要求1所述的组合物，其特征在于，还包括组分D……”

1.2.4 保护范围重复

【案例1－99】

权利要求1：一种抗炎抗病毒的中药制剂，其特征在于它是由下列重量份的原料药制备而成：夏枯草9～20份，紫花地丁15～30份，鱼腥草15～25份。

权利要求2：根据权利要求1所述的中药制剂，其特征在于它的药剂是任何一种药剂学上允许的剂型。

【分析】

一件专利申请中不得出现两项或两项以上保护范围实质上相同的同类权利要求。本案权利要求1要求保护中药制剂，所表述的就是药剂学上允许的剂型，显然权利要求2与权利要求1要保护的范围实质上相同，使得权利要求书作为整体不简要。为了克服缺陷，将权利要求2删除即可。

2 权利要求应当以说明书为依据

《专利法》第26条第4款的立法本意在于为专利权人提供与其所作出的贡献相适应的权利，权利要求请求保护的范围应当与专利权人公开的内容相适应，不能相互脱节，两者之间应当有一种密切的关联。《专利法》将这种关系表述为“权利要求书应当以说明书为依据”。如果权利要求保护范围相对于说明书公开的内容过大，这将导致申请人可能获得较其应尽的义务更大的权利，因此不应当对这样的权利要求授予专利权。

2.1 法条释义

所谓“权利要求应当以说明书为依据”，是指权利要求应当得到说明书的支持。权利要求书中的每一项权利要求所要求保护的技术方案应当是所属技术领域的技术人员能够从说明书充分公开的内容中得到或者概括得出的技术方案，并且不得超出说明书公开的范围。

2.1.1 说明书的记载

权利要求保护的是说明书记载的技术方案就是指权利要求没有从说明书中扩展，

其范围与说明书记载的内容一致，是说明书中直接记载的技术方案。

如果一项权利要求请求保护的技术方案就是说明书中明确公开的一个或多个技术方案，则该权利要求在形式上得到了说明书的支持。

2.1.2　由说明书概括得出

权利要求也可以由说明书记载的一个或者多个实施方式或实施例概括而成。权利要求的概括应当不超出说明书公开的范围。如果所属技术领域的技术人员可以合理预测说明书给出的实施方式的所有等同替代方式或明显变型方式都具备相同的性能或用途，则应当允许申请人将权利要求的保护范围概括至覆盖其所有的等同替代或明显变型的方式。如果权利要求的概括包含申请人推测的内容，而其效果又难以预先确定和评价，这种概括应当认为是超出了说明书公开的范围。对于权利要求概括得是否恰当，应当参照与之相关的现有技术进行判断。开拓性发明可以比改进性发明有更宽的概括范围，权利要求可以在说明书公开内容的范围内进行合理的概括。

2.2　法条应用

下面结合化学领域的几种典型情况加以说明。

2.2.1　马库什权利要求

【案例1-100】

权利要求1：制造式 R $(T_{1-x}A_x)_{13-y}$，所代表的含 RE 合金的方法，

其中 R 表示至少一种选自 La、Ce、Pr、Nd、Sm、Eu、Tb、Dy、Ho、Tm、Yb、Gd 和 Lu 的物类；T 表示至少一种选自 Fe、Co、Ni、Mn、Pt 和 Pd 的物类；且 A 表示至少一种选自 Al、As、Si、Ga、Ge、Mn、Sn 和 Sb 的物类；$0.05 \leq x \leq 0.2$；且 $-1 \leq y \leq 1$

该方法包括：在 1200~1800℃的温度下熔融合金原材料的熔融步骤；和快速骤冷通过上述步骤制得的熔融金属、从而形成第一含 RE 合金的固化步骤，其中该固化步骤是在 10^2~10^4℃/秒的冷却速率下进行的，所述冷却速率是至少在熔融金属温度至900℃的范围内测量的。

【分析】

权利要求1请求保护制造含 RE 合金的方法，其中所述含 RE 合金中每种成分都选自多种元素中的至少一种，因此上述权利要求实际上分别包含了大量的含 RE 合金，但该申请实施例中仅记载了 La-Fe-Si 合金，权利要求是否得到说明书的支持？

权利要求1所述合金成分中的成分 T 选自 Fe、Co、Ni、Mn、Pt 和 Pd 中的至少一种，成分 A 选自 Al、As、Si、Ga、Ge、Mn、Sn 和 Sb 中的至少一种，但对于上述两组元素，每组中各元素并非全部属于同类元素，每组中各元素的性质也并不全部类似，本领域技术人员也并不知晓其在磁致伸缩合金中能否发挥同样的作用，因而仅根据说明书中详细描述的 La-Fe-Si 合金，本领域技术人员不能确定 Co、Ni、Mn、Pt 和 Pd 中的至少一种可用于代替至少部分 Fe 并产生与 Fe 类似的效果，也不能确定 Al、As、

Ga、Ge、Mn、Sn和Sb中的至少一种可用于代替至少部分Si并产生与Si类似的效果；根据本领域的常识，磁致伸缩合金中成分的变换或其含量的微小变化都可能对其组织结构产生很大影响，为了获得$NaZn_{13}$型组织结构或能够通过短时加热获得$NaZn_{13}$型组织结构，必须精确控制合金成分及其含量，因此本领域技术人员难以预见到上述权利要求所概括的大量合金均能实现该发明；此外，上述权利要求概括的合金成分范围内存在不能实现发明目的的方案，例如，众所周知上述合金范围内的$LaMn_{13}$、$LaFe_{13}$、$LaNi_{13}$等均不能稳定存在。因此，权利要求1得不到说明书的支持，不符合《专利法》第26条第4款的规定。

2.2.2　上位概念概括的权利要求

【案例1－101】

权利要求1：选自包含胞苷的化合物、包含胞嘧啶的化合物和包含尿苷的化合物的化合物在制备用于治疗或抑制哺乳动物烟草或尼古丁依赖或惯用的药物中的应用。

说明书：提到了6类化合物，即包含胞苷的化合物、包含胞嘧啶的化合物、包含尿苷的化合物、包含肌酸的化合物、包含腺苷的化合物和升高腺苷水平的化合物，但是申请人仅发现并具体记载了一种特定的化合物：CDP－胆碱（胞磷胆碱，包含胞苷化合物中的一种化合物）用于治疗烟草或尼古丁依赖或惯用的药物的应用，同时具体记载了有关CDP－胆碱的给药效果，说明书中指出"……并且相信其他相关化合物可能有类似的用途"。

【分析】

本案说明书中仅记载了具体的CDP－胆碱化合物在制备用于治疗或抑制哺乳动物烟草或尼古丁依赖或惯用的药物中的应用及其效果，并没有具体记载除CDP－胆碱外的其他"包含胞苷的化合物"以及"包含胞嘧啶的化合物"和"包含尿苷的化合物"也同样具有上述效果。根据说明书公开的内容得不到证明这些化合物都可以用于哺乳动物并能解决所要解决的技术问题或达到所述的技术效果的依据（尤其是"包含胞苷的化合物"以及"包含胞嘧啶的化合物"和"包含尿苷的化合物"包含了大量的化合物，从结构上看，并不是所有这些化合物的循环代谢产物都是胆碱和胞苷）。因此，在说明书没有充分公开除CDP－胆碱之外的其他化合物也能够产生类似效果的情况下（CDP－胆碱作用机理不明），由一种特定的化合物无法扩展到三类上位的化合物，权利要求1得不到说明书的支持。

对于本案，为了克服权利要求1得不到说明书的支持的缺陷，应将权利要求1限定为："包含胆碱的化合物在制备用于治疗或抑制哺乳动物烟草或尼古丁依赖或惯用的药物中的应用。"此外，撰写申请文件时应该注意，如果权利要求概括的范围较宽，说明书中应该给出足够的实施例和实验例以支持权利要求的保护范围。

【案例1－102】

权利要求：化合物A作为植物病毒抑制剂的应用。

说明书中只给出了该化合物抗植物TMV病毒的效果数据。

【分析】

由于植物病毒包含了许多种类，如TMV、PXV、CMV、PYV、TNV等，其致病机理不完全相同。说明书中只给出了该化合物抗植物TMV病毒的效果数据，所属技术领域的技术人员根据说明书中的描述和现有技术，难以预测所述化合物A对所有的植物病毒都具有抑制活性，即权利要求的技术方案包含了申请人推测的内容，而其效果又难以确定。因此，该权利要求得不到说明书的支持。

对于本案，为了克服权利要求得不到说明书的支持的缺陷，应将权利要求修改为："化合物A作为植物TMV病毒抑制剂的应用。"但是，如果在说明书中记载并证实了该化合物抗病毒机制适用于一般的病毒，而并不限于TMV，虽然说明书中只给出了该化合物抗植物TMV病毒的效果数据，则可以不限制到TMV病毒。

2.2.3　含数值范围的权利要求

【案例1-103】

权利要求：一种碱性蛋白酶A酶解蚕蛹蛋白的方法，……其中酶解反应液pH值为5.0~8.0。

说明书：仅公开了一个其酶解反应液pH值为7.5的实施例。

【分析】

现有技术中公开的碱性蛋白酶A都是在碱性条件下水解的，因此，根据说明书中酶解反应液pH值为7.5的实施例，所属领域的技术人员不能合理地预见，在偏酸性的pH值（5.0）至偏碱性的pH值（8.0）范围内都能实施该发明的技术方案，因此，包含特征"酶解反应液pH值为5.0~8.0"的上述权利要求得不到说明书的支持。

对于本案，为了克服权利要求得不到说明书的支持的缺陷，应将权利要求中的酶解反应液pH值修改为"7.5~8.0"。

【案例1-104】

权利要求1：采用超临界CO_2萃取法制备的蘼蕪油，其特征在于它含有6%~90%藁本内酯。

说明书：记载了该发明所得到的蘼蕪油的分析结果，其中包含46种化合物，其主要成分含18.46%β-芹子烯、18.36%新蛇床酞内酯和9.69%藁本内酯。

【分析】

该申请说明书给出了该发明蘼蕪油的分析结果，其中包含46种化合物，其主要成分含18.46%β-芹子烯、18.36%新蛇床酞内酯和9.69%藁本内酯。可见，在该发明的蘼蕪油中藁本内酯含量并不是最多的，更不会达到90%含量。采用超临界CO_2萃取法从蘼蕪药材中提取藁本内酯时不可避免地将蘼蕪药材中的其他成分（并且是主要组成）提取出来。虽然该方法可以较完全地从蘼蕪药材中提取包括藁本内酯在内的有效成分，但并不能单独或主要提取其中某一种有效成分，而不提取其他性质相近的有效成分如新蛇床酞内酯等。因此，无论是从说明书实验数据看，还是根据本领域的知识，权利要求1所要求的含量高达90%藁本内酯（为实验数据的10倍左右）、采用超临界CO_2萃取法制备的蘼蕪油是无法得到的。因此，权利要求1得不到说明书的支持。

【案例1－105】

权利要求1：一种用于治疗消化性溃疡和慢性胃炎的中药组合物，组合物中各组分的重量配比为：乳香0.6～60、白芍0.6～60、木香0.4～40、甘草0.4～40，以及适量的药学上可接受的载体。

说明书：记载了与权利要求1相同的技术方案，并描述了该中药组合物是根据中医理论，将原料药按照严格的君臣佐使关系（乳香为君、白芍为臣、木香为佐、甘草为使）制备而成的，进一步优选的配伍组合是组合物中各组分的重量配比为：乳香25～40、白芍15～25、木香10～20、甘草5～10。另外，实施例只记载了由乳香25、白芍15、木香10、甘草5制成的组合物。说明书中给出了用实施例组合物治疗消化性溃疡和慢性胃炎的实验数据。

【分析】

权利要求1请求保护一种治疗消化性溃疡和慢性胃炎的中药组合物，其所述原料药的组合配比涵盖了较宽的范围，其中包含了由任意端值及其范围内数值组合而成的组合物。而根据说明书的记载，该中药组合物是根据中医理论，将原料药按照严格的君臣佐使关系（乳香为君、白芍为臣、木香为佐、甘草为使）制备而成的，说明书描述的进一步优选的配伍组合和实施例所述的组合物均表明该申请组合物是按照乳香为君、白芍为臣、木香为佐、甘草为使的配伍关系制成的，而且说明书中也仅给出了用实施例组合物治疗消化性溃疡和慢性胃炎的药效实验数据；但是，权利要求1中要求保护的原料药的用量范围包含了多种可能的配伍关系，例如，乳香0.6、白芍0.6、木香0.4、甘草40，或者是乳香0.6、白芍0.6、木香40、甘草40，此时，乳香和白芍的用量在组合物中所占的比例很小，乳香并不是君药，白芍也不为臣药，各组分的配伍关系与说明书记载的技术方案完全相反；而本领域公知，乳香的功效为活血止痛、消肿生肌，白芍的功效为养血敛阴、柔肝止痛、平抑肝阳，木香的功效为行气、调中、止痛，甘草的功效为补脾益气、润肺止咳、缓急止痛、缓和药性。据此，本领域技术人员有理由怀疑上述组合物无法实现该发明的技术效果。综上所述，由于本领域技术人员无法根据说明书记载的内容和现有技术推知权利要求1所有要求保护的所有技术方案都可以实现该发明所述的技术效果，因此权利要求1所述的技术方案没有以说明书为依据，得不到说明书的支持。

对于此类申请，撰写时应注意权利要求的范围要概括合理，与说明书公开的内容实质上相一致。对本案而言，可以将权利要求1修改为优选的方案："一种用于治疗消化性溃疡和慢性胃炎的中药组合物，组合物中各组分的重量配比为：乳香 25～40、白芍 15～25、木香 10～20、甘草 5～10，以及适量的药学上可接受的载体。”

2.2.4 开放式组合物权利要求

组合物权利要求使用开放式表达时，尤其要注意是否能得到说明书的支持。例如，权利要求请求保护的组合物包括原料 A＋B＋C，如果说明书中实际上没有证据证明包含除所述原料之外的其他原料组分的组合物也可以解决发明的技术问题，则开放式权利要求得不到说明书的支持。

【案例 1－106】

权利要求 1：一种治疗风湿病的中药制剂，其特征是由包含以下重量份的中药原料制成：

乌梢蛇、威灵仙、蕾公藤各 120～150；制川乌、制草乌、制马钱子各 280～320；当归、炙黄芪各 140～180；红花、川芎、蜂房各 100～120；蜈蚣 50～60；细辛80～100。

说明书：记载了由下述重量份的乌梢蛇、威灵仙、蕾公藤各 120～150；制川乌、制草乌、制马钱子各 280～320；当归、炙黄芪各 140～180；红花、川芎、蜂房各 100～120；蜈蚣 50～60；细辛 80～100 制成的中药制剂治疗风湿病的效果实验数据。

【分析】

《专利审查指南 2010》第二部分第二章第 3.3 节中规定：开放式的权利要求宜采用“包含”、“包括”、“主要由……组成”的表达方式，其解释为还可以含有该权利要求中没有述及的结构组成部分或方法步骤。权利要求 1 请求保护一种治疗风湿病的中药制剂，其撰写方式为开放式权利要求，即意味着除了该权利要求特征部分所述中药原料之外，还可以包括其他中药原料。而该申请的说明书仅仅提供了仅由这些中药原料制成的药物，没有任何实施例和实验数据可以证实：除说明书所述中药原料之外添加其他中药原料的组合物也具有治疗风湿病的作用。相反，根据本领域技术人员的公知常识可知，添加了不同药味的各组方之间，因其君、臣、佐、使的配伍变化，会产生较大的效果或用途差异。由此可见，以开放式表征的权利要求 1 中所包含的大量组方其疗效是难以预先确定和评价的，本领域技术人员不足以从说明书公开的内容概括出权利要求所述的保护范围。因此权利要求 1 不符合《专利法》第 26 条第 4 款的规定。

为了克服上述缺陷，可以将权利要求 1 不采用开放式的形式，修改为：“一种治疗风湿病的中药制剂，其特征是由以下重量份的中药原料制成：……”

【案例 1－107】

权利要求 1：一种治疗口腔溃疡的中药制剂，其特征在于，该中药制剂主要由下述重量配比的原料药制成：牛黄 80～100 份、白矾 400～500 份、冰片 70～100 份、珍珠 30～50 份。

权利要求2：根据权利要求1所述的治疗口腔溃疡的中药制剂，其特征在于原料药还包括朱砂30~50份，赤金10~30份，琥珀30~50份中至少一种。

说明书：记载了权利要求1所述配方牛黄80~100份、白矾400~500份、冰片70~100份、珍珠30~50份制成的中药制剂的制备例和实验数据，同时指出添加朱砂、赤金、琥珀是为了进一步增强该申请制剂的疗效。

【分析】

在中药组合物中，各原料药之间存在复杂的相互配伍关系，当原料药发生变化时，通常也会影响到组合物的效果或作用。因此，对于权利要求书中存在开放式权利要求时，应该注意判断所有权利要求是否能得到说明书的支持。

对于本案，权利要求1为开放式权利要求，说明书只公开了权利要求1所述制剂治疗口腔溃疡的实验数据。但是，根据现有技术可知，朱砂、赤金和琥珀的作用相近，都具有重镇安神、解毒的功效，而且说明书也记载了添加朱砂、赤金、琥珀是为了进一步增强该申请制剂的疗效，因此，可以认为权利要求1和2所述的制剂所产生的技术效果不会产生实质性区别，只是程度的差异，根据说明书可以推知权利要求2所述制剂也具有治疗口腔溃疡的效果，也即是说，根据说明书所公开的内容可以合理地概括出权利要求2所述的技术方案，因此，权利要求2得到了说明书的支持。

注意：对于包含开放式组合物权利要求的申请，在撰写说明书时应注意记载足够的制备例和实验数据以支持所有权利要求的范围。例如，对于本案，如果说明书仅给出了权利要求2所述制剂治疗口腔溃疡的实验数据，而说明书和现有技术中均没有记载关于朱砂、赤金、琥珀能增强治疗口腔溃疡效果的证据，那么，由于说明书没有记载权利要求1所述制剂能够治疗口腔溃疡的实验数据，因而权利要求1得不到说明书的支持。

2.2.5 功能、用途或效果限定的权利要求

① 对于某一功能限定的技术特征，如果所属技术领域的技术人员明了实现该功能的已知方式，并且该功能限定的技术特征所覆盖的除说明书中记载的实施方式以外的其他实施方式也能解决发明的技术问题，并达到相同的技术效果，那么这种限定是允许的；反之，则不允许。

② 权利要求中如果仅仅记载了发明要达到的目的或获得的效果，但没有记载为达到这种目的或获得所述效果而采用的任何技术手段，则该权利要求得不到说明书的支持。

【案例1-108】

权利要求：一种用胶囊包裹的盐酸文拉法星的缓释制剂，其特征是所述制剂能提供高达150ng/ml的血清峰值和可持续24小时的有效治疗血药浓度。

说明书：记载了盐酸文拉法星的缓释制剂的组分和含量，以及其所能达到的血清峰值和可持续的有效治疗血药浓度的时间。

【分析】

该权利要求中特征部分仅记载了缓释制剂施用后所达到的效果，而非该缓释制剂产品的技术特征，其覆盖了所有能够实现上述效果的技术方案，但说明书仅记载了盐酸文拉法星缓释制剂能达到所述的血清峰值和可持续的有效治疗血药浓度的时间，根据说明书中公开的这一具体技术方案，所属技术领域的技术人员难以推知所有能够实现该效果的其他替代技术方案，因此该权利要求得不到说明书的支持。

为了克服上述缺陷，应该在权利要求中增加对“盐酸文拉法星的缓释制剂的组分和含量”的限定。

2.2.6 以生物序列限定的权利要求

在生物技术领域，申请人往往基于一个具体的多肽（蛋白质）或基因，以序列的同源性、同一性、取代、缺失或添加，或者杂交的限定方式请求保护一个非常宽泛的范围，此时应当判断相关权利要求是否得到说明书的支持。

2.2.6.1 没有功能性限定的情形

用同源性、同一性、取代、缺失或添加，或者杂交方式限定的生物序列产品权利要求中，如果没有功能性限定，则应当指出该权利要求得不到说明书的支持。

【案例 1－109】

权利要求：一种核酸分子，其选自：（1）与 SEQ ID NO：1 具有 X% 以上同源性的核酸分子；（2）编码由 SEQ ID NO：2 经过取代、缺失或添加一个或几个氨基酸所得多肽的核酸分子；（3）在严格条件下与 SEQ ID NO：1 杂交的分子。

说明书中：记载了 SEQ ID NO：2 是发明人分离出来的酶 A，而 SEQ ID NO：1 是酶 A 的编码基因。

【分析】

作为多肽一级结构的氨基酸序列是多肽空间结构的基础，而空间结构又直接决定其功能。氨基酸序列的微小变化可能会导致空间结构的巨变，进而导致功能发生改变。同理，编码氨基酸序列的核苷酸序列，其序列结构的变化也会导致功能的变化。该权利要求中的（1）、（2）和（3），分别用同源性，取代、缺失或添加，或者杂交方式来限定请求保护的核酸分子，该核酸分子与原基因具有一定的序列结构相似性，当然也存在一定的序列结构差异。这种序列结构的差异将会导致某些核酸分子的功能发生变化甚至缺失。本领域技术人员并不能依据说明书充分公开的内容，概括出所有用上述方式限定的核酸分子都具有与酶 A 基因相同的功能。因此，该权利要求没有以说明书为依据来表述请求保护的范围。

如果说明书中列举了具体的突变核酸分子，并且申请人将权利要求请求保护的范围限定至该具体核酸分子，则该权利要求能够得到说明书的支持。所述“列举”必须包括突变核酸分子的序列结构确认以及功能验证。

2.2.6.2　功能性限定的情形

涉及基因的发明，对于具有某一特定功能，例如其编码的蛋白质具有酶A活性的基因，可采用术语“取代、缺失或添加”与功能相结合的方式进行限定。例如，“编码如下蛋白质（a）或（b）的基因：（a）由Met－Tyr－…　－Cys－Leu所示的氨基酸序列组成的蛋白质，（b）在（a）限定的氨基酸序列中经过取代、缺失或添加一个或几个氨基酸且具有酶A活性的由（a）衍生的蛋白质。”

注意，允许用上述方式表示的条件是：①说明书例如实施例中例举了（b）所述的衍生的蛋白质；②说明书中记载了制备（b）所述衍生的蛋白质以及证明其功能的技术手段。否则，说明书公开不充分。

对于具有某一特定功能，例如其编码的蛋白质具有酶A活性的基因，可采用在严格条件下“杂交”，并与功能相结合的方式进行限定。例如，“如下（a）或（b）的基因：（a）其核苷酸序列为ATGTATCGG…TGCCT所示的DNA分子；（b）在严格条件下与（a）限定的DNA序列杂交且编码具有酶A活性的蛋白质的DNA分子。”

注意，允许用上述方式表示的条件是：①说明书中详细描述了“严格条件”；②说明书如实施例中例举了（b）所述DNA分子。

涉及多肽或蛋白质的发明，对于具有某一特定功能，例如具有酶A活性的蛋白质，可采用术语“取代、缺失或添加”与功能相结合的方式进行限定，具体方式如下：“如下（a）或（b）的蛋白质：（a）由Met－Tyr－…　－Cys－Leu所示的氨基酸序列组成的蛋白质；（b）在（a）中的氨基酸序列经过取代、缺失或添加一个或几个氨基酸且具有酶A活性的由（a）衍生的蛋白质。”

注意，允许用上述方式表示的条件是：①说明书例如实施例中例举了（b）所述的衍生的蛋白质；②说明书中记载了制备（b）所述衍生的蛋白质以及证明其功能的技术手段。否则，说明书公开不充分。

如果在用同源性、同一性、取代、缺失或添加，或者杂交方式限定的生物序列产品权利要求中，虽包含功能性限定，但说明书中并未列举相应的生物序列，则该权利要求得不到说明书支持。如果说明书中列举了相应的生物序列，则需要判断根据该实例能否合理预测出权利要求中请求保护的范围。

（1）说明书中未进行列举

序列结构的差异，会导致功能的改变或缺失。因此，对于一种基因或蛋白质来说，要确定除了其本身之外，是否还存在衍生序列能够具有相同的功能，需要相应证据支持。如果说明书中没有列举相应的衍生序列，则请求保护的基因或蛋白质的权利要求得不到说明书的支持。

对于用同源性、同一性、取代、缺失或添加，或者杂交方式限定短序列（如长度小于10个氨基酸残基的短肽）的权利要求，短序列上所有位点的氨基酸很可能都是保守性的，任何一个氨基酸的变化都会导致多肽生物学功能的改变或缺失。因此，该权利要求得不到说明书支持。

【案例 1-110】

权利要求：一种核酸分子，其选自：(1) 与 SEQ ID NO：1 具有 X% 以上同源性的核酸分子；(2) 编码由 SEQ ID NO：2 经过取代、缺失或添加一个或几个氨基酸所得多肽的核酸分子；(3) 在严格条件下与 SEQ ID NO：1 杂交的分子，上述核酸分子都编码具有酶 A 活性的多肽。

说明书：记载了 SEQ ID NO：2 是申请人分离出来的酶 A，而 SEQ ID NO：1 是酶 A 的编码基因。

【分析】

该权利要求中的 (1)、(2) 和 (3)，分别用同源性，取代、缺失或添加，或者杂交方式来限定请求保护的核酸分子，该核酸分子与原基因具有一定的序列结构相似性，当然同时也存在一定的序列结构差异。不考虑密码子简并性的影响，核酸序列的变化会导致其所编码氨基酸序列的变化，从而影响编码多肽的空间结构和功能。因此，除了 SEQ ID NO：1 本身，是否存在其他用同源性、取代、缺失或添加，或者杂交方式限定的核酸分子，能够编码具有酶 A 活性的多肽，这需要实验证据加以验证。说明书中并没有公开酶 A 功能域的氨基酸组成，也未提供权利要求请求保护的核酸分子的实例，因此本领域技术人员不能明了除了 SEQ ID NO：1 之外，是否还有其他核酸分子也能编码具有酶 A 活性的多肽。所以，该权利要求没有以说明书为依据来表述请求保护的范围。

(2) 说明书中进行了列举

对于用同源性、同一性、取代、缺失或添加，或者杂交方式限定的生物序列产品权利要求，如果本领域技术人员根据说明书中给出的实例，并不能合理预测出该权利要求请求保护的范围，则该权利要求得不到说明书的支持。

【案例 1-111】

权利要求：一种多肽，其与 SEQ ID NO：2 具有 70% 以上同源性，所述多肽具有酶 A 活性。

说明书：记载了 SEQ ID NO：2 是申请人分离出来的酶 A，其长度为 100 个氨基酸残基。另外，说明书中列举了一种具有酶 A 活性的多肽，其与 SEQ ID NO：2 具有 98% 同源性，但未公开酶 A 的结构域氨基酸组成。

【分析】

SEQ ID NO：2 长度为 100 个氨基酸残基，与其具有 70% 以上同源性的多肽范围极广，而与 SEQ ID NO：2 具有 98% 同源性的多肽范围要小得多。氨基酸序列的微小变化就可能导致空间结构的巨变，进而导致功能发生改变。由于说明书中仅列举了一种与 SEQ ID NO：2 具有 98% 同源性的具有酶 A 活性的多肽，因此，本领域技术人员无法预期，与 SEQ ID NO：2 具有 70% 以上同源性的多肽都具有酶 A 活性。因此，该权利要求得不到说明书的支持。

为了克服上述缺陷，应将权利要求限定为："一种多肽，其与 SEQ ID NO：2 具有 98% 以上同源性，所述多肽具有酶 A 活性。"

2.2.6.3　用"具有"或"含有"表述方式来限定生物序列的情形

用"具有"或"含有"来限定生物序列时，属于开放式的限定。例如，将权利要求表述为"一种能够分解化合物 A 的多肽，其具有由 Met－Tyr－…－Cys－Leu 所示的氨基酸序列"，或者"一种编码能够分解化合物 A 的多肽的基因，其含有由 ATG-TATCGG…TGCCT 所示的核苷酸序列"。当用"具有"或"含有"方式限定多肽或者基因的序列（氨基酸或核苷酸序列）时，意味着在所述序列的两端还可以添加任意数量和任意种类的氨基酸或核苷酸残基，一般都得不到说明书的支持。在实际判断时不仅要考虑是否功能性限定，以及说明书是否相应的列举，还要重点考虑对于两端添加的序列是否有合理的限定。

【案例 1－112】

权利要求 1：一种能够分解化合物 A 的多肽，其具有由 Met－Tyr－…－Cys－Leu 所示的氨基酸序列。

说明书：仅仅记载了在所述多肽末端加上多聚组氨酸，变体仍具有相应活性的实施例。

【案例 1－113】

权利要求 1：一种编码能够分解化合物 A 的多肽的基因，其含有由 ATGTATCGG…TGCCTAA 所示的核苷酸序列。

说明书：仅仅记载了在所述基因末端加上限制性酶切位点，变体仍具有相应活性的实施例。

【分析】

上述两个案例中对请求保护的多肽/基因都使用了"开放式"加上"功能性限定"的表述方式。《专利审查指南 2010》规定："对于权利要求中所包含的功能性限定的技术特征，应当理解为覆盖了所有能够实现所述功能的实施方式。"诚然，这种方式所限定的范围中，包含着一些合理的内容。例如，在基因两侧加上限制性酶切位点，一般不会影响基因的功能，这是本领域技术人员可以合理预期的。但是，由于"具有"或"含有"所限定的范围太大，即使加上上述功能性限定，一般情况下仍不能对两端添加的序列作出合理的限定，即本领域技术人员不能明了，除了说明书实施例中记载的实施例之外，是否还有其他多肽或基因也具有相应活性。即使有的话，要从如此大范围的衍生多肽或基因中找到哪些具有相应活性，也需要本领域技术人员付出过多的劳动。因此，权利要求得不到说明书的支持。

为了克服上述缺陷，应将上述权利要求分别修改为："一种能够分解化合物 A 的多肽，它是由 Met－Tyr－…－Cys－Leu 所示的氨基酸序列；""一种编码能够分解化合物合物 A 的多肽的基因，它是由 ATGTATCGG…TGCCTAA 所示的核苷酸序列。”

3 必要技术特征

《专利法实施细则》第 20 条第 2 款规定：“独立权利要求应当从整体上反映发明或者实用新型的技术方案，记载解决技术问题的必要技术特征。”

3.1 法条释义

《专利法实施细则》第 20 条第 2 款只适用于独立权利要求。

《专利审查指南 2010》第二部分第二章第 3.1.2 节中对该条款所提到的必要技术特征给出了明确的界定：必要技术特征是指，发明或者实用新型为解决其技术问题所不可缺少的技术特征，其总和足以构成发明或者实用新型的技术方案，使之区别于背景技术中所述的其他技术方案。判断某一技术特征是否为必要技术特征，应当从所要解决的技术问题出发并考虑说明书描述的整体内容。

由此可知，该必要技术特征是针对发明或者实用新型解决的技术问题来确定的，且这些必要特征的总和构成了该发明完整的技术方案。下面从“发明要解决的技术问题”和“完整的技术方案”这两方面作进一步说明。

3.1.1 发明要解决的技术问题

这里的“技术问题”应当是指说明书中描述的发明所要解决的技术问题。该技术问题可以是：

① 说明书中明确记载的技术问题。

② 通过阅读说明书能够直接确定的技术问题。例如，虽然说明书中没有写明“本发明要解决的技术问题是……”但是，从申请人在背景技术部分提到的现有技术存在的缺陷，可以判断出发明所要解决的技术问题是克服该现有技术存在的缺陷。

③ 根据说明书记载的技术效果或技术方案能够确定的技术问题。需要注意的是，不能用技术方案中的孤立技术特征带来的技术效果推导整个技术方案所要解决的技术问题。

在有些情况下，一件专利申请说明书中描述的所要解决的技术问题有多个，其说明书所描述的实施例可能记载了能够解决所有技术问题的技术特征。这种情况下，在判断必要技术特征时，应当判断其独立权利要求所限定的技术方案就某一个技术问题的解决来说是否是完整的。

3.1.2 完整的技术方案

《专利法实施细则》第 20 条第 2 款要求独立权利要求从整体上反映发明或者实用新型的技术方案，记载解决技术问题的必要技术特征。这是为了确保独立权利要求的技术方案在解决技术问题意义上的完整性。因此，包括所有的必要技术特征，形成完整的技术方案是独立权利要求应当满足的最低条件，即独立权利要求中不能缺少解决其技术问题所必不可少的技术特征，但不需要写入那些可有可无或能使技术效果更佳或获得附加技术效果的技术特征。

3.2　法条应用

判断某（些）技术特征是否是必要技术特征，有时会存在困难。如果将非必要技术特征写入独立权利要求则会损害申请人的利益。因此，在这种情况下专利代理人在撰写独立权利要求时，在与背景技术的技术方案相区别的前提下，首先要争取最大的保护范围，其次要排布好从属权利要求的保护范围层级或者说明书中记载的技术方案的层级，为将来修改留有退路。

3.2.1　组合物的组分和含量

【案例1－114】

权利要求1要求保护一种合成高纯度X的方法，所用原料包括A、B和C。

说明书实施例部分既给出了用A、B和C合成X的实施例，也给出了用A、B、C和D合成X的实施例，并且指明采用具有A、B和C的方案时，可以得到一般纯度的X，只有当添加物质D时才能得到高纯度的X。

问题：在A、B和C能合成X的情况下，D是否是必要技术特征？

【分析】

就上述案例而言，该发明要解决的技术问题是提高X的纯度，而且申请人在说明书中明确指出要达到其所要求的纯度需要添加物质D。权利要求1请求保护的是一种合成高纯度X的方法，虽然目前的权利要求1中所包含的物质A、B和C能合成出X，但得到的X达不到该申请的高纯度。因此，物质D是权利要求1解决纯度问题必不可少的技术特征，应当写入权利要求1中。相反，如果权利要求1只要求保护一种合成X的方法，则目前的权利要求1是合适的。

3.2.2　方法特征限定的产品

【案例1－115】

权利要求1：一种玻璃温度计用感温液，其特征在于由以下重量份数的原料制成：镓45～60份、铟20～32份、锡9～15份、锌9～15份。

说明书记载了要解决的问题是：提供一种无毒、不会挥发的玻璃温度计用感温液，以代替传统有毒、易挥发的汞。并且在发明内容部分记载了："在真空条件下对镓、铟、锡和锌加热至250～350℃，使其熔化，然后让其自然冷却。"

【分析】

权利要求1请求保护一种产品，即玻璃温度计用感温液。但是从说明书的内容可以看出，权利要求1中所列的四种金属原料并非简单混合即可，必须通过在一定条件下进行熔化，才能制得具有该申请所述的那种功能的感温液，因此制备所述感温液的方法特征也应当是产品独立权利要求1的必要技术特征，应当写入该产品独立权利要求中。

3.2.3 解决多个技术问题时必要技术特征的确定

【案例1－116】

权利要求1：一种雨伞，其表面具有一涂层，涂层中包含组分A。

权利要求2：如权利要求1所述的雨伞，所述涂层中还含有主要由荧光粉成分构成的组分B。

一方面，该申请要解决的问题是：提供一种雨伞，可以有效的预防紫外线的照射。

另一方面，该发明提供一种雨伞，夜间可以发出亮光以方便行人在夜间行走。

【分析】

说明书指出：雨伞表面涂层中包含的组分A可以很好地减弱阳光中的紫外线的强度，涂层中包含的组分B可以夜晚发出一定程度的亮光。

由于该独立权利要求中记载了组分A，已经可以解决其中的一个技术问题——预防紫外线的照射，因此目前该权利要求并不缺少必要技术特征。

【案例1－117】

权利要求1：一种防止一定量的七氟烷被路易斯酸降解的方法，所述方法包括：将路易斯酸抑制剂加入到七氟烷中以防止该七氟烷被路易斯酸降解。

说明书：记载了七氟烷会因路易斯酸的存在而降解，该发明通过向如七氟烷中加入路易斯酸抑制剂可以抑制其被降解，并记载了当路易斯酸抑制剂的量为0.015% W/W（水的当量）时，达到路易斯酸抑制剂在七氟烷中的饱和水平，即可以完全防止七氟烷水解。

【分析】

有人认为，权利要求1中仅记载了该方法的步骤包括“将稳定有效量的路易斯酸抑制剂加入到七氟烷中以防止该七氟烷被路易斯酸降解”，而没有记载路易斯酸抑制剂的稳定有效量具体为多少，导致缺少解决其技术问题的必要技术特征。但是，这种理解并不正确。

根据说明书的记载，七氟烷会因路易斯酸的存在而降解，而通过向如七氟烷化合物中加入路易斯酸抑制剂可以解决现有技术中存在的被降解的技术问题。据此本领域技术人员能够确定为了解决权利要求1所要解决的防止七氟烷被路易斯酸降解的技术问题，所采用的必要技术手段是向七氟烷化合物中加入路易斯酸抑制剂，也就是说，由权利要求1限定的技术方案能够解决防止七氟烷被路易斯酸降解的最基本的技术问题，因此权利要求1并不缺少必要技术特征。至于说明书所记载的“当路易斯酸抑制剂的量为0.015% W/W（水的当量）时，达到路易斯酸抑制剂在七氟烷中的饱和水平，即可以完全防止七氟烷水解”，只是实例性地给出可供本领域技术人员参考的路易斯酸抑制剂最高含量。加入不同量的路易斯酸抑制剂后，即可实现不同程度上防止七氟烷被降解的技术效果，当选择量为0.015% W/W（水的当量）时，可以完全防止七氟烷水解。也就是说，实现防止一定量的七氟烷降解的目的并不必然要求使用上述0.015% W/W（水的当量）的抑制剂用量，因此该用量并非必要技术特征。

3.2.4　独立权利要求不要包含非必要技术特征

根据《专利法实施细则》第20条第2款的规定，独立权利要求应当包括解决技术问题的全部必要技术特征，但并未规定独立权利要求中不得写入对解决技术问题来说是非必要的技术特征，因此当独立权利要求中包含了非必要技术特征时审查员不会要求申请人对该独立权利要求进行修改。但是，从撰写申请文件的角度来看，独立权利要求中写入了非必要技术特征必定缩小了其要求保护的范围，会使该申请不能得到充分的保护，因此为了充分保护申请人的权益，在撰写权利要求书时，不要将非必要技术特征写入独立权利要求。

【案例1－118】

权利要求1：一种卫生陶器，其中：在陶瓷素坯的表面上形成第一层颜色釉层；在其上再形成第二层透明釉层；其特征在于在所述的陶瓷素坯表面和所述的第一釉层之间形成一层釉料底层，所述釉底料层的空隙率小于所述素坯的空隙率，所述釉料底层的化学组成为……所述第一层颜色釉层的化学组成为……所述第二层透明釉层的化学组成为……

说明书：记载了所要解决的技术问题是提供一种使污垢极难附着的卫生陶器。为此，在陶瓷素坯和第一层颜色釉层之间形成一层釉底料层，使所述釉底料层的空隙率小于所述素坯的空隙率，减少烧结时气体对釉层的影响，由此使得烧结后的透明釉层表面具有光滑的表面并容易除去附着的污垢。

【分析】

独立权利要求1要求保护一种使污垢极难附着的卫生陶器。该发明的关键在于对不同釉层的布置加以设计从而解决发明所要解决的技术问题。由于该权利要求的技术方案已经记载了在所述的陶瓷素坯表面和所述的第一釉层之间形成一层釉底料层，并且所述釉底料层的空隙率小于所述素坯的空隙率，至于各层釉料的组成，完全可以根据本领域的技术知识而进行常规选择，该发明的效果基本上不受釉组成的影响。因此，独立权利要求1中记载的“所述釉料底层的化学组成为……所述第一层颜色釉层的化学组成为……所述第二层透明釉层的化学组成为……”均为非必要技术特征，不要写入该独立权利要求1中。

4　单一性

《专利法》第31条第1款规定：“一件发明或者实用新型专利申请应当限于一项发明或者实用新型。属于一个总的发明构思的两项以上的发明或者实用新型，可以作为一件申请提出。"

4.1 法条释义

《专利法》第31条立法的主要原因有两方面：第一，从经济角度考虑是为了防止申请人只支付一件专利的费用而获得几项不同发明或者实用新型专利的保护；第二，从技术角度考虑是为了便于专利申请的分类、检索和审查。

《专利法》第31条规定的内容是各国专利制度中普遍采用的一个原则，也就是单一性原则。采用这一原则是为了防止申请人在一件专利申请中囊括内容上无关或者关系不大的多项发明创造，便于国家知识产权局对专利申请进行管理、检索和审查，便于授予专利权之后权利人行使权利、承担义务，便于法院和管理专利工作的部门审理或者处理专利纠纷，也便于公众有效地利用专利文献。

4.1.1 总的发明构思

《专利法实施细则》第34条给出了判断一件申请中要求保护的两项以上的发明是否属于一个总的发明构思的基准。即可以作为一件专利申请提出的属于一个总的发明构思的两项以上的发明在技术上必须相互关联，包含一个或多个相同或者相应的特定技术特征，这种相同或者相应的特定技术特征分别包含在它们的权利要求中。

4.1.2 特定技术特征

《专利法实施细则》第34条进一步规定，体现发明或者实用新型属于一个总的发明构思的特定技术特征是指每一项发明或者实用新型作为整体，对现有技术作出贡献的技术特征。应将特定技术特征理解为从每一项要求保护的发明的整体上考虑，使发明或者实用新型相对于现有技术具有新颖性和创造性的技术特征。

"每一项发明或者实用新型作为整体"是指确定一项技术方案的特定技术特征时，不仅要考虑技术方案本身，还要考虑技术领域、所解决的技术问题和产生的技术效果。对于技术方案，应当将构成该技术方案的各个技术特征，包括技术特征之间的关系作为技术方案整体的组成部分来看待。

需要注意的是，相应的特定技术特征存在于不同的发明或者实用新型中，它们或者能够使不同的发明或者实用新型相互配合，解决相关联的技术问题；或者性质类似可以相互替代，解决相同的技术问题，对现有技术作出相同的贡献。

这里引入的"特定技术特征"是专门为评价专利申请单一性而提出的概念。通过引入"特定技术特征"概念从现有技术的角度切入来评价单一性，从而将判断不同的技术方案是否"属于一个总的发明构思"这样一个抽象的问题具体化为评价这些技术方案是否"具有一个或者多个相同或者相应的特定技术特征"，后者更便于理解，也更加客观。

4.2 法条应用

下面主要介绍化学领域特殊的问题：马库什权利要求的单一性、中间体与终产物的单一性、化合物晶体的单一性、生物序列的单一性以及医药用途发明的单一性。

4.2.1　马库什权利要求的单一性

如果一项申请在一个权利要求中限定多个并列的可选择要素，则构成“马库什”权利要求。当马库什要素是化合物时，满足单一性要求的标准如下：

① 所有可选择化合物具有共同的性能或作用；和

② 所有可选择化合物具有共同的结构，该共同结构能够构成它与现有技术的区别特征，并对通式化合物的共同性能或作用是必不可少的；或者在不能有共同结构的情况下，所有的可选择要素应属于该发明所属领域中公认的同一化合物类别。“公认的同一化合物类别”是指根据本领域的技术知识、不考虑申请记载的内容即可以预期到该类的各化合物对于要求保护的发明来说其表现是相同的一类化合物。也就是说，每个成员都可以互相替代，而且可以预期所要达到的效果是相同的。

【案例1-119】

权利要求1：通式为

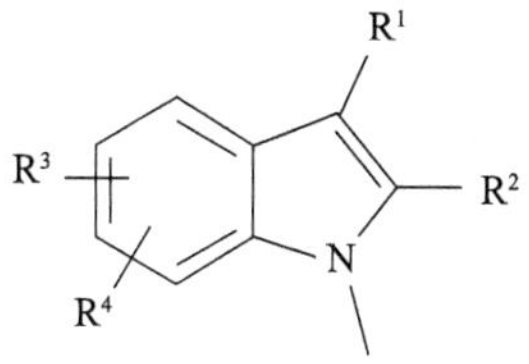

R¹ R² R³ R⁴ N

的化合物，式中 R^1 为3-吡啶基；R^2 ~ R^4 是甲基、甲苯基或苯基，……该化合物是用作进一步提高血液吸氧能力的药物。

【分析】

通式中吲哚部分构成所有马库什化合物的共有部分，但是由于现有技术中存在以所述吲哚部分为共同结构且具有增强血液吸氧能力的化合物，因此吲哚部分不能够构成权利要求1通式化合物与现有技术的区别技术特征，所以无法根据吲哚部分判断权利要求1的单一性。

权利要求1通式化合物将吲哚上的 R^1 基团限定为3-吡啶基，其作用是进一步提高血液吸氧能力，因此，可以将3-吡啶基吲哚部分看做是对通式化合物的作用不可缺少的，是区别于现有技术的共同结构，所以该马库什权利要求具有单一性。

【案例1-120】

权利要求1：一种杀线虫组合物，含有作为活性成分的以下通式化合物：

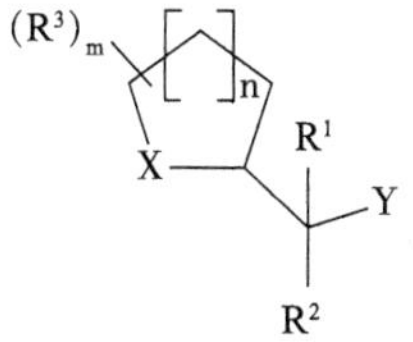

$(R^3)_m$ n X R^1 Y R^2

式中 m、n=1、2或3；X=O、S；R^3 = H、C_1 ~ C_8 烷基；R^1 和 R^2 = H、卤素、C_1 ~ C_3 烷基；Y=H、卤素、胺基；……

【分析】

该通式的所有化合物，虽具有共同的杀线虫作用，但是，它们分别为五元、六元或七元环化合物，并且是不同类别的杂环化合物，因此它们没有共同的结构；如果根据本领域的现有技术不能够预期到这些化合物对于发明来说具有相同的表现，可以相互代替并且得到相同的效果，则这种马库什权利要求不具有单一性。

4.2.2　中间体与最终产物的单一性

判断中间体与最终产物之间是否具有单一性的基本原则是：

① 中间体与最终产物之间同时满足以下两个条件，则有单一性：

a. 中间体与最终产物有相同的基本结构单元，或者它们的化学结构在技术上密切相关，中间体的基本结构单元进入最终产物；

b. 最终产物是直接由中间体制备的，或者直接从中间体分离出来的[1]。

② 由不同中间体制备同一最终产物的几种方法，如果这些不同的中间体具有相同的基本结构单元，允许在同一件申请中要求保护。

③ 用于同一最终产物的不同结构部分的不同中间体，不能在同一件申请中要求保护。

【案例 1－121】

权利要求 1：

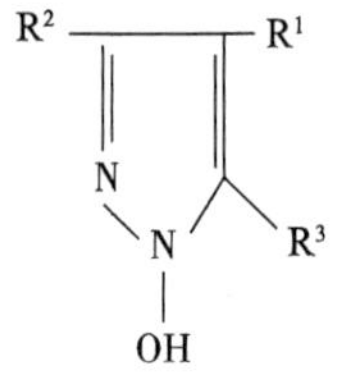

R^2　R^1　N　N　R^3　OH

（中间体）

权利要求 2：

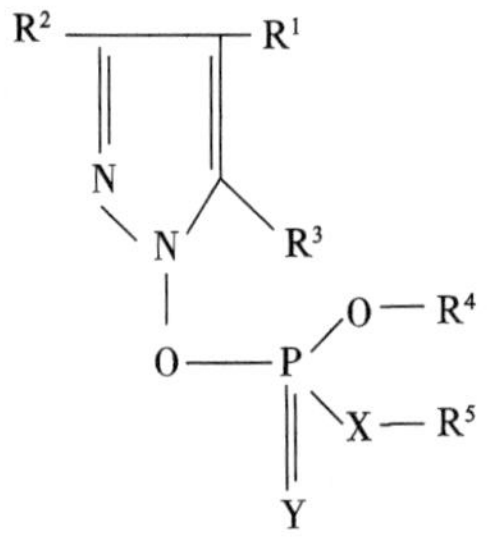

R^2　R^1　N　N　R^3　O　P　O—R^4　X—R^5　Y

（最终产物）

【分析】

以上中间体与最终产物的化学结构在技术上密切相关，中间体的基本结构单元进入最终产物，并可从该中间体直接制备最终产物，并可从该中间体直接制备最终产

[1] “或者直接从中间体分离出来的”是《专利审查指南 2010》的规定，但着实令人费解，疑似是“或者最终产物与中间体相隔几个反应步骤”之误。

物。因此，权利要求1和2有单一性。

【案例1－122】

权利要求1：一种无定型聚异戊二烯（中间体）……

权利要求2：一种结晶聚异戊二烯（最终产物）……

【分析】

在本案中，无定型聚异戊二烯经过拉伸后直接得到结晶型的聚异戊二烯，它们的化学结构相同，该两项权利要求有单一性。

4.2.3　化合物晶体的单一性

当一件申请中请求保护同一化合物的多种聚集态和/或多种晶体时，根据以下原则判断其单一性：

① 如果化合物本身具备新颖性和创造性，则请求保护的不同形式的聚集态和/或多种晶体之间具有单一性。

② 如果化合物本身是已知的，例如，现有技术已经公开了“非晶状”（如油状或无定型固体状）的该化合物或公开了该化合物的一种或多种晶体，或者如果化合物本身是新的但不具备创造性，那么，通常认为请求保护的不同形式的聚集态和/或多种晶体之间不具有单一性。

【案例1－123】

一件涉及某化合物晶体的发明专利申请，其权利要求1~3分别请求保护“Ⅲ”、“Ⅳ”和“Ⅴ”型三种晶型的该化合物，而现有技术已经公开了该化合物的“Ⅰ”和“Ⅱ”型晶体。

【分析】

由于现有技术已经公开了该化合物的两种晶体，权利要求1~3之间因不具有相同或相应的特定技术特征，不具有单一性。

4.2.4　生物序列的单一性

【案例1－124】

权利要求1：一种编码肌醇六磷酸酶的DNA分子，其具有SEQ ID NO：1所示的核苷酸序列。

权利要求2：一种编码细菌肌醇六磷酸酶的DNA分子，其具有SEQ ID NO：3所示的核苷酸序列。

（注：SEQ ID NO：1与SEQ ID NO：3之间无同源性）

权利要求3：一种扩增编码细菌肌醇六磷酸酶的DNA分子的引物，其具有SEQ ID NO：5所示的核苷酸序列。

【分析】

SEQ ID NO：1、SEQ ID NO：3及SEQ ID NO：5这三个序列完全不同，现有技术中已存在编码肌醇六磷酸酶的DNA分子，因此权利要求1~3所述技术方案对现有技术作出贡献的技术特征仅为序列本身，而基于这三个序列不同的情况，这三个权利要求之间很显然不具有单一性。

【案例 1－125】

权利要求 1：一种肌醇六磷酸酶，其具有 SEQ ID NO：2 所示的氨基酸序列。

权利要求 2：一种编码权利要求 1 所述肌醇六磷酸酶的核酸分子，其具有 SEQ ID NO：1 所示的核苷酸序列。

【分析】

尽管 SEQ ID NO：1、SEQ ID NO：2 分别属于氨基酸序列和核苷酸序列，序列完全不同，但基于权利要求 1～2 分别属于同一肌醇六磷酸酶及其编码 DNA 分子，其之间具备相应的特定技术特征，因而具有单一性。

4.2.5　医药用途发明的单一性

【案例 1－126】

权利要求 1：一种中药组合物在制备用于治疗和/或预防心肌梗塞和肝癌的药物或营养制品中的用途，该中药组合物是……

说明书中提供了该中药组合物治疗心肌梗塞和肝癌的实验证据，同时记载了该中药组合物是现有技术已知的。

【分析】

权利要求 1 实际上包含两个并列的技术方案：一个是"治疗和/或预防心肌梗塞"的制药用途；另一个是治疗和/或预防肝癌的制药用途。这两种疾病之间不具有共同的病理病机，即两组技术方案之间不具有相同或者相应的特定技术特征，不属于一个总的发明构思，因此权利要求 1 本身不具备单一性。但是如果所治疗的疾病之间具有共同的机理，则上述制药用途之间具有单一性。

【案例 1－127】

权利要求 1：一种中草药组合物在制备用于治疗癌症的药物中的用途，其特征在于：所述中草药组合物由下述重量份配比的原料药制成：……以上 28 味药。

权利要求 2：一种中草药组合物在制备用于治疗高血压的药物中的用途，其特征在于：所述中草药由下述重量份配比的原料药制成：……以上 37 味药。

权利要求 3：一种中草药组合物在制备用于治疗糖尿病的药物中的用途，其特征在于：所述中草药由下述重量份配比的原料药制成：……以上 43 味药。

说明：权利要求 1 的 28 味原料药均出现在权利要求 2 和 3 中。

【分析】

该申请权利要求 1 的多味中药包含在权利要求 2～3 中，构成权利要求 2～3 的基础方。但是，根据中药领域的公知常识，癌症、高血压和糖尿病具有不同的病理病机，增加药味后的权利要求 2 和 3 所述组方的功效发生实质性变化，导致权利要求 1～3要求保护的药物组合物药物原料不同，功能主治也不同，相互之间不具备专利法意义上的相同或相应的特定技术特征，属于不同发明构思的产品，因此权利要求 1 ~ 3 不具有单一性。

第五节 其他重要法条

《专利法》第 22 条第 1 款规定："授予专利权的发明和实用新型，应当具备新颖性、创造性和实用性。"由此可知，发明和实用新型专利申请授予专利权的三个实质条件为新颖性、创造性和实用性。

1 新颖性

《专利法》第 22 条第 2 款对授予专利权的新颖性条件进一步作出了规定："新颖性，是指该发明或者实用新型不属于现有技术；也没有任何单位或者个人就同样的发明或者实用新型在申请日以前向国务院专利行政部门提出过申请，并记载在申请日以后公布的专利申请文件或者公告的专利文件中。"

1.1 法条释义

根据《专利法》第 22 条第 2 款的规定，如果一项发明或实用新型属于现有技术，则该发明或者实用新型不具备新颖性；如果存在申请在先、公布或公告在后且记载有同样发明或者实用新型内容的中国专利申请文件或专利文件（即存在该发明或者实用新型专利申请的抵触申请），则该发明或者实用新型也不具备新颖性。也就是说，在判断发明或者实用新型是否具备新颖性时将会涉及"现有技术"和"抵触申请"两个基本概念，因此对《专利法》第 22 条第 2 款的法条释义将从"现有技术"、"抵触申请"和"判断原则"这三个方面加以说明。

1.1.1 现有技术

根据《专利法》第 22 条第 5 款的规定，现有技术是指申请日以前在国内外为公众所知的技术。现有技术包括申请日（有优先权的，指优先权日）前在国内外出版物上公开发表、在国内外公开使用或者以其他方式为公众所知的技术。[1]

需要注意的是，现行《专利法》中现有技术的地理范围有了较大的变化，即这三种公开方式的地理范围都为世界范围，即现行《专利法》所谓的新颖性是绝对新颖性；而第三次修改前的《专利法》所谓的新颖性是相对新颖性，即现有技术中对出版物的公开是世界范围的，而对使用及其他方式公开的范围仅限于国内（且不包括港澳台）。

---

[1] 对于申请日（有优先权的，指优先权日）为 2009 年 10 月 1 日前的发明和实用新型申请适用第三次修改前的《专利法》，即现有技术为申请日（有优先权的，指优先权日）前国内外公开发表、在国内公开使用或者以其他方式为公众所知的技术，即出版物公开是世界范围的，而使用及其他方式公开的范围仅限于国内。

现有技术的时间界限为“申请日以前”，需要特别提请注意的是，此处的“申请日以前”应当理解为“申请日前”，不包括申请日当天，即申请日当天公开的技术内容不在现有技术的范畴之内。

“为公众所知”是对现有技术状态上的要求。即现有技术应当在申请日前处于能够为公众获得的状态。处于保密状态的技术内容，由于并没有处于公众能够获得的状态，因而不属于现有技术。而公众所知的内容也应当是关于这项技术的实质性的内容。例如，仅仅获得产品而无法得知其材料成分或制备方法，则不能认为该产品的材料成分和制备方法也属于现有技术。另外，需要特别提请注意的是，只需要存在“为公众所知”的这种可能性即可，并不要求事实上真正地被“知晓”，例如，一篇文献在某专利申请日之前出版后，即使无人查阅，也属于该专利申请的现有技术。

1.1.2　抵触申请

根据《专利法》第22条第2款的规定，在发明或者实用新型新颖性的判断中，由任何单位或者个人就同样的发明或者实用新型在申请日以前向国务院专利行政部门提出，并且在申请日以后公布的专利申请文件或者公告的专利文件破坏该发明或者实用新型的新颖性。在专利领域，将这种损害新颖性的专利申请，称为抵触申请。

需要注意的是，现行《专利法》中有关抵触申请的规定也有了比较大的变化：按照第三次修改前的《专利法》，抵触申请仅限于由“他人”在先提出专利或专利申请，而这次修订中将抵触申请的范围扩大到“任何单位或者个人”在先提出的专利或专利申请，即本人在先提出的专利或者专利申请也可能会构成抵触申请。

应当注意的是，构成抵触申请需要同时满足三个条件：[1]

① 该申请是一件中国专利申请。

② 该申请在本申请的申请日（本申请有优先权的，为优先权日）前提出、在申请日（本申请有优先权的，为优先权日）当天或之后公布或公告（以下简称“在先申请”或者“申请在先、公布或公告在后”）。

③ 该在先申请与本申请为同样的发明或者实用新型，对这一条件而言，不仅要查阅在先申请公布或公告的专利申请文件或专利文件的权利要求书，而且还要查阅其说明书（包括说明书附图），即便本申请的权利要求书中要求保护的技术方案与在先申请公布或公告的权利要求书中的任一项权利要求均不相同，但只要该技术方案已记载在在先申请公布或公告的说明书中，就认定该在先申请与本申请为同样的发明或者实用新型，即确定抵触申请是以已公布或公告的在先申请的全文内容为准，而不仅限于权利要求书。

[1] 对于申请日（有优先权的，指优先权日）为2009年10月1日前的发明和实用新型申请适用修改前的《专利法》，构成抵触申请还有另一个条件：该专利申请是由他人提出的，如果该申请是由本人提出的，则不会构成抵触申请。

1.1.3　判断原则

新颖性的判断是针对一件专利申请权利要求的技术方案作出的。判断一项权利要求的技术方案是否具有新颖性时按照下述两个判断原则进行判断。

（1）同样的发明和实用新型

《专利法》第22条第2款前半段中有关“不属于现有技术”的规定，就是指专利申请权利要求所请求保护的技术方案与现有技术中的技术方案不是“同样的发明和实用新型”，而在《专利法》第22条第2款后半段中有关不存在抵触申请的规定，就是指专利申请权利要求所请求保护的技术方案与任何在先申请且在后公布或公告的中国专利申请文件或专利文件不是“同样的发明或者实用新型”。因此，新颖性判断就是判断专利申请权利要求所保护的技术方案与现有技术的技术方案或者与在先申请、在后公布或公告的中国专利申请文件或专利文件中的技术方案是否为“同样的发明或者实用新型”。

对于“同样的发明或者实用新型”，《专利审查指南2010》规定了“四个实质相同”的判断原则，即发明或者实用新型的技术方案与现有技术或者申请在先、公布或公告在后的中国专利申请文件或专利文件公开的相关技术内容相比，技术领域、所解决的技术问题、技术方案和预期效果实质上相同，则认为两者为同样的发明或者实用新型。需要注意的是，在这“四个实质相同”中，“技术方案实质上相同”是关键。技术方案实质上相同，是指对比文件中明确记载的或者隐含且能直接、毫无疑义地确定的技术内容与申请的技术方案相比实质上相同。当两者的技术方案实质相同时，对于技术领域、解决的技术问题、预期效果是否实质相同，所属技术领域的技术人员可以根据两者的技术方案进行判断。

（2）单独对比

在判断两者是否构成同样的发明或实用新型时，应当将发明或者实用新型专利申请的各项权利要求分别与每一项现有技术或者与每一件申请在先、公布或公告在后的中国专利申请文件或专利文件中的每个相关技术内容单独进行比较，不能将其与几项现有技术的组合进行比较，也不能将其与一项现有技术和一件申请在先、公布或公告在后的中国专利申请文件或专利文件中的某个相关技术内容的组合进行比较，也不能将其与几件申请在先、公布或公告在后的中国专利申请文件或专利文件中的相关技术内容的组合进行比较，也不能将其与一份对比文件中的多项技术方案的组合进行对比，即对新颖性的判断中适用单独对比的原则。

1.2　法条应用

《专利审查指南2010》第二部分第三章第3.2节中给出了在判断是否构成同样的发明或者实用新型时常见的五种情形：

① 如果要求保护的发明或者实用新型与对比文件所公开的技术内容完全相同，或

者仅仅是简单的文字变换，应当认定两者是相同内容的发明或者实用新型，则该发明或者实用新型不具备新颖性；上述相同的内容应该理解为包括可以从对比文件中直接地、毫无疑义地确定的技术内容。

② 如果要求保护的发明或者实用新型与对比文件相比，其区别仅在于前者采用一般（上位）概念，而后者采用具体（下位）概念限定同类性质的技术特征，则对比文件中包含具体（下位）概念的技术方案就使采用一般（上位）概念限定的发明和实用新型丧失新颖性。

③ 如果要求保护的发明或者实用新型与对比文件的区别仅仅是所属技术领域的惯用手段的直接转换，则该发明或者实用新型不具备新颖性。

④ 对于要求保护的发明或者实用新型与对比文件相比其区别仅在于所采用数值或者以连续变化数值范围限定的技术特征不同的情形，如果前者中的数值在后者中被披露或为后者数值范围的一个端点值，或者前者为一连续变化数值范围而后者披露的数值或连续变化数值范围的端值落在前者连续变化数值范围（包括该数值范围的端值）中，则该发明或者实用新型不具备新颖性。

⑤ 对于包含性能、参数、用途或制备方法等特征的产品权利要求，如果本领域技术人员根据该性能、参数、用途、制备方法无法将要求保护的产品与对比文件产品区分开，则推定要求保护的产品与对比文件产品相同，则该产品权利要求不具备新颖性。

下面结合一些具体案例来帮助读者加深对《专利法》第 22 条第 2 款在不同情况下如何应用的理解。

【案例 1－128】

权利要求：一种含有氟马西尼的药物，所述药物用于以 3 分钟的时间间隔连续给予 0.2mg 的氟马西尼剂量，达到 2mg/天的剂量，以治疗酒精依赖。

现有技术公开了有治疗酒精戒断综合征的氟马西尼组合物。

【分析】

通过比较可知，上述权利要求请求保护的药物与现有技术公开的药物的组成相同，治疗的病症相同，唯一的区别在于给药的剂量方案不同，即在一定的时间间隔内连续给予剂量较少的活性药物，以达到治疗目的。而该申请权利要求对产品的给药剂量和时间方案的限定，并没有导致该产品结构和组成与现有技术不同，因此该权利要求与现有技术公开的内容相比，二者的技术方案实质上相同，所属技术领域的技术人员根据二者的技术方案可以确定二者能够适用于相同的技术领域，解决相同的技术问题，并具有相同的预期效果。因此，该权利要求不具备新颖性，不符合《专利法》第 22 条第 2 款的规定。

应该注意的是，即使就本案而言，即使现有技术治疗的病症与该申请权利要求所述的病症不同，也不会导致该药物结构和组成与现有技术不同，该权利要求仍然不具备新颖性。但是，在所治疗的适应症与现有技术不同的情况下，如果将产品权利要求修改为制药用途权利要求，则该制药用途权利要求具备新颖性。

【案例1－129】

在本案例中，权利要求书中请求保护的主题是一种红樱桃加工产品，其权利要求1为：1. 一种红樱桃加工产品，其特征在于：……在其加工过程中添加胭脂红色素以增强樱桃的鲜艳红色。

对比文件1是本案的抵触申请，公开了一种樱桃罐头的加工方法，其方法步骤与权利要求1所述的方法相同，不同的是该方法中樱桃选择的是黄色樱桃，在加工过程中也涉及添加色素强化色泽的措施，不同的是添加的是日落黄。

【分析】

通过对比可知，权利要求1和对比文件1的区别仅在于在水果的加工过程中所添加的色素不同，一个是胭脂红，一个是日落黄。本领域技术人员公知，在食品加工中，当加工方法均相同时，为了达到产品所需要的颜色，采用色素替换属于本领域惯用手段的直接置换，例如，用胭脂红代替日落黄、亮蓝。因此，权利要求1所述的技术方案相对于对比文件1不具备《专利法》第22条第2款规定的新颖性。❶

【案例1－130】

权利要求1请求保护的主题是一种洗涤剂组合物，其权利要求1为："1. 一种洗涤剂组合物，其特征在于：包括层状硅酸盐、碳酸盐、表面活性剂和其他添加剂，所述的层状硅酸盐的分子式为$Na_2Si_2O_5$。"

对比文件是该申请日之前公开的一件专利申请，其中记载了一种洗涤剂组合物，主要包括（以重量百分比计）：烷基苯磺酸盐10%～35%、结晶层状硅酸盐物质δ－$Na_2Si_2O_5$ 10%～50%、碳酸钠5%～20%、酶制剂0.1%～5%和漂白活化剂1%～6%。

【分析】

烷基苯磺酸盐是表面活性剂的下位概念；结晶层状硅酸盐物质δ－$Na_2Si_2O_5$是层状硅酸盐$Na_2Si_2O_5$的下位概念；碳酸钠是碳酸盐的下位概念；酶制剂和漂白活化剂是添加剂的下位概念，因此，该对比文件已经公开了该权利要求的全部技术特征，且该对比文件所公开的技术方案与该权利要求所要求保护的技术方案属于同样的技术领域，采取的技术方案相同，解决的技术问题相同，达到的技术效果相同。因此，权利要求1相对于对比文件1不具备《专利法》第22条第2款规定的新颖性。

【案例1－131】

在本案例中，权利要求书中请求保护的主题是一种洗涤剂组合物，其权利要求1

---

❶ 对比文件属于抵触申请或现有技术，导致惯用手段置换的评价方式按照现行做法是不同的，前者评价新颖性，后者评价创造性，但《专利审查指南2010》中并没有明确规定。

为：1. 一种洗涤剂组合物，其特征在于：它是由20～30重量份阴离子表面活性剂、20～30重量份非离子表面活性剂、4～10重量份两性离子表面活性剂和60～70重量份水、4～10重量份的氯化钠制得。

对比文件为该申请日之前公开的一件专利申请，其中描述了一种洗涤剂组合物，其特征在于：将20重量份阴离子表面活性剂、20重量份非离子表面活性剂、4重量份两性离子表面活性剂、60重量份水和4重量份的氯化钠混合制得产品。

【分析】

该权利要求所要求保护的洗涤剂组合物与对比文件中公开的组合物相比，采用的原料相同，且对比文件中公开的原料范围落在权利要求请求保护的范围内。即权利要求1包含了对比文件所述的技术方案，因此，权利要求1相对于对比文件不具备《专利法》第22条第2款规定的新颖性。

【案例1－132】

在本案例中，权利要求书中请求保护的主题是一种治疗肺炎的药物，其权利要求1为：1. 一种治疗肺炎的药物，其特征在于由麻黄10克、杏仁15克、石膏35克和甘草8克为原料药制成的。

对比文件1公开了一种治疗肺炎的药物，是以麻黄5～20克、杏仁5～20克、石膏30～50克和甘草5～10克为原料药制成的。

【分析】

虽然该申请权利要求1的技术方案中原料药用量配比的数量落在对比文件公开的原料药用量配比的连续变化数值范围之内，但对比文件并没有公开该申请权利要求1请求保护的技术方案中的具体原料药的用量配比，因而两者并不属于同样的发明。由此可见，对比文件不能否定该权利要求的新颖性，也就是说权利要求请求保护的治疗肺炎的药物相对于对比文件披露的治疗肺炎的药物具有《专利法》第22条第2款规定的新颖性。在这种情况下，只能判断该对比文件是否能破坏该申请权利要求1的创造性，若这种优选只是常规的选择，不能带来预料不到的技术效果，则该权利要求1的技术方案相对于对比文件和本领域的公知常识不具备《专利法》第22条第3款规定的创造性；若这种优选能带来预料不到的技术效果，则不能否定权利要求1的创造性。

【案例1－133】

在本案例中，权利要求书中请求保护的主题是一种成熟SpeB多肽，其权利要求1为：1. 通过在宿主细胞中重组表达成熟SpeB多肽的方法产生的成熟SpeB多肽。

对比文件中公开了天然28kDa SpeB蛋白酶，即成熟SpeB多肽，其通过纯化菌株MGAS 1719培养物上清得到。

【分析】

通过分析对比可知，对比文件中公开了天然28kDa SpeB蛋白酶，即成熟SpeB多肽，其通过纯化菌株 MGAS 1719 培养物上清得到；权利要求保护的成熟 SpeB 多肽是通过在宿主细胞中重组表达成熟 SpeB 多肽的方法产生的。对比文件中公开的多肽与权利要求 1 请求保护的多肽相比，只是制备方法不同，但该制备方法上的区别并没有给产品"成熟 SpeB 多肽"带来任何功能、性质上的改变，因此推定该权利要求请求保护的多肽与对比文件中公开的多肽相同，权利要求 1 不具备《专利法》第 22 条第 2 款所规定的新颖性。

2　创造性

《专利法》第 22 条第 3 款规定："创造性，是指与现有技术相比，该发明具有突出的实质性特点和显著的进步，该实用新型具有实质性特点和进步。"

2.1　法条释义

根据《专利法》第 22 条第 3 款的规定，发明专利应当具备突出的实质性特点和显著的进步。所谓突出的实质性特点，是指对所属技术领域的技术人员来说，发明相对于现有技术是非显而易见的。如果发明是所属技术领域的技术人员在现有技术的基础上仅仅通过合乎逻辑的分析、推理或者有限的试验可以得到的，则该发明是显而易见的，也就不具备突出的实质性特点，即突出的实质性特点是以是否显而易见作为判断标准的。

所谓显著的进步，是指发明与现有技术相比能够产生有益的技术效果。例如，发明克服了现有技术中存在的缺点和不足，或者为解决某一技术问题提供了一种不同构思的技术方案，或者代表某种新的技术发展趋势。

2.1.1　所属技术领域的技术人员

发明是否具备创造性，应当基于所属技术领域的技术人员的知识和能力进行评价。至于所属技术领域的技术人员的概念已在本章第二节第 1.1.1 节中作出说明。对创造性判断所基于的所属技术领域的技术人员设定上述概念的目的也在于统一判断标准，使创造性判断更为客观，避免受判断者主观因素的影响。

由对所属技术领域的技术人员设定的概念可知，所属技术领域的技术人员的能力和水平随着时间的推移而提高，例如 20 年前有关计算机方面的知识和能力不属于除计算机以外其他领域技术人员所掌握的内容，而在 20 年后的今天，有关计算机方面的基本知识应当属于所有技术领域技术人员的普通知识。正由于此，在判断创造性时不能以判断时所属技术领域技术人员的水平和能力进行分析，而应当以该专利申请的申请日（有优先权的，指优先权日）时所属技术领域的技术人员水平和能力作出是否具备创造性的判断。

2.1.2　判断原则

与新颖性判断一样，判断一件专利申请是否具备创造性，也是针对该专利申请权利要求技术方案作出的。

按照《专利审查指南2010》第二部分第四章第3.1节的规定，判断一件专利申请是否具备创造性应当遵照下述三个原则。

(1) 应当同时满足“具有突出的实质性特点”和“显著的进步”两个条件

判断一项权利要求的技术方案是否具备创造性，应当同时判断该权利要求的技术方案是否具有突出的实质性特点和是否具有显著的进步。

一般来说，当一件发明专利申请权利要求的技术方案相对于现有技术具有突出的实质性特点，则基本上可以认定其也具有显著的进步。

当一项权利要求的技术方案相对于现有技术来说尚不能明确得出其具有突出的实质性特点的结论时，如果该权利要求限定的技术方案相对于现有技术产生了预料不到的技术效果，则该权利要求的技术方案相对于最接近的现有技术具有突出的实质性特点和显著的进步，具有创造性。预料不到的技术效果是权利要求具备创造性的充分条件，但不是必要条件，不能仅以“不具备预料不到的技术效果”为由得出发明不具备创造性的结论。

(2) 对技术方案本身、解决的技术问题和技术效果作整体分析

在对发明的创造性进行判断时，同样不能仅考虑发明的技术方案本身，而且还要考虑发明所属技术领域、所解决的技术问题和所产生的技术效果，将发明作为一个整体看待。也就是说，在判断发明相对于现有技术是否具有突出的实质性特点和显著的进步时，不仅要分析构成技术方案本身的技术特征，还要分析其相对于最接近的现有技术所解决的技术问题，以及分析其区别技术特征相对于最接近的现有技术起什么样的作用、产生什么样的技术效果（具体分析参见后面“法条应用”部分）。

(3) 现有技术结合对比

与新颖性“单独对比”的判断原则不同，评价发明创造性时，可以将一份或者多份现有技术中的不同的技术内容组合在一起对要求保护的发明进行评价。更确切地说，是将几项现有技术结合起来与专利申请要求保护的技术方案进行对比分析，例如：一篇对比文件（包括国内外的使用公开或以其他方式的公开）所披露的一项现有技术的内容与公知常识的结合，两篇或多篇对比文件（包括国内外的使用公开或以其他方式的公开）分别披露的几项现有技术的内容的结合，同一篇对比文件中所披露的几项现有技术的内容的结合，或者多篇对比文件（包括国内外的使用公开或以其他方式的公开）分别披露的几项现有技术与公知常识的结合等。

2.1.3 判断基准

《专利审查指南2010》第二部分第四章第3.2.1节和第3.2.2节中分别对发明专利申请给出了“突出的实质性特点”和“显著的进步”的判断基准。

（1）突出的实质性特点的判断基准

判断发明是否具有突出的实质性特点，就是判断要求保护的发明对本领域的技术人员来说是否显而易见：如果该发明要求保护的权利要求技术方案相对于现有技术是显而易见的，则不具有突出的实质性特点；反之，如果是非显而易见的，则具有突出的实质性特点。

为确定要求保护的发明的权利要求技术方案相对于现有技术是否显而易见，最通常的判断方法就是“三步法”，即按照下述三个步骤进行判断：

① 针对要求保护的发明的权利要求技术方案确定其最接近的现有技术。

② 确定该权利要求的技术方案与最接近的现有技术相比的区别特征，并根据该区别特征所能达到的技术效果确定其实际解决的技术问题。

③ 在此基础上，判断该权利要求的技术方案对本领域的技术人员来说是否显而易见，即现有技术中是否给出将上述区别特征应用到该最接近的现有技术以解决上述实际解决的技术问题的启示，如果现有技术存在这种技术启示，则该权利要求的技术方案显而易见，不具有突出的实质性特点；反之，如果现有技术不存在这种技术启示，则该技术方案非显而易见，具有突出的实质性特点。

（2）显著的进步的判断基准

在判断发明要求保护的技术方案是否具有显著的进步时，主要应当考虑其是否具有有益的技术效果。通常，要求保护的技术方案属于下述情况之一，就认为其具有有益的技术效果，从而具有显著的进步：

① 与现有技术相比具有更好的技术效果，例如，质量改善、产量提高、节约能源、防治环境污染等。

② 提供了一种技术构思不同的技术方案，其技术效果能够基本上达到现有技术的水平。

③ 代表某种新技术发展趋势。

④ 尽管其在某些方面有负面效果，但在其他方面具有明显积极的技术效果。

2.2　法条应用

由前面介绍的有关创造性的法条释义可知，在确定发明或者实用新型是否具有突出的实质性特点时通常采用“三步法”加以判断，在此基础上得出是否具备创造性的结论，因而能否正确掌握“三步法”的判断方法对于审查员和专利代理人来说都是十分重要的，因此下面重点结合具体案例来说明如何正确和熟练地运用“三步法”判断创造性。

《专利审查指南2010》第二部分第四章除了给出创造性判断最经常采用的审查原则、审查基准和判断方法外，还在《专利审查指南2010》第二部分第四章第4节和第5节中还分别对几类不同类型的发明（开拓性发明、组合发明、选择发明、转用发明、已知产品的新用途发明和要素变更的发明）的创造性判断以及判断发明创造性时需要考虑的其他因素作出说明，考虑到本书篇幅有限，在《专利审查指南2010》第二部分第四章第4节已结合案例对几类不同类型的发明的创造性判断作出了较详细的说明，因此这一部分不再结合具体案例作具体说明，仅仅再结合具体案例对创造性判断过程中需要考虑的其他因素作出说明。

2.2.1 “三步法”的运用

在创造性判断过程中能否正确运用“三步法”的关键在于其中的第三个步骤，即判断现有技术中有无给出将区别特征应用到该最接近的现有技术以解决实际解决的技术问题的启示。

《专利审查指南2010》第二部分第四章第3.2.2.1节中指出，当出现下述三种情况之一，通常就可以认为现有技术中存在着使本领域技术人员在面对所述技术问题时有动机改进该最接近的现有技术并获得要求保护的权利要求技术方案的技术启示：

① 所述区别特征为公知常识，例如，本领域中解决该重新确定的技术问题的惯用手段，或教科书或者工具书等中披露的解决该重新确定的技术问题的技术手段。

② 所述区别特征为与最接近的现有技术相关的技术手段，例如，同一份对比文件其他部分披露的技术手段，该技术手段在该其他部分所起的作用与该区别特征在要求保护的发明中为解决该重新确定的技术问题所起的作用相同。

③ 所述区别特征为另一份对比文件中披露的相关技术手段，该技术手段在该对比文件中所起的作用与该区别特征在要求保护的发明中为解决该重新确定的技术问题所起的作用相同。

以上给出了三种通常认定为现有技术给出结合启示的情况；相反，在下述三种情形下可以认为现有技术未给出结合启示的情形：

① 该权利要求的技术方案相对于最接近的现有技术的区别技术特征在其他现有技术中均未披露且又不是本领域公知常识。

② 该权利要求的技术方案相对于最接近的现有技术的区别技术特征虽然在另一项现有技术中披露，但其在另一项现有技术中所起的作用与其在该权利要求技术方案中为解决所述问题所起的作用不同，则该另一项现有技术未给出将上述区别技术特征应用到最接近的现有技术中来解决上述技术问题的技术启示。

③ 该权利要求的技术方案相对于最接近的现有技术的区别技术特征虽然在另一项现有技术中披露，但在本领域中已存在两者难以结合的偏见或者最接近的现有技术中已明确指出两者难以结合的教导，就可认为现有技术未给出结合的启示。

关于现有技术是否给出结合启示，通常要结合具体案情进行分析，才能得到比较客观的结论。下面通过具体案例加以说明。

【案例 1 - 134】

在本案例中，权利要求书中请求保护的主题是一种治疗肾炎的卷柏提取液，其权利要求 1 为：1. 一种用于治疗肾炎的蒲黄提取液，其特征是：将全草切碎，用水作溶剂，煎煮两次，第一次 50 ~ 60 分钟，第二次 30 分钟，合并两次提取液。

最接近的现有技术为一篇公开了蒲黄具有治疗肾炎作用的对比文件。

【分析】

权利要求 1 与对比文件的产品均可用于治疗肾炎，其区别在于权利要求 1 的技术方案将蒲黄制成了水提取液并限定了水煎煮的次数和时间。该发明实际要解决的技术问题是提供与现有技术形式不同的由蒲黄制备的药物。而公知常识性证据——教科书《中药药剂学》中披露了水煎煮提取是中药加工的常用方法以及水煎煮的次数和时间，因而该发明产品与对比文件的区别特征对本领域的技术人员来说是公知常识，由此可知，该发明的技术方案相对于该对比文件和公知常识是显而易见的，不具有突出的实质性特点。

【案例 1 - 135】

本案例涉及一种"转导肽 - 人源胆碱乙酰基转移酶融合蛋白"。其权利要求 1 为：1. 一种转导肽 - 人源胆碱乙酰基转移酶融合蛋白，其中所述的转导肽选自反式激活蛋白 TAT 的 PTD 序列。

根据说明书的记载，人胆碱乙酰基转移酶（hChAT）是分子量为 69kD 的大分子蛋白，可用于治疗阿尔茨海默症等神经退变疾病，但不能通过血脑屏障。

对比文件 1 公开了 hChAT 在治疗阿尔茨海默症等神经退变疾病中的用途。

对比文件 2 公开了将 TAT 的 PTD 短肽与 120kD 的大分子 β 半乳糖苷酶的融合蛋白给小鼠注射后，发现有活性的酶分子在体内的所有组织均有表达，证明转导肽不仅可以携带大分子进入细胞，而且可以通过血脑屏障。

【分析】

对比文件 1 是最接近的现有技术文件，权利要求 1 与对比文件 1 的区别在于通过将 PTD 短肽与 hChAT 融合后使之能通过血脑屏障发挥效用。该申请权利要求 1 实际解决的技术问题是如何使蛋白大分子 hChAT 通过血脑屏障。而对比文件 2 给出了通过转导肽将外源蛋白大分子导入组织和穿过血脑屏障的启示。因此，基于客观存在的作为大分子治疗蛋白的 hChAT 在单独递送时不能通过血脑屏障这个问题，本领域技术人员有动机将对比文件 2 所采用的大分子蛋白与 PTD 短肽融合的方式应用于对比文件 1 的 hChAT，获得权利要求 1 所述的技术方案，从而解决其技术问题。也就是说，本领域技术人员由对比文件 1 和对比文件 2 分别披露的"hChAT 在治疗阿尔茨海默症等神经退变疾病中的用途"和"通过转导肽将外源蛋白大分子导入组织和穿过血脑屏障"得到该申请权利要求 1 的技术方案是显而易见的。因此权利要求 1 相对于对比文件 1 和对比文件 2 不具备创造性。

【案例 1-136】

在本案例中，权利要求书中请求保护的主题是一种环肽，其权利要求 1 为：

一种如下式（Ⅰ）的环肽：

cyclo（Xaa-Arg-Pro-Ala-Lys） （Ⅰ），

其中 Xaa 为 Ala、Gly、或 Lys。

由上可见，权利要求 1 要求保护三种环肽：CycloGP6A（Gly-Arg-Pro-Ala-Lys）、CycloP6A（Ala-Arg-Pro-Ala-Lys）、CycloKP6A（Lys-Arg-Pro-Ala-Lys）。说明书表 1 的试验结果表明 CycloGP6A 的溶血栓功效能够基本上达到现有技术的水平，表 2 显示环肽 cycloP6A 和 CycloKP6A 的溶血栓功效超过了其对应的直线型肽。

对比文件 1 公开了 P6A 及其类似物，其中包括对应于该申请环肽 CycloP6A 和 CycloKP6A的直线型肽的序列即 Ala-Arg-Pro-Ala-Lys 和 Lys-Arg-Pro-Ala-Lys，没有公开与 CycloGP6A 相对应的直线型肽的序列及其舒血管活性；

对比文件 2 公开了环肽的合成方法，其只教导了环肽比直线型肽有更好的抗酶解能力、更好的稳定性。

【分析】

权利要求 1 与对比文件 1 的区别在于权利要求 1 要求保护与 CycloGP6A 相对应的直线型肽的序列及其舒血管活性。对于该申请权利要求 1 所述的环肽 CycloGP6A 而言，其相对应的直线型肽的序列并没有被对比文件 1 公开，且对比文件 2 也只是给出了环肽相对线型肽有一定的稳定性，其抗酶解能力比线型肽强的启示，也没有公开与环肽 CycloGP6A。因此，环肽 CycloGP6A 相对于对比文件 1 和对比文件 2 具有突出的实质性特点，并且，这样一种对比文件 1 和对比文件 2 完全没有公开的环肽，其溶血栓功效能够基本上达到现有技术的水平（参见说明书表 1 的试验结果）。根据《专利审查指南 2010》第二部分第四章的规定，如果发明提供了一种技术构思不同的技术方案，其技术效果能够基本上达到现有技术的水平，则通常应当认为发明具有有益的技术效果，具有显著的进步。因此，环肽 CycloGP6A 相对于对比文件 1 和对比文件 2 具备创造性。

对于该申请权利要求 1 所述的环肽 CycloP6A 和 CycloKP6A 而言，除了与对比文件 1 公开的相应直线型肽存在环型与直线型的区别之外，该申请说明书表 2 还显示环肽 CycloP6A 和 CycloKP6A 的溶血栓功效达到或超过了其对应的直线型肽。虽然对比文件 2 教导了将直线型肽环化可以使之抗酶解，延长药物作用半衰期，但在相同条件下（例如作用时间相同时），由于溶栓功效的增强既有可能源于环肽半衰期长，作用时间长，也有可能源于环肽本身的溶栓能力就比直线型肽强，反过来，因为不清楚直线型肽和环肽在单位时间内的溶血栓速率，所以在相同时间内，药物半衰期延长并不必然导致血栓减重更多，所以，药物半衰期延长与溶血栓效果增强之间没有必然联系。也就是说，现有技术中没有给出将要求保护的技术方案与最接近的现有技术之间的区别特征应用到该最接近的现有技术以解决实际要解决的技术问题（即增强直线型肽的溶血栓功效）的技术启示。因此，CycloP6A 和 CycloKP6A 相对于对比文件 1 和对比文件 2 的结合具备突出的实质性特点和显著的进步。

所以，权利要求 1 相对于对比文件 1 和对比文件 2 符合《专利法》第 22 条第 3 款有关创造性的规定。

2.2.2 判断发明创造性时需要考虑的其他因素

在《专利审查指南 2010》第二部分第四章第 4 节对判断发明创造性时需要考虑的其他因素作出了说明，特别强调在下述四种情形下不应轻易作出发明不具备创造性的结论：①发明解决了人们一直渴望解决、但始终未能获得成功的技术难题；②发明克服了技术偏见；③发明取得了预料不到的技术效果；以及④发明在商业上获得成功。

除上述情形③外，其他三种因素只能作为辅助因素考虑，基本上不可能单独证明发明具备创造性。

情形①一般要考虑对比文件公开的时间。如果对比文件公开很早（例如，在该申请的 10 年前公开），且对于此始终未能成功解决的技术难题在对比文件公开之日至该申请申请日人们一直渴望解决，情形①就可以作为该申请具有创造性的有力证据。

情形②中所谓的技术偏见应该是本领域技术人员普遍持有的。所属技术领域教科书或技术手册中的内容是技术偏见的最好证据，而一篇专利文献或科技文章中表述的内容原则上不能作为技术偏见的证据，因为其中的技术信息往往是申请人或作者的个人观点。

情形③所谓“发明取得了预料不到的技术效果”是指：发明与现有技术相比，其技术效果产生“质”的变化，具有新的性能，或者产生“量”的变化，超出人们预期的想象，即这种“质”的或“量”的变化对本领域技术人员来说事先无法预测或推理出来，则认为该发明取得了预料不到的技术效果。此时，一方面认为该发明具有显著的进步，另一方面也反映发明的技术方案非显而易见，具有突出的实质性特点，因而该发明具备创造性。发明取得了预料不到的技术效果是发明具备创造性的充分条件，即只要发明取得了预料不到的技术效果该发明就具备创造性。

情形④所谓“发明在商业上获得成功”的直接证据可以是销售额或利润额，也可以是在业内或社会上产生了巨大的影响力，但是这种成功必须是由于发明的技术特征直接导致的，而不是其他因素如市场独占、销售技巧或广告等带来的。一般来说，以“发明在商业上获得成功”证明发明具备创造性非常困难，主要是因为商业成功的影响因素较多，情形复杂，申请人难以证明商业成功是由发明的技术特征直接导致的。

【案例 1－137】

在本案例中，发明专利申请的权利要求书中请求保护的主题是一种用于治疗肥胖症的睫状神经营养因子衍生物多肽 Px－15，其权利要求 1 为：一种用于治疗肥胖症的睫状神经营养因子衍生物多肽 Px－15，其氨基酸序列如 SEQ ID NO：4 所示。

根据说明书的记载，睫状神经营养因子（CNTF）包括 200 个氨基酸，国内外研究主要集中在构建 CNTF 突变体的高表达菌株，但多以包涵体表达；而该发明的 CNTF 衍生物仅是去掉天然 CNTF 分子 C 端的 15 个氨基酸，即保持了天然 CNTF 的生物学活性，又提高了其表达时的溶解性。

对比文件 1 公开了一种修饰的睫状神经营养因子 Px－12，其缺失了天然 CNTF 分子 C 端的 12 个氨基酸，其虽然保持了产品的稳定性和生物学活性，但溶解性不理想。

【分析】

权利要求 1 所述的 Px－15 与对比文件 1 的 Px－12 的区别仅在于：前者缺失了天然 CNTF 分子 C 末端的 15 个氨基酸，而后者缺失了 C 末端的 12 个氨基酸。由于对比文件 1 仅披露了 C 末端缺失一定数量氨基酸的 CNTF 多肽仍然保持了稳定性和生物学活性，但溶解性不理想；本领域技术人员根据对比文件 1 也得不到 C 末端缺失多个氨基酸残基的 CNTF 衍生多肽的溶解性会得到增强的技术启示，但权利要求 1 所述的 Px－15表达时的溶解性却提高了，这种技术效果是预料不到的，因此，权利要求 1 具备创造性。

需要提请申请人或专利代理人注意的是，从上述四个方面论述专利申请具备创造性时应注意下述几个问题：

① 正如前面所指出的，创造性的判断是针对权利要求的技术方案进行的，因此，在争辩专利申请有创造性时应当将为发明带来上述效果的技术特征写入到独立权利要求中去，例如为解决长期渴望解决而未能解决技术问题所采用的、或者为克服技术偏见所采用的、或者使发明产生预料不到技术效果的、或者为发明带来商业上成功的技术手段应当写入到独立权利要求中。

② 对于发明解决了人们一直渴望解决、但始终未能获得成功的技术难题来说，最好在说明书中已明确写明该发明所解决的技术问题是人们长期渴望解决的技术问题，此外还要求作为该发明最接近的现有技术与相关的现有技术距该发明专利的申请日已经有较长的时间，在这种情况下，以此为理由争辩该发明专利申请的技术方案具备创造性才有可能取得成功。此外，既然本领域的技术人员长期以来不能解决渴望解决的技术问题，作为该发明必定采用了人们不易想到的技术措施，应当将此技术措施写入说明书中，并写入独立权利要求中。

③ 对于发明克服技术偏见的情况，申请人或专利代理人应当在专利申请文件的原始说明书的背景技术部分写明这种技术偏见，并进一步在说明书的其他部分，如在发明内容部分写明为什么该发明克服了技术偏见，新的技术方案与偏见之间的差别以及克服偏见所采用的技术手段。如果原申请文件中未作出上述说明，则从上述角度论述该发明具备创造性时并不一定能争辩成功，因为按照《专利审查指南 2010》第二部

分第二章第 2.1.2 节的规定，为使发明和实用新型专利满足《专利法》第 26 条第 3 款规定的“说明书应当对发明或者实用新型作出清楚、完整的说明，以所属技术领域的技术人员能够实现为准”这一要求，说明书中应当包含上述内容。

④ 对于产生预料不到的技术效果的发明来说，只要将导致发明产生预料不到的技术效果的技术特征写入到独立权利要求中去，则就可由此证明该独立权利要求的技术方案具有突出的实质性特点，当然发明具有预料不到的技术效果也就说明其具有显著的进步，从而就可得出其有创造性。然而，对于有突出实质性特点的发明来说，就不再要求其有预料不到的技术效果，只要其属于前面所指出的具有显著进步的四种情况之一，就可认定其有显著的进步，从而得出具有创造性的结论。

⑤ 当以发明在商业上获得成功作为发明具备创造性的依据时，不能仅仅以商业上的业绩作为商业上成功的证据，还必须说明该商业上的成功是由于发明技术方案的改进所取得的，因为商业上的成功还可能是由于其他原因所致，例如通过销售技术的改进或者广告宣传效果带来的，由这些非技术的原因带来的商业上的成功并不能证明发明专利申请具备创造性。

3　实用性

《专利法》第 22 条第 4 款规定：“实用性，是指该发明或者实用新型能够制造或者使用，并且能够产生积极效果。”

3.1　法条释义

一项发明或者实用新型若想要获得专利权的保护，必须能适于实际应用。换言之，发明或实用新型不能是抽象的、纯理论性的，它必须是能够在实际产业中予以应用。该发明或实用新型一旦付诸产业实践，应当能够解决技术问题，产生预期的技术效果。

3.1.1　能够在产业上制造或使用

《专利法》的实用性条款中所称“能够制造或者使用”是指：如果申请的是一种产品（包括发明和实用新型），那么该产品必须在产业中能够制造，并且能够解决技术问题；如果申请的是一种方法（仅限发明），那么该方法必须在产业中能够使用，并且能够解决技术问题。这里提到的“能够解决技术问题”对于理解实用性条款中的“能够制造或者使用”的含义很重要，例如，对于“永动机”的情形，虽然就单纯的制造而言，所谓的“永动机”是完全可以制造出来的，但是由于这样的“永动机”不能够解决技术问题，因此这样的产品也是不符合实用性意义上的“能够制造”的含义的。

所谓产业应当具有广义的含义，包括工业、农业、林业、水产业、畜牧业、交通运输业以及文化体育、生活用品和医疗器械等各行各业。

应当注意的是，“能够制造或者使用”并非要求该发明或者实用新型在申请时已经在产业上实际予以制造或者使用，而是只要申请人在说明书中对技术方案进行说明，使得所属技术领域的技术人员结合其具有的技术知识就能够判断出该技术方案应当是能够在产业上制造或者使用即可。

3.1.2 能够产生积极效果

“能够产生积极效果”，是指发明或者实用新型制造或者使用后，能够产生预期的积极效果。这种效果可以是技术效果，也可以是经济效果或者社会效果。一项发明或者实用新型与现有技术相比即使谈不上有什么优点，但是仅从其为公众提供了更多选择余地的角度来看，也可以认为它具有了我国《专利法》的实用性条款所称的“能够产生积极效果”。

应当注意的是，要求发明或者实用新型“能够产生积极效果”，并不要求发明或者实用新型毫无缺陷。事实上，任何技术方案都不可能是完美无缺的，只要发明或者实用新型产生了正面的效果，而没有使技术整体上发生倒退或变劣，或者是明显无益、脱离社会需求、有害无益，那么就认为该发明或者实用新型“能够产生积极效果”。

3.2 法条应用

通常，只要在撰写发明或者实用新型申请文件时，注意在其权利要求书中不要包含不具备实用性的技术方案，即可满足实用性对于申请文件撰写方面的要求。但是需要注意的是，对于违反自然规律的技术方案，不得出现在申请文件的任何部分中，即所有的申请文件中（包括摘要），都不应当存在违反自然规律的内容。

此外，在撰写权利要求书时，除了在撰写独立权利要求时需要注意不要包含不具备实用性的内容，在撰写从属权利要求时也应当注意不要包含不具备实用性的内容。因为对于概括性的独立权利要求，即使该独立权利要求具备实用性，其从属权利要求也有可能出现不具备实用性的情形。

3.2.1 违背自然规律

【案例1-138】

权利要求：一种在铜上镀铁的方法，包括如下步骤：将一铜块浸泡在含铁离子的水溶液中，从而在所述铜块上形成一铁层。

说明书：该发明提供一种仅通过将铜块浸泡在含铁离子例如硫酸铁的水溶液中就能够在其上镀上一硬铁层的方法，并且实施该方法采用的设备比传统方法采用的设备更简单。

【分析】

由于铁的氧化能力大于铜，即铁更易于形成离子，所以当工件为铜时，铁离子不会被铜还原为铁而镀到铜表面上。因此，仅通过将铜块浸泡在含铁离子例如硫酸铁的水溶液中是不可能在铜块上形成一硬铁层的，所以权利要求请求保护的技术方案违背自然规律。

3.2.2　不能重复再现

通常，有关菌株自然筛选、紫外诱变或化学诱变的方法；不适于在产业上制造和不能重复实施的菜肴；依赖于厨师的技术、创作等不确定因素导致不能重复实施的烹饪方法等的主题都不具备实用性。但利用基因工程手段进行基因定向突变的方法则不属于不具备实用性的范畴。

对于生物材料领域的专利申请，需要注意生物材料的保藏和再现性之间并无直接的关系。生物材料的保藏只是意味着生物材料产品可以重复得到，并不能证明生物材料的制备方法一定可以重复。因此，如果请求保护生物材料的制备方法，则即使该生物材料已经进行了保藏，也不意味着该材料的制备方法就一定具备了实用性。

【案例1－139】

权利要求1：一种筛选并分离腐植酸发酵微生物的方法，该方法包括如下步骤：(1) 富集培养基的配制；(2) 腐植酸发酵微生物的富集培养；(3) 波长136～390毫微米紫外诱变60S；(4) 筛选高产率菌株。

【分析】

基于紫外诱变的不确定性，所述的方法不具有可重复性；也即是说，即使使用相同的紫外照射条件和照射时间，结果也将可能是不一样的或者是完全不同的，由此可判定涉及紫外诱变筛选高产菌株的方法不能重复，其不具备实用性。

【案例1－140】

权利要求1：一种从土壤样品中筛选并分离某微生物的方法，其特征在于该微生物为CCTCC NO：×××××，该方法包括……

申请人将所得的微生物进行了保藏。

【分析】

虽然申请人将所得的微生物进行了保藏，但保藏只是说明微生物能够为公众所获得并且微生物能够再现，并不能说明该微生物的筛选过程能够重现并且结果相同。也就是说，微生物的筛选方法本身不具有再现性，这与其所得的微生物是否进行了保藏无关。这类主题的权利要求会因不具备实用性而不能被授予专利权。

3.2.3　利用独一无二的自然条件

【案例1－141】

权利要求1：音乐剧场，由自然地貌和服务设施组成，其特征在于所述的自然地貌为云南昆明某地下溶洞，所述的服务设施包括……

【分析】

由于云南昆明某地下溶洞属于用独一无二的自然地理环境，其他地方不可能存在与其完全相同的自然地貌，因此该发明是利用了独一无二的自然条件的产品，不能在产业上重复实施，因而无实用性。

【案例 1－142】

权利要求 1：一种利用岷江某段至某段的水域养殖鱼的方法，……

【分析】

由于岷江某段至某段的水域属于独一无二的自然地理环境，此处的水环境及气候环境等是其他地方不可能有的，因此该发明是利用了独一无二的自然条件的方法，不能在产业上重复实施，因而无实用性。

【案例 1－143】

权利要求 1：一种饮料，其特征在于所述饮料是利用喜马拉雅山上的无污染冰水制造的。

【分析】

利用特定自然条件的原材料所获得的产品不能被认为是利用独一无二的自然条件的产品。虽然生产中利用的原材料，即喜马拉雅山上的无污染冰水，可能是有限的或者特定的，但是生产所获得的产品并不是独一无二的，其产品可以在产业上制造，其方法可以在产业上使用，因此有实用性。

需要注意的是：利用独一无二的自然条件的产品是指，利用特定自然条件建造的“自始至终不可移动的唯一产品”，这样的产品才不具备实用性，并非所有利用了自然条件的产品都不具备实用性；此外，生产“利用了独一无二的自然条件的产品”的方法也因不能在产业上使用而不具备实用性。

3.2.4 非治疗目的的外科手术

【案例 1－144】

权利要求：一次性无疤痕去纹眉的美容方法，包括对眉毛处局部麻醉，用激光刀头对准纹眉部分，根据皮纹方向去除纹眉。

【分析】

该方法中包括了对人体眉毛处皮肤进行局部麻醉和用激光刀头对纹眉部分皮肤进行处置的步骤，因此属于非治疗目的的外科手术方法，无法在产业上使用，不具备实用性。

【案例 1－145】

权利要求：一种非电泳检测奶牛胚胎性别的方法，其特征在于该方法如下步骤：先对胚胎分割取样，然后……

【分析】

所述检测方法中包括“对胚胎分割取样”的步骤，该分割取样可能是体外分割、也可能是体内分割，若在奶牛体内分割取样，是对有生命的动物体所实施的创伤性或介入性的处置方法，即属于非治疗目的的外科手术方法，无法在产业上使用，因此不具备实用性。

3.2.5　无积极效果

【案例1－146】

权利要求1：一种医疗保健美容品的制造方法，其特征在于：包括如下步骤：a. 收集新鲜的鱼胆，然后对它们进行消毒，并清除其中的杂质，得到洁净的混合物（A）；b. ……

说明书：描述的主要是利用鱼胆制备保健美容品的方法，变废为宝。其中关于步骤a中的消毒描述为“在实际使用中，可采用微波消毒的方法”，最后制备成片剂、胶囊、丸剂或冲剂。

【分析】

权利要求1要求保护的是以鱼胆为原料的医疗保健美容品的制造方法，但是，由于青鱼胆中含有极具强毒性的胆汁毒素，它不易被乙醇和热破坏，其中的主要有毒成分为鲤醇硫酸酯钠，可导致多脏器功能损伤。该权利要求所述的技术方案只是对原料进行“消毒，并清除杂质”的处理，说明书所相应描述的“在实际使用中，可采用微波消毒的方法”也只是一种常规的杀死有害微生物（如细菌）的处理，显然这些处理均不足以除去其中的毒性成分或消除其毒性，因此，在未对原料进行去除毒性成分处理且以片剂、胶囊、丸剂或冲剂服用的情况下，该权利要求所述的方法制得的产品明显存在损害人身体健康的缺陷，属于无积极效果的发明，不具备实用性。

第二章　专利申请文件的撰写程序

如何能掌握专利申请文件撰写中的技巧，高效地撰写出一份优质的专利申请文件，相信是每一位专利代理人都比较关心的问题。本章介绍了专利代理人与发明人沟通的技巧，以及如何正确理解技术交底书，了解发明人的意图及发明改进点，如何安排专利申请文件的撰写次序，如何对权利要求进行合理布局等提高撰写效率与质量方面的内容，以期使专利代理人能撰写出高质量的专利申请文件，为专利申请的后续审批授权、专利权无效宣告及专利侵权诉讼程序奠定良好的基础。

第一节　技术交底书的获得

技术交底书是专利代理人获得发明基础信息、理解发明人的发明构思和撰写申请文件的基本素材。技术交底书的好坏会在很大程度上影响专利申请文件的撰写质量。

1　与发明人的初步沟通

在一些专利代理机构中，技术交底书是发明人在专利代理人的指导下完成的。还有一些专利代理机构，其专利代理人并不介入与客户初期的接触，一般通过市场开发人员或客户服务人员与发明人进行沟通，并提供技术交底书模板，来获得技术交底书。两种方式各有利弊。第二种获得技术交底书的方式由于不需要专利代理人前期介入，因而省去了专利代理人的工作，节约了专利代理机构的成本；但由于受市场开发人员或客户服务人员专业知识面的限制，这种获取技术交底书的方式可能存在一定的问题，例如：技术交底书基本部分不完整，某些不能申请专利的主题被写进了技术交底书等。而第一种方式由专利代理人来负责与发明人的沟通，通常能够避免上述的不足，并且使专利代理人对申请的发明内容有初步的了解，便于后续的撰写工作

专利代理人在接到一件专利申请的委托后，需要及时与发明人进行沟通联系。在很多情况下，发明人初期提供的资料往往不齐全，只有对发明内容的简单描述。甚至有些情况下，发明人仅提供了一幅草图而无任何文字说明，或仅提供了一件实物，告知专利代理人要保护该产品。因此，专利代理人与发明人通过沟通获取完整、全面的技术交底书尤其显得重要。

而另有一些发明人出于对本单位技术秘密或技术诀窍的保护目的，不愿提供一些

涉及发明技术方案的细节。这时，需要专利代理人向这些发明人说明专利制度是要求申请人通过公开其发明来换取国家对其技术方案的法律保护；因此，必须提供对实施发明必不可少的相关内容，以避免后续撰写的申请文件出现公开不充分的缺陷。故专利代理人应告知申请人以下两点：

① 所公开的技术内容，应当构成一个完整、可实施的技术方案，且该技术方案相对于（检索的）现有技术应当具备新颖性和创造性。

② 不公开技术诀窍的“利”在于能保留商业秘密，而其“弊”在于将来不能在专利审查过程或无效过程中将该技术诀窍补入专利（申请）文件中，以克服专利（申请）文件中可能存在的缺陷。

1.1 沟通途径及技巧

下面从沟通途径和技巧两个方面就如何高效、愉快地和发明人进行沟通进行说明。

1.1.1 沟通途径

专利代理人与发明人之间的沟通途径主要包括电话沟通、邮件沟通、传真沟通、即时沟通与面谈沟通五种方式。

（1）电话沟通

电话沟通是专利代理人日常工作中常见的一种沟通方式，适合非正式通知、了解问题以及解答常规性问题等。对于一些比较复杂且需要发明人具体说明的技术方案问题，也可以采用电话沟通的方式。考虑到因涉及的技术较为复杂，可能在电话沟通中出现思路混乱的情况，最好在电话沟通前将希望通过本次沟通解决的问题逐一列出。

电话沟通的优点是省时、快捷，可与发明人进行详细的讨论。缺点是非正式、针对附图沟通时比较困难、对客户提出的问题缺少思辨的时间，因此除需具备较高的业务水平外，还要求专利代理人具有较强的应变能力。

由于发明人可能担任着繁重的研发任务，工作忙，因此专利代理人与发明人的沟通应尽量少地占用发明人的时间，提高沟通效率；尽可能通过一两次来回的联络即可获取所需要的全部信息、图纸、资料。

通过电话与发明人沟通时应注意文明礼貌，通话中语速要平缓，不宜过快或过慢，不要轻易打断对方的话语，认真聆听对方对技术方案的描述并作好电话记录。如遇电话沟通中对方不方便接听或多谈时，可与其约定一个方便的时间再次进行电话联系。

电话沟通具体注意事项如下：

① 准备工作：在电话沟通前，如果需要询问的内容比较多，可以事先将需要询问的内容作一个列表，做到有条理有顺序，避免在沟通时没有条理，需要沟通的事项没有一次性沟通完，给客户造成不好的印象。

② 通话时间：上午 9：30～11：00，下午 14：30～16：00，这两个时间段是较佳

的时段。通常申请人所在单位的上班时间多在8：30～9：00，因而上午在9：30后打电话会是一个较好的时间，在打完电话后，对方还有一个充分处理的时间。同样地，考虑到中午有用餐与休息的时间，在下午14：30之前不宜打电话给发明人。至于16：00之后，由于临近下班且缺少给对方处理的时间，此时与发明人沟通，效果会比较差。对于发明人身居国外而与中国存在时差的情况下，可以在电话沟通之前，事先用电子邮件等与发明人约定方便的时间。

③ 用词用语：接通电话后，首先要自报家门。如果是手机，还要询问一下对方是否方便接电话，例如：您好！我是××公司专利代理人×××，您现在方便接电话吗？（如果对方回答方便，则继续）关于×××案件……有几个问题想与你交流一下。如果是座机，在报完家门后加一句“请问是×××先生/女士/老师吗？”如果不是，则询问发明人是否方便接电话；若不方便，可以约一下例如十分钟或半个小时后再打电话，或者必要的时候，可以留下自己的电话，让发明人方便的时候回电话。最后，要感谢接听电话的人。在电话沟通的时候，要保持语速正常、清晰，面带微笑以保持轻松愉悦的语调，使对方感受到你的诚意。

④ 接听电话：接听电话时，应当在电话铃响起的第一声结束到第二声结束前接听，最迟不要超过第三声。让呼叫方长时间地等待可能会影响呼叫方的心情，认为接听方效率低。在接听电话的时候，应当做好随时记录的准备，将电话内容的重点记录下来，避免遗忘或者反复询问对方。对于重要的内容，通常需要向对方复述一遍，以保证记录的内容准确无误。在接听电话时，尽量不要打断电话交谈。如果有事情确需打断电话交谈，则必须先向对方道歉，然后告知对方等候的原因。例如，可以向对方解释说：“对不起，我有个电话过来，先接一下，请您稍等一下。”然后，迅速接听第二个电话，并告知第二个通话方：“我正在电话中，一会儿给您打过去。”之后，迅速返回与第一个通话方的电话交谈。

⑤ 电话沟通结束后，应当将本次沟通中需要存档的内容以电话记录单的形式记录下来，尤其是应当详细写明在电话中已经确认过的事项。表2－1为一种常用的电话记录单。

表2－1　电话记录单

<table>
<tr><td>通话时间</td><td colspan="2">年　月　日　时　分</td></tr>
<tr><td rowspan="3">联络人</td><td>单位及部门</td><td></td></tr>
<tr><td>电话号码</td><td></td></tr>
<tr><td>姓　名</td><td></td></tr>
<tr><td rowspan="3">要点记录</td><td>我方卷号</td><td></td></tr>
<tr><td colspan="2"></td></tr>
<tr><td colspan="2"></td></tr>
<tr><td>记录人</td><td colspan="2"></td></tr>
</table>

（2）邮件沟通

邮件沟通也是专利代理人日常应用最多的沟通方式之一，其优点是比较正式，有充足的时间准备，条理性好，表达准确。缺点是沟通效率较低，与发明人缺少语言上的交流，不易传递感情，与发明人的距离感较大。

邮件沟通适合正式的通知，需要较长时间准备的内容，以及需要对方确认的内容等。

目前电子邮件盛行。许多情况下，电子邮件已经取代了传统的邮件通信方式。因此，下面的“邮件”一般指电子邮件。

通过电子邮件沟通，需要注意如下事项：

① 邮件主题栏中务必写清本次沟通事项的主题、卷号。

② 邮件正文部分，首先要称呼发明人名字，并使用适当的问候语，例如：“尊敬的李老师：您好!”邮件通篇语气要友好。

③ 邮件正文要有条理和层次，要适当地使用回车和空行，以便于阅读。

④ 正文结尾要有进一步联系方面的语言与联系信息。例如：若您有任何疑问，请您随时与我联系。我的联系电话是……手机号码是……

⑤ 邮件签名中写明单位、姓名、日期等事项。

⑥ 在发送邮件之前，应当通读邮件，检查是否有错误。例如：检查是否有拼写错误，是否忘记添加附件等；在回复邮件的时候，还应当核实回复是否与来信一样抄送相同的联系人（例如，全部回复的情况）。

⑦ 如果在一天或者更长时间无法阅读或者回复邮件，应当将邮箱设置成自动回复；在回复留言中，告知可能何时处理来信。

⑧ 另外，与发明人之间的往来沟通邮件通常需加密处理。当然，客户明确不要求加密的情况除外。

（3）传真沟通

传真沟通的优点是能够将原件的信息准确地传达给对方。当然这一部分功能也可以通过邮件方式来代替。使用传真沟通的缺点是容易遗失，不方便接收、回复和转送等。

传真适合法律文件的传送。对于不会使用邮件的人而言，也可以是一种替代工具。

传真沟通需要注意如下事项：

① 写明收件人。

② 标注传真的总页数以便收件人核实。

③ 写明己方联系方式，包括己方传真号码等。

④ 请收件人传真确认或通过电话确认收讫。

（4）即时沟通（QQ、MSN、视频会议）

现代通信科技的发展使我们不但能使用电子邮件这种方便的通信方式，还能使用一些更先进的即时沟通途径，例如，包括基于互联网的 QQ、MSN 点对点即时通信工具。这种即时通信方式可在语音沟通的同时传送文字资料与图片，具有传送信息容量大、效率高的优点，但操作相对复杂一些，且仅适合一对一的沟通。对于即时通信工具的使用要慎重，因为可能存在通信内容泄露给即时通信服务提供商的风险。

即时通信工具提供的视频会议能很好地解决多人同时参与沟通的问题，尤其是当某一发明技术方案需要同时与多个发明人沟通时，可采用视频会议的方式来进行。通过视频会议还可以进行一些实物的演示。这种方式同样能通过视频会议软件来传送文字或图片资料，缺点是需要专用设备或软件来支持，且视频会议设备的设置与操作比较复杂。

即时沟通注意事项：

① 需在沟通前与发明人约定沟通时间，当使用视频会议时需提前通知所有参会人员。

② 视频会议沟通前做好相应的设备调试准备，有实物演示时需提前备好实物。

③ 以即时沟通方式与发明人沟通后，将本次沟通中需要存档的内容以会谈记录的形式记录下来，尤其是在会谈中确认过的事项应详细写明。

（5）面谈沟通

一般情况下，通过电话、邮件等不能有效沟通的情况下，可以与发明人当面沟通。例如，在发明人需要演示实物，需要专利代理人查看现场实物，进行专利申请挖掘等情况下，当面沟通是十分必要和有效的。

面谈沟通的优点是即时、高效、友好、沟通内容多样，可一次性解决多个方面的问题。通过面对面的沟通，可以就发明的技术方案细节、希望保护的核心内容等进行充分的交流。但是面谈沟通的缺点是成本比较大，因为专利代理人或发明人需要花费时间前往另一方的处所并返回。对于面谈沟通，要事先征询发明人是否有时间并愿意当面进行沟通，并与发明人约定具体时间。另外，面谈沟通要求专利代理人具有更高的专业素质、较好的外在形象、谈吐等。这些高要求可能影响到当面沟通的效果。

面谈沟通需要注意如下事项：

① 沟通前做好资料准备，简单地搜索一下可能涉及的技术主题以及技术发展趋势，做到有准备、有目的地去沟通。

② 穿着要得体，给客户以信任感，体现出大气、自信的专业形象和素质。沟通开始时需要适当的寒暄，第一次见面需向对方简单介绍自己。

③ 沟通中要避免不适当的小动作，例如抖腿、转笔、挠腮等，同时注意聆听，并适时提出自己的问题和观点。

④ 做好沟通内容记录。在征得发明人同意的情况下，可以录音或录像。

⑤ 最后需要简单复述核心内容，并让对方确认。

上面对几种主要的与发明人沟通的方式进行了介绍，专利代理人可根据具体情况选择合适的沟通方式。例如，对于技术交底书以及需要发明人进行核实或者修改的，最好使用电子邮件。这样，一方面可以方便发明人对初稿进行文字修改或者标注，另一方面可以把往来邮件留存备案，便于以后查阅该案的信函往来历史。在经过了充分沟通，了解技术方案并开始撰写的情况下，如果在撰写过程中遇到一些无法确定的小问题，可以考虑通过电话和即时沟通工具、传真，随时与发明人交流，以提高工作效率。

1.1.2 沟通技巧

在与发明人的沟通技巧方面，综合上面介绍的内容可归纳为耐心、虚心、诚心。

耐心：发明人通常只对技术内容了熟于心，对专利知识了解较少。因此，沟通过程中专利代理人的耐心就显得非常必要。这里说的耐心包括两个方面：一方面是要耐心聆听发明人对技术的解释，尽快习惯发明人的表述方式，以尽可能贴近于发明人的方式进行沟通，避免使用发明人不理解的专利领域的术语；另一方面是要耐心引导发明人讲述尽可能多的在专利说明书中需要公开的技术细节，有时可能需要向发明人介绍一些专利的基本常识，让发明人理解专利的特殊要求以及专利公开与获得专利保护之间的关系。

虚心：这里所说的虚心，是指避免对发明人的创新成果进行主观臆断，要虚心地向发明人请教技术问题、具体的技术手段、能够实现的技术效果。沟通是一个双向的过程，专利代理人一定要注意在沟通的过程中充分表达自己对技术方案的看法以及自己的理解，并让发明人对你的理解进行确认或者修正。有些情况下，发明人专利的技术领域并非与专利代理人所学专业技术领域完全契合，这时候专利代理人充分表达出自己的理解尤为重要。对技术问题似懂非懂时，不要碍于面子或者不好意思而没有向发明人求证，否则写出来的专利申请往往似是而非，造成技术方案或者保护范围上的偏差，甚至出现公开不充分的情况，给申请人带来无法弥补的损失。

诚心：在沟通过程中，专利代理人应该表现出充分的诚意，充分理解和认可发明人的观点，尽可能从发明人的角度去考虑问题，致力于解决发明人所关心的问题。这样，才能取得发明人的信任，为有效地沟通奠定基础。

1.2 提前准备需要向发明人询问的内容

无论是通过哪种沟通形式与发明人沟通，都需要明确沟通的目的是了解清楚发明人的技术方案、发明改进点，为下一步进行专利申请文件的撰写提供充分的准备。因此，在与发明人沟通联络前，应根据已经了解的该专利申请的大致技术领域和内容及发明人已提供的材料，准备好需要向发明人询问的内容，以了解发明人所作出发明的基础，也即现有技术等情况。专利代理人也可以先提前进行粗略的检索，了解相关方面的技术发展情况和趋势。另外，专利代理人还可以检索一下该申请人或者发明人所在公司的业务领域、既往专利申请或者论文等，以尽可能地弥补专利代理人在专业知识上的不足。只有充分了解了对方，才有可能在接下来的沟通中高效愉快地进行交流。

1.2.1　准备与发明技术内容直接相关的问题

涉及与发明人沟通具体技术方案时，可准备诸如以下一些问题：

① 发明属于哪个技术领域、涉及什么主题？

② 现有技术存在怎样的缺陷？您提出这个技术方案的出发点是什么？

③ 您是否有相关的现有技术文献资料，例如专业期刊、专利文献？

④ 您是否有现有产品的照片或可编辑图片？电镜照片、质谱图或者实验数据？

⑤ 该申请的技术效果是通过方案中哪一个或哪些特征带来的？

⑥ 图×中示出的××结构的作用是什么？

发明人的发明涉及化学产品需通过照片或图片来说明的，需要发明人提供相应的附图。有些情况下发明人虽然提供了附图，但其为不可编辑格式，因此需要发明人提供可编辑格式的附图，以便于专利代理人对图进行调整、修改。

1.2.2　准备与提交专利申请相关的有关问题

除了上面所述与发明技术内容本身相关的问题外，还需要了解以下一些相关的情况：

① 该申请有无相关申请。

② 该申请在此之前是否出现过破坏新颖性等方面的事项，例如已经由发明人发表过文章、已经参加过展览、做过会议报告等。

③ 申请专利的目的是什么？包括：

ⅰ. 产品将投放市场，需要取得保护；

ⅱ. 需要先取得专利申请优先权，后续到国外申请专利，或者改进后再要求优先权，放弃在先申请；

ⅲ. 公司上市、技术入股；

ⅳ. 产品进入国外市场；

ⅴ. 防备竞争对手就相同主题申请专利，造成竞争局面不利；

ⅵ. 显示企业技术实力；

ⅶ. 参与评奖等客观需求。

④ 是否后续阶段需要向国外提出专利申请，如果属于需要向国外申请专利的情况，则应同时考虑到向国外申请保护的主题。

此外，对于发明人不同的需求，在对案件的处理上可以区别对待。例如，发明人旨在用该案来取得优先权基础，则在案件处理上并不是要尽善尽美，而是在确保能够取得相应优先权的基础上，尽快将案件提交至国家知识产权局。再如，对于客户需要进入外国进行保护的申请，在撰写时就不能只考虑在国内可授予专利权的主题，还要考虑进入其他国家可能授予专利权的主题，从而避免使客户的利益受损。

如果有向国外申请的可能，更应当注意用语尽量规范，用词、句式简单，语法关系清楚，以方便后续翻译。

1.3 排除或避免不授予专利权的主题

在专利代理人拿到发明人提供的相关材料后、进行沟通前应该已经大致了解发明的技术领域和基本技术内容，首先应当判断申请人委托的专利申请项目是否属于不可授予专利权的主题，即是否符合《专利法》第 2 条、第 5 条以及第 25 条的规定，以避免作无用的人力、物力和财力的投入。

1.3.1 建议申请人不要提出某些主题的专利申请

有些发明主题属于完全不可能获得专利保护的主题，因此，代理人应建议申请人不要申请此类主题的专利，例如：

① 发明人提供的方案属于人为制定的商业方法。

② 发明人提供的方案不属于专利法意义上的“技术方案”。

③ 发明人提供的技术方案违反法律或社会公德，例如：涉及克隆人或克隆人的方法，人胚胎的工业或商业目的的应用方面，改变人生殖系遗传同一性的方法；。

④ 发明人欲保护的主题涉及动植物品种的，此种情况下可以告知对方植物品种可以用植物品种权保护，动物品种在中国暂时没有知识产权方面的保护，对于育种方法可以通过发明保护。

⑤ 申请涉及疾病的诊断或治疗方法。

如遇有上述的情况，可及时与发明人沟通并说明情况，排除或避免这些相关法律明确规定不授予专利权的主题。有时申请人会比较难以理解为何不能申请专利（尤其是疾病的诊断和治疗方法），并会举出若干公开、授权的实例。这时可以解释一下大部分类似主题只是发明专利申请公开，发明专利申请公开以后还需要审查员审查，且实践中的标准略有偏差，存在个别类似主题获得专利授权的状况，但是在后续的进程中，大部分也被放弃或者被宣告无效。

1.3.2 告知申请人可变换主题提出的专利申请

有些情况下，发明人提供的主题涉及《专利法》中规定不授予专利权的主题，但是可以通过一些规避的撰写方式，改变主题形式来申请专利保护，同时涉及此问题时需要告知申请人相应的风险。例如，如果申请人的技术方案涉及疾病的诊断或治疗方法，则可以告知申请人通过保护检测试剂、仪器、药物以及制药用途等方式来进行变相的保护，并可以适当解释在我国不能授予相关权利的原因。

【案例 2－1】

申请人提供的技术方案是：一种用于预防人的由胆碱酯酶抑制剂引起的中毒的方

法，所述方法包括给患者使用式Ⅰ的化合物，其中式Ⅰ化合物中R1是……R2是……专利代理人可以告知申请人上述技术方案是疾病的治疗方法，属于《专利法》第25条明确规定的不授予专利权的主题。专利代理人应进一步向申请人说明，可以通过变换主题的方式提出专利申请。例如，如果式Ⅰ化合物是新的，则可以提出请求保护该化合物及该化合物的制药用途的专利申请；又如，如果式Ⅰ化合物是已知的，而其用于预防人的由胆碱酯酶抑制剂引起的中毒的用途是新的，则可以提出该化合物的制药用途的专利申请。

【案例2-2】

一种生男孩的方法，说明书中记载了利用基因检测的方法来确定胎儿的性染色体的类型。如果将方法直接撰写成生男孩的方法，则该方法可能会因违反法律，不能授予专利权。此时，建议将该方案撰写成基因分型的方法，避免在保护主题中出现生男孩的描述，从而克服上述缺陷。

2 技术交底书的获得

本章第1节介绍了与发明人沟通的途径、技巧和相关准备事项。如前所述，沟通的目的是了解清楚发明人的技术方案、发明改进点。所以接下来的重要工作就是获得技术交底书，从而为下一步进行专利申请文件的撰写提供充分的准备。

2.1 技术交底书模板的构成

为提高专利代理人与申请人之间的沟通效率，专利代理机构通常备有技术交底书模板以提供给其发明人填写。该技术交底书模板中列出了需要发明人提供的各方面内容。

技术交底书模板主要包括基本信息、技术领域、背景技术、现有技术缺陷与存在的问题、本发明要解决的问题、本发明的技术方案、技术效果、本发明的替代方案等。

表2-2为一种常用的技术交底书模板，但是这种模版不是固定的，其形式和内容可以依据技术领域和发明人对专利的认知程度灵活调整模版的形式和内容。

表2-2 技术交底书

发明名称：__________

技术问题联系人：__________

联系人电话：______ E-mail：______ Fax：______

术语解释：__________

技术交底书内容包括：

一、要求保护的发明的名称

二、技术领域
三、技术背景
四、现有技术存在的问题
五、本发明技术方案的详细阐述
六、本发明创造的关键改进点
七、本发明的有益效果
八、本发明的替代方案
九、其他相关信息

下面对上述技术交底书模板中的九个方面的内容分别加以详细说明。

2.1.1　要求保护的发明的名称

写明发明人所认为的该专利申请想要保护的发明的名称。发明名称应该采用所属技术领域的技术术语，清楚、简要、全面地说明要求保护的发明的主题和类型（产品或者方法），不要使用人名、地名、商标、型号或者商品名等，也不要使用商业宣传性用语。

【案例2-3】

“一种新的2-苯羧酸酯青霉烯类抗菌化合物及其制备方法”作为发明名称，清楚、简要、全面地说明了请求保护的发明的主题和类型，包括化合物（产品）和其制备方法，虽然其中有“新的”一词，但审查员一般不会将其视为商业宣传性用语加以反对。

【案例2-4】

“脚癣一次净”作为发明名称包含了商品名，一般是不允许的。

2.1.2　技术领域

写明该专利申请中的发明创造属于何技术领域，可以在哪些领域应用。例如，“本发明涉及一种具有抗菌作用的碳青霉烯类化合物（包括其盐及其酯的形式）和该化合物的制备方法。此外，本发明还涉及该类化合物在制备抗菌剂中的应用，以及含有该类化合物作为有效成分的抗菌药物。”

2.1.3　技术背景

详细介绍该发明创造的技术背景，即背景技术，尤其要描述申请人认为的已有的与该发明最接近的背景技术。

① 介绍在所述技术领域内的技术现状，尤其是与该发明欲改进的核心技术有关的技术现状。

② 可从大的技术背景和小的技术背景两个方面进行介绍。大的技术背景主要是指该技术领域的总体状况，小的技术背景是指与该发明改进的具体技术密切相关的技术状况。

③ 技术背景介绍的详细程度，以不需再去看文献即可理解该技术内容为准，如果现有技术出自专利文献、期刊、书籍，则提供出处。

通俗地说，背景技术是针对申请人请求保护的技术内容，简要客观地说明他人或申请人自己已经做了什么、是怎么做的以及那样做的缺点是什么。

背景技术最好是公开出版的专利文献或者非专利文献（例如，期刊、杂志、手册和书籍等）。引证专利文献的，至少要写明专利文献的国别、公开号。引证非专利文献的，要写明这些文献的标题和详细出处，例如，期刊的名称、卷号、期号和页码，或者书籍的名称、作者、出版者、版次和页码。要注意不要把申请人了解的、尚未公开的技术信息写入背景技术中。

【案例 2 -5】

近年来，各类抗生素不断被开发和问世，同时大量针对抗菌剂的耐药菌也迅速发展，例如，耐甲氧西林金黄色葡萄球菌（MRSA）、对甲氧西林敏感的金黄色葡萄球菌（MSSA）等的出现，这些细菌接触抗菌药物后，通过质粒或染色体介导发生变异，获得耐药性，给临床治疗造成了新的困扰。从 1961 年发现 MRSA 以来，MRSA 已成为全世界范围内最常见的院内感染病原菌，目前已有报道的抗菌药物尚难有效控制此等耐药菌感染，尤其是 MRSA 感染，由于该菌株不仅对各类 β - 内酰胺类抗生素具有内在的耐药性，而且可以通过获得其他耐药基因而呈现出对其他类抗生素的多重耐药性，给临床治疗带来了严重问题。目前，万古霉素（Vancomycin）成为临床上治疗 MRSA 感染的一线用药，但因具有副作用，限制了其在临床上的应用。而且，随着万古霉素临床的广泛应用，对其耐药的 MRSA 和肠球菌随之出现且愈发顽固，对抗MRSA已成为临床上更为棘手的问题。因而，迫切需要探寻新的强抗 MRSA 活性的抗生素，也促使业界工作者努力研制新型抗耐药性细菌药物，设计并筛选具有新化学结构、新作用机制或新作用靶位的新抗菌药。

在寻求能解决上述问题的有效药物中，广谱、高效、低毒的新型 β - 内酰胺抗生素是焦点所在，其中的碳青霉烯及青霉烯药物的研发格外引人瞩目。青霉烯类抗生素与碳青霉烯抗生素不同之处在于五元环上由硫代替了碳，与碳青霉烯相比，青霉烯化合物具有更广泛的抗菌活性，对厌氧革兰氏阳性菌及多数革兰氏阴性菌的抗菌活性均等同于或优于头孢菌素及青霉素类抗生素。青霉烯类其固体化合物和酯型前药可口服吸收，不易被 β - 内酰胺酶水解，同时对脱氢肽水解酶 - I（DHP - I）较碳青霉烯稳定，其抗绿脓杆菌活性低于碳青霉烯。青霉烯类抗生素（式 1）首次由哈佛大学著名化学家 Woodward 基于青霉素与头孢菌素融合的概念，向青霉素骨架中引入双键，以增大 β - 内酰胺反应性，从而提高抗菌活性的设想而设计合成的（参见：Woodard, R. B. , Recent Advances in the Chemistry of β - Lactam Antibiotics; Elks, J. , Ed; The Chemical Society; London, 1977; Spec. No. 28, pp. 167 - 180）。

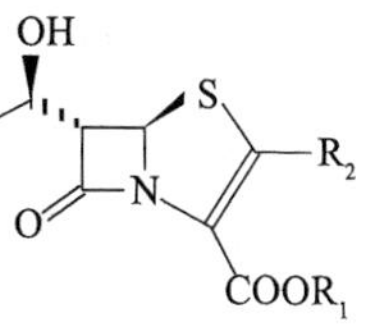

OH, S, R_2, O, N, $COOR_1$　(1)

已开发上市的法罗培南（faropenem，结构如式 2 所示）为青霉烯类化合物钠盐，系日本 Suntory 公司生物医药研究所合成，并与山之内制药公司共同开发的新口服青霉烯类抗生素，也是具有很强抗菌活性的广谱青霉烯类抗生素药物，特别对金黄色葡萄球菌，耐青霉素的肺炎球菌、粪链球菌等革兰氏阳性菌与脆弱类杆菌等厌氧菌的抗菌活性明显高于现有头孢菌素，抗革兰氏阴性菌活性与口服头孢菌素相似，对除绿脓杆菌外的需氧及厌氧革兰氏阳性菌、阴性菌均显示出广谱抗菌活性（Antibiotics & Chemotherapy，Vol. 13，Mo. 10，pp. 74 – 80；CN1256633A，2000 – 6 – 14）。从结构上看，法罗培南属 β – 内酰胺类，环上有四氢呋喃基取代，为非酯原型吸收型药物，对各种 β – 内酰胺酶稳定，耐药菌株少。法罗培南对金黄色葡萄球菌的青霉素结合蛋白（PBP – 1、2、3）、大肠杆菌 PBP – 2 显示出强亲和力，表明其抗菌作用强，与现有临床使用的碳青霉烯类抗生素泰能（tinenam）相比，其显著特点是对 DHP – I 稳定，因此可单独给药，并且安全性高，对厌氧菌及革兰阳性菌的清除率尤其高。因此，法罗培南的强效广谱抗菌作用已经被公认，但其对 MRSA 缺乏有效的抑菌活性。

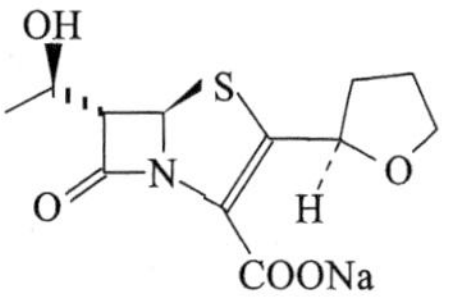

OH, S, O, N, H, O, COONa　(2)

Faropenem

Men – 10700（Menarini Spa），化学名为（5R，6S［（R）– 1 – 羟乙基］– 2 –（N – 甲基甘氨酰胺 – N – 甲基）青霉烯 – 3 – 羧酸，也是现在研究最多的青霉烯类抗生素，其广谱抗菌活性使之有可能成为治疗厌氧菌引起感染的有效抗生素。其 C_2 位为氨基酸衍生物侧链，对 MRSA 和表皮葡萄球菌以外的革兰氏阳、阴性菌均显示出高抗菌活性。该化合物对 MSSA 和表皮葡萄球菌的活性最为显著，抗菌活性优于第三代头孢菌素；对于革兰氏阴性菌株 $MIC_{90} \leq 2mg/L$，但对 MRSA 疗效甚微。因 Men – 10700 在对抗第三代头孢菌素的革兰氏阴性菌方面有很好的抗菌效果，业内正在发展其口服前药类型。

2.1.4　现有技术存在的问题

介绍现有技术存在的缺点是什么？针对这些缺点，说明该发明要解决的技术问题，即该发明的目的。

① 客观评价现有技术的缺点，会带来哪些问题，这些缺点是针对该发明的优点来说的，该发明正是要解决这些问题的缺点。该发明无法解决的技术问题不必描述，该发明不能解决的缺点也不必写。

② 如果找不出对比技术方案及其缺点，可用反推法，根据该发明的优点来找出对应的缺点，还可以从结构角度推导出现有相近产品的缺点。

③ 缺点可以是成本高、结构复杂、性能差、工艺繁琐等类似问题。

④ 针对前面现有技术的所有缺点，逐一正面描述该发明所要解决的技术问题。

此部分客观地说明以前的技术的缺陷、不足之处。可以在介绍每一项背景技术中单独说明（见本章【案例2－5】），也可以总体概况说明。

【案例2－6】

目前广谱抗菌的青霉烯类药物中，如法罗培南等，均表现出对除抗 MRSA 以外的广谱抗菌作用，即对 MRSA 缺乏有效的抑菌活性。因此，寻求新的抗 MRSA 疗效高、副作用小的抗生素成为亟待解决的问题，人们希望能够开发出一种无耐药性、效果更优秀、抗菌活性更高的抗生素。

2.1.5 本发明技术方案的详细阐述

本部分所提供的内容涉及专利申请文件中最重要的部分，越详细越好。

① 对于发明和实用新型专利要求保护的主题是一个技术方案，因而在这部分应当阐明该发明要解决的技术问题（即发明目的）是通过什么样的技术方案来实现的，不能只有原理，也不能只作功能介绍，应当详细描述该发明的各个发明改进点及相应的技术方案。

② 技术方案是指为解决上述技术问题（即达到上述发明目的）而采取的技术措施（即由技术手段构成的技术构思）。因此，该发明的技术方案应当通过清楚、完整地描述该发明的技术特征（如构造、组成、形状等）以及作用、原理而将其公开到使本领域的技术人员能够实施该发明为准。

③ 对于不同类型的发明，需要采用不同的描述方式来说明其技术方案。

④ 对于涉及产品的发明，要详述产品的组成、原料组分、工艺步骤、产品性能、产品用途。对于涉及方法的发明，要详述反应原料、反应条件和终产物。反应原料包括反应起始物、反应溶剂、中间体、催化剂等。反应条件包括反应的压力、温度、反应步骤的先后次序、设备、容器等。起始物应该是本领域技术人员能够得到的物质，例如，市售的化学试剂或者有文献记载了其制备方法的物质。

对于涉及化合物的发明，需要用化学名称、化学式（包括分子式或结构式）表征该化合物。无法用分子式或者结构式表征的化合物，可以通过其理化参数和/或其制备方法来表征。化合物应当按通用的命名法来命名。新的终产物应进行结构鉴定，中间体必要时也需进行结构鉴定。

高分子化合物通常应当用其结构和/或组成特征表征。特定情况下，也允许结合理化参数和/或制备方法来表征，目的是使该高分子化合物与现有技术已知产品相区别。能够表征高分子化合物的基本结构和/或组成特征为重复单元的名称或结构式；重复单元的排列形式，如无规共聚、嵌段共聚、交替共聚等；共聚时不同结构单元的比例关系；分子量（数均、重均、粘均或 Z 均分子量）或其对应关系的聚合度、特性粘数、羟值、酸值等。还需要提供对该化合物进行鉴定的数据资料。

对于化合物发明，需公开至少一种制备该化合物的方法。

参见第五章撰写案例 1 ~4。

【案例 2 –7】

一种以下述通式Ⅰ和Ⅱ所示结构组成的芳香族共聚酰胺，

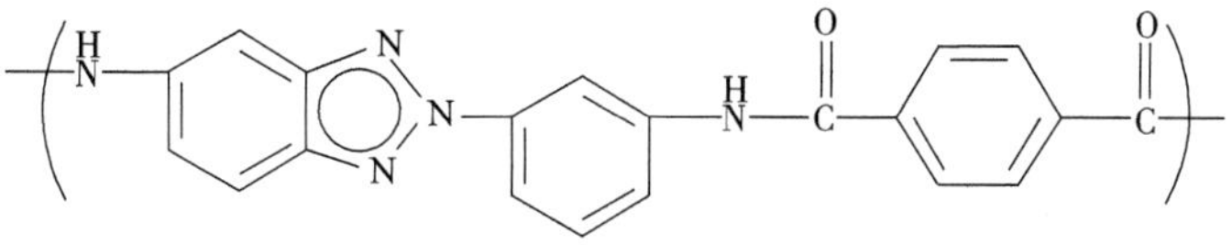

Ⅰ

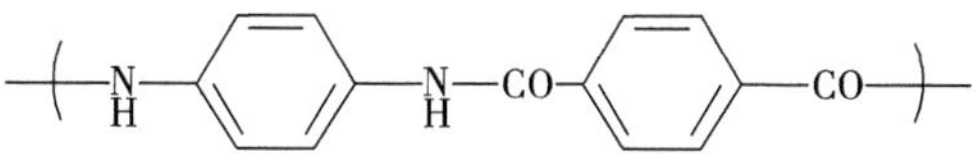

Ⅱ

其中含有 0.1 ~10.0 摩尔% 的通式Ⅰ结构，该共聚酰胺的特性粘数［η］ =0.4 ~1.3。

上述对聚合物的表征使用了共缩聚物的重复单元结构、重复单元的比例关系、特性粘数（与分子量有对应关系）等特征。另外，根据其主题名称即可直接确定该共聚物的重复单元的排列形式（必定是羧基和氨基缩合）。

2.1.6　本发明创造的关键改进点

针对该发明创造相对于现有技术所作出的改进给出其关键改进点，即说明其中哪些发明改进点是该专利申请重点想要保护的创新内容。

① 该发明技术方案的详细描述部分提供的是完整的技术方案，在本部分是提炼出技术方案的关键改进点，列出 1、2、3……以提醒专利代理人注意，便于专利代理人撰写权利要求书。

② 简单点明即可，通常可以根据第 2.1.7 节“本发明的有益效果”给出其关键改进点。

2.1.7　本发明的有益效果

本部分写明该发明与本章第 1 节第 2.1.3 小节所述的“背景技术”相比的优点，尤其是与最接近的背景技术相比的优点。

化学属于实验科学，化学领域发明的有益效果难以预测，因此，尤其要重视用完整的效果实验来证实该发明的有益效果。所谓“完整”是指效果实验应包括实验的具体物质、详细的实验方法、用定性或者定量数据表示的实验结果以及该实验结果与申请人主张的该发明的用途或者效果之间的关系是个部分。实验模型可以采用实验室实验模型（细胞、酶等）、动物实验模型或人体实验。

【案例 2 –8】

通过下述实验来证明本发明的化合物取得了预料不到的杀菌效果。

抑菌效果试验

A. 样品

(1) 63 ~78 化合物　　(实施例 33 至实施例 48 的合成样品)

(2) 法罗培南 (Faropenem, 简称 F)　　(合成样品)

(3) Sultacillin (简称 S)　　(浙江黄岩新华药物化工有限公司)

(4) 亚胺培南 (Imipenem, 简称 I)　　(默沙东)

(5) 美罗培南 (Meropenem, 简称 M)　　(浙江海正药业)

(6) 万古霉素 (Vancomycin, 简称 V)　　(sigma)

B. 制备抗菌素平皿

将药物样品编号，如表 2－3，据所需药量及所需药量用少量甲醇助溶，用蒸馏水补足到所需量，充分稀释混匀后，取出前管半量加等量蒸溜水对倍稀释成 15 个浓度，每个药浓度取 1mL 药液，加 19mL Mueller－Hinton Agar 培基混匀后，倒入平皿待冷却即可。金黄色葡萄球菌和粪链肠球菌实验用上述培基，其中内含 5% 羊血，其他菌实验用 Mueller－Hinton Agar 药敏培基。

C. 种菌方法

实验菌接种在普通营养肉汤中 (10mL/管)，将上述接种菌置 37℃孵育 18h，次日稀释成 10^6 作为实验用菌浓度，将菌加入微孔板中，用多点接种法在不同浓度的药物平皿上接种，待干，置 37℃孵育 18h 后观察结果。

D. 抑菌结果

本发明的编号 63 ~78 的化合物与现有技术化合物的抑菌对比试验结果见表 2－3。

表 2－3　青霉烯类化合物的 MIC 结果

药物	MIC (μg/mL)	MSSA	MRSA	E. coli	P. aeruginosa	E. facialis
63	MIC_{50}	0.008	0.062	64	256	2
	MIC_{90}	0.031	0.25	256	>256	16
64	MIC_{50}	0.32	0.25	256	256	256
	MIC_{90}	0.25	0.25	>256	>256	256
65	MIC_{50}	0.008	0.062	64	256	0.5
	MIC_{90}	0.008	0.5	128	>256	8
66	MIC_{50}	0.008	0.008	128	>256	4
	MIC_{90}	0.008	1	256	>256	8
67	MIC_{50}	0.031	0.25	64	256	1
	MIC_{90}	0.062	1	128	>256	32
68	MIC_{50}	0.008	0.25	16	256	1
	MIC_{90}	0.008	1	64	>256	32
69	MIC_{50}	0.031	0.5	256	>256	4
	MIC_{90}	0.25	2	256	>256	32

续表

药物	MIC (μg/mL)	MSSA	MRSA	E. coli	P. aeruginosa	E. facialis
70	MIC_{50}	0.031	0.5	64	256	4
	MIC_{90}	0.062	2	128	>256	2
71	MIC_{50}	0.062	1	64	256	2
	MIC_{90}	0.25	2	128	>256	8
72	MIC_{50}	0.008	0.125	128	256	1
	MIC_{90}	0.008	0.5	256	>256	1
73	MIC_{50}	0.008	0.25	64	>256	2
	MIC_{90}	0.25	2	128	>256	32
74	MIC_{50}	0.008	0.125	128	256	2
	MIC_{90}	0.031	1	>256	>256	16
75	MIC_{50}	0.062	1	128	256	32
	MIC_{90}	0.25	4	128	256	64
76	MIC_{50}	0.031	0.25	64	128	1
	MIC_{90}	0.062	0.5	128	128	4
77	MIC_{50}	0.008	0.25	64	256	2
	MIC_{90}	0.031	4	256	>256	8
78	MIC_{50}	0.031	0.25	128	256	4
	MIC_{90}	0.125	2	256	256	32
F	MIC_{50}	0.062	128	0.5	256	2
	MIC_{90}	0.125	256	4	>256	128
S	MIC_{50}	0.25	16	8	256	4
	MIC_{90}	1	32	64	>256	64
I	MIC_{50}	0.008	16	0.25	1	2
	MIC_{90}	0.031	64	0.5	32	128
M	MIC_{50}	0.031	16	0.016	0.125	4
	MIC_{90}	0.25	32	0.031	2	128
V	MIC_{50}	0.5	1	>256	>256	2
	MIC_{90}	1	2	>256	>256	4

对敏感金黄色葡萄球菌，化合物63~78抗菌作用等于或优于Faropenem、Sultacillin、Meropenem、Vacomycin。

所有青霉烯类化合物均显示良好的抗MRSA的抗菌活性，与临床用药万古霉素相比，抗菌活性至少相当或优于万古霉素。

对肠球菌，化合物63、64、65、67、68、71、72、73、74、76、77抗菌活性与五种参照药物相当或优于他们。

在现有的抗菌类的抗生素中，最广泛应用于临床并被公众所熟知的优选法罗培南，但其抗 MRSA 的 MIC_{90} 为 256μg/ml，本发明的化合物抗 MRSA 的 MIC_{90} 最大为 4μg/ml，最小（间位取代）为 0.25μg/ml，与法罗培南相比药效提高了 64 ~ 1000 倍，抗菌效果明显优于其他同类药。

综上所述，设计并合成的 2 - 苯羧酸酯青霉烯类化合物，尤其是 2 - 苯羧酸甲酯青霉烯类化合物，对革兰氏阳性菌 MSSA 和肠球菌都具有较高的抗菌活性，特别对于 MRSA 均显示出良好的抗菌效果。

2.1.8　本发明的替代方案

针对本章第 2.1.5 节中的技术方案，写明是否还有别的替代方案同样能解决上述技术问题或实现上述发明目的。如果有替代方案，请详尽写明，以提供足够多的具体实施方式。此部分内容的提供有助于撰写保护范围更宽的权利要求，防止他人绕过该技术方案去解决同样的技术问题或实现同样的发明目的。

2.1.9　其他相关信息

本部分给出其他有助于专利代理人理解该发明内容的资料，从而向专利代理人提供更多的信息，以便专利代理人更好更快地完成专利申请文件的撰写。

2.2　引导并协助客户完成技术交底书

虽然技术交底书模板全面地列出了需要发明人提供的各部分内容，但由于专利申请所需要的技术文件与相关内容不同于研发人员写科技论文或写产品说明书，因而发明人提供的技术交底书尚不能满足专利申请文件撰写的需要。在这种情况下，专利代理人应当引导并协助发明人提供能充分反映发明内容的技术交底书。

下面先针对发明人提供的技术交底书所存在的三类主要缺陷说明如何协助发明人消除这样的缺陷，然后对发明人提供的技术交底书中的常见具体问题作进一步说明。

2.2.1　发明人未按技术交底书模板进行填写

发明人通常都是企业的研发人员，因此对科研项目的立项和研发过程都非常熟悉，因此非常容易把技术交底书写成项目的立项审批报告、项目说明或者操作指南等。

在提供技术交底材料的阶段，部分发明人可能不太清楚对技术交底书的具体要求，例如选用技术术语的原则、提供材料应详尽到什么程度、核心技术可否加以保密、实例需要如何提供、附图可否采用照片等，因而未按技术交底书的模板进行填写。在这种情况下，专利代理人应当向其说明技术交底书中各部分内容的具体含义与填写要求，以引导并协助发明人完成技术交底书的填写。

2.2.2　发明人提供的技术交底书内容不完整

在部分技术交底书中，虽然按照技术交底书模板填写了相关内容，但对其中某些部分的内容填写得十分简单，甚至未填写这一部分内容，导致所提供的技术交底书中缺少某一部分相应内容的情况。例如，有的发明人在研发时并未对现有技术进行检索和调研，仅根据自身对现有技术的了解进行研发，因此在技术交底书第三项“技术背景”部分（见表2－2）对现有技术的描述很简略甚至未写。在这种情况下，可以引导发明人对本领域的现有技术进行检索，请发明人提供现有技术文献、现有产品的结构图、现有工艺流程图等；如果发明是对现有某一专利的改进，则可以让发明人提供相应的专利文献信息与资料。又如，有的发明人仅仅针对其研发出的具体产品要求给予专利保护，因此未考虑过还有哪些替代方案，因此未填写第八项“本发明的替代方案”。在这种情况下，可以针对该发明所涉及的各个改进点向发明人逐个了解有无替代的技术手段，从而引导发明人填写这一部分内容。

2.2.3　发明人提供的技术交底书不符合需要

大多数情况下，发明人都能够提供出一份技术交底书，但其中的部分内容不够详细或不符合要求。例如发明人仅给出了产品的相应制备方法，但其具体结构及作用机制未详细说明。有时发明人提供的技术交底书未写清采用技术方案与实现的技术效果之间的关系，也就是说既未具体分析该发明的各个改进点如何实现相应的技术效果，也未通过该发明与现有技术实验数据的对比来说明其带来哪些技术效果。在上述情况下，可能会使专利代理人难以清楚地理解发明，因而需要有的放矢地要求发明人对这些部分进一步补充相关内容以完善技术交底书。

2.2.4　其他

① 仅给出局部信息，缺少全局信息，使得专利代理人难以理解技术方案，难以对发明创造建立全面的认知。例如，对于产品发明创造，只给出发明的改进部分的特征描述，缺少产品的整体技术方案的描述，缺少关联部分与该改进部分之间的关系说明，这有可能导致专利代理人难以理解技术方案。

② 仅提供照片，未提供按照机械制图规范绘制的线条图。

③ 虽然提供了附图，但图中缺少有关部件的文字或标记，缺少文字部分提到的各个附图标记与图中实际给出的图中的各个结构或部分之间的关联，使得专利代理人在结合附图阅读交底书时，难以理解交底书中提到的部件或说明是针对附图中哪个部分所说的，导致专利代理人对技术方案的理解困难。

④ 只给出产品的描述性效果，缺少体现这些效果的具体数据和与现有产品的比较数据。

【案例2－9】

申请人申请一种中药组合物，其仅在技术交底书中描述中药组合物的配方、制备方法、剂型，但未提供药效试验。

【分析】

对于中药组合物来说，除需公开物质的确认、物质的制备方法外，需提供可以证明其效果的实验数据，最好再加上与最接近的中药组合物比较的效果数据。

⑤ 采用大量的土语、俗语。

第二节　发明改进点及技术方案的确认

理解技术方案是专利代理人撰写出质量较高的专利申请文件的先决条件。专利的核心是创新，因而在理解技术交底书中的发明内容时，应当把握该项发明中反映其创新内容的改进点。作为专利代理人，在理解和确认发明创造的发明改进点后，还应当与申请人一起对发明创造进行分解和挖掘，在此基础上针对各个要求保护的主题进行合理的概括，包括请申请人针对概括的技术方案补充必要的技术内容，从而使申请人作出的发明创造能得到更充分的保护。

1　技术交底书的阅读与发明点的确认

为了从技术交底书提供的发明内容中准确地确定该发明的改进点，专利代理人首先应当做好三方面的工作：理解发明人的发明意图；通过与发明人提供的现有技术的对比，初步确认发明改进点；必要时进行补充检索，依据进一步找到的现有技术最后确定发明的改进点。

1.1　理解发明人的意图

在获得了申请人提供的完整的技术交底书后，专利代理人首先要做的工作就是仔细阅读技术交底书，理解发明人的发明意图，也即确认该发明希望保护什么主题，其是基于怎样的现有技术上作出的改进，要解决的技术问题是什么。

只有准确地理解了发明人的发明意图，也就是发明人通过该专利申请希望保护什么，才能准确地把握发明改进点，围绕发明改进点去组织和补充撰写专利说明书和权利要求书所需要的资料。

此外，专利代理人除了通过阅读技术交底书初步了解发明人的发明意图外，还应当在后续的沟通和撰写申请文件的过程中进一步确认发明人的发明意图和特殊要求。

1.2　初步确认发明要求保护的主题及发明改进点

在充分理解技术交底书中介绍的发明内容后，首先着手分析该发明可能涉及哪些可给予专利保护的主题，即除了技术交底书中明确写明的要求保护的主题外，是否还包含着其他有可能取得专利保护的主题。只要这些要求保护的主题相对于发明人所提供的现有技术具备新颖性和创造性，就可以初步考虑将这些主题确定为该发明要求保护的主题。

在初步确认了该发明要求保护的主题后，针对各个要求保护的主题与发明人所提供的相应现有技术进行比较，以确认其解决了哪些技术问题，在此基础上分别针对这些要求保护的主题分析其相对于各自的最接近的现有技术作出了哪些改进，以找出其各个改进点，并对这些发明改进点作出分析，即分析这些改进点作出了什么样的技术贡献，从中确定最主要的改进点是什么。

1.3　进一步了解现有技术

在准确理解了发明意图并且针对各个要求保护的主题找出发明改进点后，专利代理人有必要对该发明的现有技术作进一步补充检索，以便确认上述发明改进点是否被现有技术公开。

补充检索的主要目的是获得相似技术，以促使申请人进一步补充关键的技术内容。若补充检索时对某个要求保护的主题找到破坏新颖性的对比文件，应当告知申请人，并请求其就该主题的内容作出补充或者对该主题的内容进行技术变更，以体现该发明与该对比文件的区别，并就两者的区别作出更多的分析，否则在该专利申请中就要放弃对该主题的专利保护。若补充检索时对某个主题的某个或某些实施方式或实施例找到影响其新颖性或明显不具备创造性的对比文件，那么就该主题来说，应当将这些实施方式或实施例排除在要求专利保护的范围之外，即仅针对其他仍具备新颖性和创造性的实施方式和实施例要求专利保护。

对于如何进行专利申请前的查新检索，涉及许多专门的知识与技能，读者可参照其他介绍专利检索知识的相关书籍。

【案例2-10】

现有技术文献1公开了一种通过将布洛芬制备成相应的泡腾剂以减少苦味并减少灼烧感的方法，在该方法中制备的药物组合物中包含布洛芬200~800mg，柠檬酸0.450~1.800g和碳酸氢钠。

申请人发现现有技术文献1中泡腾剂中的柠檬酸虽可以减少布洛芬的苦味并减少灼烧感，但会很快产生患者不能接受的酸味，而富马酸比柠檬酸更不易溶解，因而不会产生令患者难以顺应的酸味。同时向布洛芬制剂中加入按照布洛芬重量计50%~150%的富马酸，可以通过酸化唾液足以维持布洛芬的质子化形式以减少苦味和其余味的烧灼感。

专利代理人检索到现有技术文献2，该文献描述了用水胶体和富马酸包衣物包封布洛芬，水胶体将难溶的布洛芬和易溶的富马酸连接，富马酸的含量仅为布洛芬重量的10%。

申请人认为现有技术文献2虽公开了布洛芬与富马酸的组合物，但该组合物该水胶体和富马酸包衣物包封布洛芬制备，而申请人的技术方案是富马酸和布洛芬在不存在水胶体下混合，因此，与申请人的技术方案完全不同。

发明改进点的确定：

第二章

① 相对于现有技术文献1的技术方案来说，富马酸是解决消除药物给患者带来的不能接受的酸味这一技术问题的必不可少的技术特征。

② 并非任何含量的富马酸都能解决上述技术问题，故富马酸的含量也是解决此技术问题必不可少的技术特征。

③ 相对于现有技术文献2的技术方案来说，“不存在水胶体的情况下将富马酸和布洛芬直接混合”是解决消除药物给患者带来的不能接受的酸味这一技术问题的必不可少的技术特征。

【案例2－11】

现有技术中，抗原蛋白是用全病毒，存在泄毒、污染环境的问题。本申请采用灭活病毒保守基因的重组蛋白作为检测抗原，克服了现有技术高污染的缺陷。

现有技术所用的全病毒抗原，在检测中可能存在假阳性的结果，本申请使用的病毒某段保守基因的重组蛋白特异性强，只对本病毒抗体有反应，克服了现有技术检测结果不准确的缺陷。

2 技术方案的分解、挖掘

对申请人所提供的技术交底书中技术方案的理解后，专利代理人还应当对发明的技术方案进行充分的分解与挖掘。也就是说，一方面，与其一起进一步分析所作出的发明创造中还存在哪些可以单独产生技术效果的发明改进点，可否考虑针对这些发明改进点也用独立权利要求，甚至用单独的专利申请进行保护；另一方面，通过与发明人的沟通，了解其发明创造的发明构思，对发明人所提供的具体技术方案进行挖掘和扩展，尤其是与发明人一起分析其所提供的产品类发明中有哪些技术手段可用其他技术手段替换？所提供的涉及方法类发明中的参数、工艺条件可否进行改变？或者可否扩大数值范围？或专利申请所提供的发明的装置、产品类发明或方法类发明可否应用于其他相近或不同的技术领域等。

2.1 技术方案的分解

对于一项技术交底书中提供的一项发明创造中涉及多个发明改进点时，应当充分分析这些发明改进点之间的关系，必要时考虑到当这些发明改进点单独存在时，是否能够形成具备创造性的技术方案。如果可以，则应当将相关发明改进点分别总结或组合总结，并构成不同的技术方案。

【案例2－12】

申请人提交的技术交底书涉及一种环保型内墙乳胶漆，其组分包括纯水、纤维素增稠剂、多功能助剂、分散剂、抗菌净化剂、贝壳粉、乳液、消泡剂、缔合型增稠剂、防霉剂、辅料，申请人称该乳胶漆中VOC含量可以忽略，无任何气味，对室内空气无污染；该乳胶漆还可以产生负氧离子，净化空气；该乳胶漆粘附力增强、防开裂、耐水性提高；该乳胶漆成本较低。

研读技术交底书并与申请人交流后，得到如下信息：该乳胶漆中 VOC 含量低，主要是由于采用了净味苯丙乳液；该乳胶漆产生负氧离子的功能源自采用的抗菌净化剂中包含稀土和纳米氧化物；该乳胶漆粘附力强、防开裂、耐水性提高，一方面是组合物的整体效果，另一方面是使用贝壳粉所致；而成本降低主要是采用了原料贝壳粉。

该乳胶漆中的净味苯丙乳液属于现有技术，不是本发明的改进点。而抗菌净化剂和贝壳粉是该发明的两个改进点（其中抗菌净化剂中的稀土和纳米氧化物必须结合使用，无法拆分），这两个改进点可以独立存在，因此该发明基于改进点对于解决的技术问题，可以形成三个技术方案：

① 含有上述抗菌净化剂的乳胶漆。

② 含有上述贝壳粉的乳胶漆。

③ 同时含有上述抗菌净化剂和贝壳粉的乳胶漆。

通过这些分解出的技术方案，专利代理人可与申请人沟通确认以哪一个技术方案作为主要的保护方案，其他发明改进点是否作为对该要求保护的技术方案的进一步改进；对于其他发明改进点是否还要针对其相应的技术方案另行撰写独立权利要求或者另行单独提交申请加以保护。这将关系到后续权利要求的布局与撰写。

2.2　技术方案的挖掘

在专利代理实践中，经常会遇到申请人要求对其所发明的一件具体产品和/或具体方法提出专利申请，与此相应在技术交底书中仅仅针对这项发明该具体产品或具体方法作出具体说明，在这种情况下就需要帮助发明人对其作出的发明创造进一步的挖掘。挖掘的目的是为了找出发明的全部发明点，找出可能获得专利保护的全部主题，找出希望获得保护的全部技术方案，从而扩展发明的内容以便获得更大范围的专利保护。对一项具体的发明创造进行挖掘通常可以从四个方面入手从：要求保护的主题；发明构思；发明组成部分改进点；项目任务。下面从这四个方面展开说明。

2.2.1　对要求保护的主题进行挖掘

在本节第 1 小节“技术交底书的阅读与发明改进点的确认”中，就曾指出在充分理解技术交底书中的发明内容并着手分析可能涉及哪些可给予专利保护的主题时，除了分析技术交底书中明确写明的要求保护的主题外，还应当帮助申请人一起分析是否存在其他可能取得专利保护的主题，这一项工作就是对申请人提供的发明内容从要求保护的主题角度进行挖掘。

【案例2-13】

申请人在技术交底书中明确要求保护三个主题：油炸食品、其制作方法和其制作设备。通过与现有技术对比分析，其油炸方法主要涉及两个发明改进点：离心脱油在真空条件下进行；向油炸工序中使用的油脂中添加一种由申请人新组配的由防粘剂、消泡剂和风味保持剂组成的组合物。在这种情况下，如果新组配的由防粘剂、消泡剂和风味保持剂组成的组合物相对于现有技术具备新颖性和创造性，就应当与申请人一起进行分析，确定是否需要针对该新组配的组合物补充必要的实施例和实验数据后作为一项要求专利保护的主题。该主题虽然与以真空离心脱油为主要改进点的油炸食品制作方法之间不属于一个总的发明构思，但该主题与以向油脂中添加新组配的组合物为主要改进点的油炸食品制作方法之间属于一个总的发明构思，因而可以建议申请人将此新组配的组合物和以向油脂中添加新组配的组合物为主要改进点的油炸食品制作方法一起另行提出一件专利申请。

化学领域，不同的保护主题之间存在一定的关联。在对要求保护的主题进行挖掘时，要充分考虑相关联的主题。

例如：发明点为新的药物活性化合物时，相关联的主题包括相关联的物质、制备方法以及用途等发明主题。

相关联的物质包括与该化合物结构类似的化合物、其衍生物、前药、中间体、复方组合物、剂型、溶剂化物、晶型等。

相关联的方法包括不同的制备方法，例如，各种合成方法、提取方法、发酵方法、纯化方法等，其他方法如杂质的检测方法等。

相关联的用途包括相同靶点或相同作用机理可以涵盖的用途等。例如，选择性5-羟色胺受体抑制剂可以用于治疗抑郁症或焦虑症，抑郁/焦虑谱系的疾病包括抑郁症和心境恶劣、广泛性焦虑症（GAD）、惊恐障碍（PD）、广场恐怖、强迫症（OCD）、单纯恐怖、社交焦虑症（SAD）、创伤后应激综合症（PTSD）等。

2.2.2 从发明构思出发加以挖掘

在专利代理实务中，申请人往往会要求专利代理人针对其发明的一件具体产品或一个具体方法提出专利申请，在这种情况下，应当很好地理解该发明的技术内容，弄清楚其发明构思是什么，帮助申请人从发明构思出发挖掘发明的具体实施方式，使发明得到充分的保护。

下面以“制备奥美拉唑的改进方法”为例加以说明。

【案例2-14】

申请人的技术交底书涉及“制备奥美拉唑的方法”，包括如下步骤：

（a）将式Ⅱ化合物在适当溶剂中与氧化剂反应；

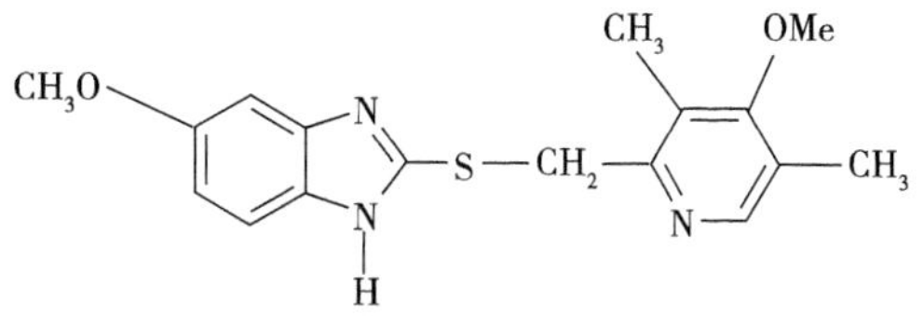

式Ⅱ

（b）用 pH 为 9.50～12.00 的氢氧化钠水溶液萃取反应混合物，然后除去水层；

（c）用 pH 为 13.00 或更高的氢氧化钠水溶液萃取前面步骤得到的有机层，然后除去有机层；

（d）从前面步骤中得到的水层中分离结构式Ⅰ的奥美拉唑化合物。

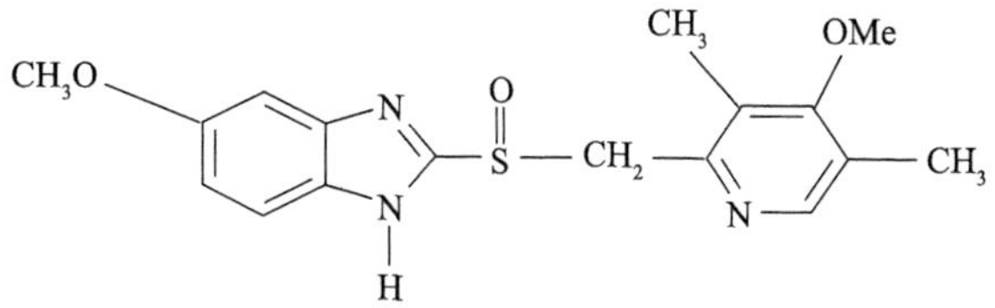

式Ⅰ

奥美拉唑是已知的质子泵受体抑制剂，用于治疗胃溃疡，中间体式Ⅱ的化合物也是已知化合物。奥美拉唑在中性或酸性条件下易于水解，因此通常在碱性条件下对反应混合物进行后处理。碱性条件可以降解反应混合物中残留的氧化剂，并可以中和反应过程中形成的酸。但反应过程中几乎不可避免地发生式Ⅰ的化合物被过度氧化形成副产物式Ⅲ的砜，也可能存在未反应完全的式Ⅱ的硫化物。副产物式Ⅲ的砜难以除去，特别是需要使用工业级高效色谱手段时，耗时且成本高。该发明的制备方法较现有方法而言方便、有效且成本低廉。

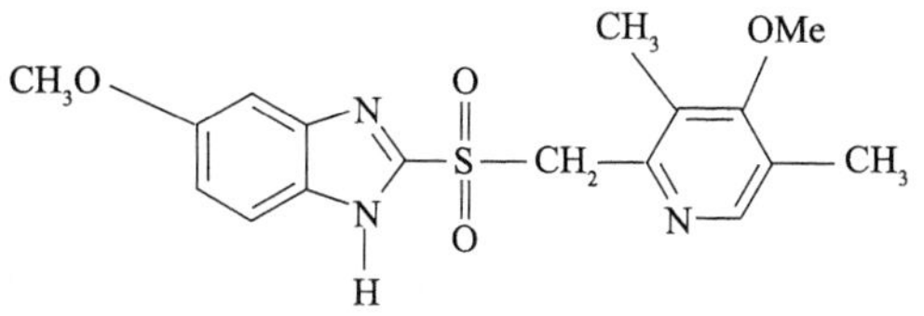

式Ⅲ

针对这样的具体技术，在理解技术方案时，就不应当局限于申请人提供的具体化合物的制备方法，而应当与申请人一起来分析该发明的构思，以便扩展该发明以得到具有相同发明构思的其他实施方式。

该发明的发明构思是：通过步骤（b）除去奥美拉唑反应混合物中过度氧化的副产物砜类化合物，通过步骤（c）除去未反应的式Ⅱ的硫化物，从而用较为简单、有效且成本低的方法制备奥美拉唑。而与奥美拉唑结构类似的药用化合物还包括雷贝拉唑、泮托拉唑、兰索拉唑等。该发明的制备方法可以应用于这些结构类似化合物的制备。因此，从申请人提出的奥美拉唑的制备方法，可以挖掘出雷贝拉唑、泮托拉唑、兰索拉唑等结构类似的化合物的制备方法。

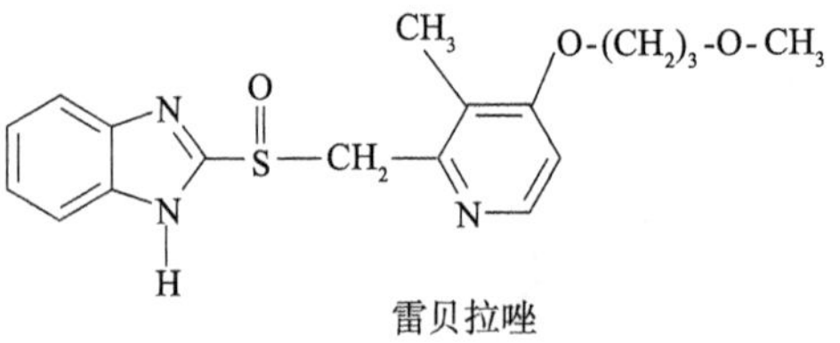

雷贝拉唑

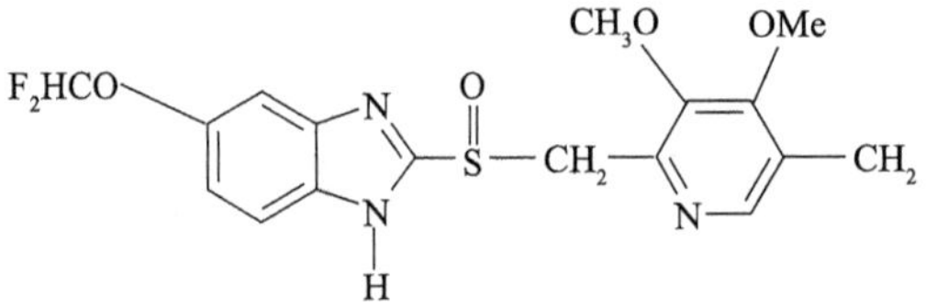

泮托拉唑

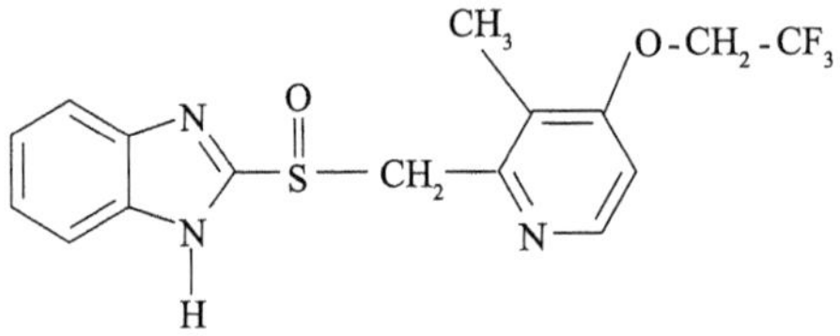

兰索拉唑

另外，还可以按照本章第二节第 2.2.1 小节的思路挖掘相关联的主题：从亚砜反应混合物中除去砜的方法。

2.2.3　从发明改进点出发加以挖掘

对于技术交底书中仅给出一件具体产品和/或具体方法的情况，作为专利代理人还可以通过向申请人了解其发明改进点的替代手段来帮助申请人挖掘发明。

从发明改进点部分的替代手段加以挖掘，通常可以按照下述思路进行：

从分析发明任务的某一个或多个发明改进点出发，将发明改进点进一步分解为一个或多个技术手段，与申请人一起确定这些技术手段是否存在替代手段，以使发明得到更充分的保护。

例如，对于药物化合物而言可以从构效关系入手考虑生物电子等排等因素。生物电子等排体作用于同一个受体或者具有相同的生理过程。经典的生物电子等排，例如，一价原子或基团 F、Cl、Br、I、CH_3、NH_2、OH 和 SH。H1 受体拮抗剂有很多这样的实例。如抗过敏药苯海拉明，其苯环的对位引入 Cl、Br、CH_3 甚至 CH_3O 都具有抗过敏作用。

再如，本章的【案例 2－14】，步骤（b）和（c）的改进点是用一定 pH 值的碱性水溶液萃取反应混合物，从而分离亚砜和砜，采用的技术手段是使用氢氧化钠水溶液调整 pH 值，而可以替代氢氧化钠的碱，可以是氢氧化钠、氢氧化钾、碳酸钠、碳酸氢钠等无机碱，或者是任何有机碱如氨水等。

2.2.4　从项目任务出发加以挖掘

申请人所提供的发明创造是一个整体项目中的组成部分时，在按照上述三种方式对每个部分进行专利挖掘前，首先应当帮助申请人从项目任务出发进行专利挖掘，并帮助申请人设计主题类型不同的专利申请的申请时间先后顺序，即帮助申请人制定专利策略、安排专利布局，充分保护申请人的发明创造。

从项目任务着手进行的专利挖掘，一般由分析研究整体项目的任务目标出发，按以下顺序进行；首先，确定完成整体任务的核心技术内容，并由此分析完成该任务的技术构思和技术要求。其次，分析并确定相对于现有技术做出技术贡献的技术要素，将这些技术要素的改进点作为发明改进点；最后，根据整体技术构思和发明改进点，按照前面所述的三种方式对专利进行挖掘。

3 技术方案的概括

在有些情况下，技术交底书中描述的内容往往是一个或一些很具体的技术方案。专利代理人在撰写申请文件时不应限于这些具体的实施方式或实施例，而应当根据发明要解决的技术问题和发明对现有技术作出的贡献，找出其发明的本质所在，对其中的技术手段采用合理的上位概括或并列概括，使发明能得到充分的保护。为此，代理人通常可以采用以下两种做法：一是在对发明内容十分清楚的情况下，专利代理人针对某个技术特征进行合理概括后请发明人或申请人确认；二是在专利代理人对要求专利申请保护所涉及的技术内容不太熟悉的情况下，也可以针对其中某些技术手段向发明人或申请人了解还有无哪些可以适用的其他替代手段，在此基础上对本领域技术人员通常采用什么技术术语来合理概括这些技术手段。概括的方式包括上位概念概括和并列选择方式概括两种。

3.1 上位概念概括

当一项发明中的某一技术手段在多个实施方式中分别为下位概念，而该项发明正是利用这些下位概念的共性来解决技术问题，则对这一技术手段就可以采用这些下位概念的上位概念进行概括，因为该发明不仅对具有这些下位概念的具体实施方式适用，而且对于上位概念中的其他下位概念的实施方式也同样适用。

例如，本章的【案例1-14】就专利申请请求保护的主题而言，由于奥美拉唑属于苯并咪唑类化合物，此类化合物中都具有亚砜基团，因此，所述制备方法可以适用于苯并咪唑类化合物的制备。考虑到权利要求书应得到说明书的支持，可以对苯并咪唑类化合物的取代基进行合理限定。而该制备方法中解决的技术问题是更有效、低成本地从亚砜反应混合物中分离砜，采用的技术手段是用一定 pH 值氢氧化钠碱性水溶液处理反应混合物。该方法的关键是调节反应混合物的 pH 值至一定的碱性条件，故常用的无机碱和有机碱都可以替代氢氧化钠，因此，将“氢氧化钠水溶液”上位概括为“碱性水溶液”。对技术交底书实施例中的具体 pH 值也应采用上位概念概括。

例如，将【案例1-14】的权利要求概括为：“制备通式（Ⅰ）的苯并咪唑类化合物的方法，

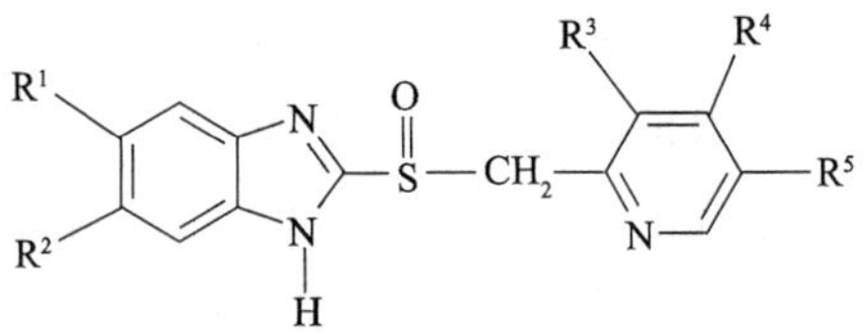

通式（Ⅰ）

其中 R^1 和 R^2 彼此相同或不同，选自氢、甲氧基或二氟甲氧基；R^3、R^4 和 R^5 彼此相同或不同，选自氢、甲基、甲氧基、甲氧基丙氧基或三氟乙氧基，其特征在于包括以下步骤：

（a）将通式（Ⅱ）的化合物在适当溶剂中与氧化剂反应；

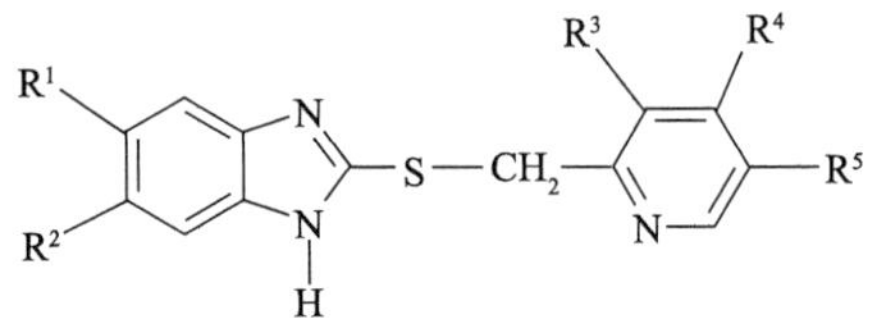

通式（Ⅱ）

（b）用 pH 值为 9.50～12.00 的碱性水溶液萃取反应混合物，然后除去水层；

（c）用 pH 值为 13.00 或更高的碱性水溶液萃取前面步骤得到的有机层，然后除去有机层；

（d）从前面步骤中得到的水层中分离通式（Ⅰ）的苯并咪唑化合物。”

再如，用上位概念“$C_1 \sim C_6$ 低级烷基”概括“甲基、丙基或己基”。

【案例 2－15】

发明人提供了一种具体化合物及其治疗用途的实例，专利代理人可以向发明人了解，是否该化合物的盐、溶剂化物、醚和酯，或其前药以及代谢物，或者该具体化合物所属的通式化合物内所有物质均具备与该化合物类似的治疗用途，从而对其进行适当的上位概括。

【案例 2－16】

权利要求中用“$C_1 \sim C_6$ 低级脂肪醇”概括说明书具体实施方式中的甲醇、丙醇和己醇。

【案例 2－17】

权利要求书中用“卤族元素”概括说明书具体实施方式中的氟、氯、溴、碘等。

【案例 2－18】

权利要求中用“$C_1 \sim C_4$ 烷基”概括说明书具体实施方式中的甲基、乙基、丙基和丁基。

3.2 并列选择方式概括

并列选择方式概括即将某一技术手段概括为并列几个必择其一的具体技术特征。例如，“特征 A、B、C 或 D”。又如，“特征 A、B、C 和 D 中的任意一种”。

应当注意，采用并列选择方式概括时，并列选择概括的具体内容应当是等效的技术特征或者对等的概念，不能将上位概念与下位概念进行并列选择概括。例如，碱性物质与氢氧化钠这两个概念属上下位的关系，不能将其并列选择概括为“碱性物质或氢氧化钠”。又如，无机碱与有机碱属于对等的概念，可以将其并列选择概括为“无机碱或有机碱”。氢氧化钠、氢氧化钾、碳酸钠、碳酸氢钠、氨水属于对等的概念，可以将其并列选择概括为“氢氧化钠、氢氧化钾、碳酸钠、碳酸氢钠或氨水”。

化学领域专利申请中的马库什权利要求属于典型的并列选择方式概括。例如，本节第3.1小节中“制备通式（Ⅰ）的苯并咪唑类化合物的方法”的马库什通式化合物。

4　补充、完善技术交底书中的技术内容

在充分理解发明人所作出的技术方案后，再回头看技术交底书中是否有需要补充、完善的技术内容。有些情况下，发明人列出了要解决的多个技术问题，但给出的技术方案并不能解决其提出的所有技术问题，应请发明人进行补充。

特别是在专利代理人通过与发明人沟通，将技术方案进行了上位概括的情况下，需要足够的实施例来支持这一上位的技术方案，这种情况下往往需要发明人补充一些具体的实施例。

【案例2－19】

一种促进某菌发酵产酸的方法，技术交底书中提供了技术方案是在发酵液中添加一种营养因子，并给出一个实施例，该实施例是运用该技术方案对某菌的S1株的发酵试验。这时，应该建议发明人再提供该菌2～3种不同株的发酵试验，以证明该技术方案对某菌的若干株菌有促进发酵的效果，以支持这一上位的技术方案。

5　确定实际需要解决的技术问题及技术方案

通过与发明人的充分沟通，专利代理人已完全了解了发明构思、主要发明改进点及具体的技术方案内容。在此基础上，专利代理人需要确定所要撰写的专利申请是针对哪一（些）现有技术及其缺陷是什么，也即其实际需要解决的技术问题是什么。如果技术问题不止一个，可以分段写出，并根据各技术问题确定解决该技术问题的具体技术方案。

重新确定最接近的现有技术，理清该申请要解决的技术问题及其相应技术方案，这一过程是非常重要的，尤其是当具有多个要解决的技术问题与相应的技术方案并具有多个不同的发明改进点时，最好能将其一一分开清楚地列出。这些内容关系到后续权利要求如何布局与分类保护。

第三节　权利要求的布局

权利要求的布局决定专利申请可能的保护范围大小、专利权的稳定性、后期维权的可行性等诸多重要方面，是体现专利代理人专利申请撰写处理能力的重要方面。

1　确定保护主题类型

发明专利的主题类型包括产品和方法（包括用途）。在很多情况下，发明人在技术交底书中提供的发明包括多个技术方案，也即有多个可以申请专利保护的主题类型。首先应考虑是否所有主题类型均能保护。确定保护主题类型就是确定撰写成产品类型权利要求还是方法类型权利要求。一般情况下，从专利维权角度考虑，只要能用产品类型权利要求进行保护的，尽可能写成产品类权利要求，因为在专利侵权诉讼中，更容易搜集侵权行为的直接证据，有利于专利权人的维权。对于方法类型的权利要求，所涉及的技术特征都是与制造产品或者执行处理有关的方法步骤、工艺条件等特征，在专利侵权诉讼中，取证相对困难。

对于发明人提供的产品的技术方案，除了撰写一组该产品权利要求外，还应当考虑其相应的产品的制备方法、该产品的用途等是否也可以进行专利保护。这一点在化学领域尤为突出，例如发明了一种新的化合物，那么对于该化合物的制备方法、该化合物的用途等均是重要的保护主题，应当逐条列出进行保护。

对于发明人提供的方法的技术方案，除了撰写一组方法的权利要求之外，还应当考虑由该方法制备的产品是否可以进行专利保护。如果由该方法制备的产品与现有产品产生了差别，则应当撰写一组相应的产品权利要求。

【案例 2－20】

一种水果罐头的加工方法，其中涉及加热至 X 温度处理 Y 分钟的步骤，通过该处理可以使某种酶灭活，从而能防止褐变。

【分析】

在此加工过程中，通过上述步骤，虽然没有额外添加其他物质，但是经过该步骤处理实际上已经使该罐头产品与现有罐头不同，因而该水果罐头可以作为产品权利要求的主题提出申请。

在化学领域中，用途权利要求非常重要，例如涉及某种化合物的专利申请，权利要求书中除应当撰写涉及该化合物本身的权利要求外，通常还应包括该化合物的用途权利要求。除化合物领域之外的其他领域，例如生物制品领域，用途权利要求也同样重要，在后续维权中有重要意义。如果有对应的用途权利要求，则在专利侵权之诉中更加有利于对侵权行为取证或提高诉讼标的。

【案例2-21】

权利要求1：一种重组表达载体，其特征在于A、B和C。

权利要求2：一种转基因细胞系，其特征在于该细胞系含有权利要求1的重组表达载体。

【案例2-22】

权利要求1：一种A通式化合物。

权利要求2：含有权利要求1的化合物及适宜药物载体的药物。

权利要求3：权利要求1的化合物在制备用于治疗心脑血管疾病的药物中的用途。

【案例2-23】

权利要求1：一种聚酯材料，其特征在于由50%A单体和50%B单体共聚而成。

权利要求2：一种聚酯无纺布，其特征在于包含权利要求1的聚酯材料。

权利要求3：一种轮胎，其特征在于包含权利要求1的聚酯材料。

2　安排权利要求的次序和层次

在上述分析的基础上，将保证发明达到基本技术效果的技术方案通过独立权利要求来进行保护，而将使发明具有更优、更多技术效果的技术方案写入从属权利要求中进行保护。

2.1　撰写独立权利要求

独立权利要求应当包含尽可能少的技术特征，除必要技术特征，其他的技术特征不要放在独立权利要求中，以尽可能地扩大独立权利要求的保护范围。

必要技术特征是与要解决的技术问题密切相关的。确定必要技术特征时，可先将涉及某个技术主题的所有技术特征一一列出，进行分析，确定哪些是必要技术特征，哪些可作为附加技术特征。也可以采用反向检查的方法，当写完独立权利要求后，可以将独立权利要求中的每一个技术特征分别抽出来，针对每个特征的作用和功能进行分析，判断是否可以去除掉该特征仍可构成完整技术方案并实现该申请的目的，如果答案为是，则说明该技术特征属于非必要技术特征。为了尽可能减少独立权利要求中的技术特征，撰写时即使把个别必要技术特征作为附加技术特征写入从属权利要求，在实质审查过程中审查员对必要技术特征提出意见时，还可以进行修改，将该特征加入独立权利要求；需要注意的是，有意设为专利性或必要技术特征退路的从属权利要求一定要有引用其独立权利要求的方案，不能仅仅设为在某个从属权利要求中间接引用独立权利要求，否则在后续可能存在的无效程序中合并权利要求时会不得不带上非必要技术特征一起合并，影响有效保护范围。

另外，在得到说明书支持的前提下，在确定独立权利要求的保护范围时，可以适当进行概括、使用合适的功能性限定等，以扩大保护范围，同时将更为具体的技术方案放在从属权利要求中，以便在后续审查以及无效宣告请求程序中有足够的修改余地。

【案例2－24】

专利申请“一种治疗心脑血管疾病的中药组合物”，在其说明书中记载了该中药组合物的组成为：川芎、丹参、红花，还记载了各组分的比例为“川芎: 丹参: 红花重量比为0.5～2:0.5～2:0.5～2，优选川芎: 丹参: 红花重量比为1:1:1”。说明书中还记载该发明人发现通过将上述已知药物以上述比例配伍后，对心脑血管疾病的治疗效果非常好。

权利要求：一种治疗心脑血管疾病的中药组合物，其特征在于该中药组合物的原料为：川芎、丹参、红花。

【分析】

该申请的独立权利要求中仅记载各药材的成分，而该案中各药材之间的比例关系也是必要技术特征，应该写入独立权利要求。

【案例2－25】

申请人预请求保护“以单次呼吸触发的步骤进行肺部给药的吸入颗粒药物组合物，其中包含微粉化的药物活性成分和载体，二者的重量比例为0.01～10:1”。

在其说明书中申请人指出现有技术公开了“一种吸入剂，所述药剂含有微粉化的妥布霉素和载体甘氨酸，二者的重量比例为0.05～5:1”。申请人认为该给药系统是多步吸入给药，缺点是造成药物损失和降低患者的顺应性。该发明通过提供采用单次呼吸触发式肺部给药的吸入气雾剂克服了现有技术的缺陷。而为了实现单次呼吸触发式肺部给药，必须使用具有一定粒度要求的微粉化药剂颗粒。根据说明书的记载，该发明所述颗粒需要符合以下要求才能满足所需递送药物的要求：①颗粒的摇实密度小于0.4克/立方厘米；②颗粒平均粒径至少为5微米；③粒径小于6.8微米的颗粒的细粒至少占所述微粉化药剂颗粒的75%；④粒径小于4.0微米的颗粒的细粒至少占所述微粉化药剂颗粒的50%。

【分析】

由于要解决该申请所要解决的技术问题，该发明药物颗粒粒径特征是该肺部给药颗粒所必需的技术特征，因此，建议申请人在独立权利要求中相应增加能够体现颗粒粒径的特征：①、②、③和④。

2.2 同一组权利要求中从属权利要求之间的层次和顺序

从属权利要求的撰写层次和顺序同样重要。有些专利代理人不太注意从属权利要求的撰写，往往在确定了独立权利要求的内容后，对其他的技术特征，随意地写入从属权利要求中，甚至出现独立权利要求1的保护范围很宽，而从属权利要求2立即跌落到一个很窄的保护范围，原因在于没有对各个附加技术特征进行层次划分和排序，没有对从属权利要求的层次和顺序进行合理安排。

合理安排从属权利要求限定的保护范围，需要从两个方面考虑：一方面是技术特征的概括，应该从上位到具体，逐步进行；另一方面是从属权利要求的引用关系，从上一个层级到下一个层级，逐级引用，并与技术特征概括相对应。

具体来说，为了增加实质审查程序以及可能的后续无效宣告请求程序中修改的余地，各层级的从属权利要求的保护范围应该逐级缩小，技术特征应该由上位到具体、由一般到特殊，逐步、依次展开。同时，将权利要求设置多个层级，下级权利要求引用上级权利要求，同级权利要求还可以设置多个并列的权利要求。最后，在最低层级的从属权利要求中，才涉及最具体的附加技术特征。

对于同一组的从属权利要求，引用同一权利要求的从属权利要求应当放在一起。在此前提下，尽可能将描述相同或者相关技术特征的从属权利要求集中放置在一起，便于阅读，同时也可以使条理更清晰。另外还要注意避免因权利要求项数较多造成的逻辑错乱。

除此之外，还需要注意，作为必要技术特征退路的从属权利要求一定要有引用其独立权利要求的技术方案，不能仅仅设为在某个从属权利要求中间接引用独立权利要求，否则在专利无效宣告程序中作删除或合并权利要求修改时会不得不带上不必要的技术特征，影响专利权的有效保护范围。

对于可能通过 PCT 或其他途径到国外申请专利的情况，从属权利要求可以考虑采取“多引多”的方式。但是对于仅仅申请国内专利的情况，由于《专利法实施细则》的限制，不能采取“多引多”的方式，这时要注意增加从属权利要求的数量，尤其是同一特征需要逐一引用在前的权利要求时[1]，不能有遗漏。

有关向国外申请专利时多项从属权利要求之间可否引用的问题，由于欧洲、美国、日本等几个专利大国在此方面的规定有明显差异，建议专利代理人在实践中采用撰写一份说明书和几份不同权利要求书的有效做法。例如：

欧洲与日本：允许多项从属权利要求引用多项从属权利要求，而且对这样的一个权利要求，只收取一个权利要求的费用，值得好好利用，不需要修改多项从属权利要求的相互引用。

美国：不建议采用多项从属权利要求引用多项从属权利要求的形式，因为针对一项这种权利要求，美国专利商标局（USPTO）会按照多项并且重复累计计费，并且还有一份针对该情形出现的基本收费，很不合算。所以美国专利律师都会针对该情形作个“Preliminary Amendment”，但是这样省下的官费又被美国昂贵的律师费抵消，因此建议专利代理人另写一套权利要求书主动消除这类引用关系，为申请人节省费用。

而且另写不同套权利要求书可以同时考虑不同国家的其他规定，例如 USPTO 要

[1] 在前面的权利要求出现太多次“多引多”的情况下，彻底拆开，不出现任意一处“多引多”的情形。

求用途权利要求（其他国家可以接受）必须改为有主动步骤的方法权利要求才能接受等。

2.3 不同组权利要求之间的次序

对于不同组的权利要求的次序，即不同独立权利要求之间的次序，虽然与整体保护范围无关，也应当作统一的布局和安排。通常，在同时具有产品、制备方法及用途的独立权利要求的情况下，先写产品权利要求，再写制备方法权利要求，最后写用途权利要求。

在有多个具备单一性的产品权利要求时，先写仅包括重要发明改进点的核心权利要求（通常包括的发明改进点应当最少），再设置外周权利要求。例如，对于某种新药用化合物，可以先写该化合物本身，再写含有该化合物的药物组合物，再写该组合物的各种剂型等。对于方法权利要求也可以采用类似的方法撰写。这样一方面是为了让发明可能获得更加充分的保护，另一方面可以通过此手段为他人设置现有技术，防止竞争对手申请外周专利，限制申请人新药用化合物发明权利的实施。

3 平衡权利要求的保护范围和专利权的稳定性，以提高获权和维权的可行性

在进行权利要求的布局时，不但要考虑撰写出保护范围尽可能宽的权利要求，还需要考虑平衡权利要求的保护范围与专利权的稳定性。对于保护范围越宽的权利要求，在专利申请审查阶段获得审批的难度越大，无效宣告请求程序中被宣告专利权无效的可能性也越大。反之，虽然撰写的权利要求保护范围越窄，其越容易授权，但在用该项权利要求进行维权时可能无法覆盖涉嫌侵权产品。因此，在权利要求布局中需要综合考量获权与维权的可行性。

权利要求的范围并非越大越好，而是要概括一个合理的范围，一方面要使此范围能够得到说明书的充分支持，另一方面要使权利要求相对于背景技术具备新颖性甚至创造性，否则即使授权也会造成权利稳定性差，使得申请人不敢维权或者维权时被轻易宣告无效。此外，概括一个合理的范围也是专利申请能够顺利获得授权的前提。这就需要在撰写时平衡好权利要求的保护范围和专利权的稳定性。

例如，对于一个药物组合物，原料之间的配比是决定药物有效性的重要因素，如果专利代理人一味追求该配比的最大范围，未合理安排好权利要求的层次和合理的范围，最后可能会因得不到说明书支持导致专利申请无法授权，或者即使获得授权但其权利稳定性差。

第四节　专利申请文件的撰写

不少本来很有价值的发明，仅仅由于申请文件的撰写的缺陷，失去了获得专利权

的机会，或者虽然获得了专利，却不能有效地保护所作出的发明创造，实际上等于把一项很有价值的发明白白送给了别人，还为此花费了为数不小的申请、审查、代理甚至诉讼的费用。因此，一份质量好的专利申请文件，应该是保护范围适度，其包括了尽量大的保护范围和从属较小的保护范围，能够经受得起专利无效宣告请求程序的考验，并且在界定他人是否构成专利侵权行为时易于作出客观的判断，从而减少影响界定结果的人为因素。也即申请文件质量的高低将影响申请的成败、影响保护范围的大小及影响专利纠纷、诉讼的结果。

1 申请文件各部分的关系

专利申请文件主要包括请求书、权利要求书、说明书、说明书附图、说明书摘要与摘要附图。说明书是用来对发明作出清楚、完整的说明，充分公开发明的技术方案，以所属技术领域的技术人员能够实现为准。而权利要求书是用来确定专利权的保护范围的法律文件，权利要求书应当以说明书为依据，也即权利要求书中每一项权利要求所限定的技术方案都需要得到说明书的支持。说明书附图构成说明书的一部分，以图的形式示出发明的具体零部件、机构、装置、流程等。而说明书摘要与摘要附图主要用于专利文件公开后检索之用。

从上述专利申请文件各部分之间的逻辑关系上说，权利要求书可以看做说明书的概括总结，而说明书，尤其是说明书的具体实施方式部分，是权利要求书进行概括的基础。

2 申请文件的撰写方式

2.1 说明书与权利要求书之间常见撰写顺序

在专利申请文件中，权利要求书与说明书的各部分之间有很强的法律关系及逻辑上的关联性，说明书中各部分之间也有着严格的逻辑顺序关系。因此，安排好撰写顺序有利于更好地、更高效地工作。常见的撰写顺序有以下两种。

(1) 先撰写权利要求书

由于权利要求书是专利申请文件中重要的部分，也是确定专利保护范围的重要法律文件。一般情况下专利代理人应先撰写权利要求书。在发明人提供了该专利申请欲保护的关键技术点以及大致的技术方案，但技术细节或者实施例明显不足时，专利代理人可以根据发明人的意图理出权利要求书的大致框架，然后再与发明人进一步沟通，补充具体的技术细节和实施例、附图等。最后再次对权利要求书的布局进行加工。

这种情况下，经过与发明人沟通，并通过技术交底书充分了解发明技术内容后，再进行权利要求布局，撰写独立权利要求；在完成各项独立权利要求撰写后，再对发明技术方案中的附加特征进行排序，依次撰写出各项从属权利要求；最后再撰写说明书，说明书的撰写可按技术领域、背景技术、发明内容、附图说明、具体实施方式的顺序来写。其中需注意发明内容部分与权利要求之间的对应关系。

先撰写权利要求书的方式有利于从整体上搭建保护架构，做到纲举目张，更清晰地确定好权利要求的保护层次，但是对专利代理人的综合、概括能力有较高的要求。

（2）先撰写说明书

在有些情况下，当发明人提供了最接近的现有技术、专利申请欲保护的具体关键技术点以及细致的技术方案时，专利代理人也可以考虑先撰写说明书，然后对权利要求书的布局及层次进行加工。

基于技术交底书中的材料较为详细时，说明书的技术领域、背景技术、发明内容、附图说明、具体实施方式各部分均可一次性完成。在此基础上，可根据确定的最接近的现有技术及其所存在的缺陷，将该申请技术方案中的技术特征与最接近的现有技术的技术特征进行比较，将两者共有的必要技术特征作为独立权利要求的前序部分，将区别于现有技术的其他必要技术特征作为特征部分，构架出独立权利要求中要求保护的完整技术方案。

然后，再根据权利要求保护范围的合理外延，建议申请人补充相应的具体实施方式/实施例，并修正说明书的发明内容部分；必要时，需再次对权利要求书的布局进行加工。

需要说明的是，无论是先撰写权利要求书的方式，还是先撰写说明书的方式，都不是绝对的。专利代理人在实际撰写过程中采用了某一种方式后，中间会出现一些交叉撰写的情况。

2.2 说明书各部分常见撰写顺序

根据《专利法实施细则》的相关规定，说明书应包括发明名称、技术领域、背景技术、发明内容、附图说明和具体实施方式几个部分，各部分按顺序排列，并在每一部分前面写明标题。虽然《专利法实施细则》中规定了说明书中各部分的先后排列顺序，但专利代理人在实际撰写工作中，可根据个人习惯以及发明人提供的技术交底书的完善程度，确定先撰写哪一部分，后撰写哪一部分，各部分撰写完成后，再按照《专利法实施细则》规定的顺序进行整理排列。

例如，如果发明人提供的技术细节等非常全面，可考虑先撰写具体实施方式部分，根据具体实施例的情况概括总结发明内容部分，在确定了一个适当扩展的保护范围之后，再回过头来审视具体实施方式是否足以支持，不足则需继续补充实施例。最后再对发明内容部分的布局和层次进行二次加工。

另外需要注意，说明书中发明内容部分包括三方面的内容，其一是该申请要解决的技术问题，其二是该申请的技术方案，其三是该发明的有益技术效果。另外，在描述有益技术效果方面，建议在撰写具体实施方式部分时，每引出一个技术特征，都可以相应对其作用与达到的有益效果进行说明，从而对后续的审查意见通知书答复尤其是涉及创造性的审查意见通知书的答复打下基础。

3 可能涉及分案的撰写

当申请人委托的专利申请中有多个要求保护的技术主题时，就有可能涉及分案的问题。作为专利代理人，首先应向申请人说明有可能涉及分案的情况。一般情况下应将不同的技术主题分开来撰写并提交专利申请。但有些情况下，出于策略上的考虑，也可以在征得申请人的同意后，先将包含多个发明主题的申请合案撰写在一件专利申请中，等收到国家知识产权局发出的分案通知或涉及单一性的审查意见通知书后再进行分案。

合案撰写要注意安排不同主题的几组权利要求的顺序，将比较重要的一组放在前面。目前，国家知识产权局审查员对不符合单一性要求的多组权利要求，通常在第一次审查意见通知中指出其存在着不符合单一性规定的缺陷，并仅直接审查权利要求书中的第一组权利要求。

4 涉及优先权的专利申请的撰写

专利代理实践中，涉及优先权的专利申请文件的数量日益增多。对此类申请文件的撰写，除了前述的要求之外，还有一些特别需要注意的事项。

4.1 作为优先权基础的专利申请

在有些情况下，申请人委托的专利申请是一件基础申请，后续将以此为在先申请，要求其优先权而再提交 PCT 申请或普通国外申请。由于在后申请只能就相同主题的发明或者实用新型享有在先申请的优先权，而按照《专利审查指南 2010》的规定所谓“相同主题的发明或者实用新型”是指技术领域、所解决的技术问题、技术方案和预期的技术效果相同的发明或者实用新型，故对于基础专利申请的撰写要格外注意，要尽可能详细地披露发明技术方案与各种不同的具体实施例，以避免在后续申请中要求优先权时出现问题。

需要特别提醒的是，对于有些在中国不能被授权的主题，例如以存储的内容为特征的存储介质、纯粹商业方法、疾病诊断或治疗的方法以及动植物品种，如果申请人有向国外申请专利的计划，则需要在首次提交国内申请时包含这些内容，否则可能会造成优先权的损失。

4.2 要求优先权的在后专利申请

在以下几种情况下，专利代理人可能需要撰写在后专利申请，并要求在先申请的优先权。

① 申请人自发明或者实用新型在外国第一次提出专利申请之日起十二个月内，又依照该外国同中国签订的协议或者共同参加的国际条约在中国就相同主题提出专利申请的。

② 在先申请仅阐述具体的技术方案，但缺乏相应技术效果的数据。

③ 在先申请的技术方案粗略，需进行细节补充的。

④ 在先申请为了避免昂贵的权利要求附加费，没有采用多项从属权利要求引用多项从属权利要求的撰写模式的。

⑤ 在先申请中未公开 Best mode，但意欲进入美国的。

⑥ 在先申请包含不能被授权的主题的，例如以存储的内容为特征的存储介质、纯粹商业方法、疾病诊断或治疗的方法以及动植物品种。

因此在专利申请文件的撰写过程中，需要注意到以下几种情况的在后申请不能享受在先申请的优先权。

（1）在后申请与在先申请中的某个（些）特征属于上、下位的关系

【案例 2－26】

在先申请记载了一种包含元素 Fe 的磁性材料。在后申请请求保护一种包含过渡金属元素的磁性材料。

【分析】

在后申请包含过渡金属元素的技术方案在在先申请中并没有记载，尽管在先申请中记载了包含元素 Fe 的技术方案，但元素 Fe 是过渡金属元素的下位概念，不等同于过渡金属元素，故二者可能技术领域、所解决的技术问题和预期的技术效果相同，但技术方案并不相同，所以在后申请不能享受在先申请的优先权。

如果在先申请记载的是包含过渡金属元素的磁性材料，没有记载包含元素 Fe 的磁性材料，而在后申请请求保护包含元素 Fe 的磁性材料，在后申请同样不能享受在先申请的优先权。

（2）惯用手段的直接置换

如果在后申请要求享受在先申请的优先权，但在后申请中的某个（些）技术特征是在先申请中某个（些）技术特征的惯用手段的直接置换，则在后申请不能享受在先申请的优先权。

【案例 2－27】

在先申请记载了一种采用钉子进行固定的装置。在后申请要求享受在先申请的优先权，但其请求保护一种采用螺栓进行固定的装置。

【分析】

尽管用螺栓固定与用钉子固定属于惯用手段的直接置换，但在先申请的技术方案与在后申请的技术方案的技术领域、所解决的技术问题和预期的技术效果相同，但技术方案并不相同，因此，在后申请不能享受在先申请的优先权。

（3）数值范围部分重叠

如果在后申请请求保护的技术方案中包含数值范围，而该数值范围与在先申请记载的数值范围不完全相同，而是部分重叠，则该在后申请不能享受在先申请的优先权。

【案例2－28】

在先申请为一种氮化硅陶瓷的生产方法，其烧成时间为1～10小时。在后申请氮化硅陶瓷的生产方法中的烧成时间是4～12小时。

【分析】

由于在后申请的烧成时间与在先申请部分重叠，因此在后申请不能享受在先申请的优先权。

（4）在后申请的技术方案增加了技术特征

【案例2－29】

在先申请记载了技术方案A和实施例a1，在后申请记载了技术方案A和实施例a1、a2。在先申请没有记载实施例a2记载的技术特征。

【分析】

在后申请记载的技术方案A和实施例a1可以享有在先申请的优先权，但在后申请的实施例a2，由于其记载的技术特征是在先申请没有记载的，因此实施例a2不能享有在先申请的优先权。

5　可能涉及抵触申请的撰写

经常有这样的情况：发明人之前针对某一发明项目已提交过专利申请，该申请处于未公开状态。其后发明人又对该发明作出了一些改进。这种情况下，需要注意后一项专利申请中权利要求的技术方案应该是前一申请的整体全文，也即权利要求书、说明书及附图中均没有披露过的技术方案，以免出现抵触申请的情况。

当进行国内发明申请时，如果相同或基本相同的主题的技术方案也提交了PCT申请时，二者没有要求相同的优先权或彼此不存在优先权的请求的，同样需注意抵触申请冲突的问题。

如果相同或基本相同的主题的技术方案同时提交了国内发明申请也提交了PCT申请时，一般避免出现抵触申请的建议的做法是在PCT申请进入中国时再选择一下：保留该国内发明申请还是选择PCT申请进入中国同时放弃国内发明申请。由于PCT申请有国际检索和修改的几次机会，如果不考虑尽早授权（如果考虑尽早授权就应选择国内发明申请），一般选择PCT申请进入中国的那件申请质量较高。当然，此时国内申请不能出现很快被授权的个别情况，否则按照现行《专利审查指南2010》规定，后一申请不会再被授予专利权，即不能再选择了。

【案例2-30】

一种用于治疗肝癌的试剂盒，包括新开发的抗原、抗体和芯片，其中，抗原、抗体和芯片均有独立的用途。申请人将该抗原、抗体和芯片均申请专利。

【分析】

这三件申请的技术关联性比较强，在任意一件专利申请的撰写中，可能涉及另一项专利申请的技术内容，此三件专利申请不同时提交则有造成抵触申请的隐患。

6 定稿

经过前述专利代理人与发明人的沟通并获取技术交底书、确定发明改进点与技术方案、进行权利要求布局、撰写出保护范围适当的专利申请文件后，最后进入定稿阶段，需要完成与申请相关的事项核实与确认等工作。

6.1 申请信息的核实

专利代理人在接受申请人委托后，一方面要尽快撰写出相应的权利要求书、说明书、摘要，并准备好说明书附图与摘要附图；另一方面还需要申请人提供并核实相应的专利申请信息。这些信息包括申请人名称、地址，发明人姓名、地址，发明专利是否要求提前公开、是否同时提交实质审查请求等。

6.2 申请人确认

一般情况下，专利代理人完成专利申请文件撰写需要与发明人及申请人进行多次沟通，当最终稿确定后，专利代理人应当将双方确认的定稿提供给申请人进行书面确认。最后向国家知识产权局提交的应当是由申请人确认过的专利申请文件，且需将客户确认函归档备查。客户确认告知函可简述如下：

尊敬的××××：

您好！

附件为我公司最终确定的定稿，请认真核对相关的申请文件。

如无异议，请将附件回传并请注明“同意提交国家知识产权局”字样。

6.3 涉及专利代理风险案件的处理

当遇有专利代理人和申请人或发明人意见不一致，并且对方坚持不采用专利代理人合理建议会造成案件风险时，对于这些争议点的往来信函一定要入卷备查并作出醒目标示，以便事后专利代理人的合理处理和责任分辨。尤其是对于处于磨合期的新客户，特殊情况下可以考虑请他们签字确认知晓风险和愿意承担相应后果。这主要是基于这样的理念：专利代理人有尽到告知申请人的义务，但是没有违背申请人意愿的权利。上述处理可以避免若干年后当此项专利申请或专利案件风险显现时，申请人方的原先联系发明人或负责人已更换，而新负责人不了解情况的情形。

6.4　其他需要注意的事项

提交专利申请时应再次核对申请人给予的指示。例如：

① 对发明专利申请是否要求了提前公开、同时提实质审查请求。

② 是否要求办理费用减缓。

③ 对于申请人提供的委托书，应核对其委托书中加盖的公章是否与指示函中指示的申请人名称一致，以及与请求书中申请人栏中名称一致。例如申请人是单位的，指示函或请求书中申请人为“农科院××××所”，而公章是“中国农业科学院××××所”，此时应更改指示函或请求书中申请人的名称，使其与公章一致。

④ 对于同一发明项目既申请发明又申请实用新型的，应当注意必须在同一天提交。

⑤ 对于有可能后期要向外国进行专利申请的，应当注意先行保密审查的问题。

第五节　专利申请策略与企业专利战略

当今世界，现代企业之间的竞争体现为自主创新与核心技术上的竞争，并且相应地体现为专利上的竞争。众多跨国企业纷纷利用专利制度建立起层层技术壁垒和贸易壁垒，并在全球发起一轮又一轮的专利战。中国企业申请人必须面对这种全球知识经济一体化的新特点，只有充分熟悉并运用好专利制度这一市场竞争中的游戏规则，才能在残酷的市场竞争中立于不败之地。

国务院2008年6月5日正式发布《国家知识产权战略纲要》，明确提出了本国申请人发明专利年授权量进入世界前列，对外专利申请大幅度增加，到2020年实现我国自主知识产权的水平和拥有量能够有效支撑创新型国家建设的目标。专利申请量和授权量日益被各级政府重视，其中一些地方政府已将该地方的专利申请量和授权量纳入当地创新型社会建设的考核指标中。全国各省市地方政府也纷纷出台了各种类型的专利资助政策。由此，极大地激发了我国众多的企业申请专利并运用专利制度这一市场竞争武器的热情。

从专利的产生角度出发，专利战略大致可分为专利申请策略以及涉及许可、维权、交易等专利运用策略。专利申请策略与专利运用策略相互关联，专利申请策略的设计有赖于专利运用策略的目标指向。专利运用策略往往基于专利的状态、种类、有效期、地域布局和权利要求保护主题的构架不同而不同，即专利运用策略有赖于专利申请策略的匹配。而专利申请策略在一定程度上与撰写技巧相关，即某些专利申请策略或者战略的体现有赖于专利申请文件的撰写策略。

因此，专利代理人在接受申请人的委托撰写专利申请文件时，需要准确理解申请人的专利策略、专利申请的真实目的和实际需求，才能提供高质量、切合申请人需要的专业服务，从而协助申请人提升知识产权创造、运用、保护和管理能力，增强我国自主创新能力，建设创新型国家。

与其他领域企业专利策略稍有不同的是，从事化学/生物领域（以下统称“化学领域”）的企业对专利战略的应用基于该领域专利形成、实施的特点有其独特性。如专利获权要求较严、产品更新相对较慢、同一产品可能存在多个专利权及不同法域的实践相差较大等。这些特点决定了该领域专利战略的运用有其独特性。但是，无论如何，好的专利战略始于专利申请文件的撰写和对发明的保护策略的设计。最近，被最高人民法院最终裁定为无效的某著名国际药企有关制备抗癌药中国专利案件❶，便是由于撰写方面的失误所致。

因此，建立化学领域专利保护时，应注意其固有的特性，并采取相应对策。

1　根据企业的研发计划和市场规划建立专利申请策略

在化学领域，考虑申请策略时，首先要考虑企业的研发计划和市场规划。通常大多数该领域的产品的更新换代没有其他领域的产品如电子产品那么快，而且产品市场化往往需要较长的时间。因此，对于每一个研发项目进行专利布局是必须有一个统筹的计划。通常，企业在制定申请计划时要考虑以下因素：

① 项目的短期和长期计划为何？

② 首次申请何时提出？

③ 首次申请应该公开的内容？

④ 首次申请的专利保护的主题和后续专利申请在时间和主题上如何衔接？

另外，专利申请也要充分配合产品上市计划。由于专利保护期限相对确定，一旦专利申请递交，其保护期限也就由此确定。但是，要考虑在产品销售旺盛期间是否能够受到专利保护。因此，制定申请策略时，应充分考虑产品的市场行进计划，以确保产品的利润最大化。如果市场计划没有设定，有时则需要推迟专利申请。

2　充分利用专利制度设计申请策略

2.1　合理利用优先权

利用优先权制度是化学领域专利保护首先要考虑的策略。通常，一方面由于化学领域产品研发需要较长时间，投入巨大，无法在一定时间内将完全满足《专利法》要求的实验完成。但是，另一方面，在某些热点领域，可能竞争对手的研发工作状况可能迫使尽快提出申请。因此，将已完成的研发工作成果及时提出专利申请，抢占申请日，然后在优先权期限内进行必要的补充，显得非常重要。

---

❶ 参见最高人民法院（2009）知行字第3号。

另外，优先权制度还可被用来延长产品保护期限。某些领域的产品如医药、医疗器械上市前需要进行严格的行政审批程序，由此决定该领域产品不像其他领域产品那样更新如此迅速。因此，该领域的产品对专利保护的依赖比其他领域更为突出。一旦没有专利保护，企业研发的产品的利润将一落千丈。利用优先权制度可将产品的专利保护期延后一年。

对于申请人在进行境外申请或国际申请时，利用《巴黎公约》确立的国家间的优先权制度似乎很普遍。但对于限于国内申请的申请人来说，其中大多数对国内优先权制度的利用没有充分予以重视。事实上，早在1992年我国第一次修改《专利法》时就建立国内优先权制度。但是很遗憾的是，我国国内能充分利用此制度的企业并不多。这从绝大多数国内申请人授权的专利很少要求国内优先权的情况可见一斑。

2.2　全方位充分保护

另一个要考虑的是对产品进行立体全方位保护，设计不同时期对目标产品的不同专利保护。以药物领域专利申请为例，通常情况下，首次申请一般先保护活性化合物，然后要考虑通过化合物的制备方法来延伸保护该化合物，最后是陆续寻求保护活性化合物的盐类、立体异构体、晶型、剂型等。

这一原则要求专利代理人在撰写每一阶段的申请文件时都要考虑到企业的整体专利战略，即对每一申请公开内容以及保护范围的设计进行系统规划。如果稍有疏忽，则将有可能给申请人带来不可估量的损失。例如，对于要延续研发的项目，每一申请应该围绕设定的保护范围来撰写，而不要过度扩展，特别是前一申请中不得记载任何计划到后期寻求保护的主题和内容。

2.3　充分考虑申请国专利实践

再一个就是要充分考虑申请国专利实践的要求，以获得有效的专利保护。仍以中国药学领域的专利申请为例，由于当前审查实践对于活性成分的生物活性实验数据的特殊要求（充分公开），要求企业在设计专利申请计划时充分考虑该情况。对于设定需要保护的范围，考察是否有足够的研发资料以支持该保护范围。如果没有，除非有不得不提出申请因素方面的考虑，如竞争对手的研发和申请情势等情况出现，否则不建议匆忙提出申请。在某种情况下，为了取得理想的保护范围，必要时需进行适当的进一步试验。否则，不但可能得不到想要的保护，还可能产生负面的影响（如公开但未授权的部分将不能再得到专利保护，也无法以商业秘密的形式保护）。

3　全球化专利保护战略

当今经济全球化，知识产权的保护也趋于全球化。虽然在相关专利公约的框架下，世界各国的专利性标准沿趋同方向发展。但是毕竟，目前各国专利性标准仍有不同。因此，如何撰写一份质量好的专利文件，以便其能够适应不同法域的实践要求，即在不同法域中，都能够充分保护申请人的合法利益，显得非常必要。

对于跨国企业，这已不是问题。但是对于我国的很多申请人来说，对于这个问题，仍然没有给予足够的重视。很多申请人在撰写中国专利申请文件时，只考虑我国的专利实践情况，在将该文件作为优先权基础申请PCT申请或直接向境外申请时，也没有进行必要的调整。从而导致该申请在境外不能得到很好的保护。

上述情况在化学领域特别是医药领域的发明尤为突出。如美国专利法保护疾病的治疗和诊断方法，欧洲专利局对于疾病的体外诊断方法也给予保护，而我国当前的专利实践对这些发明一律不予保护。对于涉及疾病的治疗方法发明，如果涉及活性物质的新用途，则需撰写成活性成分在制备药物中的用途。但是，这样的权利要求在美国通常被认为未能完整定义所要保护的发明遭驳回；而在欧洲专利局，此类权利要求今后将不再被允许（对于该类发明，欧洲专利局要求撰写成用医药用途限定的产品权利要求）。因此，如果仅仅考虑我国的实践情况，申请人的发明创造在其他法域的合法权利将可能得不到充分保护。

再如，中国专利实践对新的药用化合物的充分公开要求和其他国家相比有很大的区别。我国当前的审查实践要求申请文件中必须记载证明活性化合物效果的数据，而且在以后的审查中将不考虑未记载在申请中的数据。而在美国和其他国家和地区，没有如此严格的限定条件。在此背景下，如果我国申请人只考虑我国的专利实践情况，根据我国的审查要求撰写申请文件（特别是权利要求），当该申请进入其他法域寻求专利保护时，显然将不能获得本应获得的较大保护范围。

因此，从首次申请开始建立全球化的专利保护策略，对企业的专利保护非常重要。

4 专利保护与技术秘密保护相结合

各国专利法一般都要求专利申请文件充分公开到能够使所属技术领域的技术人员实现所要保护的发明为准。从此意义上说，申请人不需要将实现发明的所有技术细节全部写入专利说明书。换句话说，专利法允许申请人将技术秘密掩藏于申请文件之外。因此，在撰写专利申请文件时，如何做到一方面满足专利法要求的充分公开的条件，另一方面又能不暴露技术秘密，显得非常重要。

对于化学领域的发明，一般技术秘密大多体现在制备产品的方法（工艺）中。由于化学反应受多种因素影响，操作步骤的选择，不同工艺参数的配合，都可能给反应不同的影响。上述提及的这些参数选择，有的能够成为选择性发明，可以获得另一专利保护；有的虽然不能获得专利，但是可以用技术秘密保护。

例如，对于新型结构的化合物发明，说明书中只需公开一种方法，该方法只要能够制备出该化合物即可，而不需要公开高产率地制备出该化合物的详细细节。因此，说明书中只要公开制备该化合物的原料和得到该化合物的一般工艺条件信息，如温度、压力、反应溶剂、原料比等较宽范围。而不需要公开不同反应条件下，达到较好反应结果的温度、压力、反应溶剂、原料比等具体值。除了那些具备创造性高度而可获得专利保护的方案外，其余的都可以考虑作为技术秘密予以保护。

因此，这就要求我们在撰写专利申请文件时，仔细考虑发明人提供的技术公开资料，特别是实验资料，确定哪些是充分公开发明的必须公开技术信息，哪些是可以作为技术秘密予以保护，而不将其公开于申请文件中。

5 根据竞争对手的研发情况制定专利申请策略

专利战略的最终目的是服务于企业的经营策略，现代化企业的经营离不开专利保护。而专利也是企业与其他企业（竞争对手）进行竞争最重要和最有效的武器。掌握核心专利的多寡决定企业在市场上的话语权的大小。因此，一方面企业以追求更多的专利为目标，另一方面，如何抑制竞争对手的专利质量和数量也是企业专利战略的重要一环。

对于竞争激烈的领域，即可能有多个竞争对手同时参与研发的领域，要尽量抢得先机进行专利申请布局，待申请条件成熟，立即提出申请，充分利用优先权制度，在后续优先权时间内完善申请。即使条件不太成熟，但是根据实际情况，如对竞争对手的研发计划有所估计的情况下，可以通过抢先申请，从而阻断竞争对手获得有效专利权的机会。

对于已研发但是没有进一步投入计划的项目（有时，甚至没有研发的项目），为避免他人对该项目进行有效的专利保护，有可能制约自己，则可以对其提出专利申请，公开竞争对手可能研发的计划。通过该申请的先占和公开阻止他人在该项目上获得有效专利的机会，达到避免将来受制于人的目的。

6 公开技术、排除自身风险的专利申请策略

随着专利制度的发展与不断演进，专利申请已成为一种可多方位运用的有效工具，通过申请专利阻击他人先于自己完成同类技术的研发并获得专利，已经成为企业在市场竞争中利用专利制度的一种有效策略。因此，在有些情况下，企业申请某些专利并不是为了开发，而是为了通过公开技术来阻止他人开发同类产品、相同产品的不同方法、相同功能的不同产品等，以免给本企业造成不利的风险。具体来说，有以下几种情况：

① 企业自身在申请专利时并未完成技术研发，但是已经明确了该技术研发的方向和一些关键点、重要参数等，此时尽快提交专利申请，以期在技术发展方向上获得先机，避免因竞争对手获得该技术的专利，而使自身被动，在这种情况下，申请专利的

目的并非一定要获得该专利权。

② 企业出于排除竞争对手可能的潜在周边技术专利导致对于其主业的影响，需要就其非核心技术采取公开的方式贡献社会，申请专利是最佳方式之一。

③ 企业主动通过专利申请公开信息，迷惑或者误导竞争对手，让竞争对手不清楚企业的技术发展方向从而无法跟踪自己的发展，而不是考虑如何获得这些专利权或者在将来会使用这些专利权。

对于以上几种情况的专利申请策略，专利代理人在撰写申请文件时，可不必过多考虑权利要求的布局、层次以及保护范围的宽窄等。撰写出的专利申请文件也不一定需要完全符合《专利法》及《专利法实施细则》的要求。例如需要多个具体实施方式和/或实施例来支持权利要求中的技术方案等，这类申请的最终目的不是为了获得授权，只要达到公开了某一技术构思即可，可以将更多的内容放置在说明书中而实现公开。即专利代理人应该把撰写工作的重点放在内容公开是否充分上，应当尽可能多地公开涉及该技术的发展方向、横向或者纵向的一些关联技术等，至少要达到公开了某一技术构思全部信息的目的。

7 与标准关联的专利申请策略

技术专利化、专利标准化的战略越来越被国内企业所接受和运用。

将专利纳入到行业标准、国家标准或国际标准中，在一定程度上有助于专利技术的推广，也有助于确立申请人在行业的技术地位，有助于抵御或减少申请人的知识产权风险，当然也有助于申请人通过许可等方式获得更大的知识产权利益。许多发达国家、跨国公司和产业联盟都力求将自己的专利技术提升为标准，以求掌握市场的主动权、拥有行业竞争的话语权，从而获取最大的经济利益。

但是，由于标准的功效与专利不同，且标准制定的程序和表述规则与专利不同，因此如何使专利与标准相关联是问题的关键。有时在一定程度上与专利申请文件的撰写相关。

在专利申请与标准相结合方面，一些专利管理体制完善的企业，在专利申请委托阶段，即将拟提交的申请分为标准专利申请和普通专利申请。而对于涉及标准专利申请文件的撰写，专利代理人需要注意以下三个撰写特点。

① 专利申请文件中技术用词、技术内容的表述尽可能与技术标准相一致。

② 在撰写权利要求书时，技术手段、技术特征的上位概括或功能性限定应当适度，不能一味追求保护范围的宽泛，而应当在布局和安排时通过逐步限定建立保护范围逐渐缩小的多项权利要求，以提高授权和确权的可能性，进而提高被认定为涉及标准的必要专利的概率。由于作为标准专利的申请一般都是企业的核心基础项目，必须以确保能获得授权为前提，如果盲目追求保护范围最宽来撰写权利要求书，会造成该

项专利申请无法获得专利授权的风险。

③ 专利代理人应尽可能对拟纳入国家标准或国际标准的专利申请多作布局与拓展，由于涉及标准的技术项目其后续走向与发展结局往往存在很多不确定因素，专利代理人应当在权利要求书中通过布局多给出一些拓展性技术方案，尤其是对于拟纳入国际标准的专利申请，更需要在说明书中多给出各种可能的实施方式，以便后续以此中国专利申请为优先权提交 PCT 申请或向外国提交专利申请时，可以增加这些实施方式的权利要求。

另外需注意的是，对于纳入国家标准的专利技术，如何界定侵权行为，以及侵权赔偿标准、许可费标准等，也存在权利行使方面的风险。最高人民法院认为，专利权人参与了标准的制定或者经其同意，将专利纳入国家标准、行业标准或者地方标准的，视为专利权人许可他人在实施标准的同时实施该专利，他人的有关实施行为不属于《专利法》第 11 条所规定的侵犯专利权的行为。专利权人可以要求实施人支付一定的使用费，但支付的数额应明显低于正常的许可使用费。❶ 因此，对于涉及与标准相关联的专利申请较保险的做法是，围绕该标准专利大量申请外围专利和衍生专利，使得在实施该行业标准的过程中，在该标准的上下游产品或技术上获取较大的专利收益。

以上简单说明了化学领域专利申请撰写过程中值得注意的一些因素和策略，供专利代理人在实际操作中参考。需要说明的是，以上所述并不代表所有可以应用的策略，也非说明每个案件都需要利用所述所有策略。申请人提出专利申请时，应根据自己的实际情况，制定最适宜的申请策略。

❶ 参见 2008 年 7 月 8 日《最高人民法院关于朝阳兴诺公司按照建设部颁发的行业标准〈复合载体夯扩桩设计规程〉设计、施工而实施标准中专利的行为是否构成侵犯专利权问题的函》，发文字号：（2008）民三他字第 4 号。

第三章　审查意见通知书的答复

答复审查意见通知书是专利代理实务中重要业务之一。对于审查意见通知书的答复，专利代理人应当根据申请人委托处理的相关业务，及时转达审查意见通知书，根据审查意见通知书的具体内容确定答复的方式并协助或负责审查意见的答复，必要时依法、客观地修改专利申请文件；即采用陈述意见和/或修改申请文件的方式克服通知书中指出的问题，帮助申请人获得恰当的专利权。本章第一节和第二节的内容分别讲述如何向申请人转达审查意见通知书、如何理解审查意见通知书的内容和向申请人提出答复建议，以及如何完成审查意见通知书的答复等工作；此外，为帮助读者更好地掌握答复审查意见通知书的具体实务工作，在本章第三节中给出一个答复审查意见通知书的案例。

第一节　审查意见通知书的理解与转达

正确理解审查意见通知书的内容，及时向申请人转达审查意见通知书，并根据具体情况向申请人提供适当的答复建议，是专利代理人在完成审查意见通知书答复工作中的第一个环节。

1　阅读和理解审查意见通知书

根据审查进程的不同，可以将审查意见通知书分为第一次审查意见通知书和中间审查意见通知书。每次审查意见通知书均由通知书表格和通知书正文组成。通知书表格中会指出该审查所依据的文本，如果通知书正文引用了对比文件，通知书表格中就会列明对比文件的基本信息。通知书正文中给出具体的审查意见。下面讨论如何阅读和理解审查意见通知书。

1.1　核实审查所针对的文本

审查所依据的文本通常在审查意见通知书表格中体现。如果文本组成比较复杂，有时在审查意见通知书正文中还会进一步述及。

依据请求原则，申请人递交的最后一个文本通常会被作为审查所依据的文本。但是，如果申请人所期望作为审查基础的文本的提交时机和方式不符合《专利法实施细则》第51条第1款或第3款的相关规定，则国家知识产权局将依据之前提交的符合上述规定的最后文本进行审查，并会在审查意见通知书正文中说明理由。如果专利代理人发现审查意见通知书未针对申请人所期望的审查文本进行审查，在通知书中又未对此作出说明，则需要核实审查员对审查文本的认定是否有误。

如果确实存在审查文本认定错误，则进一步分析该审查文本认定的错误是否会对答复审查意见通知书造成实质上的困难，并根据具体情况采取不同的处理方式。

（1）审查文本认定错误未对答复造成实质上的困难

在有些情况下，虽然审查意见通知书中所认定的审查文本有误，但是该认定错误并未对答复造成实质上的困难，则专利代理人可以继续做转达和答复工作；必要时，与审查员进行电话沟通。下面例举三种这样的情况。

① 申请人应国家知识产权局初步审查部门的要求提交了说明书附图的修改替换页，初步审查部门接受了该修改，但在实质审查过程中，审查依据的文本仍然是原始提交的说明书附图。

② 对一件 PCT 申请，申请人依据 PCT 第 28 条或第 41 条的规定对说明书第 × × 页进行了修改，并在进入中国国家阶段时要求在该文本的中文译文的基础上进行审查，但审查意见通知书依据的审查文本仍为进入中国国家阶段时提交的原始国际申请文件的中文译文。

③ 申请人在收到申请进入实质审查阶段通知书之日起的三个月内先后提交了两个修改文本，后一文本仅删除了前一文本中修改超范围的某权利要求，而第一次审查意见通知书中仍然依据前一文本进行审查，并对该权利要求进行了评述。

（2）审查文本认定错误对答复造成实质上的困难

审查意见通知书所认定的审查文本有误并对答复造成了实质困难时，专利代理人可与审查员通过电话沟通，说明情况，根据沟通情况决定如何处理；在沟通有困难时可以在意见陈述书中，向审查员说明审查意见通知书所针对的审查文本有误，指出应当以哪一文本作为审查文本，并说明理由。在这种情况下，在转达审查意见通知书时，应该向申请人作出清楚解释。

1.2　审查意见通知书中对申请的倾向性意见

审查意见通知书表格中的一项重要内容是给出对该申请的倾向性意见，其体现了审查员经过实质审查后，对该申请的总体评价，在某种程度上反映了该申请可能的前景，但并不代表申请通过审查的最终结果。倾向性意见在通知书表格的第二页中间部分，该倾向性意见与审查意见通知书正文部分的内容相对应。

倾向性意见可以分为三类：

第一类是具有授权前景的倾向性意见。这是指审查意见通知书通篇没有引用《专利法实施细则》第 53 条规定的任何一个驳回条款，也没有任何假设性评述涉及可驳回的理由。其对应着表格中倾向性意见中的第一栏“申请人应当按照通知书正文部分提出的要求，对申请文件进行修改”。

第二类是无授权前景的倾向性意见。这是指审查意见通知书针对全部权利要求都用《专利法实施细则》第53条规定的驳回条款进行了评述；审查意见结尾部分往往会出现“说明书也没有任何可以授权的实质内容”、“不具备授权前景”等语句。其对应着表格中倾向性意见中的第三栏“专利申请中没有可被授予专利权的实质性内容，如果申请人没有陈述理由或陈述的理由不充分，本申请将被驳回”。

第三类是授权前景不确定的意见。即除上述两种情形之外的其他情形。其对应表格中倾向性意见中的第二栏“申请人应当在意见陈述书中论述其专利可被授予专利权的理由，并对通知书正文部分中指出不符合规定之处进行修改，否则不能被授予专利权”。

在专利代理实务中，专利代理人可以根据审查意见通知书中的表格结论栏和正文结尾语段的内容，对收到的审查意见通知书按照上述三类进行粗分，然后安排相应的工作计划和进度。

对不同的倾向性意见，答复方式有所不同。对于第一类情形以及第三类中偏重于具有授权前景情形的意见答复，均可定位为“修改即可被授权”的情形，除非另有合理考虑，对审查意见通知书中所指出的申请文件所存在的缺陷逐一修改加以克服即可。对于第二类情形以及第三类中偏重于无授权前景情形的意见答复，事关该专利申请“能不能被授权”，此时需要视情形来确定是采用意见陈述、修改申请文件还是结合采用其他方式来完成。以下将对上面三种情形分别进行详细论述。

(1) 对于具有授权前景的倾向性意见

通常专利申请文本仅存在形式缺陷，明显有授权前景，此时只要按照通知书指出的审查意见对申请文本进行修改，克服所存在的缺陷，即有望被授予专利权。例如，《专利法实施细则》第17~23条涉及的说明书、权利要求书等的形式缺陷。

(2) 对于无授权前景的倾向性意见

当审查意见通知书指出申请文件中公开的所有技术方案均存在《专利法实施细则》第53条所规定的可导致申请被驳回的缺陷时，倾向性意见通常是无授权前景。无授权前景的倾向性意见是审查员对一份专利申请的最严厉的否定性评价。如果申请人对申请文件不作任何修改或陈述的理由不充分，该申请将面临被驳回的风险。下面例举几种具体的情形加以说明：

① 全部权利要求存在着不具备新颖性和/或创造性缺陷：专利申请的全部权利要求都不具备新颖性和/或创造性，同时说明书中也没有记载其他任何可以授予专利权的实质性内容，因而即使申请人对权利要求进行重新组合或者根据说明书记载的内容作进一步的限定，该申请也不具备被授予专利权的前景。

② 说明书对要求保护的全部主题公开不充分缺陷：专利申请因为说明书未对发明作出清楚、完整的说明而不能被授予专利权。

③ 全部主题属于不授予专利权的客体：专利申请要求保护的内容所涉及的主题全部属于《专利法》第 5 条或第 25 条所规定的不授予专利权的客体。

④ 全部主题不构成《专利法》第 2 条第 2 款所规定的技术方案：专利申请要求保护的主题都不属于《专利法》第 2 条第 2 款所规定的技术方案，而且说明书中也没有记载其他任何可获得专利权的实质性内容。

⑤ 全部主题不具备实用性的缺陷：专利申请要求保护的所有主题都不能够在产业上制造或使用，不能够产生积极效果，如永动机等。

（3）对于授权前景不确定的意见

如果申请人对申请文本进行的修改克服了通知书中所指出的实质性缺陷和/或给出了理由充分的陈述，有望获得授权；如果申请人不对申请文本进行任何修改或者所作修改未能克服通知书中所指出的实质性缺陷，且陈述的理由又不充分，该申请将面临被驳回的风险。现例举几种具体的情形。

① 某项或某几项权利要求未清楚限定要求专利保护的范围，但这些权利要求的从属权利要求或说明书中已清楚地记载了相应的技术方案。

② 某项或某几项权利要求未以说明书为依据，即这些权利要求的技术方案得不到说明书支持。

③ 独立权利要求缺少必要技术特征，但所缺少的必要技术特征已记载在其他权利要求和/或说明书中。

④ 部分权利要求不具备新颖性和/或创造性，且有可能通过修改申请文件克服这一实质性缺陷。

⑤ 虽然全部权利要求不具备新颖性和/或创造性，但是该申请说明书中记载的技术方案中还包含有与现有技术或抵触申请文件相区别的技术特征，通过将上述区别的技术特征补入到独立权利要求中，缩小独立权利要求的保护范围，就可能克服专利申请不具备新颖性和/或创造性的缺陷；或者通过将不同权利要求的技术方案进行组合可克服通知书中所指出的专利申请不具备新颖性和/或创造性的缺陷。

⑥ 申请文件的修改超出原说明书和权利要求书的记载范围，但该实质性缺陷有可能通过再次修改申请文件加以克服。

⑦ 部分发明主题涉及不授予专利权的客体和/或不构成《专利法》第 2 条所规定的技术方案，且该实质性缺陷可通过删除这部分发明主题来克服。

⑧ 专利申请权利要求书中所要求保护的多项主题之间不具有单一性，该缺陷可以通过删除或者修改部分独立权利要求加以克服，对删除的发明可另行提交分案申请。

1.3　对通知书中引用的对比文件的分析

当审查意见通知书中引用了对比文件时，在通知书表格的第一页的相关栏中可以看到该对比文件的基本信息。对比文件通常是为判断发明是否具备新颖性或创造性而引用的文献。有时对比文件也会被用来作为说明权利要求之间不具有单一性的依据。引用的对比文件可以是一份，也可以是数份。对比文件的类型可以是专利文献，也可以是非专利文献。对于通知书中所引用的这些对比文件，通常需要先对这些对比文件在形式上是否合格以及它们与该专利申请的相关度作出初步判断。

1.3.1　是否满足构成申请的现有技术或抵触申请的形式要件

如果审查意见通知书中引用了对比文件，首先要确定这些对比文件是否在形式上满足构成现有技术或抵触申请的条件。如果其中某一对比文件不满足上述形式条件，则无需对该对比文件的内容作进一步分析。

对于用作现有技术的对比文件，其形式要件是该对比文件的公开日在该申请的申请日（如果该申请能享有优先权的，为优先权日）之前。

对于用作抵触申请的对比文件，其形式要件包括：该对比文件是否为中国专利文献，该对比文件的申请日是否在该申请的申请日（如果该申请能享有优先权的，为优先权日）之前，公开日是否在该申请的申请日（如果该申请能享有优先权的，为优先权日）之后。应该注意，抵触申请还包括满足以下条件的进入了中国国家阶段的国际专利申请，即该专利申请的申请日（如果该申请能享有优先权的，为优先权日）前由任何单位或者个人提出且在该申请日（如果该申请能享有优先权的，为优先权日）前尚未作出国际公布、并在申请日（如果该申请能享有优先权的，为优先权日）当天或之后由国家知识产权局作出公布或公告的涉及同样的发明或者实用新型的 PCT 申请。需要提请注意的是，对于国家知识产权局作为受理局受理并以中文公布的 PCT 申请文件，其公开文本不属于中国专利文献，其公开号的国别标记是“WO”，只有在该国际申请进入中国后并由国家知识产权局作出公布或公告，才满足构成抵触申请的形式要件。

1.3.2　对引用的对比文件中技术内容的分析

对于审查意见通知书中引用对比文件指出权利要求不具备新颖性和/或创造性的情况，如果专利代理人初步判断这些对比文件满足构成该申请现有技术或抵触申请的形式要件，就需要对这些对比文件所披露的技术内容作进一步分析以判断通知书中关于新颖性/创造性的评述是否合理，在此基础上考虑有无争辩的余地，以便在下一步转达审查意见时告知申请人。

专利代理人对引用的对比文件的内容进行分析可遵循以下步骤。

① 如果通知书中引用了多篇对比文件，通常可以先选择用于评述该申请新颖性的对比文件或者在独立权利要求创造性评述中用作最接近的现有技术的对比文件，分析该对比文件公开的内容与该申请权利要求所要求保护的技术方案相关的程度。

② 如果评述创造性时作为最接近的现有技术的对比文件确实与该发明相关程度很高，确定该申请要求保护的技术方案与该最接近的现有技术相比的区别特征，与此同时阅读、理解用于评述创造性的其他对比文件，确定现有技术中是否给出将上述区别

特征应用到该最接近的现有技术以得到该申请要求保护的技术方案的结合启示。

③ 在专利代理人对上述对比文件和该申请技术内容的理解没有困难的情况下，不仅要将权利要求书中的各技术方案与对比文件进行对比分析，必要时还要将说明书具体实施方式部分记载的技术方案与对比文件进行对比分析。

2 审查意见通知书的转达及答复建议的提供

专利代理人收到审查意见通知书后，在认真解读、全面理解审查意见通知书的基础上，需尽快或在与申请人商定的时限内向申请人转达审查意见通知书，并向申请人提供答复审查意见的建议，除非申请人明确指示无需提供建议。下面分别对审查意见通知书转达时间的掌控和如何提供答复建议作出说明。

2.1 审查意见通知书转达的时间掌控

在正确理解审查意见后，专利代理人应当尽快向申请人转达审查意见通知书。特别是当审查意见通知书的内容涉及例如说明书未充分公开发明、权利要求的技术方案不具备创造性等问题时，专利代理人更应在收到审查意见通知书后尽早向申请人转达审查意见通知书，以便给申请人留有充裕的时间收集相关文献资料和/或准备对比实验数据，从而更好地克服审查意见通知书中指出的问题。

对于具体的转达时限，不同的专利代理机构以及不同的申请人通常会有不同的具体规定和要求。一般而言，对于第一次审查意见通知书，专利代理人向申请人转达的时限应控制在2~3周以内。对于中间审查意见通知书，由于指定的答复期限短，专利代理人向申请人转达的时限应控制在1~2周以内。

2.2 提供答复建议

专利代理人在转达审查意见通知书时，通常应在转达函中向申请人提供答复审查意见通知书中所提出的各项审查意见的建议，除非申请人事先声明不必提供建议。下面针对审查意见通知书中的三种倾向性意见，即具有授权前景的倾向性意见、无授权前景的倾向性意见和授权前景不确定的意见，分别说明专利代理人应当如何提供具体的答复建议。

（1）针对具有授权前景的倾向性意见的答复建议

对于具有授权前景的倾向性意见，在转达时可告知申请人，通知书中所指出的缺陷基本上都属于形式缺陷，不会影响专利保护范围，建议按照通知书的要求作出修改，以便早日获得授权。

（2）针对无授权前景的倾向性意见的答复建议

对于无授权前景的倾向性意见，通过对审查意见通知书以及申请文件的内容和通知书所引用的对比文件仔细分析可能会出现三种情况：同意审查意见、部分同意审查意见以及不同意审查意见。

① 第一种情况是同意审查意见，认为通知书的意见正确，该专利申请的确不符合《专利法》或《专利法实施细则》的有关规定，而且也无法通过修改申请文件克服有关缺陷，无授权前景。在此情况下，在向申请人转达审查意见通知书时，可向申请人讲明通知书的审查意见符合《专利法》和《专利法实施细则》的相关规定，由申请人自行决定如何处理。为帮助申请人理解，可以对审查意见作些具体补充说明，但不要向申请人提出不妥当的建议，至多告知申请人若不同意上述审查意见时需要提出足够的、有说服力的理由。

② 第二种情况是部分同意审查意见。对其中同意的部分，即认为通知书中所指出的实质性缺陷的确存在，但通过修改申请文件能加以克服的审查意见，除了向申请人转达审查意见通知书并给出对审查意见理解的说明外，还应当向申请人指出申请文件修改方向的建议，供申请人修改时参考；同时，必要时还应当明确要求申请人从技术角度提供相关分析，以便在答复审查意见通知书时，对修改后的申请文件为何消除了通知书指出的实质性缺陷进行说明。对其中不同意的部分，即认为通知书所指出的部分实质性缺陷并不存在或有可商榷之处，可以向申请人说明专利代理人的观点，提供相关部分的陈述意见，并请申请人从技术角度对陈述意见加以补充。

③ 第三种情况是不同意审查意见，即认为通知书中指出的实质性缺陷实际上并不存在，对于这种情况在转达审查意见时应向申请人详细说明自己的观点和具体分析意见，以供申请人在确定该申请后续处理方案时作为参考，从而作出合理的决断。需要说明的是，在这种情况下应当慎重，应在客观依据充分的前提下确认审查意见确属有误时，再提出此建议。例如，对于有优先权要求的申请案，审查意见通知书中用于评述该申请不具备创造性的对比文件的公开日虽早于该申请的申请日，但晚于该申请的优先权日，且审查意见通知书未说明相关的权利要求不能享受优先权，而相关权利要求明显可以享受优先权的情况。

（3）针对授权前景不确定的意见的答复建议

对于授权前景不确定的意见，通过对审查意见通知书以及申请文件的内容和通知书所引用的对比文件仔细分析，同样可能出现与无授权前景的倾向性意见相类似的三种情况，即同意审查意见、部分同意审查意见以及不同意审查意见，但在转达审查意见通知书时采取的做法与转达无授权前景的倾向性意见时基本相同，但也存在一些不同之处。

例如，有时需在转达审查意见通知书时告知申请人，若完全按照审查意见修改权利要求书会导致保护范围过窄，而未完全按照审查意见修改则会导致延长审批程序甚至在某些情况下有被驳回的风险，请申请人作出抉择。

又如，对于权利要求书中存在多项从属权利要求引用多项从属权利要求这类形式缺陷的处理方法，必要时应当征求申请人的意见，了解这些权利要求各个技术方案中哪些比较重要，以便通过将这些权利要求分拆成几项权利要求以保留其全部技术方案或者通过删除其中一些不重要的技术方案来消除这一形式缺陷。

第二节 答复审查意见通知书的原则与策略

本节涉及专利代理人在答复审查意见通知书时所应遵循的一些答复原则，并结合具体案例针对十种最常见的审查意见所涉及的情形，论述了在答复这些审查意见时可以采取的一些答复策略。

1 审查意见通知书的答复原则

在答复审查意见通知书时，专利代理人不仅要从《专利法》《专利法实施细则》和《专利审查指南2010》的相关规定出发协助申请人克服审查意见中指出的各种缺陷，使申请尽快获得授权，而且还要考虑如何为申请人争取稳定并且尽可能宽的保护范围，使申请人的发明得到更好的专利保护。具体说来，专利代理人在答复审查意见通知书时应当遵循下述四个答复原则。

（1）以《专利法》《专利法实施细则》和《专利审查指南2010》为依据的原则

专利申请的审查和批准以及专利权的保护均以《专利法》和《专利法实施细则》为依据，因此在答复审查意见通知书时，应当以《专利法》和《专利法实施细则》规定的内容为依据进行争辩，指出专利申请符合《专利法》和《专利法实施细则》有关规定的理由。此外，《专利审查指南2010》是国家知识产权局的部门规章，对《专利法》和《专利法实施细则》各条款的内容作出进一步具体的规定，是国家知识产权局和专利复审委员会依法行政的依据和标准，也是有关当事人在上述各个阶段应当遵循的规章。因此，在撰写意见陈述书时，专利代理人也可以借助《专利审查指南2010》规定的内容作为争辩的依据。

（2）全面答复原则

对于那些不属于无授权前景的申请案，审查员将依据程序节约原则，在发出的审查意见通知书中会同时指出申请文件中所存在的各种缺陷。例如，在同一份审查意见通知书中，同时指出同一权利要求或不同权利要求不具备新颖性/创造性的问题、权利要求得不到说明书支持的问题以及权利要求不清楚的问题等，甚至还指出申请文件所存在的形式缺陷。在针对这样的审查意见通知书进行答复时，专利代理人应当遵循全面答复原则，即针对审查意见通知书中所指出的所有缺陷、特别是针对驳回条款所对应的缺陷逐一进行答复。这样，既有助于专利审查程序向前推进，使专利申请尽可能早日获得专利权，又可以避免该专利申请在作出答复后因仍然存在审查意见通知书中所指出的实质缺陷而被驳回。

在对审查意见通知书中所指出的申请文件的缺陷进行答复时，对于同意的意见，应当在意见陈述书中写明为克服该缺陷所采取的修改方式并对申请文件作出相应的修改，对其中的实质性缺陷还应当说明修改后的权利要求如何克服了审查意见通知书中所指出的这些缺陷；对于不同意的意见，则应当在意见陈述书中充分论述理由，必要时提供对比实验数据、相关的现有技术或者其他证明文件作为支持所论述理由的证据，绝对不要只给出主观断言或者简单地指出审查意见的观点不成立。

（3）维护申请人利益原则

在答复审查意见通知书时，专利代理人要充分考虑申请人的利益，在修改申请文件和陈述意见时必须慎重，既要为申请人争取早日授权，又要为申请人争取稳定并且尽可能宽的保护范围，使申请人的发明能够得到更好的专利保护。

有时审查意见通知书中虽然初步指出了一些实质性缺陷，如说明书未充分公开发明、权利要求书未以说明书为依据、权利要求未清楚限定要求专利保护的范围等，但这并不代表对该申请最终的审查结论，申请人应当通过提交意见陈述书或修改申请文件的方式，来澄清相关技术内容或者克服上述缺陷，以便后续审查。因此，专利代理人在答复审查意见通知书时，不要盲目完全按照通知书的内容对申请文件进行修改，而应当认真研究审查意见通知书以及专利申请文件的内容，对审查意见的正确性进行判断，必要时寻求申请人在技术上的支持。若经过仔细分析，确实认为申请的权利要求可以取得比审查意见通知书中明示或暗示的修改结果更宽一些保护范围的话，则应当为申请人作积极争取并在意见陈述书中充分论述理由，而不必单纯地追求加快审查进程，致使发明得不到更恰当的保护范围。

此外，对于审查意见通知书中指出的权利要求的单一性缺陷，专利代理人也要根据申请说明书的内容进行充分的分析，将尽可能多的发明在同一件专利申请中获得保护，而不要完全按照审查意见通知书中认定的事实盲目地对权利要求进行修改和分案，造成申请人经济上或者时间上的损失。

（4）适度原则

专利代理人在答复实质审查意见通知书的过程中，不仅要立足于实质审查程序，完成答复通知书的任务，使得专利申请获得授权，还要综合考虑授权的权利要求的保护范围大小以及稳定性，例如要考虑到答复通知书过程中的各种行为对将来在维权阶段司法机关对最终权利要求范围解释的影响，确保自身的答复和修改行为适度，既维护了当前利益，又兼顾了长远的考虑。

例如，根据禁止反悔原则，申请人、专利权人在专利授权或者无效宣告程序中，通过对权利要求、说明书的修改或者意见陈述而放弃的技术方案，专利权人在侵犯专利权纠纷案件中又将其纳入专利权保护范围的，人民法院不予支持。

根据该原则，在专利申请审查过程中对权利要求书所进行的限制其保护范围的修改以及在意见陈述书中所作的限制性解释均会成为专利侵权诉讼中确定其专利权保护范围的依据，在专利侵权诉讼中就不能再对其作出与此相反的扩大性解释。因此，在专利申请的审查过程中，专利代理人在答复审查意见通知书时一定要把握适度的原则，不要为了急于获得授权而过度地限制权利要求的保护范围，并且注意在陈述意见时不要作出不必要的限制性解释。

2　对各类审查意见的答复策略

专利代理人应当认真阅读国家知识产权局发出的审查意见通知书，全面、准确地理解审查意见通知书的内容及其所引用的对比文件的技术内容，理解专利申请的内容及其要求保护的主题，针对具体情形作出正确的前景判断，在此基础上确定答复审查意见通知书的策略。

为了正确拟定答复审查意见通知书的策略，需要注意下述两点：理解审查意见并分析其是否正确时按"两步法"进行判断；针对不同分析结果灵活运用答复手段。

（1）按照"两步法"来理解和分析审查意见

在理解审查意见并分析其是否正确时，应当采用符合逻辑分析的判断过程和思路。推荐的判断过程和思路可以归纳为"两步法"：第一步，先核实"事实认定"；第二步，在事实认定基础上判断其"法律适用"是否正确。这也是本节第2.1～2.10小节中针对各种情形确定答复策略普遍适用的一个"通则"。

推荐采用这样的两步判断方法是因为审查意见的作出通常采用这两个步骤。前面提到"理解审查意见"，实质上理解的就是审查意见的论据、论点和论证过程。审查意见的内容都涉及该申请的某项或某些事实不符合《专利法》和《专利法实施细则》的相关规定，所以其判断过程必然包括对事实的查明和认定以及在查明和认定的事实基础上适用《专利法》和《专利法实施细则》的相关规定两个步骤，在此基础上得出审查结论。因此，采用上述"事实认定"和"法律适用"的"两步法"判断审查意见是否正确，将有助于专利代理人在针对该审查意见陈述意见时有理有据地针对争议焦点说明己方的观点，以提高工作效率和陈述意见的说服力。具体说来，在上述"两步法"判断中，如果分析后认为审查意见通知书中的"事实认定"有误，则可以在意见陈述书重点说明审查意见通知书中所认定的事实与客观事实不符；如果分析后认为审查意见通知书中的"法律适用"不当，在意见陈述书中重点论述该申请符合法律有关规定的理由。

（2）针对不同分析结果灵活运用答复手段

在答复审查意见通知书时，可供采用的答复手段通常有三种：意见陈述书、修改申请文件和提供证据。在答复时，可以根据分析结果仅采用意见陈述书的答复方式，也可以采用修改申请文件并提交意见陈述书的答复方式；必要时，还可以在采用上述两种答复方式的同时提供证据或证明材料来支持意见陈述书中的主张。

专利代理人可以在意见陈述书中进行充分的解释、说明或论证，但在意见陈述时需要注意前面提到的"适度原则"，不要对发明内容作出一些不必要的限制性说明和解释。

修改申请文件也是答复审查意见时通常采用的手段，尤其分析结果认为该审查意见正确或基本正确时，只能通过修改申请文件来克服通知书中所指出的缺陷。对申请文件的修改同样需要注意以上提到的“适度原则”，不要为了急于获得授权而过度地限制权利要求的保护范围。

提供证据包括提供现有技术证据、公知常识证据、对比实验数据、商业销售数据等。

在专利代理实践中，专利代理人可以根据不同的案情和时机确定单独采用或者综合采用上述答复手段。

以下列举了十种最常见的审查意见所涉及的情形，并针对每种具体情形讲述了如何在“两步法”判断过程和思路的指导下，根据各案情形选择适用的答复手段。本节的示例和讨论重点在于如何答复审查意见通知书，因此对于各案例中所作出的修改为什么符合《专利法》第33条的规定不作重点阐述。

2.1 涉及新颖性的审查意见

针对涉及申请文件新颖性的审查意见，首先进行“事实认定”，分析审查意见通知书中引用的对比文件的形式要件是否满足用于评述新颖性的要求，即判断对比文件是否满足构成现有技术或抵触申请的形式要件；如果形式要件满足，则进一步按照单独对比原则将权利要求中要求保护的一个技术方案作为整体与对比文件中公开的一个方案进行比较。比较时，通常要对构成权利要求的技术特征进行分解，逐一比较权利要求中的每一个技术特征是否确实在对比文件的同一个方案中被公开，以确定该权利要求保护的技术方案是否被对比文件公开。

然后进行“法律适用”，如果确定该权利要求保护的技术方案被对比文件公开，再判断对比文件公开的方案能否适用于与权利要求的技术方案相同的技术领域，能否解决相同的技术问题，获得相同的技术效果。如果能够适用于与权利要求的技术方案相同的技术领域，能解决相同的技术问题，获得相同的技术效果，则权利要求的技术方案不具备新颖性。

如果确定该权利要求保护的技术方案未被对比文件公开，则说明权利要求的技术方案具备新颖性。

确定答复手段：对于该申请不具备新颖性的审查意见，通常可根据上述分析结果采用意见陈述或者修改权利要求并结合意见陈述的答复方式，必要时提供相关的证据。也就是说，如果通过分析不同意审查意见，可通过意见陈述的方式进行答复；如果同意审查意见，则需要修改权利要求，同时还需要在修改的权利要求的基础上进行意见陈述。在这种情况下，即使审查意见中未涉及相应权利要求的创造性问题，在意见陈述中还应该对该权利要求相对该对比文件具备创造性的理由进行论述。

《专利审查指南2010》中规定了新颖性判断的五种常见的情形，即相同内容的发明或者实用新型、具体（下位）概念与一般（上位）概念、惯用手段的直接置换、数值和数值范围以及包含性能、参数、用途或制备方法等特征的产品权利要求。以下通过具体案例来说明答复缺乏新颖性的审查意见时的常见情形。

2.1.1　具体（下位）概念与一般（上位）概念的情形

在化学领域，特别是涉及化合物的专利申请中，经常会出现现有技术或抵触申请中的某个或某些具体化合物落入了申请案的马库什权利要求范围内从而破坏了其新颖性的情形。在这种情形下，可以通过删除特征式的修改方式，即从马库什权利要求中排除现有技术或抵触申请中所公开的具体化合物来克服审查意见中指出的新颖性问题，条件是修改后的技术方案在原说明书和权利要求书中有文字记载，或者虽无文字记载，但可根据原说明书和权利要求书直接地、毫无疑义地确定，即符合《专利法》第33条的规定。这里需要提醒的是，这种删除式的修改很可能属于《专利审查指南2010》第二部分第八章第5.2.3.3节规定的具体“放弃”的修改方式，那么此时的关键就在于证明修改后的权利要求与审查意见中引用的抵触申请相比具备新颖性，或者与审查意见中引用的现有技术相比具备新颖性和创造性。

【案例3－1】

发明内容

原独立权利要求1请求保护一种通式Ⅰ的化合物，

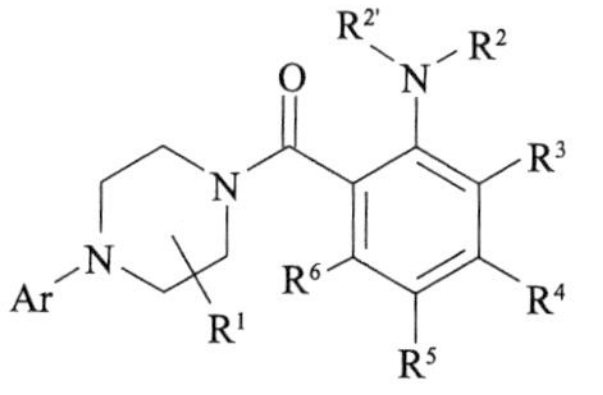

I

其中定义了Ar可以是取代或未取代的苯基、杂芳基等；R^1可以是氢、烷基等；R^2和$R^{2'}$与它们所连接的N原子一起可以形成除N原子外还任选地含有另一个选自N、S或O的杂原子的杂环烷基环；R^3、R^4和R^6可以彼此独立地为氢、烷基、环烷基等；R^5可以是SO_2R^{10}并且R^{10}可以是NR^7R^8，R^7和R^8可以是氢、烷基、环烷基等。

从属权利要求2对权利要求1的各取代基定义进行了进一步的限定，具体限定了Ar是被选自羟基、卤素、硝基、烷基等的取代基取代的苯基或芳基等。

根据说明书的记载，本申请的化合物具有抑制血管生成的活性，因此可用于治疗癌症等。

审查意见内容

审查意见指出，对比文件1公开了一种具体化合物1－［5－（氨基磺酰基）－2－（4－吗啉基）苯甲酰基］－4－苯基－哌嗪：

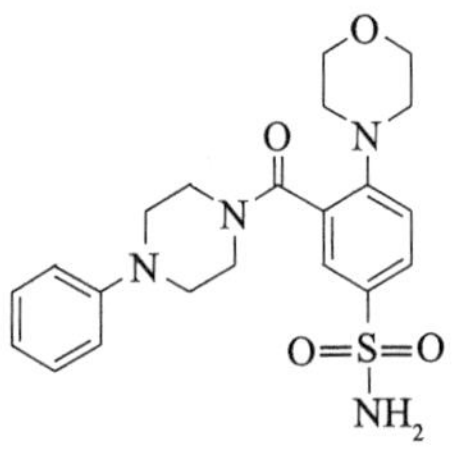

该化合物相当于其中 Ar 是未取代的苯基；R^1 是氢；R^2 和 $R^{2'}$ 与它们所连接的 N 原子一起构成吗啉基；R^3、R^4 和 R^6 是氢；R^5 是 SO_2R^{10} 并且 R^{10} 是 NH_2 的通式Ⅰ化合物，因此该化合物落入了权利要求 1 和 2 的范围内，破坏了权利要求 1 和 2 的通式化合物的新颖性。

事实认定和法律适用

首先，通过核实对比文件 1 的公开日及本申请的申请日，确定对比文件 1 确实构成了本发明的现有技术。其次，通过分析对比文件的化合物以及本申请权利要求的化合物的结构可以看出，审查意见中对权利要求 1 的新颖性的评述是完全正确的，对比文件 1 所公开的具体化合物的确落入了权利要求 1 的范围内。然而，对于权利要求 2，对比文件 1 所公开的具体化合物相当于其中的 Ar 是未取代的苯基的化合物，而在权利要求 2 中明确限定了 Ar 中的苯基带有羟基等取代基。因此，审查意见中对权利要求 2 的新颖性的评述是不能成立的。

答复手段：修改权利要求并结合意见陈述

对于权利要求 1： 可通过从权利要求 1 中具体排除 1 - ［5 - （氨基磺酰基） - 2 - （4 - 吗啉基）苯甲酰基］ - 4 - 苯基 - 哌嗪来克服审查意见中指出的新颖性问题。例如，修改后的权利要求 1 可以撰写为“通式Ⅰ的化合物……其条件是不包括 1 - ［5 - （氨基磺酰基） - 2 - （4 - 吗啉基）苯甲酰基］ - 4 - 苯基 - 哌嗪。”

对于权利要求 2： 由于审查意见中对权利要求 2 的新颖性的评述不成立，因此，在答复时，无需对权利要求 2 的内容进行修改，只需要在意见陈述中指明，由于权利要求 2 的化合物与对比文件 1 的上述具体化合物在 Ar 处的区别而具备新颖性即可。

此外，在意见陈述中，在陈述通过删除对比文件 1 的化合物使权利要求 1 具备新颖性的基础上，还需要对修改后的权利要求 1 的创造性进行简单的意见陈述。通过研究对比文件 1 的内容可以看出，对比文件 1 所公开的化合物具有与本申请化合物完全不同的药理学活性，在其中完全没有提到有关抑制血管生成和治疗癌症的内容。因此，权利要求 1 的化合物具有根据对比文件 1 无法预料的技术效果，具备创造性。

2.1.2 数值和数值范围

与以上具体（下位）概念与一般（上位）概念的情形类似，当对比文件中公开的数值或数值范围落入权利要求所限定的数值范围内时，对比文件所公开的内容将破坏该权利要求的新颖性。此外，当对比文件所公开的数值范围与权利要求所限定的数值范围有重叠或者共同的端点时，对比文件所公开的内容也将破坏该权利要求的新颖性。

当出现上述情形时，必须对权利要求进行修改以克服新颖性的问题。修改的方式可以只是简单地排除对比文件中所公开的落入权利要求范围内的小的数值范围或数值，或者对权利要求中的数值范围进行进一步的限定，使其不再包括对比文件中所公开的数值范围或数值。需要注意的是，在对权利要求中的数值范围进行修改时，不仅要注意区别现有技术，而且要注意在原说明书和权利要求书中是否有修改依据，避免超范围修改。

【案例3-2】

发明内容

一项发明名称为“高剂量伊班膦酸制剂”的发明专利申请，原权利要求1和2的内容如下：

“1. 用于口服应用的包含高至250mg二膦酸类物质或其生理学上安全的盐作为活性成分的药物组合物。

2. 如权利要求1所述的药物组合物，其中的片芯由以下物质组成：

30.0%～36.0%的活性物质

3.0%～6.0%重量的粘合剂；

39.6%～59.4%重量的填充剂；

4.5%～5.5%重量的崩解剂；

1.8%～2.2%重量的润滑剂；和

0.9%～1.1%重量的流动调节剂。”

审查意见内容

审查意见指出：权利要求1请求保护一种用于口服应用的包含高至250mg二膦酸类物质或其生理学上安全的盐作为活性成分的药物组合物，对比文件1也公开了一种口服应用的药物组合物，具体为片剂和胶囊剂，并在其说明书第1页第6～7行、第3页第17行至第4页第20行、第6～8页，对比实施例1，实施例2、3中具体披露了所述组合物中包含以下组分：活性组份伊班二磷酸钠26.38%，粘合剂羟丙基甲基纤维素2.52%，填充剂乳糖57.33%、微晶纤维素3.78%，崩解剂交联聚乙烯吡咯烷酮6.93%，润滑剂硬脂酸2.5%或硬脂酸镁1.8%。由于该权利要求1中并未明确所述活性组分的包含重量250mg是相对于多少重量的整体组合物而言的，其绝对重量的限定并不能构成该权利要求1与对比文件1的实际区别。由此可知，该权利要求1请求保护的技术方案已在对比文件1中被完全公开，二者属于相同的技术领域，解决了相同的技术问题，并能产生相同的预期技术效果，从而不符合《专利法》第22条第2款有关新颖性的规定。

事实认定和法律适用

首先，通过核实对比文件1的公开日及本申请的申请日，确定对比文件1确实构成了本申请的现有技术。其次，通过对权利要求 1 以及对比文件 1 的内容进行分析，专利代理人并不同意审查意见中关于“由于该权利要求 1 中并未明确所述活性组分的包含重量 250mg 是相对于多少重量的整体组合物而言的，其绝对重量的限定并不能构成该权利要求 1 与对比文件 1 的实际区别”的观点，而是认为权利要求 1 中既然限定“高至 250mg”，该特征就对产品起到限定作用。而审查意见通知书中所援引的对比文件 1 的相关内容既没有提到活性成分的含量，也不能由该内容直接地、毫无疑义地确定该含量必然是最高为 250mg，因此本申请的权利要求 1 相对于对比文件 1 应当具备新颖性，对比文件 1 所公开的药物组合物并没有落在权利要求 1 的药物组合物的范围内。但是，经过综合考虑对比文件 1 与本申请的相关程度，以及本领域对于活性组分量的选择原则，专利代理人认为原始权利要求 1 相对于对比文件 1 的创造性高度依然不够。此时如果在答复第一次审查意见通知书时不进行修改，只是强调二者特征的区别，仍会面临在第二次审查意见通知书中被指出本申请不具备创造性的风险，从而延长审批程序。此时，较为合理的答复方式是在答复上述第一次审查意见通知书时通过修改权利要求一并克服新颖性和创造性的问题。

答复手段：修改权利要求

通过研究权利要求 2 的内容可以发现，其中所限定的活性物质的含量为 30.0% ~ 36.0%，该数值范围不包括对比文件中所公开的活性组份伊班二磷酸钠的含量为 26.38% 的情况。因此，可以通过将权利要求 2 的内容并入到权利要求 1 中来克服审查意见中指出的新颖性问题。此时，专利代理人已经完成了答复第一次审查意见通知书的基本任务。

这里需要注意的是，首先，既然已经修改了权利要求书，那么在意见陈述书中就不必过于强调或反驳审查意见中关于新颖性的意见不成立。其次，为了节约程序，在有把握的情况下，专利代理人也可以针对修改后的技术方案相对于对比文件 1 具备创造性的理由进行简单的陈述。但陈述时需要注意前面提到的“适度原则”，避免对发明作出一些不必要的解释和限定。

此外，专利代理人修改权利要求时也不能仅仅考虑是否克服新颖性这一点，还需要综合考虑到修改后的权利要求是否符合《专利法》第 33 条的规定等内容。例如，在本申请中，活性物质含量为 30.0% ~36.0% 这一特征是在如权利要求 2 中所述的特定条件下提及的，即本申请中仅记载了当其中的粘合剂、填充剂、崩解剂、润滑剂、流动调节剂在特定含量下的活性物质的含量为 30.0% ~36.0%，因此，在对权利要求 1 进行修改时，需要将权利要求 2 中所定义的关于其他成分的含量也并入到权利要求 1 中以避免权利要求 1 修改超范围的问题。相反，如果在说明书或权利要求中单独提到活性成分的含量可以是 30.0% ~36.0%，则可以仅将权利要求 2 中关于活性成分含量的特征并入权利要求 1 中。

2.1.3　包含性能、参数、用途或制备方法等特征的产品权利要求

对于包含性能、参数、用途或制备方法等特征的产品权利要求，只有当这些特征能够使所要求保护的产品与现有技术的产品区分开时，才能使权利要求具备新颖性。

例如，申请人发现了某种已知化合物A的新的治疗用途，其在撰写权利要求时，将权利要求的内容写成了"用于治疗××病的化合物A"。而根据中国目前的专利实践，所述"用于治疗××病"的治疗用途并不被认为能够使化合物本身的结构发生改变，因此，这样的权利要求被认为是缺乏新颖性的。申请人只能以制药用途权利要求的形式对其发明进行保护。

关于包含性能、参数特征的产品权利要求，在化学领域经常遇到的情况是如《专利审查指南2010》中所述的特定结晶形态的化合物的新颖性问题。此时，根据《专利审查指南2010》的规定，在不能依据该申请的参数对由该参数表征的产品与对比文件公开的产品进行比较，从而导致不能确定二者的区别时，审查员会推定该产品不具备新颖性。那么证明二者不同的责任将落在申请人这一方。以下将结合具体案例来说明如何克服这种类型的权利要求的新颖性问题。

【案例3－3】

发明内容

一项发明名称为"右酮洛芬氨丁三醇的多晶型、其制备方法和包含它的组合物"的发明专利申请，其权利要求1的内容如下：

"1. 右酮洛芬氨丁三醇晶形A，其特征在于X射线粉末衍射图在5.14±0.02度、8.02±0.02度、9.83±0.02度、10.06±0.02度、10.37±0.02度、16.06±0.02度、16.29±0.02度、17.50±0.02度、19.58±0.02度、21.47±0.02度、26.86±0.02度的2θ角处含有峰。"

审查意见内容

审查意见指出，在对比文件1中具体公开了化合物右酮洛芬氨丁三醇，并且在说明书中具体公开了如下内容"通过在有机溶剂的混合物中进行结晶来纯化化合物"，即在对比文件1中已经获得了右酮洛芬氨丁三醇的结晶。由于本领域技术人员无法根据对比文件1以及本申请所公开的内容区分本申请所述的结晶以及对比文件1所获得的结晶，因此推定二者是相同的，即权利要求1不具备新颖性。

事实认定和法律适用

首先，通过核实对比文件1的公开日及本申请的申请日，确定对比文件1确实构成了本发明的现有技术。其次，通过对权利要求1以及对比文件1的内容进行分析，可以确定审查意见中对权利要求1的新颖性的评述也是符合《专利审查指南2010》的有关规定。但事实上，权利要求1的结晶与对比文件1所述的结晶是不同的。

答复手段：意见陈述并提供相关证据

由于从申请文件以及对比文件的内容无法证明权利要求1的结晶与对比文件1所

述的结晶不同，因此，为了证实权利要求1的新颖性，必需提供相关的证据来证实二者的不同。这项工作通常应由申请人来完成，因此，在专利代理人向申请人转达审查意见时应向申请人明确指明这一点。

在答复上述审查意见时，首先根据申请人提供的材料提供关于权利要求1的多晶型A、该申请中制备的另一种多晶型（多晶型B）以及按照对比文件1的方法获得的多晶型的熔点和IR光谱的比较结果。

其次，在申请人提供的技术分析的基础上，在意见陈述中指出，所述的熔点是按照欧洲药典的专论2.2.14所述的标准方法测定的。从测定的结果可以看出，按照标准的可重现方法测定的上述三种晶形的熔点是不同的，存在2℃以上的差异。该差异应被认为是明显的差异，本领域技术人员也可以理解该差异是由不同的晶形引起的。

此外，还通过比较IR波谱证实了以上各多晶型之间的不同。

最后，在意见陈述中指出，以上数据表明，本申请权利要求1所要求保护的多晶型A与对比文件1所公开的多晶型是不同的，因而具备新颖性。

2.2　涉及创造性的审查意见

针对涉及创造性的审查意见，在分析审查意见是否正确或者是否有可商榷之处时，也应当从“事实认定”和“法律适用”两个方面加以考虑。

对于审查意见中所作的“事实认定”，需要对两方面的内容进行核实：其一，核实审查意见通知书中引用的对比文件的形式要件是否满足用于评述创造性的要求，即判断对比文件是否为现有技术，尤其要注意抵触申请形式要件的申请在先、公开在后的中国专利申请文件不能用来评述创造性；其二，引用的对比文件满足构成现有技术的形式要件时，需要核实审查意见通知书中对该发明和对比文件中有关实质内容的认定是否正确，即核实通知书中认定的对比文件所披露的内容是否在这些对比文件公开（如通知书中所认定的公开的技术特征是否被相应的对比文件披露，通知书中对某对比文件所公开的区别技术特征在该对比文件中所起作用的认定是否正确等），核实通知书中对该发明技术方案的认定是否正确（如通知书中是否正确理解了权利要求中的技术特征，通知书中对区别技术特征在该发明中所起作用的认定是否正确，通知书中对本发明技术效果的认定是否正确等）。

对于涉及创造性的审查意见，在分析审查意见所作出的“事实认定”是否正确之后，就需要在此基础上进一步考虑其“法律适用”是否合适。就法律适用错误来说，主要包括两方面的情况：其一，审查意见中存在着由事实认定错误导致其法律适用错误；其二，审查意见中的事实认定虽然正确，但由于其对《专利法》第22条第3款的法律条文理解不正确而导致法律适用错误。

按照《专利法》第22条第3款的规定，创造性是指该发明与现有技术相比具有突出的实质性特点和显著的进步。《专利审查指南2010》第二部分第四章第3.1节中明确了创造性的判断原则与新颖性的单独对比原则不同，可采用组合对比的方式，即将一份或者多份现有技术中的不同的技术内容组合在一起与要求保护的权利要求的技术方案进行比较。《专利审查指南 2010》第二部分第四章第 3.2.1 节又给出了创造性中“具有突出的实质性特点”的判断方法，明确了通常采用“三步法”进行判断：第一步，确定与发明最接近的现有技术；第二步，找出权利要求的技术方案中与最接近的现有技术之间的区别特征，以确定该权利要求保护的技术方案实际要解决的技术问题；第三步，判断现有技术中是否存在将上述区别特征应用到该最接近的现有技术以解决其存在的技术问题的启示，即判断要求保护的发明对本领域技术人员来说是否显而易见。

对于由事实认定错误导致的法律适用错误，通常在给出正确的事实认定的基础上说明审查意见不符合相关法律法规规定或者该申请符合相关法律法规规定，由此得出法律适用错误的结论。例如，经核实认定通知书中用于否定申请创造性的对比文件相对于该申请是申请在先、公开在后的中国专利文件，就可认定该对比文件不属于《专利法》第 22 条第 3 款中规定的可用于评价该申请创造性的现有技术，由此得知以该对比文件来否定该申请创造性的审查意见的法律适用错误；又如，通知书中认定申请的区别技术特征所起的作用不正确，从而错误地认定该区别特征在另一篇对比文件中所起的作用与其在该申请中的作用相同，则就可在正确认定该申请中的这一区别特征在该发明中所起作用的基础上，依据《专利审查指南 2010》第二部分第四章第 3.2.1 节的规定，说明现有技术未给出将此区别特征应用到最接近的现有技术中而得到该申请要求保护的技术方案的结合启示，以此证明该申请具有突出的实质性特点，符合《专利法》第 22 条第 3 款的规定，在此基础上说明审查意见的法律适用错误。

通知书中因法律理解错误而得出的法律适用错误，多半是未正确理解《专利审查指南 2010》的规定造成的。例如，对于一件能产生有益技术效果的申请，审查意见通知书中仅从发明未能产生预料不到的技术效果得出该申请不具有突出的实质性特点和显著的进步，从而认定该申请不具备创造性，就属于法律适用错误的情况。因为按照《专利法》第 22 条第 3 款的规定，对于一项发明，只要具有突出的实质性特点和显著的进步就具备创造性；按照《专利审查指南 2010》第二部分第四章第 3.2.2 节和第 6.3 节中的规定，如果一项发明具有突出的实质性特点，则其相对于现有技术具有有益技术效果就可以认定其具有显著的进步，并不要求其具有预料不到的技术效果。由此可知，该通知书未能正确理解《专利审查指南 2010》相关章节对《专利法》第 22 条第 3 款作出的进一步规定，导致其得出的有关申请不具备创造性的审查意见的法律适用错误。

需要说明的是，在专利代理实务中，对通知书中有关申请不具备创造性的审查意见进行分析时，对事实认定和法律适用的分析往往会结合起来进行，不必明显地将两者加以区分。

确定答复手段：对于申请不具备创造性的审查意见，通常可根据上述分析结果采用意见陈述或者修改权利要求并结合意见陈述的答复方式，必要时提供相关的证据。答复方式选择的基本原则与前面有关申请不具备新颖性的审查意见的答复方式选择的原则相似。

有关创造性的审查意见中，通常会按照《专利审查指南2010》第二部分第四章第3.2.1节中之（3）所规定的几种不具备创造性的典型情形进行分析。

①“区别特征为公知常识”（一篇对比文件结合公知常识）。例如，对于区别特征所实际解决的技术问题来说，该区别特征是本领域为解决该技术问题的惯用手段，或者是教科书或工具书中披露的解决该技术问题的技术手段。

②“区别特征为与最接近的现有技术相关的技术手段”（一篇对比文件中两个技术方案的结合）。例如，区别特征为同一份对比文件其他部分披露的技术手段，该技术手段在该其他部分所起的作用与该区别特征在要求保护的发明中为解决其实际解决的技术问题所起的作用相同。

③“区别特征为另一份对比文件中披露的相关技术手段，该技术手段在该对比文件中所起的作用与该区别特征在要求保护的发明中为解决其实际解决的技术问题所起的作用相同”（两篇或多篇对比文件的结合）。

在答复审查意见通知书时，在有关构成现有技术的形式要件不存在事实认定错误的情况下，针对上述三种情形分别作如下处理。

① 对于区别特征为公知常识的情形，即对比文件结合公知常识的情形，需要判断审查意见中认定的公知常识或惯用技术手段是否确实是本领域解决该技术问题的公知常识或惯用技术手段。如果审查意见中认定的事实正确，只能修改权利要求，甚至删除权利要求，在修改权利要求时还应当在意见陈述书中论述修改后的权利要求具备创造性的理由；如果审查意见中对公知常识或惯用技术手段的认定不正确（包括未充分举证），则在答复时可以不修改权利要求，此时最好充分说明该区别特征不是公知常识的理由（包括必要的举证），甚至可以要求审查员对区别特征是公知常识进行举证。

② 区别特征为与最接近的现有技术相关的技术手段的情形，需要确认在该对比文件的另一个技术方案是否披露了该区别特征以及该区别特征在该技术方案中所起的作用是否与其在发明中为解决该技术问题所起的作用相同。如果审查意见中认定的事实正确，只能修改权利要求，甚至删除权利要求，在修改权利要求时还应当在意见陈述书中论述修改后的权利要求具备创造性的理由；如果审查意见中对上述事实的认定错误，则在答复时可以不修改权利要求而在意见陈述书中充分论述原权利要求具备创造性的理由。

③ 区别特征为另一份对比文件中披露的相关技术手段的情形，需要确认在另一份对比文件中是否披露了该区别特征以及该区别特征在另一份对比文件中所起的作用是否与其在发明中为解决该技术问题所起的作用相同。如果审查意见中认定的事实正

确，只能修改权利要求，甚至删除权利要求，在修改权利要求时还应当在意见陈述书中论述修改后的权利要求具备创造性的理由；如果审查意见中对上述事实的认定错误，则在答复时可以不修改权利要求而在意见陈述书中充分论述原权利要求具备创造性的理由。

以下结合几个具体案例来说明如何针对缺乏创造性的审查意见进行答复。

【案例3-4】

仍以前述【案例3-2】所述的“高剂量伊班膦酸制剂”的发明专利申请为例。在申请人通过将权利要求2的内容并入到权利要求1中克服了审查意见中所指出的新颖性问题并简单陈述了理由后，在第二次审查意见通知书中又指出了修改后的权利要求的创造性问题。

发明内容

修改后的权利要求1的内容如下：

“用于口服应用的包含高至250mg氨基烷基-1，1-二膦酸衍生物或其生理学上安全的盐作为活性物质的药物组合物，其中的片芯由以下物质组成：

30.0%~36.0%的活性物质

3.0%~6.0%重量的粘合剂；

39.6%~59.4%重量的填充剂；

4.5%~5.5%重量的崩解剂；

1.8%~2.2%重量的润滑剂；和

0.9%~1.1%重量的流动调节剂。”

审查意见内容

第二次审查意见通知书指出，对比文件1公开了一种口服应用的药物组合物，具体公开了一种片剂，包含以下重量组份：活性组分伊班膦酸钠50mg，占组合物的26.93%；粘合剂羟丙基甲基纤维素5mg，占组合物的2.52%；填充剂乳糖113.80mg，占组合物的57.33%；微晶纤维素7.5mg，占组合物的3.78%；崩解剂交联聚乙烯吡咯烷酮13.75mg，占组合物的6.93%；润滑剂硬脂酸5mg，占组合物的2.5%。对比文件1的活性成分绝对含量落入权利要求1的保护范围内。权利要求1与对比文件1的区别在于：（1）权利要求1的组分还包括流动调节剂；（2）组分的组成含量不同。本申请实际要解决的技术问题是通过调整辅料制备得到二膦酸类片剂组合物。对于本领域技术人员来说，在片剂制备过程中根据颗粒性质加入流动调节剂是常规技术手段，而根据制剂制备的要求，在对比文件1的基础上，选择调整组合物中各组分的比例得到权利要求1的技术方案也是本领域技术人员的常规技术手段，因此，本领域技术人员在对比文件1的基础上得到权利要求1的技术方案是显而易见的，权利要求1相对于对比文件1无突出的实质性特点和显著的进步，不具备《专利法》第22条第3款规定的创造性。

事实认定和法律适用

首先，在审查意见中所认定的最接近的现有技术的基础上来确定权利要求 1 的技术方案与对比文件 1 的区别。为了更加直观，将权利要求 1 的产品与对比文件 1 中的片剂以列表的方式进行对比。

	本申请权利要求 1	对比文件 1 实施例 3
活性成分	高至 250mg 氨基烷基 - 1，1 - 二膦酸衍生物或其盐 片芯含 30.0% ~36.0% 活性物质	53.45mg 伊班二膦酸钠（26.9%） 相当于 50mg 伊班膦酸（25.2%）
粘合剂	**4.0% ~6.0%** （片芯）	**5.00mg 羟丙基甲基纤维素（2.5%）**
填充剂	39.6% ~59.4% （片芯）	113.80mg 乳糖 （57.3%） 7.50mg 微晶纤维素（3.8%） 总计 61.1%
崩解剂	**4.5% ~5.5%** （片芯）	**13.75mg 交联聚乙烯吡咯烷酮（6.9%）（外相）**
润滑剂	1.8% ~2.2% （片芯）	5.00mg 硬脂酸（2.5%）
流动调节剂	0.9% ~1.1% （片芯）	—

其中，可以看出如下区别：(1) 本申请权利要求 1 所述药物组合物中，粘合剂含量占片芯的 4.0% ~6.0%；而对比文件 1 中公开的片剂中，含有至多 2.5% 的粘合剂。(2) 本申请权利要求 1 所述药物组合物中，崩解剂内加在片芯中；而对比文件 1 中公开的片剂中，崩解剂是作为外相添加的。

其次，判断这种区别是否显而易见，是否为本发明带来了预料不到的技术效果。根据申请人所提供的对现有技术的分析可知，尽管对比文件 1 声称活性物质在给药剂型中的比例可以高达总量的 95%，但是自对比文件 1 公开以来，包括对比文件 1 在内的现有技术文献，从未真正制备出所谓的氨基烷基 - 1，1 - 二膦酸衍生物含量高达 95% 的药物组合物，更没有关于这种药物组合物的稳定性的记载。相反，本申请权利要求 1 所述的口服药物组合物由于上述区别技术特征（特别是粘合剂含量高 + 崩解剂内加），实现了“就温度和湿度而言在存储中的稳定性增加”的技术效果。

答复手段：意见陈述并提供相关证据

在答复审查意见时，首先指出权利要求 1 的技术方案与对比文件 1 所公开的内容的区别技术特征，然后指出所述区别技术特征所带来的上述意外技术效果。同时，为了证实所述的意外技术效果，针对说明书中已经通过实验数据证实了的技术效果，提供相关的实验数据，以比较随着温度、相对湿度和存储时间的变化，按照对比文件 1 的方案制备的片剂和按照权利要求 1 的方案制备的片剂是否发生开裂现象。在申请人提供的数据中证实，随着温度升高、相对湿度增大、存储时间延长，按照对比文件 1 的方案制备的膜包衣片剂均会发生开裂现象，而采用权利要求 1 的方案制备的膜包衣片剂在所有测试的包装材料的情况下、在所有测试的存储条件下均无裂缝产生，证实了其具有明显更好的稳定性。

【案例3-5】

发明内容

一项发明名称为“高颜料体积浓度的含水涂料组合物”的发明专利申请，其权利要求1的内容如下：

“1. 一种颜料体积浓度≥60%并且含有至少一种细碎颜料、至少一种细碎填料、至少一种聚合物基料和至少一种颜料分散剂PD以及如果合适的话还有其他常规助剂的含水涂料组合物，其中所述至少一种颜料分散剂PD是通过如下方式而得到的部分酯化的共聚物：以1:0.5~2的A:B摩尔比共聚如下组分：

a）至少一种C_4~C_{40}烯烃组分A，和

b）至少一种烯属不饱和C_4~C_8二羧酸酐组分B，

得到根据H. Fikentscher在25℃下在四氢呋喃中以1重量%的共聚物浓度测定的K值为6~100的共聚物，随后用X:Y摩尔比为1:2~200的下列组分的反应产物将所述共聚物部分酯化：

X）C_1~C_{30}醇、C_8~C_{22}脂肪酸、C_1~C_{12}烷基酚或C_2~C_{30}仲胺组分X或其混合物，和

Y）至少一种C_2~C_4氧化烯组分Y，

并且将酸酐基团水解为羧基，共聚物的部分酯化进行到1%~50%的羧基被酯化的程度。”

审查意见内容

审查意见指出，对比文件1公开了一种含有至少一种细碎颜料、至少一种细碎填料、至少一种聚合物基料和至少一种颜料分散剂PD以及如果合适的话还有其他常规助剂的涂料组合物，其中颜料分散剂是含有C_{13}~C_{40}的单烯烃和/或C_{10}~C_{40}烷基乙烯基醚、烯属不饱和C_4~C_8二羧酸酐组分的共聚物，并被部分酯化；权利要求1与对比文件1的区别在于：“至少一种C_2~C_4氧化烯组分Y”、X:Y摩尔比、参数限定，但这些区别特征已被对比文件2公开，而且该特征在对比文件2中所起的作用与在本申请中为解决其技术问题所起的作用相同，都是用于部分酯化共聚物，以得到高性能的涂料组合物，也就是说对比文件2给出了将该技术特征用于该对比文件1以解决其技术问题的启示，得到相应的参数以使涂料组合物获得较好的性能对于本领域技术人员而言是容易实现的。因此，权利要求1不具备创造性。

事实认定和法律适用

首先，在审查意见中所认定的最接近的现有技术的基础上来确定权利要求1的技术方案与对比文件的区别。

在申请人的帮助下，确定权利要求1与对比文件1的区别技术特征，即将C_4~C_{40}烯烃组分和至少一种烯属不饱和C_4~C_8二羧酸酐组分B的共聚物进一步部分酯化，其中部分酯化用上述组分X和氧化烯组分Y的反应产物（X:Y摩尔比为1:2~200）

进行。

根据本申请说明书的内容可以看出，将用这种特定方式酯化后的共聚物用于涂料组合物时，涂料组合物具有改进的耐湿磨性、提高的稳定性和降低的粘度。因此可以确定，与对比文件 1 相比，权利要求 1 要解决的技术问题是改进涂料组合物的性能，尤其是耐湿磨性、稳定性以及粘度。

其次，再对对比文件 2 的内容进行分析，判断其中是否公开了上述区别技术特征。

对比文件 2 提供了一种部分酯化的共聚物作为含水颜料悬浮液的分散剂的用途，其中共聚物的酯化用摩尔比为 1∶2～200 的 C_1～C_{30} 醇、C_8～C_{22} 脂肪酸、C_1～C_{12} 烷基酚、C_2～C_{30} 仲胺或其混合物与至少一种 C_2～C_4 氧化烯的反应产物进行。从内容上看，对比文件 2 确实如审查意见中所述公开了以上所述的区别特征。

最后，判断在对比文件 1 和/或 2 中是否给出了将该区别技术特征结合到对比文件 1 中从而解决本发明要解决的技术问题的启示。

通过仔细分析对比文件 2 的内容可以看出，尽管对比文件 2 公开了权利要求 1 的特定酯化方式，但是其并没有给出将这一特征应用到对比文件 1 的启示。

答复手段：意见陈述

意见陈述指出，由于现有技术整体上缺乏将对比文件 2 中的技术特征结合到对比文件 1 中从而解决本发明要解决的技术问题的启示，权利要求 1 所要求保护的发明与对比文件 1 和 2 的内容相比对本领域技术人员来说是非显而易见的，具备创造性。

具体陈述的理由如下：

首先，就对比文件 1 而言，虽然提到可以用醇将相应的共聚物酯化，但提到的醇仅仅是简单醇如甲醇等，并且没有一个实施例具体实施了用醇将共聚物酯化，也没有说明将共聚物部分酯化与未酯化相比对包含这种共聚物的涂料组合物的性能会产生何种影响。尽管对比文件 1 的说明书中还提到使用由对比文件 1 的方法制得的共聚物能够显著改进由稠乳化漆制得的涂料的耐湿磨性，但这种一般性描述只能说明对比文件 1 的共聚物本身具有改进耐湿磨性的作用，而且这种作用肯定不是“部分酯化”带来的，因为“部分酯化”在对比文件 1 中是任选的，并且如上所述，对比文件 1 中没有任何内容能够说明或证明“部分酯化”的效果。而结合对比文件 1 的发明目的——提供一种能改进密封混合物、灰泥、漆和建筑粘合剂的疏水性的共聚物，按照正常推理，本领域技术人员能想到的只能是，通过酯化能够更好地实现其发明目的，即更好地改进所述应用体系的疏水性。因此，本领域技术人员在面对改进涂料组合物的耐湿磨性、稳定性以及粘度方面的技术问题时，自然不会想到要在改变“部分酯化”方式这点上入手，从现有技术中寻求解决问题的手段。

其次，即使本领域技术人员能够想到通过改变具体酯化方式可以改进涂料组合物的性能，面对现有技术中不计其数的酯化方式，也不可能想到要选择对比文件 2 中的特定酯化方式。因为，对比文件2明确教导了，其获得的部分酯化的共聚物是用于作为含水颜料悬浮液的分散剂，也就是说，本领域技术人员由对比文件2能够获得的启示是，这样的部分酯化的共聚物能够改进其应用体系的分散行为，而这与本发明要解决的技术问题——改进耐湿磨性、稳定性和粘度并无关系。本领域技术人员无论如何也不可能产生将这种酯化方式应用到对比文件1的动机。

因此，由于在对比文件2中缺乏将其中的技术特征结合到对比文件1中从而解决本发明要解决的技术问题的启示，权利要求1所要求保护的发明与对比文件1和2的内容相比对本领域技术人员来说是非显而易见的，具备创造性。

2.3 涉及不授予专利权的申请的审查意见

在化学和医药生物技术领域，有关不授予专利权的申请的审查意见主要涉及《专利法》第5条第1款和第2款；以及《专利法》第25条第1款所规定的疾病的诊断和治疗方法以及动物和植物品种。

2.3.1 涉及《专利法》第5条第1款和第2款的审查意见

《专利审查指南2010》第二部分第一章第3.1.2节中规定，对于涉及非医疗目的的人造性器官或者其替代物、人与动物交配的方法、改变人生殖系遗传同一性的方法或改变了生殖系遗传同一性的人、克隆的人或克隆人的方法、人胚胎的工业或商业目的的应用、可能导致动物痛苦而对人或动物的医疗没有实质性益处的改变动物遗传同一性的方法等的发明创造，因违反社会公德，不能被授予专利权。

在《专利审查指南2010》第二部分第十章第9节中，还列举了其他一些属于《专利法》第5条第1款规定的不能被授予专利权的生物技术发明类型，包括人类胚胎干细胞及其制备方法、处于各个形成和发育阶段的人体以及人的生殖细胞、受精卵、胚胎及个体等。上述发明同样因违反社会公德而不能被授予专利权。

因此，当所要求保护的技术方案的内容确实涉及上述主题时，只能通过删除相应技术方案的方式克服审查意见中所指出的缺陷。当一项专利申请的全部内容均涉及上述主题时，则应建议申请人放弃该申请。

同样，当审查意见涉及《专利法》第5条第2款时，即当发明人违反法律、行政法规的规定获取或者利用遗传资源，并依赖该遗传资源完成了其中一项或全部发明创造时，也只能通过删除相应技术方案的方式克服审查意见中所指出的缺陷，并且当其全部发明内容均不符合《专利法》第5条第2款的规定时，只能放弃该申请。

2.3.2 涉及疾病的诊断和治疗方法的审查意见

从可以授予专利权的客体中排除疾病的诊断和治疗方法的主要目的是出于人道主义的考虑和社会伦理的原因，从而使医生在诊断和治疗过程中能够有选择各种方法和条件的自由。另一个原因则是由于这些方法直接以有生命的人体或动物体为实施对象，无法在产业上利用。

在收到涉及疾病的诊断和治疗方法的审查意见后，首先需要进行“事实认定”，即判断专利申请保护的技术方案是否确实属于《专利法》第25条第1款规定的疾病的诊断和治疗方法的范围。

然后在“事实认定”的基础上，进行“法律适用”。如果所要求保护的技术方案确实属于疾病的诊断和治疗方法，则同意审查意见，并对相应的权利要求进行修改。例如，删除其中涉及疾病的诊断和治疗方法的部分技术方案、将权利要求修改为制药用途权利要求等，或者当无法通过上述修改克服该缺陷或者在原权利要求书中已经存在相应的制药用途权利要求时，删除所述权利要求。如果经过对说明书的内容进行研究发现所述的技术方案并不属于疾病的诊断和治疗方法时，例如当所述技术方案涉及《专利审查指南2010》中所列举的在已经死亡的人体或动物体上实施的病理解剖方法、不介入人体或不产生创伤的美容方法、杀灭人体或者动物体外部的细菌、病毒、虱子、跳蚤的方法时，则不同意审查意见，并具体陈述所述技术方案不属于疾病的诊断和治疗方法的理由。另外，当权利要求的技术方案同时包括疾病的诊断/治疗方法和非诊断/治疗方法时，可通过对权利要求进行修改，删除或者排除其中不能授权的诊断/治疗方法的方案来克服该缺陷。

【案例3－6】

发明内容

原权利要求涉及一种治疗癌症的方法，包括向所需个体施用治疗有效量的通式Ⅰ的化合物或其可药用盐。

审查意见内容

审查意见指出，该权利要求的技术方案以活的人和动物体为直接实施对象，其目的是治疗疾病，因此属于《专利法》第25条第1款所规定的疾病的诊断和治疗方法的范围，不能授予专利权。

事实认定和法律适用

审查意见中认定的事实正确，该权利要求的主题明显属于疾病的治疗方法的范围，不能被授予专利权。

答复手段：修改权利要求

将上述权利要求修改为制药用途权利要求，即“通式Ⅰ的化合物或其可药用盐在制备用于治疗癌症的药物中的用途。”

2.3.3　涉及动物和植物品种的审查意见

《专利法》中明确规定了动物和植物品种不能被授予专利权。因此，当申请人的发明属于动物和植物品种时，应当通过《专利法》以外的其他法律法规寻求保护。例如，对于植物新品种，可以通过《植物新品种保护条例》进行保护。如果审查员关于动物和植物品种的审查意见是正确的，申请人只能通过删除相应技术方案的方式来克服上述缺陷。

需要特别强调的是，对于有关微生物，包括细菌、真菌、病毒、藻类等的发明，《专利审查指南2010》中明确规定了它们并不属于《专利法》第25条第1款规定的动物和植物品种的范畴。

2.4 涉及说明书公开不充分的审查意见

《专利法》第26条第3款规定，说明书应当对发明或实用新型作出清楚、完整的说明，以所属领域的技术人员能够实现为准。《专利审查指南2010》进一步规定了由于缺乏解决技术问题的技术手段，或者所提出的技术问题未能够解决，或者声称的技术效果未得到证实而被认为无法实现的几种情形：

① 说明书中只给出任务和/或设想，或者只表明一种愿望和/或结果，而未给出任何使所属领域的技术人员能够实施的技术手段。

② 说明书中给出了技术手段，但对所属技术领域的技术人员来讲，该手段是含糊不清的，根据说明书记载的内容无法具体实施。

③ 说明书中给出了技术手段，但所属技术领域的技术人员采用该手段不能解决所要解决的技术问题。

④ 申请的主题为由多个技术手段构成的技术方案，对于其中一个技术手段，所属技术领域的技术人员按照说明书记载的内容不能实现。

⑤ 说明书中仅给出了具体的技术方案，但未给出实验数据，而该方案又必须依赖实验结果加以证实才能成立。

在收到涉及说明书公开不充分的审查意见后，首先要确定说明书是否确实存在公开不充分的问题，如果权利要求的全部主题或部分主题在说明书中公开不充分，审查意见成立，则考虑放弃申请或者删除公开不充分的部分主题；如果认为审查意见不成立，审查意见体现出对技术背景理解不够或者未正确理解发明创造，则应充分陈述说明书公开充分的理由，必要的时候提供现有技术证据。

在提供现有技术证据时，需要注意以下几点：

① 对于用于证明未公开的内容属于本领域公知常识的证据，使用时应当慎重，避免其成为证明发明不具备创造性中的公知常识性证据。

② 以现有技术公开的内容作为证据来证明申请已充分公开发明时，最好这些证据是该申请说明书中已记载的引证文件。其中，引证文件是外国专利和非专利文献时，其公开日应当早于该申请的申请日；而引证文件是中国专利文献时，其公开日不晚于该申请的公开日。只有满足这一条件时，才可认为该申请说明书中记载了这些引证文件中的内容。

③ 一个或多个证据记载的内容不应相互矛盾，否则依然无法确认请求保护的技术方案的内容。

④ 若一个或多个证据表明某一技术特征具有多种含义，而这些含义并非都能实现

发明，则依然无法确认请求保护的技术方案的内容。

⑤ 即使提交的证据证明某一技术手段属于现有技术，但该技术手段不能直接与申请说明书中记载的内容相结合，则依然无法确认请求保护的技术方案的内容。

以下结合具体案例来说明医药、生物以及化学领域中经常遇到的说明书公开不充分的情况以及答复策略。

【案例 3 - 7】

关于化学产品的充分公开，在《专利审查指南 2010》第二部分第十章作了明确的规定，其不仅要求公开化学产品的确认、制备，而且还要公开化学产品的用途和/或使用效果。对于新的药物化合物或者药物组合物，明确规定了应当记载其具体医药用途或药理作用、有效量及使用方法。如果本领域技术人员无法根据现有技术预测发明能够实现所述医药用途、药理作用，则应当记载对于本领域技术人员来说足以证明发明的技术方案可以解决预期要解决的技术问题或者达到预期的技术效果的实验室实验或者临床实验的定性或者定量数据。

在药物领域的许多专利申请中，特别是一些国外申请人的专利申请中，对化合物的确认和制备方法通常都会有较详细的描述，而对于药理学实验数据，有时只是具体描述药理学实验的方法，对于实验结果只是泛泛地概括为“本发明的化合物在上述实验中具有×××的 IC_{50} 值”。在国内目前的专利审查中，审查员通常要求申请人在说明书中公开具体化合物的实验数据，以上关于“本发明的化合物在上述实验中具有×××的 IC_{50} 值”的描述通常被认为是一种概括性的结论而不是符合《专利审查指南 2010》规定的定性或定量数据。因此，当一件专利申请的说明书中仅以上述方式对其中所公开的化合物的药理学实验结果进行了描述的话，该申请将面临因公开不充分的缺陷而被驳回的严重后果。并且该缺陷无法通过补交实验数据来克服。

发明内容

一件发明名称为“促进甲状旁腺激素释放的芳基 - 喹唑啉/芳基 - 2 - 氨基 - 苯基甲酮衍生物”的专利申请，在其说明书中提供了 179 个关于化合物合成的实施例，在每一个实施例中均对合成的化合物给出了用于产品结构鉴定的核磁和质谱数据，并且在说明书中也对所述化合物的有效量及使用方法进行了描述。此外，还在说明书中明确描述了测定化合物活性的磷酸肌醇形成实验以及细胞内游离钙实验。关于实验结果，其在说明书记载的内容是“当在上述实验中进行测量时，本发明试剂的 IC_{50} 值通常为约 50μM 至约 10nM 或更低”。

审查意见内容

审查意见指出，在该申请的说明书中只描述了化合物的制备方法和体外活性实验的方法，既未提出是具体采用的哪些化合物进行的活性实验，也未提供具体的实验数据，仅概括性地描述了该发明试剂的 IC_{50} 通常为约 50μM 至 10nM 或更低。本领域技术人员无法根据说明书的内容和本领域公知常识得出该发明的化合物是否具有如说明书所述的药理活性以及究竟哪些化合物具有这样的作用，因此，该申请提出的解决技术问题的手段是模糊不清的，而且未提供证实技术方案成立的实验证据，因此该申请的说明书未对发明作出清楚、完整的说明，不符合《专利法》第26条第3款的规定。

事实认定和法律适用

审查意见中对该申请说明书公开不充分的评述没有违背《专利审查指南2010》的相关规定。

答复手段：意见陈述

该申请的申请人为国外申请人，其在欧洲、美国等的相应申请并未被指出存在说明书公开不充分的缺陷，因此，虽然专利代理人在转达审查意见时已经明确告知申请人该申请很难在中国获得授权，申请人仍然坚持进行答复。在申请人提供的建议的基础上，专利代理人对上述公开不充分的意见进行了如下答复：在本申请的实施例中所具体公开的所有化合物均在本申请所描述的两种实验的至少一种中进行了测试并且发现它们均是PCaR的拮抗剂，从而得到了上述的实验结果：在上述实验中，“本发明试剂的IC_{50}值通常为约50μM至约10nM或更低”，并且上述数据是完全符合《专利审查指南2010》规定的定性实验数据，因此，本申请的说明书已经对本发明进行了清楚、完整的说明。

该申请的后续结果是审查员不能接受申请人的上述意见陈述，从而以公开不充分为由驳回了上述申请。在向专利复审委员会提出复审请求后，专利复审委员会维持了审查员的驳回决定。

第三章

【案例3－8】

发明内容

一项发明名称为“通过天然化学连接作用制备的羟烷基淀粉和蛋白质的接合物”的专利申请，其权利要求要求保护一种具有药物活性的蛋白质和羟烷基淀粉的接合物。在该申请的说明书中描述了所述接合物的制备方法以及制得的接合物的理化性质，但没有给出所述接合物的药理学活性实验结果。

审查意见内容

审查意见指出，在该申请的说明书中，只描述了所述接合物的制备以及其凝胶电泳结果，而没有提供任何药理学实验数据来证实所制备的接合物的药理学活性，因此本领域技术人员无法根据说明书的内容预见到该发明的接合物具有如说明书所述的药理活性。因此，该申请的说明书公开不充分。

事实认定和法律适用

从该申请的说明书可以看出，该发明的目的是提供一种具有药物活性的蛋白质和羟烷基淀粉的接合物，以克服例如现有技术中的聚乙二醇（PEG）化药物的共同的缺点，即还不十分清楚非天然聚合物PEG的代谢途径。对于这种类型的接合物而言，现有技术的状态是，将官能团化的聚合物与治疗性蛋白共价连接可以在保持其原有的药理活性的基础上延长所述蛋白质在体内的循环期、降低其抗原性和免疫原性并改善其对蛋白水解作用的抵抗性是本领域公知的。因此确定，审查意见中认定的该申请说明书公开不充分的理由不能成立，说明书已对该发明作出清楚、完整的说明，符合《专利法》第26条第3款的规定。

答复手段：意见陈述

在意见陈述中指出，将官能团化的聚合物与治疗性蛋白共价连接可以保持其原有的药理活性是本领域公知的，因此，虽然在该申请的说明书中没有提供该申请的接合物的药理学实验数据，本领域技术人员也完全可以根据该申请说明书的内容并结合上述现有技术的内容而预见到该申请所要求保护的接合物所具有的活性和功效，例如，具有上述蛋白质本身所固有的药理活性并且同时延长所述蛋白质在体内的循环期、降低其抗原性和免疫原性并改善其对蛋白水解作用的抵抗性等。因此，该申请的说明书已经对该发明作出了清楚、完整的说明，符合《专利法》第26条第3款的规定。

【案例3－9】

发明内容

一项发明专利申请要求保护化合物A的新制药用途，在申请中对化合物A的药理学实验方法和实验结果进行了描述，但未对获得该化合物A的方法进行任何描述。

审查意见内容

审查意见指出，经检索发现，在该申请的优先权日之前，化合物A是未知的，即在该申请的优先权日之时，本领域技术人员无法获得该化合物A。因此，该申请的说明书公开不充分。

事实认定和法律适用

审查意见中认定的事实正确。事实上，在同一申请人的另一件专利申请中，对化合物A的制备和鉴定进行了描述，但该申请的公开日介于本申请的优先权日和申请日之间。

答复手段

经申请人检索证实，在该申请的申请日之前并没有可以破坏该申请新颖性和创造性的对比文件。因此，申请人通过放弃该申请的优先权使其另一件专利申请成为该申请的现有技术，以此来克服上述公开不充分的缺陷。

2.5 涉及权利要求或说明书不清楚的审查意见

权利要求书应当清楚，一是指每一项权利要求应当清楚，二是指构成权利要求书的所有权利要求作为一个整体也应当清楚。

“每项权利要求应当清楚”包含两方面的含义：权利要求的类型清楚；权利要求的用语清楚地限定了保护范围。

就权利要求的类型清楚来说，首先要求权利要求的主题名称能够清楚地表明该权利要求的类型是产品权利要求还是方法权利要求。不允许采用模糊不清的主题名称，例如，“一种……组合”、“一种配方”等，因为所述的“组合”和“配方”既可以作为动词也可以作为名词，因此导致本领域技术人员无法确定以上权利要求要求保护的是产品还是方法。当审查意见指出上述缺陷时，可以通过例如将权利要求的主题修改为“一种组合产品”、“一种药物组合物”、“一种药物制剂”等来克服。其次，权利要求的主题名称还应当与权利要求的技术内容相适应。例如，产品权利要求通常由产品的结构特征组成，除非产品权利要求中的一个或多个技术特征无法用结构特征并且也不能用参数特征予以清楚的表征时，才允许借助于方法特征表征。

就权利要求的用语应当清楚地限定权利要求的保护范围来说，首先要求权利要求中的用词采用相关技术领域通常具有的含义。即使在特定情况下，如果说明书中指明了某词具有特定的含义，此时也应当尽可能在该权利要求中将该特定含义限定清楚，使得根据权利要求的表述即可明确其含义。其次，还要求每个权利要求的所有技术特征清楚地界定了该权利要求的保护范围，例如独立权利要求应当反映出其为解决技术问题所采取的技术措施，不能在其特征部分仅仅写明还包括一个解决此技术问题的结构或部件，从属权利要求中应当将两个密不可分的技术手段写入同一项从属权利要求，而不要将其分拆成两项从属权利要求。

最后，构成权利要求书的所有权利要求作为一个整体也应当清楚，这是指权利要求之间的引用关系应当清楚（参见《专利审查指南 2010》第二部分第二章第 3. 1. 2 节和第 3. 3. 2 节）。

如果说明书仅仅是形式上不清楚，即说明书的撰写方式和顺序不符合《专利法实施细则》第 17 条、第 18 条的规定，则很容易通过修改克服缺陷。

针对涉及权利要求或说明书不清楚的审查意见，同样先进行事实认定，确定权利要求和说明书是否存在不清楚的缺陷，在事实认定的基础上进行法律适用。

确定答复方式：对于审查意见中指出的确实存在的不清楚的问题，通常需要以修改的方式来克服缺陷。例如，当权利要求中使用了自定义的技术特征时，尽管说明书中已经对该技术特征的含义进行了说明，有时仍需要根据说明书中对该技术特征给出的含义在该权利要求中补入适当的内容，以使权利要求本身就已清楚地限定其保护范围。如果审查意见是由于不理解技术术语而指出权利要求的保护范围不清楚的问题，专利代理人则应当进行解释说明，必要时可以提供证据加以证明。

【案例 3 – 10】

发明内容

独立权利要求 1 涉及通式 I 的化合物，在其中定义了 R^1 可以是芳基。在其从属权利要求 2 中，定义了 R^1 可以是嘧啶基、吡啶基等杂芳基。在该申请的说明书中，定义了“在本申请的说明书和权利要求中，所述的芳基是指含有 6 ~ 10 个碳原子的芳香族碳环基团以及其中的一个或多个芳基碳原子被选自氮、氧和硫的杂原子的代替了的所述芳香族碳环基团”。

第三章

审查意见内容

审查意见指出，在该申请中关于芳基的定义不同于本领域技术人员常规理解的含义，因此导致了权利要求1的保护范围不清楚。同时，由于在常规含义中，芳基的概念并不包括杂芳基如嘧啶基、吡啶基等，因此，权利要求2对权利要求1的引用关系也不清楚。

事实认定和法律适用

审查意见中认定的事实正确。

答复手段：修改权利要求并意见陈述

在答复审查意见时，首先对权利要求1中关于R^1的定义根据说明书的内容进行修改，将其改为"R^1是含有6~10个碳原子的芳香族碳环基团以及其中的一个或多个芳基碳原子被选自氮、氧和硫的杂原子的代替了的所述芳香族碳环基团"。此外，在意见陈述中，指明以上修改在说明书中的出处并陈述以上修改没有超出原说明书记载的范围的理由。

2.6 涉及独立权利要求缺少必要技术特征的审查意见

第三章

必要技术特征是指，发明或者实用新型为解决其技术问题所不可缺少的技术特征，其总和足以构成发明或者实用新型的技术方案，使之区别于背景技术中所述的其他技术方案。判断某一技术特征是否为必要技术特征，应当从所解决的技术问题出发并考虑说明书描述的内容。

针对涉及独立权利要求缺少必要技术特征的审查意见，也是先进行事实认定，从说明书中记载的发明的目的或者要解决的技术问题出发，分析独立权利要求是否能够解决其技术问题；然后看法律适用，如果独立权利要求的技术方案能解决其提出的技术问题，则不缺少必要技术特征，否则缺少必要技术特征。

至于答复方式，根据上述分析结果加以确定：如果认为独立权利要求缺少必要技术特征的审查意见正确，则可以不修改独立权利要求而仅陈述原权利要求的技术方案为什么能解决说明书中所写明的技术问题；相反，如果认为审查意见正确，则应当将必要技术特征补入独立权利要求，并在意见陈述书中论述修改后的独立权利要求已消除通知书中所指出的缺少必要技术特征这一缺陷的理由。需要说明的是，若说明书中记载的要解决的技术问题有多个，而该独立权利要求能解决其中一个问题，则也可以不修改独立权利要求，而将说明书中所写明的多个要解决的技术问题有层次地分开，将独立权利要求能解决的技术问题作为该发明要解决的技术问题，将其他几个技术问题作为该发明进一步解决的技术问题。

【案例3-11】

发明内容

一项发明名称为"2，2'-二羟基联苯的生产方法"的专利申请，其权利要求1

的内容如下：

"一种通过借助过氧化物在水存在下在0～100℃的温度下氧化偶联在邻位具有氢原子的两种酚类分子而制备2，2'-二羟基联苯的方法，该方法包括在水不溶性聚合物存在下进行制备，该聚合物含有：

a）0.1～99.9重量%的至少一种乙烯基杂环化合物；

b）0.1～10重量%的至少一种双官能交联剂组分；

c）0～99.8重量%的苯乙烯或至少一种单不饱和苯乙烯衍生物或其混合物；

各组分a）、b）和c）的重量百分数共计100%。"

审查意见内容

第一次审查意见通知书指出，从该申请所给出的背景技术文件中可以得出，当采用过氧化酚类分子来制备二羟基联苯化合物时都需要采用金属催化剂，由此当缺少"金属催化剂"这一技术特征时，权利要求1的方案无法解决其技术问题，因此权利要求1缺少解决其技术问题的必要技术特征"金属催化剂"。

事实认定和法律适用

通过阅读该申请的说明书可以看出，该发明所要解决的技术问题是现有技术中所述的通过借助过氧化物在水存在下在0～100℃的温度下氧化偶联两分子的2，4-二甲基苯酚制备2，2'-二羟基联苯的方法中，由于转化过程中形成橡胶状粘稠物质而导致反应器和反应器内件的污染等问题。该发明所提供的解决上述技术问题的方法是使上述反应在水不溶性聚合物存在下进行，而催化剂的作用是改变反应速率，与该发明要解决的技术问题无关。因此，"金属催化剂"并不是权利要求1的必要技术特征。因此，权利要求1不缺少必要技术特征。

答复手段：意见陈述

在意见陈述中，在阐明该发明所要解决的技术问题的基础上指出，对于权利要求1所要求保护的技术方案来说，其所要解决的技术问题是消除反应过程中形成橡胶状粘稠物质而导致反应器和反应器内件的污染等问题，而催化剂的作用是改变反应速率，与该发明要解决的技术问题无关。故现有技术中的"金属催化剂"并非是权利要求1的必要技术特征。因此，权利要求1并不缺少必要技术特征。

【案例3-12】

发明内容

一项发明名称为"稳定的头孢菌素冻干制剂及其制备方法"的发明专利申请，其独立权利要求1的内容如下：

"制备稳定的可药用的头孢菌素衍生物冻干制剂的方法，所述冻干制剂含有头孢菌素A或其可药用盐或多晶型作为活性成分并且含有甘露醇作为稳定剂，所述方法包括将包含所述头孢菌素衍生物和甘露醇的水溶液冷冻干燥。"

审查意见内容

审查意见指出，根据本领域的常规知识，头孢菌素类仅在特定的 pH 范围内才能在溶液中保持稳定。由于该发明涉及一种从头孢菌素溶液制备稳定的头孢菌素冻干制剂的方法，用于冻干的溶液的 pH 对于制备冻干制剂过程中头孢菌素的稳定性来说显然是至关重要的。因此，对于权利要求 1 所述的方法来说，用于冻干的溶液的 pH 是获得稳定的可药用的头孢菌素衍生物冻干制剂的必要技术特征，当缺少这一特征时，本领域技术人员无法确保权利要求 1 的方法可以获得稳定的头孢菌素冻干制剂。因此，权利要求 1 缺少必要技术特征。

事实认定和法律适用

通过分析现有技术的内容，确定审查意见中认定的事实正确。

答复手段：修改权利要求

根据说明书记载的内容对权利要求 1 中水溶液的 pH 进行了限定，将原权利要求 1 中的相应内容修改为“所述方法包括将 pH 为 4.0～5.0 的包含所述头孢菌素衍生物和甘露醇的水溶液冷冻干燥”。

2.7 涉及权利要求未以说明书为依据的审查意见

权利要求书应当以说明书为依据，是指权利要求应当得到说明书的支持。权利要求书中的每一项权利要求所要求保护的技术方案应当是所属技术领域的技术人员能够从说明书充分公开的内容中得到或概括得出的技术方案，并且不得超出说明书公开的范围。

权利要求通常由说明书记载的一个或者多个实施方式或实施例概括而成。权利要求的概括不应超出说明书公开的范围。如果所属技术领域的技术人员可以合理预测说明书给出的实施方式的所有等同替代方式或明显变型方式都具备相同的性能或用途，则应当允许申请人将权利要求的保护范围概括至覆盖其所有的等同替代或明显变型的方式。

《专利审查指南 2010》对包含有上位概念概括或并列选择方式概括技术特征的权利要求和对包含有功能性或效果限定技术特征的产品权利要求分别规定了权利要求得不到支持的几种情形：

① 对于用上位概念概括或用并列选择方式概括的权利要求，如果权利要求的概括包含了申请人推测的内容，而其效果又难于预先确定和评价，应当认为这种概括超出了说明书公开的范围。如果权利要求的概括使所属技术领域的技术人员有理由怀疑该上位概括或并列概括所包含的一种或多种下位概念或选择方式不能解决发明或者实用新型所要解决的技术问题，并达到相同的技术效果，则应当认为该权利要求没有得到说明书的支持。

② 对于产品权利要求中所包含的功能性限定的技术特征，应当理解为覆盖了所有

能够实现所述功能的实施方式。如果权利要求中限定的功能是以说明书实施例中记载的特定方式完成的，并且所属技术领域的技术人员不能明了此功能还可以采用说明书中未提到的其他替代方式来完成，或者所属技术领域的技术人员有理由怀疑该功能性限定所包含的一种或几种方式不能解决发明或者实用新型所要解决的技术问题，并达到相同的技术效果，则权利要求中不得采用覆盖了上述其他替代方式或者不能解决发明或实用新型技术问题的方式的功能性限定；如果说明书中仅以含混的方式描述了其他替代方式也可能适用，但对所属技术领域的技术人员来说，并不清楚这些替代方式是什么或者怎样应用这些替代方式，则权利要求中的功能性限定也是不允许的；另外，纯功能性的权利要求得不到说明书的支持，因而也是不允许的。

针对涉及权利要求未以说明书为依据的审查意见，在阅读和理解审查意见通知书的基础上明确该审查意见是针对哪一种情况（上位概念概括、并列选择概括、功能或效果限定的技术特征，甚至指涉及数值范围的技术特征），在此基础上首先核实该审查意见作出上述结论所依据的事实认定（如一种或几种下位概念或选择方式不能解决该发明要解决的技术问题等）是否正确，然后在事实认定的基础上判断其法律适用是否正确。

在分析这类审查意见是否正确时，对于通知书中所针对的不同情况应当采用不同的分析方式。对于采用上位概念概括的权利要求，主要分析发明是利用该上位概念的各个下位概念的共性还是仅利用某下位概念的个性来解决技术问题，如果利用共性解决技术问题则可以重点考虑审查意见的事实认定或法律适用在什么方面存在不合适之处，以便作出意见陈述，反之，应当认定审查意见正确。对于采用并列选择方式概括的权利要求，应当将这些并列选择方式按照其性质相近的分成几组，若各组中都至少给出一个实施例，则重点考虑审查意见的事实认定或法律适用在什么方面存在不合适之处，以便作出意见陈述，反之，应当认定审查意见正确。对于采用功能或效果限定的产品权利要求，应当分析解决该技术问题的关键是采取具体的结构来实现该功能或达到该效果，还是借助能实现该功能的部件与其他技术手段的结合；若是通过实现该功能的部件与其他手段的结合解决本发明的技术问题，就可重点考虑审查意见的事实认定或法律适用在什么方面存在不合适之处，以便作出意见陈述，反之，解决该技术问题的关键是由具体的结构来实现该功能或达到该效果，就应当认为审查意见正确。

在分析审查意见是否正确时，需要注意的是，当要求保护的技术方案的部分或全部内容在原始申请的权利要求书中已经记载而在说明书中没有记载时，允许将其补入说明书。但是权利要求的技术方案在说明书中存在一致性的表述，并不意味着权利要求必然得到说明书的支持。只有当所属技术领域的技术人员能够从说明书充分公开的内容中得到或概括得出该项权利要求所要求保护的技术方案时，记载该技术方案的权利要求才被认为得到了说明书的支持。

答复方式同样依据对审查意见的分析结果来确定：认为审查意见正确，则应当在修改相应权利要求的基础上陈述意见，具体说明修改后的权利要求已消除通知书中所指出上述缺陷的理由；认为审查意见不正确，则可以仅作出意见陈述。

【案例3－13】

发明内容

一项发明名称为“可在口中分散的阿戈美拉汀的固体药物组合物”的发明专利申请，其权利要求1的内容如下：

“一种可在口中分散的阿戈美拉汀的固体药物组合物，其特征在于其包含：

——阿戈美拉汀，

——由共干燥的乳糖和颗粒状淀粉所组成的颗粒。”

审查意见内容

第一次审查意见通知书指出，在该申请的说明书中，只制备了由特定的市售颗粒STARLAC®和阿戈美拉汀制备的固体药物组合物，并且仅证实了该固体药物组合物可在口腔中快速崩解。本领域技术人员根据说明书的描述无法确认任何由共干燥的乳糖和颗粒状淀粉所组成的颗粒均能达到与STARLAC®相同的效果。因此，该权利要求得不到说明书的支持。

事实认定和法律适用

审查意见中认定的事实正确，在说明书确实仅记载了一种特定的实施方式。

答复手段：修改权利要求并意见陈述

修改方式：对申请人来说，如果在权利要求中用商标来限定某一技术手段，那么由于生产该产品的商家并没有为申请人长期维持生产某一产品和维持相关组成和性质不变的义务，所以可能会导致与发明有关的产品组成和性质随着时间而改变，而且也给授权后的维权带来不利。因此在与申请人的沟通中，申请人和专利代理人均不倾向于把权利要求直接限定为特定商标的产品。考虑到此时是答复第一次审查意见通知书，尚存在进一步缓冲的空间，因此并没有直接将权利要求1中的由共干燥的乳糖和颗粒状淀粉所组成的颗粒限定为STARLAC®，而是根据说明书记载的内容“所说的存在于本发明固体药物组合物中的颗粒相当于在专利申请EP 00/402159.8中所描述的组合物。这些颗粒中乳糖/淀粉比为90/10至25/75，其特征为具有球形结构和有利的可压缩性，并且以STARLAC®的名称进行销售”。将权利要求1中所述“由共干燥的乳糖和颗粒状淀粉所组成的颗粒”的乳糖/淀粉比限定为90/10至25/75，并在意见陈述书中陈述了修改后的权利要求1可以得到说明书支持的理由。

针对上述修改，审查员再次以该申请的说明书仅仅公开了一种具体实施方式为由坚持认为修改后的权利要求1仍然得不到说明书的支持。在此情况下，为了防止申请被直接驳回，经过与申请人的沟通，最终将权利要求1中的“由共干燥的乳糖和颗粒状淀粉所组成的颗粒”限定为STARLAC®。该申请最终获得授权。

【案例3－14】

发明内容

一项发明名称为“甘氨酸摄取抑制剂”的发明专利申请，其中有一项权利要求涉及权利要求1所述的式Ⅰ化合物在制备用于治疗基于甘氨酸摄取抑制剂的疾病的药物中的用途。

审查意见内容

审查意见指出，在该申请的说明书中只证实了部分式Ⅰ的化合物具有抑制甘氨酸摄取的活性，并没有提供任何证据表明该化合物能够用于治疗所有与抑制甘氨酸摄取有关的疾病，因此，该权利要求得不到说明书的支持。

事实认定和法律适用

审查意见中的观点符合当前的审查实践标准。

答复手段：修改权利要求并意见陈述，同时提供现有技术的证据

对该权利要求中的疾病进行进一步的具体限定，将其限定为说明书中具体列举的精神病、疼痛、记忆和学习功能障碍、精神分裂症，并提供相关的现有技术文章来证实甘氨酸摄取抑制剂可以用于治疗精神病、疼痛、记忆和学习功能障碍、精神分裂症是本领域公知的，因此本领域技术人员可以根据该申请说明书所公开的内容并结合现有技术的内容而预见该发明的化合物可以用于治疗上述具体疾病。

2.8　涉及修改超出原说明书和权利要求书记载范围的审查意见

《专利法》第33条规定，申请人可以对专利申请文件进行修改，但是，对发明和实用新型专利申请文件的修改不得超出原说明书和权利要求书记载的范围。

针对涉及修改超范围的审查意见，首先进行事实认定，将修改后的技术内容与原始说明书和权利要求书记载的技术内容进行比较，以此来判断是否修改超范围。如果申请文件修改时增加的内容或者修改后的内容能够从原说明书和权利要求书记载的内容直接地、毫无疑义地确定的内容，则所作修改符合《专利法》第33条的规定；否则，修改就超出原说明书和权利要求书记载的范围。特别需要注意的是，权利要求是否得到说明书的支持并不是判断对权利要求的修改是否超出原始公开范围的标准。

根据上述分析结果确定答复方式：通过分析认为申请文件修改的内容确实超出原说明书和权利要求书记载范围的情况，只能通过再次修改申请文件（将超出原说明书和权利要求书记载范围的内容删去或者将有关内容按照说明书和权利要求书的记载方式作出修改）来消除这一缺陷，并在意见陈述书中作出说明。对于能够确定未超出原说明书和权利要求书记载范围的修改内容，需要在意见陈述书中充分陈述上次修改后的内容可以根据原说明书和权利要求书记载的内容以及说明书附图直接地、毫无疑义地确定的理由。

关于修改是否超出原说明书和权利要求书记载范围的判断原则和典型案例参见本

书第四章的内容，在此不再结合案例作进一步说明。

2.9 涉及属于同样的发明创造的审查意见

《专利法》第9条第1款规定了同样的发明创造只能授予一项专利权。其中“同样的发明创造”是指两件或两件以上申请（或专利）中存在保护范围相同的权利要求。

在专利代理实务中，可能会导致重复授权的情况主要有两种：就同样的发明创造于同日提交了发明和实用新型专利申请；分案申请的权利要求书中保留了与母案申请某一项或某些权利要求保护范围相同的权利要求。

在答复审查意见时，先进行事实认定，核实审查意见中指出的涉及相同的发明创造的权利要求的保护范围是否相同，在事实认定基础上进行法律适用。

在确定答复方式时，对于涉及同样发明的审查意见，需要先确定导致两件申请具有相同保护范围的权利要求属于前述哪一种情况。

对于分案申请与母案申请出现保护范围相同权利要求的情况，答复方式比较简单，如果通过分析认为审查意见正确，两者之间的确存在保护范围相同的权利要求，则对尚未授权的那件申请的权利要求书进行修改，删去与另一件申请或专利中的某项权利要求保护范围相同的权利要求，或者将该权利要求修改成与另一件申请或专利中任何一项权利要求保护范围均不相同，然后在意见陈述书中说明所作修改已消除了通知书中所指出的上述缺陷，符合《专利法》第9条第1款的规定；如果通过分析认为两者之间不存在相同保护范围的权利要求，则可以仅在意见陈述书中陈述两者不是同样的发明，即具体说明相应权利要求之间的保护范围不相同的理由。

对于同日提交发明和实用新型专利申请的情况，由于此时实用新型专利已经授权，因而还可以有另一种答复方式，声明放弃已授权的实用新型专利。也就是说，当通过分析认为审查意见正确时，除了可以采取对发明专利申请的权利要求书进行修改以使其所有权利要求在保护范围上与已授权实用新型专利的权利要求有区别并作出意见陈述的答复方式外，还可以采用声明放弃已授权实用新型专利而对发明专利申请的权利要求书不作修改的答复方式。当然，如果在发明实质审查过程中由于为消除审查意见通知书指出的缺陷而使发明专利申请权利要求书中的所有权利要求均与已授权的实用新型专利的所有权利要求的保护范围不同，此时可不必再声明放弃已授权的实用新型专利，而只需要在意见陈述书中论述目前提交的发明专利申请的权利要求书与已授权的实用新型专利不再是同样的发明创造的理由。

采用放弃在先已获授权的实用新型专利的方式进行答复的法律依据是《专利法》第9条第1款的规定：“同样的发明创造只能授予一项专利权。但是，同一申请人同日对同样的发明创造既申请实用新型专利又申请发明专利，先获得的实用新型专利权尚未终止，且申请人声明放弃该实用新型专利权的，可以授予发明专利权。”同时要注意《专利法实施细则》第41条第2款的规定：“同一申请人在同日（指申请日）对同样的发明创造既申请实用新型专利又申请发明专利的，应当在申请时分别说明对同样的发明创造已申请了另一专利；未作说明的，依照专利法第九条第一款关于同样的发明创造只能授予一项专利权的规定处理。”

根据上述两条款的规定，对于同日对同样的发明创造既申请了实用新型专利又申请了发明专利的，如果申请人申请时提交了说明（参见发明专利请求书表格第㉑项，实用新型专利请求书表格第⑱项），那么申请人在实用新型专利权尚未终止的情况下可以通过声明放弃实用新型专利权的方式，获得发明专利权。但是，如果申请人没有在申请日时进行说明，那么就不允许申请人通过放弃实用新型专利权的方式获得发明的授权，而只能放弃待审的发明专利申请，或对其进行修改使其与实用新型专利权不构成同样的发明创造。

【案例3－15】

在本案例中，分案申请与母案申请的独立权利要求的保护范围不同，因此以陈述意见的方式作出答复。

发明内容

母案申请和分案申请均要求保护一种内窥镜球囊控制装置，母案申请的权利要求1如下：

“1. 一种内窥镜球囊控制装置，具有：

泵，其向安装在内窥镜的插入部前端部的外周部的固定用球囊供给气体以及从所述球囊排出气体；

时间检测部，其检测对上述球囊的供气和吸气时间；

控制部，其测定……则停止上述泵；以及

倒流防止用箱，其具有上述球囊用的箱，……以防止上述液体的倒流。”

分案申请的权利要求1如下：

“1. 一种内窥镜球囊控制装置，具有：

泵，其向安装在使内窥镜插通的外套管的前端部外周部的固定用球囊供给气体，并且从上述球囊排出上述气体；

时间检测部，其检测对上述球囊的供气以及吸气时间；

控制部，其测定……则停止上述泵；以及

倒流防止用箱，其具有上述球囊用的箱，……以防止上述液体的倒流。”

审查意见内容

审查意见指出：分案申请的权利要求1与母案申请的权利要求1保护范围相同，为同样的发明，不符合《专利法》第9条第1款的规定。

事实认定

在母案的权利要求1中，固定用球囊安装在内窥镜的插入部前端部的外周部；而在分案申请的权利要求1中，固定用球囊安装在使内窥镜插通的外套管的前端部外周部。这两个技术特征是不相同的，因此母案申请的权利要求1和分案申请的权利要求1的保护范围是不同的，因此审查意见中认定的事实不正确。

答复手段：仅作意见陈述

鉴于审查意见不正确，母案申请的权利要求1与分案申请的权利要求1的保护范围不同，因此不必修改申请文件，而仅在意见陈述书中说明两者保护范围不同的理由，即在指出两者权利要求1之间存在差异的基础上，论述了这一表述差异明确体现了两者权利要求1的保护范围不同，因此该申请符合《专利法》第9条第1款的规定。

2.10 涉及申请文件不满足单一性要求的审查意见

单一性，是指一件发明或者实用新型专利申请应当限于一项发明或实用新型，属于一个总的发明构思的两项以上的发明或实用新型，可以作为一件申请提出。即如果一件申请包括几项发明或实用新型，则只有在这几项发明或实用新型之间属于一个总的发明构思的情况下才被允许。

针对涉及单一性的审查意见，也要对事实认定和法律适用进行判断。按照《专利法实施细则》第34条和《专利审查指南2010》第二部分第六章的规定，在判断合案申请的几项发明是否满足单一性要求时，主要分析几项发明的独立权利要求相对于现有技术是否存在一个或多个相同或相应的特定技术特征，只要具有一个相同或者相应的特定技术特征，则满足单一性的要求；相反，若他们之间既没有一个相同的特定技术特征，又没有一个相应的特定技术特征，则这几项发明之间不具有单一性，不符合《专利法》第31条的规定。

答复方式根据对审查意见的分析结果来确定：若审查意见正确，则修改申请文件并陈述意见；若审查意见不正确，可以仅陈述意见而不修改申请文件。具体说来，如果通过分析，认为该申请的几项独立权利要求之间不具有单一性，可删除不具有单一性的权利要求或技术方案，也可对与其他发明不具有单一性的独立权利要求进行修改，使之与其他几项独立权利要求具有相同或相应的特定技术特征，在此基础上说明经过修改的权利要求书已消除审查意见通知书中所指出缺陷的理由，其中对于采取删除方式消除缺陷的，可以只作简单说明，而通过修改独立权利要求具体技术特征来消除缺陷的，则应当充分说明修改后的权利要求书中不再存在不满足单一性缺陷的理由。若通过分析认为申请的所有独立权利要求之间具有单一性，则可以仅进行意见陈述而不修改权利要求书。

【案例3－16】

本案例涉及马库什权利要求的单一性问题。在化学领域，这是比较常见而且很特殊的问题。对于马库什要素是化合物的权利要求的单一性，《专利审查指南2010》第二部分第十章第8.1.1节规定：

“当马库什要素是化合物时，如果满足下列标准，应当认为它们具有类似的性质，该马库什权利要求具有单一性：

（1）所有可选择化合物具有共同的性能或作用；和

（2）所有可选择化合物具有共同的结构，该共同结构能够构成它与现有技术的区别特征，并对通式化合物的共同性能或作用是必不可少的；或者在不能有共同结构的情况下，所有的可选择要素应属于该发明所属领域中公认的同一化合物类别。”

“公认的同一化合物类别”是指根据本领域的知识可以预期到该类的成员对于要求保护的发明来说其表现是协同的一类化合物。也就是说，每个成员都可以互相替代，而且可以预期所要达到的效果是相同的。

发明内容

一项发明名称为“非核苷逆转录酶抑制剂”的发明专利申请，其权利要求1涉及如下通式Ⅰ的化合物，

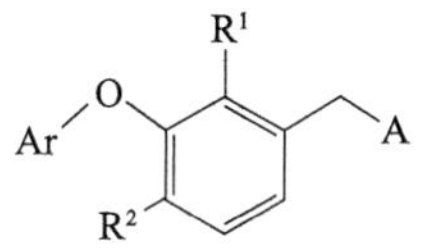

I

其中Ar是任选取代的苯基并且A选自：

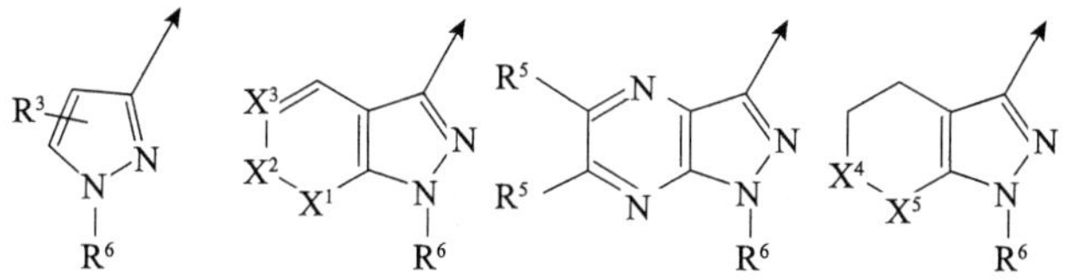

A1　A2　A3　A4

审查意见内容

在审查意见通知书中指出，权利要求1的通式Ⅰ化合物的共同结构为 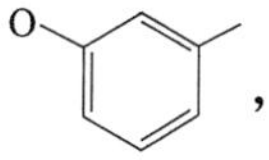　，

而在现有技术中公开了具有该结构单元并且活性与权利要求1的通式化合物相同的化合物，因此上述共同结构不能构成与现有技术的区别技术特征，权利要求1的并列技术方案不具有单一性。

事实认定

通过仔细研究权利要求1的通式化合物结构以及A的各种选项的结构可以发现，从权利要求1的通式化合物中实际上可以归纳出如下共同结构，

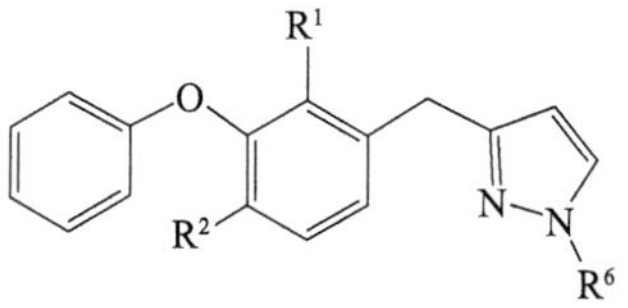

该共同结构可以构成与现有技术的区别技术特征，从而使权利要求1的通式化合物具有单一性。

答复手段：意见陈述

在意见陈述中指出，该申请权利要求1的化合物具有上述共同结构，该结构可以构成与现有技术的区别技术特征，因此权利要求1的通式化合物具有单一性。

【案例3-17】

发明内容：

一项发明名称为“可再吸收的聚合物组合物”的发明专利申请，其包含如下权利要求：

“1. 一种熔融共混的聚合物组合物，含有：

包含可生物降解的聚合物或共聚物的基体材料，和

包含一种或多种单体的共聚物添加剂，所述单体可以使熔融共混的聚合物组合物在室温下的拉伸强度低于基体材料在室温下的拉伸强度，

其中，允许组合物的拉伸强度在室温下增加，然后在室温之上将组合物加热足够长的一段时间，以降低组合物在室温下的拉伸强度。”

……

“9. 一种制备植入物的方法，该方法包括

熔融共混基体材料和共聚物添加剂的混合物，以形成熔融共混的混合物，

由熔融共混的混合物形成植入物，其中该植入物在室温下的拉伸强度低于由不含共聚物添加剂的基体材料形成的植入物在室温下的拉伸强度，

其中，允许植入物的拉伸强度在室温下增加，然后在室温之上将植入物加热足够长的一段时间，以降低植入物在室温下的拉伸强度。

10. 一种由熔融共混的聚合物组合物形成的植入物，所述植入物含有：

包含可生物降解的聚合物或共聚物的基体材料，和

包含一种或多种单体的共聚物添加剂，所述单体可以使该植入物在室温下的拉伸强度低于由不含共聚物添加剂的基体材料形成的植入物在室温下的拉伸强度，

其中，允许组合物的拉伸强度在室温下增加，然后在室温之上将组合物加热足够长的一段时间，以降低组合物在室温下的拉伸强度。”

审查意见内容

在审查意见中，首先评述了权利要求1的新颖性。审查意见认为，在对比文件1中公开了一种用于生产医学植入物的聚合物混合物，其中所述的混合物包含两种聚合物，第一种聚合物是聚丙交酯等，第二种聚合物是碳酸三亚甲酯的聚合物等。因此，对比文件1破坏了权利要求1的新颖性。

此外，在审查意见中还指出，权利要求1涉及一种聚合物组合物，权利要求9涉及制备植入物的方法，权利要求10涉及一种植入物，以上三项独立权利要求之间的共同技术特征是含有基质材料和共聚物添加剂的组合物。鉴于以上对权利要求1的新颖性的评述，上述共同技术特征不构成单一性要求中所称的“特定技术特征”。因此，在权利要求1、9和10之间缺乏相同或者相应的特定技术特征，不具有单一性。

事实认定

确定审查意见中对权利要求1的新颖性的评述正确，因此在权利要求1、9和10之间确实缺乏相同或者相应的特定技术特征。

答复手段：删除权利要求并意见陈述

由于权利要求1本身不具备新颖性，因此，在答复审查意见时，删除了权利要求1并将权利要求9修改为新的独立权利要求1。此外，在意见陈述中指出，剩下的两组权利要求分别涉及制备植入物的方法以及通过该方法制备的植入物，属于一个总的发明构思，具有单一性。

第三节　答复审查意见通知书的案例

为帮助读者更好地理解答复审查意见通知书全过程的工作，本节通过一个具体案例综合讲述在接到审查意见通知书后如何向申请人转达审查意见，如何根据申请人的指示对审查意见进行答复，以及在陈述意见和修改权利要求时所要注意的问题。

本案例涉及一件发明名称为“作为FLT3受体酪氨酸激酶活性抑制剂的星形孢菌素衍生物”的发明专利申请，先后收到了第一次审查意见通知书、第二次审查意见通知书、驳回决定、复审决定、第三次审查意见通知书、第四次审查意见通知书，最终通过对申请文件的修改并陈述意见而获得授权。

1　申请案情况简介

发明名称为“作为FLT3受体酪氨酸激酶活性抑制剂的星形孢菌素衍生物”。其原始权利要求书中共有20项权利要求，具体内容如下：

1. 式（A）、（B）、（C）或（D）的星形孢菌素衍生物或如果存在至少一个成盐基团时它们的盐或它们的氢化衍生物在制备用于治疗涉及反常的FLT3受体酪氨酸激酶活性的疾病的药物组合物中的应用，

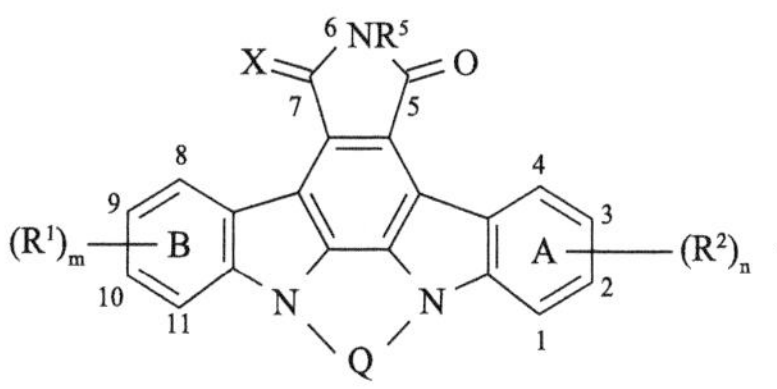

(A)、(B)、

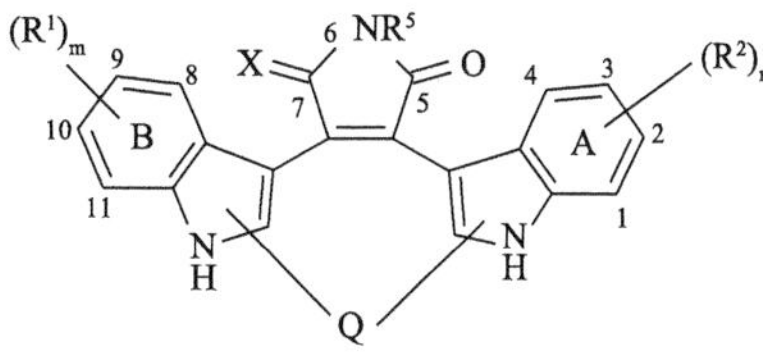

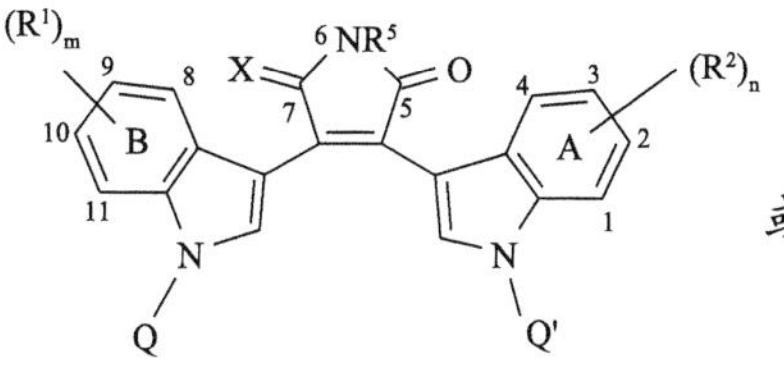

(C) 或 (D)

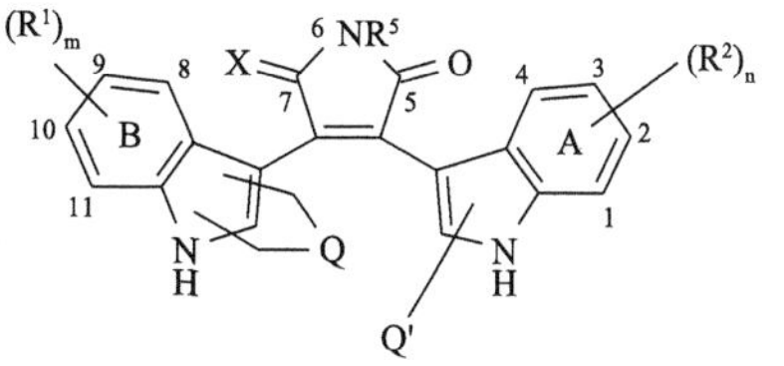

其中 R^1 和 R^2 彼此独立地是未取代或取代的烷基、氢、卤素、羟基、醚化或酯化的羟基、氨基、单－或二－取代的氨基、氰基、硝基、巯基、取代的巯基、羧基、酯化的羧基、氨基甲酰基、N－单－或 N，N－二－取代的氨基甲酰基、磺基、取代的磺酰基、氨基磺酰基或 N－单－或 N，N－二－取代的氨基磺酰基；

n 和 m 彼此独立地是从 0 至 4 的数字并且包括 0 和 4；

R^5 是氢、各自具有最多 29 个碳原子的脂族、碳环或碳环－脂族基团、各自具有最多 20 个碳原子并且各自具有最多 9 个杂原子的杂环或杂环－脂族基团或具有最多 30 个碳原子的酰基；

X 代表 2 个氢原子；1 个氢原子和羟基；O；或氢和低级烷氧基；

Q 和 Q′各自独立地是可药用的有机骨架或氢、卤素、羟基、醚化或酯化的羟基、氨基、单－或二－取代的氨基、氰基、硝基、巯基、取代的巯基、羧基、酯化的羧基、氨基甲酰基、N－单－或 N，N－二－取代的氨基甲酰基、磺基、取代的磺酰基、氨基磺酰基或 N－单－或 N，N－二－取代的氨基磺酰基。

2. 选自式（Ⅰ）、（Ⅱ）、（Ⅲ）、（Ⅳ）、（Ⅴ）或（Ⅵ）的化合物的星形孢菌素衍生物或如果存在至少一个成盐基团时它们的盐在制备用于治疗涉及反常的 FLT3 受体酪氨酸激酶活性的疾病的药物组合物中的应用，

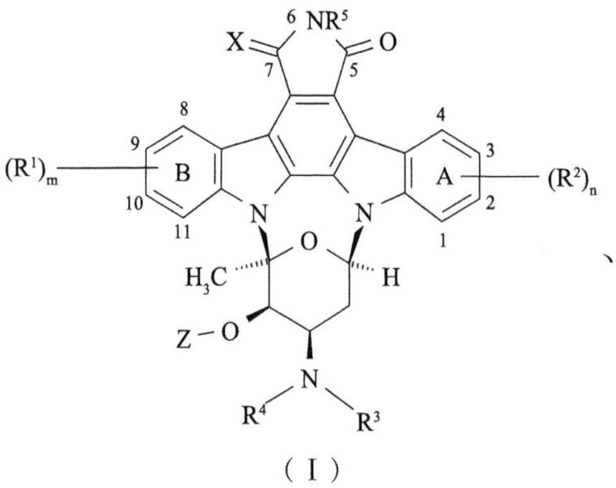

（Ⅰ）、

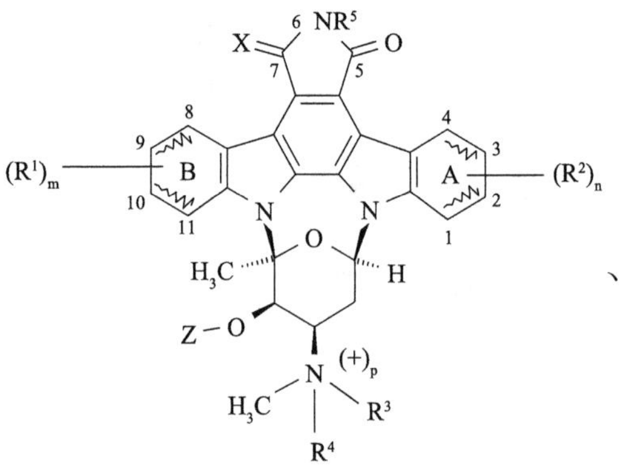

（Ⅱ）、

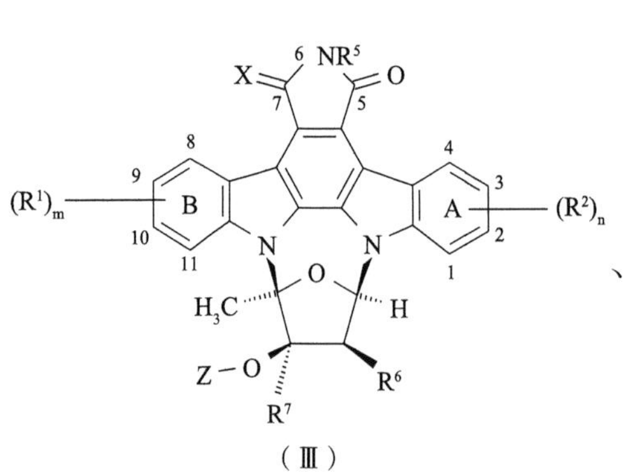

（Ⅲ）、

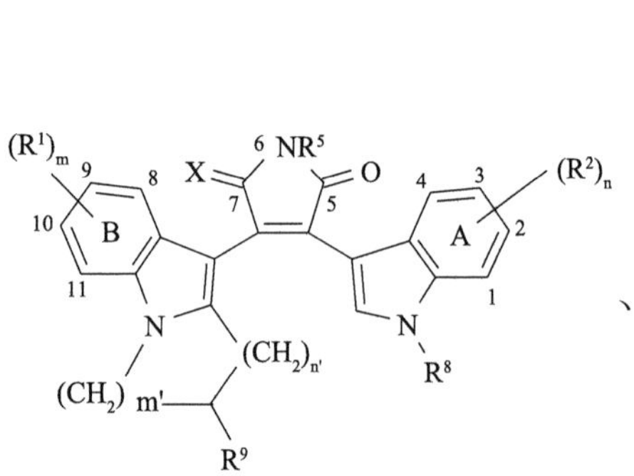

（Ⅳ）、

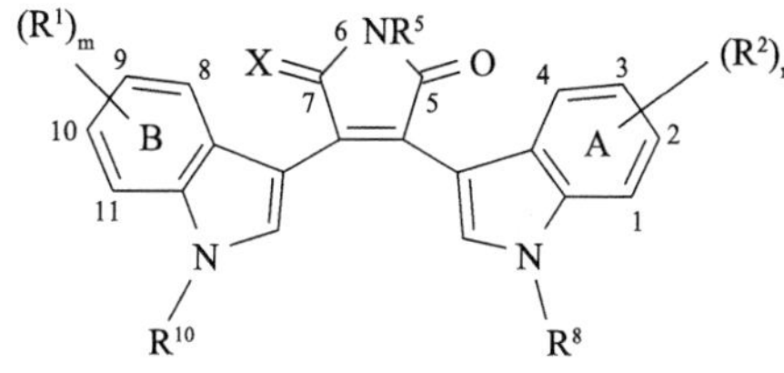

（Ⅴ）　或　（Ⅵ）、

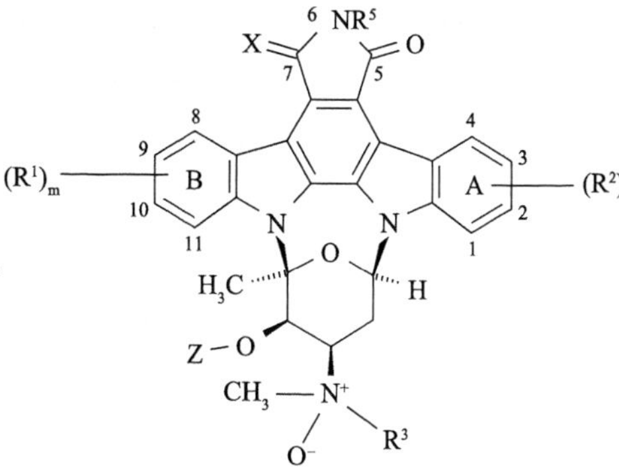

其中 R_1 和 R_2 彼此独立地是未取代或取代的烷基、氢、卤素、羟基、醚化或酯化的羟基、氨基、单－或二－取代的氨基、氰基、硝基、巯基、取代的巯基、羧基、酯化的羧基、氨基甲酰基、N－单－或 N，N－二－取代的氨基甲酰基、磺基、取代的磺酰基、氨基磺酰基或 N－单－或 N，N－二－取代的氨基磺酰基；

n 和 m 彼此独立地是从 0 至 4 的数字并且包括 0 和 4；

n′和 m′彼此独立地是从 1 至 4 的数字并且包括 1 和 4；

R^3、R^4、R^8 和 R^{10} 彼此独立地是氢、各自具有最多 29 个碳原子的脂族、碳环或碳环－脂族基团、各自具有最多 20 个碳原子并且各自具有最多 9 个杂原子的杂环或杂环－脂族基团、具有最多 30 个碳原子的酰基，其中 R^4 也可以不存在；

或 R^3 是具有最多 30 个碳原子的酰基并且 R^4 不是酰基；

p 在 R^4 不存的情况中是 0，或在 R^3 和 R^4 都存在并且各自是上述基团中的一种的情况中是 1；

R^5 是氢、各自具有最多 29 个碳原子的脂族、碳环或碳环－脂族基团、各自具有最多 20 个碳原子并且各自具有最多 9 个杂原子的杂环或杂环－脂族基团或具有最多 30 个碳原子的酰基；

R^7、R^6 和 R^9 是酰基或－（低级烷基）－酰基、未取代或取代的烷基、氢、卤素、羟基、醚化或酯化的羟基、氨基、单－或二－取代的氨基、氰基、硝基、巯基、取代的巯基、羧基、羰基、碳酰二氧基、酯化的羧基、氨基甲酰基、N－单－或 N，N－二－取代的氨基甲酰基、磺基、取代的磺酰基、氨基磺酰基或 N－单－或 N，N－二－取代的氨基磺酰基；

X 代表 2 个氢原子；1 个氢原子和羟基；O；或氢和低级烷氧基；

Z 代表氢或低级烷基；

并且环 A 中用波浪线表示的两个键不存在并且被 4 个氢原子所代替，并且环 B 中的两条波浪线分别与各自平行的键一起表示双键；

或环 B 中用波浪线表示的两个键不存在并且被总共 4 个氢原子所代替，并且环 A 中的两条波浪线分别与各自平行的键一起表示双键；

或环 A 和环 B 中的所有四个波浪键都不存在并且被总共 8 个氢原子所代替。

3. 式Ⅰ的星形孢菌素衍生物或如果存在至少一个成盐基团时它们的盐在制备用于治疗涉及反常的 FLT3 受体酪氨酸激酶活性的疾病的药物组合物中的应用，

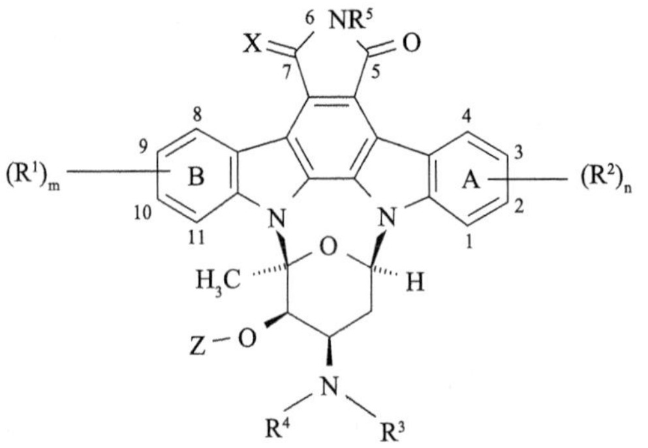

（Ⅰ）

其中

m 和 n 均是 0；

R^3 和 R^4 彼此独立地是氢、未取代或被彼此独立的选自羧基、低级烷氧基羰基和氰基的基团单－或二－取代、尤其是被单取代的低级烷基；

或

R^4 是氢或 $-CH_3$，并且

R^3 是式 R^0-CO 的酰基，其中 R^0 是低级烷基；氨基－低级烷基，其中所说的氨基未被保护或被低级烷氧基羰基所保护；四氢吡喃氧基－低级烷基；苯基；咪唑基－低级烷氧基苯基；羧基苯基；低级烷氧基羰基苯基；卤素－低级烷基苯基；咪唑－1－基苯基；吡咯烷－1－基－低级烷基苯基；哌嗪－1－基－低级烷基苯基；（4－低级烷基哌嗪－1－基甲基）苯基；吗啉－4－基－低级烷基苯基；哌嗪－1－基羰基苯基；或（4－低级烷基哌嗪－1－基）苯基；

或是式 $R^0-O-CO-$ 的酰基，其中 R^0 是低级烷基；

或是式 $R^0HN-C(=W)-$ 的酰基，其中 W 是氧并且 R^0 具有如下含义：吗啉－4－基－低级烷基、苯基、低级烷氧基苯基、羧基苯基或低级烷氧基羰基苯基；

或 R^3 是低级烷基苯基磺酰基，有代表性的是 4－甲苯磺酰基；

R^5 是氢或低级烷基；

X 代表 2 个氢原子或代表 O；

Z 是甲基或氢。

4. 如权利要求 1～3 中任意一项所述的应用，其中所说的治疗是用于治疗白血病和脊髓发育不良综合征。

5. 如权利要求 1～3 中任意一项所述的应用，其中所说的治疗是用于治疗急性髓细胞性白血病和高风险的脊髓发育不良综合征。

6. 一种对患有涉及反常的 FLT3 受体酪氨酸激酶活性的疾病的哺乳动物进行治疗的方法，包括给需要进行该治疗的哺乳动物施用 FLT3 受体酪氨酸激酶活性抑制量的如权利要求 1～3 中任意一项所定义的星形孢菌素衍生物。

7. 如权利要求 6 所述的方法，其是用于治疗急性髓细胞性白血病和高风险的脊髓发育不良综合征。

8. 式（VII）的 N－［(9*S*，10*R*，11*R*，13*R*）－2，3，10，11，12，13－六氢－10－甲氧基－9－甲基－1－氧代－9，13－环氧－1H，9H－二吲哚并［1，2，3－gh：3′，2′，1′－lm］吡咯并［3，4－j］［1，7］苯并二氮杂环壬四烯－11－基］－N－甲基苯甲酰胺

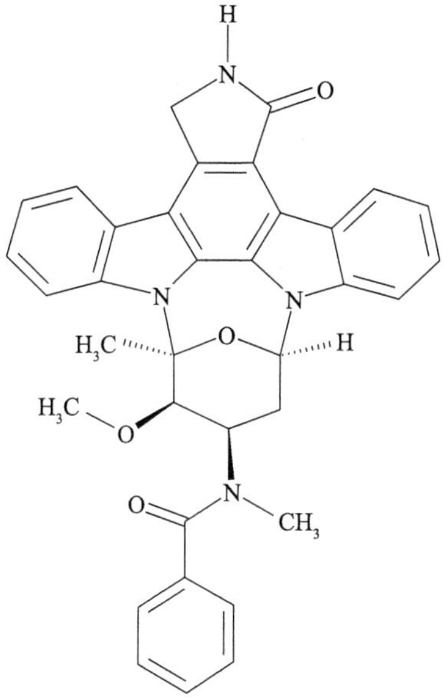

（Ⅶ）

或其盐在制备用于治疗涉及反常的 FLT3 受体酪氨酸激酶活性的疾病的药物组合物中的应用。

9. 如权利要求 8 所述的应用，其中所说的治疗是用于治疗白血病和脊髓发育不良综合征。

10. 如权利要求 8 所述的应用，其中所说的治疗是用于治疗急性髓细胞性白血病和高风险的脊髓发育不良综合征。

11. 用于治疗白血病的药物制剂，其包含式（Ⅶ）的 N－［(9*S*，10*R*，11*R*，13*R*）－2，3，10，11，12，13－六氢－10－甲氧基－9－甲基－1－氧代－9，13－环氧－1H，9H－二吲哚并［1，2，3－gh：3′，2′，1′－lm］吡咯并［3，4－j］［1，7］苯并二氮杂环壬四烯－11－基］－N－甲基苯甲酰胺。

12. 一种对患有涉及反常的 FLT3 受体酪氨酸激酶活性的疾病的哺乳动物进行治疗的方法，包括给需要进行该治疗的哺乳动物施用 FLT3 受体酪氨酸激酶活性抑制量的

如权利要求8所定义的式（Ⅶ）的N－［(9*S*，10*R*，11*R*，13*R*）－2，3，10，11，12，13－六氢－10－甲氧基－9－甲基－1－氧代－9，13－环氧－1H，9H－二吲哚并［1，2，3－gh：3′，2′，1′－lm］吡咯并［3，4－j］［1，7］苯并二氮杂环壬四烯－11－基］－N－甲基苯甲酰胺。

13. 如权利要求12所述的方法，其是用于治疗白血病和脊髓发育不良综合征。

14. 如权利要求12所述的方法，其是用于治疗急性髓细胞性白血病和高风险的脊髓发育不良综合征。

15. 如权利要求8至14中任意一项所述的方法，其中将治疗有效量的式Ⅶ的化合物一周7至4次地给药于哺乳动物个体或在该时期约100%至约50%的天数内进行给药，给药1至6周，然后是1至3周不给药的时期，将该循环重复1至数次。

16. 如权利要求8至15中任意一项所述的应用或方法，其中式Ⅶ化合物的有效日剂量为每日100至300mg，优选220至230mg，最优选为每日225mg。

17. 如权利要求8至16中任意一项所述的应用或方法，其中式Ⅶ化合物每天给药一、二次或三次，每日总剂量为100至300mg，优选地为220至230mg，最优选为每日225mg。

18. 如权利要求8至17中任意一项所述的应用或方法，其中式Ⅶ化合物每天给药三次，每日总剂量为220至230mg，优选地为每日225mg，并且每次给药的优选剂量为70至80mg，最优选为75mg。

19. 一种制品，其包含包装材料和包含于所述包装材料中的如权利要求8所定义的式（Ⅶ）的N－［(9*S*，10*R*，11*R*，13*R*）－2，3，10，11，12，13－六氢－10－甲氧基－9－甲基－1－氧代－9，13－环氧－1H，9H－二吲哚并［1，2，3－gh：3′，2′，1′－lm］吡咯并［3，4－j］［1，7］苯并二氮杂环壬四烯－11－基］－N－甲基苯甲酰胺或其可药用的盐，其中所述包装材料包含标明将所述式（Ⅶ）化合物或所述的可药用盐按照特定的剂量方案以100～300mg，优选220～230mg，最优选225mg的量对患有涉及反常的FLT3受体酪氨酸激酶活性的疾病的哺乳动物进行给药以抑制涉及反常的FLT3受体酪氨酸激酶活性的疾病进展的标签说明。

20. 如权利要求19所述的制品，其中式VII化合物每天3次地进行给药用来治疗白血病，尤其是急性髓细胞性白血病和高风险的脊髓发育不良综合征，每日的总剂量为220～230mg，优选为每日225mg，并且每次给药的剂量优选为70～80mg，最优选为75mg。

2　第一次审查意见通知书的转达与答复

专利代理人收到的第一次审查意见通知书中未引用任何对比文件。审查意见的内容涉及说明书公开不充分以及部分权利要求属于疾病的治疗方法，倾向性意见是无授权前景。

2.1　第一次审查意见通知书的内容

第一次审查意见通知书正文

本发明专利申请涉及星形孢菌素衍生物的药物用途，经审查，意见如下。

1. 本申请说明书中仅给出了一些星形孢菌素衍生物对FLT3受体酪氨酸激酶活性的抑制作用的生物学数据，这只是机理性的实验数据，由于没有提供针对任何具体病症的实验数据，因此本领域技术人员不能得知抑制上述FLT3激酶活性是否能够切实治疗疾病，也就不能得知本申请是否实现了其所述的发明目的，即星形孢菌素在制备用于治疗反常的FLT3受体酪氨酸激酶活性的疾病中的应用，本发明仅是一种机理性发现。基于以上原因，本申请没有提供足以证明本申请的技术方案可以达到预期要解决的技术问题或效果的试验数据，而本申请又必须依赖实验结果才能证明上述物质的药理活性，因此，本申请不符合《专利法》第36条第3款的有关说明书应当对发明作出清楚、完整的说明以使所属领域技术人员能够实现的规定。

2. 权利要求6、7、12～18涉及的是治疗方法，所述方法以有生命的人体或动物体为实施对象，目的为治疗疾病，因此属于《专利法》第25条第1款第（3）项所述的疾病的治疗方法，是不授予专利权的主题，故不能被批准。

鉴于上述原因，本申请缺乏证明所述化合物具有所述药理活性的实验证据，不符合《专利法》第36条第3款的有关规定，而且，如果申请人补充上述内容，将超出原说明书和权利要求书的记载范围，将不符合《专利法》第33条的规定，所以，本申请不存在一份通过修改可以克服上述缺陷而又不修改超范围的文本。

2.2　向申请人转达第一次审查意见通知书

通过分析说明书的内容，专利代理人认为审查意见中关于说明书公开不充分的观点不正确。虽然说明书中提供的是机理性的实验数据，但该数据足以证明发明的化合物可以用于治疗所述的疾病，因此，在向申请人转达审查意见时，向申请人指明这一点并请申请人进一步提供技术上的分析来加强争辩的说服力。针对第2条审查意见，同意审查员的观点，建议申请人对权利要求进行相应的修改。

2.3　按照申请人的指示答复第一次审查意见通知书

根据申请人提供的指示，专利代理人对审查意见进行答复。答复的具体内容如下：

申请人认真阅读并仔细研究了审查员针对中国专利申请号02××××××.4发出的第一次审查意见通知书。针对审查员指出的本申请说明书和权利要求不符合《专利法》有关规定的问题，申请人对申请文件进行了修改，修改的具体内容及意见陈述如下：

一、对申请文件的修改

1. 删除了权利要求6、7、12~14。

2. 对权利要求15~18的引用关系进行了修改，从而使其仅引用权利要求8。

3. 对权利要求的编号进行了相应的修改。

二、关于《专利法》26条第3款的意见陈述

审查员认为，本发明是一种机理性的发现，在本申请的说明书中仅给出了一些星形孢菌素衍生物对FLT3受体酪氨酸激酶活性的抑制作用的生物学数据，而没有提供针对任何具体疾病的实验数据，因此本领域技术人员不能得知抑制上述FLT3激酶活性是否能够切实治疗疾病，从而不能得知本申请是否实现了其所述的发明目的，因此本申请的说明书没有对发明作出清楚、完整的说明。对此，申请人陈述意见如下：

本申请涉及星形孢菌素衍生物在制备用于治疗涉及反常的FLT3受体酪氨酸激酶、尤其是反常的突变型FLT3受体酪氨酸激酶活性的疾病，例如白血病、脊髓发育不良等的药物组合物中的应用。申请人认为，关于这一点，在本申请的说明书中已经作出了清楚、完整的说明。

首先，FLT3受体酪氨酸激酶与疾病之间的相互关系是本领域已知的。正如本申请说明书第35页所描述的，在现有技术中已经证实，在包括急性髓细胞性白血病（AML）、伴有三系脊髓发育不良的AML、急性淋巴细胞白血病（ALL）在内的成人和儿童白血病以及脊髓发育不良综合征（MDS）中，FLT3基因均表达异常。例如，已知在约35%患有急性髓细胞性白血病（AML）的患者中发现了FLT3受体的活性突变。这些患者预后不良并且难以治愈。在AML患者中的FLT3突变的一个例子是近膜区域内的框内复制，其他的突变涉及在天冬酰胺835上的点突变。这些突变都与FLT3酪氨酸激酶活性的组成型激活有关，并且在不存在配体的情况下产生了增殖和存活信号。

在本申请中列出了该增殖模型的两种类型的细胞系，即Ba/F3-FLT3-ITD和Ba/F3-FLT3-D835Y。这两种细胞系以与AML患者相同的方式发生了突变（即近膜区域内的框内复制和天冬酰胺835上的点突变）。由于FLT3激酶活性增加，两种突变的细胞系的增殖都不依赖于白介素3（参见说明书第44页倒数第6行至说明书第45页第3行）。可以看出，所述细胞模型具备了上述疾病的病理学特征。本发明的实施例2中所提供的实验数据清楚地表明，星形孢菌素衍生物例如MIDOSTAURIN可以抑制FLT3激酶活性并导致所述两种突变细胞系的编程性细胞死亡，而对照组即正常细胞系则不受影响（参见说明书第45页倒数第6行至说明书第46页第3行）。

由此可以看出，本发明显然并不仅仅是机理性的发现，而是在疾病的细胞模型中证实了本发明化合物的活性。根据本申请所描述的内容，本领域技术人员完全可以预期到本发明的化合物可以用于治疗涉及反常的FLT3受体酪氨酸激酶、尤其是反常的突变型FLT3受体酪氨酸激酶活性的疾病，例如白血病、脊髓发育不良等。

因此，申请人认为，本申请的说明书已经对本发明作出了清楚、完整的说明，本申请说明书中所公开的内容以及所提供的实验数据完全可以证实本发明的化合物在治疗上述疾病中的效果，因此本申请说明书的撰写符合《专利法》第26条第3款的规定。

如上所述，申请人已经对审查员在第一次审查意见通知书中指出的所有问题进行了答复。针对以上修改，申请人提交了一套新的权利要求书替换页。请审查员在新提交的申请文件的基础上继续进行审查并早日授予专利权。如果审查员认为本申请仍有不符合《专利法》有关规定之处，恳请审查员再次来函或来电告知申请人，给予申请人再次陈述的机会。

3　第二次审查意见通知书的转达与答复

针对上述修改和陈述，审查员发出了第二次审查意见通知书，并在第二次审查意见通知书中再次提到了该申请的说明书公开不充分的问题。

3.1　第二次审查意见通知书的内容

审查员研究了申请人于2006年5月19日提交的意见陈述书，经审查，意见如下。

该申请说明书中仅给出了一些星形孢菌素衍生物对FLT3受体酪氨酸激酶活性的抑制作用的生物学数据，这只是机理性的实验数据，由于现有技术没有通过该机理就一定能治疗某些具体疾病的技术内容的支持，因此在没有提供针对具体病症的实验数据的基础上，本领域技术人员不能得知抑制上述FLT3激酶活性是否能够切实治疗疾病，也就不能得知本申请是否实现了其所述的发明目的，即星形孢菌素在制备用于治疗反常的FLT3受体酪氨酸激酶活性的疾病中的应用。基于以上原因，本申请没有提供足以证明本申请的技术方案可以达到预期要解决的技术问题或效果的实验数据，而本申请又必须依赖实验结果才能证明上述物质的药理活性，因此，本申请不符合《专利法》第26条第3款的有关说明书应当对发明作出清楚、完整的说明以使所属技术领域技术人员能够实现的规定。

申请人在意见陈述中指出，本申请说明书已经对本发明作出了清楚、完整的说明，理由是：首先，FLT3受体酪氨酸激酶与疾病之间的关系是本领域已知的，具体为在AML、ALL等疾病中发现了FLT3基因的异常表达。其次，本发明针对与AML患者具有相同突变情况的细胞系，测定了MIDOSTAURIN对其的抑制作用，因此申请人认为，本发明不仅仅是机理性的发现，而是在疾病的细胞模型中证实本发明化合物的活性，所以本申请符合《专利法》第26条第2款的规定。

但是，现有技术中仅公开了AML、ALL等疾病中FLT3基因有异常表达，并没有给出针对这种基因的治疗就一定能够治愈AML等疾病的技术内容的支持。对于增殖模型的两种细胞系也是如此，现有技术仅是给出在AML患者中存在FLT3突变和天冬酰胺835上的点突变，但并没有给出抑制这种突变细胞系就能够治疗AML的技术内容的支持。所以，尽管本申请给出了MIDOSTAURIN对这两种细胞系的抑制实验，但由于缺乏仅由该细胞实验就能够表明对AML疾病一定会产生治疗作用的现有技术内容的支持，因此，本申请的说明书是公开不充分的。

3.2 向申请人转达第二次审查意见通知书

在向申请人转达第二次审查意见通知书时，专利代理人向申请人说明在难以说服审查员的情况下，建议申请人提供相关证明文件来加强说服力，同时建议申请人在说明书中提供实验数据的化合物的基础上对权利要求的范围进行适当的限制。

3.3 按照申请人的指示答复第二次审查意见通知书

根据申请人提供的指示，对审查意见进行答复。答复的具体内容如下：

申请人认真阅读并仔细研究了审查员针对中国专利申请号02××××××.4发出的第二次审查意见通知书。针对审查员的上述审查意见，申请人请求用新的权利要求1~6替换答复第一次审查意见通知书时提交的权利要求1~13。

其中，新的权利要求1~4对应于原始公开的权利要求8~11；新的权利要求5和6对应于原始公开的权利要求19和20。

因此，新提交的权利要求涉及一种具体的化合物，即N－［(9*S*，10*R*，11*R*，13*R*)－2，3，10，11，12，13－六氢－10－甲氧基－9－甲基－1－氧代－9，13－环氧－1H，9H－二吲哚并［1，2，3－gh：3′，2′，1′－lm］吡咯并［3，4－j］［1，7］苯并二氮杂环壬四烯－11－基］－N－甲基苯甲酰胺在制备用于治疗涉及反常的FLT3受体酪氨酸激酶活性的疾病的药物组合物中的应用。

如本申请说明书第33页第4段所述，星形孢菌素衍生物例如MIDOSTAURIN开始被鉴定为蛋白激酶C（PKC）抑制剂。而本发明却出人意料地发现特定的星形孢菌素衍生物例如MIDOSTAURIN（即N－［(9*S*，10*R*，11*R*，13*R*)－2，3，10，11，12，13－六氢－10－甲氧基－9－甲基－1－氧代－9，13－环氧－1H，9H－二吲哚并［1，2，3－gh：3′，2′，1′－lm］吡咯并［3，4－j］［1，7］苯并二氮杂环壬四烯－11－基］－N－甲基苯甲酰胺）具有治疗特性，该治疗特性特别是使其可作为FLT3受体抑制剂并且尤其是可用于治疗和预防白血病和脊髓发育不良综合征（本申请说明书第33页第3段）。

在本申请说明书第44~58页的实施例2中，证实了多种星形孢菌素衍生物例如本申请目前所要求保护的化合物N－［(9*S*，10*R*，11*R*，13*R*)－2，3，10，11，12，13－六氢－10－甲氧基－9－甲基－1－氧代－9，13－环氧－1H，9H－二吲哚并［1，2，3－gh：3′，2′，1′－lm］吡咯并［3，4－j］［1，7］苯并二氮杂环壬四烯－11－基］－N－甲基苯甲酰胺对FLT3激酶活性的抑制作用，所述具体化合物显示的FLT3

抑制作用为41%（参见说明书第51页表格中最后一个化合物，化学文摘登录号179237－49－1）。

申请人指出，本申请目前的权利要求要求保护的是一种具体的星形孢菌素衍生物N－［(9*S*，10*R*，11*R*，13*R*）－2，3，10，11，12，13－六氢－10－甲氧基－9－甲基－1－氧代－9，13－环氧－1H，9H－二吲哚并［1，2，3－gh：3′，2′，1′－lm］吡咯并［3，4－j］［1，7］苯并二氮杂环壬四烯－11－基］－N－甲基苯甲酰胺在制备用于治疗涉及反常的FLT3受体酪氨酸激酶活性的疾病的药物组合物中的应用。由于在说明书中已经明确证实了该星形孢菌素衍生物对FLT3激酶活性具有抑制作用，在此基础上，本领域技术人员完全可以预见到该星形孢菌素衍生物可以用于治疗涉及反常的FLT3受体酪氨酸激酶活性的疾病。因此，对于本申请目前的权利要求所要求保护的内容而言，本申请的说明书已经作出了清楚、完整的说明，符合《专利法》第26条第3款的规定。

对于更加具体的疾病，例如白血病如AML等的治疗，本申请也给出了充分的证据。如申请人在答复第一次审查意见通知书时所指出的，本申请实施例中所采用的两种细胞系Ba/F3－FLT3－ITD和Ba/F3－FLT3－D835Y以与AML患者相同的方式发生了突变，并且这两种细胞模型具备了AML的病理学特征。本领域技术人员可以理解，能够针对该突变而诱导这两种细胞系凋亡的化合物显然也可以诱导白血病细胞系的凋亡，从而治疗白血病。由于在本申请的说明书中已经明确证实了N－［(9*S*，10*R*，11*R*，13*R*）－2，3，10，11，12，13－六氢－10－甲氧基－9－甲基－1－氧代－9，13－环氧－1H，9H－二吲哚并［1，2，3－gh：3′，2′，1′－lm］吡咯并［3，4－j］［1，7］苯并二氮杂环壬四烯－11－基］－N－甲基苯甲酰胺可以抑制FLT3的活性并由此引起两种细胞系的凋亡，在此基础上，本领域技术人员完全可以预见到该化合物可以用于治疗白血病如AML等。

综上所述，申请人认为，对于本申请目前的权利要求所要求保护的技术方案而言，本申请的说明书已经对本发明作出了清楚、完整的说明，符合《专利法》第26条第3款的规定。

修改后的权利要求内容如下：

1. 式（Ⅶ）的N－［(9*S*，10*R*，11*R*，13*R*）－2，3，10，11，12，13－六氢－10－甲氧基－9－甲基－1－氧代－9，13－环氧－1H，9H－二吲哚并［1，2，3－gh：3′，2′，1′－lm］吡咯并［3，4－j］［1，7］苯并二氮杂环壬四烯－11－基］－N－甲基苯甲酰胺

第三章

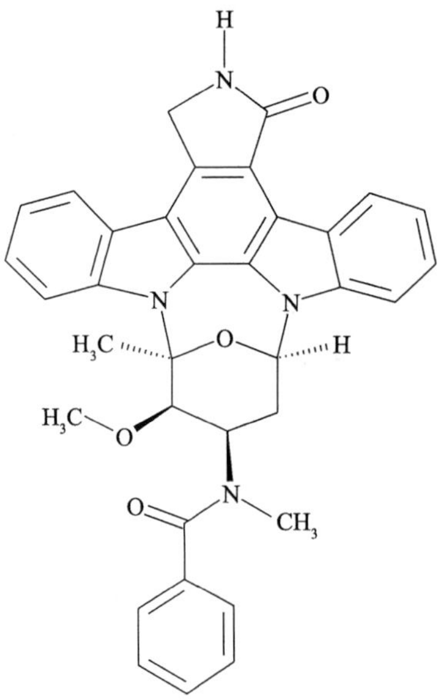

（Ⅶ）

或其盐在制备用于治疗涉及反常的 FLT3 受体酪氨酸激酶活性的疾病的药物组合物中的应用。

2. 如权利要求 1 所述的应用，其中所说的治疗是用于治疗白血病和脊髓发育不良综合征。

3. 如权利要求 1 所述的应用，其中所说的治疗是用于治疗急性髓细胞性白血病和高风险的脊髓发育不良综合征。

4. 用于治疗白血病的药物制剂，其包含式（Ⅶ）的 N－［(9*S*，10*R*，11*R*，13*R*）－2，3，10，11，12，13－六氢－10－甲氧基－9－甲基－1－氧代－9，13－环氧－1H，9H－二吲哚并［1，2，3－gh：3′，2′，1′－lm］吡咯并［3，4－j］［1，7］苯并二氮杂环壬四烯－11－基］－N－甲基苯甲酰胺。

5. 一种制品，其包含包装材料和包含于所述包装材料中的如权利要求 1 所定义的式（Ⅶ）的 N－［(9*S*，10*R*，11*R*，13*R*）－2，3，10，11，12，13－六氢－10－甲氧基－9－甲基－1－氧代－9，13－环氧－1H，9H－二吲哚并［1，2，3－gh：3′，2′，1′－lm］吡咯并［3，4－j］［1，7］苯并二氮杂环壬四烯－11－基］－N－甲基苯甲酰胺或其可药用的盐，其中所述包装材料包含标明将所述式（Ⅶ）化合物或所述的可药用盐按照特定的剂量方案以 220～230mg 的量对患有涉及反常的 FLT3 受体酪氨酸激酶活性的疾病的哺乳动物进行给药以抑制涉及反常的 FLT3 受体酪氨酸激酶活性的疾病进展的标签说明。

6. 如权利要求 5 所述的制品，其中式Ⅶ化合物每天 3 次地进行给药用来治疗白血病，尤其是急性髓细胞性白血病和高风险的脊髓发育不良综合征，每日的总剂量为 220～230mg，并且每次给药的剂量为 70～80mg。

4　驳回决定的转达与答复

审查员没有接受申请人的上述意见陈述，坚持认为该申请的说明书公开不充分，并以此为由驳回了该申请。

4.1　驳回决定的内容

驳回决定（PCT）正文

本决定涉及申请人公司于2004年4月30日进入中国国家阶段的国际申请号为

国家申请号为×××××××××××××.×、名称为“作为FLT3受体酪氨酸激酶活性抑制剂的星形孢菌素衍生物”的发明专利申请。

一、案由

应申请人提出的实质审查请求，审查员对该申请进行了实质审查，并于2005年11月4日发出了第一次审查意见通知书，指出说明书存在公开不充分的缺陷，不符合《专利法》第26条第3款的有关规定。

针对上述审查意见通知书，申请人于2006年5月19日提交了意见陈述书，陈述了该申请说明书是公开充分的理由，并对权利要求书进行了修改。

审查员在此基础上继续进行审查，于2008年12月26日发出了第二次审查意见通知书，指出该申请存在说明书公开不充分的缺陷，不符合《专利法》第26条第3款的有关规定，并对申请人的争辩意见进行了评述。

针对上述审查意见通知书，申请人于2009年3月10日提交了意见陈述书，陈述了该申请说明书是公开充分的理由，并对权利要求书进行了修改。

经审查，审查员认为该申请经申请人意见陈述后仍然不符合《专利法》第26条第3款的有关规定，属于《专利法实施细则》第53条第（3）项的情况，依据《专利法》第38条的规定，针对进入中国国家阶段提交的说明书1~58页、摘要、2009年3月10日提交的权利要求1~6项，将该申请予以驳回。

二、驳回的理由

该申请说明书中仅给出了一些星形孢菌素衍生物对FLT3受体酪氨酸激酶活性的抑制作用的生物学数据，这只是机理性的实验数据，由于现有技术没有通过该机理就一定能治疗某些具体疾病的技术内容的支持，因此在没有提供针对具体病症的实验数据的基础上，本领域技术人员不能得知抑制上述FLT3激酶活性是否能够切实治疗疾病，也就不能得知该申请是否实现了其所述的发明目的，即星形孢菌素在制备用于治疗反常的FLT3受体酪氨酸激酶活性的疾病中的应用。此外，现有技术中仅公开了AML、ALL等疾病中FLT3基因有异常表达，并没有给出针对这种基因的治疗就一定能够治愈AML等疾病的技术内容的支持。对于增殖模型的两种细胞系也是如此，现有技术仅是给出在AML患者中存在FLT3突变和天冬酰胺835上的点突变，但并没有给出抑制这种突变细胞系就能够治疗AML的技术内容的支持。所以，尽管该申请给出了MIDOSTARIN对这两种细胞系的抑制实验，但由于缺乏仅由该细胞试验就能够表明对AML疾病一定会产生治疗作用的现有技术内容的支持，因此，该申请的说明书是公开不充分的。基于以上原因，该申请没有提供足以证明该申请的技术方案可以达到预期要解决的技术问题或效果的实验数据，而本申请又必须依赖实验结果才能证明上述物质的药理活性，因此，该申请不符合《专利法》第26条第3款的有关说明书应当对发明作出清楚、完整的说明以使所属技术领域的技术人员能够实现的规定。

申请人在意见陈述中指出，该申请说明书已经对本发明作出了清楚、完整的说明，理由是：本申请说明书第44～58页的实施例2中，证实了多种星形孢菌素衍生物对FLT3激酶活性的抑制作用。该申请目前权利要求保护的是具体的星形孢菌素衍生物式Ⅶ化合物在制备用于治疗涉及反常的FLT3受体酪氨酸激酶活性的疾病的药物组合物中的应用，由于在说明书中已经证实了该物质对FLT3激酶活性具有抑制作用，在此基础上，本领域技术人员完全可以预见到该星形孢菌素衍生物可以用于治疗涉及反常的FLT3受体酪氨酸激酶活性的疾病，因此对该申请目前的保护内容而言，该申请说明书已经作出了清楚、完整的说明。对于更加具体的疾病，例如白血病等，该申请也给出了充分的证据。该申请实施例中采用的两种细胞系与AML患者相同的方式发生了突变，并且这两种细胞模型具备了AML的病理学特征。本领域技术人员可以理解，能够针对该突变而诱导这两种细胞系凋亡的化合物显然也可以诱导白血病细胞系的凋亡，从而治疗白血病。综上所述，申请人认为，对于目前的保护内容而言，该申请的说明书已经对发明作出了清楚、完整的说明，符合《专利法》第26条第3款的规定。

但是，现有技术中仅公开了AML、ALL等疾病中FLT3基因有异常表达，并没有给出针对这种基因的治疗就一定能够治愈AML等疾病的技术内容的支持。对于增殖模型的两种细胞系也是如此，现有技术仅是给出在AML患者中存在FLT3突变和天冬酰胺835上的点突变，但并没有给出抑制这种突变细胞系就能够治疗AML的技术内容的支持，而且该申请所述增殖模型的两种细胞系Ba/F3－FLT3－D835Y和Ba/F3－FLT3－ITD只是与AML有相同的突变位点，这并不表明这两种细胞系就具有AML的病理学特征，因为一种疾病特别是白血病是病理状况非常复杂的疾病，没有针对所述疾病模型的实验数据，仅由FLT3突变类似的细胞模型，本领域技术人员不能得知其是否具有治疗AML等疾病的作用。况且，该申请说明书第38页指出，MIDOSTAURIN并没有对抗未突变型FLT3受体的人白血病和淋巴瘤细胞系的细胞毒性，由此，本领域技术人员更不能得知，“能够针对该突变而诱导这两种细胞系凋亡的化合物显然也可以诱导白血病细胞细的凋亡”这一结论。因此，尽管该申请给出了MIDOSTAURIN对这两种细胞系的抑制实验，但由于缺乏仅由该细胞实验就能够表明对AML疾病一定会产生治疗作用的现有技术内容的支持，而且本领域技术人员也不能得知通过该FLT3机理能够治疗何种疾病，所以，本领域技术人员不能得知该申请是否实现了其所述的发明目的，即星形孢菌素在制备用于治疗反常的FLT3受体酪氨酸激酶活性的疾病中的应用，以及进而在制备治疗白血病、脊髓发育不良综合症等疾病的药物中的应用，所以该申请的说明书是公开不充分的。

三、决定

综上所述，该发明专利申请不符合《专利法》第26条第3款的规定，属于《专利法实施细则》第53条第（3）项的情况，因此依据《专利法》第38条予以驳回。依据《专利法》第41条第1款的规定，申请人如果对本驳回决定不限，可以在收到本驳回决定之日起三个月内，向专利复审委员会请求复审。

4.2 向申请人转达驳回决定

专利代理人经过分析驳回决定的内容，认为驳回决定中的驳回理由不能成立，因此，在转达驳回决定时，在告知申请人可以在指定期限内向专利复审委员会提出复审请求的同时，向申请人说明不能同意审查意见并再次建议申请人提供相关的证明文件来加强争辩的说服力。

4.3 按照申请人的指示提出复审请求

根据申请人的指示向专利复审委员会提出复审请求。复审请求的正文如下：

申请人认真阅读并仔细研究了审查员针对中国专利申请02××××××.4作出的驳回决定，认为审查员的决定有失偏颇。现就该申请向复审委提出复审请求，并说明请求复审的理由如下：

审查员认为，本发明是一种机理性的发现，在本申请的说明书中仅给出了一些星形孢菌素衍生物对FLT3受体酪氨酸激酶活性的抑制作用的生物学数据，而没有提供针对任何具体疾病的实验数据，因此本领域技术人员不能得知抑制上述FLT3激酶活性是否能够切实治疗疾病，从而不能得知本申请是否实现了其所述的发明目的，因此本申请的说明书没有对发明作出清楚、完整的说明。

申请人指出，本申请目前的权利要求涉及N－［(9*S*，10*R*，11*R*，13*R*)－2，3，10，11，12，13－六氢－10－甲氧基－9－甲基－1－氧代－9，13－环氧－1H，9H－二吲哚并［1，2，3－gh：3′，2′，1′－lm］吡咯并［3，4－j］［1，7］苯并二氮杂环壬四烯－11－基］－N－甲基苯甲酰胺在制备用于治疗涉及反常的FLT3受体酪氨酸激酶活性的疾病例如白血病的药物组合物中的应用。在本申请说明书第44～58页的实施例2中，证实了该化合物对FLT3激酶活性的抑制作用，该化合物显示的FLT3抑制作用为41%（参见说明书第51页表格中最后一个化合物，化学文摘登录号179237－49－1）。

在本申请说明书第58页，还公开了一篇期刊文献（Weisberg E等人，Cancer

Cell，“小分子酪氨酸激酶抑制剂 PKC412 对白血病细胞中的突变型 FLT3 受体的抑制作用”；2002 年 6 月；1（5）：433～443 页，附件 1）的实验结果。在该文献中，指出在约 30% 的 AML 患者中检测到了可以激活 FLT3 的突变。在其中一共描述了两种突变：近膜结构域内的框内复制以及涉及 835 位上的天冬氨酸残基的点突变。这两种类型的 FLT3 突变均可导致 FLT3 激酶活性的组成型激活。在本申请说明书第 35 页也描述了这些突变。

在上述 Weisberg E 等人的文章中，还公开了 PKC412 可以诱导表达突变型 FLT3 的白血病细胞的细胞周期停止和细胞凋亡，这些内容进一步证实了本申请说明书实施例 2 中的数据。此外，在该文献中不仅公开了细胞数据，而且还公开了 PKC412 能够明显延长患有 FLT3－ITD 诱导的白血病小鼠的存活期。

综上所述，根据现有技术的内容，本领域技术人员可以了解到在约 30% 的 AML 患者中 FLT3 突变被激活。而根据本申请说明书所公开的内容，本领域技术人员可以清楚地理解，PKC412 不仅可以在细胞中抑制 FLT3 激酶活性，而且还可以在患有 FLT3 诱导的白血病中抑制 FLT3 激酶的活性。因此，根据本申请说明书所公开的内容并且结合现有技术的内容，本领域技术人员可以清楚地理解，PKC412 能够有效地抑制 FLT3 激酶活性，并且通过抑制该活性，可以治疗白血病。因此，针对本申请目前的权利要求所要求保护的技术方案而言，本申请的说明书已经作出了清楚、完整的说明。

此外，近期发表的临床实验结果（例如，Blood 2005，105，54～60 页，附件 2），进一步证实了本发明的结论。从该实验结果可以看出，患有 AML 并且具有 FLT3 的活性突变的患者对小分子 FLT3 激酶抑制剂 PKC412 产生了响应。PKC412 显著降低了外周胚细胞计数和骨髓原始细胞计数。在大部分产生响应的患者中，FLT3 自身磷酸化受到了抑制（FLT3 自身磷酸化是酪氨酸激酶活性的特征性量度）。这一针对患者进行的研究证实了针对 FLT3 基因的治疗确实能够治疗 AML。

在 Stone 等人在 ASH（The American Society of Hematology），2002（附件 3）中所公开的内容也进一步证实了本发明的结论。

因此，本申请的说明书符合《专利法》第 26 条第 3 款的规定。

所以，请专利复审委员会撤销对本申请的驳回决定。

在前置审查过程中，审查员同意撤销对该申请的驳回决定。

5 第三次审查意见通知书的转达与答复

审查员在对该申请进行继续审查的过程中，发现权利要求中仍然存在不支持的问题以及新颖性和创造性的问题，因此再次发出了第三次审查意见通知书。

5.1 第三次审查意见通知书的内容

审查员对本案继续进行审查，意见如下。

1. 权利要求1请求保护式Ⅶ化合物或其盐在制备用于治疗涉及反常的FLT3受体酪氨酸激酶活性的疾病的药物组合物中的应用。然而，涉及反常的FLT3受体酪氨酸激酶性的疾病有多种多样，是否每种疾病都可以通过抑制此激酶的活性得以治疗，这是本领域技术人员不能获知的。因为疾病与机理之间的关系复杂，尽管很多疾病与FLT3受体酪氨酸激酶的活性有关，但是通过改变此激酶的活性是否就一定能够切实地治疗这些疾病，这在没有确凿证据以及针对具体疾病模型的实验数据支持下是不能获知的。由于本申请给出的实验数据仅能证明式Ⅶ化合物对AML的作用，据此，本领域技术人员不能得知式Ⅶ化合物对任何涉及反常的FLT3受体酪氨酸激酶活性的疾病均有治疗作用，因此，权利要求1不能得到说明书的支持，不符合《专利法》第26条第4款的规定。

同理，权利要求2、3也均不能得到说明书支持，不符合《专利法》第26条第4款的规定。

2. 对比文件1（Thomas Meyer，et al. A derivative of staurosporine（CGP 41 251）shows selectivity for protein kinase C inhibition and in vitro anti－proliferative as well as in vivo anti－tumor activity. Int. J. Cancer. 1989，43，pp. 851－856）公开了CGP 41 251（即本申请的式Ⅶ化合物）具有抑制HL－60细胞的作用。HL－60是髓样白血病细胞系，属于白血病细胞。由此本领域技术人员在此基础上能够很容易地想到将式Ⅶ化合物用于治疗同样属于白血病的急性髓细胞性白血病。因此，权利要求1～3涉及AML的方案不具备创造性，不符合《专利法》第22条第3款的有关规定。

3. 权利要求4请求保护一种药物制剂，其中含有式Ⅶ化合物。对比文件1公开了以一定浓度存在的式Ⅶ化合物，由此可知，其公开了权利要求4的全部技术特征，因此该权利要求不具备新颖性，不符合《专利法》第22条第2款的规定。

4. 权利要求5～6请求保护含有式Ⅶ化合物和包装材料的制品。其与对比文件1披露的内容相比，区别仅在于含有包装材料。然而，将具有药物活性的物质与包装材料形成制品这是本领域技术人员公知和常用的手段。至于包装材料上的说明则属于一种文字信息，它不构成药品本身的技术特征，因此不能与现有技术产生进一步区别。由此，在对比文件的基本上本领域技术人员结合上述公知内容能够显而易见地得到权利要求5、6的技术方案，因此它们不具备创造性，不符合《专利法》第22条第3款的有关规定。

5.2　向申请人转达第三次审查意见通知书

考虑到中国专利审查实践对支持问题的严格要求，建议申请人对权利要求1的范围进一步限定。针对审查意见通知书中指出的权利要求1～3不具备创造性的问题，请申请人参考专利代理人的建议提出相应的技术上的意见。针对审查意见中指出的权利要求4不具备新颖性，权利要求5～6不具备创造性的问题，同意审查意见并建议申请人删除上述权利要求4～6。

5.3 按照申请人的指示答复第三次审查意见通知书

根据申请人提供的指示，对审查意见通知书进行答复。答复的具体内容如下：

一、关于权利要求的修改

1. 删除了权利要求4~6。

2. 将权利要求1、2和3的内容合并形成新的权利要求1。新的权利要求1中所涉及的疾病记载于原说明书第35页第1~4段，因此没有超出原说明书记载的范围。在新的权利要求1中，所有的疾病均涉及反常的FLT3受体酪氨酸激酶活性。而在本申请说明书的实施例2中已经证实了权利要求1所述的式（Ⅶ）化合物可有效地抑制FLT3依赖性细胞系的增殖。因此，修改后的权利要求1完全可以得到说明书的支持。

二、关于新的权利要求1的创造性的意见陈述

在对比文件1（Meyer等人）中公开了星形孢菌素衍生物可以抑制蛋白激酶C，并可在HL-60细胞中抑制蛋白激酶C。而本发明提供了作用于FLT3受体的式Ⅶ化合物。在对比文件1和现有技术中均没有教导或暗示过蛋白激酶C的抑制剂也可以作为FLT3的抑制剂从而可用于治疗涉及FLT3受体酪氨酸激酶活性的疾病，例如涉及反常的FLT3受体酪氨酸激酶活性的急性髓细胞性白血病、伴有三系脊髓发育不良的急性髓细胞性白血病、急性淋巴细胞白血病和脊髓发育不良综合征。因此，本申请目前的权利要求1所要求保护的技术方案与对比文件1所公开的内容相比是非显而易见的，因而具有创造性。

第三章

修改后的权利要求的内容如下：

1. 式（Ⅶ）的N-［（9*S*，10*R*，11*R*，13*R*）-2，3，10，11，12，13-六氢-10-甲氧基-9-甲基-1-氧代-9，13-环氧-1H，9H-二吲哚并［1，2，3-gh：3′，2′，1′-lm］吡咯并［3，4-j］［1，7］苯并二氮杂环壬四烯-11-基］-N-甲基苯甲酰胺或其盐在制备用于治疗涉及反常的FLT3受体酪氨酸激酶活性的疾病的药物组合物中的应用，其中所说疾病是急性髓细胞性白血病、伴有三系脊髓发育不良的急性髓细胞性白血病、急性淋巴细胞白血病和脊髓发育不良综合征。

6 第四次审查意见通知书的转达与答复

审查员接受了申请人有关创造性的意见陈述，但认为修改后的权利要求1仍然得不到说明书支持，因此发出第四次审查意见通知书。

6.1 第四次审查意见通知书的内容

审查员研究了申请人于2010年6月17日提交的意见陈述书，经审查，意见如下。

权利要求1不能得到说明书的支持，不符合《专利法》第26条第4款的规定，理由如下：

权利要求1请求保护式Ⅶ化合物或其盐在制备用于治疗涉及反常的FLT3受体酪

氨酸激酶活性的疾病的药物组合物中的应用，其中所说疾病是急性髓细胞性白血病（AML）、伴有三系脊髓发育不良的急性髓细胞性白血病（AML/TMDS）、急性淋巴细胞白血病（ALL）和脊髓发育不良综合征（MDS）。由于本申请给出的实验数据仅能证明式Ⅶ化合物对AML的作用（Ba/F3－FLT3－ITD和Ba/F3－FLT3－D835Y具备AML疾病的病理学特征，式Ⅶ化合物能够导致上述细胞的死亡），本领域技术人员不能知晓式Ⅶ化合物对其他三种疾病（即AML/TMDS、ALL和MDS）是否也有治疗作用。因为疾病与机理之间的关系复杂，尽管上述疾病与FLT3受体酪氨酸激酶的活性有关，但是是否通过抑制此激酶的活性就不一定能够切实地治疗这些疾病，这在没有确凿证据以及针对具体疾病模型的实验数据支持下是不能获知的。现有技术仅存在一些FLT3受体酪氨酸激酶与上述三种疾病有关联的内容，但是没有表明抑制该激酶的活性就一定能够治疗以上三种疾病的确凿的文献证据。本领域技术人员知晓，血液病是一类复杂的疾病，各种血液病的病因和病理状况复杂且不相同，例如如说明书第6页所述，脊髓发育不良综合征（MDS）是一组其中骨髓停止正常功能从而导致健康血细胞数不足的血液病症，它是由骨髓种单细胞DNA遗传性损伤导致，MDS与白血病不同，因为患者所有的血细胞都异常并且所有异常都来源于相同的受损干细胞。由此可知，在这种病理病因复杂的血液疾病中，仅由申请人陈述FLT3激酶与上述疾病有关就意图证明通过抑制FLT3的活性就能够治疗MDS，这是不能被接受和认可的，对于AML/TMDS和ALL也是如此。因此，权利要求1不能得到说明书的支持，不符合《专利法》第26条第4款的规定。

6.2 向申请人转达第四次审查意见通知书

在转达审查意见通知书时，专利代理人向申请人指出，就目前的态势来看，如果不按照审查意见中的要求进行修改的话，该申请很有可能被再次驳回。但如果完全按照审查意见进行修改的话，则会使该申请的保护范围过窄，因此请申请人参考代理人的意见作出抉择。

6.3 按照申请人的指示答复第四次审查意见通知书

根据申请人的指示，专利代理人对权利要求的范围进行了进一步的限定，删除了权利要求1中的“伴有三系脊髓发育不良的急性髓细胞性白血病、急性淋巴细胞白血病和脊髓发育不良综合征”。

修改后的权利要求1的内容如下：

1. 式（Ⅶ）的N－［（9*S*，10*R*，11*R*，13*R*）－2，3，10，11，12，13－六氢－10－甲氧基－9－甲基－1－氧代－9，13－环氧－1H，9H－二吲哚并［1，2，3－gh：3′，2′，1′－lm］吡咯并［3，4－j］［1，7］苯并二氮杂环壬四烯－11－基］－N－甲基苯甲酰胺

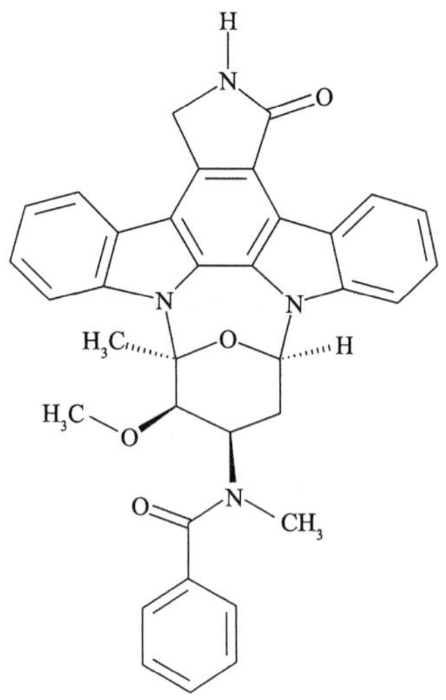

（Ⅶ）

或其盐在制备用于治疗涉及反常的 FLT3 受体酪氨酸激酶活性的疾病的药物组合物中的应用，其中所说疾病是急性髓细胞性白血病。

申请人对本申请案的权利要求书作出上述修改后，国家知识产权局在新修改的权利要求书的基础上作出了授予发明专利权的决定。

7 总结与点评

上述案例的审批过程非常典型，一方面在于在审批过程中历经了实质审查程序、复审程序，另一方面在于在审批过程中的争议焦点涵盖了《专利法》第 25 条，第 26 条第 3 款、第 4 款以及第 22 条第 2 款、第 3 款等多项实体条款。而且，这一案例非常具有化学领域的特点，审查员和申请人、专利代理人就涉及《专利法》第 26 条第 3 款和第 4 款的问题进行了多次意见交流和沟通。

众所周知，化学领域发明专利申请的审查和审查意见通知书的答复存在着许多特殊的问题。例如，在多数情况下，化学发明能否实施往往难以预测，必须借助实验结果加以证实才能得到确认。在这种情况下，根据申请说明书的记载能否实现权利要求所要求保护的技术方案，解决其技术问题，并且产生预期的技术效果，经常是审查和审查意见通知书答复过程中的重点和难点问题。要解决这一问题，既需要专利代理人在申请文件撰写过程中提前考虑，避免出现这些问题，也需要专利代理人在答复审查意见通知书的过程中，秉承以《专利法》《专利法实施细则》和《专利审查指南2010》为依据、全面答复、维护申请人利益和适度的原则，针对审查意见有理有据地阐述申请人的观点，以期尽可能快地获得尽可能稳定的专利权。

综上所述，本章结合案例介绍了专利申请审批过程中专利代理人在接到审查意见通知书后如何向申请人转达审查意见通知书及提供答复建议、如何根据申请人的指示对审查意见通知书进行答复，以及在意见陈述和修改权利要求时所要注意的问题，希望对专利代理人开展相关工作有所裨益。

第四章　专利申请文件的修改

申请人提出发明专利申请时所撰写的申请文件难免会出现权利要求保护范围不恰当、用词不严谨、表述不准确、笔误等缺陷，因此大多数申请文件在被授予专利权之前都需要补正和修改，使其在授权之后具有明确的保护范围，准确地向公众传递专利信息，便于专利的实施和保护。基于上述考虑，《专利法》第 33 条首先规定了申请人可以修改其专利申请文件的权利。当然，这种修改不允许向申请文件中加入新的内容以构成与原始申请文件所确定的技术方案不同的保护范围，否则对于以申请日作为判断申请先后的标准的专利制度而言，可能导致申请人通过修改来获取不正当的利益，同时也会损害社会公众对申请日形成的专利信息的信赖利益，破坏申请人和公众之间的利益平衡关系。所以《专利法》第 33 条进一步规定，对申请文件的修改不得超出原说明书和权利要求书记载的范围，由此体现了专利制度立足于先申请原则的立法本意。

此外，专利审查是一种行政程序，在保证公正的前提下，还必须兼顾行政效率，因而《专利法实施细则》第 51 条第 1 款和第 3 款对修改的时机和方式作出了规定。

在上述涉及专利申请文件修改的相关法条中，《专利法》第 33 条赋予申请人修改申请文件的权利，同时对修改的内容与范围作出了规定；《专利法实施细则》第 51 条第 1 款和第 3 款是在《专利法》第 33 条的基础上，进一步规定了修改的时机和方式，其中《专利法实施细则》第 51 条第 1 款规定的是主动修改的时机，第 51 条第 3 款规定的是答复审查意见通知书时的修改方式。本章围绕专利代理实务中涉及专利申请文件修改的重点、难点和热点，先在第一节和第二节进行理论介绍，然后在第三节通过具体案例来说明专利申请代理实践中应如何正确理解和运用《专利法》第 33 条的规定。

第一节　修改时机和方式

申请人对专利申请文件修改通常包括两种方式：一种是申请人主动对专利申请文件作出修改，下称主动修改；另一种是申请人针对审查意见通知书中指出的缺陷对申请文件作出修改，下称被动修改。这两种修改方式分别受《专利法实施细则》第 51 条第 1 款和第 3 款规定的调整。

1 主动修改

《专利法实施细则》第51条第1款规定：发明专利申请人在提出实质审查请求时以及在收到国务院专利行政部门发出的发明专利申请进入实质审查阶段通知书之日起的三个月内，可以对发明专利申请主动提出修改。上述条款限制了申请人主动修改发明专利申请文件的时机。因此，若申请人希望进行主动修改，应在该款规定的时机之内提出，否则所作的主动修改有可能不被接受。下面针对该条款的内容释义和适用分别进行介绍。

1.1 《专利法实施细则》第51条第1款释义

《专利法实施细则》第51条第1款之所以要规定发明专利申请的主动修改时机，是考虑到发明专利的申请人在申请日之后经过一段时间，可能对其申请文件中存在的一些缺陷有了认识，并希望能够通过修改申请文件来消除这些缺陷。而在实质审查开始之前给予申请人这种修改机会，就可以在发明专利申请的实质审查阶段中针对更能反映申请人意愿的申请文件进行审查，既更好地保护申请人的利益，又能够节省审查时间、缩短审查周期。

对上述条款的理解应注意把握三个关键点："一个时间点和一个时间段"、"可以"和"主动"。

第一个关键点是"一个时间点和一个时间段"，其中"一个时间点"是指提出实质审查请求时，"一个时间段"是指收到国家知识产权局发出的发明专利申请进入实质审查阶段通知书之日起的三个月内。《专利法实施细则》第51条第1款规定的修改时机可以形象地用图4-1示出（横轴为时间轴）。

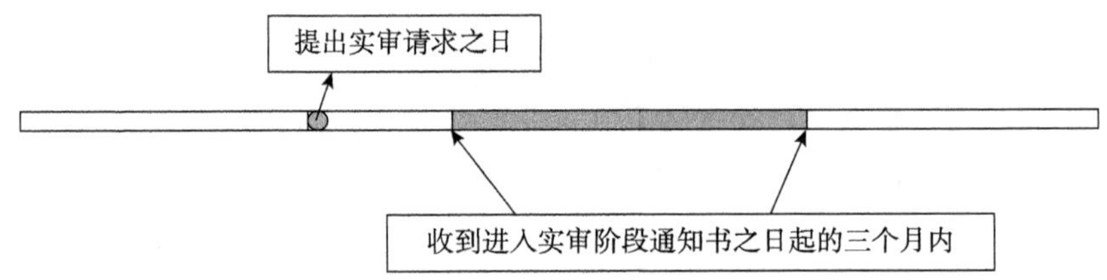

图4-1 主动修改时机示意图

第二个关键点是"可以"，这是对申请人主动修改权的赋予，申请人在符合上述时机规定的情况下，有作出修改或不作任何修改的选择权。

第三个关键点是"主动"，这里的"主动"是相对涉及专利申请文件修改的法律法规所规定的其他修改时机而言的。例如，《专利法实施细则》第51条第3款规定答复审查意见通知书时的修改应当针对审查意见通知书指出的缺陷进行，《专利法实施细则》第61条第1款规定在复审程序中修改应当仅限于消除驳回决定或者复审通知书指出的缺陷。相比之下，在《专利法实施细则》第51条第1款规定的主动修改时

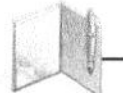
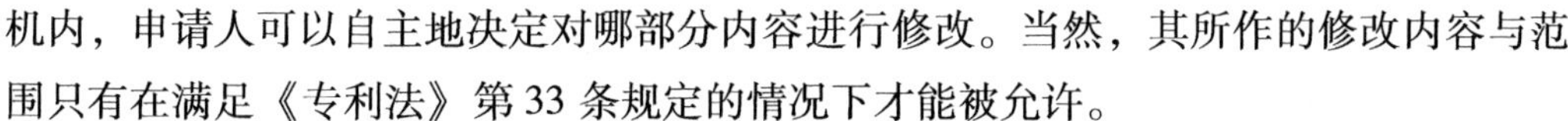

机内，申请人可以自主地决定对哪部分内容进行修改。当然，其所作的修改内容与范围只有在满足《专利法》第33条规定的情况下才能被允许。

1.2　《专利法实施细则》第51条第1款适用

申请人在《专利法实施细则》第51条第1款规定的主动修改时机内修改申请文件，具有较大的自由度，只要不超出原说明书和权利要求书记载的范围即可；但缺点在于时机比较短暂，“一个时间点和一个时间段”的机会转瞬即逝，因此申请人应当特别注意把握时机。

首先，根据《专利法实施细则》第51条第1款的规定，申请人可以在上述“一个时间点和一个时间段”的时机内多次提交主动修改文件。实质审查开始时，审查员将以在上述主动修改时机内的最后一次提交的申请文件为审查文本，❶ 而不考虑该修改从内容和范围上看是否超出原说明书和权利要求书记载的范围。当然，在审查员进一步对该文本进行审查时，如果认为该文本的修改超出原说明书和权利要求书记载的范围，则审查员会发出审查意见，指出该修改超出原说明书和权利要求书记载的范围而不符合《专利法》第33条的规定，因此该修改不被允许。

例如，申请人在申请日提交的申请文件包括权利要求第1~10项、说明书第0001~0045段和说明书摘要。申请人于2010年2月1日提出实质审查请求，同时提交申请文件相关页的修改替换页，将权利要求书修改为权利要求第1~20项并修改了说明书第0001~0005段；于2011年8月20日收到发明进入实质审查阶段通知书，当天修改了说明书第0001~0010段，后又于2011年8月30日修改了说明书摘要。之后未再进行主动修改。那么，实质审查一开始所针对的审查文本将是申请人2010年2月1日提交的权利要求第1~20项，2011年8月20日提交的说明书第0001~0010段和申请日提交的说明书第0011~0045段，以及2011年8月30日提交的说明书摘要。

由上述案件可见，如果申请人在申请日之后的某一天提出实质审查请求，他会比在申请日当天就提出实质审查请求的做法多一次根据《专利法实施细则》第51条第1款的规定修改专利申请文件的机会。

其次，《专利法实施细则》第51条第1款并没有限制申请人主动修改的方式，符合该修改时机规定的主动修改即使扩大了权利要求的保护范围或者增加了权利要求，也会被接受作为审查基础。例如，申请人认为权利要求请求保护的范围过小，希望主动扩大保护范围，例如希望删除独立权利要求中的某个技术特征，或者把某技术特征由下位概念修改为原说明书记载的上位概念；或者申请人认为权利要求项数过少或请

---

❶ 当然，这仅是针对申请人在实质审查开始之前最后一次提交的修改文件依然在《专利法实施细则》第51条第1款规定的时机之内的情形而言的。对于实质审查开始前申请人最后一次提交的修改文件不在《专利法实施细则》第51条第1款规定的时机之内的情形，请参见本节最后一段的内容，即只有当审查员认为该修改内容既消除了原申请文件存在的应当消除的缺陷，又符合《专利法》第33条的规定，且在该修改文本的基础上进行审查又有利于节约审查程序的情形下，才可能被接受作为申请文件。

求保护的主题类型不够全面，希望根据原说明书的内容补充权利要求，如在已有方法权利要求的基础上新增产品权利要求，或者将某一实施例的内容新增为从属权利要求，等等。申请人作出的这些主动修改，只要符合《专利法实施细则》第51条第1款规定的修改时机，就应该被接受作为审查基础。

例如，原始权利要求1为："一种陶瓷调色剂，含有30~80重量%的玻璃熔液，1~20重量%的无机颜料如基于云母的珠光颜料，和18~60重量%热塑性塑料基体。"假如申请人在申请日后经过进一步的检索，发现原权利要求1即使不限定"热塑性"，这样的权利要求也相对于目前检索到的文件具备新颖性和创造性，因此在提出实质审查请求时提交了修改文件，删除了"热塑性"特征。此时，其修改时机符合《专利法实施细则》第51条第1款的规定，该文件将被审查员接受，作为审查基础。

可见，主动修改可以更大程度地体现申请人的意愿，但同时也受到《专利法实施细则》第51条第1款规定的修改时机的限制。因此，如果申请人希望作出例如《专利审查指南2010》第二部分第八章第5.2.1.3节所述的"不能被视为是针对审查意见通知书指出的缺陷进行的修改"的五种情形❶的修改，其最佳策略是在主动修改时机内提出。

再次，符合《专利法实施细则》第51条第1款规定的主动修改文本被接受作为审查基础之后，在修改的内容和范围方面还必须符合《专利法》第33条的规定，否则不被允许。

这里应注意修改文本是否被"接受"与修改是否被"允许"之间的区别。符合《专利法实施细则》第51条第1款规定的修改，只表明该修改文本的提交时间符合关于主动修改时机的规定，该修改文本应当被接受并作为审查基础。至于所作的修改在内容和范围上是否符合《专利法》第33条的规定，还将在实质审查程序中进一步审查。

第四章

需要说明的是，主动修改文本被接受作为审查基础之后，如果审查员在审查过程中发现该文本中的修改不符合《专利法》第33条的规定，则会在第一次审查意见通知书中指出该修改超出了原权利要求书和说明书记载的范围，不被允许。这种情况下的第一次审查意见通知书可能根据不同情况对申请文件采取两种不同的处理方式：一种是本着程序节约的原则，在指出修改不符合《专利法》第33条规定之后，对该主动修改文本之前最近一次提交的且不存在违反《专利法实施细则》第51条第1款和《专利法》第33条规定的文本提出相应的审查意见，例如指出其中存在的可能导致驳

❶ 这五种情形是：①主动删除独立权利要求中的技术特征，扩大了该权利要求请求保护的范围；②主动改变独立权利要求中的技术特征，导致扩大了权利要求请求保护的范围；③主动将仅在说明书中记载的与原来要求保护的主题缺乏单一性的技术内容作为修改后权利要求的主题；④主动增加新的独立权利要求，该独立权利要求限定的技术方案在原权利要求书中未出现过；⑤主动增加新的从属权利要求，该从属权利要求限定的技术方案在原权利要求书中未出现过。

回的实质性缺陷或者撰写形式方面的缺陷。这样的处理方式往往更有利于申请人在较为充分的时间内（第一次审查意见通知书的答复期限为四个月）更加全面地修改申请文件。在认为申请文件修改方向不明确的情况下，审查员也可能采用另一种处理方式，即在第一次审查意见通知书中针对之前的文本发表进一步的审查意见，而仅仅指出作为审查基础的文本中存在的不符合《专利法》第 33 条规定的缺陷，待申请人提交修改文本之后再进一步审查。对申请人而言，这就意味着可能不得不在答复中间审查通知书的较短期限内（中间审查意见通知书的答复期限为二个月）对进一步审查提出的新颖性、创造性问题进行处理，而在答复第一次审查意见通知书的四个月期限内，仅针对修改是否超出原权利要求书和说明书记载的范围发表意见。这样不仅延长了审查程序，也浪费了第一次审查意见通知书的答复期限。

仍以上述陶瓷调色剂的案例为例，由于申请人提交主动修改的时机符合《专利法实施细则》第 51 条第 1 款的规定，即使其修改方式是相对于原始权利要求扩大了保护范围，审查员依然必须接受该申请文件作为审查文本。但是，如果审查员经过审查，认为原说明书和权利要求书并没有记载修改后的"一种陶瓷调色剂，含有 30~80 重量%的玻璃熔液，1~20 重量%的无机颜料如基于云母的珠光颜料，和 18~60 重量%塑料基体"的技术方案，申请人的上述修改违反了《专利法》第 33 条的规定❶，那么审查员将在第一次审查意见通知书中指出该缺陷。反之，如不超出原说明书和权利要求书记载的范围，审查员将继续进行其他条款的审查。

因此，为了尽可能避免出现后一种情况，专利代理人在提交主动修改文本时，不仅要注意《专利法实施细则》第 51 条第 1 款关于修改时机的规定，还要核实修改的内容和范围，使其符合《专利法》第 33 条的规定。在提交专利申请修改文件的同时，尽可能地对所作的修改进行具体说明，论述修改符合上述两个条款规定的理由。

复次，提醒注意 PPH 申请过程中关于《专利法实施细则》第 51 条第 1 款适用的重点事项。

PPH（Patent Prosecution Highway，专利审查高速路）是指申请人在首次申请受理局提交的专利申请中所包含的至少一项或多项权利要求被确定为可授权时，可以向后续申请受理局对后续申请提出加快审查请求。以中日专利审查高速路试点项目下向中国国家知识产权局提出 PPH 为例❷，申请人在提出 PPH 请求时针对中国国家知识产权局提出的、在 PPH 试点项目下请求加快审查的申请的所有权利要求（无论是原始提交的或者是修改后的），必须与日本特许厅（JPO）认定为具有可专利性/可授权的一个或多个权利要求充分对应。

---

❶ 关于此类删除特征的情形如何正确理解和适用《专利法》第 33 条，可参考本章第三节第 2 节。

❷ 相关内容来源为 http://www.sipo.gov.cn/ztzl/ywzt/pph/zn/201105/P020111020471548126149.pdf。该试点项目自 2011 年 11 月 1 日起始，为期一年。

也就是说，申请人参与 PPH 试点的请求获得批准之后、收到有关实质审查的审查意见通知书之前，任何修改或新增的权利要求需要与 JPO 申请中被认定为具有可专利性/可授权的权利要求充分对应。申请人参与 PPH 试点的请求获得批准后，为克服审查员提出的驳回理由对权利要求进行修改，任何修改或新增的权利要求不需要与 JPO 申请中被认定为具有可专利性/可授权的权利要求充分对应。任何超出权利要求对应性的修改或变更，由审查员裁量决定是否允许。

因此，针对 PPH 申请，申请人需要在适用《专利法实施细则》第 51 条第 1 款进行主动修改时注意修改的时机，以使向中国国家知识产权局申请的权利要求和 JPO 申请中被认定为具有可专利性/可授权的权利要求充分对应。

最后，补充说明的是，由于《专利法实施细则》第 51 条第 1 款已经规定了主动修改时机，因此申请人在上述规定之外的时间对申请文件进行的主动修改，一般不会被实质审查员接受，其提交的经修改的申请文件将不被作为审查文本。但是，考虑到专利审查的效率，《专利审查指南 2010》还规定了一种特例❶，即如果申请人作出的修改既不是在提出实质审查请求时，也不是在收到发明专利申请进入实质审查阶段通知书之日起的三个月内，但审查员认为该修改消除了原申请文件存在的应当消除的缺陷，又符合《专利法》第 33 条的规定，且申请具备授权前景，在该修改文本的基础上进行审查有利于节约审查程序的，则可以接受该修改文本。在本章第一节第 2.2 节“《专利法实施细则》第 51 条第 3 款适用”中，还将对此情形作进一步说明。上述特例情形的条件相对严格，申请人在修改自由度上仍然受到很大的限制，所以对申请人来说，主动修改应当尽可能地在《专利法实施细则》第 51 条第 1 款规定的“一个时间点和一个时间段”的时机内提交。

2　被动修改

《专利法实施细则》第 51 条第 3 款规定：申请人在收到国务院专利行政部门发出的审查意见通知书后对专利申请文件进行修改的，应当针对通知书指出的缺陷进行修改。上述条款是对申请人在答复审查意见通知书时修改申请文件方式的规定，即应当针对审查意见通知书指出的缺陷进行修改。相对于主要受时机限制的主动修改而言，被动修改的特点是在修改的内容方面进一步受到审查意见通知书内容的限制，因此被动修改的局限性更大。下面仍然分为释义和适用两个方面对该条款内容进行介绍。

2.1　《专利法实施细则》第 51 条第 3 款释义

《专利法实施细则》第 51 条第 3 款规定的关键在于“应当针对通知书指出的缺陷”这一要求。

---

❶ 参见《专利审查指南 2010》第二部分第八章第 4.1 节的规定。

将修改限定在“针对通知书指出的缺陷”上，是因为在答复审查意见通知书时，国家知识产权局专利审查部门已经开始了对发明专利申请的实质审查，审查员对申请文件进行了阅读、理解、检索和评价，相应地在审查意见通知书中指出在实质审查过程中发现的申请文件存在的缺陷。如果申请人不针对通知书指出的缺陷进行修改，而是按照自己的意愿修改申请文件，不利于解决实质审查过程中已发现的申请文件存在的缺陷，导致审查程序的延长和行政资源的浪费。

因此，如果申请人答复审查意见通知书时所作的修改与审查意见通知书所指出的审查意见并不对应时，该修改通常不被审查员接受。但是也存在例外情形，即如果申请人的修改方式虽然与审查意见通知书所指出的缺陷无关，但是其修改的内容与范围既没有超出原说明书和权利要求书记载的范围，客观上又消除了申请文件存在的缺陷，且申请具备授权前景，那么因为该修改有利于提高审查效率、节约审查程序，因此申请文件可能被接受。

《专利审查指南 2010》第二部分第八章第 5.2.1.3 节列出了五种不能被视为“针对通知书指出的缺陷”进行修改的情形，需要申请人加以注意。这五种情形具体如下：

① 主动删除独立权利要求中的技术特征，扩大了该权利要求请求保护的范围。

② 主动改变独立权利要求中的技术特征，导致扩大了请求保护的范围。

③ 主动将仅在说明书中记载的与原来要求保护的主题缺乏单一性的技术内容作为修改后权利要求的主题。

④ 主动增加新的独立权利要求，该独立权利要求限定的技术方案在原权利要求书中未出现过。

⑤ 主动增加新的从属权利要求，该从属权利要求限定的技术方案在原权利要求书中未出现过。

可以看出，上述五种情形有一个共同的特点，即它们都是在审查员已经审查过的权利要求书范围的基础上，主动“另起炉灶”：或是新增了权利要求，或是“主动”扩大了独立权利要求的保护范围。这些新增加的内容是之前的实质审查过程中没有审查过的，所以不是“针对审查意见通知书指出的缺陷”作出的修改，不能被接受。

2.2　《专利法实施细则》第 51 条第 3 款适用

如前所述，如果申请人答复审查意见通知书时修改申请文件的方式不符合《专利法实施细则》第 51 条第 3 款的规定，那么这样的修改将通常不被审查员接受，也不能作为继续审查的文本，除非存在前述例外情形，即该修改符合“修改的内容与范围既没有超出原说明书和权利要求书记载的范围，客观上又消除了申请文件存在的缺陷，且申请具备授权前景”的条件，又不是《专利审查指南 2010》第二部分第八章第 5.2.1.3 节列出的五种不能被视为“针对通知书指出的缺陷”进行修改的情形。因此，申请人答复审查意见通知书时，如需修改申请文件，应尽可能保证修改与审查意见通知书所列的审查意见相对应。

仍以前述陶瓷调色剂的申请为例，该申请原始权利要求 1 为："一种陶瓷调色剂，含有 30～80 重量%的玻璃熔液，1～20 重量%的颜料如基于云母的珠光颜料，18～60 重量%热塑性塑料基体。"假如审查员在第一次审查意见通知书中认为该权利要求不具备新颖性。申请人经详细比对审查员提供的对比文件，认为如将玻璃熔液的含量修改为 70%～80%，将克服上述新颖性缺陷，因此作出第（1）项修改即将玻璃熔液的含量修改为"含有 70～80 重量%的玻璃熔液"。此外，申请人还主动进行了两项修改，即第（2）项修改，删除权利要求 1"如基于云母的珠光颜料"，和第（3）项修改，删除了"热塑性"。对申请人来说，上述第（2）项修改可以避免将来的授权文件中出现"如"这一含义不清楚的用语，使权利更稳定，而第（3）项修改可以扩大授权的权利要求的保护范围。

显然，第（1）项修改是针对审查意见通知书所指出的新颖性缺陷进行的修改，会被审查员接受，所以是专利代理人完全可以采取的修改方式。

第（2）项修改、第（3）项修改都不是针对审查意见通知书所指出的缺陷进行的修改。其中，对于第（2）项修改，由于将"1～20 重量%的无机颜料如基于云母的珠光颜料"修改为"1～20 重量%的无机颜料"既没有超出原说明书和权利要求书记载的范围，符合《专利法》第 33 条的规定，也没有扩大权利要求请求保护的范围，不属于《专利审查指南 2010》第二部分第八章第 5.2.1.3 节列出的五种情形，又消除了原申请文件存在的缺陷，同时有利于节约审查程序。因此很可能被接受，所以这一修改方式也是专利代理人可以考虑的。

但是，对于第（3）项修改，即使原始申请文件已经记载了采用"塑料基体"的方案，删除"热塑性"限定后的技术方案（"一种陶瓷调色剂，含有 30%～80 重量%的玻璃熔液，1～20 重量%的颜料，和 18%～60 重量%塑料基体"）在原始说明书中有记载，❶ 该修改也不可能被审查员接受，因为该修改方式是《专利审查指南 2010》第二部分第八章第 5.2.1.3 节列出的"不能被视为是针对通知书指出的缺陷进行的修改"的情形之一。

在修改文本不予接受的情况下，审查员会发出审查意见通知书，说明不接受该修改文本的理由，要求申请人在指定期限内提交符合《专利法实施细则》第 51 条第 3 款规定的文本。到指定期限届满日为止，若申请人所提交的文本仍然不符合上述规定，则审查员将针对修改前的文本继续审查，如作出授权或驳回决定。❷ 例如，审查员针对申请人在 A 日提交的申请文件发出第 N 次审查意见通知书，申请人在答复该通

---

❶ 关于此类删除特征的情形如何正确理解和适用《专利法》第 33 条，可参考本章第三节"2 删除内容"。

❷ 参见《专利审查指南 2010》第二部分第八章第 5.2.1.3 节。

知书时（B 日）提交了申请文件的修改替换页，审查员收到该答复文件后发出第 N + 1 次审查意见通知书，告知 B 日所提交的修改文件不是针对第 N 次审查意见通知书指出的缺陷进行的修改，不符合《专利法实施细则》第 51 条第 3 款的规定；那么，如果申请人在答复第 N + 1 次通知书的期限内再次提交的文件仍然不符合《专利法实施细则》第 51 条第 3 款的规定，则审查员将针对之前 A 日提交的审查文本继续进行审查，例如可以直接作出授权或驳回决定。

所以，尽管《专利法实施细则》第 51 条第 3 款不属于《专利法实施细则》第 53 条规定的应当予以驳回的情形，但是如果申请人已经被告知过某修改文本不符合《专利法实施细则》第 51 条第 3 款规定，且在该修改文本之前可以接受的审查文本又存在已经告知过的可驳回缺陷，若再次修改的文件仍然不符合《专利法实施细则》第 51 条第 3 款的规定时，则审查员仍然可以直接依据之前可以接受的审查文本作出驳回决定。

因此，对专利代理人而言，如果采取了上述第（3）种方式的修改，就需要承担该修改不被审查员接受的风险。虽然还存在针对驳回决定提出复审请求，或者针对申请人坚持要求保护的方案提出分案申请等救济途径，但是无疑延长了审批周期。

比较上述删除“热塑性”一词的修改意图在本章第一节第 1.2 小节和本小节的不同命运即可知晓，申请人在《专利法实施细则》第 51 条第 1 款规定的主动修改时机内修改申请文件，具有较大的自由度，只要不超出原说明书和权利要求书记载的范围即可；但缺点在于时机比较短暂。而在《专利法实施细则》第 51 条第 3 款规定的期间，申请人将再次获得修改机会，但此时修改受到较大的限制，不可“另起炉灶”，否则将导致修改文件不被接受，导致延长审查程序。

第二节　修改的内容和范围

1 《专利法》第 33 条释义

《专利法》第 33 条规定：申请人可以对其申请文件进行修改，但是，对发明或者实用新型专利申请文件的修改不得超出原说明书和权利要求书记载的范围，对外观设计专利申请文件的修改不得超出原图片或者照片表示的范围。

上述规定既赋予了申请人修改申请文件的权利，又对申请人修改专利申请文件的内容和范围作出了限制。在本章开篇已经提到，《专利法》第 33 条的立法本意一方面是赋予申请人修改申请文件的权利，以免专利申请文件中表述不准确、保护范围不恰当等缺陷妨碍专利信息传播利用并影响专利权的稳定性，提高专利申请文件的质量，确保专利制度的应有价值；另一方面又要对修改的内容与范围进行限制，以防申请人在修改专利申请文件时加入新的内容而获取不正当利益，违背专利制度所立足的先申请原则。

对《专利法》第33条规定的理解应当注意以下几点。

首先，《专利法》第33条规定中的“原”是指申请日提交的申请文件，不包括作为优先权基础的在先申请文件。对于国际专利申请来说，申请人在申请日向受理申请的国际局提交的申请文件具有法律效力，作为申请文件修改的依据。因此，专利国际申请进入中国国家阶段之后，如果发现作为审查基础的国际申请的中文译文存在译文错误，在办理改正译文错误手续后，可以依据原始提交的国际申请的内容进行修改。

其次，《专利法》第33条规定中的“说明书和权利要求书”，包括权利要求书和说明书的文字部分以及说明书附图部分，但不包括说明书摘要。

最后，根据《专利审查指南2010》第二部分第八章第5.2.1.1节的规定，《专利法》第33条的“原说明书和权利要求书记载的范围”的含义包括两部分：第一部分是原说明书和权利要求书文字记载的内容；第二部分是根据上述文字记载的内容以及说明书附图能直接地、毫无疑义地确定的内容。对于“不得超出原说明书和权利要求书记载的范围”这一要求的评价标准，《专利审查指南2010》第二部分第八章第5.2.3节进一步规定：“如果申请的内容通过增加、改变和/或删除其中的一部分，致使所属技术领域的技术人员看到的信息与原申请记载的信息不同，而且又不能从原申请记载的信息中直接地、毫无疑义地确定，那么，这种修改就是不允许的。”换言之，如果在原说明书和权利要求书中有记载，或者虽无文字记载但能从原说明书和权利要求书记载的信息中直接地、毫无疑义地确定，那么该修改就没有超出原申请说明书和权利要求书记载的范围，符合《专利法》第33条的规定。

2 《专利法》第33条适用

理解和运用《专利法》第33条时，重点和难点在于掌握“直接地、毫无疑义地确定”这一判断标准。下面先从判断主体、判断客体以及与“得到说明书支持”的判断标准的区别三个方面对这一判断标准进行理论层面的解读，在第三节，再结合具体案例更加直观、形象地解读上述判断标准。

（1）判断主体

虽然《专利法》第33条的规定中没有提到判断主体，但是从立法本意来看，专利申请文件的理解应当站在所属技术领域的技术人员的角度，因此判断能否“直接地、毫无疑义地确定”的主体也应当与判断创造性、公开充分等问题的主体一致，都是“所属技术领域的技术人员”❶。

---

❶ “所属技术领域的技术人员”的定义参见《专利审查指南2010》第二部分第四章第2.4节。

（2）判断客体

一项权利要求请求保护的技术方案是由技术特征组成的，通过增加、删除和/或改变技术特征，可以形成不同的技术方案。因此判断修改是否超出原说明书和权利要求书记载的范围时，仅核实单个技术特征是否在原权利要求书和说明书中有记载是不够的，还必须以修改后的各技术特征的总和——技术方案为对象，判断该技术方案是否超出原申请说明书和权利要求书记载的范围。

例如，申请人在从属权利要求 3 中增加了一特征“所述反应物为金属”，虽然经核实申请文件，发现原说明书第 × 页 × 行的确记载了“反应物是金属”这一特征，但该说明书第 × 页 × 行的上下文是说在 A 情形下选择金属反应物，而待修改的从属权利要求 3 的引用关系决定了它描述的是 B 情形，并且根据原申请文件的记载，A、B 情形是相互独立、互不相容的，本领域技术人员并不能直接地、毫无疑义地确定 B 情形下仍然可以使用金属反应物，那么虽然上述增加的特征本身在原说明书中有相同的文字记载，但修改后的方案仍然超出了原说明书和权利要求书记载的范围。

（3）与“得到说明书支持”的判断标准的区别

在实践中，一些申请人会在答复审查意见通知书的意见陈述书中强调其修改内容得到了说明书的支持。然而，应当注意的是，得到说明书支持是《专利法》第 26 条第 4 款规范的内容，其与《专利法》第 33 条规范的对象和判断标准都不同。得到说明书支持与否，仅针对权利要求书而言，判断标准是“权利要求书能够从说明书充分公开的内容中得到或概括得出”。而修改超出原说明书和权利要求书记载的范围规范的对象是对整个申请文件所作的修改，判断标准是“能够从原说明书和权利要求书直接地、毫无疑义地确定”。所以对于申请人和专利代理人来说，需要从概念上将《专利法》第 33 条的“直接地、毫无疑义地确定”判断标准与《专利法》第 26 条第 4 款的“得到或概括得出”标准区分开来。

第三节 案 例

本章第一节、第二节从理论上对《专利法》第 33 条和《专利法实施细则》第 51 条第 1 款、第 3 款进行了阐述。在发明专利申请的实质审查过程中，审查员对于上述法律法规的适用顺序是：首先判断修改的时机和方式是否符合《专利法实施细则》第 51 条的相关规定，符合规定的文本予以接受，作为审查基础，然后再根据《专利法》第 33 条的规定判断该修改的内容和范围是否超出原申请说明书和权利要求书记载的范围。不符合《专利法实施细则》第 51 条第 1 款或第 3 款规定的文本将不予接受，可以不再进一步判断其修改是否符合《专利法》第 33 条的规定。

作为约束修改内容和范围的实体规范，《专利法》第 33 条是《专利法实施细则》第 53 条规定的驳回条款之一，也是专利申请实践中的热点问题之一。本节将介绍一些化学领域常见的修改情形，包括增加内容、删除内容、修改数值范围、修改申请文件中的错误以及其他修改情形，通过案例来解读专利代理实务中对《专利法》第33条的理解和适用。

需要说明的是：在下述各情形下，不考虑修改时机和方式是否符合《专利法实施细则》第51条第1款或第3款的规定，仅涉及修改的内容和范围是否符合《专利法》第33条的规定。

1 增加内容

增加内容是专利申请实践中常见的修改情形，所增加的特征可以出现在权利要求书中，也可以出现在说明书部分，甚至出现在说明书附图中。对于这种增加内容的修改，总的判断原则是：如果申请人增加内容后，修改后的技术方案已清楚地记载在原说明书和权利要求书中，或者虽无完全相同的记载，但所属技术领域的技术人员可以由原说明书和权利要求书的文字记载以及说明书附图直接地、毫无疑义地确定，那么该修改符合《专利法》第33条的规定，就会被允许。反之，则不符合《专利法》第33条的规定。

【案例4-1】

某申请涉及一种抑制外胚层衍生组织中肿瘤增殖的活性物质和组合物。原权利要求1要求保护："一种通过包含以下步骤的方法获得的活性物质：在受精后至多24小时后对海水或淡水鱼的受精卵进行细胞壁破碎，然后超速离心，分离上清，混匀沉淀，重复多次后将所有上清组分混合并离心，分离所得的上清并且用生理溶液稀释，将所得材料经至少两次凝胶过滤，然后将过滤的物质冷冻干燥。"

原说明书涉及"凝胶过滤"的描述如下：发明内容部分除与上述权利要求1完全相同的记载之外，还记载了"将所得材料数次凝胶过滤以去除污染物"，"产物通过不同孔径大小的过滤器在几个阶段进行过滤，例如过滤器的孔直径分别是8微米、0.8微米、0.45微米、0.22微米"。

申请人希望以下述方式主动修改权利要求书：

① 将权利要求1的"材料经至少两次凝胶过滤"修改为"然后将活性物质与蛋白和细菌分离，将所得材料经至少两次凝胶过滤"；或者，

② 将权利要求1的"材料经至少两次凝胶过滤"修改为"如果需要，可将所得材料至少两次凝胶过滤"；或者，

③ 将权利要求1的"材料经至少两次凝胶过滤"修改"材料经至少两次例如三次凝胶过滤"；或者，

④ 主动增加一项从属权利要求2，"根据权利要求1所述的活性物质，其中将所得材料经过孔直径分别是8微米、0.8微米、0.45微米、0.22微米的凝胶过滤器进行

第四章

凝胶过滤”。

【分析】

这是实践中最常遇到的“增加内容”的修改情形，即申请人认为原申请文件记载的内容不够详细充分，而向其中补充信息，例如，将两个部件之间不明确的连接关系具体化、增加新的实施方式、增加附图细节等。这种情形下，总的判断原则是：不仅要看申请人增加的内容本身，还要看申请人通过增加内容后形成的技术方案整体上是否超出原说明书和权利要求书记载的范围。如果能够在原说明书和/或权利要求书中找到与修改后形成的技术方案完全相同的记载，或者虽无完全相同的记载，但对所属技术领域的技术人员来说，修改后的技术方案是由原说明书和权利要求书的文字记载以及说明书附图可以直接地、毫无疑义地确定的，那么该修改符合《专利法》第33条的规定，反之则不符合《专利法》第33条的规定。

在本案例中，申请人对权利要求1的四种修改方式均是增加内容，分别增加了“然后将活性物质与蛋白和细菌分离”、“如果需要”、“例如三次”和“将所得材料经过孔直径分别是8微米、0.8微米、0.45微米、0.22微米的凝胶过滤器进行凝胶过滤”的特征。经核实原说明书和权利要求书的文字记载，没有在原说明书和权利要求书中发现与这些新增内容本身完全相同的记载。那么，接下来需要专利代理人完成的工作就是判断对所属技术领域的技术人员来说，该修改后的方案能否由原说明书和权利要求书记载的信息直接地、毫无疑义地确定。

对于第①种增加“然后将活性物质与蛋白和细菌分离”的情形，原申请文件与之最相关的描述是说明书的“将所得材料数次凝胶过滤以去除污染物”。显然原申请记载的信息是“污染物”，而修改后所属技术领域的技术人员看到的信息是“蛋白和细菌”，由于污染物与“蛋白和细菌”的含义并不相同，根据原申请文件的记载也不能直接地、毫无疑义地确定其所述的“污染物”唯一对应“蛋白和细菌”，因此该修改超出原说明书和权利要求书的范围。此时，专利代理人应该与申请人进行沟通说明，避免作出这一修改。

对于第②种增加“如果需要”的情形。原说明书和权利要求书自始至终将凝胶过滤作为获得该活性物质的必不可少的一个方法步骤；修改后，所属技术领域的技术人员看到的信息实际上是“如果需要则凝胶过滤”、“如果不需要则不用进行凝胶过滤”，即凝胶过滤为任选步骤。因此修改后的这一信息是所属技术领域的技术人员不能根据原说明书和权利要求书直接地、毫无疑义地确定的，该修改超出原说明书和权利要求书记载的范围，也不会被国家知识产权局接受。所以专利代理人同样应该避免作出这一修改。

对于第③种增加“例如三次”的情形。原说明书和权利要求书记载的仅是“至少两次”，没有记载三次。专利制度上，考虑到必须为选择发明留下空间，所以对于含有数值范围技术特征的权利要求中数值范围的修改，只有在修改后的数值范围的两个端值在原说明书和/或权利要求书中已确实记载且修改后的数值范围在原数值范围之内的前提下，才是允许的。在此情形下，由于“三次”这一端值并没有记载在原说明书和/或权利要求书中，根据原始申请文件记载的“至少两次凝胶过滤”不能直接地、毫无疑义地确定出“三次凝胶过滤”的信息。所以该修改同样超出原说明书和权利要求书记载的范围，也不会被国家知识产权局接受。所以专利代理人同样应该避免作出这一修改。

对于第④种增加“将所得材料经过孔直径分别是 8 微米、0. 8 微米、0. 45 微米、0. 22 微米的凝胶过滤器进行凝胶过滤”的情形，原说明书与之最相关的描述“产物通过不同孔径大小的过滤器在几个阶段进行过滤，例如过滤器的孔直径分别是 8 微米、0. 8 微米、0. 45 微米、0. 22 微米”，比上述试图新增加的特征少“凝胶”的限定。但是，对于所属技术领域的技术人员来说，考虑到原说明书该表述与其上下文的逻辑关系和技术关联性，可以直接地、毫无疑义地确定原说明书该内容描述的“过滤器”不可能是其他的过滤器，就是指“凝胶过滤器”。因此上述修改后的信息是可以根据原说明书记载的信息直接地、毫无疑义地确定的，符合《专利法》第 33 条的规定。所以专利代理人可以放心提交该修改方式。

【案例 4 -2】

某申请涉及一种多功能多效自动连续蒸发结晶器。原权利要求 1 请求保护一种多效连续蒸发结晶工艺，限定将物料的不饱和水溶液或有机溶液预热后进行连续蒸发，在料液浓度达到饱和时进行闪蒸结晶。原从属权利要求 2 ~6 均仅引用权利要求 1，权利要求 2 进一步限定不饱和水溶液或有机溶液的浓度为 5 ~20 质量%，权利要求 3、4、5 分别对料液多效连续蒸发的过程进行了进一步的限定。

原说明书发明内容部分除不存在“如权利要求……所述的”之外，与权利要求书内容完全相同。具体实施方式部分记载“本发明的总工艺如下：不饱和水溶液或有机溶液（浓度为 5 ~20 质量%）经过预热后，进入一效蒸发器达到一定浓度后进入二效蒸发器，然后依次进入三效、四效、五效蒸发器进行连续蒸发，在料液浓度达到饱和时进行闪蒸结晶。根据不同物料的溶解度、结晶温度、物料的饱和浓度，将预热步骤后的工艺分别设计为三个工艺流程，简称为顺流、逆流、错流。”随后分别对不同工艺进行介绍，所介绍的顺流、逆流、错流工艺在技术上分别对应权利要求 3、4、5 的技术方案（只是权利要求 3、4、5 没有采用“顺流”、“逆流”和“错流”的用语）。

审查员在第一次审查意见通知书中认为该申请权利要求 1 ~4 不具备创造性，未评价权利要求 5。申请人针对上述意见进行修改，将审查员未提异议的原从属权利要求 5 的附加技术特征加入到独立权利要求 1 中，保持权利要求 2 ~4 不变，删除原权利要求 5。

【分析】

这是实践中常遇到的“增加内容”的第二种情形，即申请人将原申请文件中记载的几个分离的特征进行组合。例如，将仅在一个实施例中描述的某个特征增加到其他实施例中，或者在一个独立权利要求中增加原本并不引用该独立权利要求的某一权利要求中的某个特征，从而组合形成一个技术方案。判断是否超出原说明书和权利要求书记载的范围时需要注意，即使构成修改后的技术方案的各个特征本身在原申请文件中有记载，但判断修改后的技术方案是否超出原说明书和权利要求书记载的范围，还要看根据原申请文件记载的信息能否直接地、毫无疑义地确定这些分离的特征组合在一起构成的该修改后的技术方案。即重点在于判断这种新增加的组合关系是否能够从原说明书和权利要求中直接地、毫无疑义地确定。如果将原申请文件中的几个分离的特征，改变成一种新的组合，而原申请文件中没有明确提及这些分离特征彼此间的关联，且所属技术领域的技术人员也无法从原说明书和权利要求书记载的内容直接地、毫无疑义地确定这种关联，则这种修改得到的组合技术方案是超出原说明书和权利要求书记载的范围的。

在本案例中，对于修改后的权利要求1，其技术方案与原始权利要求5完全相同，因此符合《专利法》第33条的规定。

对于修改后的权利要求2，其实质限定错流工艺的物料浓度为5～20质量%。由于原说明书具体实施方式部分明确记载“本发明的总工艺如下：不饱和水溶液或有机溶液（浓度为5～20wt%）经过预热后……将预热步骤后的工艺分别设计为三个工艺流程，简称为顺流、逆流、错流”，由此可以直接地、毫无疑义地确定无论逆流、顺流、错流工艺，物料溶液的浓度都符合上述条件。因此修改后的权利要求2也符合《专利法》第33条的规定。

但是，对于修改后的权利要求3、4，其实际上是分别限定工艺同时包括错流和顺流和同时包括错流和逆流。但是，由于原说明书和权利要求书并没有记载同时包括错流和顺流、同时包括错流和逆流的技术方案，而且申请人修改后产生的这些分离特征的组合关系是所属技术领域的技术人员不能根据原说明书和权利要求书记载的信息直接地、毫无疑义地确定的，所以该修改超出原说明书和权利要求书记载的范围，违反《专利法》第33条的规定。

由上述案例可以看出，当某些从属权利要求没有被国家知识产权局提出反对意见，申请人准备将该从属权利要求上升为独立权利要求以获得专利保护时，通常会涉及原权利要求书的各项从属权利要求的引用关系的变化。所以，即使原本各从属权利要求的附加技术特征都存在于原始权利要求书中，仍然难免会出现特征之间的组合关系超出原说明书和权利要求书记载的范围的情况。因此，专利代理人需要特别注意核实该修改后的各项权利要求所要求保护的方案是否符合《专利法》第33条的规定。

进一步地，为了给将来的申请文件修改留有足够的退路，在撰写专利申请文件时，如果申请人提出的技术方案相对于现有技术作出了多个改进之处，而这些改进之处既可以单独存在，也可以组合在一起使技术方案更加完善，则在原说明书中除了记载包含单个改进之处的方案之外，最好还明确说明各改进之处可以具有组合关系（或体现在原权利要求书中），并尽可能提供一些将这些改进之处组合使用的实施方式。这样在后续审查程序中，当申请人需要将原申请文件中的几个分离的特征进行组合时，对该修改内容将更有把握。

2 删除内容

从《专利法》第33条的角度，只要删除特征后产生的技术方案已经记载在原说明书和权利要求书中，或者虽无文字记载但可以从原说明书和权利要求书记载的信息中直接地、毫无疑义地确定，那么该修改就会被允许；反之，则不允许。在专利申请代理实务中，对于删除特征的情形，首先要判断的是，作出该修改的时机和方式是否符合《专利法实施细则》第51条第1款或第3款的规定，因为这将决定该修改是否被接受并作为审查基础；然后才是判断是否符合《专利法》第33条，这将决定该修改是否被允许。

2.1 删除内容的一般原则

对于删除内容的情形，普遍适用的原则依然是：如果申请人删除内容后，修改后的技术方案已清楚地记载在原说明书和权利要求书中，或者虽无完全相同的记载，但所属技术领域的技术人员可以由原说明书和权利要求书的文字记载以及说明书附图直接地、毫无疑义地确定，那么该修改符合《专利法》第33条的规定，就会被允许；反之，则不符合《专利法》第33条的规定。

在此种情形下特别需要注意，从独立权利要求中删除在原申请文件中明确认定为发明的必要技术特征的那些技术特征，即删除在原说明书中始终作为发明的必要技术特征加以描述的那些技术特征；或者从权利要求中删除在说明书中明确认定的关于具体应用范围的技术特征，都是不允许的。[1] 因为这种删除会导致出现不含该特征的技术方案，而这一方案并不能由原说明书和权利要求书记载的信息直接地、毫无疑义地确定，从而导致违反《专利法》第33条的规定。

【案例4-3】

某申请，原始权利要求1为：“一种陶瓷调色剂，含有30～80重量%的玻璃熔液，1～20重量%的颜料如基于云母的珠光颜料，和18～60重量%塑料基体。”

审查意见通知书指出该权利要求存在表述“如”，导致保护范围不清楚。申请人希望通过修改克服上述缺陷，其希望的修改方式为：①删除“陶瓷调色剂”中的“陶瓷”；或者，②删除“1～20重量%的颜料如基于云母的珠光颜料”；或者，③删除“如基于云母的珠光颜料”表述，修改为“1～20重量%的颜料”；或者，④删除“颜

[1] 具体规定可参考《专利审查指南2010》第二部分第八章第5.2.3.3节。

料如基于云母的”，修改为“1～20 重量% 的珠光颜料”。

【分析】

对于第①种删除特征的情形，其属于前述“从权利要求中删除在说明书中明确认定的关于具体应用范围的技术特征”的情形。原始申请文件记载的该调色剂始终是“陶瓷调色剂”，没有记载这一组合物用于其他的应用。而修改后的信息是“调色剂”。“调色剂”的含义不仅包括陶瓷调色剂，还包括油墨调色剂、涂料调色剂甚至是食品工业用调色剂等。其实质上是通过删除表示具体应用范围的“陶瓷”，增加了包括上述三种组分的油墨调色剂、涂料调色剂等的方案。而对于所属技术领域的技术人员来说，原申请没有任何记载说明这一配比的组合物可以用于油墨、涂料等，也不能根据现有知识直接地、毫无疑义地确定该组合物具有这一应用。所以这种修改方式超出了原说明书和权利要求书记载的范围，专利代理人应当避免作出这一修改。

对于第②种删除特征的情形，其既克服了“如”带来的缺陷，又扩大了保护范围，似乎是最有利于申请人的修改方式，但是该申请原始申请文件中自始至终都将“1～20 重量% 的颜料”作为解决技术问题的必要技术特征描述，没有记载任何可以不含该物质的陶瓷调色剂方案，而修改后的信息通过删除该特征，实质上新增了不含该颜料的陶瓷调色剂方案，而这一方案是所属技术领域的技术人员根据原申请记载的信息不能直接地、毫无疑义地确定的，所以不符合《专利法》第 33 条的规定，专利代理人同样应当避免作出这一修改。

对此类删除“必要技术特征”的情形，需要引申说明的是：《专利审查指南 2010》中明确规定不允许删除原申请始终作为发明的必要技术特征出现的特征。这里的“必要技术特征”不仅仅是指说明书中声称的发明相对于现有技术的改进之处，以下几种情况都属于一旦删除就可能造成技术方案修改超出原说明书和权利要求书记载的范围的必要技术特征：①原申请中明示该技术特征是必要技术特征；②根据发明所要解决的技术问题，可以直接地、毫无疑义地确定该特征是达到发明效果所必不可少的；③该特征与技术方案中记载的其他特征密切关联，删除该特征后还需改进其他特征进行弥补，以实现未删除该特征时发明获得的技术效果，而且这种情况下的必要技术特征不一定存在于独立权利要求当中，从属权利要求中也可能出现。因此，上述几个方面都是申请人欲删除技术方案中的特征时需要考虑的。

对于第③种删除特征的情形，由于原申请描述方式是“1～20 重量% 的颜料如基于云母的珠光颜料”，客观上记载了陶瓷调色剂包括 1～20 质量% 的颜料，所以修改后的信息和原申请的信息相同，符合《专利法》第 33 条的规定。专利代理人可以放心作出该修改，但最好同时新增一项从属权利要求，进一步限定该颜料是基于云母的珠光颜料。

第④种删除特征的情形属于《专利审查指南 2010》指出的“从权利要求中删除一个与说明书记载的技术方案有关的技术术语”。由于原申请关于“珠光颜料”的记载只有这一处"基于云母的珠光颜料"，没有记载其他珠光颜料组分，本领域技术人员也不能根据原申请记载的信息直接地、毫无疑义地确定其他珠光颜料。所以申请人如果删除"基于云母的"特征，修改后的方案超出原说明书和权利要求书记载的范围，违反《专利法》第33条的规定，专利代理人同样应当避免作出这一修改。

【案例4-4】

权利要求要求保护下式的化合物：(A)—R，其中：A环是有机核（结构式略），R为$C_{1\sim6}$烯基。

根据化学领域的公知常识，不存在C_1烯基，即该权利要求中包括了实际不存在、不可能实施的化合物。申请人作出如下修改：

修改方式1："权利要求1：……R为$C_{2\sim6}$烯基。"

修改方式2："权利要求1：……R为$C_{1\sim6}$烯基，不包括C_1烯基。"

【分析】

原申请文件中未公开C_2烯基这一端点，也不能由原说明书和权利要求书记载的内容直接地、毫无疑义地确定所述烯基的起点必然为C_2，因此修改方式1是不允许的。对于修改方式2，申请人排除了明显不存在的化合物，同时并未增加任何新的内容。专利代理人可以提出这种修改方式。

上述情形下，由于当R为C_1烯基时的化合物明显不存在，所以其存在与否对权利要求请求保护的范围不会产生实质性的影响，所以如果审查员不要求进行修改，申请人也可以不进行修改。

2.2 马库什权利要求的修改

此外，对于删除特征的修改方式，专利代理实务中普遍比较关心的是马库什权利要求的修改，其主要情形以及相关原则如下：

（1）将权利要求进一步限定为说明书中明确记载的某个范围

由于原申请文件中明确记载了所述范围，所以这种修改通常是允许的，不认为超出原说明书和权利要求书记载的范围。

（2）删除权利要求中通式化合物各取代基定义中的一个或多个选项

为克服审查员提出的马库什化合物权利要求不能得到说明书支持等缺陷，申请人可能会删除通式化合物各取代基定义中一个或多个选项。这种删除实质上是在原申请文件记载的多个并列选择的技术方案中删除某些技术方案，一般不会导入原申请文件中未曾记载的新的内容，原则上应当允许。但是，如果这种删除的修改方式使得权利要求请求保护的通式化合物相当于数个具体化合物，而这些化合物中有的是原申请文件中并未明确记载的，则不能允许。例如：①修改后的通式化合物中只有一个变量，且该变量的可选项均是具体取代基，即该通式化合物相当于从所述可选项中选择每个具体取代基而得到的数个具体化合物；②修改后的通式化合物中只有两个变量，每个变量仅有两个可选项，且可选项均是具体取代基，即该通式化合物相当于上述取代基排列组合得到的四个具体化合物，此时，如果这些具体化合物中有的是原申请文件中未明确记载的，则这种修改方式不被允许。

【案例4－5】

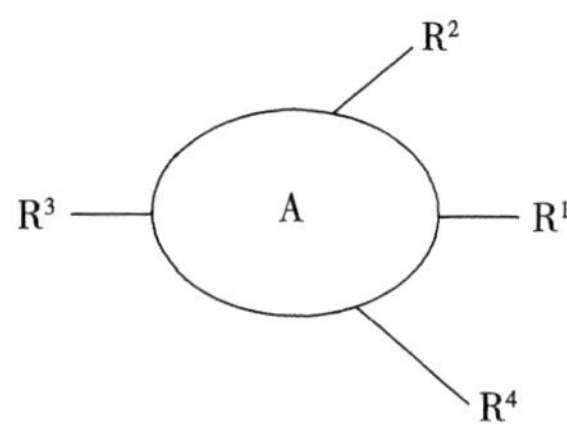

权利要求1：下式的化合物：

其中：

A环是有机核（结构式略）；

R^1 选自H、$C_{1\sim4}$烷基、NO_2、NH_2、COOH；

R^2 选自H、$C_{1\sim10}$烷基、呋喃基、吡啶基、苯基；

R^3 选自H、$C_{1\sim10}$烷基、$C_{1\sim4}$烷氧基、甲酰基、乙酰氧基、NH_2、苄基；

R^4 选自$C_{1\sim4}$烷基、$C_{1\sim4}$烷氧基、NO_2、NH_2、COOH。

审查员指出该权利要求不能得到说明书的支持，因此申请人将其修改为：

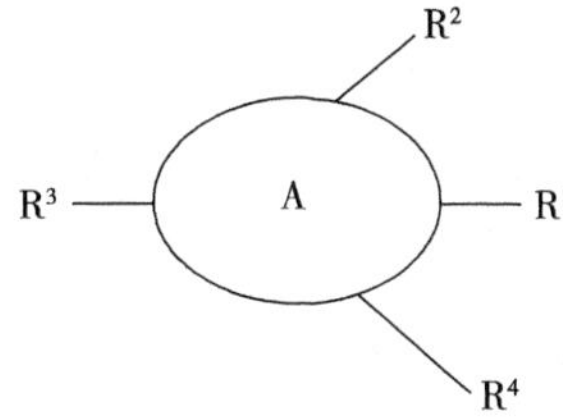

权利要求1：下式的化合物：

其中：

A环是有机核（结构式略）；

R^1 选自$C_{1\sim4}$烷基、NO_2、NH_2或COOH；（注：删除R^1为H的选项）

R^2 选自呋喃基、吡啶基或苯基；（注：删除R^2为H、$C_{1\sim10}$烷基的选项）

R^3 选自甲酰基、乙酰氧基、NH_2或苄基；（注：删除R^3为H、$C_{1\sim10}$烷基、$C_{1\sim4}$烷氧基的选项）

R^4 选自$C_{1\sim4}$烷基、$C_{1\sim4}$烷氧基、NO_2或NH_2。（注：删除R^4为COOH的选项）

【分析】

这种情形下，申请人删除了$R^1 \sim R^4$中的某些取代基选项。由于在原申请文件中对这些取代基选项均有明确的记载，其实际上包括了彼此之间的各种组合。删除这些选项只是删除了权利要求中不能得到说明书支持的内容，可以认为这种修改没有超出原申请记载的范围，符合《专利法》第33条的规定。

【案例4-6】

某申请原始权利要求1是："式Ⅰ化合物，其中基团A为$C_{1\sim6}$的烷基；B是$C_{1\sim6}$的烷基；C是芳基或杂芳基"。说明书的发明内容部分的记载与权利要求1相同，还公开了多个实施例化合物，其中包括一个A为乙基、B为甲基和C为苯基的具体实施例化合物。

申请人在主动修改时机内将原始权利要求1修改为："式Ⅰ化合物，其中基团A为乙基；B是$C_{1\sim6}$的烷基，C是芳基或杂芳基。"

【分析】

这种修改是根据实施例中公开的取代基，使之与权利要求中的其他取代基进行重新组合。此时判断原则是，如果修改得到的化合物范围是本领域技术人员无法由原申请记载的内容直接地、毫无疑义地确定的，则这种修改超出原申请记载的范围，不允许；否则可以允许。

在本案例中，原申请文件中仅仅在实施例中记载了基团A为乙基与具体的B为甲基和C为苯基的组合的情形，并没有记载基团A为乙基时，该基团与权利要求1中定义的基团B和C之间的组合关系；并且，这种组合关系并不能由原申请文字记载的内容以及说明书附图直接地、毫无疑义地确定，因此，这种修改不符合《专利法》第33条的规定。

对于上述案例，如果申请人在原始申请文件中存在相关描述，例如存在原始权利要求2引用权利要求1，进一步限定其中的A是乙基的话，那么申请人作出上述修改将是不超出原说明书和权利要求书记载的范围的。这也从一个角度说明了对于马库什权利要求，撰写出多个保护层次将给后续答复和修改留下充分的回旋余地。

2.3 "具体放弃"式修改

"具体放弃"主要出现在化学领域，通常涉及数值范围。

根据《专利审查指南2010》的描述，该修改是指："在原说明书和权利要求书中没有记载某特征的原数值范围的其他中间数值，而鉴于对比文件公开的内容影响发明的新颖性和创造性，或者鉴于当该特征取原数值范围的某部分时发明不可能实施，申请人采用'具体放弃'的方式，从上述原数值范围中排除该部分，使得要求保护的技术方案中的数值范围从整体上看来明显不包括该部分。"对于该修改，《专利审查指南2010》明确规定：只有在申请人能够根据申请原始记载的内容证明该特征取被"放弃"的数值时，本发明不可能实施，或者该特征取经"放弃"后的数值时，该发明具备新颖性和创造性的条件下，才能允许这样的修改不能被允许。根据上述规定，"具体放弃"本质上是超出原说明书和权利要求书记载的范围的，只不过是出于某些考虑，将符合某些特定条件的"具体放弃"式修改视为不超出原说明书和权利要求书记载的范围。

首先强调两种不允许的情况：①通过具体“放弃”修改方式来排除原始申请文件没有公开的技术特征，通常采用否定性词语或排除的方式，但是如果能够用正面的语言来描述，则不允许采用“具体放弃”的方式修改权利要求；②不允许通过“具体放弃”修改方式来克服原说明书没有充分公开的缺陷。

接下来介绍可以允许的几种情形：

① 当特征取原数值范围的某一部分，发明不可能实施时，申请人可以采用“具体放弃”的方式，从原数值范围中排除该部分。

② 如果在原说明书和权利要求书中没有记载某特征的原数值范围的其他中间数值，但是审查员引用的抵触申请公开的内容影响了发明的新颖性，或引用的现有技术对比文件影响了发明的新颖性和创造性时，申请人采用“具体放弃”的方式，从上述原数值范围中排除该部分，使得要求保护的技术方案中的数值范围从整体上看来明显不包括该部分。除非申请人能够根据申请原始记载的内容证明该特征取经“放弃”后的数值时，该发明相对于抵触申请具备新颖性，或者相对于现有技术对比文件具备新颖性和创造性，否则这样的修改不能被允许。

【案例4－7】

某申请涉及一种用吖啶或吖啶衍生物灭活病毒的方法。原始权利要求1为：“1. 一种灭活病毒的方法，其包括使用吖啶或吖啶衍生物。”审查员认为一篇抵触申请公开了使用吖啶灭活病毒的方法，破坏了权利要求的1新颖性。

申请人认为对比文件1虽然涉及吖啶灭活病毒，但该方案是用光动力法灭活病毒，必须将组合物暴露于特定波长的光线下，而本发明无需这一步骤，所以在权利要求1中增加了特征“但不将组合物暴露于紫外光线下”，修改的权利要求1为：“1. 一种灭活病毒的方法，其包括使用吖啶或吖啶衍生物，但不将样品暴露于紫外光线下。”

【分析】

如前所述，申请人在面临抵触申请或现有技术对比文件时进行具体“放弃”式修改，如果满足特定的条件，则视为“这样的修改不超出原说明书和权利要求书记载的范围”。首要的条件之一就是要求申请人所“放弃”的数值或方案是抵触申请或现有技术对比文件所记载的内容。如若允许申请人“放弃”其他方案，必将导致违背设置“具体放弃”这一例外情形的立法本意，而且也违背了前述“具体放弃”的规定。

具体到本案例中，修改后的权利要求1增加了“但不将样品暴露于紫外光线下”。虽然申请人通过增加上述特征排除了将样品暴露于紫外光线下用吖啶或吖啶衍生物灭活病毒的部分技术方案，但是，根据对比文件1公开的内容，该文件并没有记载任何“将样品暴露在紫外线下使用光敏剂吖啶类物质进行灭活病毒”的技术方案，因此修改后的权利要求1仍然不符合《专利法》第33条，不能被允许。

【案例4－8】

某申请原始权利要求书为：“1. 重金刚石，是合成金刚石的一种，其特征是：它采用碳－13同位素作为其主要组成元素。”

第一次审查意见通知书指出该专利申请的权利要求1相对于现有技术对比文件1不具备新颖性。该对比文件1公开了一种先制备由同位素碳－13构成的金刚石，然后高压下用催化剂－溶剂材料处理，将金刚石转变成单晶金刚石的方法，其中碳的同位素纯度至少为99.2%。

针对上述审查意见，申请人将权利要求修改为：“1. 重金刚石，是合成金刚石的一种，其特征是：它采用碳－13同位素作为其主要组成元素，碳－13含量达99.2%以上、作为高热导率的单晶金刚石除外。”

【分析】

如前所述，允许“具体放弃”式修改是有严格的条件的，即除非申请人能够依据申请原始记载的内容证明该特征取经“放弃”后的数值时，该发明相对于抵触申请具备新颖性，或者相对于现有技术对比文件具备新颖性和创造性，才能被允许。具体到本案例中，审查员引用的是构成现有技术的对比文件，因此为了让该修改被审查员所允许，专利代理人在意见陈述书中需要先论述修改后的权利要求1相对于审查员引用的现有技术对比文件1既具备新颖性，又具备创造性，然后才能得出该修改符合《专利法》第33条的规定的结论。相反地，如不能同时符合这两项，即使已经具备了新颖性，只要不具备创造性，该修改依然不符合《专利法》第33条的规定，不会被审查员所允许。

具体到本案例中，修改后的权利要求1与对比文件相比，区别仅在于碳－13的含量有所不同。显然，修改后方案相对于对比文件1具备新颖性。还需要判断是否具备创造性。

该申请自身声称要解决的技术问题是提供一种较通常的碳－12金刚石更耐温耐磨的合成金刚石。而对比文件1公开了由至少99.2%同位素碳－13组成的单晶金刚石，是重金刚石的一种，其除具有很高热导率的性质外，还具有重金刚石所具有的耐温耐磨的性质。也就是说，在该申请的申请日之前，已经有比通常的碳－12金刚石更耐温耐磨的合成金刚石存在，该发明所要解决的技术问题——提供一种较通常的碳－12金刚石更耐温耐磨的合成金刚石——在该申请的申请日以前已被解决。

从技术效果来看，修改后权利要求1的技术方案与对比文件在碳－13含量上的区别，并没有较对比文件的单晶金刚石在解决所要解决的技术问题上具有更优越的性能（如更耐温耐磨）。即便申请人主张这样排除后的方案能够带来成本低廉等的效果，由于对比文件1在第12页中公开了“对按照本发明的方法制备出来并具有各种不同同位素纯度级别的单晶金刚石进行研究，所获得的结果表明，当碳－13的纯度等级分别是99.2%、99.5%和99.9%时，其室温热导率分别比天然Ⅱ型金刚石高出10%、25%和40%”，给出了调节同位素纯度以改变热导率的技术启示，所以也足以说明本领域技术人员在面对节约成本的问题时会想到降低同位素纯度级别。

因此并不能得出上述区别可以为修改后的权利要求 1 的技术方案带来突出的实质性特点和显著的进步的结论，权利要求 1 不具备创造性，不符合《专利法》第 22 条第 3 款的规定。正因为修改后的技术方案不能满足“该特征取经‘放弃’后的数值时，相对于现有技术对比文件具备新颖性和创造性”的条件，所以这一修改方案也将被认为不符合《专利法》第 33 条而不被允许。

3 修改数值范围

化学领域发明专利申请文件中存在的数值范围通常是某一参数例如温度、压力、组合物某一组分的含量等的取值范围。对于含有数值范围技术特征的权利要求，如果修改数值范围，不仅要判断修改涉及的特征本身是否在原说明书和/或权利要求书中已确实记载，还要进一步核实修改后的技术方案是否可以根据原申请文件直接地、毫无疑义地确定。

（1）简单的数值范围修改

原始记载信息	修改后	是否超范围❶
大范围，及大范围内的一些点值。例如，温度 20～90℃ 和特定值 40℃、60℃和 80℃	以公开的点值为端点的小范围。例如，60～80℃或者 60～90℃	特征本身不超范围，须再判断方案是否超范围
小范围，及小范围之外的一些点值。例如，温度 40～80℃ 和特定值 20℃、60℃和 90℃	以公开的点值为端点的大范围，或与原公开范围交叉的范围。例如，20～80℃或 60～90℃	特征超范围，方案必然超范围
无范围，零散的一些点值。例如，温度 40℃、60℃和 80℃	以公开的点值为端点概括的新出现的范围。例如，60～80℃或 60～90℃	特征超范围，方案必然超范围

（2）涉及组合物的百分含量的特殊规定

当组合物以各组分所占百分含量来限定，而几个组分的含量范围不符合“某一组分的上限值 + 其他组分的下限值≤100，某一组分的下限值 + 其他组分的上限值≥100”❷ 时，若在权利要求和说明书中补入特征“各组分含量之和为 100%”，且权利要求中各组分的含量中有符合上述条件的数值范围的，则不视为修改超出原说明书和权利要求书记载的范围。

（3）工艺变量组合的修改方式

通常技术方案中可能涉及多个工艺变量、多个数值范围，而且申请文件的不同部分也可能针对同一工艺参数的选择范围存在多种描述，例如权利要求中可能描述某温

---

❶ 为简洁起见，本表中将“超出原说明书和权利要求书记载的范围”简称为“超范围”。

❷ 参见《专利审查指南 2010》第二部分第十章第 4.2.2 节第（4）项的规定。

度是 10～80℃，实施例 1 描述为 30℃，实施例 2 描述为 70℃。申请人为了消除申请文件中存在的缺陷，可能希望将申请文件中不同部分针对不同变量的数值范围的描述组合起来，得到一个技术方案。对这种情形，首先对于每一个变量而言，其数值范围的修改都必须满足前述“简单的数值范围修改”的条件；其次，更重要的是，还需要判断各个工艺变量组合之后的技术方案是不是所属技术领域的技术人员根据原申请文件的信息能够直接地、毫无疑义地确定的。

【案例 4－9】

某 PCT 申请原始权利要求 1 如下：“1. 实质上松软的非织造织物摩擦材料，其包括：由无规布置的纤维构成的非织造织物；附着于非织造织物纤维的粘合剂；和通过粘合剂附着于非织造织物的磨粒；其中磨粒含有大尺寸软粒子和小尺寸硬粒子。”

原始说明书中没有关于粘合剂的莫氏硬度的描述，仅有的描述是“［0025］在热固化之后的粘合剂的硬度优选基本上表现出与大尺寸软粒子相同的硬度。如果粘合剂的硬度基本上低于大尺寸软粒子的硬度，则粘合剂掩盖大尺寸软粒子，摩擦力变差。如果粘合剂的硬度基本上大于大尺寸软粒子的硬度，则待擦亮的表面可能被划伤。”至于“大尺寸软粒子”的硬度，原申请文件的相关描述则是“［0019］软粒子具有的莫氏硬度为 2 到 4。”

申请人答复第二次审查意见通知书时为克服不支持的缺陷修改了权利要求，修改方式包括对粘合剂进行了进一步限定，增加了“莫氏硬度”的特征，并将从属权利要求对软、硬粒子的粒度和莫氏硬度的限定加入独立权利要求中。修改后的权利要求 1 为：

“1. 实质上松软的非织造织物摩擦材料，其包括：由随机布置的纤维构成的非织造织物；莫氏硬度为 2 和 4 的粘合剂，其中粘合剂附着于非织造织物的纤维；和通过粘合剂附着于非织造织物的磨粒；其中磨粒含有大尺寸软粒子和小尺寸硬粒子，所述大尺寸软粒子具有 0.1 到 1 毫米的平均粒径和 2 到 4 的莫氏硬度，并且所述小尺寸硬粒子具有 1 到 10 微米的平均粒径和 8 或更大的莫氏硬度。”

第四章

【分析】

显然，原说明书和权利要求书只是提到粘合剂的莫氏硬度与所述大尺寸软粒子的莫氏硬度相同，大尺寸软粒子的莫氏硬度为“2 到 4”。显然，二者的莫氏硬度相同，那么粘合剂的莫氏硬度范围也是 2 到 4，但仅仅如修改后那样限定粘合剂、大尺寸软粒子的莫氏硬度范围均为 2 到 4，则涵盖了二者的莫氏硬度均在该范围内却并不相同，例如粘合剂的莫氏硬度为 2，大尺寸软粒子的莫氏硬度为 3 的方案，而这样的方案是原始申请没有记载，也不能由原始申请文件直接地、毫无疑义地确定的信息。所以上述修改超出原说明书和权利要求书记载的范围，违反《专利法》第 33 条的规定。

申请人的修改方式应该是“所述粘合剂的莫氏硬度与所述大尺寸软粒子的莫氏硬度相同”。

【案例 4－10】

某申请原始权利要求 1、2、4 如下：

权利要求 1：“一种利用超声波强化提取龙眼果皮黄色素的方法，其步骤如下：（1）原料预处理……（2）按一定液/固比，加入适量的浸提剂进行超声提取……”

权利要求 2：“根据权利要求 1 所述的方法，其特征在于：所用浸提剂为 40%～60%的乙醇溶液（每升滴加 1～2ml 37%的浓盐酸）或浓度为 70%～90%的乙醇溶液。”

权利要求 4：“根据权利要求 1 所述的方法，其特征在于：超声波功率为 100～1800w，占空比为 10%～80%，温度为 10～60℃，液：固比为 2：1～50：1（v/w，体积/重量），果皮粉碎细度为 20～160 目，提取时间 5～50min，烘干温度为 30～70℃。”

在实质审查过程中，申请人对权利要求书进行了修改，将权利要求 2 的全部附加技术特征和权利要求 4 的其中一个附加技术特征“液：固比为 2：1～50：1（v/w，体积/重量）”加入权利要求 1，形成了新的权利要求 1。

【分析】

如果本领域技术人员根据说明书的内容认定权利要求 4 中的各个特征如液固比、果皮粉碎细度、超声波功率、占空比、温度和提取时间等之间是固定的配合关系，即权利要求 4 中的技术特征“液：固比为 2：1～50：1（v/w，体积/重量）”与该权利要求中的其他技术特征之间的关联是固定的，则对于组合后的权利要求 1 的技术方案而言，虽然其全部技术特征均在原说明书和权利要求书中有记载，但认为其技术方案在原说明书和权利要求书中没有记载，而且也不能从原说明书和权利要求书文字记载的内容以及说明书附图直接地、毫无疑义地确定，因此组合后的权利要求 1 修改超出原说明书和权利要求书记载的范围。

如果本领域技术人员根据说明书的内容可以认定权利要求 4 中的技术特征“液：固比为 2：1～50：1（v/w，体积/重量）”不仅适用于与该权利要求中的其他技术特征的组合，而且也适用于该发明所述方法的其他方案，在这种情况下，可以认为组合后的权利要求 1 修改不超出原说明书和权利要求书记载的范围。

4 修改申请文件中存在的错误

这里所说的错误，是指本领域技术人员能够意识到的申请文件存在的错误。对错误的修改应当注意：如果所述错误是所属技术领域的技术人员一旦看到就能够发现其存在，并且还能够知道如何改正的错误，则应当允许对该错误进行修改。

这里所说的“立即发现其错误”，需要所属技术领域的技术人员根据原申请文件和公知常识进行客观判断。“立即知道如何改正”，就是指该修改是所属技术领域的技术人员从原申请文件中可以直接地、毫无疑义地确定的内容。

反之，如果所述错误虽然能够被所属技术领域的技术人员发现，但并不知道如何改正（“不知道如何改正”包括改正的方式不唯一和改正的方式完全不得而知两种情形），由于改正的内容不能从原申请文件直接地、毫无疑义地确定，因而不能允许对这类错误进行修改。

【案例4－11】

某申请❶涉及一种装饰裂纹布制作工艺。原说明书中记载：将腻子（如原子灰及其类似的物质）加入2%～5%的固化剂，涂刮于基材上，涂层厚度最好是小于5cm，基材可以是天然纤维布、人造纤维布、尼龙布、玻纤布等。晾干后将涂层打磨平整，从不同方向将基材往背面（没有涂层的一面）折叠、扭曲、卷曲、揉折等，然后再从不同方向往正面折叠（有涂层的一面）、扭曲、卷曲、揉折等，使基材的表面产生纹路。

申请人在审查过程中将原权利要求书和说明书中的所有厚度单位“cm”均修改为“mm”，并认为原申请文件中的单位“cm”是撰写时的笔误。

【分析】

在本案中，对所属技术领域的技术人员来说，装饰裂纹布的厚度一般都是“mm”量级，而不是“cm”或其他量级，若腻子涂层的厚度为“cm”量级以上，则仅靠涂刮无法使涂层固定在基材表面；此外，就该申请装饰裂纹布的用途而言，由于其主要用在壁画、家具表面上，腻子涂层厚度的量级显然不应当为厘米量级。同理，纤维布、裂纹布的厚度亦不可能为“μm”量级以下，结合该申请所采用的技术手段来看，将涂层直接涂刮在基材上后，需折叠、扭曲涂层以形成裂纹，采用“cm”量级以上或“μm”量级以下显然都无法达到制造裂纹的技术效果。因此，所属技术领域的技术人员通过阅读说明书并结合所属技术领域常识显然能判断出，原申请中涉及纤维布和涂层厚度时的厚度单位“cm”，都应该为“mm”，该错误属于所属技术领域的技术人员能够识别出的申请文件中存在的打印错误，专利代理人可以通过补正对该打印错误作出修改，符合《专利法》第33条的规定。

【案例4－12】

申请要求保护一种中药制剂，其中原料药材之一是“条苓”。原始申请的说明书中记载其功效是“条苓：治诸热，利尿，皆主五淋”。审查员在第一次审查意见通知书指出“条苓”属于不规范的技术术语，不能在现有技术中获得该名称，导致该申请不符合《专利法》第26条第3款的规定。

申请人收到通知书后才发现申请日时提交的申请文件中存在打字错误，误将“茯苓”打成“条苓”，现希望将权利要求书、说明书摘要及说明书中的“条苓”修改为“茯苓”。

---

❶ 该案改编自专利复审委员会第5870号复审请求审查决定。

【分析】

该申请原申请文件记载的“条苓”属于不规范的技术术语，所属技术领域的技术人员根据原申请文件和公知常识可以立即发现存在错误。但根据说明书中记载的功效“治诸热，利尿，皆主五淋”及说明书的整体内容，不能确定其唯一的正确答案是“茯苓”，因为根据《中药大辞典》（江苏新医学院编，上海科学技术出版社出版）的记载，茯苓的功用主治是：渗湿利水，益脾和胃，宁心安神；猪苓的功用主治是：利尿渗湿。因此，在不能确定唯一的正确答案的情况下，将“条苓”修改为“茯苓”超出原说明书和权利要求书记载的范围，不符合《专利法》第33条的规定。

5　其他修改情形

5.1　改变术语

在发明专利申请过程中，申请人可能为了消除专利申请文件中某些表述不准确、用词不严谨的问题而主动地改变某个（些）术语，也可能针对审查意见通知书指出的某些术语含义不清楚的缺陷，试图通过改变术语来消除该缺陷。

改变术语时，应注意核实修改前后的术语含义的异同，包括术语本身的含义是否相同，以及术语在技术方案中的理解是否相同。如果改变后的术语使得技术方案中引入了新的信息，而该新的信息不能从原申请文件中直接地、毫无疑义地确定，则应该避免这一修改方式。反之，则可以作出该修改。

【案例4－13】

某申请，审查员在第一次审查意见通知书中认为原说明书存在的术语“表面活性剂OP－10”不符合《专利法实施细则》第3条关于“依照专利法和本细则规定提交的各种文件应当使用中文；国家有统一规定的科技术语的，应当采用规范词”的规定。

为克服上述审查意见通知书中指出的缺陷，申请人将原说明书中记载的表面活性剂“OP－10”修改为“壬基酚聚氧乙烯醚”。

【分析】

修改后的“壬基酚聚氧乙烯醚”是未限定氧乙烯单元个数的一类物质，但原说明书记载的“OP－10”中“10”表示含有10个氧乙烯单元，所以修改后的信息与原申请记载的信息不同，所属技术领域的技术人员也不能由原申请记载的信息直接地、毫无疑义地确定修改后的信息，所以该修改超出原说明书和权利要求书记载的范围，不符合《专利法》第33条的规定。

【案例4－14】

某申请的原始申请文件记载以“CMS－Na”作为d、e两种制剂制备方法的原料。

申请人在《专利法实施细则》第51条第1款规定的主动修改时机内修改了权利

要求书并提交了申请文件的修改替换页。其中，由于录入错误且对录入文件核实不细致，修改后的文件将原申请文件中的“CMS－Na”打印成“CMC－Na”。

【分析】

由于修改前的CMS－Na的含义是羧甲基淀粉钠，修改后的CMC－Na的含义是羧甲基纤维素钠，二者不同，且所属技术领域的技术人员也不能直接地、毫无疑义地确定得到CMC－Na作为原料的技术方案，因此该修改超出原说明书和权利要求书记载的范围，不符合《专利法》第33条的规定。

【案例4－15】

某申请的原权利要求1是：

“1. 一种采用金属锶炉渣制备碳酸锶盐的方法，其特征在于包括：1）……2）将锶渣粉加入到沸水中，边加锶渣粉边搅拌，使锶渣粉充分反应生成可溶性的氢氧化锶；3）……”

原说明书的相关记载是：“上述步骤2）中，为使锶渣粉充分反应生成可溶性的氢氧化锶，锶渣粉应分批缓慢地加入到沸水中，这里的沸水是指水温控制在70～100℃”，“本发明使用沸水直接对金属锶炉渣进行溶解，不仅生产工艺简单，而且生产成本低。”此外，还记载了三个实施例，实施例1：“将锶渣粉分批缓慢地加入到沸水中，温度控制在70℃”；实施例2：“将锶渣粉分批缓慢地加入到沸水中，温度控制在85℃”；实施例3：“将锶渣粉分批缓慢地加入到沸水中，温度控制在100℃”。

审查员在第一次审查意见通知书中指出，“沸水”在本领域具有确切含义，是指达到沸腾状态的水。虽然水的沸点根据气压的不同而不同，但是从本申请的技术方案来看，并不存在气压的变化，而是在大气压下进行的过程，那么沸水应为100℃的水。申请人在说明书中对“沸水”的定义不同于其在所属技术领域通常具有的含义，因此导致权利要求1的保护范围不清楚。

第四章

申请人答复审查意见通知书时，主张权利要求1步骤2）中的“沸水”的含义就是指“热水”，正如该申请三个实施例所记载的，步骤2）的水温可以分别为70℃、85℃、100℃，因此将原权利要求1中的“沸水”修改为“热水”。

【分析】

对于申请人的这一修改方式，由“沸水”修改为“热水”在原说明书和权利要求书中没有文字记载，而且由原说明书和权利要求书文字记载的“沸水”以及文字记载的70～100℃、70℃、85℃、100℃这些温度不能直接地、毫无疑义地将“沸水”确定为“热水”，因为“热水”还可以指例如40℃、60℃的水。所以申请人的这一修改超出原说明书和权利要求书记载的范围，不符合《专利法》第33条的规定。申请人的最佳修改方式是将步骤2）修改为“将锶渣粉加入到温度为70～100℃的水中”。

【案例4－16】

某专利，提交申请时的原始权利要求1是：“1. 一种按照预定的图形、用一种不渗透的介质浸渍织物的方法，其特征是，该方法包括下列步骤：将所述织物送过两个浸渍辊之间的同一轧点，其中每一只辊上都有预定的、完全相同的图形，而且两个辊分别位于织物的正面一侧和反面一侧，以在织物的正反两面上同时施放已液化的不渗透浸渍介质；然后冷却，使织物上的浸渍介质得以固化。"

在实质审查阶段，申请人曾修改申请文件。最终授权的权利要求是："一种按照预定的图形、用一种不渗透的介质涂覆织物的方法，其特征在于，该方法包括下列步骤：将所述织物送过两个涂覆辊之间的一个轧点，其中每一只辊上都有预定的、相同的图形，而且两个辊分别位于织物的正面一侧和反面一侧，以在织物的正反两面上同时施放已液化的不渗透浸渍介质；然后冷却，使织物上的涂覆介质得以固化。"

某无效宣告请求人针对此专利权提出无效请求。针对权利要求 1 的无效理由是专利权人将"浸渍"改成"涂覆"不符合《专利法》第 33 条的规定。

【分析】

对于该申请的上述修改，经过实质审查、无效请求审查程序、行政诉讼程序❶都认为，由该专利原说明书第 1 页和第 2 页的描述以及图 1 的相关信息可知，原始说明书记载了一种将不渗透的介质"施加"到织物上的方法，这种"施加"是通过具有网眼表面的网版将不渗透介质例如树脂压挤到织物的正反两面，并没有将织物完全泡在不渗透介质中。因此，对于本领域的技术人员来说，原始说明书清楚地描述了向织物上施加不渗透介质的过程，这一"施加"的过程确切含义应理解为"涂覆"。因此，专利的说明书和权利要求书将原始申请文件中的"浸渍"修改为"涂覆"，对于本领域的技术人员来说是一种澄清性修改，可以由原始申请文件公开的信息中直接地、毫无疑义地确定，没有超出原说明书和权利要求书记载的范围，符合《专利法》第 33 条的规定。

5.2　概括

在撰写专利申请文件时，为了获得较大的专利权保护范围，通常会对原说明书公开的具体内容进行概括，形成较为上位的技术方案，并体现在权利要求书中和/或说明书的发明内容概述部分。只要能够得到说明书的支持，这种概括是允许的。

但是，如果申请日提交的说明书和权利要求书中只记载了一种或几种具体实施方式，没有对这个或这些具体实施方式进行归纳概括，而是在修改过程中才将这种具体实施方式提取其共性进行概括，形成较为上位的技术方案，或者对具体实施方式中的特征进行删减和重组，形成新的技术方案，则这种上位概括或重新概括式修改很有可

❶ 该发明专利申请号为 94119381.0，曾被多次提出无效宣告请求。本案例内容参见专利复审委员会第 5838 号无效宣告请求审查决定，以及北京市高级人民法院（2005）高行终字第 166 号行政判决书。在此之后，又有无效请求人针对该专利提出无效宣告请求，导致该专利被专利复审委员会第 9877 号无效宣告请求审查决定依据《专利法》第 22 条第 3 款宣告全部无效。

能会引入在原说明书和权利要求书中没有记载的信息，造成不符合《专利法》第33条规定的缺陷。

特别是对于上位概括式的修改而言，根据《专利审查指南2010》的规定，权利要求中用上位概念表述的特征包括了该上位概念范畴内的所有下位概念，权利要求中所包含的功能性限定的技术特征应理解为覆盖了所有能够实现所述功能的实施方式。所以在申请日之后进行上位概括式修改，往往就是在申请文件当中增加原申请文件中没有记载的下位概念或具体实施方式。对这种修改是否超出原说明书和权利要求书范围的判断，就是判断新增加的下位概念或具体实施方式能否根据原申请文件直接地、毫无疑义地确定，而这种情况下得到肯定的结论是非常困难的。对于重新概括式的修改而言，实际上相当于前面所说的“技术内容的删除”与“增加技术内容为将原申请文件中记载的几个分离特征进行组合”的修改方式的结合，可以参照本节第1、2小节提供的方式进行判断。

【案例4－17】

某案，母案申请记载的制备鸟苷类化合物的方法在选自某些微生物的嘌呤核苷磷酸化酶的存在下进行。该微生物的有关上下位概念分别是“芽胞杆菌属（Bacillus genus）”以及“嗜热脂肪芽胞杆菌（Bacillus stearothermophilus）JTS 859（FERM BP－6885）”。

分案申请时，修改为该微生物为嗜热脂肪芽胞杆菌（Bacillus stearothermophilus）。

【分析】

以微生物学特性划分，每个属的微生物通常包括多个不同种的微生物，每个种的微生物通常包括许多不同的具体株，因此“属”、“种”和“株”的概念范畴不同。在该申请中，原申请记载的“芽胞杆菌属（Bacillus genus）”是“属”，“嗜热脂肪芽胞杆菌（Bacillus stearothermophilus）JTS 859（FERM BP－6885）”是具体的株，而修改后的“嗜热脂肪芽胞杆菌（Bacillus stearothermophilus）”则是微生物的“种”的概念。申请人的上述修改实际是将原申请记载的具体“株”上升到“种”，相当于新增了同一“种”范围内的其他“株”的微生物，而这些微生物既没有记载在原申请文件中，也不能由所属技术领域的技术人员根据原申请记载的信息直接地、毫无疑义地确定，所以修改超出母案原说明书和权利要求书记载的范围，不符合《专利法》第33条的规定（也不符合《专利法实施细则》第43条第1款的规定）。

【案例4－18】

原始权利要求1要求保护的制备方法限定使用有机溶剂和水，但没有对其比例进行限定。原始说明书在发明内容部分也没有提到有机溶剂和水的用量比例，但是三个实施例中分别采用了乙醇和水、丙醇和水、异丙醇和水，这些实施例中三种具体醇与水的比例为1∶1。

申请人为了克服权利要求1缺少必要技术特征的缺陷，在修改的权利要求1的特征部分中加上了“所述有机溶剂和水的使用比例为1∶1”的描述。

【分析】

根据原申请记载的信息，只能直接地、毫无疑义地确定乙醇、丙醇、异丙醇各自与水比例为1∶1的方案，对采用其他有机溶剂例如乙醚、丙酮、甲醇时其比例是不是仍然为1∶1，则存在合理的怀疑。而申请人修改之后的信息则限定了其他有机溶剂均能以此比例适用，这是所属技术领域的技术人员根据原说明书和权利要求书不能直接地、毫无疑义地确定的，所以该修改超出原说明书和权利要求书记载的范围。

5.3　基于附图信息的修改

附图作为一种工程语言，往往能够比文字更精确更形象地描述事物，也是大多数机械领域专利申请文件的重要组成部分。基于附图信息对申请文件的文字内容进行修改时，应当非常慎重，因为在很多情况下文字所表达的信息都不如图形那样明确、唯一，修改容易引入不能直接地、毫无疑义地确定的内容。实践中通常应考虑如下原则：

① 附图是说明书的一个组成部分，其作用在于利用图形补充说明书文字部分的描述。

② 同一附图通常应当采用相同比例绘制，这是对申请文件撰写的一般要求。如果申请文件中不存在让人有理由怀疑附图未采用相同比例绘制的文字描述或附图所示的内容，就应当认定同一附图采用相同比例绘制。对于这样的附图，如果所属技术领域的技术人员结合说明书的内容可以直接地、毫无疑义地确定出附图所示部件之间的相对位置、相对大小等定性关系，则上述内容应当认为是说明书记载的信息。

同时应该注意的是，修改申请文件时，不允许增加通过测量附图得出的尺寸参数技术特征，即不能仅根据申请文件的附图图示直接地、毫无疑义地确定出附图中相关部分的具体尺寸参数等定量关系特征。

此外，附图中的相关部分如果在申请文件中没有作出特别的说明，则应当按照所属技术领域通常图示的含义来理解。一般可以通过作为现有技术的技术词典、技术手册、教科书、国家标准、行业标准等文献记载的相关图示含义，理解附图中相应部分在所属技术领域的通常图示含义。

【案例4－19】

某申请的原始说明书描述了实施例1，并指出申请的附图1（本节重新编号为图4－2）是实施例1的工艺流程图。

申请人希望：①为了进一步澄清技术信息，在实施例文字部分提到的“加入泥磷和碱液反应”的基础上，新增“同时加入”的限定；②实施例1只提到用酸洗气，希望可以根据说明书附图的内容增加用“85%浓磷酸”洗气的特征，最好能加入“洗气液为85%浓磷酸100ml”的特征。

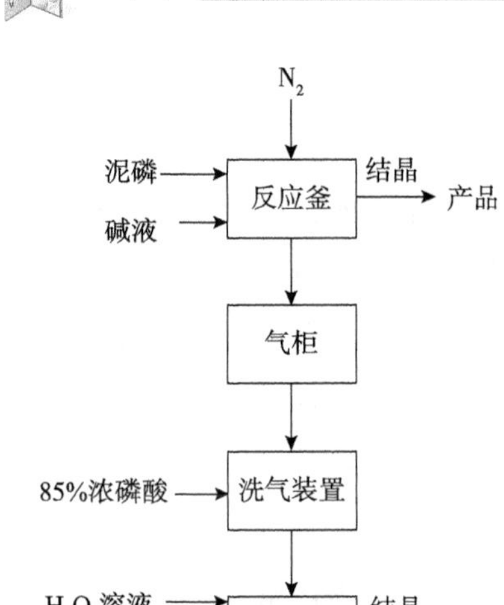

图4－2

【分析】

根据实施例1的文字部分和附图1的图示，只能够直接地、毫无疑义地确定加入泥磷和碱液，洗气用的是85%浓磷酸，对泥磷和碱液是否同时加入存在疑义，对85%浓磷酸加入量是否为100ml也存在疑义。所以申请人希望的第①种修改情形、第②种修改加入“洗气液为85%浓磷酸100ml”的情形，其修改后产生的新信息都是所属技术领域的技术人员不能根据原说明书和权利要求书记载的信息直接地、毫无疑义地确定的。因此只有第②种修改方式中的根据附图加入洗气是用“85%浓磷酸”的特征，才会被审查员允许。

【案例4－20】

某PCT申请人在《专利法实施细则》第51条第1款规定的主动修改时机内新增权利要求如下：

29. 权利要求1的化合物，其具有包括用CuKa1放射（波长＝1.5406）获得的2θ角为7.1、13.9、16.0、20.9和24.7的用度（±0.1度）表示的峰的X－射线粉末衍射图。

30. 权利要求2的化合物，其具有包括用CuKa1放射（波长＝1.5406）获得的2θ角为5.0、16.7、18.9、24.8和27.3的用度（±0.1度）表示的峰的X－射线粉末衍射图。

审查员在第一次审查意见通知书中认为该修改不符合《专利法》第33条的规定。

申请人陈述理由认为权利要求29～30的数据仅仅取自该申请附图1（本节重新编号为附图4－3），这些权利要求仅仅澄清了图中的重要峰位，所有数据展示在原始说明书中并可从说明书中得到。本领域的技术人员从附图中读取3～5个主峰的位置是鉴别化合物的标准程序，峰的位置是重要的，但是峰的准确高度不那么重要。申请人已经在权利要求29、30中准确地描述了峰位，也提供了得出所述图型的条件（用CuKa1放射（波长＝1.5406）获得的）。因此，申请人已经提供了鉴定具体而准确峰位的直接、明确的技术特征，并不是基于附图的纯粹的数据测量。

【分析】

原申请文件虽然以附图形式提供了X－射线粉末衍射图，但是附图中的特征峰的峰值并未明确表示，原说明书和权利要求书中也没有记载修改后的权利要求29、30所述的峰值。从附图1中读取的数据，并不是重要峰值的具体精确的数据，往往在读取时会存在一定的误差，且该误差因人而异。因此，化合物的特征峰峰值不能从附图1中直接地、毫无疑义地确定为权利要求29、30要求保护的内容，申请人的上述修改

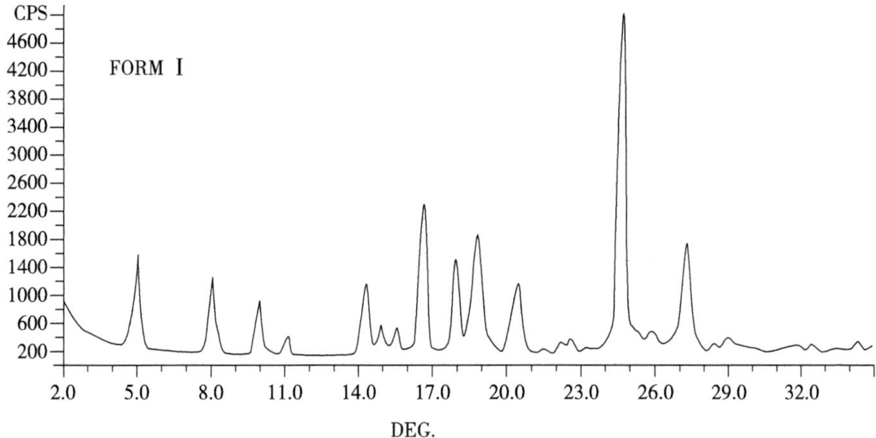

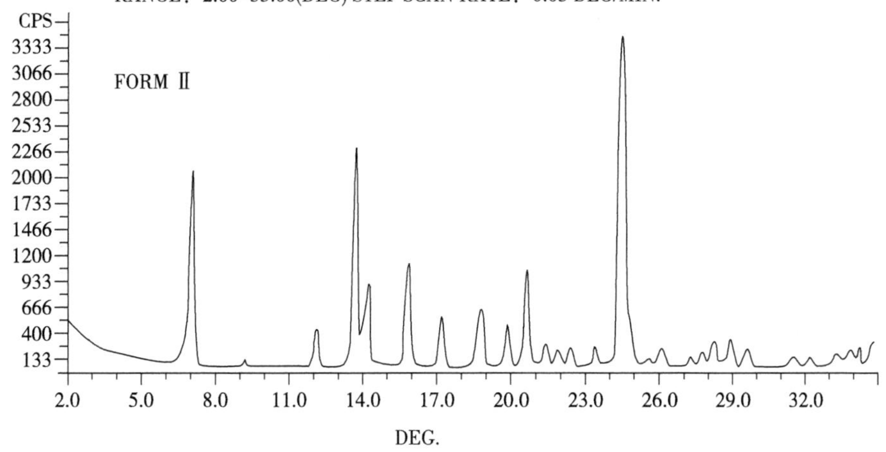

图 4－3　案例 4－21 的原申请附图 1

不符合《专利法》第 33 条的规定。

众所周知，化合物晶型的鉴定极为复杂，也很难确认 X－粉末衍射图中哪几个峰为该晶型的特征峰。换言之，谱中峰的位置极为重要，因此具体准确地描述峰的位置尤为重要。精确的表示往往采用该晶型的 X－粉末衍射图的指纹图谱或全谱描述。本案例中虽然原始说明书以附图形式提供了 X－粉末衍射图，附图当然也属于原说明书的一部分，但是附图中的技术特征必须是可以直接地、毫无疑义地确定的那些信息才允许加入权利要求中，而从图中通过测量附图得出的尺寸参数数据，尤其是极为重要的峰的具体精确位置的数据，显然是不允许的。

5.4　说明书背景技术部分的修改和基于引证文件的修改

在说明书的背景技术部分增加对现有技术的描述是允许的。但是，如果增加的内容虽是现有技术，却涉及了发明本身，即对发明的技术问题、技术方案或技术效果产生了影响，则这种修改是不允许的。

如果申请中引证文件的内容对于实现发明是必不可少的，只有在申请人对于引证文件的内容指引得非常明确，例如清楚写明了具体的引证文件及其具体段落等信息，且所补入的引证文件内容与该发明的相关内容具有唯一确定的关系，才可能允许申请人补入引证文件中的具体内容。

【案例4－21】

某申请涉及一种防火发泡砖。原始提交的权利要求1为：一种防火发泡砖，其特征在于主要包括0.4～1.5份蛭石、0.05～0.5份石墨、0.05～0.65份氧化锌、0.1～0.8份氯丁胶乳、0.06～1.0份改性纤维。

原说明书的相关记载为：所述改性纤维是一种能防水防火的改性纤维，本发明使用的改性纤维是北京生物科技与医药产业基地生产的成品。

审查员在第一次审查意见通知书中指出：该申请发泡砖组合物中使用了一种称为“改性纤维”的组分，但对于这一组分的公开不充分。申请人在答复第一次审查意见通知书时提交说明书修改替换页，将“本发明使用的改性纤维是北京生物科技与医药产业基地生产的成品”修改为“本发明使用的改性纤维是北京生物科技与医药产业基地北京红集兢业科技有限公司木质纤维素厂生产的成品”。

【分析】

该修改内容没有记载在原说明书和权利要求书中，也不能从原说明书和权利要求书记载的内容中直接地、毫无疑义地确定，不符合《专利法》第33条的规定。专利代理人应当避免作出这一修改。

【案例4－22】

某申请的原始权利要求1请求保护：“一种人参黄芪型（即NA－21－GA型）核酸复合剂是由改进后的一般型NA－21核酸复合剂，添加人参、黄芪按一定比例配制而成，其特征在于核酸的含量比一般型NA－21复合剂高1%～5%。”

申请人在主动修改时机内将原权利要求1修改为：“1. 一种人参黄芪型核酸复合剂，由改进后的一般型核酸复合剂和人参、黄芪按重量百分比配制而成；核酸的用量比一般型核酸复合剂高1%～5%；一般型核酸复合剂由20%～45%核酸、20%～48%发酵花粉及部分未发酵花粉和维生素、氨基酸、微量元素配制而成，其中发酵花粉由花粉100份、酶制剂1～20份、蜂蜜20～40份、水30～60份，在发酵温度33～50℃时，经30～70小时发酵获得。”

原说明书开篇第2段就提到：“一般型NA－21复合剂（已申请中国专利，其申请号为91111353.3，公开号为CN1063414A）是一种药物、营养品、保健食品、外敷药和化装品的原料，它是由20%～45%核酸、20%～48%发酵花粉及部分未发酵花粉和维生素、氨基酸、微量元素配制而成。”然后描述该产品的不足，强调该申请是在

第四章

其基础上的改进。

【分析】

权利要求1中“其中发酵花粉由花粉100份、酶制剂1~20份、蜂蜜20~40份、水30~60份，在发酵温度33~50℃时，经30~70小时发酵获得”的内容是该申请文件没有明确记载的内容。经核实该申请原始说明书，其在原说明书和权利要求书中并无形式一致的记载。但是，经查在描述一般型NA-21复合剂的段落引证的CN1063414A可知，其的确记载了上述内容，并在发明内容部分提到了配比和方法，与该申请修改新加入的内容一致。

因此，所属技术领域的技术人员在阅读该申请的说明书时，能够毫无疑义地理解到该申请所引用的CN1063414A专利文件公开的一般型NA-21复合剂是完成该发明的基础，它的内容已经构成了该申请文件内容的一部分。因此，为了使该申请所要求保护的发明更加清楚和完整，申请人将引证文件的内容通过修改直接记载在申请文件中，并不违背《专利法》第33条的规定，即这种修改没有超出原说明书和权利要求书记载的范围。

虽然上述案例中在后申请对引证文件的内容指引得非常明确，且所补入的引证文件内容与该发明的相关内容具有唯一确定的关系，最终促使申请人的修改被允许，但是，对专利代理人而言，对于实现发明所必不可少的内容，与其通过引证方式，不如直接在说明书中加以描述。这样并不会给专利申请文件的撰写增加额外的工作量，而且可以在后续审查程序中避免与审查员可能存在的分歧。

5.5　技术效果和技术问题的修改

在实务中，申请人一般不会主动修改技术效果和技术问题，通常是在审查员认为申请存在的缺陷涉及技术问题、技术效果时，申请人才考虑能不能通过修改技术问题、技术效果来克服该缺陷。

总的来说，当技术方案清楚地记载于原申请文件中，但其技术效果或发明所要解决的技术问题没有明确记载时，如果技术效果可以由所属技术领域的技术人员从技术方案直接地、毫无疑义地确定，例如根据申请文件记载的发明原理、作用、功能可以没有困难地直接预期到这种效果，则允许申请人进行澄清性修改。

不允许增加不能从原申请文件中直接地、毫无疑义地确定的技术效果或技术问题。例如，原申请记载用某种洗涤剂洗涤羊毛衣物，如果修改加入该洗涤剂具有适用于硬水的特征，而这一特征是根据洗涤剂化学组成必然确定的，那么允许修改。如果修改加入洗涤具有保护衣物免受虫蛀的优点，但是根据原申请文件并不能直接地、毫无疑义地确定这一信息，那么就是不允许的。

【案例4-23】

某申请原始权利要求3是：“如权利要求1所述的β-微球蛋白的抗原表位的多肽

的应用，其特征在于作为靶蛋白用于开发新的药物和诊断试剂盒。”原说明书仅提到药物和诊断试剂盒针对的是“多种肿瘤，如肺癌、肾癌、乳腺癌、消化系统恶性肿瘤”。

审查员认为权利要求 1 中“新的”是商业宣传用语，申请人修改为“肿瘤相关性疾病”。

【分析】

申请人将原始权利要求 3 的“新的药物和诊断试剂盒”修改为“肿瘤相关性疾病的药物和诊断试剂盒”。原始说明书和权利要求书记载的内容皆显示药物和诊断试剂盒针对的是“多种肿瘤，如肺癌、肾癌、乳腺癌、消化系统恶性肿瘤”，而“肿瘤相关性”则意味着包括所有肿瘤，包括实体肿瘤、血液肿瘤等，还包括治疗与肿瘤相关、但不是肿瘤的疾病，如肿瘤并发症。所以对权利要求 3 的修改内容没有记载在原说明书和权利要求书中，也不能从原说明书和权利要求书记载的内容中直接地、毫无疑义地确定，不符合《专利法》第 33 条的规定，专利代理人应当避免作出这一修改。

第五章　撰写实务案例

化学领域的发明专利申请有许多特殊性。例如，在多数情况下，化学领域的发明能否实施往往难以预测，必须借助于实验结果加以证实才能得到确认；有的化学产品的结构尚不清楚，不得不借助于性能参数和/或制备方法来定义；发现已知化学产品新的性能或用途并不意味着其结构或组成的改变，因此该化学产品本身不能被认为是新的产品；某些涉及生物材料的发明仅仅按照说明书的文字描述很难实现，必须借助于保藏生物材料作为补充手段。因此，化学领域的专利代理工作具有相当多的特殊性，甚至从事多年化学领域专利代理的代理人也常常会因难以把握该领域的特殊性而犯错。

因此，特别有必要通过具体的案例介绍，帮助专利代理人提高化学领域专利申请文件的撰写能力和答复审查意见通知书的实务能力。本章给出四个案例供读者、尤其是专利代理人学习时进行模拟练习。其中案例 1 涉及抗菌化合物发明专利申请文件的撰写，还涉及发明专利申请在实质审查期间对审查意见通知书的答复；案例 2 涉及结构不明物质发明专利申请文件的撰写；案例 3 涉及化合物的产品、生产方法与用途发明专利申请文件的撰写；案例 4 涉及黄病毒疫苗发明专利申请文件的撰写。

需要说明的是，这些案例都是真实的案例，但是出于本书编写的需要进行了一定程度的改编，以期更好地体现和聚焦知识点。

第一节　案例1：抗菌化合物

化合物是一类重要的化学产品，常常是药物、农药等领域的专利申请的发明主题。《专利审查指南 2010》对此类专利申请所涉及的一些特殊问题作出了规定。比如，在申请文件中，化合物产品的确认一般要求提供相关的物理、化学参数，如定性或定量的谱图等；应当完整地公开该产品的用途和/或使用效果；对于新的药物化合物或者药物组合物，应当记载其具体医药用途或者药理作用，同时还应当记载其有效量及使用方法。如果本领域技术人员无法根据现有技术预测发明能够实现所述医药用途、药理作用，则应当记载对于本领域技术人员来说，足以证明发明的技术方案可以解决预期要解决的技术问题或者达到预期的技术效果的实验室实验（包括动物实验）或者临床试验的定性或者定量数据。专利申请说明书对有效量和使用方法或者制剂方法等应当记载至所属技术领域的技术人员能够实施的程度。这些都是涉及化合物的专利申请中应当特别注意的问题。

另外，化合物的组合还可以形成另一类化学产品——组合物。化合物、组合物以及它们的制备方法，是化学领域的专利申请常见的主题。另外，当化合物作为药物时，其医药用途、医药中间体等也常常是非常重要的保护主题。对于这些保护主题，中外专利制度的有关要求会有很大的差异。因此，如何撰写出高质量的申请文件，满足不同目标国的要求，是代理化合物专利申请过程中的难点之一。

1　申请人提供的技术交底书和相关研究简介

申请人提供的技术交底书中对发明创造涉及的技术内容作了介绍，还提供了相关研究的简介，详见附件1。

作为专利代理人，在阅读技术交底书时通常应当考虑如下几方面的问题：

① 该技术交底书中涉及哪几项主题，其中申请人明确要保护哪几项主题，哪些是专利代理人还需挖掘的主题。

② 对上述几项主题进行初步分析，其相对于申请人所提供的现有技术作了哪几方面的改进，初步判断其有无授权前景。

③ 通过阅读技术交底书后认为有哪些内容需要与申请人作进一步沟通：例如哪些内容需要请申请人作出进一步的说明？为提出专利申请，满足充分公开的要求，还需要申请人补充哪些技术内容？

④ 涉及药物或药物化合物的发明，申请文件的撰写应该注意哪些问题。

2　对发明创造的初步理解和分析

申请人提供了较为完备的技术交底书，交底书中记载了化合物的分子式、合成路线、抑菌效果、实施例等。申请人在提交上述交底书的同时，为了使专利代理人能够准确理解发明，还提供了相关的背景技术内容。

2.1　发明创造的背景技术

在阅读了本案例中发明人提供的基本材料后，应该对该发明的背景知识有一定的了解，以具备与发明人进一步就技术方案进行沟通交流的基础。本案例的背景知识可以概括如下：

随着各类抗生素的不断被开发和问世，同时大量针对抗菌剂的耐药菌也迅速发展。这些细菌接触抗菌药物后，通过质粒或染色体介导发生变异，获得耐药性，给临床治疗造成了新的困扰。在寻求能解决上述问题的有效药物中，广谱、高效、低毒的新型β-内酰胺抗生素成为研究热点。已开发上市的包括法罗培南、Men-10700（Menarini Spa）等。法罗培南的强效广谱抗菌作用已经被公认，但其对MRSA缺乏有效的抑菌活性。但目前的广谱抗菌的青霉烯类药物如法罗培南等，均表现出对除抗

MRSA 以外的广谱抗菌作用，即对 MRSA 缺乏有效的抑菌活性。因此，寻求新的疗效高、副作用小的抗 MRSA 抗生素成为亟待解决的问题，人们希望能够开发出一种无耐药性、效果更优秀、抗菌活性更高的抗生素。

2.2 从交底书中读出的技术方案

由技术交底书可知，为了寻求现有技术抗菌素的耐药性问题，申请人研发了新的抗 MRSA 疗效高的化合物，该申请的方案至少包括了三方面内容：

① 新的 β－内酰胺类化合物。

② 该化合物的制备方法。

③ 化合物用于制备抗菌素的用途。

2.3 现有技术

根据发明人的检索和对青霉烯类化合物的构效关系研究的结论，虽然对青霉烯化合物的抗菌功效的研究已经有很多，但是，已有报道的研究结果并没有提示当青霉烯母核双环的 C2 位置连接苯羧酸甲酯类基团时，这类化合物具有所预期的广谱抗菌作用，或者对 MRSA 具有更好的抑制功效。

2.4 技术问题和技术效果

通过阅读发明人提供的上述技术交底书和上述背景技术内容，可以总结出该发明所解决的技术问题以及所带来的有益效果：

该申请对现有技术的贡献在于，发现当青霉烯母核双环的 C2 位置连接苯羧酸甲酯类基团时，这类化合物具有广谱抗菌作用，对 MRSA 具有更好的抑制功效。利用该申请的化合物解决了现有技术青霉烯类药物的耐药性问题。

3 深入理解发明创造

通过对上述技术交底书的阅读和研究，专利代理人认为申请人的技术交底书还存在一些问题，需要进一步与申请人进行沟通。在此基础上专利代理人与发明人共同对技术方案作深入的研究和挖掘。

3.1 对新颖性和创造性的初步判断

该申请的核心内容是化合物。如果一种化合物具备新颖性和创造性，则其制备方法和含此化合物的组合物应具备新颖性和创造性，其制药用途应具备新颖性，一般也应具备创造性。因此，对于新药用化合物进行初步检索，大致判定该申请的可专利性。本案中，经发明人的检索，在青霉烯母核双环的 C2 位置连接所定义的苯羧酸甲酯类基团的化合物没有发现公开报道，可以初步断定这类化合物具备新颖性。

根据发明人的检索和对青霉烯类化合物的构效关系研究的结论，虽然对青霉烯化合物的抗菌功效的研究已经有很多，但是，已有报道的研究结果并没有提示当青霉烯母核双环的C2位置连接苯羧酸甲酯类基团时，这类化合物具有所预期的广谱抗菌作用，或者对MRSA具有更好的抑制功效。所以可以初步判断，这类化合物也应该具备创造性。当然，上述判断仅是基于专利申请前初步的检索结果而作出的，还不构成对于专利性的最终判断。

基于这样的判断结果，进一步与申请人沟通可以合案申请的所有主题。

3.2 关于保护主题的类型

该发明的关键在于提出了一种新的抗菌化合物，但该申请应当考虑的保护主题却不仅限于新化合物。一般来讲，针对该类涉及新药物化合物的专利申请，可以考虑的保护主题包括如下几种：

① 一种新化合物。

② 该化合物的制备方法。

③ 该化合物的制药用途。

④ 含有该化合物作为有效成分的药物组合物。

⑤ 该药物组合物的制备方法。

⑥ 用于制造该化合物的中间体。

需要注意的是，对于每一种保护主题，都应当注意权利要求和说明书两个方面的撰写，既要关注权利要求的撰写以获得尽可能大的保护范围，也要注意说明书中应当记载足以公开要保护的技术方案并支持这些技术方案的内容。

下面针对每个保护的主题，分别从权利要求的撰写和说明书的撰写两方面阐述。

（1）关于化合物权利要求的保护主题

对于以化合物为主题的产品权利要求，概括出一个合适的保护范围至关重要。权利要求范围太大，可能因得不到说明书的支持而无法获得授权；范围太小，则竞争对手很容易规避保护范围，无法充分保护发明人的技术方案。

权利要求通常由说明书记载的一个或者多个实施方式或实施例概括而成。具体到该申请，对该化合物保护范围的设定应该结合发明人所做的实施例（包括抗菌实验结果）的情况来概括。在该申请中，发明人已经提供了该新的青霉烯类化合物的一个基本结构式，专利代理人需要在发明人提供的结构式的基础上，综合考虑并与发明人充分沟通，给出保护范围合理的结构式。

根据发明人提供的交底材料，该发明的化合物都具有药物化学中已经公知的青霉烯母核，只是对其C2位置上的取代基进行了改变，而且该取代基应该是一组苯环任选取代的苯羧酸甲酯，由此形成的新的青霉烯类化合物，在具有广谱抗菌活性的同时，还对MRSA有更好的抑制功效。所以，以通式表示的这些化合物之间具有确定的共同结构单元（具有双环的青霉烯母核结构），并且这些化合物之间能够满足有关单一性的规定。

目前的交底材料中只对 R 的选择提供了几个具体的基团，并定义该化合物是一种钠盐。发明人的技术交底书中给出了较多的实施例，其中涉及 R 基团的多种可选项。因此，应该考虑要求更大的保护范围，例如技术交底书中的甲基可以考虑扩展到低级烷基。另外，根据本领域的知识，将上述化合物做成酯，其在人体内代谢也常常可以得到与钠盐代谢相同的产物。因此，上述通式的相应的酯也应该纳入到保护范围内。经过上述分析可知，发明人最初给出的这一范围显然比较小。为了更好地保护申请人的利益，专利代理人需要根据发明点概括出更合理的保护范围。

为了实现对发明不同层次的保护，确保权利人在后续可能发生的专利无效宣告程序和专利维权程序中有足够的灵活性，也为了便于在审查过程中进行申请文件的修改和确保技术方案的描述清楚，还应该建议发明人对于该化合物补充一些优选范围。尤其是对取代基 R 所确定的烷氧基和烷基，应该考虑进一步给出碳链长度范围以及是否有进一步取代的情况。

当取代基 R 选择烷基或烷氧基时，无论是从碳链长度还是从其是否具有取代基来看，都包括了很多的化合物，而且碳链长度的变化及取代基类型和位置等情况都会对该化合物的性质和抗菌效果产生影响。考虑到在本领域通常公认“低级”表示不超过 6 个碳，因此对于苯环上的取代基 R，限定为低级烷基或低级烷氧基应该是清楚的（但是最好在说明书中给出定义，以免在后续程序中产生不必要的麻烦）。而且根据构效关系的基础知识，如此定义的低级烷基或低级烷氧基无论是否有取代基，其对整个化合物性质的影响应该不大，故建议在说明书中对此作出定义。另外，结合其制备实施例及抗菌功效的数据，建议进一步定义 R 可以为 1～3 个碳的烷基或烷氧基。

需要指出的是，对于化合物权利要求，不仅应当关注其保护范围，还应当关注说明书相应内容的撰写情况，因为说明书如不能充分公开并支持所要求的保护范围，这一范围便成了“无本之木、无源之水”。因此，还需要关注相关化合物的制备方法、确认数据以及技术效果和/或用途的公开情况。

对于新化合物的发明，说明书一般应当记载其确认数据，这是化学领域专利申请较有特色的要求之一。化学是实验学科，该领域的发明创造能否实施往往难以预测，需要借助实验结果加以证实才能成立。因此，为了满足说明书充分公开以及对权利要求技术方案的支持的要求，对于新化合物发明的申请文件，在说明书中必须提供确认化合物所需的化学结构和理化参数等。具体的理化参数包括：化合物的形态（液体/晶体……）、熔点/沸点、核磁共振/质谱/红外等。本案例中，发明人已经对每个实施例制备的产物给出了包括 ^{1}H NMR（$CDCl_3$）和 FAB－MS 在内的数据，满足了对于化合物的确认的要求。

化合物的制备方法和用途既是化合物发明充分公开的必要条件，也分别构成另外的保护主题，所以关于制备方法和用途的讨论将放在下面相关的保护主题中展开讨论。不过需要特别指出的是，考虑到化合物发明充分公开的要求、不论专利申请是否要求保护制备方法和用途，它们都必须记载在说明书中。当然，对于化合物发明的充分公开而言，只需要公开一种制备方法即可满足要求。

（2）关于化合物的制备方法的保护主题

发明人在交底材料中已经提供了各具体化合物的合成路线，并绘出了合成线路图，但是仍然缺少关于通式化合物的制备方法的文字描述。专利代理人需要分析该合成路线的描述是否公开充分以及如何进行合理概括，例如这些内容是否可以用化学反应原理/方程式结合对各反应步骤具体说明的方式进行文字描述，或者通过引用记载类似合成原理和方法步骤的经典合成手册、文献的方式进行描述。另外，还可以建议发明人补充本领域技术人员能够想到的其他可行的常规合成原理、途径或方法，并明确各种方法所使用的原料的获得途径或制备方法。

就本案例而言，通过分析应能够确定，其合成原料均是本领域技术人员可以获得的，合成方法本身也是常规手段，又有大量制备实施例，所以通过概括性的描述即可满足通式化合物的制备方法充分公开的要求。

需注意的是，发明人已经提供了大量优选化合物的合成实施例，专利代理人应该逐一研究核实这些具体合成过程的描述是否清楚和准确，比如数值是否准确，化合物名称是否正确等。

（3）化合物的药物用途

说明书中记载化合物的药物用途，显然是保护药物用途主题的需要，但更重要的是，它还承担着三项“重大任务”，即满足化合物充分公开的要求、用于支持化合物权利要求（而不单单是药物用途权利要求），以及作为相关权利要求创造性的依据。

化合物的用途或效果通常不能通过对化合物的结构描述和简单分析来确定。证明该新化合物对某特定适应症有效，不能仅用断言性或结论性的文字描述，而必须提供证明化合物能够治疗该适应症的必要实验数据，特别是必须公开与申请文件中声称要解决的技术问题密切相关的用途和/或效果数据，必要时应该给出具有统计学意义的实验数据，否则本领域技术人员难以确信该化合物具有所述效果或用途。在本案例中，发明人已经提供了该化合物的抗菌效果实验数据，特别是提供了广谱抗菌活性和抗 MRSA 活性实验数据。

那么，化合物的效果或用途公开到什么程度为宜呢？这要看具体情况而定。对于涉及新化合物的发明，从满足充分公开的角度看，只要公开一种效果或用途即可。但是从证明创造性的角度看，应该尽量多地公开效果或用途数据。因为《专利审查指南2010》关于“三步法”评价创造性的方法中规定，任何技术效果都可以作为确定技术问题的基础，只要本领域技术人员可以从说明书记载的内容中得知该技术效果即可。因此，说明书记载的技术效果越多，能够认定的技术问题也就可能越多，申请人用于争辩创造性的依据也就越多，其克服涉及创造性的审查意见而获得授权的可能性也就越大。但是，技术效果的公开还要考虑申请策略，特别是需考虑相关的后续申请情况。

(4) 关于药物组合物及其制备方法的主题

在提出化合物的保护主题之后为何还要提出组合物的保护主题？如果发明人已经拥有了化合物的专利，其他人只要实施了包含该化合物的技术方案应都属于侵权行为，如他人制造包含有该化合物的药剂组合物即构成侵犯该化合物专利的行为。但是，在侵权判定中会涉及侵权产品的认定、侵权产品价值的评定等问题，拥有组合物专利会更有利于认定侵权产品，更有利于确定较高的侵权产品的价值。另外，保护主题越多，也越有利于压缩他人进行选择发明的空间。所以，撰写组合物权利要求非常必要。

但目前技术交底书中没有关于药物组合物的内容，应当建议发明人补充相应的资料。

(5) 其他需要关注的问题

专利代理人应当本着谨慎细致的工作态度，对申请文件中的各种形式问题加以关注。本案例中，发明人最初给出的结构式是错误的，其中的 $(CH)_n$ 应写作 $(CH_2)_n$；发明内容中通式定义的 R 与表格中 R 的含义并不相同。这些虽是较小的形式问题，但是往往也会带来很多不必要的麻烦，因此专利代理人在工作中要仔细阅读技术交底书，发现并及时纠正这样的错误。

4　发明人技术交底书的补充说明

专利代理人经过上述工作，实际上已经可以明确需要技术交底书补充的内容了。经过和发明人讨论，发明人告知，经研究该青霉烯化合物的构效关系，能够预测苯羧酸基团与苯环连接的侧链不能太长，可以是 1 ~ 3 个碳，即，n 应该取 0、1 或 2；苯环上的取代基 R 可以是氢原子、卤原子、硝基、氰基、烷氧基或烷基，并且可以在一个或多个位置同时取代；而该化合物也不仅限于钠盐，即青霉烯母核上的羧基可以形成常规的药用盐或低级烷基酯基。所以，建议重新写出该化合物的通式，以 R 代表连接在苯环上的取代基，以 R^1 代表与羧基相连的基团。

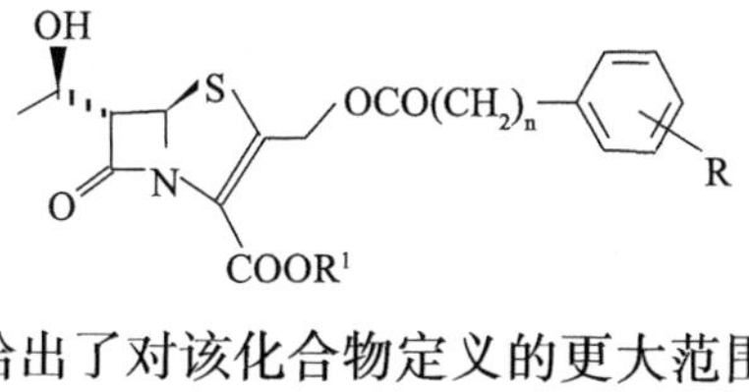

OH　S　$OCO(CH_2)_n$　R
O　N
$COOR^1$

以上内容实际上已经给出了对该化合物定义的更大范围，并且发明人已经提供了这些化合物的比较多的具体实施例，基本上覆盖了上述选择的方案。且经发明人确认，这些实施例中记载的化合物基本上包括了经抗菌实验证实比较好的化合物。

青霉烯母核的合成已经有成熟路线，该发明提供的新化合物利用适当的酯化反应就可以制备。只需利用在 C2 位具有羟甲基并且在母核上的羟基和羧基均带有保护基的青霉烯双环母核和选定的苯羧酸化合物为合成原料，使青霉烯母核 C2 位的羟甲基发生酯化并脱水，然后脱去羟基保护基和羧基保护基，就能够得到该发明的 C2 位取代的苯羧酸甲酯青霉烯化合物。并且申请人也确认，所述羟基和羧基均带有保护基的青霉烯双环母核化合物能够商购，也可以按照文献方法自行合成，并提供了记载其合成过程的公开文献。而另一种原料——苯羧酸化合物则是非常普通的化学物质，按照常规方法就可合成。

5　权利要求书的撰写

在阅读和理解技术交底书、现有技术材料以及与发明人沟通的基础上，对技术方案已经有了深入的了解，具备了撰写申请文件的条件，下面以此为基础撰写权利要求书。

5.1　化合物独立权利要求的撰写

按照前面的分析，对于该发明的新化合物应具有的通式，虽然发明人在对技术交底书进行补充时认为“根据药学基础常识，双环母核的 3 位上的羧酸钠，也可以是其他碱金属的羧酸盐，或者是羧酸低级烷基酯”，但是其提供的通式中相应基团仍然写成了 Na，因此，应改用 R_1 代替。并且对取代基 R 和 R_1 进行定义，以及对苯环侧链长度 n 进行限定；对 R 的定义中除了考虑 R 可以代表的取代基种类，还需要注意对 R 在苯环上的位置和个数的定义，建议如下撰写方式：

1. 2 - 苯羧酸甲酯青霉烯类化合物，其特征在于，该化合物结构如通式（Ⅰ）所示：

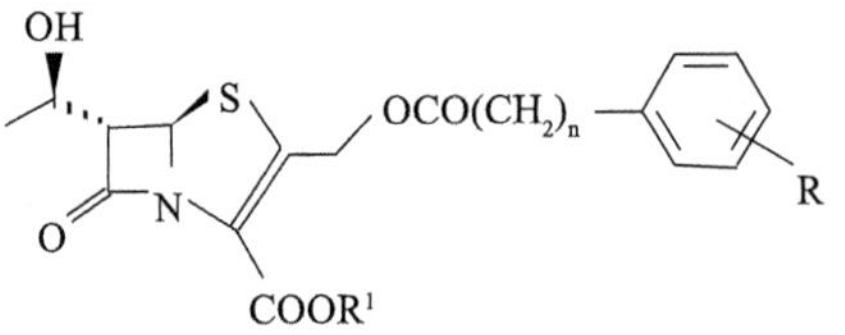

OH　S　$OCO(CH_2)_n$　R　O　N　$COOR^1$

（Ⅰ）

其中，n 为 0、1 或 2，R 代表连接在苯环上的一个或一个以上取代基，选自 H、卤原子、任选卤代的低级烷氧基、NO_2、CN 或任选卤代的低级烷基，R^1 为 H、碱金属或低级烷基。

5.2　化合物从属权利要求的撰写

从属权利要求是通过对独立权利要求进行进一步限定来实现对更优选方案的保护的。通式化合物的从属权利要求的限定特征通常是根据构效关系的预期、后期筛选的结果，对更有价值的化合物进行再次选择，可以是以优选特征限定于更小范围的通式化合物，也可以是最重要的具体化合物。对于权利要求 1 的通式化合物（Ⅰ），结合交底材料中的抗菌实验和具体实施例，显然需要用 R 是烷氧基和烷基，以及 R 在苯环上的位置和数量的优选特征对其进行进一步限定；另外，还可以在从属权利要求中对该发明优选的具体化合物提出保护，尤其是该发明已经明确得到的具体化合物，因为药物化合物的筛选是新药研制中的重要环节，所优选的化合物应当是发明人后期最可能用于新药生产的化合物。

所以，尽管独立权利要求要尽可能概括得比较宽泛，但应该在从属权利要求和说明书中有进一步的限定和说明。

这些优选或具体方案从属权利要求的引用关系可以从属于独立权利要求1，这样可以使得从属权利要求的保护范围尽可能地大；也可以从属于其他权利要求，这样可以撰写出取代基的不同组合方式，为后续的审查及无效程序中的修改提供更大的灵活性。

所以，可以写出如下的从属权利要求：

2. 权利要求1所述的2－苯羧酸甲酯青霉烯类化合物，其中，R为任选卤代的低级烷氧基或任选卤代的低级烷基时，其碳原子个数为1~3。

3. 权利要求1所述的2－苯羧酸甲酯青霉烯类化合物，其中，R代表连接在苯环上的间位取代基。

4. 权利要求1所述的2－苯羧酸甲酯青霉烯类化合物，其中，R为间位取代的硝基、CN或卤原子，或R为H。

5. 权利要求1~4任一项所述的2－苯羧酸甲酯青霉烯类化合物，其中n为0。

6. 权利要求1所述的2－苯羧酸甲酯青霉烯类化合物，该化合物选自：

2－（对氯苯甲酸）甲酯－6－［(1*R*)－1－羟乙基］－青霉烯－3－羧酸单钠盐；

2－（邻甲氧基苯甲酸）甲酯－6－［(1*R*)－1－羟乙基］－青霉烯－3－羧酸单钠盐；

2－（间氟苯甲酸）甲酯－6－［(1*R*)－1－羟乙基］－青霉烯－3－羧酸单钠盐；

2－（间硝基苯甲酸）甲酯－6－［(1*R*)－1－羟乙基］－青霉烯－3－羧酸单钠盐；

2－（苯丙酸）甲酯－6－［(1*R*)－1－羟乙基］－青霉烯－3－羧酸单钠盐；

2－（苯乙酸）甲酯－6－［(1*R*)－1－羟乙基］－青霉烯－3－羧酸单钠盐；

2－（对甲氧基苯甲酸）甲酯－6－［(1*R*)－1－羟乙基］－青霉烯－3－羧酸单钠盐；

2－（对氟苯甲酸）甲酯－6－［(1*R*)－1－羟乙基］－青霉烯－3－羧酸单钠盐；

2－（五氟苯甲酸）甲酯－6－［(1*R*)－1－羟乙基］－青霉烯－3－羧酸单钠盐；

2－（对溴苯甲酸）甲酯－6－［(1*R*）－1－羟乙基］－青霉烯－3－羧酸单钠盐；

2－（邻氟苯甲酸）甲酯－6－［(1*R*）－1－羟乙基］－青霉烯－3－羧酸单钠盐；

2－（邻甲基苯甲酸）甲酯－6－［(1*R*）－1－羟乙基］－青霉烯－3－羧酸单钠盐；

2－（对氰基苯甲酸）甲酯－6－［(1*R*）－1－羟乙基］－青霉烯－3－羧酸单钠盐；

2－（对硝基苯甲酸）甲酯－6－［(1*R*）－1－羟乙基］－青霉烯－3－羧酸单钠盐；

2－（邻硝基苯甲酸）甲酯－6－［(1*R*）－1－羟乙基］－青霉烯－3－羧酸单钠盐；或

2－（苯甲酸）甲酯－6－［(1*R*）－1－羟乙基］－青霉烯－3－羧酸单钠盐。

5.3 化合物制备方法独立权利要求及其从属权利要求的撰写

确定制备该化合物的酯化反应中哪些是必要技术特征，哪些可以在从属权利要求中记载。如前面所分析的，酯化反应、具有保护基的反应物、酯化后脱保护基，都是必要技术特征，应记载在独立权利要求中。但是，酯化和脱保护基反应的具体方法都属于本领域的常识性手段，因此，对于保护基的具体选择、脱保护基的顺序，应该有多种选择和实施手段，不应认为是必要技术特征。关于这些内容，申请人提供了比较优选的方案，并且也体现在了实施例中，所以，可以通过从属权利要求提出保护，利于后续的修改。

7. 权利要求1～6任一项所述的式（Ⅰ）化合物的制备方法，其包括使具有通式（Ⅱ）的化合物与式Ⅲ的苯羧酸化合物发生酯化反应，以及脱除保护基的过程

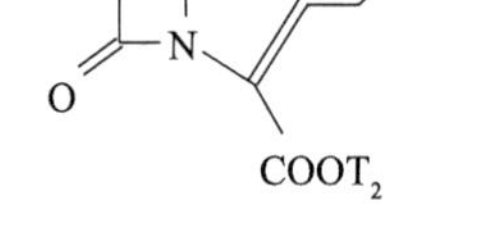

(Ⅱ)　　(Ⅲ)

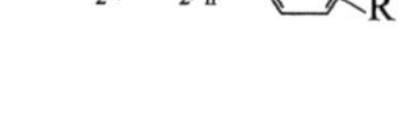

其中，T_1 和 T_2 均为保护基，n 为 0、1 或 2，R 代表连接在苯环上的一个或一个以上取代基，选自 H、卤原子、任选卤代的低级烷氧基、NO_2、CN 或任选卤代的低级烷基。

8. 权利要求7所述的制备方法，其中，T_1 为特丁基甲基硅保护基，T_2 为烯丙基保护基。

9. 权利要求7或8所述的制备方法，其中，使酯化产物顺序脱除保护基 T_1 和 T_2。

5.4 制药用途权利要求的撰写

根据《专利审查指南2010》的规定，涉及新的药物化合物的专利申请，在说明书中应至少记载其一种用途。另外，只要该化合物具备新颖性和创造性，它的用途也应该具备新颖性和创造性，并且可以与该化合物合案提出申请。该申请请求保护一种2-苯羧酸甲酯青霉烯类化合物，并且说明书中已经记载了它的抗菌功效，也就是说，该申请公开了该化合物及其第一药物用途，所以，在请求保护该化合物的同时，可以合案请求保护其制药用途。

需要注意这类药物用途权利要求的撰写方式，避免使其主题落入《专利法》第25条规定的治疗方法的范畴，即应该采用以下方式或类似方式撰写：

10. 权利要求1～6任一项所述的2-苯羧酸甲酯青霉烯类化合物在制备抗生素类药物中的应用。

11. 权利要求10所述的应用，其中所述2-苯羧酸甲酯青霉烯类化合物用于制备可抗MRSA的抗生素药物。

不过，各国对于涉及疾病的治疗与诊断方法的专利申请的规定不尽相同，因此，如果申请人的申请不仅面向国内，还要向国外申请时，针对具体目标国可以考虑直接撰写为疾病的治疗方法（当然，此主题还应当写入说明书中），当该国允许存在此权利要求时，可以直接获得目标国相应的专利保护，否则还可以修改为制药用途的权利要求。

5.5 药物组合物独立权利要求和从属权利要求的撰写

含有该药物化合物作为有效成分的药物组合物，也是可以与化合物合案申请的。但是对于本案例中的药物组合物，申请人并没有对药物载体或辅料进行限定，也就是说，该药物组合物的独立权利要求的必要技术特征在于该药物组合物含有所述化合物作为有效成分，而该化合物的含量可以是治疗有效量。对于药物载体或辅料，则可以按照常规药物制剂的知识进行选择。对其是否含有辅料、辅料的具体类型和含量，不需要进行限定：

12. 一种抗菌药物组合物，其中含有权利要求1～6任一项的化合物或其可药用盐或酯作为有效成分。

13. 根据权利要求12所述的抗菌药物组合物，其中所述药物组合物为口服制剂或注射制剂。

6 说明书的撰写

本节介绍说明书各个组成部分如何撰写，重点说明在撰写各个组成部分时应当注意什么。读者可结合附在此后的推荐的说明书的具体内容来加深理解。

6.1 发明名称

由于该专利申请的权利要求书中涉及多项独立权利要求，发明名称应当反映尽可能多的独立权利要求的主题名称，建议写成“2－苯羧酸甲酯青霉烯类化合物及其制备方法和应用”。

6.2 技术领域

其技术领域应反映其主题名称，建议可写成：“本发明涉及一种具有抗菌作用的碳青霉烯类化合物。”还可以把其他的相关主题如制备方法、用途等也写到技术领域部分。

6.3 背景技术

本案的背景技术素材是很丰富的，发明人给了非常详细的背景材料。但是这些材料不宜全部写到说明书中作为背景技术，而应当有所选择并根据该申请的特点进行归纳提炼。由于本案的青霉烯化合物相比于现有技术，不仅具有广谱抗菌的功效，而且尤其对 MRSA 具有比较明显的抑菌活性，所以背景技术部分对现有技术的青霉烯化合物的抗菌功效特点和问题要有简要说明，以引出该发明所解决的技术问题。特别是以抗 MRSA 为主线，描述技术发展的状况，并提供最接近的现有技术——法罗培南，与后面以法罗培南为对照进行实验前后呼应。

6.4 发明内容

在权利要求概括的最大范围与实施例记载的具体方案之间应增加优选范围层次或者对权利要求记载范围的方案进行具体说明，使说明书的记载更加清楚和完整，也利于在后续审查程序中的修改和作为陈述技术方案清楚性和说明书对权利要求方案有实质支持的依据。该发明化合物苯环上的取代基 R 的定义中包括了低级烷基或烷氧基，在说明书中应考虑对“低级”的通常理解及其同分异构体的定义进行说明，对于优选的 1～3 个碳的低级烷基和烷氧基，应该在说明书中记载具体的方案。为确保合成方法的可实施，说明书中应该对所用原料和试剂有说明，可以引证文献出处，或提供原料的购买出处，也可以提供合成过程。本案例中由于发明人明确提供了记载原料物来源的文献，可以在说明书中写明文献出处。另外，除了前面已经分析过的抗菌功效和化合物表征外，还应对该抗菌化合物作为抗菌药物应用时，可能的药物剂型、给药方式和给药量进行说明。

6.5 实施例

应核实发明人所给出的实施例合成过程是否体现了所请求保护的合成方法的全部特征，包括原料、反应条件和参数，以免由于撰写疏忽导致说明书不能支持权利要求，甚至导致该发明公开不充分。具体地，应该有至少一个完整的合成过程实施例，其他实施例则可以只写出相对于该合成实施例改变的内容，以避免说明书过于繁琐和

冗长。每个实施例所得到的合成产物（包括重要的中间产物）原则上都应该给出理化性质和结构表征的数据。

6.6 有关抗菌实验的说明

应具体说明实验方法、步骤和条件，尤其是测试的具体发明化合物样品和浓度，对抗的细菌种类和浓度，以及表明抗菌效果的实验数据。对于本案应注意以下几点：①应采用定量数据对抗菌效果进行描述，这样才能与其他青霉烯类化合物的效果进行有效的比较；②对于要求保护的具体化合物应提供其抗菌效果实验数据；③考虑实验化合物的数量和种类，应使其取代基变化尽量覆盖权利要求 1 概括的化合物范围，当然这并非要求实验化合物数量越多越好，但应足以代表权利要求的通式所涵盖的不同化合物类型；并且④如果可能，最好能够进一步提供与发明人认为的现有技术最为接近的抗菌化合物的抗菌效果对比实验数据，以更好体现本发明的创造性。

基于当前中国专利审查中对说明书充分公开、说明书实质支持权利要求书问题所把握的尺度，应该说，这类案件最终能够获得授权的保护范围在很大程度上取决于申请人所能提供的实验结果，包括已经合成出的具体化合物的数量和药效学数据的支持，所以，专利代理人应该重点关注实施例的数量和内容，以及药效数据的完整和合理。

6.7 说明书摘要

说明书摘要部分首先写明该发明专利申请的名称，然后对化合物独立权利要求和制备方法和用途独立权利要求的技术方案的要点作出说明。

7 化合物类专利申请的申请策略

以化合物为保护主题的专利，可能构成药物的基础专利，其涉及利益巨大，而新化合物的研发却往往周期很长、投入巨大，因此，充分利用专利制度，特别是针对化合物类发明的特别审查规则非常重要。

7.1 要做好立项与申请前的检索

药品专利研发周期长。一个课题，从立项到申请专利，往往周期很长。这么长的时间跨度内，技术发展情况和市场情况可能都已经发生了变化，因此在立项前和申请前都要做好检索工作。研发过程中还要经常性地关注竞争对手的专利情况，随时调整自己的研发策略，并且通过检索，确定自己的最佳撰写方式，确定专利保护主题，确定选择公开合适的数据。

7.2 选择最佳申请时机的策略

选择专利的申请时机非常重要。一般来讲，从先申请制的角度考虑，应当抢占更早的申请日，但是也不能过早。专利不仅仅是保护自己技术方案的法律文件，也是公开自己技术方案的技术文献。过早地申请专利，实际上就提前向竞争对手提供了自己的技术情报；另外，由于药品的研发周期特别长，往往药品上市后，专利保护期已经所剩无几了，所以，过早申请专利还浪费有限的专利保护期。当然，也不能申请得过晚，以免被竞争对手抢先申请专利。

那么如何选择申请时机呢？一般应考虑如下因素：

① 发明的完成程度：申请专利所必须满足的最低要求；技术方案能解决所要解决的技术问题；产业化前景；与现有技术有足够的区别；实验证明得到预期的效果等。

② 竞争对手可能的进度。

③ 药品注册的进度：应兼顾专利申请和药品注册的进度，使专利审查与药品注册尽可能同步进行。

7.3　充分利用国内优先权的制度

可以充分利用国内优先权制度，采取连续申请的策略，以最先申请的文件为优先权文件，先后提出多份专利申请，逐步把优先权日之后，申请日之前的研究成果纳入到相应的专利申请文件中。这样做可以起到变相延迟保护期的作用。

这就要求申请人在最开始提出申请时就做好规划，可以考虑除了将已经实验证实可行的技术方案写入申请文件中外，还可以考虑把规划中将要研发的化合物也写入申请文件，以抢占较早的优先权日，而发明人可以在优先权日之后加紧进行该化合物的相关研发工作，并赶在优先权期限内完成，以期能够在申请日时能够就该化合物获得满足公开充分要求所必需的实验结果。当然，这一策略也是一把双刃剑，一旦在申请日时仍然无法完成规划的化合物的相关工作，就会造成其请求保护的化合物满足不了公开充分的要求而不能获得专利保护。同时，《专利审查指南2010》规定，如果现有技术文件里“提到”某化合物，即可以推定该化合物不具备新颖性，除非申请人能提供证据证明在申请日之前无法获得该化合物。这里所谓“提到”的含义是：明确定义或者说明了该化合物的化学名称、分子式（或结构式）、理化参数或制备方法（包括原料）。例如，如果一份对比文件中所公开的化合物的名称和分子式（或结构式）难以辨认或者不清楚，但该文件公开了与专利申请要求保护的化合物相同的理化参数或者鉴定化合物用的其他参数等，即推定该化合物不具备新颖性。因此，如果申请人在优先权申请中提到该化合物，而由于不能满足充分公开的要求而无法在在后申请中要求保护该化合物，就会造成申请人公开自己将要完成的发明。因此，需要申请人在提出专利申请时深思熟虑，确定好哪些需要写入说明书中，哪些不写入说明书中。

当然，申请人也可以充分利用“现有技术提到即推定破坏新颖性”这一规定，巧妙进行防御布局。即将自己并不打算研发但认为一旦被他人申请专利会对自己构成威胁的化合物以“提到”的方式公开在申请文件中，这样即使因为公开不充分得不到保护，也会造成他人无法再对这些化合物申请专利，从而有效地起到了防御作用。

另外，在申请专利时，应对相关技术作出若干年专利申请的长远规划，为自己的进一步申请留下足够的空间。例如，化合物有两种或两种以上合成方法的，在第一次申请时并不需要都公开出来，只需要公开一种合成方法以满足公开充分的最低要求即可。其他方法可以逐步进行申请。又如，化合物有异构体、多种晶型的，也可以逐步进行申请，使得对有关药品的总的保护期得以延长。

7.4 统筹规划，做好布局

前面提到的充分利用国内优先权制度，仅是着眼于申请一件专利的策略。但是，从企业的长远发展看，应当制定自身的专利战略，确定相关主题的长期申请规划，发挥单个专利所不能发挥的作用。以化合物专利为核心，围绕它可以先后申请组合物、衍生物、改进剂型、手性化合物、新晶型等一系列专利，这一系列专利形成一个密不透风的专利网，将自己的产品牢牢地保护于其中，同时大大延长产品的实际专利保护期限。

附件1：技术交底书和相关研究简介

一种新的抗菌化合物：2－苯羧酸酯青霉烯类化合物

发明内容

取代2－苯羧酸甲酯青霉烯类新化合物的合成

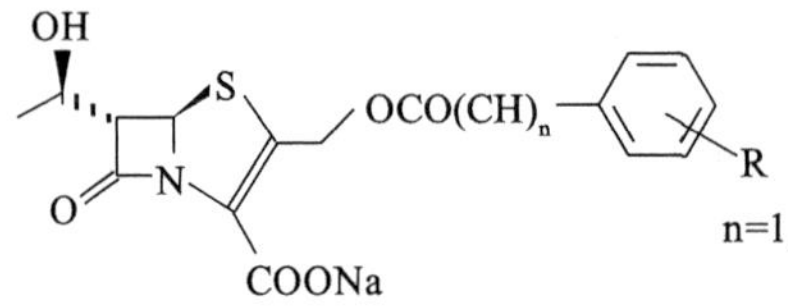

OH, S, $OCO(CH)_n$, R, O, N, COONa

n=1, 2　R=F, Cl, Br, OCH_3, NO_2, CN, CH_3

new compounds

合成路线见下图：

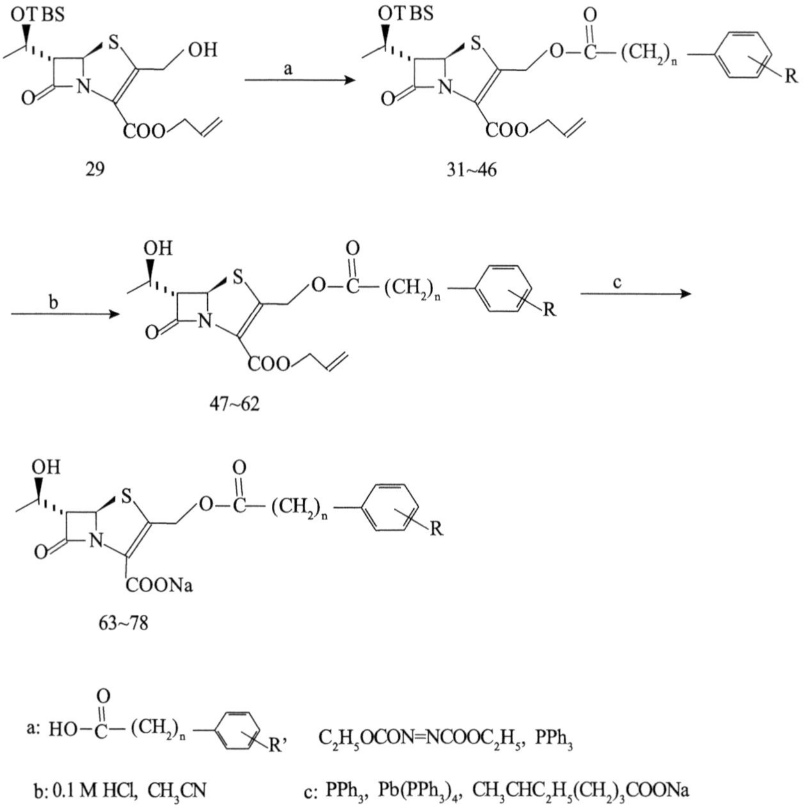

OTBS, S, OH, O, N, COO　29　—a→　OTBS, S, O, O—C—$(CH_2)_n$, R, O, N, COO　31~46

—b→　OH, S, O, O—C—$(CH_2)_n$, R, O, N, COO　47~62　—c→

OH, S, O, O—C—$(CH_2)_n$, R, O, N, COONa　63~78

a: HO—C(=O)—$(CH_2)_n$—Ph—R'，　$C_2H_5OCON{=}NCOOC_2H_5$，PPh$_3$

b: 0.1 M HCl，CH_3CN　　c: PPh$_3$，Pb(PPh$_3$)$_4$，$CH_3CHC_2H_5(CH_2)_3COONa$

注：上述化合物下方的数字是申请人在实验过程中对化合物的编号。

化合物列表

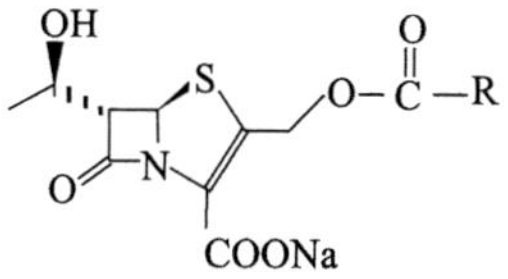

OH　S　O　O−C−R　O　N　COONa

Compound No.	R	Compound No.	R
63	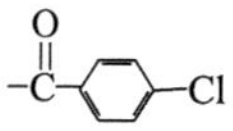 $-C(=O)-C_6H_4-Cl$ (4-)	71	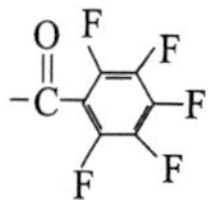 $-C(=O)-C_6F_5$
64	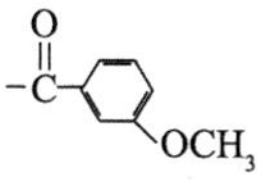 $-C(=O)-C_6H_4-OCH_3$ (3-)	72	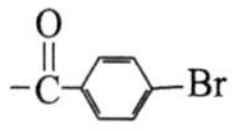 $-C(=O)-C_6H_4-Br$ (4-)
65	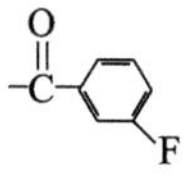 $-C(=O)-C_6H_4-F$ (3-)	73	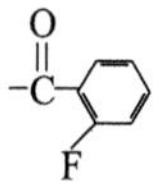 $-C(=O)-C_6H_4-F$ (2-)
66	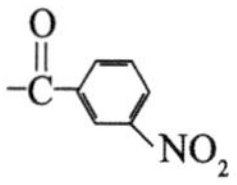 $-C(=O)-C_6H_4-NO_2$ (3-)	74	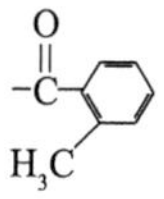 $-C(=O)-C_6H_4-CH_3$ (2-)
67	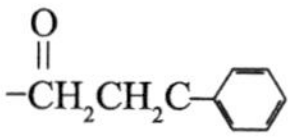 $-CH_2CH_2C(=O)-C_6H_5$	75	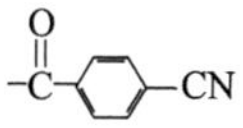 $-C(=O)-C_6H_4-CN$ (4-)
68	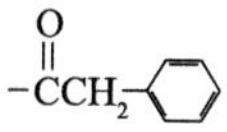 $-C(=O)CH_2-C_6H_5$	76	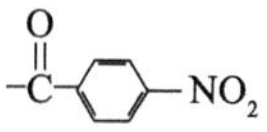 $-C(=O)-C_6H_4-NO_2$ (4-)
69	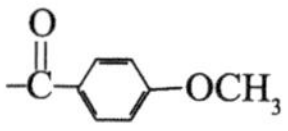 $-C(=O)-C_6H_4-OCH_3$ (4-)	77	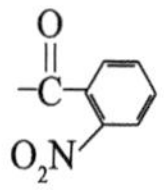 $-C(=O)-C_6H_4-NO_2$ (2-)
70	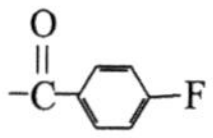 $-C(=O)-C_6H_4-F$ (4-)	78	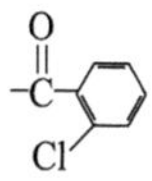 $-C(=O)-C_6H_4-Cl$ (2-)

抑菌实验结果：

1．样品

1）63～78 化合物　　　　　　　　（合成样品）

2）法罗培南（Faropenem）　　　　（合成样品）

3）Sultacillin　　　　　　　　　（浙江黄岩新华药物化工有限公司）

4）亚胺培南（Imipenem）　　　　（默沙东）

5）美罗培南（Meropenem）　　　　（浙江海正药业）

6）万古霉素（Vancomycin）　　　　　　（Sigma）

2. 制备抗菌素平皿

将上述21个药物据所需药量用少量甲醇助溶用蒸馏水补足到所需量充分稀释混匀后，取出前管半量加等量蒸溜水对倍稀释成15个浓度，每个药浓度取1ml药液加19mL Mueller - Hinton Agar培基混匀后，倒入平皿待冷却即可。金葡球菌和粪链肠球菌实验用上述培基内含5%羊血，其他菌实验用Mueller - Hinton Agar药敏培基。

3. 种菌方法

实验菌接种在普通营养肉汤中（10ml/管）。将上述接种菌置37℃孵育18h，次日稀释成10^6作为实验用菌浓度。将菌加入微孔板中用多点接种法种菌在不同浓度的药物平皿上，待干后，置37℃孵育18h后观察结果。

表1　青霉烯类化合物的MIC结果

Drug	MIC（μg/mL）	MSSA	MRSA	E. coli	P. aeruginosa	E. facialis
63	MIC_{50}	0.008	0.062	64	256	2
	MIC_{90}	0.031	0.25	256	>256	16
64	MIC_{50}	0.32	0.25	256	256	256
	MIC_{90}	0.25	0.25	>256	>256	256
65	MIC_{50}	0.008	0.062	64	256	0.5
	MIC_{90}	0.008	0.5	128	>256	8
66	MIC_{50}	0.008	0.008	128	>256	4
	MIC_{90}	0.008	1	256	>256	8
67	MIC_{50}	0.031	0.25	64	256	1
	MIC_{90}	0.062	1	128	>256	32
68	MIC_{50}	0.008	0.25	16	256	1
	MIC_{90}	0.008	1	64	>256	32
69	MIC_{50}	0.031	0.5	256	>256	4
	MIC_{90}	0.25	2	256	>256	32
70	MIC_{50}	0.031	0.5	64	256	4
	MIC_{90}	0.062	2	128	>256	2
71	MIC_{50}	0.062	1	64	256	2
	MIC_{90}	0.25	2	128	>256	8
72	MIC_{50}	0.008	0.125	128	256	1
	MIC_{90}	0.008	0.5	256	>256	1
73	MIC_{50}	0.008	0.25	64	>256	2
	MIC_{90}	0.25	2	128	>256	32
74	MIC_{50}	0.008	0.125	128	256	2
	MIC_{90}	0.031	1	>256	>256	16

续表

Drug	MIC（μg/mL）	MSSA	MRSA	E. coli	P. aeruginosa	E. facialis
75	MIC_{50}	0.062	1	128	256	32
	MIC_{90}	0.25	4	128	256	64
76	MIC_{50}	0.031	0.25	64	128	1
	MIC_{90}	0.062	0.5	128	128	4
77	MIC_{50}	0.008	0.25	64	256	2
	MIC_{90}	0.031	4	256	>256	8
78	MIC_{50}	0.031	0.25	128	256	4
	MIC_{90}	0.125	2	256	256	32
Faropenem	MIC_{50}	0.062	128	0.5	256	2
	MIC_{90}	0.125	256	4	>256	128
Sultacilin	MIC_{50}	0.25	16	8	256	4
	MIC_{90}	1	32	64	>256	64
Imipenem	MIC_{50}	0.008	16	0.25	1	2
	MIC_{90}	0.031	64	0.5	32	128
Meropenem	MIC_{50}	0.031	16	0.016	0.125	4
	MIC_{90}	0.25	32	0.031	2	128
Vacomycin	MIC_{50}	0.5	1	>256	>256	2
	MIC_{90}	1	2	>256	>256	4

4. 结论

1）对敏感金葡菌，63～78 抗菌作用等于或优于 Faropenem、Sultacillin、Meropenem、Vacomycin。

2）所有的青霉烯类新化合物均显示出良好的抗耐甲氧西林的金葡菌的抗菌活性。与现有的临床用药万古霉素相比，抗菌活性与之相当或优于万古霉素。

3）对肠球菌，63、64、65、67、68、71、72、73、74、76、77 抗菌活性与五种参照药物相当或优于他们。

青霉烯类新化合物的结构与抗菌活性的关系

1）延长侧链由苯甲酸至苯乙酸、苯丙酸所得的青霉烯类抗生素 67、68 的抗菌活性活性随着链的加长，活性有所降低。

2）分别测定了苯环上取代基为吸电子取代基的青霉烯类化合物（硝基：66、76、77；腈基：75）和斥电子取代基的青霉烯类化合物（甲基：74；甲氧基：64、69；卤素：63、65、70、71、72、73、78）的抗菌活性，发现活性与取代基的性质无太大的关系。

3）分别测定了苯环上不同取代位置的青霉烯类抗生素 65、70、73 的抗菌活性，发现间位氟代的青霉烯化合物 65 活性明显高于邻位和对位，而邻位和对位活性相当。

间位硝基取代的化合物（66）活性也高于邻位（77）和对位（76）。苯环上取代越多（71），抗菌活性越差。

综上所述，设计并合成的苯羧酸甲酯青霉烯类新化合物，对革兰氏阳性菌 MSSA 和肠球菌都具有高的抗菌活性，特别对于 MRSA 均显示出良好的抗菌效果。

5. 实施例

（5*R*，6*S*）－2－（对氯苯甲酸）甲酯－6－［（1*R*）－1－叔丁基－2－二甲基硅氧乙基］－青霉烯－3－羧酸烯丙酯 **31**

称取对氯苯甲酸（0.596g，3.811mmol）溶于 6ml 四氢呋喃中。加入偶氮二乙酸二乙酯（0.664g，3.811mmol）。然后缓慢加入 **29**（1.264g，3.176mmol）和三苯膦（281.00g，3.811mmol）的四氢呋喃溶液。颜色逐渐由橙色变为浅黄色或无色。反应 8h 后，TLC 检测，已反应完全。常温下减压蒸除四氢呋喃后，加入乙酸乙酯提取。分别用饱和碳酸氢钠和水洗。无水硫酸钠干燥。浓缩。乙酸乙酯：二氯甲烷（1:4）洗脱。收集组分。得白色固体 **31**（1.36g，80%）. m. p. 101～102℃。

^{1}H NMR（$CDCl_3$）：δ8.05（dd，J＝6.9Hz，2H，Ph），7.47（dd，2H，J＝8.7Hz，Ph），5.92（m，1H，$\underline{CH}=CH_2$），5.75－5.62（m，1H，H5 和 $CH_2CH=\underline{CH}$），5.44－5.24（m，3H，$\underline{CH_2}OCO$ 和 $CH_2-CH=\underline{CH}$），4.79－4.68（m，2H，$O\underline{CH_2}CH=CH_2$），4.47－4.20（m，1H，CHOSi），2.72（d，J＝3.9Hz，H6），1.28（d，J＝6.9Hz，$\underline{CH_3}-CH$），0.87（s，9H），0.08（s，6H）

MS（FAB）m/z538（$M+H^+$），537（M）

（5*R*，6*S*）－2－（间甲氧基苯甲酸）甲酯－6－［（1*R*）－1－叔丁基－2－二甲基硅氧乙基］－青霉烯－3－羧酸烯丙酯 **32**

以间甲氧基苯甲酸和 **29** 为原料，操作同 **31**。得淡黄色固体，收率 87%。m. p. 78～79℃。

^{1}H NMR（$CDCl_3$）：δ7.85（d，J＝7.8Hz，1H，Ph），7.50（m，1H，Ph），6.99（m，2H，Ph），5.92（m，1H，$\underline{CH}=CH_2$），5.72－5.60（m，2H，H5 和 $CH_2CH=\underline{CH}$），5.43－5.23（m，3H，$\underline{CH_2}OCO$ 和 $CH_2-CH=\underline{CH}$），4.72（m，2H，$O\underline{CH_2}CH=CH_2$），4.23（m，1H，$\underline{CH}OSi$），2.85（s，3H，$-O\underline{CH_3}$），1.25（d，J＝6.9Hz，3H，$\underline{CH_3}-CH$），0.87（s，9H），0.08（s，6H）

FAB－MS：m/z534（$M+H^+$）

（5*R*，6*S*）－2－（间氟苯甲酸）甲酯－6－［（1*R*）－1－叔丁基－2－二甲基硅氧乙基］－青霉烯－3－羧酸烯丙酯 **33**

以间氟苯甲酸和 **29** 为原料，操作同 **31**。得淡黄色液体，收率 79%。

^{1}H NMR（$CDCl_3$）：δ7.86（m，1H，Ph），7.73（d，J＝8.7Hz，1H，Ph），7.44（m，1H，Ph），7.31（m，1H，Ph），5.94（m，1H，$\underline{CH}=CH_2$），5.76－5.63（m，2H，H5 和 $CH_2CH=\underline{CH}$），5.44－5.24（m，3H，$\underline{CH_2}OCO$ 和 $CH_2-CH=\underline{CH}$），4.71（m，2H，$O\underline{CH_2}CH=CH_2$），4.23（m，1H，CHOSi），3.73（d，J＝3.9Hz，1H，

H6)，1.27（m，3H，$\underline{CH_3}-CH$），0.87（s，9H），0.08（s，6H）

FAB－MS：m/z520（$M-H^+$）

（5*R*，6*S*）－2－（间硝基苯甲酸）甲酯－6－［（1*R*）－1－叔丁基－2－二甲基硅氧乙基］－青霉烯－3－羧酸烯丙酯 **34**

以间硝基苯甲酸和 **29** 为原料，操作同 **31**。得无色液体，收率 91%。

^{1}H NMR（$CDCl_3$）：δ8.87（m，1H，Ph），8.46（m，2H，Ph），7.69（m，1H，Ph），5.95（m，1H，$\underline{CH}=CH_2$），5.83－5.65（m，2H，H5 和 $CH_2CH=\underline{CH}$），5.45－5.24（m，3H，$\underline{CH_2}OCO$ 和 $CH_2-CH=\underline{CH}$），4.76（m，2H，$O\underline{CH_2}CH=CH_2$），4.25（m，1H，CHOSi），3.74（m，1H，H6），1.23（d，J＝6.3Hz，3H，$\underline{CH_3}-H$），0.87（s，9H），0.07（s，6H）

FAB－MS：m/z547（$M-H^+$）

（5*R*，6*S*）－2－（苯丙酸）甲酯－6－［（1*R*）－1－叔丁基－2－二甲基硅氧乙基］－青霉烯－3－羧酸烯丙酯 **35**

以苯丙酸和 **29** 为原料，操作同 **31**。得无色液体。收率 87%。

^{1}H NMR（$CDCl_3$）：δ7.29－7.19（m，5H，Ph），5.92（m，1H，$\underline{CH}=CH_2$），5.56（d，J＝1.2Hz，1H，H5），5.51－5.36（m，2H，$CH_2CH=\underline{CH_2}$），5.26－5.08（m，2H，$\underline{CH_2}OCO$），4.70（m，2H，$O\underline{CH_2}CH=CH_2$），4.23（m，1H，CHOSi），3.69（m，1H，H6），2.97（m，2H，$OC\underline{CH_2}CH_2$），2.69（m，2H，$OCCH_2\ \underline{CH_2}$），1.23（d，J＝5.7Hz，3H，$\underline{CH_3}-CH$），0.88（s，9H），0.07（s，6H）

FAB－MS：m/z530（$M-H^+$）

（5*R*，6*S*）－2－（苯乙酸）甲酯－6－［（1*R*）－1－叔丁基－2－二甲基硅氧乙基］－青霉烯－3－羧酸烯丙酯 **36**

以苯乙酸和 **29** 为原料，操作同 **31**。得白色固体，收率 93%。m.p. 67～69℃。

^{1}H NMR（$CDCl_3$）：δ7.30（m，5H，Ph），5.90（m，1H，$\underline{CH}=CH_2$），5.56－5.48（m，2H，H5 和 $CH_2CH=\underline{CH}$），5.41－5.08（m，3H，$CH_2CH=\underline{CH}$ 和 $\underline{CH_2}OCO$），4.68（m，2H，$O\underline{CH_2}CH=CH_2$），4.22（m，1H，CHOSi），3.67（m，3H，H6 和 $OC\underline{CH_2}Ph$），1.24（d，J＝8.7Hz，3H，$\underline{CH_3}-CH$），0.88（s，9H），0.07（s，6H）

FAB－MS：m/z516（$M-H^+$）

（5*R*，6*S*）－2－（对甲氧基苯甲酸）甲酯－6－［（1*R*）－1－叔丁基－2－二甲基硅氧乙基］－青霉烯－3－羧酸烯丙酯 **37**

以对甲氧基苯甲酸和 **29** 为原料，操作同 **31**。得白色晶体，收率 89%。m.p. 73～75℃。

^{1}H NMR（$CDCl_3$）：δ8.00（d，J＝9.9Hz，2H，Ph），6.93（d，J＝9.0Hz，2H，Ph），5.92（m，1H，$\underline{CH}=CH_2$），5.72－5.60（m，2H，H5 和 $CH_2CH=\underline{CH}$），5.43－

5.30（m，3H，$\underline{CH_2}$OCO 和 $CH_2-CH=\underline{CH}$），4.72（m，2H，$O\underline{CH_2}CH=CH_2$），4.23（m，1H，CHOSi），3.86（s，3H，$O\underline{CH_3}$），3.71（d，J=4.8Hz，1H，H6），1.21（d，J=6.9Hz，3H，$\underline{CH_3}-H$），0.87（s，9H），0.06（s，6H）

FAB-MS：m/z534（$M+H^+$），532（M-H）

（5*R*，6*S*）-2-（对氟苯甲酸）甲酯-6-［（1*R*）-1-叔丁基-2-二甲基硅氧乙基］-青霉烯-3-羧酸烯丙酯 **38**

以对氟苯甲酸和 **29** 为原料，操作同 **31**。得白色晶体，收率 86%。m.p. 100～101.5℃。

^{1}H NMR（$CDCl_3$）：δ8.07（m，2H，Ph），7.12（m，2H，Ph），5.98（m，1H，$\underline{CH}=CH_2$），5.75-5.62（m，2H，H5 和 $CH_2CH=\underline{CH}$），5.45-5.24（m，3H，$\underline{CH_2}$OCO 和 $CH_2-CH=\underline{CH}$），4.74（m，2H，$O\underline{CH_2}CH=CH_2$），4.25（m，1H，CHOSi），3.73（dd，J=1.5，4.5Hz，1H，H6），1.23（d，J=6.3Hz，3H，$\underline{CH_3}-H$），0.88（s，9H），0.08（s，6H）

FAB-MS：m/z522（$M+H^+$）

（5*R*，6*S*）-2-（五氟苯甲酸）甲酯-6-［（1*R*）-1-叔丁基-2-二甲基硅氧乙基］-青霉烯-3-羧酸烯丙酯 **39**

以五氟苯甲酸和 **29** 为原料，操作同 **31**。得白色晶体，收率 80%。m.p. 110～111℃。

^{1}H NMR（$CDCl_3$）：δ5.92（m，1H，$\underline{CH}=CH_2$），5.80（d，J=14.7Hz，1H，$CH_2-CH=\underline{CH}$），5.64（s，1H，H5），5.44-5.24（m，3H，$CH_2CH=\underline{CH}$ 和 $\underline{CH_2}$OCO），4.72（m，2H，$O\underline{CH_2}CH=CH_2$），4.25（m，1H，CHOSi），3.75（m，1H，H6），1.23（d，J=5.7Hz，3H，$\underline{CH_3}-H$），0.88（s，9H），0.07（s，6H）

FAB-MS：m/z592（$M-H^+$）

（5*R*，6*S*）-2-（对溴苯甲酸）甲酯-6-［（1*R*）-1-叔丁基-2-二甲基硅氧乙基］-青霉烯-3-羧酸烯丙酯 **40**

以对溴苯甲酸和 **29** 为原料，操作同 **31**。得白色晶体，收率 86%。m.p. 125～127℃。

^{1}H NMR（$CDCl_3$）：δ7.90（d，J=8.7Hz，2H，Ph），7.59（d，J=8.7Hz，2H，Ph），5.98（m，1H，$\underline{CH}=CH_2$），5.75-5.62（m，2H，H5 和 $CH_2CH=\underline{CH}$），5.44-5.24（m，3H，$\underline{CH_2}$OCO 和 $CH_2-CH=\underline{CH}$），4.73（m，2H，$O\underline{CH_2}CH=CH_2$），4.24（m，1H，CHOSi），3.72（dd，J=1.5，4.5Hz，1H，H6），1.22（d，J=6.6Hz，3H，$\underline{CH_3}-H$），0.87（s，9H），0.07（s，6H）

FAB-MS：m/z582（$M+H^+$）

（5*R*，6*S*）-2-（邻氟苯甲酸）甲酯-6-［（1*R*）-1-叔丁基-2-二甲基硅氧乙基］-青霉烯-3-羧酸烯丙酯 **41**

以邻氟苯甲酸和**29**为原料，操作同**31**。得白色固体。收率94%。m. p. 81.5～82.5℃。

^1H NMR（$CDCl_3$）：δ8.00（m，1H，Ph），7.58（m，1H，Ph），7.22（m，2H，Ph），5.98（m，1H，$\underline{CH}=CH_2$），5.78－5.62（m，2H，H5和$CH_2CH=\underline{CH}$），5.44－5.24（m，3H，$\underline{CH_2}OCO$和$CH_2-CH=\underline{CH}$），4.72（m，2H，$O\underline{CH_2}CH=CH_2$），4.23（m，1H，CHOSi），3.73（dd，J=2.1，4.5Hz，1H，H6），1.23（d，J=6.3Hz，3H，$\underline{CH_3}-H$），0.88（s，9H），0.08（s，6H）

FAB－MS：m/z522（$M+H^+$）

（5*R*，6*S*）－2－（邻甲氧基苯甲酸）甲酯－6－［（1*R*）－1－叔丁基－2－二甲基硅氧乙基］－青霉烯－3－羧酸烯丙酯**42**

以邻甲氧基苯甲酸和**29**为原料，操作同**31**。得白色晶体，收率87%。m. p. 62～64℃。

^1H NMR（$CDCl_3$）：δ7.94（m，1H，Ph），7.41（m，1H，Ph），7.26（m，2H，Ph），5.92（m，1H，$\underline{CH}=CH_2$），5.74－5.61（m，2H，H5和$CH_2CH=\underline{CH}$），5.45－5.24（m，3H，$\underline{CH_2}OCO$和$CH_2-CH=\underline{CH}$），4.73（m，2H，$O\underline{CH_2}CH=CH_2$），4.24（m，1H，CHOSi），3.72（dd，J=1.5，4.5Hz，1H，H6），2.62（s，3H，$\underline{CH_3}$），1.22（d，J=6.3Hz，3H，$\underline{CH_3}-CH$），0.86（s，9H），0.07（s，6H）

FAB－MS：m/Z516（$M-H^+$）

（5*R*，6*S*）－2－（对氰基苯甲酸）甲酯－6－［（1*R*）－1－叔丁基－2－二甲基硅氧乙基］－青霉烯－3－羧酸烯丙酯**43**

以对氰基苯甲酸和**29**为原料，操作同**31**。得白色晶体，收率76%。m. p. 100～102℃。

^1H NMR（$CDCl_3$）：δ8.14（d，J=7.8Hz，2H，Ph），7.76（d，J=7.8Hz，2H，Ph），5.91（m，1H，$\underline{CH}=CH_2$），5.79－5.63（m，2H，H5和$CH_2CH=\underline{CH}$），5.44－5.24（m，3H，$\underline{CH_2}OCO$和$CH_2-CH=\underline{CH}$），4.73（m，2H，$O\underline{CH_2}CH=CH_2$），4.24（m，1H，CHOSi），3.73（d，J=3.9Hz，1H，H6），1.22（d，J=6.0Hz，3H，$\underline{CH_3}-H$），0.87（s，9H），0.07（s，6H）

FAB－MS：m/z528（M）

（5*R*，6*S*）－2－（对硝基苯甲酸）甲酯－6－［（1*R*）－1－叔丁基－2－二甲基硅氧乙基］－青霉烯－3－羧酸烯丙酯**44**

以对硝基苯甲酸和**29**为原料，操作同**31**。得白色固体，收率95%。m. p. 152～154℃。

^1H NMR（$CDCl_3$）：δ8.30（m，4H，Ph），5.92（m，1H，$\underline{CH}=CH_2$），5.81－5.64（m，2H，H5和$CH_2CH=\underline{CH}$），5.45－5.25（m，3H，$\underline{CH_2}OCO$和$CH_2-CH=\underline{CH}$），4.73（m，2H，$O\underline{CH_2}CH=CH_2$），4.25（m，1H，CHOSi），3.74（dd，J=

1.8，4.5Hz，1H，H6），1.23（d，J=6.3Hz，3H，$\underline{CH}_3$－H），0.87（s，9H），0.08（s，6H）

FAB－MS：m/z549（$M+H^+$），547（$M-H^+$）

（5*R*，6*S*）－2－（邻硝基苯甲酸）甲酯－6－［（1*R*）－1－叔丁基－2－二甲基硅氧乙基］－青霉烯－3－羧酸烯丙酯**45**

以邻硝基苯甲酸和**29**为原料，操作同**31**。得无色液体，收率79%。

^{1}H NMR（$CDCl_3$）：δ7.95（m，1H，Ph），7.77（m，1H，Ph），7.68（m，2H，Ph），5.98（m，1H，$\underline{CH}=CH_2$），5.77－5.63（m，2H，H5和$CH_2CH=\underline{CH}$），5.44－5.24（m，3H，$\underline{CH_2}OCO$和$CH_2-CH=\underline{CH}$），4.72（m，2H，$O\underline{CH_2}CH=CH_2$），3.73（dd，J=2.1，4.2Hz，1H，H6），1.22（d，J=6.3Hz，3H，$\underline{CH_3}CH$），0.87（s，9H），0.06（s，6H）

FAB－MS：m/z547（$M-H^+$）

（5*R*，6*S*）－2－（邻氯苯甲酸）甲酯－6－［（1*R*）－1－叔丁基－2－二甲基硅氧乙基］－青霉烯－3－羧酸烯丙酯**46**

以邻氯苯甲酸和**29**为原料，操作同**31**。得白色固体，收率81%。m.p.130～131℃。

^{1}H NMR（$CDCl_3$）：δ8.07（m，2H，Ph），7.12（m，2H，Ph），5.98（m，1H，$\underline{CH}=CH_2$），5.75－5.62（m，2H，H5和$CH_2CH=\underline{CH}$），5.45－5.24（m，3H，$\underline{CH_2}OCO$和$CH_2-CH=\underline{CH}$），4.74（m，2H，$O\underline{CH_2}CH=CH_2$），4.25（m，1H，CHOSi），3.73（dd，J=1.5，4.5Hz，1H，H6），1.23（d，J=6.3Hz，3H，$\underline{CH}_3$－H），0.88（s，9H），0.08（s，6H）

FAB－MS：m/z399（$M+H^+$）

（5*R*，6*S*）－2－（对氯苯甲酸）甲酯－6－［（1*R*）－1－羟乙基］－青霉烯－3－羧酸烯丙酯**47**

在**31**（1.5mmol）的乙腈溶液中加入0.1N的稀盐酸水溶液45ml，搅拌反应12h后，TLC检测已反应完全。在反应混合物中加入8%的氢氧化钠水溶液4.5ml。浓缩至很少体积。加入乙酸乙酯，用饱和食盐水洗三次后，无水硫酸钠干燥。真空蒸去乙酸乙酯，乙酸乙酯：二氯甲烷（4:1，1:1）洗脱，收集产物组分，得到白色固体，收率67%。m.p.131～132℃。

^{1}H NMR（$CDCl_3$）：δ7.98（d，J=7.8Hz，2H，Ph），7.46（d，H=10.8，2H，Ph），6.00－5.88（m，1H，$\underline{H}=CH_2$），5.72－5.65（m，2H，H5和$CH_2CH=\underline{CH}$），5.45－5.26（m，3H，$\underline{CH_2}OCO$和$CH_2-CH=\underline{CH}$），4.73－4.66（m，2H，$O\underline{CH_2}CH=CH_2$），4.29－4.21（m，1H，CHOSi），3.77（d，J=6.6Hz，1H，H6），1.34（d，J=6.9Hz，3H，$\underline{CH}_3$－H）

FAB－MS：m/z424（$M+H^+$）

(5*R*，6*S*) -2-(邻甲氧基苯甲酸)甲酯-6-[(1*R*) -1-羟乙基] -青霉烯-3-羧酸烯丙酯**48**

以**32**为原料，操作同**47**。得白色晶体，收率81%。m. p. 94~95℃。

^{1}H NMR ($CDCl_3$)：δ7.85 (m, 1H, Ph), 7.51 (m, 1H, Ph), 6.99 (m, 2H, Ph), 5.98 (m, 1H, $\underline{CH}=CH_2$), 5.70-5.63 (m, 2H, H5和$CH_2CH=\underline{CH}$), 5.45-5.25 (m, 3H, $\underline{CH_2}OCO$和$CH_2-CH=\underline{CH}$), 4.75 (m, 2H, $O\underline{CH_2}CH=CH_2$), 4.22 (m, 1H, CHOSi), 3.76 (d, J=1.5Hz, 1H, H6), 1.35 (d, J=6.3Hz, 3H, $\underline{CH_3}$-H)

FAB-MS：m/z420 ($M+H^+$)

(5*R*，6*S*) -2-(间氟苯甲酸)甲酯-6-[(1*R*) -1-羟乙基] -青霉烯-3-羧酸烯丙酯**49**

以**33**为原料，操作同**47**。得淡黄色固体，收率85%。m. p. 103~104℃。

^{1}H NMR ($CDCl_3$)：δ7.84 (d, J=7.8Hz, 1H, Ph), 7.72 (d, J=9.3, 1H, Ph), 7.44 (m, 1H, Ph), 7.30 (m, 1H, Ph), 5.95 (m, 1H, $\underline{CH}=CH_2$), 5.73-5.66 (m, 2H, H5和$CH_2CH=\underline{CH}$), 5.45-5.26 (m, 3H, $\underline{CH_2}OCO$和$CH_2-CH=\underline{CH}$), 4.76 (m, 2H, $O\underline{CH_2}CH=CH_2$), 4.25 (m, 1H, CHOSi), 3.78 (d, J=6.3Hz, 1H, H6), 1.34 (d, J=6.3Hz, 3H, $\underline{CH_3}$-H)

FAB-MS：m/z407 (M^+)

(5*R*，6*S*) -2-(间硝基苯甲酸)甲酯-6-[(1*R*) -1-羟乙基] -青霉烯-3-羧酸烯丙酯**50**

以**34**为原料，操作同**47**。得白色晶体，收率82%。m. p. 160~161℃。

^{1}H NMR ($CDCl_3$)：δ8.87 (s, 1H, Ph), 8.47-8.37 (m, 2H, Ph), 7.69 (m, 1H, Ph), 5.98 (m, 1H, $\underline{CH}=CH_2$), 5.80-5.67 (m, 2H, H5和$CH_2CH=\underline{CH}$), 5.46-5.27 (m, 3H, $\underline{CH_2}OCO$和$CH_2-CH=\underline{CH}$), 4.80 (m, 2H, $O\underline{CH_2}CH=CH_2$), 4.26 (m, 1H, CHOSi), 3.81 (m, 1H, H6), 1.35 (d, J=5.7Hz, 3H, $\underline{CH_3}$-H)

FAB-MS：m/z434 (M^+)

(5*R*，6*S*) -2-(苯丙酸)甲酯-6-[(1*R*) -1-羟乙基] -青霉烯-3-羧酸烯丙酯**51**

以**35**为原料，操作同**47**。得白色晶体。收率90%。m. p. 77~78℃。

^{1}H NMR ($CDCl_3$)：δ7.31 (m, 5H, Ph), 5.94 (m, 1H, $\underline{CH}=CH_2$), 5.70 (s, 1H, H5), 5.60-5.28 (m, 2H, $CH_2CH=\underline{CH_2}$), 5.28-5.09 (m, 3H, $\underline{CH_2}OCO$和$CH_2-CH=\underline{CH}$), 4.79 (m, 2H, $O\underline{CH_2}CH=CH_2$), 4.26 (m, 1H, CHOSi), 3.73 (m, 1H, H6), 2.97 (m, 2H, $OC\underline{CH_2}CH_2$), 2.74 (m, 2H, $OCCH_2\underline{CH_2}$), 1.34 (d, J=3.6Hz, 3H, $\underline{CH_3}$-H)

FAB-MS：m/z417 (M^+)

第五章

(5*R*，6*S*) -2-(苯乙酸)甲酯-6-[(1*R*) -1-羟乙基]-青霉烯-3-羧酸烯丙酯**52**

以**36**为原料，操作同**47**。得黄色晶体。收率86%。m. p. 71~73℃。

^{1}H NMR ($CDCl_3$)：δ7.30 (m，5H，Ph)，5.93 (m，1H，<u>CH</u>=CH_2)，5.59-5.10 (m，5H，H5，CH_2CH=<u>CH_2</u>，<u>CH_2</u>OCO)，4.73 (m，2H，CH_2-CH=<u>CH</u>)，4.22 (m，1H，CHOSi)，3.73 (d，J=6.9Hz，1H，H6)，3.67 (s，2H，OC<u>CH_2</u>，1.34 (d，J=6.9Hz，3H，<u>CH_3</u>-H)

FAB-MS：m/z403 (M^+)

(5*R*，6*S*) -2-(对甲氧基苯甲酸)甲酯-6-[(1*R*) -1-羟乙基]-青霉烯-3-羧酸烯丙酯**53**

以**37**为原料，操作同**47**。得白色晶体。收率92%。m. p. 89~90℃。

^{1}H NMR ($CDCl_3$)：δ8.00 (m，2H，Ph)，6.92 (m，2H，Ph)，5.92 (m，1H，<u>CH</u>=CH_2)，5.69-5.63 (m，2H，H5和CH_2CH=<u>CH</u>)，5.45-5.25 (m，3H，<u>CH_2</u>OCO和CH_2-CH=<u>CH</u>)，4.73 (m，2H，O<u>CH_2</u>CH=CH_2)，4.24 (m，1H，CHOSi)，3.86 (m，1H，H6)，3.75 (m，1H，H6)，1.34 (d，J=5.7Hz，3H，<u>CH_3</u>-CH)

FAB-MS：m/z420 (M^++H)

(5*R*，6*S*) -2-(对氟苯甲酸)甲酯-6-[(1*R*) -1-羟乙基]-青霉烯-3-羧酸烯丙酯**54**

以**38**为原料，操作同**47**。得白色晶体。收率86%。m. p. 103~104℃。

^{1}H NMR ($CDCl_3$)：δ8.07 (m，2H，Ph)，7.13 (m，2H，Ph)，5.98 (m，1H，<u>CH</u>=CH_2)，5.72-5.65 (m，2H，H5和CH_2CH=<u>CH</u>)，5.45-5.26 (m，3H，<u>CH_2</u>OCO和CH_2-CH=<u>CH</u>)，4.78 (m，2H，O<u>CH_2</u>CH=CH_2)，4.25 (m，1H，CHOSi)，3.77 (dd，J=2.1，6.9Hz，1H，H6)，1.35 (d，J=6.9Hz，3H，<u>CH_3</u>-H)

FAB-MS：m/z407 (M+H^+)

(5*R*，6*S*) -2-(五氟苯甲酸)甲酯-6-[(1*R*) -1-羟乙基]-青霉烯-3-羧酸烯丙酯**55**

以**39**为原料，操作同**47**。得白色固体。收率89%。m. p. 164~166℃。

^{1}H NMR ($CDCl_3$)：δ5.95 (m，1H，<u>CH</u>=CH_2)，5.76 (d，J=15Hz，1H，CH_2CH=<u>CH</u>)，5.67 (d，J=1.8Hz，1H，H5)，5.45-5.26 (m，3H，CH_2-CH=<u>CH</u>和<u>CH_2</u>OCO)，4.77 (m，2H，O<u>CH_2</u>CH=CH_2)，4.26 (m，1H，CHOSi)，3.78 (m，1H，H6)，1.35 (d，J=6.3Hz，3H，<u>CH_3</u>-H)

FAB-MS：m/Z268 $(M-C_6H_5COO)^+$

(5*R*，6*S*) -2-(对溴苯甲酸)甲酯-6-[(1*R*) -1-羟乙基]-青霉烯-

3－羧酸烯丙酯**56**

以**40**为原料，操作同**47**。得白色晶体。收率82%。m. p. 138～140℃。

^{1}H NMR（$CDCl_3$）：δ7.89（d，J＝8.1Hz，2H，Ph），7.59（d，J＝8.7Hz，2H，Ph），5.96（m，1H，$\underline{CH}=CH_2$），5.72－5.64（m，2H，H5和$CH_2CH=\underline{CH}$），5.45－5.26（m，3H，$\underline{CH_2}OCO$和$CH_2-CH=\underline{CH}$），4.78（m，2H，$O\underline{CH_2}CH=CH_2$），4.24（m，1H，CHOSi），3.77（d，J＝6.0Hz，1H，H6），1.34（d，J＝6.9Hz，3H，$\underline{CH_3}-CH$）

FAB－MS：m/z467（M^+），469（M^++2）

（5*R*，6*S*）－2－（邻氟苯甲酸）甲酯－6－［（1*R*）－1－羟乙基］－青霉烯－3－羧酸烯丙酯**57**

以**41**为原料，操作同**47**。得无色液体。收率81%。

^{1}H NMR（$CDCl_3$）：δ7.95（m，1H，Ph），7.55（m，1H，Ph），7.19（m，2H，Ph），5.94（m，1H，$\underline{CH}=CH_2$），5.74－5.65（m，2H，H5和$CH_2CH=\underline{CH}$），5.45－5.25（m，3H，$\underline{CH_2}OCO$和$CH_2-CH=\underline{CH}$），4.77（m，2H，$O\underline{CH_2}CH=CH_2$），4.25（m，1H，CHOSi），3.77（m，1H，H6），1.34（d，J＝6.9Hz，3H，$\underline{CH_3}-CH$）

FAB－MS：m/z407（M^+）

（5*R*，6*S*）－2－（邻甲基苯甲酸）甲酯－6－［（1*R*）－1－羟乙基］－青霉烯－3－羧酸烯丙酯**58**

以**42**为原料，操作同**47**。得白色晶体。收率87%。m. p. 110～111℃。

^{1}H NMR（$CDCl_3$）：δ7.93（d，J＝7.8Hz，1H，Ph），7.42（m，1H，Ph），7.25（m，2H，Ph），5.98（m，1H，$\underline{CH}=CH_2$），5.71－5.64（m，2H，H5和$CH_2CH=\underline{CH}$），5.45－5.26（m，3H，$\underline{CH_2}OCO$和$CH_2-CH=\underline{CH}$），4.75（m，2H，$O\underline{CH_2}CH=CH_2$），4.25（m，1H，CHOSi），3.77（d，J＝6.6Hz，1H，H6），2.61（s，3H，$\underline{CH_3}$），1.34（d，J＝5.7Hz，3H，$\underline{CH_3}-H$）

FAB－MS：m/z403（M^+）

（5*R*，6*S*）－2－（对硝基苯甲酸）甲酯－6－［（1*R*）－1－羟乙基］－青霉烯－3－羧酸烯丙酯**59**

以**43**为原料，操作同**47**。得白色晶体。收率79%。m. p. 165～166℃。

^{1}H NMR（$CDCl_3$）：δ8.15（d，J＝7.8Hz，2H，Ph），7.77（d，J＝7.8Hz，2H，Ph），5.95（m，1H，$\underline{CH}=CH_2$），5.76－5.66（m，2H，H5和$CH_2CH=\underline{CH}$），5.45－5.26（m，3H，$\underline{CH_2}OCO$和$CH_2-CH=\underline{CH}$），4.81（m，2H，$O\underline{CH_2}CH=CH_2$），4.26（m，1H，CHOSi），3.78（d，J＝6.0Hz，1H，H6），1.35（d，J＝6.0Hz，3H，$\underline{CH_3}-H$）

FAB－MS：m/z415（$M+H^+$）

（5*R*，6*S*）－2－（对硝基苯甲酸）甲酯－6－［（1*R*）－1－羟乙基］－青霉

烯-3-羧酸烯丙酯**60**

以**44**为原料，操作同**47**。得白色固体。收率83%。m.p. 172~174℃。

^{1}H NMR（$CDCl_3$）：δ8.26（m，4H，Ph），5.92（m，1H，<u>CH</u>=CH_2），5.78-5.67（m，2H，H5和CH_2CH=<u>CH</u>），5.45-5.27（m，3H，<u>CH_2</u>OCO和CH_2-CH=<u>CH</u>），4.76（m，2H，O<u>CH_2</u>CH=CH_2），4.26（m，1H，CHOSi），3.78（d，J=7.8Hz，1H，H6），1.35（d，J=6.0Hz，3H，<u>CH_3</u>-H）。

FAB-MS：m/z433（M-H^+）

（5*R*，6*S*）-2-（邻硝基苯甲酸）甲酯-6-[（1*R*）-1-羟乙基]-青霉烯-3-羧酸烯丙酯**61**

以**45**为原料，操作同**47**。得淡黄色晶体。收率88%。m.p. 130~133℃。

^{1}H NMR（$CDCl_3$）：δ7.95（m，1H，Ph），7.79-7.66（m，3H，Ph），5.96（m，1H，<u>CH</u>=CH_2），5.75-5.65（m，2H，H5和CH_2CH=<u>CH</u>），5.45-5.26（m，3H，<u>CH_2</u>OCO和CH_2-CH=<u>CH</u>），4.75（m，2H，O<u>CH_2</u>CH=CH_2），4.24（m，1H，CHOSi），3.77（m，1H，H6），1.34（d，J=5.7Hz，3H，<u>CH_3</u>-CH）

FAB-MS：m/z434（M^+）

（5*R*，6*S*）-2-（邻氯苯甲酸）甲酯-6-[（1*R*）-1-羟乙基]-青霉烯-3-羧酸烯丙酯**62**

以**46**为原料，操作同**47**。得白色固体。收率82%。m.p. 145~146℃。

^{1}H NMR（$CDCl_3$）：δ7.88（d，J=6.6Hz，1H，Ph），7.51-7.31（m，3H，Ph），5.99（m，1H，<u>CH</u>=CH_2），5.74-5.65（m，2H，H5和CH_2CH=<u>CH</u>），5.48-4.84（m，3H，<u>CH_2</u>OCO和CH_2-CH=<u>CH</u>），4.72（m，2H，O<u>CH_2</u>CH=CH_2），4.25（m，1H，CHOSi），3.76（dd，J=1.5，6.6Hz，1H，H6），1.37（d，J=7.2Hz，3H，<u>CH_3</u>-H）

FAB-MS：m/z424（M+H^+）

（5*R*，6*S*）-2-（对氯苯甲酸）甲酯-6-[（1*R*）-1-羟乙基]-青霉烯-3-羧酸单钠盐**63**

将**47**（1.25mmol）溶于1.5ml二氯甲烷中，室温下连续加入四（三苯膦）钯（0.125mmol），三苯膦（0.625mmol）和2-乙基己酸钠（1.43mmol）的乙酸乙酯溶液1.5ml。搅拌反应1h后TLC检测，已无原料点。加入2ml水提取，水层用二氯甲烷和乙酸乙酯洗，用乙醚洗。冷冻干燥得到黄色固体。用大孔树反相柱纯化，梯度洗脱：水；水：丙酮（95∶5；9∶1；4∶1；1∶1）；丙酮。所得组分冷冻干燥得到白色固体**63**，收率72%。

^{1}H NMR（$CDCl_3$）：δ8.02（d，J=5.1Hz，2H，Ph），7.53（d，J=5.1Hz，2H，Ph），5.80（d，J=8.4Hz，1H，H5），

5.61和5.40（m，2H，<u>CH_2</u>OCO），4.11（m，1H，CHOSi），3.66（d，J=4.2，

1H，H6），1.30（d，J=3.9Hz，3H，$\underline{CH}_3$－H）

IR（KBr）$\nu_{max}cm^{-1}$：1770（β－lactamC＝O），1724（OC＝O），1595，1489。

FAB－MS：m/z428（M^+＋Na）

（5*R*，6*S*）－2－（邻甲氧基苯甲酸）甲酯－6－［（1*R*）－1－羟乙基］－青霉烯－3－羧酸单钠盐**64**

以**48**为原料，操作同**47**。得白色固体，收率67%。

^{1}H NMR（$CDCl_3$）：δ7.77（d，J=4.2Hz，1H，Ph），7.54（m，1H，Ph），7.11（d，J＝5.1Hz，1H，Ph），6.98（m，1H，Ph），5.72（d，J＝9.0Hz，1H，$\underline{CH}$OCO），5.63（s，1H，H5），5.42（d，J＝9.0Hz，1H，$\underline{CH}$OCO），4.12（m，1H，CHOSi），3.88（s，3H，OCH_3），3.78（d，J＝3.9Hz，1H，H6），1.30（d，J＝3.9Hz，3H，$\underline{CH}_3$－H）。^{13}C NMR（D_2O）（：175.80（COONa），166.95（C＝O），160.97（C＝O），145.51（C＝C），127.91（C＝C），135.46，132.81，127.92，121.38，120.11，113.30（6C，Ph），71.67（2′－C），68.42（OCH_2），66.16（C_6），63.80（1′－C），56.38（C_5），21.71（CH_3）

IR（KBr）$\nu_{max}cm^{-1}$：1759（β－lactamC＝O），1736（OC＝O），1601，1491

FAB－MS：m/z402（M＋H^+）

（5*R*，6*S*）－2－（间氟苯甲酸）甲酯－6－［（1*R*）－1－羟乙基］－青霉烯－3－羧酸单钠盐**65**

以**49**为原料，操作同**47**。得淡黄色固体，收率64%。

^{1}H NMR（$CDCl_3$）：δ7.50（d，J=7.8Hz，1H，Ph），7.59（m，1H，Ph），7.47－7.40（m，1H，Ph），7.33－7.27（m，1H，Ph），5.70（d，J＝14.7Hz，1H，$\underline{CH}$OCO），5.56（d，J＝1.2Hz，1H，H5），5.36（d，J＝14.7Hz，1H，$\underline{CH}$OCO），4.02（m，1H，CHOSi），1.70（dd，J＝1.2，6.6Hz，1H，H6），1.21（d，J＝10.8Hz，3H，$\underline{CH}_3$－H）

^{13}C NMR（D_2O）：δ175.72（COONa），165.82（C＝O），165.54（C＝O），162.30（C＝C），144.96（C＝C），133.09，132.99，128.11，126.60，121.30，117.2（6C，Ph），71.73（C6），66.08（$\underline{C}$HOH），63.84（C_5），62.12（CH_2O），21.67（CH_3）

FAB－MS：m/z390（M＋H^+）

（5*R*，6*S*）－2－（间硝基苯甲酸）甲酯－6－［（1*R*）－1－羟乙基］－青霉烯－3－羧酸单钠盐**66**

以**50**为原料，操作同**47**。得白色固体，收率78%。

^{1}H NMR（$CDCl_3$）：δ8.71（s，1H，Ph），8.41（d，J=6.9Hz，1H，Ph），8.31（d，J＝7.8Hz，1H，Ph），7.67（m，1H，Ph），5.79（d，J＝14.7Hz，1H，

第五章

CHOCO)，5.56（d，J = 1.5Hz，1H，H5），5.40（d，J = 14.7Hz，1H，CHOCO），4.04（m，1H，CHOSi），3.67（d，J = 6.9Hz，1H，H6），1.20（d，J = 6.6Hz，3H，CH_3 – H）

IR（KBr）ν_{max} cm^{-1}：1，763（β – lactamC = O），1，732（OC = O）

（5*R*，6*S*）–2 –（苯丙酸）甲酯 –6 –［（1*R*）–1 – 羟乙基］– 青霉烯 –3 – 羧酸单钠盐 **67**

以 **51** 为原料，操作同 **47**。得淡黄色固体，收率 54%。

^{1}H NMR（$CDCl_3$）：δ7.29 – 7.17（m，5H，Ph），5.56（d，J = 6.0Hz，1H，H5），5.52 和 5.18（d，J = 8.7Hz，CH_2OCO），4.11（m，1H，CHOSi），3.73（d，J = 3.9Hz，1H，H6），2.94（m，2H，$OCCH_2$），2.65（m，2H，$OCCH_2$ CH_2），1.30（d，J = 7.8Hz，3H，CH_3 – H）

（5*R*，6*S*）–2 –（苯乙酸）甲酯 –6 –［（1*R*）–1 – 羟乙基］– 青霉烯 –3 – 羧酸单钠盐 **68**

以 **52** 为原料，操作同 **47**。得淡黄色固体，收率 72%。

^{1}H NMR（$CDCl_3$）：δ7.20（m，5H，Ph），5.48（m，2H，H5 和 CHOCO），5.10（d，J = 14.4Hz，1H，CHOCO），4.01（m，1H，CHOSi），3.60（s，3H，H6 和 OC – CH_2 – Ph），1.30（d，J = 3.9Hz，3H，CH_3 – H）

FAB – MS：m/z386（M + H^+）

（5*R*，6*S*）–2 –（对甲氧基苯甲酸）甲酯 –6 –［（1*R*）–1 – 羟乙基］– 青霉烯 –3 – 羧酸单钠盐 **69**

以 **53** 为原料，操作同 **47**。得白色固体，收率 65%。

^{1}H NMR（$CDCl_3$）：δ7.91（m，2H，Ph），6.90（m，2H，Ph），5.62 – 5.18（3H，H5 和 CH_2OCO），4.13（m，1H，CHOSi），3.80（s，3H，OCH_3），3.23（m，1H，H6），1.30（d，J = 3.9Hz，3H，CH_3 – H）

FAB – MS（m/z）：402（M + H^+）

（5*R*，6*S*）–2 –（对氟苯甲酸）甲酯 –6 –［（1*R*）–1 – 羟乙基］– 青霉烯 –3 – 羧酸单钠盐 **70**

以 **54** 为原料，操作同 **47**。得淡黄色固体，收率 79%。

^{1}H NMR（$CDCl_3$）：δ8.03 – 7.95（m，2H，Ph），7.19 – 7.07（m，2H，Ph），5.70（d，J = 14.7，1H，CHOCO），5.60（s，1H，H5），5.35（d，J = 14.7Hz，1H，CHOCO），4.11 – 3.99（m，1H，CHOSi），3.64（d，J = 1.2Hz，1H，H6），1.21（d，J = 6.3Hz，3H，CH_3 – H）

FAB – MS：m/z390（M + H^+）

（5*R*，6*S*）–2 –（五氟苯甲酸）甲酯 –6 –［（1*R*）–1 – 羟乙基］– 青霉烯 –3 – 羧酸单钠盐 **71**

以**55**为原料，操作同**47**。得白色固体，收率81%。

^{1}H NMR（$CDCl_3$）：δ5.83（d，J = 14.1Hz，1H，CHOCO），5.54（d，J = 1.2Hz，1H，H5），5.37（d，J = 14.1Hz，1H，CHOCO），4.04（m，1H，CHOSi），3.62（dd，J = 1.2，7.2Hz，H6），1.22（d，J = 6.3Hz，3H，CH_3 – H）；

FAB – MS：m/z462（$M + H^+$）

（5*R*，6*S*）–2 –（对溴苯甲酸）甲酯 –6 –［（1*R*）–1 –羟乙基］–青霉烯 –3 –羧酸单钠盐**72**

以**48**为原料，操作同**47**。得白色固体，收率58%。

^{1}H NMR（D_2O）：δ7.83（d，J = 8.4Hz，2H，Ph），7.52（d，J = 8.7Hz，2H，Ph），5.70（d，J = 14.7Hz，1H，CHOCO），5.55（d，J = 1.2H，1H，H5），5.35（d，J = 14.7Hz，1H，CHOCO），4.03（m，1H，CHOSi），3.67（dd，J = 1.2，6.9Hz，1H，H6），1.21（d，J = 6.3Hz，3H，CH_3 – H）。

IR（KBr）ν_{max} cm^{-1}：1，766（β – lactamC = O），1，718（OC = O）. FAB – MS：m/z450（$M + H^+$）

（5*R*，6*S*）–2 –（邻氟苯甲酸）甲酯 –6 –［（1*R*）–1 –羟乙基］–青霉烯 –3 –羧酸单钠盐**73**

以**57**为原料，操作同**47**。得白色固体，收率77%。

^{1}H NMR（D_2O）：δ7.90 – 7.84（m，1H，Ph），7.60 – 7.53（m，1H，Ph），7.24 – 7.10（m，2H，Ph），5.65（d，J = 18.6Hz，1H，H5），5.55 和 5.35（m，2H，CH_2OCO），4.12 – 3.99（m，1H，CHOSi），3.66（d，J = 5.7Hz，1H，H6），1.21（d，J = 6.9Hz，3H，CH_3 – H）。

IR（KBr）ν_{max} cm^{-1}：1，754（β – lactamC = O），1，736（OC = O）. FAB – MS：m/z390（$M + H^+$）

（5*R*，6*S*）–2 –（邻甲基苯甲酸）甲酯 –6 –［（1*R*）–1 –羟乙基］–青霉烯 –3 –羧酸单钠盐**74**

以**58**为原料，操作同**47**。得白色固体，收率82%。

^{1}H NMR（D_2O）：δ7.91（d，J = 4.8Hz，2H，Ph），7.45（m，1H，Ph），7.29（m，2H，Ph），5.78（d，J = 8.7Hz，1H，CHOCO），5.62（s，1H，H5），5.39（d，J = 8.7Hz，1H，CHOCO），4.11（m，1H，CHOSi），3.68（d，J = 4.2，1H，H6），1.30（d，J = 3.6Hz，3H，CH_3 – H）

^{13}CNMR（D_2O）：δ175.16（COONa），168.20（C = O），166.46（C = O），142.32（C = C），141.41（C = C），133.41，132.73，131.69，130.31，129.98，126.87（6C，Ph），71.99（C6），66.40（CHOH），63.89（C_5），61.38（CH_{2O}），21.84（$CH_{3C}HO$），21.69（$PhCH_3$）

第五章

FAB－MS：m/z386（M＋H^+），408（M＋Na^+）

（5*R*，6*S*）－2－（对氰基苯甲酸）甲酯－6－［（1*R*）－1－羟乙基］－青霉烯－3－羧酸单钠盐**75**

以**59**为原料，操作同**47**。得浅黄色固体，收率48%。m. p. 130～131℃。

^{1}H NMR（D_2O）：δ7.83（d，J＝8.4Hz，2H，Ph），7.52（d，J＝8.7Hz，2H，Ph），5.70（d，J＝14.7Hz，1H，CHOCO），5.55（d，J＝1.2H，1H，H5），5.35（d，J＝14.7Hz，1H，CHOCO），4.03（m，1H，CHOSi），3.67（dd，J＝1.2，6.9Hz，1H，H6），1.21（d，J＝6.3Hz，3H，CH_3－H）

FAB－MS：m/z397（M＋H^+）

（5*R*，6*S*）－2－（对硝基苯甲酸）甲酯－6－［（1*R*）－1－羟乙基］－青霉烯－3－羧酸单钠盐**76**

以**60**为原料，操作同**47**。得淡黄色固体，收率74%。

^{1}H NMR（D_2O）：δ8.08（m，2H，Ph），7.80（d，J＝8Hz，2H，Ph），5.72（d，J＝14.5Hz，1H，CHOCO），5.56（s，1H，H5），5.38（d，J＝14.5Hz，1H，CHOCO），4.03（m，1H，CHOSi），3.70（d，J＝6.5Hz，1H，H6），1.21（d，J＝6.5Hz，3H，CH_3－H）

FAB－MS：m/z417（M＋H^+），439（M＋Na^+）

（5*R*，6*S*）－2－（邻硝基苯甲酸）甲酯－6－［（1*R*）－1－羟乙基］－青霉烯－3－羧酸单钠盐**77**

以**61**为原料，操作同**47**。得白色固体，收率65%。

^{1}H NMR（D_2O）：δ8.00－7.66（m，4H，Ph），5.80（d，1H，H5），5.65和5.42（m，2H，CH_2OCO），4.12（m，1H，CHOSi），3.80（d，J＝3.9Hz，1H，H6），1.30（d，J＝3.9Hz，3H，CH_3－CH）

FAB－MS：m/z417（M＋H^+）

（5*R*，6*S*）－2－（苯甲酸）甲酯－6－［（1*R*）－1－羟乙基］－青霉烯－3－羧酸单钠盐**78**

以**62**邻氯为原料，操作同**47**。得白色固体，收率55%。

^{1}H NMR（D_2O）：δ7.83（d，J＝8.4Hz，2H，Ph），7.52（d，J＝8.7Hz，2H，Ph），5.70（d，J＝14.7Hz，1H，CHOCO），5.55（d，J＝1.2H，1H，H5），5.35（d，J＝14.7Hz，1H，CHOCO），4.03（m，1H，CHOSi），3.67（dd，J＝1.2，6.9Hz，1H，H6），1.21（d，J＝6.3Hz，3H，CH_3－H）

FAB－MS：m/z 406（M＋H^+）

青霉烯类抗生素研究情况

青霉烯类抗生素（结构式1）首次由哈佛大学著名化学家Woodward基于青霉素与头孢菌素融合的概念，向青霉素骨架中引入双键，以增大β－内酰胺反应性，从而

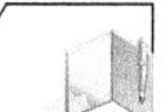

提高抗菌活性的设想而设计合成的。

已经有研究的青霉烯类抗生素主要有（基于本案例的申请日前）：

1. 法罗培南（Faropenem，结构式2）

为青霉烯类化合物钠盐，系日本 Suntory 公司生物医药研究所合成，并与山之内制药公司共同开发的新口服青霉烯类抗生素。在美国许可证已转让给 Wyeth - Ayerst 公司。从结构上看，法罗培南属β-内酰胺类，特点是青霉烯环上的2位被四氢呋喃基取代，为非酯原型吸收型药物。

既可口服又可肌注。对除绿脓杆菌外的需氧及厌氧革兰氏阳性菌、阴性菌均显示出广谱抗菌活性。尤其对金葡菌、耐青霉素的肺炎球菌、粪链球菌等革兰氏阳性菌与脆弱类杆菌等厌氧菌的抗菌作用明显优于头孢西丁（Cefotiam，CTM）、头孢特仑（Cefteram，CFTM）、头孢克肟（Cefixime，CFIX）与头孢克罗（Cefaclor，CCL）等现有口服头孢菌素。对葡萄球菌属、链球菌属、流感杆菌、淋球菌等革兰氏阳性及阴性菌的抗菌活性等同于或优于 CFTM、CFIX、CCL 及阿莫西林（Amoxicillin，AMPC）等。

2. 利替培南酯（FCE 22891，Farmitalia Carlo Erba，结构式3）

为乙酰氧基甲酯（Acetoxymethyl ester），系前药吸收型口服药物，在体内被酯酶水解成活性体 FCE - 22101 而发挥抗菌作用。抗菌谱广，特别对革兰氏阳性菌与厌氧菌有很强的抗菌作用，对金葡菌、表葡菌肺炎球菌、粪链球菌和脆弱类杆菌的抗菌活性优于头孢替安酯，头孢帕肟酯（Cefuroxime axetil）与头孢克罗，对消化链球菌属细菌亦有良好的抗菌作用。对青霉素酶（Cpase）、头孢菌素酶（Csase）、羟亚胺头孢菌素酶Ⅰ（Cxase Ⅰ）等β-内酰胺酶稳定，对能分解头孢呋辛与亚胺培南的广谱β-内酰胺酶也很稳定，但可被羟亚胺头孢菌素酶Ⅱ（Cxase Ⅱ）分解，因此除了对产生 Cxase Ⅱ的如绿脓杆菌之外的β-内酰胺酶产生菌都有良好的抗菌作用。

3. 硫培南（CP - 70429，Pfizer，结构式4）

为注射用青霉烯，与 BPB - 2 结合力强，对 DHP - 1 稳定。抗菌谱广，抗金葡菌、表葡菌、肠球菌、化脓性链球菌与肠内细菌科细菌的活性优于亚胺培南，对流感杆菌等革兰氏阴性菌作用强，对临床分离的厌氧菌包括艰难梭菌的 MIC_{50} 均在 3.13（g/ml 以下。抗嗜麦芽黄单胞菌与绿脓杆菌活性微弱。对β-内酰胺酶稳定，但可被脆弱类杆菌产生的金属β-内酰胺酶水解。

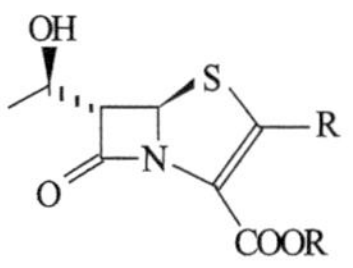

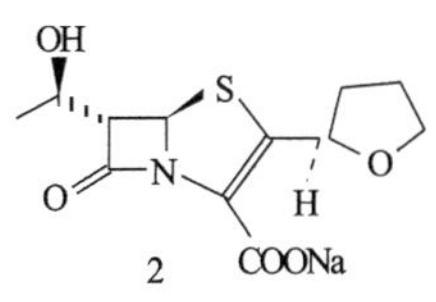

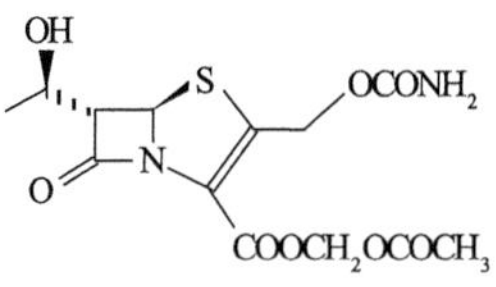

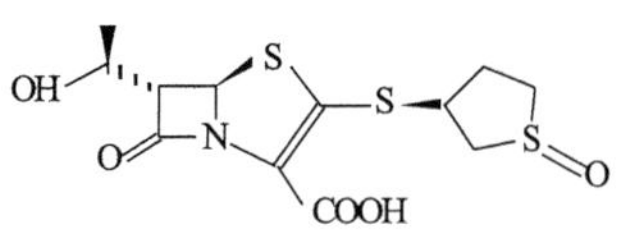

4. TMA－230（Takeda，结构8）

为口服用青霉烯。是一种酯型前药，对DHP－1稳定，对革兰氏阳性菌、阴性菌（绿脓杆菌除外）都有较强作用，初步临床实验的总有效率为85.5%，细菌清除率为82.2%，其中革兰氏阳性菌为94.3%，阴性菌为74.6%，绿脓杆菌为42%，对流感杆菌感染的有效率仅为40%，不如法罗培南（67.8%）与利替培南（80.6%）。不良反应出现率为13.3%，消化系统症状占9.9%，临床检验值异常的有8%，主要为嗜酸粒细胞增多，GPT、GOT上升。

5. Ro25－447（Roche，结构式9）

为青霉烯与氟罗沙星以酯键相连的双重作用抗生素。具有良好的广谱活性，唯一的弱点在于抗绿脓杆菌活力低下，这正是分子中青霉烯抗菌谱的反应。此化合物对厌氧菌具有很高的活性，对于所有受试厌氧菌株的活性都优于或相当于亚胺培南。对耐甲氧西林金黄色葡萄球菌和大肠杆菌的MIC_{50}分别为1.0μg/ml和0.125μg/ml。双重作用青霉烯具有较好的化学稳定性，深入研究提示它们可能具有双重作用机制。

6. Men－10700（Menarini Spa，结构式10）

为现在研究最多的青霉烯类抗生素。它所具有的广谱抗菌活性有可能成为治疗由厌氧菌引起的感染的有效抗生素。其化学结构为C2位为氨基酸衍生物侧链，因此药代吸收性能好。对除耐甲氧西林金黄色葡萄球菌（MRSA）和表皮葡萄球菌以外的革兰氏阳性菌、阴性菌均显示出高的抗菌活性。

Men－10700抗菌活性明显高于头孢噻肟，对抗第三代头孢菌素的革兰氏阴性菌具有很好的抗菌效果，已被选用抗突变菌株。目前正在发展口服前药类型，使由肌注改变为口服治疗成为可能。

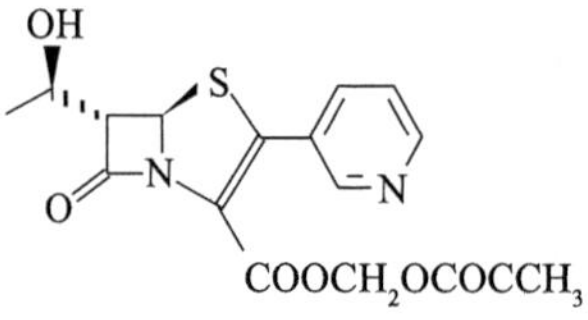

8

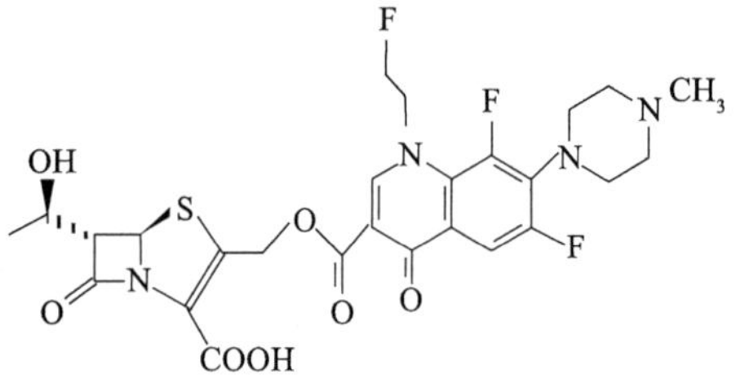

9

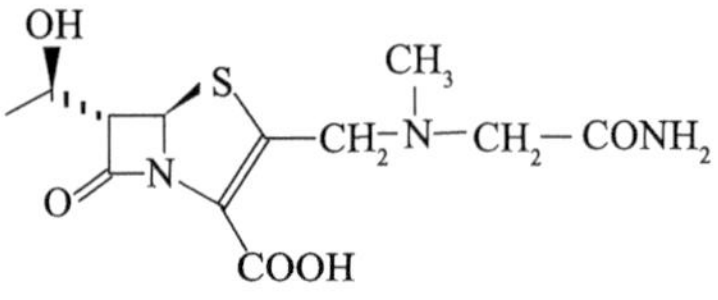

10

构效关系研究现状

青霉烯类衍生物主要集中于C－2位的取代，取代主要有S－取代，C－取代和O－取代。

1. 碳或氧取代及氮取代的烷硫基（C－2 位的 S－取代）

比较不同类型 C－2 位取代青霉烯发现，连接原子的类型决定了其潜在的抗革兰氏阴性菌的活性。对于简单烷基取代的衍生物，2－硫基青霉烯活性高于碳和氧的类似物。因此已经制备出了一系列碳或氧取代及氮取代的烷硫基化合物。在简单 2－烷硫基化合物中，乙硫基衍生物（11）活性最强，增加取代基的亲酯性，则降低对革兰氏阴性菌的活性；在乙硫基的 2－位引入小的极性基团，则保持高效广谱的抗菌活性，延长侧链（12，13）同样降低对革兰氏阴性菌的活性；引入游离羧基（14）则大大降低革兰氏阳性菌的活性。还有烷硫基被简单氨基（碱和酰胺形式）及以 N 或 C 相连的含氮杂环取代的两种类型青霉烯，其中 2－（2－氨基乙硫基）化合物（15）是硫霉素的硫电子等排体，但该化合物及其侧连延长类似物抗革兰氏阴性菌活性低；N－乙酰化（16）或磺酰化（17）活性与乙硫基青霉烯相似。N 相连的五元杂环，最适链长为 2 个碳原子，如咪唑及三氮唑衍生物（18，19，20）均有较好的抗菌活性。

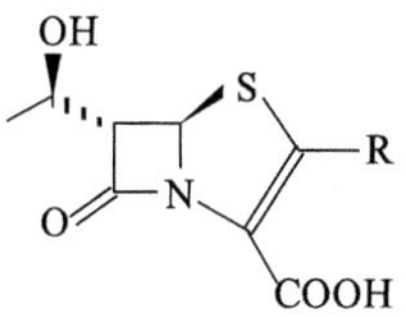

11 $R=SCH_2CH_3$
12 $R=SCH_2CH_2CH_2OCONH_2$
13 $R=SCH_2CH_2OCONHC_2H_5$
14 $R=SCH_2COOH$
15 $R=SCH_2CH_2NH_2$
16 $R=SCH_2CH_2NHCOCH_2CN$
17 $R=SCH_2CH_2NHSO_2CH_3$
18 $R=SCH_2CH_2$ 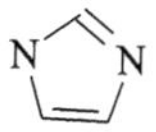
19 $R=SCH_2CH_2$ 
20 $R=SCH_2CH_2$

相关的研究还发现与硫相连环的大小及绝对构型影响对革兰氏阴性菌的活性，五元环优于六元环。将咪唑季铵化可提高抗假单孢菌的活性，如甲基季铵化物均优于相应的非季铵化物，增加季铵化基团的亲酯性，如引入苄基，不能提高抗假单胞菌的活性；而引入亲水基如氨基甲酰胺基，N－甲基氨基甲酰胺甲基，抗假单胞菌活性是甲基衍生物的 2 倍；季铵化物的 DHP－1 稳定性大大优于亚胺硫霉素。

2. C－2 位碳取代的青霉烯

由于 C－2 位有杂原子取代甲基比杂原子直接与双环相连更有利。因此近年来人们致力于 2－CH_2Y 衍生物的制备与活性研究。杂原子的存在被认为能提高生物活性。杂原子研究较多的为 S、N 和 O。目前，烷硫甲基衍生物（25）中，二硫酯（26）显示出强有力的体外抗菌活性，抗革兰氏阳性菌包括异源耐甲氧西林葡萄球菌株（MRSA）。抗革兰氏阴性菌活性低，对绿脓杆菌无效。造成这种情况的原因为穿越革兰氏阴性菌外层膜有困难。进行修饰合成了一系列带有儿茶酚片段的化合物（27）。但不如预料那样能提高抗绿脓杆菌活性。在其他 β－内酰胺类物质中，氨基酸部分的加入被用于提高抗菌谱和药理活性，例如口服吸收。因此合成了以氨基酸衍生物为侧连的亚甲基青霉烯，通过氨基酸氮原子与亚甲基相连。认为在青霉烯骨架的 C－2 碳原子位置，氨基酸部分作为小的极化基团能增强穿透革兰氏阳性菌外层膜的能力。另外天然和非天然氨基酸提供了大量的具有可调谐的生物和化学特性的侧链。基于此考虑，1995 年，意大利科学家合成了一系列氨基取代的氨基酸青霉烯衍生物（28），抗菌活性测试发现，此类以 N 连接的氨基酸类青霉烯化合物具有与利替培南相同的高的抗革兰氏阳性菌活性。有时活性可与亚胺培南相同。抗革兰氏阴性菌活性与其结构有一定关系。以抗大肠杆菌为例，空间结构小，极化的氨基酸侧链所对应的青霉烯（29）的 MIC 值在利替培南酯和亚胺培南之间。同时，活性与 *R*，*S* 构型无关。侧链同系物，例如 N－乙基衍生物（30）和 β－氨基酸（31）不能够提高活性，当存在一个障碍的苯基（32）时，活性明显降低。当酰氨被取代后，其活性也明显降低。所有的 MIC 值表明，此化合物能抗所有的革兰氏阳性菌（*Streptomyces aureus*）和革兰氏阴性菌株（*Bacillus coli*），但均不能抗绿脓杆菌（*Pseudomonas aeruginosa*）。

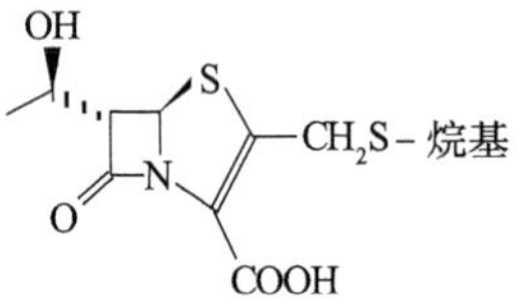

24

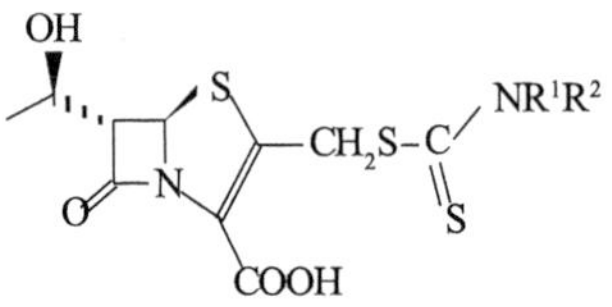

25

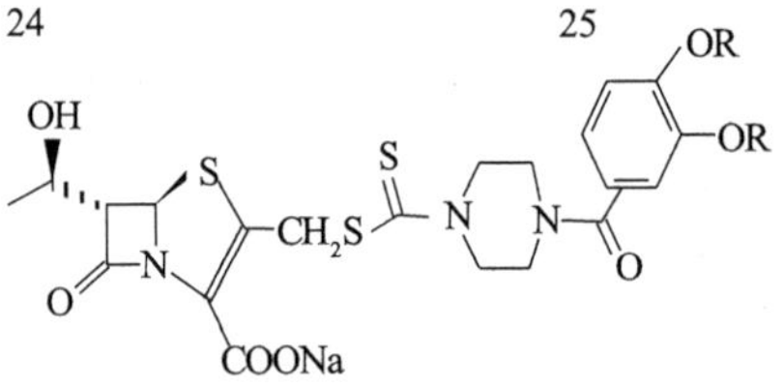

26

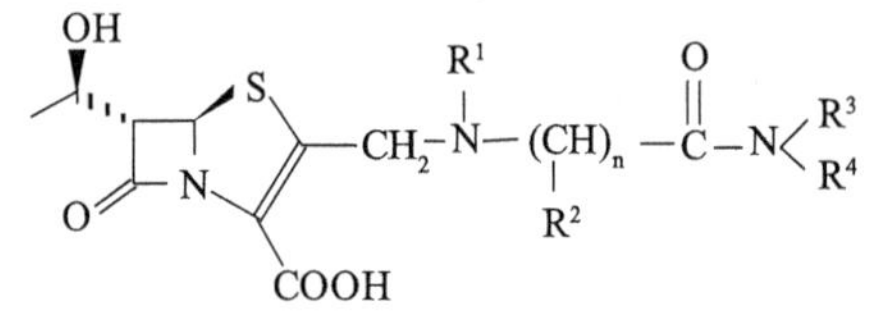

28

29 R^1=CH_3 R^2=CH_3 n=1　　30 R^1=C_2H_5 R^2=H n=2　　31 R^1= CH_3 R^2= H n= 1　　32 R^1= CH_3 R^2= CH_2Ph n=1

第五章

附件2：发明人对首次交底材料的补充

1. 化合物的定义

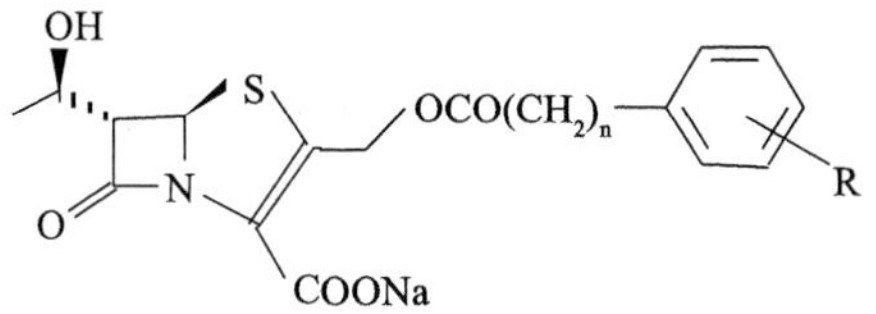

在该化合物中，右边的苯羧酸还可以是苯甲酸，即 n 可以取 0、1 和 2，侧链过长，抗菌效果下降。

取代基 R 可以在苯环上有多个位置，且数量可以有一个以上，但以间位较好，其为甲基或甲氧基的方案可以扩展到通常意义上的低级烷基或低级烷氧基，较好是 1～3 个碳的取代基。

根据药学基础常识，双环母核的 3 位上的羧酸钠，也可以是其他碱金属的羧酸盐，或者是羧酸低级烷基酯。

2. 关于该化合物的制备

原交底材料中的初始原料可以用以下通式表示：

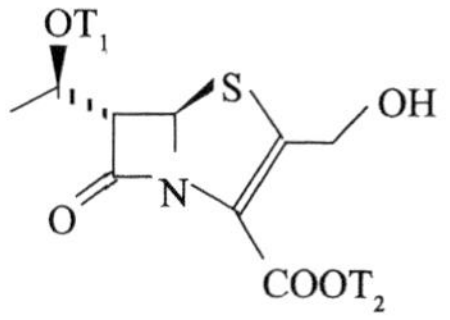

式中的 T_1 和 T_2 代表保护基，可以是化合物合成中常用的保护基，但常用的是 T_1 为特丁基甲基硅保护基，T_2 为烯丙基保护基。这类化合物可以商购，也可以按照公开的方法自行合成，例如 *Journal of Medicanal Chemistry*，1992，*Vol.* 35，*No.* 10 1836 - 37。

酯化反应产物优选是按照 T_1 和 T_2 的顺序脱除保护基。

3. 关于药物组合物

可以为口服剂或注射剂形式，除了所述化合物作为有效成分，还可以含有药学领域常规的药物载体，包括赋形剂、稀释剂、稳定剂和矫味剂等，按照药剂学常规方法混合，制成片剂、胶囊、颗粒剂、散剂或糖浆剂的形式口服给药或以注射剂的形式非口服给药。

上述制剂可通过常规制药方法制备。可用的添加剂包括赋形剂（例如糖类衍生物如乳糖、蔗糖、葡萄糖、甘露糖醇和山梨糖醇；淀粉衍生物如玉米淀粉、土豆淀粉、糊精和羧甲基淀粉；纤维素衍生物如结晶纤维素、羟丙基纤维素、羧甲基纤维素、羧甲基纤维素钙、羧甲基纤维素钠；阿拉伯胶；右旋糖酐；硅酸盐衍生物如偏硅酸镁铝；磷酸盐衍生物如磷酸钙；碳酸盐衍生物如碳酸钙；硫酸盐衍生物如硫酸钙等）、粘合剂（例如明胶、聚乙烯吡咯烷酮和聚乙二醇）、崩解剂（例如纤维素衍生物如羧甲基纤维素钠、聚乙烯吡咯烷酮）、润滑剂（例如滑石、硬脂酸镁、鲸蜡或硼酸等）、稳定剂（对羟基苯甲酸甲酯、对羟基苯甲酸丙酯等）、矫味剂（例如常用的甜味剂、酸味剂和香料等）、稀释剂和注射液用溶剂（例如水、乙醇和甘油等）；

化合物的给药量随患者年龄、性别、病情等差异而不同。一般成人的给药量可约为0.01～5000 mg/日，优选1～1000 mg/日，更优选5～500mg/日。

附件3：供参考的专利申请文件

说 明 书 摘 要

本发明涉及一种具有抗菌作用的碳青霉烯类化合物（包括其盐及其酯的形式）和该化合物的制备方法。此外，本发明还涉及该类化合物在制备抗菌剂中的应用，以及含有该类化合物作为有效成分的抗菌药物。本发明的抗菌化合物无耐药性、效果更优秀、抗菌活性更高。

权 利 要 求 书

1. 2－苯羧酸甲酯青霉烯类化合物，其特征在于，该化合物结构如通式（Ⅰ）所示：

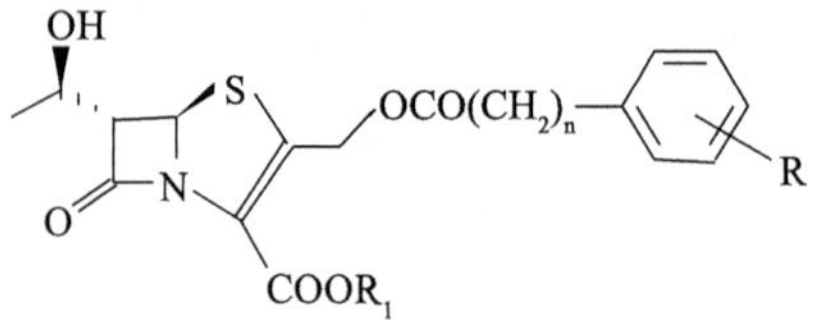

（Ⅰ）

其中，n 为 0、1 或 2，R 代表连接在苯环上的一个或一个以上取代基，选自 H、卤原子、任选卤代的低级烷氧基、NO_2、CN 或任选卤代的低级烷基，R_1 为 H、碱金属或低级烷基。

2. 权利要求 1 所述的 2－苯羧酸甲酯青霉烯类化合物，其中，R 为任选卤代的低级烷氧基或任选卤代的低级烷基时，其碳原子个数为 1～3。

3. 权利要求 1 所述的 2－苯羧酸甲酯青霉烯类化合物，其中，R 代表连接在苯环上的间位取代基。

4. 权利要求 1 所述的 2－苯羧酸甲酯青霉烯类化合物，其中，R 为间位取代的硝基、CN 或卤原子，或 R 为 H。

5. 权利要求 1～4 任一项所述的 2－苯羧酸甲酯青霉烯类化合物，其中 n 为 0。

6. 权利要求 1 所述的的 2－苯羧酸甲酯青霉烯类化合物，该化合物选自：

2－（对氯苯甲酸）甲酯－6－［(1*R*)－1－羟乙基］－青霉烯－3－羧酸单钠盐；

2－（邻甲氧基苯甲酸）甲酯－6－［(1*R*)－1－羟乙基］－青霉烯－3－羧酸单钠盐；

2－（间氟苯甲酸）甲酯－6－［(1*R*)－1－羟乙基］－青霉烯－3－羧酸单钠盐；

2－（间硝基苯甲酸）甲酯－6－［(1*R*)－1－羟乙基］－青霉烯－3－羧酸单钠盐；

2－（苯丙酸）甲酯－6－［(1*R*)－1－羟乙基］－青霉烯－3－羧酸单钠盐；

2－（苯乙酸）甲酯－6－［(1*R*)－1－羟乙基］－青霉烯－3－羧酸单钠盐；

2－（对甲氧基苯甲酸）甲酯－6－［(1*R*)－1－羟乙基］－青霉烯－3－羧酸单钠盐；

2－（对氟苯甲酸）甲酯－6－［(1*R*)－1－羟乙基］－青霉烯－3－羧酸单钠盐；

2－（五氟苯甲酸）甲酯－6－［(1*R*)－1－羟乙基］－青霉烯－3－羧酸单钠盐；

2－（对溴苯甲酸）甲酯－6－［(1*R*）－1－羟乙基］－青霉烯－3－羧酸单钠盐；

2－（邻氟苯甲酸）甲酯－6－［(1*R*）－1－羟乙基］－青霉烯－3－羧酸单钠盐；

2－（邻甲基苯甲酸）甲酯－6－［(1*R*）－1－羟乙基］－青霉烯－3－羧酸单钠盐；

2－（对氰基苯甲酸）甲酯－6－［(1*R*）－1－羟乙基］－青霉烯－3－羧酸单钠盐；

2－（对硝基苯甲酸）甲酯－6－［(1*R*）－1－羟乙基］－青霉烯－3－羧酸单钠盐；

2－（邻硝基苯甲酸）甲酯－6－［(1*R*）－1－羟乙基］－青霉烯－3－羧酸单钠盐；或

2－（苯甲酸）甲酯－6－［(1*R*）－1－羟乙基］－青霉烯－3－羧酸单钠盐。

7. 权利要求1～6任一项所述的式（Ⅰ）化合物的制备方法，其包括使具有通式（Ⅱ）的化合物与式Ⅲ的苯羧酸化合物发生酯化反应，以及进行脱除保护基，

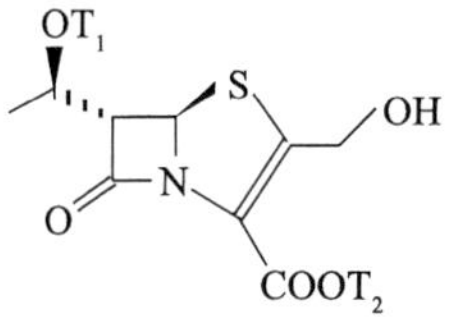

OT_1 … S … OH … N … O … $COOT_2$

（Ⅱ）

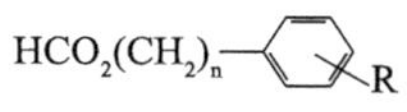

$HCO_2(CH_2)_n$ … R

（Ⅲ）

其中，T_1 和 T_2 均为保护基，n 为 0、1 或 2，R 代表连接在苯环上的一个或一个以上取代基，选自 H、卤原子、任选卤代的低级烷氧基、NO_2、CN 或任选卤代的低级烷基。

8. 权利要求 7 所述的制备方法，其中，T_1 为特丁基甲基硅基，T_2 为烯丙基。

9. 权利要求 7 或 8 所述的制备方法，其中，使酯化产物顺序脱除保护基 T_1 和 T_2。

10. 权利要求 1～6 任一项所述的 2－苯羧酸甲酯青霉烯类化合物在制备抗生素类药物中的应用。

11. 权利要求 10 所述的应用，其中所述 2－苯羧酸甲酯青霉烯类化合物用于制备可抗 MRSA 的抗生素药物。

12. 一种抗菌药物组合物，其中含有权利要求 1～6 的任一化合物或其可药用盐或酯作为有效成分。

13. 根据权利要求 12 所述的抗菌药物组合物，其中药物组合物为口服制剂或注射制剂。

说 明 书

2－苯羧酸甲酯青霉烯类化合物及其制备方法和应用

技术领域

本发明涉及一种具有抗菌作用的碳青霉烯类化合物（包括其盐及其酯的形式）和该化合物的制备方法。此外，本发明还涉及该类化合物在制备抗菌剂中的应用，以及含有该类化合物作为有效成分的抗菌药物。

背景技术

近年来，各类抗生素的不断被开发和问世，同时大量针对抗菌剂的耐药菌也迅速发展，例如，耐甲氧西林金黄色葡萄球菌（MRSA）、对甲氧西林敏感的金黄色葡萄球菌（MSSA）等的出现，这些细菌接触抗菌药物后，通过质粒或染色体介导发生变异，获得耐药性，给临床治疗造成了新的困扰。从1961年发现MRSA以来，MRSA已成为全世界范围内最常见的院内感染病原菌，目前已有报道的抗菌药物尚难有效控制此等耐药菌感染，尤其是MRSA感染，由于该菌株不仅对各类β－内酰胺类抗生素具有内在的耐药性，而且可以通过获得其他耐药基因而呈现出对其他类抗生素的多重耐药性，给临床治疗带来了严重问题。目前，万古霉素（Vancomycin）成为临床上治疗MRSA感染的一线用药，但因具有副作用，限制了其在临床上的应用。而且，随着万古霉素临床的广泛应用，对其耐药的MRSA和肠球菌随之出现且愈发顽固，对抗MRSA已成为临床上更为棘手的问题。因而，迫切需要探寻新的强抗MRSA活性的抗生素，也促使业界工作者努力研制新型抗耐药性细菌药物，设计并筛选具有新化学结构、新作用机制或新作用靶位的新抗菌药。

在寻求能解决上述问题的有效药物中，广谱、高效、低毒的新型β－内酰胺抗生素是焦点所在，其中的碳青霉烯及青霉烯药物的研发格外引人瞩目。青霉烯类抗生素与碳青霉烯抗生素不同之处在于5元环上由硫代替了碳，与碳青霉烯相比，青霉烯化合物具有更广泛的抗菌活性，对厌氧革兰氏阳性菌及多数革兰氏阴性菌的抗菌活性均等同于或优于头孢菌素及青霉素类抗生素。青霉烯类其固体化合物和酯型前药可口服吸收，不易被β－内酰胺酶水解，同时对脱氢肽水解酶－I（DHP－I）较碳青霉烯稳定，其抗绿脓杆菌活性低于碳青霉烯。青霉烯类抗生素（式（1））首次由哈佛大学著名化学家Woodward基于青霉素与头孢菌素融合的概念，向青霉素骨架中引入双键，以增大β－内酰胺反应性，从而提高抗菌活性的设想而设计合成的。

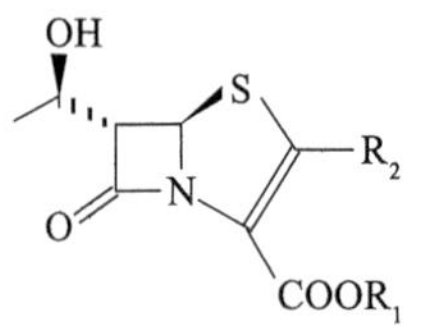

OH S R_2 N O $COOR_1$ (1)

已开发上市的法罗培南（Faropenem，结构如下式）为青霉烯类化合物钠盐，系日本Suntory公司生物医药研究所合成，并与山之内制药公司共同开发的新口服青霉烯类抗生素，也是具有很强抗菌活性的广谱青霉烯类抗生素药物，特别对金葡菌、耐青霉素的肺炎球菌、粪链球菌等革兰氏阳性菌与脆弱类杆菌等厌氧菌的抗菌活性明显高于现有头孢菌素，抗革兰氏阴性菌活性与口服头孢菌素相似，对除绿脓杆菌外的需氧及厌氧革兰氏阳性菌、阴性菌均显示出广谱抗菌活性。从结构上看，法罗培南属β－内酰胺类，环上有四氢呋喃基取代，为非酯原型吸收型药物，对各种β－内酰胺酶稳定，耐药菌株少。法罗培南对金葡菌的青霉素结合蛋白（PBP－1、2、3）、大肠杆菌PBP－2显示出强亲和力，表明其抗菌作用强，与现有临床使用的碳青霉烯类抗生素泰能（Tinenam）相比，其显著特点是对DHP－I稳定，因此可单独给药，并且安全性高，对厌氧菌及革兰阳性菌的清除率尤其高。因此，法罗培南的强效广谱抗菌作用已经被公认，但其对MRSA缺乏有效的抑菌活性。

OH S O N O H COONa

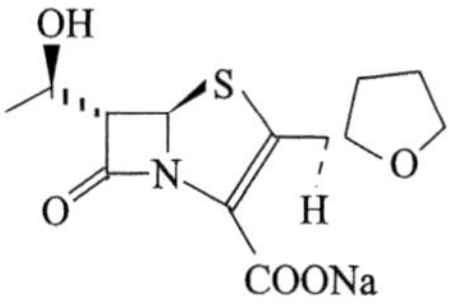

Faropenem

Men－10700（Menarini Spa），化学名为（5*R*，6*S*［（*R*）－1－羟乙基］－2－（N－甲基甘氨酰胺－N－甲基）青霉烯－3－羧酸，也是现在研究最多的青霉烯类抗生素，其广谱抗菌活性使之有可能成为治疗厌氧菌引起感染的有效抗生素。其C2位为氨基酸衍生物侧链，对MRSA和表皮葡萄球菌以外的革兰氏阳、阴性菌均显示出高抗菌活性。该化合物对MSSA和表皮葡萄球菌的活性最为显著，抗菌活性优于第三代头孢菌素；对于革兰氏阴性菌株$MIC_{90} \leq 2$ mg/L，但对MRSA疗效甚微。因Men－10700在对抗第三代头孢菌素的革兰氏阴性菌方面有很好的抗菌效果，业内正在发展其口服前药类型。

目前广谱抗菌的青霉烯类药物中，如法罗培南等，均表现出对除抗MRSA以外的广谱抗菌作用，即对MRSA缺乏有效的抑菌活性。因此，寻求新的抗MRSA疗效高、副作用小的抗生素成为亟待解决的问题，人们希望能够开发出一种无耐药性、效果更优秀、抗菌活性更高的抗生素。

发明内容

本发明人经过对青霉烯类构效关系的研究和筛选，合成出具有抗菌作用的2－苯羧酸甲酯青霉烯类化合物，大量实验证明该化合物尤其对MRSA有显著的抑菌活性，解决了上述问题。

本发明提供了2－苯羧酸甲酯青霉烯类化合物，包括其盐和酯的形式。

本发明还提供了2－苯羧酸甲酯青霉烯类化合物的制备方法。

本发明还提供了2-苯羧酸甲酯青霉烯化合物的抗菌用途，具体的说，是该类化合物在制备抗生素类药物，尤其是在抗MRSA的药物中的抗菌用途；

本发明还提供了一种含有有效量的式Ⅰ化合物的抗生素类药物组合物，尤其是抗MRSA的药物组合物。

本发明提供的2-苯羧酸甲酯青霉烯类化合物，在青霉烯双环母核的C2位置上连接有苯羧酸甲酯官能团，该化合物结构由通式（Ⅰ）表示：

OH S $OCO(CH_2)_n$ R N O $COOR^1$

（Ⅰ）

式中，n为0、1或2，R代表连接在苯环上的一个或一个以上取代基，选自H、卤原子、低级烷氧基、NO_2、CN或低级烷基，R^1为H、碱金属或低级烷基。

本发明提供的如上述式（Ⅰ）结构的2-苯羧酸甲酯青霉烯类化合物具有广谱抗菌作用，尤其对MRSA的抗菌活性优于目前市售的青霉烯类抗菌素药物。

根据本发明的目的，通过对2-苯羧酸甲酯青霉烯类化合物的构效关系和抗菌作用的研究，筛选出抗菌作用最强的具有通式（Ⅰ）结构的青霉烯类化合物，所述苯环上的取代基R为低级烷氧基和低级烷基，一般是指具有1~6个碳的烷氧基和烷基，包括正构基团和及其同分异构体。进一步考虑该化合物在抗菌方面的功效，该通式化合物结构中，更优选苯羧酸侧链的n为0、1或2，R为H、F、Cl、Br、1~3个碳的烷氧基（例如甲氧基、乙氧基、丙氧基、异丙氧基）、NO_2、CN或1~3个碳的烷基（例如甲基、乙基、丙基或异丙基）；优选R为连接在苯环上的间位取代基；

本发明化合物中，对于取代或未取代的苯羧酸，优选n=0的结构，即2-苯甲酸甲酯青霉烯类化合物。

本发明化合物中，优选R为H、苯环上间位取代的硝基、CN或卤原子。

本发明提供的上述化合物在其广谱抗菌的同时，尤其对MRSA有显著的抑菌活性，对肠球菌、敏感金葡菌也有良好的药用效果。

本发明的部分具体化合物如表1所示。

表1

化合物序号	苯羧酸基团	化合物序号	苯羧酸基团
63	O ‖ -C-(苯环)-Cl	65	O ‖ -C-(苯环) F
64	O ‖ -C-(苯环) OCH_3	66	O ‖ -C-(苯环) NO_2

续表

化合物序号	苯羧酸基团	化合物序号	苯羧酸基团
67	$-\overset{\overset{O}{\|}}{C}CH_2CH_2-$	73	$-\overset{\overset{O}{\|}}{C}-$ F
68	$-\overset{\overset{O}{\|}}{C}CH_2-$	74	$-\overset{\overset{O}{\|}}{C}-$ H_3C
69	$-\overset{\overset{O}{\|}}{C}-$ $-OCH_3$	75	$-\overset{\overset{O}{\|}}{C}-$ $-CN$
70	$-\overset{\overset{O}{\|}}{C}-$ $-F$	76	$-\overset{\overset{O}{\|}}{C}-$ $-NO_2$
71	$-\overset{\overset{O}{\|}}{C}-$ F F F F F	77	$-\overset{\overset{O}{\|}}{C}-$ O_2N
72	$-\overset{\overset{O}{\|}}{C}-$ $-Br$	78	$-\overset{\overset{O}{\|}}{C}-$ Cl

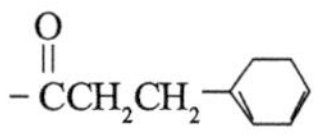

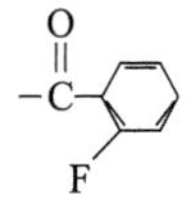

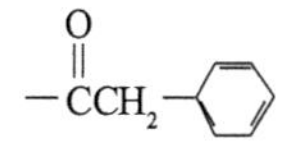

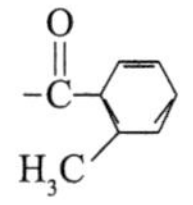

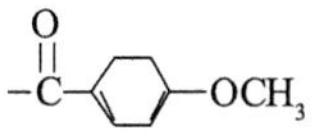

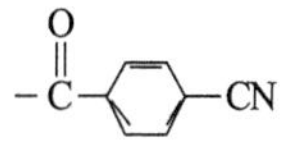

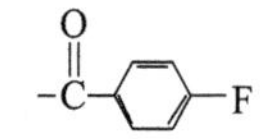

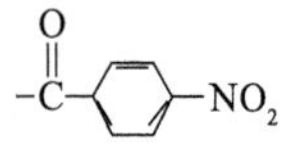

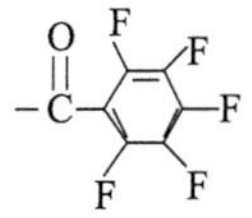

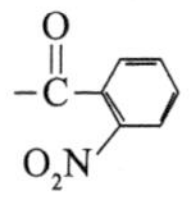

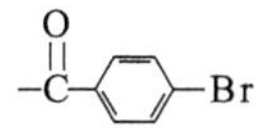

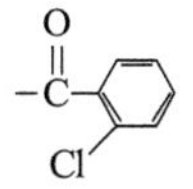

本发明提供的2－苯羧酸甲酯青霉烯类化合物包括了这些化合物可能存在的立体异构体和光学异构体。

本发明还提供了含有2－苯羧酸甲酯青霉烯类化合物作为有效成分的抗菌药物组合物，其含有药学有效量的式（Ⅰ）结构的化合物及可药用的辅料，包括赋形剂、稀释剂稳定剂和矫味剂等，按照药剂学常规方法混合，制成片剂、胶囊、颗粒剂、散剂或糖浆剂的形式口服给药或以注射剂的形式非口服给药。

上述制剂可通过常规制药方法制备。可用的添加剂包括赋形剂（例如糖类衍生物如乳糖、蔗糖、葡萄糖、甘露糖醇和山梨糖醇；淀粉衍生物如玉米淀粉、土豆淀粉、糊精和羧甲基淀粉；纤维素衍生物如结晶纤维素、羟丙基纤维素、羧甲基纤维素、羧甲基纤维素钙、羧甲基纤维素钠；阿拉伯胶；右旋糖酐；硅酸盐衍生物如偏硅酸镁铝；磷酸盐衍生物如磷酸钙；碳酸盐衍生物如碳酸钙；硫酸盐衍生物如硫酸钙等）、粘合剂（例如明胶、聚乙烯吡咯烷酮和聚乙二醇）、崩解剂（例如纤维素衍生物如羧甲基纤维素钠、聚乙烯吡咯烷酮）、润滑剂（例如滑石、硬脂酸镁、鲸蜡或硼酸等）、稳定剂（对羟基苯甲酸甲酯、对羟基苯甲酸丙酯等）、矫味剂（例如常用的甜味剂、酸味剂和香料等）、稀释剂和注射液用溶剂（例如水、乙醇和甘油等）。

化合物（Ⅰ）的给药量随患者年龄、性别、病情等差异而不同。一般成人的给药量可约为 0.01 ~5000mg/日，优选 1 ~1000mg/日，更优选 5 ~500mg/日。

本发明提供的化合物作为青霉烯化合物中一种，可通过适当方法被合成出来，可以是包括使具有通式（Ⅱ）的化合物与选定的苯羧酸化合物发生酯化反应，以及脱除保护基的过程，式中 T_1 和 T_2 分别为羟基保护基和羧基保护基。

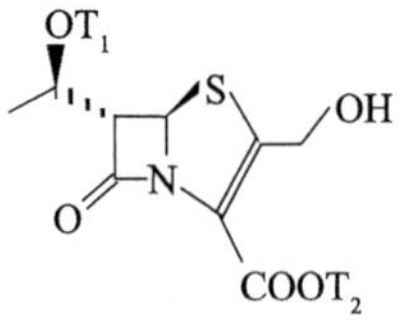

（Ⅱ）

根据本发明的合成方法，通过使 C_2 位具有羟甲基并且在母核上的羟基和羧基均带有保护基的青霉烯双环母核（通式（Ⅱ）），在 2 位羟甲基脱水实现酯化，然后脱去保护基。该通式化合物（Ⅱ）可以是市售产品，也可以是按照文献记载合成得到的中间产物，具体方法可以参见 *Journal of Medicanal Chemistry*，1992，*Vol.* 35，*No.* 10 1836 –37。

在通式化合物（Ⅱ）中，3 位羧基和 6 位羟甲基在酯化前被保护，确保苯羧酸与 2 位羟甲基脱水酯化，保护基 T_1 和 T_2 的选择在满足酯化反应的前提下没有特别限制，基于被保护基团的特性很容易确定，而脱保护基的方法对于本领域技术人员来说是很容易实现的。根据本发明具体合成方法，T_1 可为特丁基甲基硅类保护基，例如特丁基二甲基硅烷（TBS）或特丁基三甲基硅烷，T_2 通常为烯丙基保护基或对硝基苄基（PNB）保护基，且使酯化产物顺序脱除 T_1 和 T_2。

在本发明优选实施例中，具体合成过程可以为：上述反应物苯环上有取代基的苯甲酸、苯乙酸或苯丙酸溶于溶剂中（例如四氢呋喃），加入偶氮二乙酸二乙酯，然后加入式（Ⅱ）化合物和三苯膦膦的四氢呋喃溶液，反应完全后得到酯化产物（过程 a）；将该酯化产物溶于乙腈中，加入稀盐酸溶液，反应脱除羟基保护基（过程 b），得到中间产物，该过程可以采用乙腈做溶剂，加入稀盐酸溶液反应实现，也可以采用四氢呋喃作溶剂，在室温下加入乙酸、四丁基氟化铵，50℃左右反应 6 小时而完成；得到中间产物再次用有机溶剂溶解后，连续加入四（三苯膦）钯、三苯膦和 2 – 乙基己酸钠的乙酸基质溶液，溶剂可以是卤代烷，例如二氯甲烷、酯类溶剂，例如乙酸乙酯等，反应经检测无原料点后（脱除羧基保护基），加水提取，经对水层产物的进一步洗涤，可以先使用二氯甲烷、乙酸乙酯洗，然后用乙醚洗，再经干燥，纯化处理（过程 c），即得本发明的目的产物，按照该实施例方法制得的产品为一种钠盐。

第五章

在某些实施方案中，本发明的化合物可以按照以下过程实现（R、n 定义同前述）：

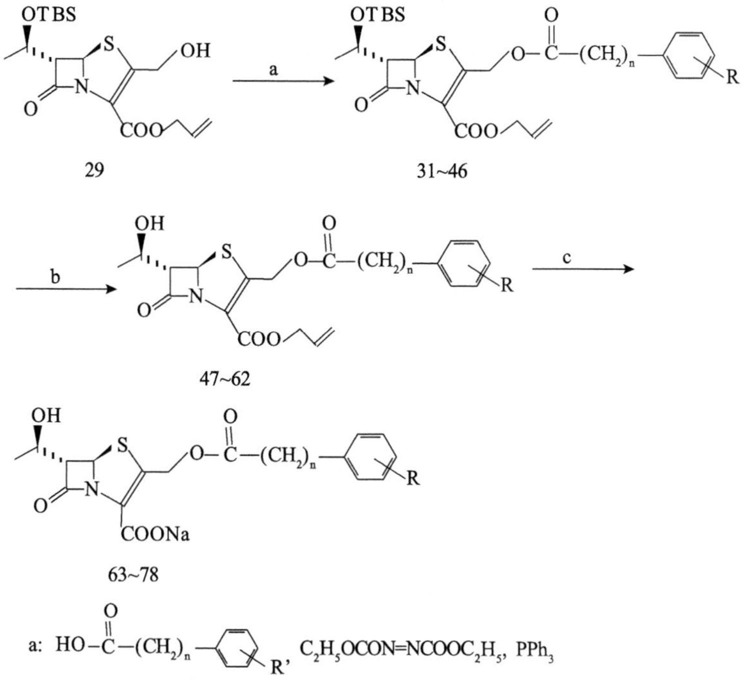

29 → (a) → 31~46 → (b) → 47~62 → (c) → 63~78

a: $HO-C(=O)-(CH_2)_n-C_6H_4-R'$, $C_2H_5OCON{=}NCOOC_2H_5$, PPh_3

b: 0.1 M HCl, CH_3CN c: PPh_3, $Pb(PPh_3)_4$, $CH_3CHC_2H_5(CH_2)_3COONa$

此外，本发明还提供了2-苯羧酸甲酯青霉烯类化合物在制备抗菌剂中的应用，以及含有2-苯羧酸甲酯青霉烯类化合物作为有效成分的抗菌药物组合物。

抑菌实验结果：

1. 样品

1）63~78 （合成样品）

2）法罗培南（Faropenem） （合成样品）

3）Sultacillin （浙江黄岩新华药物化工有限公司）

4）亚胺培南（Imipenem） （默沙东）

5）美罗培南（Meropenem） （浙江海正药业）

6）万古霉素（Vancomycin） （Sigma）

2. 制备抗菌素平皿

将药物样品编号，如表2，据所需药量及所需药量用少量甲醇助溶，用蒸馏水补足到所需量，充分稀释混匀后，取出前管半量加等量蒸溜水对倍稀释成15个浓度，每个药浓度取1ml药液，加19ml Mueller-Hinton Agar培基混匀后，倒入平皿待冷却即可。金葡球菌和粪链肠球菌实验用上述培基，其中内含5%羊血，其他菌实验用Mueller-Hinton Agar药敏培基。

3. 种菌方法

实验菌接种在普通营养肉汤中（10ml/管），将上述接种菌置37℃孵育18h，次日稀释成10^6作为实验用菌浓度，将菌加入微孔板中，用多点接种法在不同浓度的药物平皿上接种，待干，置37℃孵育18h后观察结果。

表2　青霉烯类化合物的MIC结果

药物	MIC（μg/ml）	MSSA	MRSA	E. coli	P. aeruginosa	E. facialis
63	MIC_{50}	0. 008	0. 062	64	256	2
	MIC_{90}	0. 031	0. 25	256	>256	16
64	MIC_{50}	0. 32	0. 25	256	256	256
	MIC_{90}	0. 25	0. 25	>256	>256	256
65	MIC_{50}	0. 008	0. 062	64	256	0. 5
	MIC_{90}	0. 008	0. 5	128	>256	8
66	MIC_{50}	0. 008	0. 008	128	>256	4
	MIC_{90}	0. 008	1	256	>256	8
67	MIC_{50}	0. 031	0. 25	64	256	1
	MIC_{90}	0. 062	1	128	>256	32
68	MIC_{50}	0. 008	0. 25	16	256	1
	MIC_{90}	0. 008	1	64	>256	32
69	MIC_{50}	0. 031	0. 5	256	>256	4
	MIC_{90}	0. 25	2	256	>256	32
70	MIC_{50}	0. 031	0. 5	64	256	4
	MIC_{90}	0. 062	2	128	>256	2
71	MIC_{50}	0. 062	1	64	256	2
	MIC_{90}	0. 25	2	128	>256	8
72	MIC_{50}	0. 008	0. 125	128	256	1
	MIC_{90}	0. 008	0. 5	256	>256	1
73	MIC_{50}	0. 008	0. 25	64	>256	2
	MIC_{90}	0. 25	2	128	>256	32
74	MIC_{50}	0. 008	0. 125	128	256	2
	MIC_{90}	0. 031	1	>256	>256	16
75	MIC_{50}	0. 062	1	128	256	32
	MIC_{90}	0. 25	4	128	256	64
76	MIC_{50}	0. 031	0. 25	64	128	1
	MIC_{90}	0. 062	0. 5	128	128	4
77	MIC_{50}	0. 008	0. 25	64	256	2
	MIC_{90}	0. 031	4	256	>256	8
78	MIC_{50}	0. 031	0. 25	128	256	4
	MIC_{90}	0. 125	2	256	256	32
Faropenem	MIC_{50}	0. 062	128	0. 5	256	2
	MIC_{90}	0. 125	256	4	>256	128

续表

药物	MIC（μg/ml）	MSSA	MRSA	E. coli	P. aeruginosa	E. facialis
Sultacilin	MIC_{50}	0.25	16	8	256	4
	MIC_{90}	1	32	64	>256	64
Imipenem	MIC_{50}	0.008	16	0.25	1	2
	MIC_{90}	0.031	64	0.5	32	128
Meropenem	MIC_{50}	0.031	16	0.016	0.125	4
	MIC_{90}	0.25	32	0.031	2	128
Vacomycin	MIC_{50}	0.5	1	>256	>256	2
	MIC_{90}	1	2	>256	>256	4

具体实施方式

实施例 1

(5*R*，6*S*) -2-（对氯苯甲酸）甲酯-6-[(1*R*) -1-叔丁基-2-二甲基硅氧乙基] -青霉烯-3-羧酸烯丙酯**31**

称取对氯苯甲酸（0.596g，3.811mmol）溶于6ml四氢呋喃中，加入偶氮二乙酸二乙酯（0.664g，3.811mmol），然后缓慢加入**29**（1.264g，3.176mmol）和三苯膦（281.00g，3.811mmol）的四氢呋喃溶液，颜色逐渐由橙色变为浅黄色或无色。反应8h后，TLC检测，已反应完全。常温下减压蒸除四氢呋喃后，加入乙酸乙酯提取。分别用饱和碳酸氢钠和水洗，无水硫酸钠干燥，浓缩。乙酸乙酯∶二氯甲烷（1∶4）洗脱，收集组分。得白色固体**31**（1.36g，80%）。m.p.101~102℃。

^{1}H NMR（$CDCl_3$）：δ8.05（dd，J=6.9Hz，2H，Ph），7.47（dd，2H，J=8.7Hz，Ph），5.92（m，1H，$\underline{CH}=CH_2$），5.75-5.62（m，1H，H5和$CH_2CH=\underline{CH}$），5.44-5.24（m，3H，$\underline{CH_2}OCO$和$CH_2-CH=\underline{CH}$），4.79-4.68（m，2H，$O\underline{CH_2}CH=CH_2$），4.47-4.20（m，1H，CHOSi），2.72（d，J=3.9Hz，H6），1.28（d，J=6.9Hz，$\underline{CH_3}-CH$），0.87（s，9H），0.08（s，6H）。

MS（FAB）m/z538（$M+H^+$），537（M）。

实施例 2

(5*R*，6*S*) -2-（间甲氧基苯甲酸）甲酯-6-[(1*R*) -1-叔丁基-2-二甲基硅氧乙基] -青霉烯-3-羧酸烯丙酯**32**

以间甲氧基苯甲酸和**29**为原料，操作同**31**。得淡黄色固体，收率87%。m.p.78~79℃。

^{1}H NMR（$CDCl_3$）：δ7.85（d，J=7.8Hz，1H，Ph），7.50（m，1H，Ph），6.99（m，2H，Ph），5.92（m，1H，$\underline{CH}=CH_2$），5.72-5.60（m，2H，H5和$CH_2CH=\underline{CH}$），5.43-5.23（m，3H，$\underline{CH_2}OCO$和$CH_2-CH=\underline{CH}$），4.72（m，2H，$O\underline{CH_2}CH=CH_2$），4.23（m，1H，$\underline{CH}OSi$），2.85（s，3H，$-O\underline{CH_3}$），1.25（d，J=

第五章

6.9Hz，3H，$\underline{CH_3}$－CH），0.87（s，9H），0.08（s，6H）。

FAB－MS：m/z534（$M+H^+$）。

实施例3

(5*R*，6*S*)－2－（间氟苯甲酸）甲酯－6－［(1R)－1－叔丁基－2－二甲基硅氧乙基］－青霉烯－3－羧酸烯丙酯**33**

以间氟苯甲酸和**29**为原料，操作同**31**。得淡黄色液体，收率79%。

^{1}H NMR（$CDCl_3$）：δ7.86（m，1H，Ph），7.73（d，J＝8.7Hz，1H，Ph），7.44（m，1H，Ph），7.31（m，1H，Ph），5.94（m，1H，$\underline{CH}=CH_2$），5.76－5.63（m，2H，H5和$CH_2CH=\underline{CH}$），5.44－5.24（m，3H，$\underline{CH_2}OCO$和$CH_2-CH=\underline{CH}$），4.71（m，2H，$O\underline{CH_2}CH=CH_2$），4.23（m，1H，CHOSi），3.73（d，J＝3.9Hz，1H，H6），1.27（m，3H，$\underline{CH_3}$－CH），0.87（s，9H），0.08（s，6H）。

FAB－MS：m/z520（$M-H^+$）。

实施例4

(5*R*，6*S*)－2－（间硝基苯甲酸）甲酯－6－［(1*R*)－1－叔丁基－2－二甲基硅氧乙基］－青霉烯－3－羧酸烯丙酯**34**

以间硝基苯甲酸和**29**为原料，操作同**31**。得无色液体，收率91%。

^{1}H NMR（$CDCl_3$）：δ8.87（m，1H，Ph），8.46（m，2H，Ph），7.69（m，1H，Ph），5.95（m，1H，$\underline{CH}=CH_2$），5.83－5.65（m，2H，H5和$CH_2CH=\underline{CH}$），5.45－5.24（m，3H，$\underline{CH_2}OCO$和$CH_2-CH=\underline{CH}$），4.76（m，2H，$O\underline{CH_2}CH=CH_2$），4.25（m，1H，CHOSi），3.74（m，1H，H6），1.23（d，J＝6.3Hz，3H，$\underline{CH_3}$－H），0.87（s，9H），0.07（s，6H）。

FAB－MS：m/z547（$M-H^+$）。

实施例5

(5*R*，6*S*)－2－（苯丙酸）甲酯－6－［(1*R*)－1－叔丁基－2－二甲基硅氧乙基］－青霉烯－3－羧酸烯丙酯**35**

以苯丙酸和**29**为原料，操作同**31**。得无色液体。收率87%。

^{1}H NMR（$CDCl_3$）：δ7.29－7.19（m，5H，Ph），5.92（m，1H，$\underline{CH}=CH_2$），5.56（d，J＝1.2Hz，1H，H5），5.51－5.36（m，2H，$CH_2CH=\underline{CH_2}$），5.26－5.08（m，2H，$\underline{CH_2}OCO$），4.70（m，2H，$O\underline{CH_2}CH=CH_2$），4.23（m，1H，CHOSi），3.69（m，1H，H6），2.97（m，2H，$OC\underline{CH_2}CH_2$），2.69（m，2H，$OCCH_2\underline{CH_2}$），1.23（d，J＝5.7Hz，3H，$\underline{CH_3}$－CH），0.88（s，9H），0.07（s，6H）。

FAB－MS：m/z530（$M-H^+$）。

实施例6

(5*R*，6*S*)－2－（苯乙酸）甲酯－6－［(1*R*)－1－叔丁基－2－二甲基硅氧乙基］－青霉烯－3－羧酸烯丙酯**36**

以苯乙酸和**29**为原料，操作同**31**。得白色固体，收率93%。m. p. 67～69℃。

^1H NMR（$CDCl_3$）：δ7.30（m，5H，Ph），5.90（m，1H，$\underline{CH}=CH_2$），5.56－5.48（m，2H，H5和$CH_2CH=\underline{CH}$），5.41－5.08（m，3H，$CH_2CH=\underline{CH}$和$\underline{CH_2}OCO$），4.68（m，2H，$O\underline{CH_2}CH=CH_2$），4.22（m，1H，CHOSi），3.67（m，3H，H6和$OC\underline{CH_2}Ph$），1.24（d，J＝8.7Hz，3H，$\underline{CH_3}-CH$），0.88（s，9H），0.07（s，6H）。

FAB－MS：m/z516（$M-H^+$）。

实施例7

（5*R*，6*S*）－2－（对甲氧基苯甲酸）甲酯－6－［（1*R*）－1－叔丁基－2－二甲基硅氧乙基］－青霉烯－3－羧酸烯丙酯**37**

以对甲氧基苯甲酸和**29**为原料，操作同**31**。得白色晶体，收率89%。m. p. 73～75℃。

^1H NMR（$CDCl_3$）：δ8.00（d，J＝9.9Hz，2H，Ph），6.93（d，J＝9.0Hz，2H，Ph），5.92（m，1H，$\underline{CH}=CH_2$），5.72－5.60（m，2H，H5和$CH_2CH=\underline{CH}$），5.43－5.30（m，3H，$\underline{CH_2}OCO$和$CH_2-CH=\underline{CH}$），4.72（m，2H，$O\underline{CH_2}CH=CH_2$），4.23（m，1H，CHOSi），3.86（s，3H，$O\underline{CH_3}$），3.71（d，J＝4.8Hz，1H，H6），1.21（d，J＝6.9Hz，3H，$\underline{CH_3}-H$），0.87（s，9H），0.06（s，6H）。

FAB－MS：m/z534（$M+H^+$），532（$M-H^+$）。

实施例8

（5*R*，6*S*）－2－（对氟苯甲酸）甲酯－6－［（1*R*）－1－叔丁基－2－二甲基硅氧乙基］－青霉烯－3－羧酸烯丙酯**38**

以对氟苯甲酸和**29**为原料，操作同**31**。得白色晶体，收率86%。m. p. 100～101.5℃。

^1H NMR（$CDCl_3$）：δ8.07（m，2H，Ph），7.12（m，2H，Ph），5.98（m，1H，$\underline{CH}=CH_2$），5.75－5.62（m，2H，H5和$CH_2CH=\underline{CH}$），5.45－5.24（m，3H，$\underline{CH_2}OCO$和$CH_2-CH=\underline{CH}$），4.74（m，2H，$O\underline{CH_2}CH=CH_2$），4.25（m，1H，CHOSi），3.73（dd，J＝1.5，4.5Hz，1H，H6），1.23（d，J＝6.3Hz，3H，$\underline{CH_3}-H$），0.88（s，9H），0.08（s，6H）。

FAB－MS：m/z522（$M+H^+$）。

实施例9

（5*R*，6*S*）－2－（五氟苯甲酸）甲酯－6－［（1*R*）－1－叔丁基－2－二甲基硅氧乙基］－青霉烯－3－羧酸烯丙酯**39**

以五氟苯甲酸和**29**为原料，操作同**31**。得白色晶体，收率80%。m. p. 110～111℃。

^1H NMR（$CDCl_3$）：δ5.92（m，1H，$\underline{CH}=CH_2$），5.80（d，J＝14.7Hz，1H，

$CH_2-CH=\underline{CH}$)，5.64（s，1H，H5），5.44－5.24（m，3H，$CH_2CH=\underline{CH}$ 和 $\underline{CH_2}OCO$），4.72（m，2H，$O\underline{CH_2}CH=CH_2$），4.25（m，1H，CHOSi），3.75（m，1H，H6），1.23（d，J=5.7Hz，3H，$\underline{CH_3}-H$），0.88（s，9H），0.07（s，6H）。

FAB－MS：m/z592（$M-H^+$）。

实施例 10

(5*R*，6*S*)－2－（对溴苯甲酸）甲酯－6－[(1*R*)－1－叔丁基－2－二甲基硅氧乙基]－青霉烯－3－羧酸烯丙酯**40**

以对溴苯甲酸和**29**为原料，操作同**31**。得白色晶体，收率 86%。m. p. 125～127℃。

^{1}H NMR（$CDCl_3$）：δ7.90（d，J＝8.7Hz，2H，Ph），7.59（d，J＝8.7Hz，2H，Ph），5.98（m，1H，$\underline{CH}=CH_2$），5.75－5.62（m，2H，H5 和 $CH_2CH=\underline{CH}$），5.44－5.24（m，3H，$\underline{CH_2}OCO$ 和 $CH_2-CH=\underline{CH}$），4.73（m，2H，$O\underline{CH_2}CH=CH_2$），4.24（m，1H，CHOSi），3.72（dd，J＝1.5，4.5Hz，1H，H6），1.22（d，J＝6.6Hz，3H，$\underline{CH_3}-H$），0.87（s，9H），0.07（s，6H）。

FAB－MS：m/z582（$M+H^+$）。

实施例 11

(5*R*，6*S*)－2－（邻氟苯甲酸）甲酯－6－[(1*R*)－1－叔丁基－2－二甲基硅氧乙基]－青霉烯－3－羧酸烯丙酯 41

以邻氟苯甲酸和**29**为原料，操作同 31。得白色固体。收率 94%。m. p. 81.5～82.5℃。

^{1}H NMR（$CDCl_3$）：δ8.00（m，1H，Ph），7.58（m，1H，Ph），7.22（m，2H，Ph），5.98（m，1H，$\underline{CH}=CH_2$），5.78－5.62（m，2H，H5 和 $CH_2CH=\underline{CH}$），5.44－5.24（m，3H，$\underline{CH_2}OCO$ 和 $CH_2-CH=\underline{CH}$），4.72（m，2H，$O\underline{CH_2}CH=CH_2$），4.23（m，1H，CHOSi），3.73（dd，J＝2.1，4.5Hz，1H，H6），1.23（d，J＝6.3Hz，3H，$\underline{CH_3}-H$），0.88（s，9H），0.08（s，6H）。

FAB－MS：m/z522（$M+H^+$）。

实施例 12

(5*R*，6*S*)－2－（邻甲氧基苯甲酸）甲酯－6－[(1*R*)－1－叔丁基－2－二甲基硅氧乙基]－青霉烯－3－羧酸烯丙酯**42**

以邻甲氧基苯甲酸和**29**为原料，操作同**31**。得白色晶体，收率 87%。m. p. 62～64℃。

^{1}H NMR（$CDCl_3$）：δ7.94（m，1H，Ph），7.41（m，1H，Ph），7.26（m，2H，Ph），5.92（m，1H，$\underline{CH}=CH_2$），5.74－5.61（m，2H，H5 和 $CH_2CH=\underline{CH}$），5.45－5.24（m，3H，$\underline{CH_2}OCO$ 和 $CH_2-CH=\underline{CH}$），4.73（m，2H，$O\underline{CH_2}CH=CH_2$），4.24（m，1H，CHOSi），3.72（dd，J＝1.5，4.5Hz，1H，H6），2.62（s，3H，$\underline{CH_3}$），

1.22（d，J=6.3Hz，3H，$\underline{CH_3}-CH$），0.86（s，9H），0.07（s，6H）。

FAB－MS：m/Z516（$M-H^+$）。

实施例13

(5*R*，6*S*)－2－（对氰基苯甲酸）甲酯－6－［(1*R*)－1－叔丁基－2－二甲基硅氧乙基］－青霉烯－3－羧酸烯丙酯**43**

以对氰基苯甲酸和**29**为原料，操作同**31**。得白色晶体，收率76%。m.p. 100～102℃。

^{1}H NMR（$CDCl_3$）：δ8.14（d，J＝7.8Hz，2H，Ph），7.76（d，J＝7.8Hz，2H，Ph），5.91（m，1H，$\underline{CH}=CH_2$），5.79－5.63（m，2H，H5和$CH_2CH=\underline{CH}$），5.44－5.24（m，3H，$\underline{CH_2}OCO$和$CH_2-CH=\underline{CH}$），4.73（m，2H，$O\underline{CH_2}CH=CH_2$），4.24（m，1H，CHOSi），3.73（d，J＝3.9Hz，1H，H6），1.22（d，J＝6.0Hz，3H，$\underline{CH_3}-H$），0.87（s，9H），0.07（s，6H）。

FAB－MS：m/z528（M）。

实施例14

(5*R*，6*S*)－2－（对硝基苯甲酸）甲酯－6－［(1*R*)－1－叔丁基－2－二甲基硅氧乙基］－青霉烯－3－羧酸烯丙酯**44**

以对硝基苯甲酸和**29**为原料，操作同**31**。得白色固体，收率95%。m.p. 152～154℃。

^{1}H NMR（$CDCl_3$）：δ8.30（m，4H，Ph），5.92（m，1H，$\underline{CH}=CH_2$），5.81－5.64（m，2H，H5和$CH_2CH=\underline{CH}$），5.45－5.25（m，3H，$\underline{CH_2}OCO$和$CH_2-CH=\underline{CH}$），4.73（m，2H，$O\underline{CH_2}CH=CH_2$），4.25（m，1H，CHOSi），3.74（dd，J＝1.8，4.5Hz，1H，H6），1.23（d，J＝6.3Hz，3H，$\underline{CH_3}-H$），0.87（s，9H），0.08（s，6H）。

FAB－MS：m/z549（$M+H^+$），547（$M-H^+$）。

实施例15

(5*R*，6*S*)－2－（邻硝基苯甲酸）甲酯－6－［(1*R*)－1－叔丁基－2－二甲基硅氧乙基］－青霉烯－3－羧酸烯丙酯**45**

以邻硝基苯甲酸和**29**为原料，操作同**31**。得无色液体，收率79%。

^{1}H NMR（$CDCl_3$）：δ7.95（m，1H，Ph），7.77（m，1H，Ph），7.68（m，2H，Ph），5.98（m，1H，$\underline{CH}=CH_2$），5.77－5.63（m，2H，H5和$CH_2CH=\underline{CH}$），5.44－5.24（m，3H，$\underline{CH_2}OCO$和$CH_2-CH=\underline{CH}$），4.72（m，2H，$O\underline{CH_2}CH=CH_2$），3.73（dd，J＝2.1，4.2Hz，1H，H6），1.22（d，J＝6.3Hz，3H，$\underline{CH_3}CH$），0.87（s，9H），0.06（s，6H）。

FAB－MS：m/z547（$M-H^+$）。

实施例 16

(5*R*, 6*S*) -2-(邻氯苯甲酸)甲酯-6-[(1R) -1-叔丁基-2-二甲基硅氧乙基]-青霉烯-3-羧酸烯丙酯 **46**

以邻氯苯甲酸和 **29** 为原料，操作同 **31**。得白色固体，收率 81%。m. p. 130~131℃。

^{1}H NMR ($CDCl_3$): δ8.07 (m, 2H, Ph), 7.12 (m, 2H, Ph), 5.98 (m, 1H, $\underline{CH}=CH_2$), 5.75-5.62 (m, 2H, H5 和 $CH_2CH=\underline{CH}$), 5.45-5.24 (m, 3H, $\underline{CH_2}OCO$ 和 $CH_2-CH=\underline{CH}$), 4.74 (m, 2H, $O\underline{CH_2}CH=CH_2$), 4.25 (m, 1H, CHOSi), 3.73 (dd, J=1.5, 4.5Hz, 1H, H6), 1.23 (d, J=6.3Hz, 3H, $\underline{CH_3}-$H), 0.88 (s, 9H), 0.08 (s, 6H)。

FAB-MS: m/z399 ($M+H^+$)。

实施例 17

(5*R*, 6*S*) -2-(对氯苯甲酸)甲酯-6-[(1*R*) -1-羟乙基]-青霉烯-3-羧酸烯丙酯 **47**

在 **31** (1.5mmol) 的乙腈溶液中加入 0.1N 的稀盐酸水溶液 45ml，搅拌反应 12h 后，TLC 检测已反应完全。在反应混合物中加入 8% 的氢氧化钠水溶液 4.5mL。浓缩至很少体积。加入乙酸乙酯，用饱和食盐水洗三次后，无水硫酸钠干燥。真空蒸去乙酸乙酯，乙酸乙酯:二氯甲烷 (4:1, 1:1) 洗脱，收集产物组分，得到白色固体，收率 67%。m. p. 131~132℃。

^{1}H NMR ($CDCl_3$): δ7.98 (d, J=7.8Hz, 2H, Ph), 7.46 (d, H=10.8, 2H, Ph), 6.00-5.88 (m, 1H, $\underline{CH}=CH_2$), 5.72-5.65 (m, 2H, H5 和 $CH_2CH=\underline{CH}$), 5.45-5.26 (m, 3H, $\underline{CH_2}OCO$ 和 $CH_2-CH=\underline{CH}$), 4.73-4.66 (m, 2H, $O\underline{CH_2}CH=CH_2$), 4.29-4.21 (m, 1H, CHOSi), 3.77 (d, J=6.6Hz, 1H, H6), 1.34 (d, J=6.9Hz, 3H, $\underline{CH_3}-$H)。

FAB-MS: m/z424 ($M+H^+$)。

实施例 18

(5*R*, 6*S*) -2-(邻甲氧基苯甲酸)甲酯-6-[(1*R*) -1-羟乙基]-青霉烯-3-羧酸烯丙酯 **48**

以 **32** 为原料，操作同 **47**。得白色晶体，收率 81%。m. p. 94~95℃。

^{1}H NMR ($CDCl_3$): δ7.85 (m, 1H, Ph), 7.51 (m, 1H, Ph), 6.99 (m, 2H, Ph), 5.98 (m, 1H, $\underline{CH}=CH_2$), 5.70-5.63 (m, 2H, H5 和 $CH_2CH=\underline{CH}$), 5.45-5.25 (m, 3H, $\underline{CH_2}OCO$ 和 $CH_2-CH=\underline{CH}$), 4.75 (m, 2H, $O\underline{CH_2}CH=CH_2$), 4.22 (m, 1H, CHOSi), 3.76 (d, J=1.5Hz, 1H, H6), 1.35 (d, J=6.3Hz, 3H, $\underline{CH_3}-$H)。

FAB-MS: m/z420 ($M+H^+$)。

实施例 19

(5*R*, 6*S*) -2-(间氟苯甲酸)甲酯-6-[(1*R*) -1-羟乙基] -青霉烯-3-羧酸烯丙酯**49**

以**33**为原料，操作同**47**。得淡黄色固体，收率85%。m. p. 103~104℃。

^{1}H NMR ($CDCl_3$)：δ7.84 (d, J=7.8Hz, 1H, Ph), 7.72 (d, J=9.3, 1H, Ph), 7.44 (m, 1H, Ph), 7.30 (m, 1H, Ph), 5.95 (m, 1H, $\underline{CH}=CH_2$), 5.73-5.66 (m, 2H, H5和$CH_2CH=\underline{CH}$), 5.45-5.26 (m, 3H, $\underline{CH_2}OCO$和$CH_2-CH=\underline{CH}$), 4.76 (m, 2H, $O\underline{CH_2}CH=CH_2$), 4.25 (m, 1H, CHOSi), 3.78 (d, J=6.3Hz, 1H, H6), 1.34 (d, J=6.3Hz, 3H, $\underline{CH_3}-H$)。

FAB-MS：m/z407 (M^+)。

实施例 20

(5*R*, 6*S*) -2-(间硝基苯甲酸)甲酯-6-[(1*R*) -1-羟乙基] -青霉烯-3-羧酸烯丙酯**50**

以**34**为原料，操作同**47**。得白色晶体，收率82%。m. p. 160~161℃。

^{1}H NMR ($CDCl_3$)：δ8.87 (s, 1H, Ph), 8.47-8.37 (m, 2H, Ph), 7.69 (m, 1H, Ph), 5.98 (m, 1H, $\underline{CH}=CH_2$), 5.80-5.67 (m, 2H, H5和$CH_2CH=\underline{CH}$), 5.46-5.27 (m, 3H, $\underline{CH_2}OCO$和$CH_2-CH=\underline{CH}$), 4.80 (m, 2H, $O\underline{CH_2}CH=CH_2$), 4.26 (m, 1H, CHOSi), 3.81 (m, 1H, H6), 1.35 (d, J=5.7Hz, 3H, $\underline{CH_3}-H$)。

FAB-MS：m/z434 (M^+)。

实施例 21

(5*R*, 6*S*) -2-(苯丙酸)甲酯-6-[(1*R*) -1-羟乙基] -青霉烯-3-羧酸烯丙酯**51**

以**35**为原料，操作同**47**。得白色晶体。收率90%。m. p. 77~78℃。

^{1}H NMR ($CDCl_3$)：δ7.31 (m, 5H, Ph), 5.94 (m, 1H, $\underline{CH}=CH_2$), 5.70 (s, 1H, H5), 5.60-5.28 (m, 2H, $CH_2CH=\underline{CH_2}$), 5.28-5.09 (m, 3H, $\underline{CH_2}OCO$和$CH_2-CH=\underline{CH}$), 4.79 (m, 2H, $O\underline{CH_2}CH=CH_2$), 4.26 (m, 1H, CHOSi), 3.73 (m, 1H, H6), 2.97 (m, 2H, $OC\underline{CH_2}CH_2$), 2.74 (m, 2H, $OCCH_2\underline{CH_2}$), 1.34 (d, J=3.6Hz, 3H, $\underline{CH_3}-H$)。

FAB-MS：m/z417 (M^+)。

实施例 22

(5*R*, 6*S*) -2-(苯乙酸)甲酯-6-[(1*R*) -1-羟乙基] -青霉烯-3-羧酸烯丙酯**52**

以**36**为原料，操作同**47**。得黄色晶体。收率86%。m. p. 71~73℃。

^{1}H NMR ($CDCl_3$)：δ7.30 (m, 5H, Ph), 5.93 (m, 1H, $\underline{CH}=CH_2$), 5.59-

5.10（m，5H，H5，$CH_2CH=\underline{CH_2}$，$\underline{CH_2}OCO$），4.73（m，2H，$CH_2-CH=\underline{CH}$），4.22（m，1H，CHOSi），3.73（d，J=6.9Hz，1H，H6），3.67（s，2H，$OC\underline{CH_2}$，1.34（d，J=6.9Hz，3H，$\underline{CH_3}-H$）。

FAB－MS：m/z403（M^+）。

实施例23

（5*R*，6*S*）－2－（对甲氧基苯甲酸）甲酯－6－［（1*R*）－1－羟乙基］－青霉烯－3－羧酸烯丙酯**53**

以**37**为原料，操作同**47**。得白色晶体。收率92%。m.p.89～90℃。

^1H NMR（$CDCl_3$）：δ8.00（m，2H，Ph），6.92（m，2H，Ph），5.92（m，1H，$\underline{CH}=CH_2$），5.69－5.63（m，2H，H5和$CH_2CH=\underline{CH}$），5.45－5.25（m，3H，$\underline{CH_2}OCO$和$CH_2-CH=\underline{CH}$），4.73（m，2H，$O\underline{CH_2}CH=CH_2$），4.24（m，1H，CHOSi），3.86（m，1H，H6），3.75（m，1H，H6），1.34（d，J=5.7Hz，3H，$\underline{CH_3}-CH$）。

FAB－MS：m/z420（$M^+ + H$）。

实施例24

（5*R*，6*S*）－2－（对氟苯甲酸）甲酯－6－［（1*R*）－1－羟乙基］－青霉烯－3－羧酸烯丙酯**54**

以**38**为原料，操作同**47**。得白色晶体。收率86%。m.p.103～104℃。

^1H NMR（$CDCl_3$）：δ8.07（m，2H，Ph），7.13（m，2H，Ph），5.98（m，1H，$\underline{CH}=CH_2$），5.72－5.65（m，2H，H5和$CH_2CH=\underline{CH}$），5.45－5.26（m，3H，$\underline{CH_2}OCO$和$CH_2-CH=\underline{CH}$），4.78（m，2H，$O\underline{CH_2}CH=CH_2$），4.25（m，1H，CHOSi），3.77（dd，J=2.1，6.9Hz，1H，H6），1.35（d，J=6.9Hz，3H，$\underline{CH_3}-H$）。

FAB－MS：m/z407（$M+H^+$）。

实施例25

（5*R*，6*S*）－2－（五氟苯甲酸）甲酯－6－［（1*R*）－1－羟乙基］－青霉烯－3－羧酸烯丙酯**55**

以**39**为原料，操作同**47**。得白色固体。收率89%。m.p.164～166℃。

^1H NMR（$CDCl_3$）：δ5.95（m，1H，$\underline{CH}=CH_2$），5.76（d，J=15Hz，1H，$CH_2CH=\underline{CH}$），5.67（d，J=1.8Hz，1H，H5），5.45－5.26（m，3H，$CH_2-CH=\underline{CH}$和$\underline{CH_2}OCO$），4.77（m，2H，$O\underline{CH_2}CH=CH_2$），4.26（m，1H，CHOSi），3.78（m，1H，H6），1.35（d，J=6.3Hz，3H，$\underline{CH_3}-H$）。

FAB－MS：m/Z268（$M-C_6H_5COO^+$）。

实施例 26

(5*R*, 6*S*) -2-(对溴苯甲酸)甲酯-6-[(1*R*) -1-羟乙基]-青霉烯-3-羧酸烯丙酯**56**

以**40**为原料，操作同**47**。得白色晶体。收率82%。m. p. 138~140℃。

^{1}H NMR ($CDCl_3$)：δ7.89 (d, J=8.1Hz, 2H, Ph), 7.59 (d, J=8.7Hz, 2H, Ph), 5.96 (m, 1H, <u>CH</u>=CH_2), 5.72-5.64 (m, 2H, H5 和 CH_2CH=<u>CH</u>), 5.45-5.26 (m, 3H, <u>CH_2</u>OCO 和 CH_2-CH=<u>CH</u>), 4.78 (m, 2H, O<u>CH_2</u>CH=CH_2), 4.24 (m, 1H, CHOSi), 3.77 (d, J=6.0Hz, 1H, H6), 1.34 (d, J=6.9Hz, 3H, <u>CH_3</u>-CH)。

FAB-MS：m/z467 (M^+), 469 (M^++2)。

实施例 27

(5*R*, 6*S*) -2-(邻氟苯甲酸)甲酯-6-[(1*R*) -1-羟乙基]-青霉烯-3-羧酸烯丙酯**57**

以**41**为原料，操作同**47**。得无色液体。收率81%。^{1}H NMR ($CDCl_3$)：δ7.95 (m, 1H, Ph), 7.55 (m, 1H, Ph), 7.19 (m, 2H, Ph), 5.94 (m, 1H, <u>CH</u>=CH_2), 5.74-5.65 (m, 2H, H5 和 CH_2CH=<u>CH</u>), 5.45-5.25 (m, 3H, <u>CH_2</u>OCO 和 CH_2-CH=<u>CH</u>), 4.77 (m, 2H, O<u>CH_2</u>CH=CH_2), 4.25 (m, 1H, CHOSi), 3.77 (m, 1H, H6), 1.34 (d, J=6.9Hz, 3H, <u>CH_3</u>-CH)。

FAB-MS：m/z407 (M^+)。

实施例 28

(5*R*, 6*S*) -2-(邻甲基苯甲酸)甲酯-6-[(1*R*) -1-羟乙基]-青霉烯-3-羧酸烯丙酯**58**

以**42**为原料，操作同**47**。得白色晶体。收率87%。m. p. 110~111℃。

^{1}H NMR ($CDCl_3$)：δ7.93 (d, J=7.8Hz, 1H, Ph), 7.42 (m, 1H, Ph), 7.25 (m, 2H, Ph), 5.98 (m, 1H, <u>CH</u>=CH_2), 5.71-5.64 (m, 2H, H5 和 CH_2CH=<u>CH</u>), 5.45-5.26 (m, 3H, <u>CH_2</u>OCO 和 CH_2-CH=<u>CH</u>), 4.75 (m, 2H, O<u>CH_2</u>CH=CH_2), 4.25 (m, 1H, CHOSi), 3.77 (d, J=6.6Hz, 1H, H6), 2.61 (s, 3H, <u>CH_3</u>), 1.34 (d, J=5.7Hz, 3H, <u>CH_3</u>-H)。

FAB-MS：m/z403 (M^+)。

实施例 29

(5*R*, 6*S*) -2-(对硝基苯甲酸)甲酯-6-[(1*R*) -1-羟乙基]-青霉烯-3-羧酸烯丙酯**59**

以**43**为原料，操作同**47**。得白色晶体。收率79%。m. p. 165~166℃。

^{1}H NMR ($CDCl_3$)：δ8.15 (d, J=7.8Hz, 2H, Ph), 7.77 (d, J=7.8Hz, 2H, Ph), 5.95 (m, 1H, <u>CH</u>=CH_2), 5.76-5.66 (m, 2H, H5 和 CH_2CH=<u>CH</u>), 5.45

–5.26（m，3H，$\underline{CH_2}OCO$ 和 $CH_2-CH=\underline{CH}$），4.81（m，2H，$O\underline{CH_2}CH=CH_2$），4.26（m，1H，CHOSi），3.78（d，J=6.0Hz，1H，H6），1.35（d，J=6.0Hz，3H，$\underline{CH_3}-H$）。

FAB–MS：m/z415（$M+H^+$）。

实施例 30

（5*R*，6*S*）–2–（对硝基苯甲酸）甲酯–6–［（1*R*）–1–羟乙基］–青霉烯–3–羧酸烯丙酯 **60**

以 **44** 为原料，操作同 **47**。得白色固体。收率 83%。m. p. 172～174℃。

^{1}H NMR（$CDCl_3$）：δ8.26（m，4H，Ph），5.92（m，1H，$\underline{CH}=CH_2$），5.78–5.67（m，2H，H5 和 $CH_2CH=\underline{CH}$），5.45–5.27（m，3H，$\underline{CH_2}OCO$ 和 $CH_2-CH=\underline{CH}$），4.76（m，2H，$O\underline{CH_2}CH=CH_2$），4.26（m，1H，CHOSi），3.78（d，J=7.8Hz，1H，H6），1.35（d，J=6.0Hz，3H，$\underline{CH_3}-H$）。

FAB–MS：m/z433（$M-H^+$）。

实施例 31

（5*R*，6*S*）–2–（邻硝基苯甲酸）甲酯–6–［（1*R*）–1–羟乙基］–青霉烯–3–羧酸烯丙酯 **61**

以 **45** 为原料，操作同 **47**。得淡黄色晶体。收率 88%。m. p. 130～133℃。

^{1}H NMR（$CDCl_3$）：δ7.95（m，1H，Ph），7.79–7.66（m，3H，Ph），5.96（m，1H，$\underline{CH}=CH_2$），5.75–5.65（m，2H，H5 和 $CH_2CH=\underline{CH}$），5.45–5.26（m，3H，$\underline{CH_2}OCO$ 和 $CH_2-CH=\underline{CH}$），4.75（m，2H，$O\underline{CH_2}CH=CH_2$），4.24（m，1H，CHOSi），3.77（m，1H，H6），1.34（d，J=5.7Hz，3H，$\underline{CH_3}-CH$）。

FAB–MS：m/z434（M^+）。

实施例 32

（5*R*，6*S*）–2–（邻氯苯甲酸）甲酯–6–［（1*R*）–1–羟乙基］–青霉烯–3–羧酸烯丙酯 **62**

以 **46** 为原料，操作同 **47**。得白色固体。收率 82%。m. p. 145～146℃。

^{1}H NMR（$CDCl_3$）：δ7.88（d，J=6.6Hz，1H，Ph），7.51–7.31（m，3H，Ph），5.99（m，1H，$\underline{CH}=CH_2$），5.74–5.65（m，2H，H5 和 $CH_2CH=\underline{CH}$），5.48–4.84（m，3H，$\underline{CH_2}OCO$ 和 $CH_2-CH=\underline{CH}$），4.72（m，2H，$O\underline{CH_2}CH=CH_2$），4.25（m，1H，CHOSi），3.76（dd，J=1.5，6.6Hz，1H，H6），1.37（d，J=7.2Hz，3H，$\underline{CH_3}-H$）。

FAB–MS：m/z424（$M+H^+$）。

实施例 33

（5*R*，6*S*）–2–（对氯苯甲酸）甲酯–6–［（1*R*）–1–羟乙基］–青霉烯–3–羧酸单钠盐 **63**

将**47**（1.25mmol）溶于1.5ml二氯甲烷中，室温下连续加入四（三苯膦）钯（0.125mmol），三苯膦（0.625mmol）和2－乙基己酸钠（1.43mmol）的乙酸乙酯溶液1.5ml。搅拌反应1h后TLC检测，已无原料点。加入2mL水提取，水层用二氯甲烷和乙酸乙酯洗，用乙醚洗。冷冻干燥得到黄色固体。用大孔树反相柱纯化，梯度洗脱：水；水：丙酮（95：5；9：1；4：1；1：1）；丙酮。所得组分冷冻干燥得到白色固体**63**，收率72%。

^{1}H NMR（$CDCl_3$）：δ8.02（d，J＝5.1Hz，2H，Ph），7.53（d，J＝5.1Hz，2H，Ph），5.80（d，J＝8.4Hz，1H，H5），5.61和5.40（m，2H，$\underline{CH_2}$OCO），4.11（m，1H，CHOSi），3.66（d，J＝4.2，1H，H6），1.30（d，J＝3.9Hz，3H，$\underline{CH_3}$－H）。

IR（KBr）$\nu_{max}cm^{-1}$：1770（β－内酰胺C＝O），1724（OC＝O），1595，1489。

FAB－MS：m/z428（M^+＋Na）。

实施例34

（5*R*，6*S*）－2－（邻甲氧基苯甲酸）甲酯－6－［（1*R*）－1－羟乙基］－青霉烯－3－羧酸单钠盐**64**

以**48**为原料，操作同**47**。得白色固体，收率67%。

^{1}H NMR（$CDCl_3$）：δ7.77（d，J＝4.2Hz，1H，Ph），7.54（m，1H，Ph），7.11（d，J＝5.1Hz，1H，Ph），6.98（m，1H，Ph），5.72（d，J＝9.0Hz，1H，$\underline{CH}$OCO），5.63（s，1H，H5），5.42（d，J＝9.0Hz，1H，$\underline{CH}$OCO），4.12（m，1H，CHOSi），3.88（s，3H，OCH_3），3.78（d，J＝3.9Hz，1H，H6），1.30（d，J＝3.9Hz，3H，$\underline{CH_3}$－H）。

^{13}C NMR（D_2O）：δ：175.80（COONa），166.95（C＝O），160.97（C＝O），145.51（C＝C），127.91（C＝C），135.46，132.81，127.92，121.38，120.11，113.30（6C，Ph），71.67（2′－C），68.42（OCH_2），66.16（C_6），63.80（1′－C），56.38（C_5），21.71（CH_3）。

IR（KBr）$\nu_{max}cm^{-1}$：1759（β－内酰胺C＝O），1736（OC＝O），1601，1491。

FAB－MS：m/z402（M＋H^+）。

实施例35

（5*R*，6*S*）－2－（间氟苯甲酸）甲酯－6－［（1*R*）－1－羟乙基］－青霉烯－3－羧酸单钠盐**65**

以**49**为原料，操作同**47**。得淡黄色固体，收率64%。

^{1}H NMR（$CDCl_3$）：δ7.50（d，J＝7.8Hz，1H，Ph），7.59（m，1H，Ph），7.47－7.40（m，1H，Ph），7.33－7.27（m，1H，Ph），5.70（d，J＝14.7Hz，1H，$\underline{CH}$OCO），5.56（d，J＝1.2Hz，1H，H5），5.36（d，J＝14.7Hz，1H，$\underline{CH}$OCO），4.02（m，1H，CHOSi），1.70（dd，J＝1.2，6.6Hz，1H，H6），1.21（d，J＝

10.8Hz，3H，$\underline{CH_3}$－H）。

^{13}C NMR（D_2O）：δ175.72（COONa），165.82（C＝O），165.54（C＝O），162.30（C＝C），144.96（C＝C），133.09，132.99，128.11，126.60，121.30，117.2（6C，Ph），71.73（C_6），66.08（$\underline{C}HOH$），63.84（C_5），62.12（CH_2O），21.67（CH_3）。

FAB－MS：m/z390（$M+H^+$）。

实施例36

（5*R*，6*S*）－2－（间硝基苯甲酸）甲酯－6－［（1*R*）－1－羟乙基］－青霉烯－3－羧酸单钠盐**66**

以**50**为原料，操作同**47**。得白色固体，收率78%。

^1H NMR（$CDCl_3$）：δ8.71（s，1H，Ph），8.41（d，J＝6.9Hz，1H，Ph），8.31（d，J＝7.8Hz，1H，Ph），7.67（m，1H，Ph），5.79（d，J＝14.7Hz，1H，$\underline{CH}OCO$），5.56（d，J＝1.5Hz，1H，H5），5.40（d，J＝14.7Hz，1H，$\underline{CH}OCO$），4.04（m，1H，CHOSi），3.67（d，J＝6.9Hz，1H，H6），1.20（d，J＝6.6Hz，3H，$\underline{CH_3}$－H）。

IR（KBr）$\nu_{max}cm^{-1}$：1763（β－内酰胺C＝O），1732（OC＝O）。

实施例37

（5*R*，6*S*）－2－（苯丙酸）甲酯－6－［（1*R*）－1－羟乙基］－青霉烯－3－羧酸单钠盐**67**

以**51**为原料，操作同**47**。得淡黄色固体，收率54%。

^1H NMR（$CDCl_3$）：δ7.29－7.17（m，5H，Ph），5.56（d，J＝6.0Hz，1H，H5），5.52和5.18（d，J＝8.7Hz，$\underline{CH_2}OCO$），4.11（m，1H，CHOSi），3.73（d，J＝3.9Hz，1H，H6），2.94（m，2H，$OCCH_2$），2.65（m，2H，$OCCH_2\underline{CH_2}$），1.30（d，J＝7.8Hz，3H，$\underline{CH_3}$－H）。

实施例38

（5*R*，6*S*）－2－（苯乙酸）甲酯－6－［（1*R*）－1－羟乙基］－青霉烯－3－羧酸单钠盐**68**

以**52**为原料，操作同**47**。得淡黄色固体，收率72%。

^1H NMR（$CDCl_3$）：δ7.20（m，5H，Ph），5.48（m，2H，H5和$\underline{CH}OCO$），5.10（d，J＝14.4Hz，1H，$\underline{CH}OCO$），4.01（m，1H，CHOSi），3.60（s，3H，H6和OC－CH_2－Ph），1.30（d，J＝3.9Hz，3H，$\underline{CH_3}$－H）。

FAB－MS：m/z386（$M+H^+$）。

实施例39

（5*R*，6*S*）－2－（对甲氧基苯甲酸）甲酯－6－［（1*R*）－1－羟乙基］－青霉烯－3－羧酸单钠盐**69**

以**53**为原料，操作同**47**。得白色固体，收率65%。

^1H NMR（$CDCl_3$）：δ7.91（m，2H，Ph），6.90（m，2H，Ph），5.62 – 5.18（3H，H5 和$\underline{CH_2}OCO$），4.13（m，1H，CHOSi），3.80（s，3H，OCH_3），3.23（m，1H，H6），1.30（d，J = 3.9Hz，3H，$\underline{CH_3}$ – H）。

FAB – MS（m/z）：402（M + H^+）。

实施例 40

（5*R*，6*S*）–2 –（对氟苯甲酸）甲酯 –6 – [（1*R*）–1 – 羟乙基] – 青霉烯 – 3 – 羧酸单钠盐 **70**

以 **54** 为原料，操作同 **47**。得淡黄色固体，收率 79%。

^1H NMR（$CDCl_3$）：δ8.03 – 7.95（m，2H，Ph），7.19 – 7.07（m，2H，Ph），5.70（d，J = 14.7，1H，$\underline{CH}OCO$），5.60（s，1H，H5），5.35（d，J = 14.7Hz，1H，$\underline{CH}OCO$），4.11 – 3.99（m，1H，CHOSi），3.64（d，J = 1.2Hz，1H，H6），1.21（d，J = 6.3Hz，3H，$\underline{CH_3}$ – H）。

FAB – MS：m/z390（M + H^+）。

实施例 41

（5*R*，6*S*）–2 –（五氟苯甲酸）甲酯 –6 – [（1*R*）–1 – 羟乙基] – 青霉烯 – 3 – 羧酸单钠盐 **71**

以 **55** 为原料，操作同 **47**。得白色固体，收率 81%。

^1H NMR（$CDCl_3$）：δ5.83（d，J = 14.1Hz，1H，$\underline{CH}OCO$），5.54（d，J = 1.2Hz，1H，H5），5.37（d，J = 14.1Hz，1H，$\underline{CH}OCO$），4.04（m，1H，CHOSi），3.62（dd，J = 1.2，7.2Hz，H6），1.22（d，J = 6.3Hz，3H，$\underline{CH_3}$ – H）；

FAB – MS：m/z462（M + H^+）。

实施例 42

（5*R*，6*S*）–2 –（对溴苯甲酸）甲酯 –6 – [（1*R*）–1 – 羟乙基] – 青霉烯 – 3 – 羧酸单钠盐 **72**

以 **48** 为原料，操作同 **47**。得白色固体，收率 58%。

^1H NMR（D_2O）：δ7.83（d，J = 8.4Hz，2H，Ph），7.52（d，J = 8.7Hz，2H，Ph），5.70（d，J = 14.7Hz，1H，$\underline{CH}OCO$），5.55（d，J = 1.2H，1H，H5），5.35（d，J = 14.7Hz，1H，$\underline{CH}OCO$），4.03（m，1H，CHOSi），3.67（dd，J = 1.2，6.9Hz，1H，H6），1.21（d，J = 6.3Hz，3H，$\underline{CH_3}$ – H）。

IR（KBr）$\nu_{max}cm^{-1}$：1766（β – 内酰胺 C = O），1718（OC = O）。

FAB – MS：m/z450（M + H^+）。

实施例 43

（5*R*，6*S*）–2 –（邻氟苯甲酸）甲酯 –6 – [（1*R*）–1 – 羟乙基] – 青霉烯 – 3 – 羧酸单钠盐 **73**

以**57**为原料，操作同**47**。得白色固体，收率77%。

^{1}H NMR（D_2O）：δ7.90－7.84（m，1H，Ph），7.60－7.53（m，1H，Ph），7.24－7.10（m，2H，Ph），5.65（d，J＝18.6Hz，1H，H5），5.55和5.35（m，2H，$\underline{CH_2}OCO$），4.12－3.99（m，1H，CHOSi），3.66（d，J＝5.7Hz，1H，H6），1.21（d，J＝6.9Hz，3H，$\underline{CH_3}$－H）。

IR（KBr）$\nu_{max}cm^{-1}$：1，754（β－内酰胺C＝O），1，736（OC＝O）。

FAB－MS：m/z390（$M+H^+$）。

实施例44

（5*R*，6*S*）－2－（邻甲基苯甲酸）甲酯－6－［（1*R*）－1－羟乙基］－青霉烯－3－羧酸单钠盐**74**

以**58**为原料，操作同**47**。得白色固体，收率82%。

^{1}H NMR（D_2O）：δ7.91（d，J＝4.8Hz，2H，Ph），7.45（m，1H，Ph），7.29（m，2H，Ph），5.78（d，J＝8.7Hz，1H，$\underline{CH}OCO$），5.62（s，1H，H5），5.39（d，J＝8.7Hz，1H，$\underline{CH}OCO$），4.11（m，1H，CHOSi），3.68（d，J＝4.2，1H，H6），1.30（d，J＝3.6Hz，3H，$\underline{CH_3}$－H）。

^{13}C NMR（D_2O）：δ175.16（COONa），168.20（C＝O），166.46（C＝O），142.32（C＝C），141.41（C＝C），133.41，132.73，131.69，130.31，129.98，126.87（6C，Ph），71.99（C6），66.40（$\underline{C}HOH$），63.89（C_5），61.38（CH_2O），21.84（CH_3CHO），21.69（$PhCH_3$）。

FAB－MS：m/z386（$M+H^+$），408（$M+Na^+$）。

实施例45

（5*R*，6*S*）－2－（对氰基苯甲酸）甲酯－6－［（1*R*）－1－羟乙基］－青霉烯－3－羧酸单钠盐**75**

以**59**为原料，操作同**47**。得浅黄色固体，收率48%。m.p.130～131℃。

^{1}H NMR（D_2O）：δ7.83（d，J＝8.4Hz，2H，Ph），7.52（d，J＝8.7Hz，2H，Ph），5.70（d，J＝14.7Hz，1H，$\underline{CH}OCO$），5.55（d，J＝1.2H，1H，H5），5.35（d，J＝14.7Hz，1H，$\underline{CH}OCO$），4.03（m，1H，CHOSi），3.67（dd，J＝1.2，6.9Hz，1H，H6），1.21（d，J＝6.3Hz，3H，$\underline{CH_3}$－H）。

FAB－MS：m/z397（$M+H^+$）。

实施例46

（5*R*，6*S*）－2－（对硝基苯甲酸）甲酯－6－［（1*R*）－1－羟乙基］－青霉烯－3－羧酸单钠盐**76**

以**60**为原料，操作同**47**。得淡黄色固体，收率74%。

^{1}H NMR（D_2O）：δ8.08（m，2H，Ph），7.80（d，J＝8Hz，2H，Ph），5.72

（d，J = 14.5Hz，1H，CHOCO），5.56（s，1H，H5），5.38（d，J = 14.5Hz，1H，CHOCO），4.03（m，1H，CHOSi），3.70（d，J = 6.5Hz，1H，H6），1.21（d，J = 6.5Hz，3H，CH_3 – H）。

FAB – MS：m/z417（M + H^+），439（M + Na^+）。

实施例47

（5*R*，6*S*）–2–（邻硝基苯甲酸）甲酯–6–［（1*R*）–1–羟乙基］–青霉烯–3–羧酸单钠盐**77**

以**61**为原料，操作同**47**。得白色固体，收率65%。

^{1}H NMR（D_2O）：δ8.00 – 7.66（m，4H，Ph），5.80（d，1H，H5），5.65和5.42（m，2H，CH_2OCO），4.12（m，1H，CHOSi），3.80（d，J = 3.9Hz，1H，H6），1.30（d，J = 3.9Hz，3H，CH_3 – CH）。

FAB – MS：m/z417（M + H^+）。

实施例48

（5*R*，6*S*）–2–（苯甲酸）甲酯–6–［（1*R*）–1–羟乙基］–青霉烯–3–羧酸单钠盐**78**

以**62**邻氯为原料，操作同**47**。得白色固体，收率55%。

^{1}H NMR（D_2O）：δ7.83（d，J = 8.4Hz，2H，Ph），7.52（d，J = 8.7Hz，2H，Ph），5.70（d，J = 14.7Hz，1H，CHOCO），5.55（d，J = 1.2H，1H，H5），5.35（d，J = 14.7Hz，1H，CHOCO），4.03（m，1H，CHOSi），3.67（dd，J = 1.2，6.9Hz，1H，H6），1.21（d，J = 6.3Hz，3H，CH_3 – H）。

FAB – MS：m/z406（M + H^+）。

抗菌活性测定：

对敏感金葡菌，63～78抗菌作用等于或优于Faropenem、Sultacillin、Meropenem、Vacomycin。

所有青霉烯类化合物均显示良好的抗MRSA的抗菌活性，与临床用药万古霉素相比，抗菌活性至少相当或优于万古霉素。

对肠球菌，63、64、65、67、68、71、72、73、74、76、77的抗菌活性与五种参照药物相当或优于他们。

在现有的抗菌类的抗生素中，最广泛应用于临床并被公众所熟知的优选法罗培南，但其抗MRSA的MIC_{90}为256μg/ml，本发明的化合物抗MRSA的MIC_{90}最大为4μg/ml，最小（间位取代）为0.25μg/ml，与法罗培南相比药效提高了64～1000倍，抗菌效果明显优于其他同类药。

综上所述，设计并合成的2–苯羧酸酯青霉烯类化合物，尤其是2–苯羧酸甲酯青霉烯类化合物，对革兰氏阳性菌MSSA和肠球菌都具有较高的抗菌活性，特别对于MRSA均显示出良好的抗菌效果。

第二节　案例2：改性三聚氰氨树脂及其制备方法和用途

本节通过一个具体申请案，介绍与化学物质及工艺过程相关的发明专利申请文件的撰写过程，提供了撰写化学领域中与化学物质及工艺过程相关发明的专利申请文件的一些基本原则和思路。

1　发明人提供的技术交底书

完成专利申请文件的撰写需要经过与发明人或申请人的不断沟通和确认，所以，请发明人以适当的形式提供欲申请专利保护的技术内容的说明（技术交底书）是专利代理人进行申请文件撰写工作的基础。

专利代理人在取得技术交底书后，需要在仔细阅读和学习的基础上进行分析，并站在专利申请的角度为发明人调整和完善保护内容提出建议。

代理机构可以向发明人提供技术交底书的模板，但是在实际操作中要求所有发明人都按照规范的格式提供技术交底书往往是不现实的。作为专利代理人，不应苛求发明人提供的交底材料在文件格式或表达方式上的准确和规范，而应该具有阅读和分析其中的技术内容的能力。本案例给出的是发明人提供的技术交底书的真实文本。

附件1是本案例中发明人首次提供的技术交底书。

附件2是技术交底书中所引用的现有技术简述。

2　对发明创造的初步理解和分析

在阅读发明人提供的技术交底书，了解技术方案具体内容的同时，根据交底书的引导，更多地了解与该发明创造相关的基础知识，是专利代理人首先要做的工作。作为一名专利代理人，在承接一个申请案的委托代理之前可能并不十分了解相关领域的技术和知识，但是应该具有较强的学习能力。

专利代理人需要搞清的问题至少应该包括：该发明创造涉及的技术领域有哪些？要帮助申请人撰写该申请文件，应该了解的专业知识是哪些？在所完成的申请文件中，应该帮助申请人体现和保护哪些关键技术？这些关键技术与现有技术的内容和技术效果有哪些区别？

学习和了解上述内容的途径：

① 向发明人学习，借助发明人提供的交底书或基本技术方案，站在专利申请的角度与发明人进行沟通和讨论，一方面努力让自己清楚本发明的真正内容，另一方面也明确自己需要深入研究和掌握该发明内容的方向。

② 相关领域的教科书、工具书、手册、网络信息（对相关技术的研究报道或背

景的了解）等或其他途径。

目标：学习相关专业知识，分析并掌握该发明与现有技术的区别。

2.1 发明创造的背景知识

在阅读了本案例中发明人提供的基本材料后，应该对该发明的背景知识有一定的了解，以具备与发明人进一步就技术方案进行沟通交流的基础。本案例的背景知识可以概括如下：

随着森林资源的日益紧缺，人工林（也称速生林）木材的处理和利用已成为木材加工业的重点发展方向，最大化地以人工林取代天然林提供和满足市场对原料木材的需要是必然趋势。速生林木的特点是生长期短，但材质疏松、强度低，总的力学性能相对于使用需要有很大的差距。如何通过有效的改性处理，提升人工林木材的强度、尺寸稳定性，满足使用中所要求的力学性能是关键技术。在本发明以前，这种低密度和低强度材料的改性方法中，比较有效和常用的主要是充填法。所谓填充法是通过使用某种组分配制而成的浸渍液对木材进行浸渍处理，达到提高木材的强度、尺寸稳定性以及耐腐、阻燃等性能的目的。

本申请提出前，木材加工技术实施中面临的问题是，利用改性剂浸渍处理虽然能提高木材的强度和尺寸稳定性，但浸渍液通常是一些有机单体或树脂类聚合物，导致对木材实施浸渍处理过程，一方面是对加工环境产生影响，另一方面是处理成本居高不下。对于木材加工行业，选择合适的浸渍处理材料（改性剂），并尽可能消除或降低有机物残留和排放，是必须考虑和解决的技术问题。

如果在阅读了技术交底书和以上说明后，仍有不清楚之处，建议进一步查找相关介绍。

2.2 对发明方案进行初步分析

认真阅读和研究交底书，了解技术领域和背景技术，掌握该发明需要保护的技术方案，是完成申请文件撰写的基础工作。了解并确定了最接近的现有技术后，应将该现有技术的技术方案与该申请希望保护的技术方案进行对比分析，这也是专利代理人实际工作中的重要环节。

2.2.1 从交底书中读出的技术方案

阅读已经得到的交底书，可以知道，为了实现对杨木实木的改性处理，并克服现有技术所产生的甲醛释放量高，以及处理成本高的问题，该申请的方案至少包括了三方面内容：

① 三聚氰胺与甲醛缩合制成三聚氰胺甲醛树脂——作为新的交联剂。

② 交联剂与麦芽糊精混合——作为新的改性剂（浸渍液）。

③ 利用上述改性剂对木材浸渍，实现对木材的改性处理。

进一步还可以确定的主要技术细节：

第五章

在①中，甲醛与三聚氰胺的缩合摩尔比：3.0～1.2；

在②中，交联剂: 麦芽糊精＝1∶2～5；

在③中所采用的处理方法与所提供的现有技术基本相同。

2.2.2　现有技术中记载的内容

就技术交底书的内容与发明人沟通后，发明人确认该发明中的改进点就是针对了所引用的美国专利所公开内容，通过对交联剂的改变，提供一种新的木材改性处理方法。因此，可以总结出现有技术中记载的内容：

① 使用具有羟基或烷羟基的交联剂，例如六甲氧基甲基三聚氰胺作为交联剂。

② 将所述交联剂与麦芽糊精混合制成用于对木质纤维材料实施改性的处理剂，经过用该处理剂对木材进行浸渍，在该交联剂的作用下，麦芽糊精能够浸入木质纤维材料中，实现对材料的改性。

2.2.3　技术问题和技术效果

通过阅读发明人提供的上述技术交底书和上述背景技术内容，可以总结出该发明所解决的技术问题以及所带来的有益效果：

发明人对现有技术的贡献在于，发现可以利用三聚氰胺与甲醛缩合得到的产物（应该是一种氨基树脂）替代现有技术中的具有羟基或烷羟基的交联剂例如六甲氧基甲基三聚氰胺作为交联剂，利用由此得到的木材改性剂对包括杨木实木在内的速生林木材实施改性处理，在达到预期的改性效果的同时，有效降低了处理产品过程中的甲醛释放量，同时也降低了处理成本，达到了对甲醛用量、改性产品力学性能和甲醛释放量的平衡，在木材加工行业应该具有很好的推广前景。

所以，发明人希望通过提交一个发明专利申请，保护一种对包括杨木实木在内的速生林木材实施改性处理的方法，其与现有技术的主要区别在于采用了新的交联剂。

3　深入理解发明创造

前面关于发明技术方案与现有技术的基本情况比对，应该作为与发明人进一步沟通的内容之一，在此基础上还需要专利代理人与发明人共同对技术方案作深入的研究和挖掘。

3.1　现有技术

在确认自己已经对发明内容有了基本的认识和掌握的情况下，需要分析和确定发明人希望保护的技术主题和主要技术方案是什么，与现有技术区别在哪里。

根据检索结果，理解和分析现有技术，明确其与该发明的区别，是专利代理人在撰写前必须解决的问题。现有技术内容可以来自发明人自己的检索结果，也可以由专利代理人受发明人的委托进行检索。

在撰写申请文件前需要将该发明创造的技术内容与现有技术公开的内容进行特征

比对，并站在本领域技术人员的立场上对技术方案的整体进行初步的分析。

这个阶段工作的深入程度取决于该技术方案的特殊性和专利代理人自身所具备和掌握的背景技术与该发明的技术领域和技术本身之间的距离。

在本案例中，通过阅读和初步分析技术交底书所得出的结论是，发明人希望通过提交一个发明专利申请，保护一种对包括杨木实木在内的速生林木材实施改性处理的方法，其关键在于采用了新的交联剂。

经过与发明人的讨论和初步检索，基本上能确认，除了已经提供的在先专利公开外，初步的检索中没有找到更接近的现有技术，所以，本申请案例的研究和撰写工作可以在发明人首次提供的交底材料以及所引述的现有技术内容基础上开始。

将申请人提供的检索结果（美国专利）作为最接近的现有技术，其具体内容可以表述为：采用具有羟基或烷羟基的交联剂处理木质纤维材料。具体应用实例是采用六甲氧基甲基三聚氰胺作为交联剂，与麦芽糊精混合制成用于对木质纤维材料实施改性的处理剂。麦芽糊精在该交联剂的作用下浸入木质纤维材料中，达到对木质纤维材料实施改性，提高其力学性能的效果。

3.2　初步分析发明方案的“三性”

在申请文件撰写阶段，专利代理人应该帮助发明人分析判断所需保护的技术方案的新颖性和创造性。新颖性和创造性是否成立，与所要求保护的技术主题和所限定的保护范围有直接的关系。所以，专利代理人可以站在审查员的角度帮助发明人分析和确定技术方案的新颖性、创造性和实用性，必要时帮助发明人重新确立保护主题和保护范围，在此基础上完成申请文件的撰写。

在本案例中，发明人提供的技术方案显然能够满足《专利法》关于实用性的要求，所以，对技术方案的分析可以只放在新颖性和创造性方面。

应该注意：专利代理人在撰写阶段对技术方案的新颖性和创造性的分析判断结论，只能供发明人参考，并不能保证将来在审查过程中得到审查员的认同。但是，在这一结论的基础上，专利代理人可以在申请文件撰写过程中考虑如何为案件在未来审查过程中的修改和陈述保留适当的空间。

3.2.1　新颖性分析

按照新颖性的判断标准，只需将所确定的保护方案与现有技术方案进行比较，确认二者是否相同。如果构成所要求保护方案的所有技术特征都已经被同一现有技术方案所公开，而且该现有技术方案与该发明属于相同或相近的技术领域，它们所解决的技术问题也是相同的或至少部分是相同的，那么该保护方案就不具备新颖性。所以，专利代理人如果根据知道的现有技术已经很容易判断出所要求保护的方案不具备新颖性，应该向发明人作出解释，并与发明人讨论是否有可能调整方案以使新颖性成立。

具体到本申请案例，检索到的美国专利与该发明方案属于相同的技术领域，二者所解决的技术问题基本相同，所以，该美国专利中公开的技术方案可以用于评价本申请案例中请求保护的发明方案的新颖性和创造性。

在判断发明方案是否具备新颖性时，应将构成该发明方案的技术特征与确定的现有技术方案的技术特征逐一对比。根据以上分析比对的结果可以看到，所确定的现有技术文献中没有公开和教导采用三聚氰胺与甲醛的缩合产物作为交联剂，也就没有公开利用该新的交联剂与麦芽糊精制成改性剂，以及利用所述改性剂对包括杨木实木在内的速生林木材进行改性处理的方法。如果提出包括这些特征的方法权利要求，即请求保护上述木材改性方法，由于交联剂（构成该改性方法的一个技术特征）的不同，导致其整体技术方案与现有技术记载的方案不相同，所以，基于该发明方案写出的权利要求应该有新颖性。

3.2.2 创造性分析

目前，中国专利审查实践对创造性的判定遵循“三步法”。专利代理人在申请文件撰写前按照这样的思路对发明方案的创造性进行初步判断，有利于对技术方案进行系统设计，也是对发明人和申请人负责的态度和做法。当然，专利代理人在申请文件撰写阶段对创造性的判断不能等同于审查员的意见，也不应该依据自己的初步判断草率地以发明不具备创造性为由而退回发明人的委托。如果初步判断的结果是该发明方案存在被认为不具备创造性的可能，专利代理人应该将自己的分析与发明人沟通，帮助发明人确定和完善内容，确定尽可能具备创造性，或者在审查中能够通过修改而具有创造性的保护方案。

当根据交底书确定了请求保护方案的范围，并且可以初步判断具备新颖性后，按照以下方式初步判断创造性：

① 现有技术公开了哪些内容和技术特征，其中与该申请要求保护的技术方案的区别特征是什么？这些区别特征导致整体技术方案解决了什么技术问题？

② 上述确定的区别技术特征为整体技术方案带来了什么样的技术效果？从实现该技术效果的角度出发，现有技术中是否给出了将这些区别特征应用到最接近的现有技术以解决其存在的技术问题的启示？

③ 已公开的文献（现有技术）、教科书、工具书（公知常识）等中是否有相关的教导，例如相关反应机理、某类物质特有性质的研究结果报道？或者本领域技术人员是否会从这些报道中得到某种启示，有可能将其与现有技术内容相结合，进而不需花费创造性劳动而提出该申请的技术方案及预期这些方案的效果？

根据交底书的说明和上述分析已经知道，本申请案例技术方案的关键在于用三聚氰胺－甲醛树脂替代现有技术所使用的六甲氧基甲基三聚氰胺作为交联剂，利用该交联剂配制浸渍液对木材进行浸渍处理。上述过程中，除选择了新的交联剂，其他工艺均可按照现有技术实施。除了交联剂外，技术交底书中还提供了相关的技术细节：交联剂：麦芽糊精＝1∶2～5，麦芽糊精的DE值5%～40%，优选10%～25%。

针对本申请案例的技术方案，通过检索和学习应该很容易获得的基础知识：

① 六甲氧基甲基三聚氰胺属于一种甲醚化的三聚氰胺树脂，三聚氰胺与甲醛反应最终得到的是具有三维状的三聚氰胺-甲醛树脂，二者同属于氨基树脂。

② 三聚氰胺与甲醛的缩合也是一种公知的缩合反应，该反应过程经历了三聚氰胺分子中 3 个氨基上的 6 个氢原子逐个被羟甲基取代的历程，所以，控制甲醛的缩合反应量可以得到一系列的树枝状产物（体形结构）。该缩合过程也是三聚氰胺最重要的工业应用。

如果已经证明六甲氧基甲基三聚氰胺具有交联性能，根据对它们的结构和性质的掌握，可以推断三聚氰胺-甲醛树脂与六甲氧基甲基三聚氰胺应该具有相似的交联性能；那么在三聚氰胺与甲醛缩合过程，通过选择甲醛与三聚氰胺的物料比，得到引入了适当甲醛量的缩合树脂，取代现有技术中使用的六甲氧基甲基三聚氰胺作为交联剂，应该既具有需要的交联性能，还可以达到控制甲醛含量的效果。这样的结论对于本领域技术人员是有可能想到的。

基于这样的考虑，为了降低甲醛释放，途径之一可以是寻找一种能够控制甲醛含量的新的交联剂，将现有技术中已经有记载的关于六甲氧基甲基三聚氰胺作为交联剂的技术教导，结合三聚氰胺甲醛树脂性质的基础知识，该发明方案应该有可能被启示或得到，所以，该申请方案的创造性存在有不成立的风险。具体原因是：如果仅仅将该申请方案的创造性定位在用三聚氰胺与甲醛缩合的树脂产物替代六甲氧基甲基三聚氰胺等具有羟基或烷羟基的交联剂作为包括杨木实木在内的木材或木质纤维材料的改性处理剂中使用的交联剂，而该三聚氰胺-甲醛树脂的获得（购买或者自行通过缩合反应制备）以及规格的选择（甲醛的缩合比例），乃至利用所得到的改性剂进一步实施对木材改性处理的工艺均无需特定的改变，那么，无论是该技术方案本身，还是该技术方案实施后可以降低甲醛释放量和降低实施成本的有益效果，对于本领域技术人员来说，在现有技术的启示下，应该是有动机尝试并可以通过合理摸索和实验就能得到和预见到的。所以，如果将本申请案例的保护方案确定在一种木材的改性处理方法，且将其与现有技术的区别技术特征确定在利用三聚氰胺-甲醛树脂作为交联剂的浸渍液（改性剂），则很难确立该发明方案的创造性，或者至少在审查中和后续无效宣告程序中存在因创造性问题而被拒绝或宣告无效的风险。

专利代理人应该将自己的理解向发明人求证，在此基础上将以上的分析以及如果按照这样的方案提出申请可能存在的问题和风险向发明人解释，并征得发明人的理解和配合，对技术方案进一步分析。

4　深入研究技术方案和拓展技术特征

在本案例中，专利代理人的以上分析得到了发明人的认同，但发明人仍然认为他们的研究成果相比于现有技术具有非常显著的优势，希望能通过专利得到保护。所以，下一步应该考虑是否还能发现进一步的发明改进点，以帮助发明人实现获得专利保护的目的，即分析该发明与现有技术的区别和分析挖掘更突出的发明点。

认真阅读和研究应该可以发现，发明人在技术交底书中记载，该发明创造在对杨木实木实施改性处理过程中，使用的交联剂是将甲醛与三聚氰胺进行缩合后的产物，并限定了二者在反应体系中的摩尔比；还可以发现，交底材料进一步提供了二个关于配制浸渍液的具体实施例，记载了从三聚氰胺与甲醛的缩合，和缩合产物进一步与麦芽糊精配制成浸渍液的过程。实施例 2 的方案记载了在三聚氰胺与甲醛的缩合过程中还加入了一定量的麦芽糊精，而且二个实施例中均记载还加入 DMF。作为专利代理人，还应该注意这两个实施例的具体方案是否还包括了更多的信息，并在必要时向发明人提出询问。

对两个实施例的具体方案，发明人给出的解释是，实施例 2 中麦芽糊精的加入是为了控制缩合产物的状态，提高最终配制的浸渍液的稳定性。因为发明人在实验摸索中发现，使用三聚氰胺与甲醛的缩合产物作为交联剂，按照对比文件的方法配制浸渍液和处理木材，对木材的改性效果均显示可以接受，但所配制的浸渍液却不能如对比文件记载的浸渍液能较长时间储存，很难满足木材加工企业的要求，也就缺少了实际应用的基础。所以在整个方案实施操作中二次使用麦芽糊精：首先是在缩合反应体系中加入麦芽糊精，然后是使用麦芽糊精与交联剂共混制备浸渍液，这样得到的浸渍液具有了明显改善的储存稳定性，这样的结果也是在反复摸索的实验中的意外发现；至于 DMF，是一种增溶剂，目的在于提高三聚氰胺的溶解度，以更利于缩合反应的实施。

基于发明人提供的解答，可以分析确定，尽管三聚氰胺与甲醛缩合形成的树脂与六甲氧基甲基三聚氰胺在交联特性方面有一定的相似，但从实际应用出发，并不是这样的简单替代就具有很好的实施效果，而是需要有针对性地附加特定的技术手段。发明人选择的是加入适量的麦芽糊精对缩合产物实施改性，那么无论是该技术方案本身，还是其所带来的技术效果，都不能说是显而易见的。所以，在确定该发明所解决的技术问题时，浸渍液的稳定性也应该考虑在内。

可以这样理解：本申请案例的方案中所使用的三聚氰胺与甲醛的缩合产物不同于常规的三聚氰胺－甲醛树脂，实际上是由于麦芽糊精的加入而被改性的产物。以这样的缩合产物作为交联剂，进一步与麦芽糊精复合制成的改性剂（浸渍液），在提供对木材的改性能力的同时，甲醛的释放量能够被控制，而且所得到的性质稳定的交联剂也更具产业化前景和价值。

将以上分析与发明人进行讨论，得到发明人的认同。发明人也同意，为了突出该发明方案的创造性，需要更明确地提出该发明相比于现有技术的区别特征和技术效果。

总结如下：

① 本案例方案的关键技术特征：三聚氰胺与甲醛的缩合体系中添加麦芽糊精，将得到的反应产物作为交联剂，该交联剂可用于对木材的改性处理。

② 本案例方案的有益效果：提供了低成本的新型交联剂；改性材的甲醛释放量降低；作为改性剂的浸渍液具有良好稳定性。

5　确定保护方案和主题

在以上分析的基础上可以确定，本申请案例的技术方案实际上是将三聚氰胺和甲醛在麦芽糊精存在下的缩合产物作为交联剂，替代现有技术的六甲氧基甲基三聚氰胺或其他具有羟基或烷羟基的交联剂，进一步与麦芽糊精混合配制成了麦芽糊精复合物浸渍液，进而利用该浸渍液对杨木进行改性处理。该方案的实施不仅降低了木材制品的甲醛释放量，处理效果和浸渍液的稳定性都能满足相关的技术要求和产业化条件。即在制备交联剂和配制浸渍液过程中，两次使用了麦芽糊精，这是现有技术所没有教导的。

为了突出该发明方案的创造性，应该确定，由三聚氰胺、甲醛和麦芽糊精构成的缩合体系是必要技术特征，也是该发明创造与现有技术之间的区别技术特征之一。

根据《专利法》的规定，该发明创造的技术方案只能通过发明专利来保护。

明确以上问题的基础上，接下来应该考虑的是如果提出发明专利申请，可以请求保护的主题和各自的范围该如何确定。

5.1　保护主题

5.1.1　基本概念回顾

化学领域专利申请可以涉及的保护主题会很多，例如：

新产品保护：新化学物质、新化合物、新组合物等。

各类方法保护：制备方法、检测方法、处理方法等。

用途保护：第一用途、第二用途（可以理解为方法）。

在一件专利申请中可以同时提出对多个符合单一性规定的技术主题的保护。多个主题能够合案申请的条件：具有相同或相应的特定技术特征。具体规定和说明可以参见《专利审查指南 2010》的相关内容。

5.1.2　确定专利保护主题的基本原则

在撰写文件和提交申请阶段，提出尽可能多的保护主题，更利于在后期的审查过程中通过针对审查意见的修改来进行调整。例如，当审查中被指出某个保护主题所限定的方案不具有专利性时，可以在已经写入权利要求书的其他保护主题中选择有授权前景的主题和方案（因为根据《专利审查指南 2010》规定，在针对审查意见所作的修改中，不能在该申请中增加新的保护主题），利于案件的尽早授权。

除了利于授权的考虑外，还应结合如下考虑：

① 考虑技术方案本身及其商业实施，尽可能寻求和确定所有可以要求的保护主题，使得申请获得授权后，专利权人能够得到更多的权益，在可能出现的侵权纠纷中，更利于专利权人确定侵权方案。

② 考虑到侵权认定和举证责任，尽可能提出产品保护，同时兼顾生产方法保护，利于专利权人在可能出现的侵权纠纷中履行举证责任。

③ 当确定可以有多个保护主题时，应重点考虑申请人的同行或竞争对手最有可能或最容易侵权的保护主题。

当提交的文件中包括了多项保护主题时，在审查中对于那些确实不具有单一性、或因修改导致不具有单一性的保护主题也可以通过分案继续申请保护，所以，在撰写时提出尽可能多的保护主题，对于申请人不会产生利益的损失。同时，专利代理人应该向申请人说明，如果申请人对于一些主题或方案有进一步研究开发的计划和考虑，则应该慎重决定是否写进该申请，以避免因不当的提前公开而导致后续的申请失败。

当然，权利要求数量增加会导致申请费用的增加，在撰写中需要向申请人说明这一点，以方便申请人对保护主题的取舍作出决定。

5.1.3 确定申请的保护主题

具体到该发明创造方案，由于确定了麦芽糊精也是缩合体系的必需原料之一，那么缩合反应的产物显然不再是已经公知的三聚氰胺甲醛树脂，而应该是一种新的产物。按照前面的分析，这种新的缩合产物本身应该没有被现有技术公开。一方面，在这样的情况下，这种缩合产物作为木材改性处理剂中所添加的交联剂，该用途也不能根据现有技术容易想到和预期。另一方面，该缩合产物也可以作为一种工业化产品而提供给用户。所以，这样的特定缩合产物可以作为一种新产品提出保护。

由于该发明是采用该特定的缩合产物取代现有技术中的六甲氧基甲基三聚氰胺或其他具有羟基或烷羟基的交联剂作为木材改性处理剂中的交联剂，即以该缩合产物作为交联剂与麦芽糊精配制成浸渍液，并且在制备交联剂和配制浸渍液过程中，再次使用麦芽糊精，显然，利用该特定缩合物质作为交联剂配制的浸渍液（改性剂）也应该是新的，也应该可以作为保护主题。

还可以想到，由于使用甲醛、三聚氰胺和麦芽糊精为原料实现缩合反应而得到一种特定的缩合产物的方法没有被公开，该新的缩合产物的制备方法，也可以作为一种保护主题。

再进一步，利用上述不同于现有技术的浸渍液对木材进行改性处理的方法又形成一个保护主题。

所以，初步可以考虑如下保护主题：

主题1：所述缩合产物（定义为“改性三聚氰胺树脂”）。

主题2：所述缩合产物的制备方法。

主题3：由该缩合产物与麦芽糊精构成的用于配制木材处理剂的组合物。

主题4：利用所述组合物配制浸渍液对木材实施改性处理的方法。

可以理解，基于以上发明主题形成的技术方案中，对现有技术作出贡献的技术特征都是该特定的缩合反应产物，也即，对于所列出的发明方案从整体上考虑，其对现有技术作出的贡献都是在于所述缩合产物。所以，上述全部的技术方案具备相同的特定技术特征，符合单一性规定，可以合案请求专利保护。也容易理解，当该三聚氰胺缩合产物具备新颖性和创造性时，在此基础上延伸出来的上述其他技术方案都应该具备新颖性和创造性。

另外，从申请人的利益考虑，还可以建议增加所述缩合产物的用途以及采用该发明方法处理得到的木材制品保护。

如果设计和撰写恰当，可以为客户争取更多的权益。

需要注意的是，实际工作中，专利代理人有分析和建议的义务，但最终是否需要或应该提出这样的保护主题，还必须以发明人或申请人的意见和指令为准。在本案例中，发明人同意了专利代理人的分析和建议，并希望专利代理人能帮助争取比较全面的保护范围。

5.2 完善技术方案

5.2.1 技术内容的完善和扩充

经过以上的深入分析，该发明创造中最重要且保护范围最大的发明主题应该是所述三聚氰胺缩合产物。前面已经说明，该缩合产物是一种利用特定原料的反应产物，将其作为一种新物质提出产品保护时，必须对该反应产物作出清楚定义。所以应建议发明人提供能够对该缩合产物进行表征的结构和/或理化参数，以及确定这些结构和/或理化参数的检测方法，以满足清楚界定保护范围和说明书充分公开的需要。这也是清楚定义该申请其他保护主题的技术方案的关键。

对于该问题，发明人的答复是，该缩合反应产物应该是特定原料之间的缩合反应结果，即三聚氰胺、甲醛以及麦芽糊精，缩合产物是结构可能不确定的物质，可以视为一种高分子聚合物，但用化学名称或化学结构表征和定义有难度。也就是说，该反应产物至少在提交申请前很难用化学名称或化学结构式或者其他结构或组成特征来清楚表征和定义。根据《专利审查指南2010》的规定，在这种情况下，只有考虑在权利要求中用制备方法进行产品限定了。由于该缩合反应产物与常规的三聚氰胺-甲醛缩合树脂有区别，所以该发明称之为“改性三聚氰胺树脂”（注意：作为自行定义的物质，在说明书中应记载对它的解释说明，以避免审查中因被指出技术术语不清楚而导致技术方案不可实施）。专利代理人此时需提示发明人，对于以制备方法限定的产品，审查中可能会因检索到相同或相近制备方法的现有技术公开而被推定不具备新颖性；另外，在侵权纠纷中举证难度大，使发明人对最终所能得到的权利的性质有比较清楚的认识。

在以上分析的基础上，可以发现目前的技术交底书中对技术方案的说明还不够详细。在开始撰写前，还需要发明人提供和确定的内容包括：

① 原料——三聚氰胺、甲醛和麦芽糊精之间的比例关系；麦芽糊精的规格要求。目前的技术交底书中至少还欠缺在缩合反应体系中需加入麦芽糊精的比例选择，以及所用麦芽糊精的规格。无论这些内容是否必须写进权利要求书，为了保证说明书对技术方案的清楚描述，建议发明人进行补充。

② 缩合反应条件——包含了三聚氰胺、甲醛和麦芽糊精的反应体系反应提供所需要的缩合产物时，应该需要满足一些必要的条件，例如反应温度、反应介质或体系、时间或确定反应完成的标志、酸碱度控制要求等。目前的技术交底书中，没有说明当缩合反应体系包括麦芽糊精时，反应条件相比于三聚氰胺与甲醛的缩合反应是否需要改变，即使反应条件可以照搬，也应建议发明人提供优选的条件选择范围。

③ 组合物及浸渍液的组成——在得到所述组合物时，改性三聚氰胺树脂与麦芽糊精的比例以及是否有其他组分和相应的比例要求，制成浸渍液是否还需要特殊条件限制。目前的技术交底书中没有说明使用这种经麦芽糊精改性的缩合产物作为交联剂，制备用于改性处理的组合物和浸渍液时，是否需要对配制比例和条件进行改变，建议发明人提供进一步的说明。

④ 对木材实施改性处理——除了浸渍液有改变外，在木材改性处理中，其他条件是否需要相应改变，建议发明人提供进一步的说明。

对于以上技术内容，建议发明人在提供可实施范围的同时，能针对影响技术效果的特征提供优选范围，以便写在从属权利要求中作为审查中的修改退路，利于在审查过程中乃至授权后可能的无效宣告程序中进行修改。在该申请中，显然还应该体现缩合原料之间的比例范围、各原料规格的选择以及缩合反应条件、组合物及浸渍液组成和条件的优选参数。

5.2.2　说明书内容的充实

根据前面的分析，本申请案例中技术方案的关键在于提供一种不同于现有技术的交联剂，用于木材改性处理。在满足改性要求的前提下，所达到的技术效果至少有两方面。

（1）控制甲醛释放量

通过在缩合体系中加入麦芽糊精，被改性的缩合产物（改性三聚氰胺树脂）作为交联剂提供的木材改性剂（浸渍液），对木材进行改性处理，由于缩合反应制备改性三聚氰胺树脂过程中，可以在满足处理要求的前提下控制甲醛的缩合量，改性材的甲醛释放量可显著降低，而且浸渍液具有足够的稳定性，利于产业化。

（2）改性处理成本得以降低

所采用的改性三聚氰胺交联剂相比于现有技术中的六甲氧基甲基三聚氰胺，具有更低的成本，因而使整个木材改性处理过程的成本得以降低，利于产业化实施。

这些技术效果相比于现有技术更利于产业化的实现，对于体现和支持本发明方案的创造性非常关键，所以，为了使说明书能对技术方案和技术效果有充分的支持，建议申请人增加：

——若干实施例，包括缩合反应过程以及浸渍液的配制和木材的改性处理过程，至少应该有 2 ~ 3 个实施例，这些实施例应针对所确定的关键特征范围，改变具体数值或操作，以覆盖所确定的保护范围。

——必要的对比例。① 通过平行对比试验的方式，与最接近的现有技术作比较，验证该发明用改性三聚氰胺树脂替代六甲氧基甲基三聚氰胺作为交联剂，配制成浸渍液对木材进行改性处理，在改性材的力学性能满足要求的情况下，其甲醛释放量和处理成本确实下降；② 通过改变缩合反应体系中麦芽糊精的添加量，体现麦芽糊精对浸渍液稳定性的影响。

为满足说明书充分公开的需要，还需要考虑：

① 由于该申请的缩合产物与常规的三聚氰胺 - 甲醛缩合树脂有区别，所以称为“改性三聚氰胺树脂”，该自命名物质必需在说明书中进行定义或说明。

② 考虑到所涉及的实验和检测方法的清楚性，应该详细记载所采用的检测方法的具体操作过程，或者对于标准操作和方法应记载来源，例如标准号等信息。

③ 需要明确化学物质的含量/比例的基准，例如技术方案描述中所涉及的含量/比例为重量百分比、摩尔比、百分（体积）浓度等。

将以上分析意见与发明人进行了讨论，得到了发明人的认同，发明人按照专利代理人的建议对技术交底书作了补充。

6　发明人修改后的技术交底书

经过讨论和解释，发明人对最初的技术交底书进行了修改和补充，请参见附件 3。

可以看到，此次的技术交底书相比于首次提供的技术交底书有以下完善：

① 补充了缩合反应的原料配比、反应条件。

② 补充了在缩合体系中添加麦芽糊精对缩合产物的影响说明。

③ 补充了实施例，针对甲醛缩合量的改变对技术效果的影响补充了对比例，包括缩合体系中添加麦芽糊精的影响和与现有技术的效果对比。

阅读发明人提供的技术交底书二稿，初步认为基本上记载了所需要的内容，因此可以开始撰写申请文件。

7　撰写权利要求书

权利要求书是申请文件的重要部分，表明了申请人希望获得保护法律保护的内容和范围大小，所以，应该清楚记载要求保护的技术方案的类型以及必要技术特征。

7.1 概述

根据前面已经讨论并确定的保护主题，该发明创造方案只能申请发明专利，并且可以不包括说明书附图，所以，申请文件的撰写主要包括撰写说明书和权利要求书。至于具体应该先撰写权利要求书，还是先撰写说明书，并无特别的规定和强求，可以根据技术交底书的完备情况和个人的撰写习惯进行调整。无论采用哪种撰写方式，都应照顾到说明书对权利要求的支持。

经过以上分析，虽然已经能确定该发明最接近的现有技术，但在撰写过程中，仍然建议对照拟确定的独立权利要求方案，再次斟酌说明书各部分内容。例如，可以先按照已经了解和确定的信息，开始撰写说明书的技术领域和背景技术部分的框架，以体现所确定和引用的现有技术的技术方案与该申请的独立权利要求的技术方案之间存在区别技术特征，而且基于该区别技术特征，现有技术的缺陷恰能被该发明方案所克服。然后基于自己对技术方案的理解和掌握的程度，决定是先写权利要求书还是先写说明书。

本案例从便于讲解考虑，先讲解权利要求书的撰写。

7.1.1 撰写权利要求书的基本出发点

很多情况下，发明人往往只能提供出相关的技术内容，而确定需要保护的主题和方案、概括技术方案和完成权利要求书的撰写，则需要专利代理人的创造性付出。专利代理人需要在准确和充分理解发明的关键后才有可能完成权利要求书的撰写。

在权利要求书的撰写中，需要确定好三个关系：

① 独立权利要求与从属权利要求之间的关系（技术方案之间的相关性、技术特征引用基础的清楚和准确性）。

② 多个独立权利要求之间的关系（符合《专利法》关于单一性的规定）。

③ 权利要求方案与说明书之间的关系（说明书对权利要求的实质性支持）。

7.1.2 保护主题和层次的设计建议

在符合《专利法》规定的前提下，尽可能将所能提出的保护主题都写进权利要求，一方面利于全面保护，另一方面避免审查中若已有的保护主题不能授权，其他可能的主题因修改时机不符合《专利法实施细则》第 51 条规定而无法继续在本案中审查；更深一层的考虑，专利一旦授权，在无效宣告程序中一般不允许再将说明书记载内容写进权利要求书，因此，申请阶段全面写出保护主题和重要的技术方案（从属权利要求），也利于无效程序中的修改。

多个保护主题之间如果不符合《专利法》规定的单一性条件只影响申请费用和审查进度，即使在审查中被指出，也可以通过修改和选择相关的保护主题而克服所存在的缺陷，所以，除非申请人希望控制申请的费用和急于得到审查结论，不希望产生额外或过多的申请费用，或者不希望因可能存在的单一性缺陷而延长审查周期，专利代理人应该在向申请人作出解释，并得到发明人理解和认可后，从有利于专利保护角度出发，暂不考虑单一性问题，而把尽可能多的保护主题写入权利要求书。对于明显不符合单一性规定的保护主题，专利代理人可以在提交前即向申请人作出清楚说明，以便有针对性地确定申请的策略，例如，同时提交多个申请。

在独立权利要求确定后，尽可能将更优选的技术特征作为附加技术特征写进从属权利要求，并形成合理的保护层次，同时，对附加技术特征及引用关系的设计应考虑到审查和无效宣告阶段的修改。

尽可能多写从属权利要求的益处在于：

① 为审查过程的修改保留了退路，便于在审查过程中针对有关新颖性或创造性以及说明书支持的审查意见进行修改。

② 限制了他人提出选择发明的机会。

③ 从属权利要求记载的往往是申请人的商业实施方案，并且是在独立权利要求范围内的相对优选的方案，在侵权纠纷中更方便与侵权方案具体比对，因此有助于专利权人在侵权诉讼中主张侵权或等同侵权。

合理的从属权利要求布局也为授权后可能的无效程序保留继续修改的机会。

7.2 撰写第一组保护主题——一种改性三聚氰胺树脂

7.2.1 撰写改性三聚氰胺树脂的独立权利要求

前面已经分析，保护一种不同于现有技术的缩合产物，能使发明人的利益最大化。在撰写前需要再次考虑：

① 该发明主题保护的方案所涉及的必要技术特征有哪些？其中哪些是相对于现有技术的区别技术特征？

② 针对该缩合产物，能清楚定义该物质的撰写方式应该怎样？

如前面的分析，虽然该申请中提出的“改性三聚氰胺树脂”没有被现有技术所公开，但是三聚氰胺经不同的处理过程或手段可以得到不同的改性产物，在发明人没有能力对所得到的“改性三聚氰胺树脂”提出确定的化学构成和理化性质进行测定的情况下，很难实现用结构或组成特征或理化参数特征对所述缩合产物进行表征，也就是说，“改性三聚氰胺树脂”虽然是一种化学物质，但是目前无法对其本身进行清楚定义和表征。那么，在独立权利要求 1 中，只能考虑采用方法特征来限定该产物，限定该改性三聚氰胺树脂是由什么原料缩合以及通过必要的条件控制而得到。

根据前面的分析，获得该发明的改性三聚氰胺树脂的原料包括了：甲醛、三聚氰胺和麦芽糊精，即所述三种原料组成了该发明的缩合反应体系。按照基本的专业常识考虑，确定反应体系后，各反应原料之间的比例以及反应条件的改变，也可能会影响到反应的结果，所以，在确定该权利要求的必要技术特征时，需要对以上特征进行分析。

第一，该反应体系必须包括三种原料，已经被发明人确认，同时，发明人也确认，从木材改性效果考虑，得到该交联剂（改性三聚氰胺树脂）的过程不需要引入其他原料，因为不能确定它们是否会对缩合反应及产物带来哪些影响。

第二，该发明中所定义的改性三聚氰胺树脂，与业内公知的三聚氰胺甲醛树脂的关键区别在于缩合反应体系中还需要包括麦芽糊精，即使三聚氰胺、甲醛在麦芽糊精存在的环境中实施缩合，通过控制甲醛的反应量，所得到的缩合产物既满足木材处理的要求，也有效控制了改性材的甲醛释放量，在其他条件（例如木材改性剂的配制和木材改性处理工艺）都与现有技术相同或相当的情况下，由于获得交联剂的同时加入了麦芽糊精"改性"，利用所述改性三聚氰胺树脂配制的浸渍液的稳定性得到显著提高。经过与发明人讨论，认为麦芽糊精的使用对实现发明效果有本质影响，麦芽糊精控制在一个适当的使用量就能体现出对浸渍液稳定性的改善。至于麦芽糊精的具体加入量，可经过适当摸索来确定。

第三，对于反应体系中甲醛与三聚氰胺的缩合比例，发明人认为该比例（除确定具体比例外，还应明确其基准，本案中采用摩尔比）决定了三聚氰胺分子中结合的甲醛分子数量，将影响缩合产物的交联性能，即甲醛的比例不同时所得到的缩合物质应该是组成和性质都不同的产物，而且甲醛的缩合比例也影响着后续处理后改性材的甲醛释放量。从反应机理上，三聚氰胺分子中 3 个氨基上的 6 个氢原子可以逐个被甲醛中的羟甲基取代，因此可以理解，甲醛与三聚氰胺的缩合摩尔比理论上可以达到6∶1。发明人确认，在保证木材改性效果（强度）的前提下，甲醛的缩合比例越小越好，即在达到改性目标的同时甲醛尽量少，以实现甲醛释放量的降低。应该说，确定甲醛用量与木材改性产品的力学性能和甲醛释放量之间的平衡，是该发明要解决的技术问题之一。发明人的研究显示，控制甲醛的缩合比例不大于 3.0，所得到的缩合产物作为交联剂已经能够满足对木材的改性要求，也就是说如果缩合比大于 3.0，甲醛的引入量就过多了，就显然会使改性处理后的木材制品出现甲醛释放量超标。那么，本领域技术人员在理解了这个道理后，完全可以确定一个合理的甲醛用量，只限定甲醛用量的上限，不会导致该技术方案不清楚和不可实施。所以，发明人在交底材料中虽然记载了甲醛与三聚氰胺的摩尔比优选为 3.0～1.2，但在撰写原始申请文件时，为争取比较大的保护范围，可以考虑对甲醛的缩合比例只限定上限，即其比例不应高于三聚氰胺的 3 倍。

基于前面的分析，在独立权利要求 1 中用制备方法定义的改性三聚氰胺树脂，应该可以确定需要包括如下的必要技术特征：

① 所保护的改性三聚氰胺树脂是来自由三聚氰胺、甲醛和麦芽糊精组成的反应体系的反应产物，即它是甲醛与三聚氰胺缩合并经麦芽糊精改性的产物。

② 甲醛与三聚氰胺的缩合比例为 3.0 或更低。

基于以上讨论，建议如下撰写独立权利要求1：

1. 一种改性三聚氰胺树脂，其特征在于，所述树脂通过将甲醛、三聚氰胺和麦芽糊精反应得到，其中甲醛与三聚氰胺的摩尔比是3.0或小于3.0。

小结：

① 该权利要求是方法限定的产品权利要求。

② 虽然所得到的产物来自甲醛与三聚氰胺的缩合反应，但由于麦芽糊精的加入，反应机制及产物的结构都难以清楚确定和表征，为避免保护范围的过度限制，在权利要求的限定中只需写出反应体系的原料，即限定所要求保护的物质是来自所限定原料的反应结果即可，而不必追究反应的机理。

③涉及数值范围的描述方式，《专利审查指南2010》中已经有明确规定，例如“小于……”和“……以下”的区别，前者应理解为不包括本数，而后者则应理解为包括本数，所以，以上权利要求还可以有其他表示方式（例如，……摩尔比为不大于3.0）。

定义物料比例时应注意对基准的确定（本案例中明确为摩尔比）。

7.2.2　撰写改性三聚氰胺树脂的从属权利要求

从属权利要求是对独立权利要求方案的进一步限定，即通过增加附加特征将独立权利要求限定于发明的优选实施方案，利于在审查和后续可能面临的无效宣告程序中作为克服其引用的权利要求，尤其是独立权利要求方案的相关缺陷的修改退路。除了考虑附加技术特征的内容，还应考虑从属权利要求的引用关系。比较好的方式是：关键或重要的技术特征尽量引用独立权利要求；在符合相关规定的前提下，尽可能引用多项权利要求，以包括较多的技术方案，这主要是为了在保证从属权利要求方案清楚的前提下，为无效宣告程序中的修改提供更多的选择和更大的灵活性。

针对以上写出的独立权利要求1的技术方案，对于可以写在从属权利要求中的附加技术特征，可以从以下几个方面来考虑：

① 独立权利要求1对改性三聚氰胺树脂的限定中，仅限定了缩合反应原料包括麦芽糊精，其字面范围意味着任何添加量的麦芽糊精都可以达到所期望的技术效果。虽然可以在说明书中充分说明和强调只要加入适当量的麦芽糊精就可以达到提高改性剂稳定性的效果，并且用尽可能多的实施例加以支持，例如极端少量和更多量的麦芽糊精参与缩合反应的效果，但是鉴于发明人没能提供足够的实施例，以及从实施操作的合理性出发，并为了保留在后续的实质审查和可能面临的无效宣告程序中进行修改的余地，应该利用从属权利要求进一步对缩合反应体系中麦芽糊精的添加量进行限定，即限定麦芽糊精的用量为三聚氰胺质量的5%～30%（事先讨论中已经要求发明人提供）。当独立权利要求1被质疑不具备新颖性或创造性或者被认为缺少必要技术特征以及不能得到说明书支持时，可以把该特征增加到独立权利要求中。

② 对于甲醛与三聚氰胺的缩合比例，独立权利要求1中已经限定在小于3.0，其

实际含义是在必须包括甲醛的前提下，限定了其上限，也就是说，该范围包括3.0和小于3.0的任何比例值。因此，理论上讲该比例范围包括了甲醛的用量任意小到趋于0。由于甲醛比例为0时已不属于该发明保护的范围（这种情况下，审查员通常也会指出如果不限定该物质的下限，至少是包括了不能得到说明书支持的方案），所以，至少应该在说明书中记载一个更适于实际操作的合理的下限；同时建议要求发明人提供甲醛比例的至少一个优选范围，这同样是为了便于后续程序中的修改。根据发明人提交的交底材料记载，应该在从属权利要求中限定甲醛与三聚氰胺的摩尔比为1.2～3.0。如上所述，这也可以作为独立权利要求被认为得不到说明书支持时的修改退路。

③ 由于麦芽糊精有多种规格，对麦芽糊精的选择也会对缩合产物的改性效果有一定的影响，所以可以在从属权利要求中限定麦芽糊精的葡萄糖值（DE值）。

④ 独立权利要求1是用制备方法限定的改性三聚氰胺树脂产物。发明人确认，为得到更能满足要求的缩合产物，缩合反应中优选反应体系是水溶液，且为弱碱性。所以，在从属权利要求中也应该写出缩合反应的条件。

综上，考虑到在实质审查乃至后续可能的无效宣告程序中的修改，建议针对独立权利要求1的技术方案，对于麦芽糊精的添加量、DE值、甲醛的缩合比例以及缩合反应的条件，写出至少一个层次的从属权利要求，作为独立权利要求被指出不能得到说明书支持时的修改退路。

另外，发明人还针对甲醛与三聚氰胺的摩尔比和麦芽糊精的DE值提供了更优选的选择范围，所以，在不考虑权利要求的项数限制时，也可以写出进一步的从属权利要求。

建议的从属权利要求：

2. 根据权利要求1所述的改性三聚氰胺树脂，其中，反应原料中麦芽糊精的质量含量为三聚氰胺的5%～30%。

3. 根据权利要求1所述的改性三聚氰胺树脂，其中，甲醛与三聚氰胺的摩尔比为1.2～3.0。

4. 根据权利要求3所述的改性三聚氰胺树脂，其中，甲醛与三聚氰胺的摩尔比为1.4～2.7。

5. 根据权利要求1～4任一项所述的改性三聚氰胺树脂，其中，所述反应是在pH 8－11的水溶液中进行的。

6. 根据权利要求1或2所述的改性三聚氰胺树脂，其中，麦芽糊精的葡萄糖值为5～40。

7. 根据权利要求6所述的改性三聚氰胺树脂，其中，麦芽糊精的葡萄糖值为10～25。

小结：

① 起进一步限定作用的从属权利要求应位于所引用的权利要求后面。

② 合理设计各从属权利要求的顺序，以便于采用多项引用的方式，使权利要求书能够以比较少的项数包括尽可能多的技术方案。

7.3 撰写第二组保护主题——改性三聚氰胺树脂的制备方法

一种新的产品可以有一种以上的制备方法。该新产品的新颖性和创造性成立时，这些一种以上的制备该新产品的方法都可以在一件申请中请求保护，且当产品具备新颖性和创造性时，其制备方法也具备新颖性和创造性。

《专利法》第26条第3款还规定了说明书应该对所要求保护的技术方案进行充分公开。具体到化学领域的新产品发明，《专利审查指南2010》规定了应该在说明书中记载至少一种制备该新产品的方法，以满足说明书公开充分的要求。从这方面考虑，将已经在说明书中公开的制备方法写进权利要求中，也是对发明人利益的有效保护。

在该发明中，发明人提供了一种缩合方法，所以，至少可以写出一个制备方法的独立权利要求。

7.3.1 撰写改性三聚氰胺制备方法的独立权要求

制备（工艺）方法权利要求的撰写，应该明确限定该方法所采用的必不可少的原料及其比例范围，必要的工艺条件或步骤，这些限定特征的确定要以能否解决所提出的技术问题为标准。

撰写本案例中改性三聚氰胺树脂制备方法的独立权利要求时，在前面已经讨论的基础上，除了具体反应物的选择、反应物之间的配比等条件外，还要考虑哪些是实现该缩合反应所必需的工艺条件，例如，反应介质、反应温度、反应时间、必需的催化剂或添加剂等。

具体到该发明，发明人确认，制备所述改性三聚氰胺树脂的方法与公知的三聚氰胺与甲醛的缩合反应的区别就在于体系中还添加了麦芽糊精，其余反应条件都可以按照三聚氰胺与甲醛缩合的常规条件控制，但比较好的是控制反应体系为弱碱性（pH 8 ~ 11）水溶液；对于麦芽糊精的使用，虽然发明人也给出了具体添加量，但在最初提交申请文件时，出于与撰写产品权利要求同样的考虑，在独立权利要求中可以不限定麦芽糊精的具体添加量，而将添加量放在从属权利要求中，作为修改退路，审查中视情况决定是否补进独立权利要求。

反应温度和反应时间可以是这类缩合反应的常规反应温度和反应时间，因此可以不在独立权利要求中加以限定。

所以，该制备方法的独立权利要求中，可初步确定必要技术特征至少包括：甲醛、三聚氰胺、麦芽糊精的反应体系中甲醛与三聚氰胺的比例范围。与现有技术的区别技术特征依然是麦芽糊精在缩合反应体系中的使用。

建议的制备方法独立权利要求可以为：

10. 制备改性三聚氰胺树脂的方法，包括将甲醛、三聚氰胺和麦芽糊精进行反应的过程，其中，甲醛与三聚氰胺的摩尔比是3.0或小于3.0。

小结：

① 该制备方法的独立权利要求的特征与产品（改性三聚氰胺）独立权利要求相比，限定特征基本相同，但是它们所保护的主题完全不同，即方法限定的产品权利要求与制备方法权利要求所提供的权益和范畴都是不同的。

② 既然是方法权利要求，应注意在撰写方式上突出“产品制备过程”的表述。

7.3.2 撰写改性三聚氰胺制备方法的从属权利要求

出于与撰写产品权利要求同样的考虑，麦芽糊精与三聚氰胺的添加比例、甲醛与三聚氰胺的优选反应比例，以及反应体系的pH控制、反应温度，作为比较重要的特征，都应写在从属权利要求中，并且引用独立权利要求，作为审查阶段克服独立权利要求不具备创造性或说明书不支持的审查意见时，权利要求书的修改退路。

根据发明人提供的交底材料结合基础知识的理解，在实施制备改性三聚氰胺树脂的方法时，缩合反应的发生是甲醛与三聚氰胺分子中的活泼氢结合的过程。针对所确定的甲醛添加量，可以有多种方法确定缩合反应的完成，但发明人提供了优选的操作方法：通过水稀释度的测定来确认缩合反应的终点，所以，可以考虑把该优选方法写在从属权利要求中，一旦审查中被指出该特征为必要技术特征时，可以将其并入独立权利要求。

在技术交底书中，发明人指出，在缩合反应中还优选加入适当的常规增溶剂，并提供了优选的具体增溶剂。这些优选方案都可以通过从属权利要求提出保护。由于增溶剂本身是公知的，其使用方法和添加量也是可以通过简单实验摸索的，所以，可以写成二个层次的从属权利要求：首先限定可以使用一定量的增溶剂，再进一步限定可选择的优选增溶剂。这些从属权利要求也可以作为审查过程中克服关于独立权利要求方案不具备创造性的审查意见的修改退路。

出于类似的考虑，实现缩合反应的其他优选特征，例如麦芽糊精的DE值选择、反应介质的优选pH，都可以分别写在相应的从属权利要求中。如果不需要限制权利要求的项数，还可以在此基础上提出一些进一步的优选方案。

建议的从属权利要求如下：

11. 根据权利要求10所述的方法，其中，所述反应中控制麦芽糊精的质量为三聚氰胺质量的5%～30%。

12. 根据权利要求10所述的方法，其中，所述反应在pH 8～11的水溶液中进行。

13. 根据权利要求10所述的方法，其中，使反应体系的温度在30～90分钟达到85℃以上。

14. 根据权利要求10～13任一项所述的方法，其中，还包括向反应体系中加入增溶剂，所述增溶剂的添加量为三聚氰胺质量的0.5%～12%。

15. 权利要求14所述的方法，其中，增溶剂选自：二甲基甲酰胺、二甲亚砜、二醇、二醇单醚或表面活性剂。

16. 根据权利要求 10 ~ 13 任一项所述的方法，其中，反应终点以水稀释度表示为 1000% ~ 100%。

17. 根据权利要求 10 ~ 13 任一项所述的方法，其中，所述麦芽糊精的葡萄糖值为 5 ~ 40。

18. 根据权利要求 17 所述的方法，其中，所述麦芽糊精的葡萄糖值为 10 ~ 25。

19. 根据权利要求 10 或 11 所述的方法，其中，甲醛与三聚氰胺的摩尔比是 1.2 ~ 3.0。

20. 根据权利要求 19 所述的方法，其中，甲醛与三聚氰胺的摩尔比是 1.4 ~ 2.7。

21. 根据权利要求 12 所述的方法，其中，缩合反应体系的 pH 值控制在 9.2 ~ 10.5。

22. 根据权利要求 13 所述的方法，其中，使反应体系的温度在 30 ~ 90 分钟达到 90 ~ 100℃。

7.4　撰写第三组保护主题——交联组合物

7.4.1　撰写交联组合物的独立权利要求

前面已经说明，本申请案例的关键是制备出一种改性三聚氰胺树脂替代现有技术的交联剂，该交联剂再与麦芽糊精组合成为用于对木材改性的交联组合物。那么，在所述交联剂是新物质、具备新颖性和创造性的前提下，该交联剂与麦芽糊精构成的交联组合物也是新的，而且该交联组合物的新颖性和创造性来自所包含的改性三聚氰胺树脂，所以，在提出对改性三聚氰胺树脂保护的同时，可以进一步写一个适用于木材改性的交联组合物的保护主题。该主题与前面已经完成的改性三聚氰胺树脂产品和制备方法的独立权利要求之间具有单一性。

所谓组合物，必须是多于一种组分的组合，而且各组分之间应该有确定的组合比例，所以，在撰写组合物权利要求时，需要考虑：该组合物的组分至少应包括哪些？构成组合物的各组分的含量，或者说各组分之间的比例关系是怎样的？在撰写时，应该采用“开放式”还是“封闭式”撰写？撰写中还需要注意写清楚该比例是重量比、质量比、体积比或摩尔比，以使方案清楚。

具体到该发明，发明人确定，配制改性剂的关键组分是交联剂与麦芽糊精的混合物。一方面，该发明的改性剂包含了不同于现有技术的新的交联剂，为了获得该改性剂并达到对木材改性的技术效果，该交联剂与麦芽糊精之间的比例关系是不可缺少的，所以二者的混合比例是必要技术特征；另一方面，由于该发明提供的改性三聚氰胺树脂最主要的用途是直接替代现有技术的六甲氧基甲基三聚氰胺作为交联剂，所以得到的实际上是一种专用的交联组合物，因此在保护主题中增加用途的限定会使保护范围更清楚，并且，该发明的具体方案中虽然以杨木作为改性对象，但是可以考虑将改性对象的范围扩大到“木质纤维材料”，因为对比文件中已经有这样的教导；再一方面，该组合物实现木材改性的关键组分是交联剂和麦芽糊精，也就是说，当限定该交联组合物作为改性剂包含了该发明的交联剂和麦芽糊精，已经能够与现有技术相区别，并且已经能够解决技术问题，所以，可以采用开放式撰写该交联组合物的独立权利要求。

建议的撰写方式如下：

23. 一种可用于对木质纤维材料改性处理的交联组合物，该组合物中至少包含麦芽糊精和权利要求1～7任一项所述的改性三聚氰胺树脂，且所述改性三聚氰胺树脂与麦芽糊精以干物质计的质量比为1∶5～1。

小结：

对以上权利要求的保护主题，也可以直接写为“一种交联组合物”，但考虑该发明这种交联组合物应该是专门针对木质纤维材料处理所研究和提出的，也就是说其用途是专一的，为了使保护范围和方案更明确，发明人希望在交联组合物这一主题中增加这一限定。

为了保证该交联组合物技术方案的清楚和可实施，并符合《专利法》关于单一性的规定，作为该交联组合物组分之一的“改性三聚氰胺树脂”，显然不能是任意的，所以，还需要注意在权利要求中明确定义。

该权利要求采用了开放式撰写，目的是能争取尽可能大的保护范围，但也应该注意到，目前的实施例均只使用了改性三聚氰胺树脂与麦芽糊精组成的交联剂组合物，在审查中有可能被审查员指出该权利要求不能得到说明书支持，如果申请人不能提出充分的理由应对，此时只能再根据审查意见修改为封闭式，也就是说，该权利要求采用开放式撰写，不会影响申请人的利益。

7.4.2 撰写交联组合物的从属权利要求

由于本案对所提出的交联组合物限定为用于对木质纤维材料实施改性处理，尤其是作为浸渍液，所以，独立权利要求限定的交联组合物的组分还可以包括水或水性介质，其含量可以用浸渍液的粘度来限定，而且浸渍液的粘度和酸碱度也是重要性质，所以，可以增加从属权利要求来限定该交联组合物为具有一定粘度和酸碱度的浸渍液。

建议的从属权利要求：

24. 根据权利要求23所述的交联组合物，其中，该组合物为浸渍液，其粘度在20℃下为40～85厘泊，pH在8～11。

7.5 撰写第四个保护主题——木质纤维材料的改性处理方法

7.5.1 撰写改性处理方法的独立权利要求

作为公知的现有技术，对木材或木质纤维材料进行改性处理的技术核心应该有两个：改性剂和处理手段。技术交底书中已经记载，且发明人也已经确认，在使用所述改性三聚氰胺树脂作为交联剂配制浸渍液改性剂的前提下，对改性处理的方法步骤（对木质材料进行浸渍）并没有特殊要求，可以采用本领域的常规方法。所以，改性处理方法权利要求的新颖性和创造性依然是来自包含所述改性三聚氰胺树脂的交联组合物。

撰写这类处理方法的权利要求，基本方式应该与前面提到的制备方法权利要求相似。作为技术方案，需要包括的技术特征也应该是例如使用的材料、处理过程的手段以及按照时间或操作顺序需要确定的过程。按照前面的分析，撰写改性处理方法的独立权利要求，需要确定的必要技术特征应该包括浸渍液的选择以及浸渍方法。可以理解，该权利要求方案相比于现有技术的区别技术特征在于使用该发明所述交联组合物作为浸渍液，在该浸渍液确定的情况下，只需按照已经有记载或使用的方法，利用该浸渍液对木材或木质纤维材料进行充分浸渍。所以，在独立权利要求中不需要具体写出浸渍的条件或参数，即在权利要求中只需限定采用该发明的交联组合物制成浸渍液，并对木质纤维材料进行浸渍即可。

建议的撰写方案：

25. 木质纤维材料的改性处理方法，其中，包括使用权利要求 23 或 24 的交联组合物制成浸渍液，对所述木质纤维材料进行浸渍。

7.5.2 撰写改性处理方法的从属权利要求

在说明书背景技术部分中已经提出，木材改性处理的主要目的是改善和提高速生林材的强度和密度，所以该发明的改性处理方法尤其适用于速生林材。从扩大保护范围考虑，前面的权利要求中都是将改性处理对象概括为木质纤维材料，所以，可以通过从属权利要求，进一步限定该处理方法适用于实木材料，并进一步限定为中国最常见的速生林资源“杨木”。

建议的撰写方案：

26. 根据权利要求 25 所述的改性处理方法，其中，所述木质纤维材料是树木实木。

27. 根据权利要求 26 所述的改性处理方法，其中，所述木质纤维材料是杨木实木。

小结：

在这组保护主题中，除了所用浸渍液与现有技术不同外，具体的处理步骤并没有作任何限定，但是在浸渍液的专利性成立的情况下，该处理方法的专利性也是成立的，写出这样的保护主题更利于申请人获得更多的权益保护。

7.6 撰写其他权利要求

到目前为止已经考虑了四个独立权利要求。从专利申请的角度，以及行使权利的角度，应该还可以为申请人争取更多的利益，例如，还可以增加对所述改性三聚氰胺树脂的应用提出保护。另外，由于该发明的交联组合物与现有技术不同，改性处理后材料的性质也会不同于现有技术的材料，而在提出专利申请时，与申请人的利益最密切的是对杨木的处理和处理后的杨木材料的利用，所以，也可以对采用该发明改性处理方法得到的木制品，尤其是杨木制品要求保护。

关于改性三聚氰胺树脂的用途权利要求，可以写成：

28. 权利要求1～7中任一项所述的改性三聚氰胺树脂在对木质纤维材料改性处理中的用途。

小结：

一种新产品的权利要求在审查中如果能被接受，那么该新产品的应用权利要求一般也会被接受，所以，专利代理人应该考虑主动帮发明人设计，一旦专利申请获得授权，利于专利权人争取更多的权益和实施商业运作。

关于木制品的产品权利要求，可以写成：

29. 利用权利要求25～27任一项的方法改性处理得到的木质纤维制品。

这一权利要求能够覆盖申请人认为最重要的杨木制品。

小结：

① 虽然按照《专利法》的规定，由某方法直接获得的产品可以通过方法权利要求而获得延及保护，但是提出以上产品权利要求直接获得产品保护，更有利于专利权人在侵权诉讼中维护其合法权益。

② 提出尽可能多的保护主题利于申请人在商业实施中的利益保护，也为审查中的修改保留了更多的选择机会，对于有些权利要求方案在是否能符合单一性规定方面结论不很确定，即使在审查中为确保授权而放弃，也不会对申请人的利益造成损失。

8 撰写说明书

同样是在阅读申请人提供的技术交底书二稿的基础上，开始撰写说明书。

8.1 说明书与权利要求书的关系

说明书是对权利要求方案的解释：除了对技术方案的表述与权利要求一致，说明书还应该包括对技术内容的必要说明和解释，例如，确认技术方案能够实施的详细分析说明、技术方案涉及特殊术语或名称的解释等，从而支持和确保权利要求方案的清楚。

说明书是对权利要求保护范围中包括的所有技术方案的可实施性的支持：说明书应该包括比权利要求书更丰富的技术内容说明，必要时应该记载比权利要求书中更具体的特征以包括优选技术方案和实施范围，为权利要求的修改保留退路和依据。

说明书是对权利要求方案创造性和实用性的支持：说明书应该针对为权利要求方

案所能带来的技术效果提供有说服力的依据，包括对技术效果的描述和必要的数据。

说明书是对权利要求方案充分公开的支持：说明书应该记载所请求保护技术方案的详细实施过程。对于化学领域的专利申请审查中，说明书通常还应该记载能证明所请求保护技术方案实验数据。

说明书应该满足的基本要求：

①《专利法实施细则》第 17 条的规定：说明书的形式要求；

②《专利法》第 26 条第 3 款的规定：对技术方案充分公开；

③《专利法》第 26 条第 4 款的规定：对权利要求书记载方案的实质性支持。

专利代理人需要付出的劳动应该是以技术交底书为素材，结合自己对发明创造的技术方案的理解，对技术交底书的内容进行组织和加工以及必要的完善，并在此基础上完成说明书撰写。

8.2 说明书各部分的内容

8.2.1 发明名称

发明名称应该尽可能准确和清楚地体现发明的技术主题，至少应体现主要的保护主题，但还应该简单扼要。根据前面讨论，本案的核心技术主题是改性三聚氰胺树脂，其他主题包括所述改性三聚氰胺树脂的制备方法、浸渍液及其配制方法，以及木质纤维材料的处理方法。为避免名称过长和繁琐，建议本申请案的发明名称采用“改性三聚氰胺树脂及其制备方法和应用”。

8.2.2 技术领域

应该写清楚该发明的技术主题属于哪个技术领域及具体是什么技术，以便于初审程序对该案的准确分类。一般推荐写出两个层次，例如，针对该申请可先明确：该发明属于木材加工领域，然后根据所要求保护的技术主题，可较具体地进一步写出：该发明尤其涉及一种用于对木材实施改性的交联剂——改性三聚氰胺树脂，还涉及所述改性三聚氰胺树脂的制备方法及其在木材改性处理中的应用等类似描述。

8.2.3 背景技术

根据前面的分析，本案对现有技术的贡献主要在于提供一种使用不同于现有技术的交联剂来配制浸渍液改性剂，用于对木质纤维材料，尤其是木材的改性处理，并且最接近的现有技术是 USP××××××。所以，背景技术应该重点且客观地叙述该美国专利所公开的主要技术手段以及该技术方案所带来的优点和有待克服的缺陷，而所描述的缺陷恰好是该申请所欲解决的技术问题，即该美国专利公开了采用具有羟基或烷羟基的物质作为交联剂（以六甲氧基甲基三聚氰胺为代表），配制浸渍液用于对木材或木素纤维进行改性处理，优点是改性材稳定性好（尺寸变化小）、力学性能稳定性提高显著；缺陷是改性材的甲醛释放量大，交联剂合成成本高。这样就与该发明的技术方案及有益效果形成呼应。同时建议对木材的改性技术有一个概括性说明，以引出对该美国专利的分析说明。

8.2.4 发明内容

首先考虑如何提出发明所解决的核心技术问题，即提供一种改性三聚氰胺树脂，该树脂可以作为交联剂用于配制木材改性剂，在达到对木材相关性能改进的同时，显著降低了改性材的甲醛释放量，同时也能有比较长的稳定期，而且成本低。

然后再写出该发明解决的其他技术问题。

在撰写发明所解决的技术问题时，应结合已经写出或已经设计好的独立权利要求方案，确定所撰写的技术问题是否与按照独立权利要求的方案所产生的有益技术效果相呼应。

对应于上述确定和撰写的技术问题，接下来应逐一写出相应的技术方案，至少应包括所有独立权利要求的方案，并应注意在表述方式上尽可能一致，而且对独立权利要求方案最好有进一步的支持性陈述，特别是一些通过概括得出的技术特征，应在说明书中清楚地记载对该特征的解释，包括引证现有技术，以证明这样的概括所包括的选择特征或方案对于本领域技术人员来说，通过阅读说明书或结合其自身具备的专业常识和基础，完全能都实现，以避免在审查程序中，独立权利要求方案被认为不能得到说明书的支持。

同时至少还应写出重要的从属权利要求方案，最好是使所有的从属权利要求都有对应记载。需要提醒的是，在该部分中，除了记载与权利要求书一致的表述内容外，比较好的写法是对比较重要和关键的技术特征进一步加以展开叙述，尤其是对权利要求所限定的技术特征，最好结合其效果进行阐述，必要时记载更优选的选择范围和条件，为审查阶段的针对审查意见的答辩和修改留有余地和支持。例如，增加“本发明对该增溶剂的选择没有特别要求，只要能满足增溶需要的常规增溶剂均可使用”的叙述，以让审查员了解增溶剂的使用是该发明优选方案，而增溶剂的选择以满足增溶需要为目标，在常规的增溶剂中选择即可；而“其中的二醇或二醇单醚是常规使用的低级碳的二醇或二醇醚，非限定性示例可以是……”，“反应过程的其他条件可以按照甲醛与三聚氰胺缩合反应的常规方法，……”，也是同样的作用，分别表达了从属权利要求所对应记载的方案只是一些更优选的方案。

在这部分的撰写中还应该对发明方案中所使用的一些并非常用的专业和行业术语给出必要的解释或定义。例如，对该发明所使用的“改性三聚氰胺树脂”的含义，说明书中可以写进“本发明之所以称之为改性三聚氰胺树脂，是由于缩合过程中还有适量的麦芽糊精的作用，……”的定义；考虑到缩合反应终点的确定会有不同的手段，而发明人仅提供了通过“水稀释度”来判定的手段，那么，“水稀释度”的定义如果不能被认为是行业公知或唯一的，审查员则可能会认为其表述不清楚，进而导致技术方案被认定为不能实施。所以，说明书中非常有必要对此有清楚说明，例如，可以采用以下或类似的叙述：“本发明所述的水稀释度是指：取一定体积的树脂（例如2毫升），在室温下边搅拌边加入水，直至树脂水溶液开始发白，计算所加入水的体积与树脂体积的比，乘以100%，即为该树脂的水稀释度。”

对于申请保护方案所涉及的例如物质组成和比例的基准或基础，也是化学领域专利审查中经常会被指出的问题。为避免整个申请文件的撰写中出现疏忽，在发明内容部分中也可考虑先声明该发明对技术方案说明中所涉及的物料比例是重量比/质量比/体积比/摩尔比等，以确保全文中对技术方案的描述清楚、可实施。

在对优选方案的描述中需要注意表述方式，避免被审查员认定所记载内容是解决技术问题所必需的特征，而被要求限定到独立权利要求中。例如，“麦芽糊精的引入改变了缩合产物的结构和性质 ”这样的记载会让审查员理解为麦芽糊精的引入是必需的，而“一个具体实施方案，反应原料中麦芽糊精的质量为三聚氰胺的5% ~ 30%”的进一步说明，则是让审查员了解麦芽糊精在缩合反应中的含量限定仅仅可以是优选方案。针对从属权利要求中有关增溶剂的方案，说明书中可以记载如下内容：“为提高三聚氰胺的溶解度，在不影响改性材料强度的前提下，反应原料中还可选择性地添加适量的增溶剂，其添加量可为三聚氰胺质量的0.5% ~12%”，说明增溶剂的使用是可选择的，而非必须。而“反应的缩合终点以任何可行和公知的方法判定，本发明以水稀释度表示为1000% ~100%”，表示采用水稀释度判定反应终点不是唯一方法。

该部分的撰写还应注意对本案的有益技术效果给出说明，可以包括概括性阐述和具体记载。对于化学领域的专利申请，多数情况下有益效果需要客观数据的支持，所以，可以通过对具体效果数据的概括总结来描述。

8.2.5 具体实施方案

如前面的分析，这部分中应该包括支持该申请保护范围的实施例和对照例。需要注意核实实施例记载的关键参数和条件都落入权利要求的范围，并且，各实施例的具体特征，例如操作参数和步骤，在权利要求的范围内应该有比较合理的分布。

在实施例分布上，按照事先的分析和讨论，发明人提供了3个利用三聚氰胺缩合最终制备交联组合物（浸渍液）的实施例，对实现发明目的的关键特征和比较关键特征——反应中甲醛与三聚氰胺之间的比例、反应终点、配制浸渍液时麦芽糊精的含量等进行改变；设计了一个麦芽糊精对缩合产物的稳定性影响的对比例；各实施例中提供了缩合反应过程和交联组合物（浸渍液）的配制方法，并描述了浸渍液的性质，同时提供了采用现有技术的方案配制浸渍液的对照例，并通过对木材的改性处理实验，对各实施例和对照例的改性效果、甲醛释放量和处理成本提供了具体测定数据。这些实施例起到使技术方案的充分公开和对权利要求方案的实质支持的作用，同时，改性处理实验的结果也支持了说明书中对该发明技术的有益效果的概括说明。

可以看到，实施例的内容均体现了之前与发明人讨论的结果。鉴于实际工作中的困难，发明人也无法短期内提供更多的实施例和测定数据，所以，专利代理人的主要工作就是对技术交底书提供的实施例进行整理，同时应该核对所记载方案的具体特征

（参数、工艺过程等）是否存在与权利要求记载不一致的问题，并注意所有实施例中相同内容的表述应该一致。

在这部分的撰写中还应注意对于所采用的实验或检测方法，需要记载实施过程或参照的标准。具体地，对于公知的和本领域通用的标准方法，无须写出很详细的实施过程，但应提供相关的出处，例如国家标准、行业标准等；如果所采用的方法是发明人自创，只要该方法能揭示可靠的结果和结论，在专利申请和审查中也是允许的，但前提是需要在说明书中详细提供相关的实施方法，以读者按照所描述方法可以直接重复实施为标准。

申请文件的撰写并没有固定的模式和过程。如前面已经说明的，本案例为了叙述上的方便和清楚，先说明权利要求书撰写的方式，但在实际工作中，即使先完成了权利要求书的撰写，在撰写说明书过程中还是需要不断检查所写内容与权利要求书之间的对应关系，必要时应该同时调整权利要求书内容。

9 撰写说明书摘要

在说明书和权利要求书基本完成后，撰写说明书摘要。说明书摘要的开头应该明确反映该发明的技术内容，通常写出发明名称或与发明名称基本一致的内容，随后写出该发明最主要的技术方案，并适当说明该发明的技术效果，字数尽可能控制在300字以内。

按照以上讨论的方式进行撰写，形成最终的申请文件。附件4是供参考的申请文件。

10 案例总结

本节以一个申请案为载体，从专利代理人的角度介绍了与化学物质及工艺过程相关的发明专利申请文件的撰写过程，展示了与化学物质和工艺相关的专利申请文件撰写的一些基本思路和思考方法。对于技术内容本身的分析以及所提供的最终撰写文本，并非标准答案，只是希望能够在以下方面对读者有所帮助：

① 如何确定最接近的现有技术和发明对现有技术的主要贡献，并站在本领域技术人员的角度，初步判断发明的新颖性和创造性，并在满足技术方案单一性条件下设计发明的主题。

② 确定了发明的创造性所在后，如何建议发明人补充和完善交底书的有关内容，例如提供充分的实施例和必要的对比例实验证据。

③ 对于新的化学物质，当无法确定其化学构成和理化性质时，如何采用方法限定产品的方式撰写权利要求。

④ 为使发明能取得比较充分的保护，以及为确保发明的技术方案清楚和可实施，撰写说明书时应当注意的问题。

附件1：发明人首次提供的技术交底书

速生林木材的处理方法

现有技术：

在钢铁、水泥、塑料和木材四大材料中，木材是唯一可再生的材料，加工过程中能量消耗少，产生的污染小，加之森林在生态、环境方面表现出的重要价值已经使其在四大材料中的地位越来越突出。由于生态和环保要求，人们已将木材加工的重点放到人工林木材的利用方面。速生林木生长期短，但材质疏松、强度低。因此，提高人工林木材强度，同时改进其缺陷的改性方法越来越多地受到各国重视。其中充填法、压密法使用较多。充填法分为有机物充填和无机物充填。

在木材中，浸渍有机单体或树脂预聚物，利用辐照或热，使单体或预聚体在木材中聚合或与木材接枝聚合，生成木材-塑料复合体（WPC），这是20世纪60年代开发的方法。该方法处理过程中木材尺寸变化小；处理后，提高了木材强度和尺寸稳定性能；使木材具有耐腐、阻燃等性能。现在，类似的木材改性方法在国内外已经工业化，其产品可用于家具、地板、乐器、运动器材等。由于使用单体或预聚物，处理成本较高；车间和产品中残存单体，对生产和使用环境不利；此外，也难为中、小企业接受。

类似的方法，使用水基聚合物（脲醛树脂、酚醛树脂等缩合类树脂）浸渍、干燥后，热固化或加热、压缩固化，该方法始于20世纪30年代的开发，浸胶木（Impreg）和胶压木（Compreg）为其代表产品，用于船板、轴套、闸道、刀柄等。产品具有较好的强度、尺寸稳定性能和耐水性能。仅仅热固化者，由于树脂固化过程的收缩，产品变形比较严重。然而，这类技术与WPC比，易为中、小企业接受，一直是开发的热点。

USP×××××××提出使用交联剂（含羟基或烷基化羟基官能团，尤其是六甲氧甲基三聚氰胺）预交联的麦芽糊精水溶液浸渍木材、然后干燥、固化。该技术处理过程中尺寸变化小，处理后的杨木产品强度、尺寸稳定性能均有提高，但是产品的甲醛释放量过高，用于室内制品，不能达到我国国家标准；此外，该方法使用的交联剂六甲氧甲基三聚氰胺成本高，影响其产品的市场竞争力。

发明创造的目的：

杨树是我国长江流域和北方地区的主要速生树种，杨树木材强度低、易腐朽，影响其实木的应用。因此在USP5770319技术的基础上，针对该技术的缺陷，研究降低其甲醛释放量和降低其成本的配方，作为杨木浸渍用改性剂，颇具现实意义。

发明创造技术的解决方案：

利用三聚氰胺与甲醛缩合得到的三聚氰胺树脂替代六甲氧基甲基三聚氰胺作为交

联剂，通过调整甲醛的缩合量，配制的浸渍液用于木材的浸渍处理，得到的木材产品的力学性能达到应用要求，而且甲醛释放量相比使用六甲氧基甲基三聚氰胺显著降低，而且处理成本下降，具有良好的应用前景。基于这样的思路，能否通过试验找到甲醛用量、产品力学性能和甲醛释放量的最佳平衡点，成为三聚氰胺树脂作为交联剂的关键问题。

解决技术方案：

在保持交联能力的同时，尽量降低三聚氰胺树脂中甲醛与三聚氰胺（F/M）的摩尔比，最终降低改性木制品中甲醛释放量。本方案中的摩尔比可以在3.0～1.2范围，最佳条件在2.7～1.4；反应介质pH控制在8～11范围，最佳条件为9.2～10.5；缩合终点，以水稀释度表示，在1000%～100%之间；

改性后三聚氰胺干树脂与以后麦芽糊精的共混合浸渍液中，使用的麦芽糊精的葡萄糖值为5%～40%，最佳值10%～25%，干树脂与麦芽糊精的混合比为1∶5到1∶1，最佳值1∶3到1∶1。

木材浸渍工艺基本与USP×××××××相同。

相对现有技术而言所具有的优点和效果：

与现有技术比，本申请具有如下优点：（1）用于改性杨木制品力学性能方面与现有技术具有同等水平；（2）改性杨木制品甲醛释放量为现有技术的十分之一，达到国内室内材料使用的限量水平以下；（3）与现有技术相比，浸渍液成本降低近二分之一。

实施例1

浸渍液配制：

在反应釜中，加入2.300公斤甲醛（28.4%），加入0.970公斤水，搅拌下，用30%氢氧化钠水溶液，将溶液pH调节到9.5，加入DMF54.8克，三聚氰胺1.096公斤，搅拌、40～60分钟内，升温到90℃，保持pH在9.0～9.5之间，反应到水稀释度600%，调节pH在9.0～9.5之间，冷却到80℃，加入4.385公斤45%的麦芽糊精（葡萄糖值14%～16%）水溶液，搅拌、冷却至室温，保持pH在9.0～9.5之间，即得浸渍液。

实施例2

浸渍液配制：

在反应釜中，加入2.300公斤甲醛（35.2%），加入0.970公斤水，搅拌下，用30%氢氧化钠水溶液，将溶液pH调节到10.0，加入DMF54.8克，三聚氰胺1.096公斤，加入220克麦芽糊精（葡萄糖值20%～25%），搅拌、40～60分钟内，升温到90℃，保持pH在9.5～10.0之间，反应到水稀释度300%，调节pH在9.5～10.0之间，冷却到80℃，加入4.385公斤45%的麦芽糊精（葡萄糖值14%～16%）水溶液，搅拌、冷却至室温，保持pH在8～11之间，即得浸渍液。

附件 2：技术交底书中所引用的现有技术简述

多孔的、纤维状的或者是木质纤维材料，例如木材，可以通过化学处理，使聚合物填充到这些基材的孔隙中，或者与生物聚合物的细胞壁反应，进而提高基材的密度以及整体材料的硬度。一篇美国专利公开了基于该思路的一种提高木质纤维材料的密度的方法，其中记载了：麦芽糊精能够在一种至少具有一个羟基或烷羟基的交联剂作用下浸入木质纤维材料中，提高该木质纤维材料，例如木材的硬度和密度。该专利通过实施例揭示出，木材或其他木质纤维材料经麦芽糊精与交联剂的复合物处理后，其密度和硬度均被明显提升，而且，木材的耐冲击力、强度和耐水性，以及耐腐蚀性、光稳定性（遇光褪色）也显著提高。被这种麦芽糊精复合物处理过的木材还具有很好的原木制品特有的外观。

该对比文件中公开了优选的交联剂是六甲氧基甲基三聚氰胺，且麦芽糊精与交联剂的摩尔比优选为2∶1～5∶1，更优选为4∶1。所用麦芽糊精的葡萄糖值（DE值）优选为15～30。麦芽糊精与该交联剂组成的浸渍液被浸入木材后，使基本上不溶于水的麦芽糊精在木材中与木质纤维形成一种聚合形式的复合物，从而提高了木材的各种耐性。

该对比文件尤其记载了对松木材料的处理，具体实施方案之一如下：

在2.250公斤的甲醇中，加入2.250公斤的六甲氧甲基三聚氰胺，配制成溶液；将7.149公斤麦芽糊精（葡萄糖值14%～16%）溶于14.750公斤的水中，配制成溶液。将两溶液混合，加入107克硼酸作为防腐剂；加入73克对－甲苯磺酸作为催化剂。在20℃搅拌4～5小时，由于六甲氧甲基三聚氰胺的—CH_2OCH_3与麦芽糊精的—OH部分反应，使六甲氧甲基三聚氰胺甲醇溶液完全溶于水层，得到均匀、透明液体，为了使予交联反应停止，使用氨水将溶液pH调节到8。该溶液在pH＝8的条件下，可以贮存数月，麦芽糊精与六甲氧甲基三聚氰胺质量比为3∶1，溶液密度1.12克/毫升，粘度50厘泊（20℃），固体含量36%。

第五章

附件3：发明人修改后的技术交底书

专利申请交底书

初拟的发明名称：速生林木材的处理方法及环境友好型杨木实木改性制品

所属技术领域：木材改性和木材加工

现有技术：

在钢铁、水泥、塑料和木材四大材料中，木材是唯一可再生的材料，加工过程中能量消耗少，产生的污染小，加之森林在生态、环境方面表现出的重要价值已经使其在四大材料中的地位越来越突出。由于生态和环保要求，人们已将木材加工的重点放到人工林木材的利用方面。速生林木生长期短，但材质疏松、强度低。因此，提高人工林木材强度，同时改进其缺陷的改性方法越来越多地受到各国重视。其中充填法、压密法使用较多。充填法分为有机物充填和无机物充填。

在木材中，浸渍有机单体或树脂予聚物，利用辐照或热，使单体或予聚体在木材中聚合或与木材接枝聚合，生成木材－塑料复合体（WPC），这是20世纪60年代开发的方法。该方法处理过程中木材尺寸变化小；处理后，提高了木材强度和尺寸稳定性能；使木材具有耐腐、阻燃等性能。现在，类似的木材改性方法在国内外已经工业化，其产品可用于家具、地板、乐器、运动器材等。由于使用单体或予聚物，处理成本较高；车间和产品中残存单体，对生产和使用环境不利；此外，也难为中、小企业接受。

类似的方法，使用水基聚合物（脲醛树脂、酚醛树脂等缩合类树脂）浸渍、干燥后，热固化或加热、压缩固化，该方法20世纪30年代开发，浸胶木（Impreg）和胶压木（Compreg）为其代表产品，用于船板、轴套、闸道、刀柄等。产品具有较好的强度、尺寸稳定性能和耐水性能。仅仅热固化者，由于树脂固化过程的收缩，产品变形比较严重。然而，这类技术与WPC比，易为中、小企业接受，一直是开发的热点。

USP×××××××提出使用交联剂（六甲氧甲基三聚氰胺）予交联的麦芽糊精水溶液浸渍木材、然后干燥、固化。该技术处理过程中尺寸变化小，处理后的杨木产品强度、尺寸稳定性能均有提高，但是产品的甲醛释放量过高，用于室内制品，不能达到我国国家标准；此外，该方法使用的交联剂六甲氧甲基三聚氰胺成本高，影响其产品的市场竞争力。

发明创造的目的：

杨树是我国长江流域和北方地区的主要速生树种，杨树木材强度低、易腐朽，影响其实木的应用。因此在USP5770319技术的基础上，针对该技术的缺陷，研究降低其甲醛释放量和降低其成本的配方，作为杨木浸渍用改性剂，颇具现实意义。

发明创造技术的解决方案：

USP×××××××技术缺陷主要来自于交联剂六甲氧甲基三聚氰胺，六甲氧甲基三聚氰胺合成工艺路线复杂，原料多、能耗高、生产步骤多，成本高，游离甲醛含量高（2%）；六甲氧甲基三聚氰胺在其后的固化过程中产生交联，但多余的 CH_2OCH_3 将在高温分解为甲醛，造成产品甲醛释放量高。然而，六甲氧甲基三聚氰胺在与麦芽糊精予交联后，可以生成稳定的均匀浸渍液；在使用氨水处理后，浸渍液粘度增长有限，贮存期长达数月。三聚氰胺树脂与六甲氧甲基三聚氰胺有类似的交联性能，三聚氰胺树脂中甲醛用量可以调节，能否通过试验找到甲醛用量、产品力学性能和甲醛释放量的最佳平衡点，成为三聚氰胺树脂作为交联剂的关键问题；此外，三聚氰胺树脂溶液不稳定，与麦芽糊精混合后浸渍液稳定性或贮存期也是问题，需要合适的改性方法。

解决技术方案：

（1）在保持交联能力的同时，尽量降低三聚氰胺树脂的甲醛与三聚氰胺（F/M）的摩尔比，本专利方案中控制范围在3.0～1.2，最佳条件在2.7～1.4；反应介质pH值控制在8～11范围，最佳条件为9.2～10.5；缩合终点，以水稀释度表示，在1000%～100%之间；

（2）在不影响改性材的强度下，选择、添加适量的助溶剂或增溶剂（如DMF、DMSO、二醇类化合物及其单醚或表面活性剂等），使用量为三聚氰胺用量的0.5%～12%；

（3）在三聚氰胺树脂缩合反应过程中，适当量地添加麦芽糊精，其用量为三聚氰胺用量的5%～30%；麦芽糊精的葡萄糖值5%～40%，最佳值10%～25%，可以提高三聚氰胺干树脂与以后麦芽糊精的共混合浸渍液贮存稳定性，使贮存期达到二个月；

改性后三聚氰胺干树脂与以后麦芽糊精的共混合浸渍液中，使用的麦芽糊精的葡萄糖值为5%～40%，最佳值10%～25%，干树脂与麦芽糊精的混合比为1∶5到1∶1，最佳值1∶3到1∶1。

木材浸渍工艺基本与USP×××××××相同。

本申请相对现有技术而言所具有的优点和效果：

与现有技术比，本申请具有如下优点：（1）用于改性杨木制品力学性能方面与现有技术具有同等水平；（2）改性杨木制品甲醛释放量为现有技术的十分之一，达到国内室内材料使用的限量水平以下；（3）与现有技术相比，浸渍液成本降低近二分之一。

实施例：

1. 对照例

浸渍液配制：

在2.250公斤的甲醇中，加入2.250公斤的六甲氧甲基三聚氰胺，配制成溶液；将7.149公斤麦芽糊精（葡萄糖值14%～16%）溶于14.750公斤的水中，配制成溶液。将两溶液混合，加入107克硼酸，作为防腐剂；加入73克对－甲苯磺酸，作为催化剂。在20℃搅拌4~5小时，由于六甲氧甲基三聚氰胺的—CH_2OCH_3与麦芽糊精的—OH部分反应，使六甲氧甲基三聚氰胺甲醇溶液完全溶于水层，得到均匀、透明液体，为了使予交联反应停止，使用氨水将溶液pH调节到8。该溶液在pH=8的条件下，可以贮存数月，麦芽糊精与六甲氧甲基三聚氰胺质量比为3:1，溶液密度1.12克/毫升，粘度50厘泊（20℃），固体含量36%（USP××××××Solution 2）。

杨木浸渍：杨木试材：来自北京木材市场，气干，含水率：8%~10%；

尺寸：20mm×20mm×400mm；50mm×70mm×70mm；95mm×25mm×950mm。

称取杨木试材质量。将杨木试材置于浸渍罐中，互相隔开，为防止杨木飘浮，使用重物压置。在真空度30~50毫米汞柱下，抽真空处理0.5小时；吸入足量的浸渍液，保持0.5小时；放空，大气压下，保持0.5小时后，取出试样，清除表面浸渍液，称量，计算杨木湿增量。

杨木试样干燥、固化：

将浸渍试样置于室温、通风处，自然干燥到含水率30%；将试样置于70℃干燥箱中，干燥12小时；然后将试样置于80℃干燥箱中，干燥4小时；再将试样置于100℃干燥箱中，干燥6小时；置于130℃干燥箱中，干燥6小时，使树脂完全固化。称重，计算杨木干增量。

物理力学性能检测：

按照国家标准，木材物理、力学性能测试方法标准GB-1927-1943——91和室内装修材料-人造板及其制品中甲醛释放限量标准GB-18580——2001，分别测定杨木改性材的物理、力学性能和甲醛释放量。

2. 实施例

浸渍液配制：

在反应釜中，加入2.300公斤甲醛（28.4%），加入0.970公斤水，搅拌下，用30%氢氧化钠水溶液，将溶液pH调节到11，加入三聚氰胺1.500公斤，加入220克麦芽糊精（葡萄糖值14%~16%），搅拌、40~60分钟内，升温到90℃，保持pH值在9~10之间，反应到水稀释度400%，调节pH在10~10.5之间，冷却到80℃，加入4.385公斤45%的麦芽糊精（葡萄糖值14%~16%）水溶液，搅拌、冷却至室温，保持pH在10~11之间。该浸渍液固体含量41%，粘度70厘泊（20℃），贮存期40天。

水稀释度：取2毫升树脂，冷却到20℃，加入20℃的水，不断搅拌，直至树脂水溶液开始发白时，将所加入水的体积与原树脂体积的比，乘以100%，即为树脂水稀释度。

其他同上。

3. 实施例

浸渍液配制：

在反应釜中，加入2.300公斤甲醛（28.4%），加入0.970公斤水，搅拌下，用30%氢氧化钠水溶液，将溶液pH调节到10，加入乙二醇80克，三聚氰胺1.096公斤，加入220克麦芽糊精（葡萄糖值10%～12%），搅拌、40～60分钟内，升温到90℃，保持pH在9.8～10.2之间，反应到水稀释度600%，调节pH在9.5～10.0之间，冷却到80℃，加入4.385公斤45%的麦芽糊精（葡萄糖值14%～16%）水溶液，搅拌、冷却至室温，保持pH值在9.5～10.0之间。该浸渍液固体含量41%，粘度81厘泊（20℃），贮存期45天。

其他同上。

4. 实施例

浸渍液配制：

在反应釜中，加入2.300公斤甲醛（28.4%），加入0.970公斤水，搅拌下，用30%氢氧化钠水溶液，将溶液pH调节到9.5，加入DMF 54.8克，三聚氰胺1.260公斤，搅拌、40～60分钟内，升温到90℃，保持pH在9.0～9.5之间，反应到水稀释度600%，调节pH在9.0～9.5之间，冷却到80℃，加入4.385公斤45%的麦芽糊精（葡萄糖值14%～16%）水溶液，搅拌、冷却至室温，保持pH在9.0～9.5之间。该浸渍液固体含量41%，粘度60厘泊（20℃），贮存期1个月。

其他同上。

5. 实施例

浸渍液配制：

在反应釜中，加入2.300公斤甲醛（35.2%），加入0.970公斤水，搅拌下，用30%氢氧化钠水溶液，将溶液pH调节到10.0，加入DMF 54.8克，三聚氰胺1.096公斤，加入220克麦芽糊精（葡萄糖值20%～25%），搅拌、40～60分钟内，升温到90℃，保持pH在9.5～10.0之间，反应到水稀释度300%，调节pH在9.5～10.0之间，冷却到80℃，加入4.385公斤45%的麦芽糊精（葡萄糖值14%～16%）水溶液，搅拌、冷却至室温，保持pH在8～11之间。该浸渍液固体含量41%，粘度41厘泊（20℃），贮存期2个月。

其他同上。

6. 杨木及其改性材物理、力学性能

表1 杨木及其浸渍处理材力学性能

试材类别	密度（g/cm^3）	抗弯强度（MPa）	顺纹抗压强度（MPa）	冲击韧性（kJ/m^2）	硬度（端面）（N）	硬度（弦面）（N）	硬度（径面）（N）
扬木对照	0.412	74.6	39.4	63.1	2569	2035	1980
实施例5	0.560	89.3	54.9	35.6	6465	5094	4267
对照例	0.561	95.1	54.4	38.2	4675	2972	2939
实施例2	0.519	75.1	46.7	26.5	4110	2860	2910
实施例3	0.52	69.3	41.7	24.2	3970	3120	2700

表2 杨木浸渍处理板甲醛释放量（穿孔法）及其浸渍剂（干固体）成本

浸渍液品种	浸渍液干固体成本（元/吨）	改性杨木板甲醛释放量（mg/100g）
对照例	8435	137.36
实施例5	4700	35.04
实施例2	5180	13.36

附件4：供参考的专利申请文件

说 明 书 摘 要

本发明提供了一种改性三聚氰胺树脂交联剂，还提供该交联剂的制备方法，以及利用该交联剂得到的浸渍制剂，其可用于处理木质纤维材料，尤其是树木实木材料。本发明提供的改性三聚氰胺树脂通过将甲醛、三聚氰胺和麦芽糊精反应得到，是甲醛与三聚氰胺缩合并经麦芽糊精改性后的产物，其可取代六甲氧基甲基三聚氰胺作为交联剂用于配制浸渍制剂对木质纤维实施改性处理，得到的制品的甲醛释放量被显著降低，且降低了改性处理的成本。

权 利 要 求 书

1. 一种改性三聚氰胺树脂，其特征在于，所述树脂通过将甲醛、三聚氰胺和麦芽糊精反应得到，其中甲醛与三聚氰胺的摩尔比是3.0或小于3.0。

2. 根据权利要求1所述的改性三聚氰胺树脂，其中，反应原料中麦芽糊精的质量含量为三聚氰胺的5%~30%。

3. 根据权利要求1所述的改性三聚氰胺树脂，其中，甲醛与三聚氰胺的摩尔比为1.2~3.0。

4. 根据权利要求3所述的改性三聚氰胺树脂，其中，甲醛与三聚氰胺的摩尔比为1.4~2.7。

5. 根据权利要求1~4任一项所述的改性三聚氰胺树脂，其中，所述反应是在pH 8~11的水溶液中进行的。

6. 根据权利要求1或2所述的改性三聚氰胺树脂，其中，麦芽糊精的葡萄糖值为5~40。

7. 根据权利要求6所述的改性三聚氰胺树脂，其中，麦芽糊精的葡萄糖值为10~25。

8. 权利要求1~7中任一项所述的改性三聚氰胺树脂在对木质纤维材料改性处理中的用途。

9. 根据权利要求8所述的用途，其中，所述木质纤维材料是树木实木原料。

10. 制备改性三聚氰胺树脂的方法，包括将甲醛、三聚氰胺和麦芽糊精进行反应的过程，其中，甲醛与三聚氰胺的摩尔比是3.0或小于3.0。

11. 根据权利要求10所述的方法，其中，所述反应中控制麦芽糊精的质量为三聚氰胺质量的5%~30%。

12. 根据权利要求10所述的方法，其中，所述反应在pH 8~11的水溶液中进行。

13. 根据权利要求10所述的方法，其中，使反应体系的温度在30~90分钟达到85℃以上。

14. 根据权利要求10~13任一项所述的方法，其中，还包括向反应体系中加入增溶剂，所述增溶剂的添加量为三聚氰胺质量的0.5%~12%。

15. 权利要求14所述的方法，其中，增溶剂选自：二甲基甲酰胺、二甲亚砜、二醇、二醇单醚或表面活性剂。

16. 根据权利要求10~13任一项所述的方法，其中，反应终点以水稀释度表示为1000%~100%。

17. 根据权利要求10-13任一项所述的方法，其中，所述麦芽糊精的葡萄糖值为5~40。

18. 根据权利要求17所述的方法，其中，所述麦芽糊精的葡萄糖值为10~25。

19. 根据权利要求10或11所述的方法，其中，甲醛与三聚氰胺的摩尔比是1.2～3.0。

20. 根据权利要求19所述的方法，其中，甲醛与三聚氰胺的摩尔比是1.4～2.7。

21. 根据权利要求12所述的方法，其中，缩合反应体系的pH控制在9.2～10.5。

22. 根据权利要求13所述的方法，其中，使反应体系的温度在30～90分钟达到90～100℃。

23. 一种可用于对木质纤维材料改性处理的交联组合物，该组合物中至少包含麦芽糊精和权利要求1～7任一项所述的改性三聚氰胺树脂，且所述改性三聚氰胺树脂与麦芽糊精以干物质计的质量比为1:5～1。

24. 根据权利要求23所述的交联组合物，其中，该组合物为浸渍液，其粘度在20℃下为40～85厘泊，pH在8～11。

25. 木质纤维材料的改性处理方法，其中，包括使用权利要求23或24的交联组合物制成浸渍液，对所述木质纤维材料进行浸渍。

26. 根据权利要求25所述的改性处理方法，其中，所述木质纤维材料是树木实木。

27. 根据权利要求26所述的改性处理方法，其中，所述木质纤维材料是杨木实木。

28. 利用权利要求25～27任一项的方法改性处理得到的木质纤维制品。

说 明 书

改性三聚氰胺树脂及其制备方法和用途

技术领域

本发明涉及木材加工领域，具体是涉及用于木质材料及木制品的改性处理的新型交联剂——改性三聚氰胺树脂，还涉及所述交联剂的制备和其在木质纤维材料，尤其是树木实木材料的改性处理中的用途。

发明背景

在钢铁、水泥、塑料和木材四大材料中，木材是唯一可再生的材料，加工过程中能量消耗少，产生的污染小，加之森林在生态、环境方面表现出的重要价值已经使其在四大材料中的地位越来越突出。为扩大资源，同时也由于生态和环保要求，人工林（速生林）的培育，尤其是人工林木材的处理和利用已成为木材加工业的重点发展方向。速生林木生长期短，但材质疏松、强度低。因此，提高人工林木材强度、同时改进其缺陷的改性方法越来越多地受到各国重视。对于这种低密度和低强度材料的改性处理中，充填法、压密法在业内使用较多。

对木材浸渍有机单体或树脂预聚物，利用辐照或热，使所述单体或预聚体在木材组织中聚合或与木材组织接枝聚合，生成木材－塑料复合体（WPC），这是20世纪60年代开发的方法。该方法的优点是：处理过程中木材尺寸变化小；处理后，提高了木材强度和尺寸稳定性能；使木材具有耐腐、阻燃等性能。本发明以前，类似的木材改性技术在国内外已经实现工业化，产品可用于家具、地板、乐器、运动器材等。这类改性方法应用中存在的问题是：由于使用有机单体或预聚物，处理成本较高；生产车间和产品中残存单体，对生产和使用环境不利；此外，这些问题也导致该方法难为中、小企业接受。

类似的处理方法还有，使用水基聚合物（脲醛树脂、三聚氰胺树脂、酚醛树脂等缩合类树脂）对木材浸渍、干燥后，进行热固化或加热、压缩固化，常见的浸胶木（Impreg）和胶压木（Compreg）为其代表产品，多用于船板、轴套、闸道、刀柄等。这样处理的木质产品具有较好的强度、尺寸稳定性能和耐水性能。这类技术与WPC的加工技术比，易为中、小企业接受，一直是开发的热点。但是，对于仅仅热固化而不实施压缩固化者，由于树脂固化过程的收缩，产品变形比较严重，是这种方法的缺陷。

美国专利USP×××××××公开了使用交联剂（推荐并具体使用的是六甲氧基甲基三聚氰胺）预交联了麦芽糊精的水溶液作为改性剂（浸渍液）浸渍木材，然后干燥、固化的技术。与其他公知技术相比，该技术处理过程中尺寸变化小，处理后的杨木产品强度、尺寸稳定性能均有提高，但是处理后产品的甲醛释放量过高（达到约

2%），用于室内制品时，不能达到国家标准；此外，该方法使用的交联剂——六甲氧基甲基三聚氰胺的使用成本高，也影响了最终产品的市场竞争力。

发明内容

针对木材改性和加工领域存在的问题，尤其是USP×××××××中记载的六甲氧基甲基三聚氰胺交联剂存在的生产成本高、游离甲醛含量高的缺陷，本发明提供了一种改性三聚氰胺树脂，它可作为一种新型的交联剂取代六甲氧基甲基三聚氰胺用于木质纤维材料的改性处理，得到的木质纤维制品的甲醛释放量被显著降低，并能适用于工业化生产。

本发明的另一个目的是提供该改性三聚氰胺树脂交联剂的制备方法。

本发明进一步提供利用该改性三聚氰胺树脂交联剂得到的交联组合物，其可作为浸渍液用于处理木质纤维材料，尤其是树木实木材料。

在寻找新的交联剂过程中，发明人的研究发现，三聚氰胺与甲醛缩合形成的三聚氰胺树脂与之前已经有报道的六甲氧基甲基三聚氰胺均属于氨基树脂范畴（前者通常也称三聚氰胺-甲醛树脂），它们有类似的交联能力，而三聚氰胺与甲醛的缩合生成三聚氰胺树脂的缩合过程经历了三聚氰胺分子中3个氨基上的6个氢原子逐个被羟甲基取代的历程，理论上应该能够作为交联剂使用，并且达到控制甲醛释放的效果，但是这种三聚氰胺树脂溶液不稳定，尤其是与麦芽糊精混合后的溶液作为浸渍液的稳定性及贮存性不理想，如果直接用这种三聚氰胺树脂替代六甲氧基甲基三聚氰胺作为交联剂，在实用性方面难以接受，难以满足工业化生产的需要。进一步的研究发现，在三聚氰胺与甲醛组成的反应体系中加入适量的麦芽糊精，配制成为适当的溶液作为浸渍液，相比于不使用麦芽糊精的情况，其稳定性和贮存性则意外地得以改善。

所以本发明提出了一种改性三聚氰胺树脂，所述树脂通过将甲醛、三聚氰胺和麦芽糊精反应得到，其中甲醛与三聚氰胺的摩尔比是3.0或小于3.0。

本发明提出的改性三聚氰胺树脂，甲醛与三聚氰胺的摩尔比将影响反应产物的交联能力，同时也将左右处理后的木材制品的甲醛释放量。所以，对交联能力和游离甲醛含量的综合考虑，本发明要求甲醛与三聚氰胺的摩尔比应该在3.0或低于3.0，最好是1.2~3.0，例如可以控制它们的摩尔比范围为1.4~2.7。

本发明之所以称该反应产物为改性三聚氰胺树脂，是由于三聚氰胺与甲醛的缩合过程中还有适量的麦芽糊精的作用（缩合体系被改变），得到的缩合物质（三聚氰胺干树脂）及以其作为交联剂与麦芽糊精共混合形成的浸渍液的稳定性显著提高，实验显示，使用本发明提供的改性三聚氰胺树脂作为交联剂配制的浸渍液，贮存期在一个月以上，可达二个月。所以，可以认为，相比于仅使用三聚氰胺与甲醛缩合形成的三聚氰胺-甲醛树脂，麦芽糊精的引入改变了缩合产物的结构和性质。为区别于常规条件下甲醛与三聚氰胺的缩合产物，本发明将上述反应产物定义为“改性三聚氰胺树脂”。

在一个具体实施方案中可以确定反应原料中麦芽糊精的质量为三聚氰胺的5% ~30%。

本发明的一个具体实施方案中，所述反应体系中使用的麦芽糊精的葡萄糖值（DE值）最好在5 ~40，也可以进一步选择为10 ~25。

在确定反应原料后，反应过程的具体操作条件和参数均可以按照甲醛与三聚氰胺缩合反应的常规技术得到本发明的改性三聚氰胺树脂，在一个具体实施方案中，所述改性三聚氰胺树脂可以是在pH 8 ~11 的水溶液条件下缩合而成的产物。

本发明的另一个方面，提供了这种改性三聚氰胺树脂的制备方法，是通过甲醛与三聚氰胺的反应而制成。为达到本发明的目的，所述制备方法包括将甲醛、三聚氰胺和麦芽糊精进行反应的过程，其中，甲醛与三聚氰胺的摩尔比是3.0或小于3.0。

同样的原因，在反应体系中引入适量的麦芽糊精，改变了反应产物的结构和性质，成为一种改性三聚氰胺树脂。一个具体实施方案，所述反应体系中麦芽糊精的质量含量为三聚氰胺的5% ~30%。

上述反应一般可以在pH 8 ~11 的水溶液条件下进行，即将反应环境基本上控制为弱碱性体系，例如在pH 9.2 ~10.5 的条件下进行，可以通过加入适当的碱性或酸性物质进行调节。

为利于提高三聚氰胺的溶解度，在不影响改性材料强度的前提下，上述制备方法还可以包括向反应体系中选择性地添加适量的增溶剂，增溶剂的添加量可为三聚氰胺原料的0.5% ~12%。本发明对所述增溶剂的选择没有特别要求，只要能满足增溶的需要的常规增溶剂均可使用，在具体实施例中增溶剂可选自非质子溶剂例如二甲基甲酰胺（DMF）、二甲亚砜（DMSO）等，二醇、二醇单醚或表面活性剂等；其中的二醇或二醇单醚是常规使用的低级碳的二醇或二醇醚，非限定性示例可以是乙二醇、丙二醇、乙二醇甲醚、乙二醇乙醚（丙醚、丁醚等）、丙二醇甲醚、丙二醇乙醚（丙醚、丁醚等）等。

上述反应过程的其他条件也可以按照甲醛与三聚氰胺缩合反应的常规方法，例如，反应物按设定比例加入后，逐步升温完成反应；实际操作中可以控制在30 ~90分钟使反应体系的温度达到85℃以上，一般是达到90 ~100℃，经测定反应完成即可。

根据本发明的制备方法，反应终点以任何可行和公知的方法判定，本发明以水稀释度表示为1000% ~100%。

本发明所述的水稀释度是指：取一定体积的缩合树脂产物（例如2毫升），在室温下边搅拌边加入水，直至树脂水溶液开始发白，计算所加入水的体积与树脂体积的比，乘以100%，即为该树脂的水稀释度。通过简单摸索就可以确定对应的反应达到终点的条件。

如前面所述，本发明提供了一种可替代现有技术的六甲氧基甲基三聚氰胺或同类物质作为用于木材改性处理的交联剂的改性三聚氰胺树脂，所以，根据本发明的另一个方面，还提供了一种用于对木质纤维材料改性处理的交联组合物，该组合物中至少包含麦芽糊精和上述改性三聚氰胺树脂，且所述改性三聚氰胺树脂与麦芽糊精以干物质计的质量比为1:5～1。该交联组合物通常是通过浸渍液形式使用，为利于浸渍处理，该浸渍液的粘度最好在40～85厘泊（20℃），pH在8～11。在浸渍液中，所述改性三聚氰胺是作为交联剂，改性三聚氰胺树脂与麦芽糊精以干物质比例可以为1:3～1:1。

使用本发明的浸渍液处理木质纤维材料的方法与其他常见的改性剂，尤其是可以与前面提到的USP×××××××中的方法基本相同，即将待处理的木质纤维材料，以任何可行的方式进行浸渍，一般掌握该木质纤维材料被充分浸渍即可，然后进行干燥，使树脂固化，即可得到需要的制品。本发明所述的木质纤维材料的定义与USP×××××××中基本上相同，可以包括各种原木、板材、木制品，也可包括各种再生或人造的板材制品，例如纤维板、胶合板等。本发明尤其适用于树木实木的改性处理，特别用于在中国被大量种植的强度和密度较低的杨木、杉木、泡桐等速生林的实木改性处理，更有实用意义。

与现有技术相比，利用本发明的浸渍液制剂处理的木材制品，例如杨木制品，具有同等水平的力学性能，而其甲醛释放量仅为现有技术的十分之一，且浸渍加工成本也降低近二分之一，更适于日常居室材料的使用。

具体实施方式

以下通过具体实施例进一步介绍本发明的实施及所具有的有益效果，目的在于帮助阅读者更好理解本发明的实质和精神，不能构成对本发明实施范围的限定。

对照例

按照美国专利USP×××××××中的溶液2配制浸渍液：

在2.250公斤的甲醇中，加入2.250公斤的六甲氧基甲基三聚氰胺，配制成溶液；将7.149公斤麦芽糊精（DE值14%～16%）溶于14.750公斤的水中，配制成溶液。将两溶液混合，加入107克硼酸，作为防腐剂；加入73克对-甲苯磺酸，作为催化剂。在20℃搅拌4～5小时，由于六甲氧基甲基三聚氰胺的—CH_2OCH_3与麦芽糊精的—OH部分反应，使六甲氧基甲基三聚氰胺甲醇溶液完全溶于水层，得到均匀、透明液体，为了使预交联反应停止，使用氨水将溶液pH调节到8。该溶液在pH=8的条件下，可以贮存数月，麦芽糊精与六甲氧基甲基三聚氰胺质量比为3:1，溶液密度1.12克/毫升，粘度50厘泊（20℃），固体含量36%。

实施例

实施例1

缩合反应：在反应釜中，加入2.300公斤甲醛（28.4%），加入0.970公斤水，在搅拌下，用30%氢氧化钠水溶液，将反应釜中物料pH调节到大约11，加入三聚氰胺1.500公斤，加入220克麦芽糊精（DE值14%~16%），在搅拌下，控制反应体系在40~60分钟内升温到90℃，并保持pH在9~10之间，维持反应到水稀释度400%终止。

水稀释度确定：取2毫升缩合生成的树脂，冷却到20℃，加入20℃的水，不断搅拌，直至树脂水溶液开始发白时，将所加入水的体积与原树脂体积的比，乘以100%，即为该树脂水稀释度。

浸渍液配制：调节上述缩合产物的pH到10~10.5之间，冷却到80℃左右，加入4.385公斤45%的麦芽糊精（DE值14%~16%）水溶液，搅拌、冷却至室温，保持pH在10~11之间。

该浸渍液的固体含量41%，粘度70厘泊（20℃），贮存期超过40天（以观察到浸渍液的粘度开始改变，或看到絮状物出现为标准，以下实施例相同）。

实施例2

缩合反应：在反应釜中，加入2.300公斤甲醛（28.4%），加入0.970公斤水，搅拌下，用30%氢氧化钠水溶液，将反应釜中物料的pH调节到大约10，加入乙二醇80克，三聚氰胺1.096公斤，加入220克麦芽糊精（DE值10%~12%），搅拌，控制反应体系在40~60分钟内升温到90℃，并保持pH在9.8~10.2之间，维持反应到水稀释度600%终止。

浸渍液配制：调节上述缩合产物的pH到9.5~10.0之间，冷却到80℃左右，加入4.385公斤45%的麦芽糊精（DE值14%~16%）水溶液，搅拌、冷却至室温，保持pH在9.5~10.0之间。

该浸渍液的固体含量41%，粘度81厘泊（20℃），贮存期超过45天。

实施例3

（贮存效果对照，与实施例2的其他条件基本相同，但本实施例的缩合反应中未使用麦芽糊精。）

缩合反应：在反应釜中，加入2.300公斤甲醛（28.4%），加入0.970公斤水，搅拌下，用30%氢氧化钠水溶液，将反应釜中物料pH调节到9.5，加入DMF 54.8克，三聚氰胺1.096公斤，搅拌，控制反应体系在40~60分钟内升温到90℃，并保持pH在9.0~9.5之间，维持反应到水稀释度600%终止。

浸渍液配制：调节上述缩合反应产物的pH到9.0~9.5之间，冷却到80℃，加入4.385公斤45%的麦芽糊精（DE值14%~16%）水溶液，搅拌、冷却至室温，保持pH在9.0~9.5之间。

该浸渍液的固体含量41%，粘度60厘泊（20℃），贮存期不超过1个月。

实施例4

缩合反应：在反应釜中，加入2.300公斤甲醛（35.2%），加入0.970公斤水，搅拌下，用30%氢氧化钠水溶液，将反应釜中物料pH调节到10.0，加入DMF54.8克，三聚氰胺1.260公斤，加入220克麦芽糊精（DE值20%~25%），搅拌，控制反应体系在40~60分钟内升温到90℃，并保持pH在9.5~10.0之间，维持反应到水稀释度300%终止。

浸渍液配制：调节上述缩合反应产物的pH到9.5~10.0之间，冷却到80℃，加入4.385公斤45%的麦芽糊精（DE值14%~16%）水溶液，搅拌、冷却至室温，保持pH在8~11之间。

该浸渍液的固体含量41%，粘度41厘泊（20℃），贮存期超过2个月。

浸渍实验

试材：杨木，来自北京木材市场，气干，含水率为8%~10%，尺寸为20mm×20mm×400mm；50mm×70mm×70mm；95mm×25mm×950mm。

先称取杨木试材的质量，随后将该杨木试材置于浸渍罐中，互相隔开，为防止杨木飘浮，使用重物压置。在真空度30~50毫米汞柱下，抽真空处理0.5小时；此时杨木试材会吸入足量的浸渍液，保持0.5小时；放空，大气压下保持0.5小时后，取出试样，清除表面浸渍液，称量，计算杨木湿增量。

干燥、固化：

将经以上处理的浸渍试样置于室温、通风处，自然干燥到含水率30%；将试样置于70℃干燥箱中，干燥12小时；然后将试样置于80℃干燥箱中，干燥4小时；再将试样置于100℃干燥箱中，干燥6小时；置于130℃干燥箱中，干燥6小时；经上述一系列干燥处理使树脂完全固化，称重，计算杨木干增量。

物理、力学性能和甲醛释放量检测：

按照国家标准，木材物理、力学性能测试方法标准GB－1927－1943——91和室内装修材料－人造板及其制品中甲醛释放限量标准GB－18580——2001，分别测定各实验中杨木改性材的物理、力学性能和甲醛释放量。

测定结果及分析：

1. 杨木及其浸渍处理材力学性能

表1

试材类别	密度 (g/cm^3)	抗弯强度 (MPa)	顺纹抗压强度 (MPa)	冲击韧性 (kJ/m^2)	硬度（端面）(N)	硬度（弦面）(N)	硬度（径面）(N)
对照材	0.412	74.6	39.4	63.1	2569	2035	1980
实施例4	0.560	89.3	54.9	35.6	6465	5094	4267
对照例	0.561	95.1	54.4	38.2	4675	2972	2939
实施例1	0.519	75.1	46.7	26.5	4110	2860	2910
实施例2	0.52	69.3	41.7	24.2	3970	3120	2700

注：“对照材”是指未经处理的杨木实木材料。

2. 杨木浸渍处理板甲醛释放量及其浸渍液（干固体）成本

表2

浸渍液品种	浸渍液干固体成本（元/吨）	改性杨木板甲醛释放量（mg/100g）
对照例	8435	137.36
实施例1	5180	13.36
实施例4	4700	35.04

第三节　案例3：高分子材料领域

在化学领域的发明中，与高分子（也称为聚合物）材料有关的发明占有相当重要的地位，涉及非常广泛的应用领域，包括和人类日常生活和生产息息相关的橡胶、塑料和纤维这三大类基础合成材料，这些合成材料广泛用于建筑、汽车、服装等产业。另外，高分子材料的应用还包括涂料、粘合剂、密封剂、药物载体、食品添加剂和采油助剂等功能性产品。不同于小分子化合物，由于高分子结构的复杂性和多样性，使得高分子材料领域发明专利申请文件的撰写具有一定的特殊性和难度。

高分子材料是由一种或多种重复结构单元组成的化学材料，它具有分子量大、分子量分布存在多分散性、分子内可能的结构变化形式多等显著特点。因此，与一般小分子有机化合物不同，大多数高分子材料是由不同分子量、不同立体结构、有时是由不同种类的分子结构单元构成的各种分子的集合体，通常很难用一个简单的分子式或结构式完全准确地描述该类物质。

因此，涉及高分子材料的发明是否能申请产品专利而得到授权，除了该产品本身的专利性外，主要取决于申请专利时其说明书是否对该高分子材料作出清楚完整的公开和表征确认。另外，由于高分子材料的性能、用途通常无法准确预见，还应考虑证明高分子性能、用途等的实验数据是否满足说明书公开充分的要求。而且，由于高分子材料领域是申请专利的热门领域，一项新提出的发明专利申请与该领域众多的现有技术相比确立其新颖性和创造性也是难度较高的。最后，涉及高分子材料的发明专利申请的权利要求书是否对各种可能予以保护的发明进行清楚明确的限定和合理的概括也是十分关键的。

本案例是一件典型的涉及高分子材料发明的专利申请。通过以下对撰写申请文件和答复审查意见通知书两大部分的介绍，希望专利代理人能够了解处理好一份高分子材料领域发明专利申请所应该具备的基本知识、技能和经验。具体来说，希望通过对该实务案例的详细介绍实现以下目标：

① 掌握专利性判断和挖掘新的发明改进点的方法。

② 了解高分子材料领域发明的特点及表述方式。

③ 能够清楚、完整地在说明书中描述涉及高分子材料发明的技术方案。

④ 能够恰当、准确地在权利要求中限定涉及高分子材料发明的保护范围。

⑤ 能够依据原始申请文件内容并结合现有技术状况答复各种审查意见，有效确立专利性，克服申请文件中的缺陷，以获得充分的专利保护。

1　高分子材料领域申请文件的撰写

在介绍本案例的案情背景之后，将依据本案例的具体情形阐述专利代理人在申请文件撰写阶段如何进行专利性判定和挖掘新的发明改进点，并在此基础上详细说明高分子材料领域申请文件的撰写中专利代理人应该考虑的一些主要问题。

1.1 本案例案情背景介绍

为了方便该实务案例的学习和理解，概括来讲，本案例按照案情进展的顺序被分成以下几个步骤的内容逐一进行介绍：

①拟申请催化剂组合物主题→②第一次专利性判断→③挖掘新的发明改进点→④第二次专利性判断→⑤申请高分子材料主题→⑥撰写专利申请文件→⑦答复审查意见通知书→⑧申请获得专利授权。

具体来说，申请人首先提供了一份有关制备脂肪族/芳香族共聚酯的催化剂组合物的第一次技术交底书，专利代理人针对该催化剂组合物进行检索后进行第一次专利性判定。由于比对现有技术后得到的是否定性的结论，需要考虑如何挖掘新的发明改进点。通过进一步挖掘发明改进点确定转向保护所述制备的共聚酯主题，并在针对所述共聚酯检索后进行第二次专利性判定，判定结论为具有专利性，可以申请专利。为此，专利代理人在申请人提供的有关共聚酯的第二次技术交底书的基础上撰写了提交国家知识产权局的专利申请文件。经过模拟的实质审查阶段，申请人答复了不同情形的模拟审查意见，陈述本发明的专利性和/或修改申请文件克服原始申请文件中的问题，最终获得专利授权。

1.2 专利性判定和挖掘新的发明改进点

判定专利性是专利代理人在撰写申请文件阶段首要考虑的问题。在实际工作中专利代理人还时常会遇到申请人起初提供的技术方案不满足专利性要求的情形，这时需要和申请人讨论以挖掘新的发明改进点。而且一般来说，即使确立了新的发明改进点，为了给申请留出充分退路，专利代理人可能还需要和申请人一起挖掘多个发明改进点。本案例就涉及需要挖掘新的发明改进点的情形。

1.2.1 关于第一次技术交底书中的催化剂组合物主题的专利性判定

申请人提供的第一次技术交底书中揭示的发明是一种用于制备可生物降解的脂肪族/芳香族共聚酯的双金属组分催化剂体系，包括：

CAT1，选自 $M(OR^{2'})_x$、M_2O_x、$M(R^{1'}OO)_x$ 及其混合物，和

CAT2，选自稀土金属的无机卤化物 LnX_3、羧酸盐 $Ln(R^1COO)_3$、烷氧化物 $Ln(OR^2)_3$、芳氧化物 $Ln(OAr)_3$、和不包括钐的乙酰丙酮化物 $Sm(acac)_3$ 的稀土金属的乙酰丙酮化物 Ln（acac），以及它们的水合物中的至少一种，

且 CAT1 与 CAT2 的摩尔比优选为 5:95～95:5；

其中，稀土金属 Ln 选自镧 La、铈 Ce、镨 Pr、钕 Nd 和钪 Sc 中的一种；

X 为卤素离子，acac 为乙酰丙酮基团，

R^1、$R^{1'}$ 选自 C_1～C_3 的烷基，R^1、$R^{1'}$ 可相同或不相同，

R^2、$R^{2'}$选自 C_3 ~ C_6 的烷基，R^2、$R^{2'}$可相同或不相同，

Ar 选自 C_1 ~ C_4 的烷基取代的苯基，

M 为金属钛 Ti、锑 Sb 或锌 Zn，x 为 2、3 或 4。

该双金属组分催化剂体系与现有技术中的单组分催化剂相比，可以有效解决目前的合成共聚酯方法中聚合工艺复杂（例如需要添加聚合扩链剂以达到所需的高分子量）、反应速度慢（例如需要双釜配合才能完成聚合过程）、共聚酯产品色泽发黄且力学性能较差的缺点。

通过对上述主题的现有技术检索，确定了最相关的一篇对比文件 D1（以下简称 D1）。具体来说，D1 公开了钛化合物和镧系化合物（属于稀土金属化合物，并且是该发明催化剂组合物的优选稀土金属化合物组分）的复合催化剂体系，可以看到该体系属于该发明中的 CAT1 与 CAT2 的一种特定组分组合。D1 公开了该催化剂体系用于制备聚对苯二甲酸乙二醇酯（即 PET）均聚酯，并在其中详细公开了具体的催化剂组分比例，该比例落入该发明的较宽的组分比例“5∶95 ~ 95∶5”摩尔比范围内。D1 同时公开了采用该催化剂组合物制备 PET 均聚酯的方法。

由于 D1 公开的催化剂组合物落入该发明拟申请专利的保护范围内，足以破坏该发明催化剂组合物的新颖性。该发明提出的催化剂组合物也没有其他进一步的限定特征。虽然 D1 中催化剂组合物用于制备 PET 均聚酯，不是该发明中的制备脂肪族/芳香族共聚酯，但是相同产品的不同用途是不能使该相同产品具备新颖性的。另外，由于该催化剂组合物中优选的稀土化合物（即镧系化合物）也被 D1 公开，因此通过修改催化剂组合物保护范围（即从稀土金属中删除镧系化合物以确立新颖性）、放弃该优选技术方案的方式来保护一些商业价值较低的实施方案是不可取的。在这种情形下专利代理人需要考虑如何挖掘新的发明改进点，对发明人所作出的发明从其他角度寻求适当的保护，满足申请人实际利益的需求。

1.2.2 如何挖掘新的发明改进点

专利代理人在撰写申请文件中时常会遇到以上情形，即原来设想的发明保护主题没有专利性而需要寻求新的保护主题，也就是常说的挖掘新的发明改进点。从实务操作的经验来看，概括来说挖掘新的发明改进点一般有两种途径：一是所谓的“向内深入”方法；二是所谓的“向外关联”方法。

“向内深入”是指：不改变原来的拟保护主题，而是寻求用该发明主题下某个有潜力确立专利性的附加技术特征来进一步来限定该主题，对于化学领域的发明，这种情形下一般需要同时考虑提供实施例和对比数据以支持该附加技术特征所能带来的专利性。这样限定的主题往往更接近今后的商业实施模式。

“向外关联”是指：改变原来的拟保护主题，将它转变成与原来拟保护主题相关联的其他保护主题。

具体来说：①对于产品发明，可以把该产品放入另一关联领域以产生新的保护主

题。例如，对于一种催化剂载体发明，在该载体丧失专利性的情形下，转向考虑包含该载体的特定催化剂体系保护主题，该特定催化剂体系作为整体完全可能由于首次提出而具备了专利性。专利代理人在实际工作中经常见到，在提出的化合物本身不具有专利性的前提下，转而寻求保护包含该化合物的组合物，也是这一思路。②而对于方法发明，可以把该方法的已有步骤进行扩展，也就是说增加一些更上游或更下游的方法步骤。例如，将单一的某组分的分离工艺扩展为组合的某产品的生产工艺。在该分离方法本身不具有专利性时，该关联扩展的生产方法作为整体可能由于首次提出而具有了专利性。在实践中常看到，这种经过扩展后产生的工艺往往还能带来例如能源的合理理由或原料的循环利用等有益效果，从而成功地建立了扩展后的工艺方法的专利性。

而且，与发明人耐心地作这种交流时，往往会发现经过专利代理人给予的这些思路启发，发明人在其后补充的技术信息中会告知专利代理人某个技术特征如何选取或限定可能取得更好的技术效果。这样也许第三个或更多的发明改进点都可以产生，即使这些改进点不直接用于确立专利性，也可以在申请文件中作为专利性的退路写入从属权利要求中。

必要时，专利代理人可以同时和多个发明人交流，以确保锁定最佳的第二发明改进点。实践中在有多个发明人的情形下，由于不同发明人往往负责或侧重不同的技术方面，可以确保专利代理人对发明技术方案的全面、准确理解，做到心中有数，对说明书撰写的清楚完整也是十分有好处的。

总之，要从多角度多途径寻求实现对发明的专利保护，避免申请审查或专利无效过程中的风险，不要只抓住一根“救命稻草”，以防“竹篮打水一场空”，最后连客户的具体商业实施方案都保护不了。也就是说，专利代理人在撰写实践中多“踩点”是十分关键的。发明人是最了解其发明的人，他们往往掌握了与自己的发明创造有关的丰富的技术信息，只是不完全了解哪些技术信息对于申请专利是有意义的。如果一项专利申请与专利权失之交臂是由于专利代理人没有和发明人充分有效交流的原因，不得不说是专利代理人的遗憾和失误。专利代理人在耐心地倾听发明人“讲故事”的过程中要善于捕捉和提取对于申请专利有意义的各种技术信息，这是专利代理人很重要的一项专业技能和职业素养。

回到该发明，由于催化剂组合物的组分及其比例这两个主要方面的特征都已被公开，而且也没有找到某个组分（这里都是单纯的无机化合物）的其他技术特征（例如微观结构特征）可以用作进一步的区别技术特征，所以该发明适合采用“向外关联”的挖掘模式转换保护主题以对发明进行保护。

专利代理人从与发明人的交流中了解到，利用该发明催化剂组合物制备的共聚酯产品的力学性能比起现有技术中的同类共聚酯要明显提高。从这一事实可以初步判定该发明的共聚酯产品与目前同类的共聚酯是有差别的，应该具有可专利性，只是还没有找到该共聚酯产品的区别技术特征。因此，专利代理人要考虑和发明人进一步交流如何对共聚酯进行清楚表征和充分揭示，从而转向要求保护一种新型共聚酯产品发明，启发申请人提供有关所获得的高分子共聚酯产品的技术交底书。原来提出的催化剂组合物技术方案应当作为制备该高分子材料的方法特征写入申请的说明书及权利要求中。

1.2.3　关于第二次技术交底书中的高分子材料主题的专利性判定

如上所述，申请人在和专利代理人充分交流后提出了有关高分子材料的申请主题。申请人提交的技术方案是，该发明涉及一种可生物降解的无规线性结构的脂肪/芳香共聚酯，其重均分子量Mw（GPC法测定）为100000～600000g/mol；分子量分布1.2～3；由包含a1）和b1）的单体混合物通过缩聚反应得到，其中，

a1）25～95mol%的己二酸、其酯衍生物、相应酸酐或它们的混合物，

和5～75mol%的对苯二甲酸、其酯衍生物、相应酸酐或它们的混合物；

b1）选自C_2～C_6的脂肪族二元醇和C_5～C_{10}的脂环族二元醇中的至少一种；

且a1）与b1）的摩尔比为1∶1～1∶2。

通过对上述主题的检索，找到了最相关的一篇对比文件D2（以下简称D2）。具体来说，D2公开了一种聚对苯二甲酸乙二醇酯/聚己内酯共聚酯，它属于一种脂肪族/芳香族共聚酯。另外，D2说明书的实施例中公开的该聚合物的分子量为130000g/mol，也达到该发明共聚酯的分子量范围100000～600000g/mol；但是其分子量分布大于3.0。D2中虽然没有公开该共聚酯为无规线性结构，但是公开了共聚酯的制备方法是：两种共聚单体和催化剂同时投料。该共聚酯的力学性能，例如拉伸强度和应变百分比范围，都明显低于该发明可以达到的范围。

综合这些因素，可以看到，如果同时限定高分子的分子量和分子量分布，两者的组合作为区别特征是完全可以确立专利性的。同时，要注意到，从D2的制备方法来看，由于其采用了两种共聚单体和催化剂同时投料，不是分批投料。本领域技术人员依据高分子领域聚合技术的常识可以分析到，这已经隐含地表明了D2中的同类共聚酯也可能是无规线性结构，因此该共聚酯的链结构特征不是区别技术特征。

值得一提的是，即使判定上述催化剂组合物具有专利性，专利代理人也需要进行至少一步的“向外关联”，即考虑同时保护利用该催化剂组合物制备的共聚酯。因为在该申请中在表述该催化剂组合物的技术效果时将必然要表征所获得的共聚酯产品，这样会相应提及共聚酯的分子量和分子量分布数据（例如在说明书一般性描述中的产物共聚酯的数据范围，或者是在实施例中产物共聚酯的具体点值），因此一旦该催化剂组合物申请公开了，申请人将无法再对获得的共聚酯产品申请专利保护了。总之，不管何种情形，作为一般性原则，专利代理人在撰写专利申请时应该尽可能多地考虑可以申请保护的各相关主题，“向外关联”的思路在撰写原始申请文件中是应该要体现的。

至于由于"向外关联"产生的多个拟保护主题间可能缺乏单一性的问题，专利代理人在撰写时可以这样考虑和安排：如果申请人对各保护主题都急于获得专利保护，可以建议申请人同时分开提交申请，以期都早日获得授权。一方面，对于这种情形，时间就是金钱，重要的已经不是考虑节省申请人的申请费用。另一方面，如果申请人对于有的主题的保护前景比较明确且重视，而有的主题的保护前景不明朗、不确定，那么可以先将多个拟保护主题合案申请以节省申请人的费用，等到收到分案通知书或涉及单一性的审查意见通知书时再视具体情况予以取舍。专利代理人可以看到，许多的 PCT 申请在进入国家阶段前就是采用这种合案申请的策略，等进入国家阶段时通过缴纳单一性恢复费用继续没有单一性的主题的审查。另外，在实际的审查中，对于不是明显缺乏单一性的情形，在不对审查员的审查工作构成实质性的不当负担时，按照《专利审查指南 2010》的精神是鼓励审查员一起检索一起审查的。而且，毕竟单一性不是实质性缺陷，也不是专利授权后的无效理由。

1.3　高分子材料发明说明书的撰写

一份撰写质量好的说明书不仅确保了申请的顺利授权，而且可以在无需借助外部证据的情形下解决很多与所授权专利有关的争议问题，包括在专利无效和侵权纠纷中可能出现的各种问题。在实践中，在专利无效和侵权纠纷中求助于诸如教科书或专家证言等外部证据的风险是很大的。这些外部证据有很大的不确定性，而且对方当事人常常有可能举出与专利权人相矛盾或不一致的外部证据，使得专利权人达不到希望说明和证实的目的。

由于篇幅所限，下面仅介绍撰写一份高质量的专利申请说明书需要注意的几个主要方面的内容，以期使专利代理人在撰写说明书时避免为申请留下致命缺陷，确保专利申请的顺利授权和专利权的稳定性。

1.3.1　说明书的充分公开

专利申请的说明书充分公开申请拟保护的技术方案是获得相应专利保护的前提条件，或者说是专利权人和公众间的公平交换条件，因此说明书充分公开的重要性是不言而喻的。但是，哪些和该发明相关的技术信息是必须公开的，哪些信息是可以省去或保留的，这些都是专利代理人必须要逐一考虑的。对于一件高分子材料发明的申请，专利代理人应当注意以下技术信息的充分公开问题。

（1）必要的结构和物化性能参数的公开

对于涉及高分子材料的发明，按照《专利审查指南 2010》第二部分第十章第 3.1 节的要求，申请说明书中除了应当对高分子材料重复结构单元的名称、结构式或分子式按照对化合物的相同要求进行记载之外，还应当对其分子量及分子量分布、重复单元排列状态（如均聚或共聚、无规或嵌段、线性或接枝等）等其他必要的结构要素作适当的说明；如果这些结构要素尚不能完全确认该高分子化合物，则还应当记载其结晶度、密度、玻璃化转变点等可以与高分子结构和组成产生关联的性能参数辅助确认该高分子材料。

在该申请说明书中，针对以高分子材料为主题的第二次技术交底书的不足，专利代理人需要申请人补充除了共聚酯的分子量和分子量分布之外的高分子链段的必要或常规微观结构特征，包括明确“线性”和“无规”这一共聚酯的基本结构特征，补充共聚酯的“玻璃化转变温度 Tg”和“熔点 Tm”这样的可以与高分子结构和组成产生关联的辅助性能参数，以及共聚酯的黄度指数等与发明要解决的问题密切相关的物化性能参数。

（2）详细的制备方法的公开

在描述高分子材料的制备方法时，对于具有专利性的特殊结构高分子材料，说明书中必须记载为确保获得该特殊结构而采取的制备方法上的特殊技术措施，即其区别于同类共聚酯制备方法的不同技术手段，例如两种单体和催化剂等的特殊加料方式、加料次序或加料速度，或者特定要求的工艺操作条件等，使所属技术领域的技术人员确信，通过该不同于现有技术的方法或工艺确实能制备出要求保护的特定结构的高分子化合物。而且，本领域技术人员知道高分子材料的结构对其制备工艺的依赖性是很强的，其制备工艺上的微小差异完全可能造成其高分子结构（例如分子量和分子量分布）上的明显差异。

在实际的审查过程中，可以不时看到申请人对于高分子材料的制备工艺的描述十分简单，近乎对于常规工艺条件和步骤的重复。而为了突出拟保护的产品的专利性，该产品本身可能被描述得十分复杂和新颖，甚至使得审查员难以进行有效、充分的相关现有技术检索。对于这种情况，有经验的审查员会首先检索其制备工艺，如果发现其制备工艺与现有技术的公开没有不同之处，审查员按照相同工艺获得的产品也必然相同的逻辑推断（但要注意，反之推断却不成立，即相同的产品是可以通过不同的制备方法获得的），可以推定该申请主题的高分子材料没有新颖性。此时，如果申请人从高分子本身的特征不同于现有技术争辩其新颖性，则审查员可以得出该说明书没有充分公开其制备方法的结论，从而以不符合《专利法》第 26 条第 3 款为由发出审查意见，使得该专利申请陷入两难的境地。也就是说，即使所述高分子材料的确具备新颖性，这样的申请也会由于说明书在其制备方法上的公开不充分这一致命缺陷而丧失授权前景，仍然不能获得专利权。

在该发明申请说明书中，针对以高分子材料为主题的第二次技术交底书的不足，专利代理人需要申请人补充具体制备工艺条件例如温度、压力和反应时间、原料及其加料顺序和使用设备等，其中特定催化剂组合物的使用是该发明制备方法基本的独特点。另外，该催化剂组合物和单体原料的加料顺序、单釜完成聚合和不加扩链剂这些技术特征都是该发明制备方法的其他独特点，都是今后可以作为专利性判定的退路的技术特征，都需要明确指出和描述。在这里可以提及专利申请文件撰写的一个相关技巧，就是专利代理人要善于将发明人提及的仅仅描述发明技术效果的特征（不能对技术方案起到有效限定作用，不宜写入权利要求中）转换为可以起到有效限定作用而适于写入权利要求中的技术特征。例如，原来发明人在技术交底书中只提及该发明的“合成工艺反应速度快”、获得的“产品纯净”（这些都是仅仅描述发明技术效果的特征而不能对技术方案起到有效限定的特征），而专利代理人在提交的申请文件中分别相应提出了“单釜完成聚合”（相对于现有技术中的双釜完成聚合）和“不加扩链剂”（相对于现有技术中的添加扩链剂以获得高分子量，使得产品不纯净）这样的技术特征，后者是可以起到有效限定作用而适于写入权利要求中的技术特征。

值得一提的是，由于该申请是从原来的催化剂组合物的发明改进点转换到高分子材料这一发明改进点，该发明使用的催化剂组合物虽然没有新颖性，但是仍然可能不是市场上可以直接获得的原料，申请人如果不能提供具体催化剂的获取途径（例如可商购来源或直接制备方法的公开文献报道），说明书中仍然需要公开该专用催化剂组合物的制备方法，否则按照《专利审查指南 2010》的规定仍然构成说明书公开不充分问题。可以看到，发明人提供的第二次技术交底书删除了原来第一次技术交底书中关于催化剂组合物的一般性描述和制备实施例。为了避免说明书在共聚酯产品制备方法方面公开不充分的缺陷，专利代理人需要在说明书中补充制备该发明催化剂组合物的一般性描述，同时需要补充制备该发明催化剂组合物的实施例（见提交的申请文件的说明书实施例 A1－6。以下说明书出处都是指申请人提交的申请文件，除非另外说明）。

从这个案例可以看到，在通过“向外关联”方式转换发明保护主题的情形下，往往需要在两次技术交底书的合集上开始撰写专利申请文件，不要随意把前一交底书的内容弃之不用，从而避免在申请中留下不符合相关规定的致命缺陷。专利代理人知道，由于审查过程中修改申请文件的诸多限制，公开不充分的缺陷是很难在审查过程中克服的。因此，要尽可能在撰写原始申请文件时满足充分公开的要求。

专利代理人应当认识到，概括来说，说明书详细描述制备工艺除了满足说明书充分公开这一基本要求之外，还能够起到以下三个方面的积极作用。

1）作为表征和确认高分子化合物的依据

有些情况下，高分子化合物的制备方法、物理化学参数和/或用途和/或使用效果的实验数据隐含了该高分子化合物的某些结构和/或组成特征，使得所属技术领域的技术人员能够清楚地确认该高分子化合物，并将其与现有技术的已知产品相区别。针对这种情形，按照《专利审查指南 2010》第二部分第十章第 4.3 节的规定以及审查实践中的具体做法，对于要求保护的但是由于目前技术手段的限制难以直接用其结构和/或组成特征表征的高分子化合物（即不能记载足够的该高分子化合物的结构和/或组成确认特征），如果所属技术领域的技术人员根据其反应原理、制备工艺（反应原料、加料顺序、反应步骤和条件等）能够并且只能得到所述结构和/或组成的高分子化合物，则所述制备方法可以作为表征和确认相应高分子化合物的依据。

因此，实践中一些高分子化合物在难以用其结构和/或组成特征清楚准确表征的情形下，需要借助制备方法来表征和确认，或者是结合采用其制备方法与该高分子化合物已知的某些结构特征和/或物化参数来进行表征和确认，以满足对高分子化合物确认的要求。

2）为审查过程中修改产品权利要求提供依据

在一些情况下，申请人能够通过材料的性能或技术效果确认已经获得一种新型的高分子材料，但是现有技术中公开了具有基本结构和/或组成特征（例如，结构单元、分子量）相同的高分子材料，这说明该发明的高分子材料还有其他相关的结构和/或组成特征没有被认识到。也就是说，申请人还没有找到产生使该发明材料区别于现有技术并导致其性能优异的结构和/或组成特征。在这种情况下，可以采用其揭示的独特制备方法限定产品的权利要求，从而确立产品权利要求的专利性，仍然可以获得产品权利要求的授权。在这种情形下，申请人注意要同时保留制备方法的独立权利要求，因为前者仍然是产品权利要求，后者是方法权利要求，两者的主题和作用不同，对它们的审查标准也明显不同。

3）为申请的新颖性和创造性留出退路

无论该专利申请最终要求保护的是产品主题还是方法主题，都较容易选出某一个或几个工艺上的技术特征作为该申请新颖性和创造性的退路。例如，该发明的催化剂和单体原料加料的不同时机、单釜完成聚合，以及不加入扩链剂等特征就可以用来为该申请留出新颖性和创造性退路（例如，参见表 A2 的实施例 A10 中配合催化剂和单体原料加料的不同时机而提供的不同效果数据），这比在产品的微观结构上进一步找出与现有技术的差异来更容易一些。一般来讲，其中制备方法描述得比较完整充分的发明申请更容易获得一定保护范围的授权。

（3）验证高分子化合物结构的确认数据的公开

由于高分子化合物的复杂性和多样性，申请人在说明书中应当记载对于高分子化合物结构的确认数据，以满足《专利审查指南 2010》有关化学产品发明的充分公开的要求。

在该申请说明书中，针对以高分子材料为主题的第二次交底书的不足，专利代理人需要申请人补充该发明共聚酯的结构确认数据：这里采用了 1H NMR 图谱数据和 DSC 曲线数据，作为确认共聚酯重复单元结构和共聚酯的无规线性排列结构的数据，这是用于确认高分子化合物结构和组成的常见的两类基本实验数据。

在记载确认数据的同时，通常还应当在说明书中提供获得这些实验数据的有关测定方法的内容，使所属技术领域的技术人员知晓是用什么方法测定的以及如何进行测定的。专利代理人需要提醒申请人补充这些内容。

（4）高分子化合物的用途和/或使用效果及其效果数据的公开

按照《专利审查指南 2010》第二部分第十章第 3.1 节对于化学产品公开的一般要

求，申请人在说明书中还应当公开该高分子化合物的用途和/或使用效果。如果所属技术领域的技术人员无法根据现有技术预测发明能够实现所述用途和/或使用效果，则说明书还应当记载对于本领域技术人员来说，足以证明发明的技术方案可以实现所述用途和/或达到预期效果的定性或者定量数据。

同样，在记载这类实验数据的同时，也应当提供获得这些数据的有关测定方法的内容，使所属技术领域的技术人员知晓是用什么方法测定的以及如何进行测定的，尤其是在具体的测试方法对数据结果的影响比较大的情况下一定要明确相关数据的测试方法。专利代理人也需要申请人补充这些内容。

在该申请的说明书中，针对以高分子材料为主题的第二次交底书的不足，专利代理人需要申请人补充该发明共聚酯的各种用途（用作型材、膜、纤维和涂料）和使用效果数据（拉伸强度、拉伸应变、黄度数据和降解时间等相应数据，见实施例部分的表 A1、A2 和 C1）。相应地，说明书专门增加一段集中总结了该高分子材料相对于现有技术体现的多种有益效果和优势。

专利代理人应当认识到，说明书记载足以体现其发明的用途和/或使用效果的实验数据可以起到三个方面的积极作用：

① 如上所述，满足了化学产品充分公开的要求。

② 满足了权利要求得到说明书支持的要求。在化学发明申请的审查实践中，审查员往往依据实施例所能证实的事实来评判说明书是否支持提出的权利要求的保护范围。而没有记载用途和/或使用效果实验数据的实施例（例如仅仅是制备实施例，只证实了所述产品已经制备出来了）往往不能直接用于支持权利要求的保护范围，还需要从本领域技术人员的角度出发根据现有技术状况进行具体判断。这有就带来了不确定性，有可能导致权利要求得不到说明书的支持。

③ 为创造性的争辩提供了有力依据。正如上述提及的，如果所属技术领域的技术人员无法根据现有技术预测发明能够实现所述用途和/或使用效果，则说明书还应当记载足以证明发明的技术方案可以实现所述用途和/或达到预期效果的定性或者定量数据。这种用途和/或使用效果的不可预见性就隐含着发明的非显而易见性。

在实质审查过程中，如果审查员质疑请求保护的发明的创造性，则申请人可以通过说明书中记载的实验方法比对现有技术的效果，展示该发明具有预料不到的技术效果，从而确立创造性。这些实验数据的直接比对有效避免了对该发明技术方案的实质内容作出不当或者过多的评述，形成不利的审查历史，束缚以后对专利保护范围的解释和与之相关的专利维权，造成一些不可预测的问题。

专利代理人需要注意，在答复有关新颖性、创造性的审查意见时所提交的效果实验证据，不能补入到说明书和权利要求中，但可以供审查员参考。如果所提交的补充效果实验证据是针对创造性并涉及原申请文件记载的发明所要解决的技术问题，或者审查意见中确定的发明实际解决的技术问题，审查员会予以考虑。而答复有关申请不符合《专利法》第22条第4款、第26条第3款和第4款的审查意见时，所提交的申请日后作出的效果实验证据，审查员一般是不予考虑的。

关于提供这类用途和/或使用效果实验数据，专利代理人还要注意的是，应当反复核实整个保护范围内技术方案所确实能达到的技术改进程度，切记不要不切实际地夸大该发明的技术效果，为该发明申请留下隐患。不切实际地夸大技术效果不仅违反诚实信用的基本原则，也会造成对权利要求保护范围的限制，同时还很可能使今后授权的权利要求保护范围内出现所谓的“坏点”，得不偿失。存在“坏点”就是指，申请人要求的整个保护范围内存在实现不了发明目的具体技术方案，这就产生了不符合《专利法》第26条第4款关于权利要求得到说明书支持的规定，或者不符合《专利法》第22条第3款有关创造性的规定的实质缺陷。虽然该“坏点”缺陷在实际的审查过程中难以被审查员发现，但是在专利授权后的无效宣告程序中，该专利仍然存在被部分甚至全部无效的风险，因为无效请求人在对此提出质疑时可能会通过提交实验证据来支持其主张，还可以请求相关机构进行技术鉴定。

基于同样的道理，说明书中提出的该发明所解决的技术问题或用途也不宜夸大，要与申请人所能提供的实验数据相匹配。

1.3.2 说明书支持权利要求的保护范围

如专利代理人所了解的，由于化学是一门实验科学，并且和机械或电学领域相比具有更高的不可预见性，因此审查实践对于化学领域发明专利申请的权利要求保护范围得到说明书支持的问题有一些特别规定。一般情况下，一个具体的实施方式支持不了一个较大的保护范围，说明书往往需要有不同的具体实施方式来合理支持一个权利要求的保护范围。这里的具体实施方式是指作为优选的具体实施方式的实施例部分。

但是，这并不是说权利要求中的每个上位技术特征、每个提出的参数范围都需要多个实施例来证实其可实施性。这样会对申请人造成不必要的负担，在实际工作中发明人也往往是做不到的。因此，专利代理人需要按照《专利审查指南2010》第二部分第二章第2.2.6节中对具体实施方式的要求来合理安排不同的实施例，达到支持权利要求保护范围的目的。例如，《专利审查指南2010》在这一章节中指出，实施例的数量应当根据发明的性质、所述技术领域、现有技术状况以及要求保护的范围来确定。当一个实施例足以支持权利要求所概括的技术方案时，说明书可以只给出一个实施例。当权利要求（尤其是独立权利要求）覆盖的保护范围较宽，其概括不能从一个实施例中找到依据时，应该给出至少两个不同实施例。其中，当权利要求中相对于现有技术的区别技术特征涉及数值范围时，通常应给出两端值附近（最好是两端值）的实施例，当数值范围较宽时还应当给出至少一个中间值的实施例。

本案例集中体现了在说明书的撰写过程中哪些上位技术特征或数值范围特征需要多个实施例合理支持，哪些采用一个实施例支持就可以了。在这方面，结合本案例的具体分析如下。

（1）权利要求中需要多个实施例支持其概括范围的技术特征

1）第一区别特征

如上所述，与现有技术相区别的该发明技术特征由于其可预见性较低，往往是需要不同实施例证实其整个范围的可行性的。在该发明中，由于考虑到高的分子量和窄的分子量分布的结合是该发明确定的区别特征（都是数据范围技术特征），专利代理人需要申请人补充不同分子量及分子量分布的多个实施例，以使其构成合理分布（见表 A1、A2、B1、B2、C1）。例如其中表 B1 的实施例 B7 和 B8 就分别提供了接近该发明高分子材料分子量及分子量分布的上下限的点值数据，以构成实施例合理分布。

2）退路区别特征

专利代理人一般能够按照《专利审查指南 2010》的要求注意到当前确立专利性的第一区别特征的支持问题，却容易忽略作为专利性退路的其他区别特征的实施例合理支持问题。专利代理人应当认识到，一旦作为退路的区别特征在审查过程中被提升为第一区别特征，审查员对于该特征的支持问题的判定会同样凸显出来。如果专利代理人在原始说明书中没有相应地作出安排，这种权利要求的修改就因为不能得到说明书的充分支持而无法在审查中被接受，也就是说当初考虑的这一专利性的退路就失去原有的意义了。

该申请中，该发明制备方法中共聚酯优选组成适用范围（即脂肪族/芳香族摩尔比为（40～80）:（60～20）的共聚酯）是作为专利性退路的区别特征，专利代理人需要申请人补充不同单体加料比的制备实施例和其效果数据。这样，在提交的申请文件中，该发明方法优选适用共聚单体比例（即尤其适于制备芳香/脂肪族摩尔比为（60～20）:（40～80）的共聚酯）的完整实施例及其数据（力学性能和降解时间的明显差异，尤其是用于降解时间明显差异的印证）就在表 C1 中给出了，只是目前都表示为实施例，不区分哪些是对比例。只有在今后需要把该特征上升为区别技术特征时才区分对比例，此处不用过多说明，事先设计留作退路即可。以下所述配合作为退路特征的实施例都是这样安排，不再逐一指出。

还有，为了体现不同催化剂加入时机的不同技术效果（即催化剂的加料时机作为进一步退路的技术特征），在提交的申请文件的表 A2 中有 CAT2 不同加入时机的不同实施例，从而构成针对退路技术特征的实施例合理分布。同样地，为了证明了该发明宣称的另一优势："本发明的共聚酯产物组分可通过单体投料比严格控制，共聚酯组分基本等于单体投料比"，在提交的申请文件的表 B2 和表 C1 都安排了多个不同投料比的实施例，以支持权利要求 1 中共聚酯的不同比例都获得了该优势。

3）非区别但可预见性低的技术特征

在撰写专利申请文件过程中，专利代理人往往还容易忽略针对非区别但可预见性低的技术特征的实施例合理支持。专利代理人应当了解，由于这类特征的可预见性低，尽管它们不是区别技术特征，审查员是同样可以对于这类技术特征提出需要多个实施例支持的要求的。

该申请中由于考虑到催化剂的特异性很强，不同催化组分（或催化组成的细微变化）会导致其催化效力差异非常大，即使该特征已经不是该发明高分子材料产品的专利性所依赖的区别特征，专利代理人仍然需要申请人提供不同催化剂组分的多个实施例（见表 B1）。这也是本案例是在第一技术交底书和第二技术交底书的合集上开始撰写专利申请文件的一个原因，其中保留了第一次技术交底书中针对不同催化剂组成的多个实施例。

根据以上分析可以看到，第二次技术交底书中还缺少对第一区别特征“高分子量和窄分子量分布的结合”、退路区别特征“优选共聚酯适用范围即脂肪族/芳香族摩尔比为（40～80）：（60～20）”和宣称的共聚酯组分基本等于单体投料比优势的合理支持。

一般来说，即使发明人提供的技术交底书中对于某个关键的技术特征有不同实施例提供支持，但是往往分布不够合理，较随意，不足以对相应技术特征的范围构成合理的支持，这都需要专利代理人在撰写时逐一分析并建议发明人提供相关信息来调整，使实施例整体构成合理分布，满足《专利审查指南 2010》中对权利要求得到说明书支持的具体要求。

另外，专利代理人在判定实施例是否足以支持权利要求中的相关技术特征的同时，也应当留意说明书一般性描述和权利要求书中提出的技术特征本身是否概括得合理，有没有在这一方面损失了保护范围。可以看到，第二次技术交底书中对技术方案的一般性描述中还存在一个影响保护范围的缺陷，即对于催化剂的各组分，虽然一般认为同族元素具有类似的性能，可以适当地作上位概括，但是技术交底书没有利用这一技术上的可概括优势去尝试合理概括和相应地组织实施例分布，而只是提及一些离散的下位催化金属元素。在和发明人交流后了解到，采用不同金属元素的多个实施例的确也证明了都能实现该发明的目的，完全可以作上位概括。这种合理归类概括的好处是，一旦概括出一个适当的上位概念，与原来的多离散点下位概念相比，实践中反而能起到减少实施例数量的作用，而离散的形式往往产生放大它们之间差异的效果。但是具体到该发明的技术，由于催化剂的特异性较强因此比较特殊，还是在申请文件中提供了不同催化金属元素的实施例。值得一提的是，在作了这种上位概括后，原来提及的离散点下位概念（一般是优选实施方式）仍然要作为退路写入从属权利要求中，因为这些首先提出的离散点往往是技术效果比较理想的优选技术方案，其中一些很可能就是今后具体的商业实施方案。

同样地，虽然该发明共聚酯材料的力学性能得到显著提高而足以对该高分子新材料的应用领域作出扩展，但是技术交底书中仍然只提及薄膜应用的形式，没有对该共聚酯材料的用途作适当扩展。对产品的应用领域作出扩展至少有两个方面的好处：一是为发明的专利性留出了较充分的退路。当产品专利性不能有效确立时，可以退到应用发明进行保护。二是应用领域作出扩展可以防止他人在该发明基础上作出用途发明，为该专利申请授权后的推广实施造成妨碍，例如造成“交叉许可”的情形，损失专利权人的利益。为此，专利代理人在启发发明人和与其充分交流后，又提出了作为涂料、纤维和型材的产品应用形式。

（2）权利要求中不需要多个实施例支持其概括范围的技术特征

权利要求中有的上位技术特征由于可预见性高（一般不会是发明的区别特征），并不需要多个实施例支持。就该发明具体来说，至少有以下两个技术特征可以考虑为这种情形。

1）共聚酯单体

由于脂肪族或芳香族二酸与二醇单体的聚合反应的可预见性强，现有技术中也有很多揭示其反应规律等教导，没有申请人推测的其效果难以预先确定的内容，可以不考虑采用不同种类的二酸和二酯进行聚合实验。因此，实施例中都是采用对苯二甲酸二甲酯、丁二醇和己二酸作为例证进行共聚。专利代理人还要了解的是，这样固定共聚单体带来的一个好处就是：可以方便有效地对比其他技术特征变化带来的共聚酯的性能差异，否则审查员可以以对比条件不固定来质疑对比数据的有效性及其所能证明的问题。

2）产品应用领域

由于现有实施例对该发明形成的薄膜产品的性能所记载的数据（见表C1）已经证实了该发明高分子材料有益的力学性能，从其Tg及拉伸强度和应变数据可以看到该发明的共聚酯已经是一种典型的韧性高分子材料。这样，本领域技术人员能够理解它同样能够作为型材、膜、纤维和涂料等不同应用产品形式。具体来说，不同产品形式仅仅是由于对该共聚酯采用不同加工工艺造成的，材料本身的各项性能不会有明显差异。例如，采用注塑或滚塑工艺加工共聚酯将制备出型材；吹塑工艺形成膜；挤出工艺制备出纤维；流延工艺制备出涂层。因此，也无需分别安排不同应用形式的实施例逐一证实其力学性能、可降解性能和外观等。也就是说，在可以引入公知常识对某个技术特征的合理扩展进行解释说明的情况下，可以不考虑安排多个不同的实施例。

同时，专利代理人在撰写时应注意做到关键技术特征都要多层次公开。这主要是指上述的上位概念和数据范围。在该发明中，分子量及其分布等范围参数、催化剂各组分上位概念及其用量比例的范围、共聚单体摩尔比范围等都多层次记载。从专利代理经验来看，对于关键技术特征一般要提出至少三个层次为好，时常留出一个退路都不够，从后文答复该申请审查意见各种情形中还会进一步体现这一撰写经验的重要性。

最后，在安排实施例时，要注意同时安排制备实施例和应用实施例，其中的制备实施例需要提供对表征结构特征的表征数据和对表征理化特征的检测数据，应用实施例要提供效果数据，这样才能证明这个具体实施方案的可实施性，这样的实施例才能够充分支持权利要求的范围。

1.3.3 说明书语言的描述应当与独立权利要求的必要技术特征相匹配

独立权利要求的必要技术特征是指，发明为解决其技术问题所必不可少的技术特征，其总和足以构成发明的技术方案，使之区别于背景技术中所述的其他技术方案。因此，在审查实践中审查员都是从发明解决的技术问题和发明技术方案两者之间的关系的角度，通过阅读说明书中的描述来确定哪些技术特征应该是写入独立权利要求的必要技术特征。

为此，专利代理人要注意说明书的描述语言配合独立权利要求中要限定的每个必要技术特征，关注对每个技术特征地位和性质的确认。其中，对于不能确认或者留作退路的技术特征，要避免给审查员留下它们是解决提出的技术问题所必需的特征的印象。除非必要，应该避免用诸如“需要”、“重要的”、“关键的”、“仅有的”、“绝对的”、“每一个”、“从未”等这类直白、绝对化的语言来描述某个技术特征，否则这些特征都将可能被审查员认定为必要技术特征而要求申请人写入独立权利要求。

对于数值范围技术特征，在审查实践中，如果说明书陈述了当其取值高于和低于该范围时都会有不利因素或不利技术效果产生，那么审查员就有理由认为该取值范围应该是必要技术特征而要求将其写入相应的独立权利要求中。

在第二次技术交底书中的描述：“本发明的共聚酯是在不加入扩链剂组分的条件下，通过加入包含稀土化合物的组合物催化剂，通过控制单体和催化剂投料比及相应的工艺参数，来制备本发明高分子量的可生物降解共聚酯。”就给审查员留下了提及的相关技术特征都是“需要的”这一印象，使得：①不加入扩链剂；②单体/催化剂的投料比；和③合成聚酯的工艺条件都不必要、也可能会被认定为方法独立权利要求的必要技术特征。而这些特征申请人目前都不希望将这些特征写入方法独立权利要求，而只想把其中某些特征作为修改退路而写入从属权利要求中，因此在定稿的说明书中把相应内容修改为：“本发明的高分子量的可生物降解共聚酯可以在通过加入包含稀土化合物的催化剂组合物来制备。”同时，只把特定催化剂的加入作为该发明方法独立权利要求的必要技术特征，以为申请人争取最大可能的权益。

1.3.4 说明书应对审查过程中可能出现的新颖性和创造性问题留出退路

正如前面已经提及的，专利代理人在撰写申请文件时需要考虑挖掘和留出作为专利性退路的其他区别技术特征。尽管专利代理人在撰写申请文件时会对权利要求中提出的技术方案进行充分检索，但是实践中由于各种纷繁复杂的制约因素，是难以做到真正意义上的彻底检索的。因此，在审查过程中审查员时常会提出申请人未曾考虑在内的新的对比文件，使得说明书应对审查过程可能出现的新颖性和创造性问题留出退路显得尤为重要。

首先，说明书要多方面提出发明目的和解决的技术问题。在本案例中配合实施例效果数据，说明书中分别总结了共聚酯产品及其制备方法的多方面的有益效果，这是为了在今后的审查过程中在发现不可预见的对比文件时，能够在得到这些原始公开内容的支持下灵活地调整该发明的目的和解决的技术问题，从而使得该发明的专利性立于不败之地。专利代理人了解，在审查过程中一旦确定了不同的最相关现有技术对比文件，通常该发明解决的技术问题也要随之调整才有利于申请人陈述新的争辩理由，增强该申请的授权前景。

相应地，在列出的该发明的优势方案中，将能够进一步贡献专利性的技术特征写入从属权利要求。在本案例中配合这些考虑，如下安排了实施例：

① 安排每个实施例都印证如上所述的不加聚合扩链剂的特征，即不加入扩链剂仍然获得了所需的高分子量的共聚酯。注意这里无需对比例，因为本领域技术人员可以理解，加入扩链剂制备的共聚酯的分子量会更高。

② 由于该制备方法有优选的适用单体比例范围（即脂肪族/芳香族摩尔比为（40～80）：（60～20）的共聚酯），说明书在表 C1 列出相关对比数据，对比其他单体比例得到的力学性能或降解时间上的明显差异。注意这里是需要对比例的对比才能体现该比例范围的意义。

③ 由于该发明制备方法具有可以在一个反应器（单釜）中完成聚合的技术优势，因此安排说明书每个实施例都印证在一个反应器中完成整个反应过程。注意在这种情况下，该发明不需要提供对比例，因为只用一个反应器就能够同样很好地完成整个共聚合过程并获得好的产品已经印证了该发明制备方法相对于现有技术需要双釜聚合的技术优势。

④ 该发明制备方法中催化剂加料的不同时机也是该发明留出的创造性的一个退路，例如在馏分温度保持不变后加入催化剂组分 CAT2 进行缩聚效果更好。为此，说明书安排在表 A2 的实施例 A10 给出缩聚时间和黄度指数数据，和其他加入时机的实施例比对作为证明该优势的依据。注意这里是需要对比例的对比才能体现该比例范围的意义。

从以上各技术效果的实施例及其对比例的安排也可以看到，有的有益效果是需要实施例和对比例进行比对才能证实的，而有的有益效果无需实施例与对比例进行比对就可以证实，这是需要从技术角度（包括该发明的技术改进、现有技术状况和本领域的公知常识等）来确定的，需要专利代理人和发明人进行充分交流慎重确定。这一识别是很必要的，可以有效减少发明人提供实验数据的负担和省去不必要的撰写篇幅。

还要提及的是，对于难以贡献专利性的技术特征，例如：如上所述的拉伸强度、应变百分比、降解时间和黄度指数等特征，还有提高了聚合反应速率等优势，由于它们仅仅是反映了该发明的技术效果，不是能够对技术方案起有效限定作用的技术特征，所以就不应写入从属权利要求。但是此时要注意，也要有效果数据支持该宣称的有益效果（例如见表 A2 缩聚时间），以实现上面指出的实验数据所能带来的三个方面的益处（公开充分、支持权利要求保护范围和确立创造性）。

关于实施例部分需要提出针对哪些技术特征的效果数据的问题，作为一个普遍原则，实施例验证的具体技术特征不能少于包括从属权利要求在内的所有权利要求中出现过的关键技术特征，只能多，不能少，否则会出现某个独立权利要求或从属权利要求得不到说明书支持，或者某个从属权利要求中出现的可以作为退路的附加技术特征失去实质意义，以后难以依赖它确立专利性。

关于是否要在说明书中对记载的对应不同技术特征的不同项效果数据作出逐一评价的问题，按照目前专利实践的要求是不需要的。而且从专利代理经验来看，“言多必失”，这样也会妨碍今后（在实质审查和可能的无效程序中）申请人对该发明的诠释和对保护范围的确定，使得权利人容易丧失主动性和灵活性。一般来说，说明书中对当前确定的第一区别技术特征及其相应效果数据进行了充分说明就满足要求了。如果在审查实践中发现了新的更接近的现有技术，可能需要重新确定发明解决的技术问题，那么申请人可以在审查过程中再依据原始公开提及的其他发明有益效果及其数据进行选择说明和比对，陈述相应的理由，从而重新确立创造性。在撰写实践中，专利代理人可以通过撰写实施例效果数据多项列表的方式，公开该发明技术方案不同方面（即不同技术特征）的技术效果数据，不建议在原始说明书中逐一评述。实践证明，这是一项十分实用和非常有效的说明书撰写技巧。

1.3.5 说明书充分公开与保留技术秘密的权衡考虑

每一项发明创造的诞生都带来一个问题，即申请人以何种方式来保护该技术是最为有效的。充分公开发明的技术方案从而获得发明专利保护是最重要的途径，与之相对应的就是作为技术秘密加以保护，不申请专利。后者只对于某些特定的技术有效，这些技术即使公开销售或使用也不易被公众通过现有的技术手段分析所掌握，而对于大多数领域的发明是不适合的。但是，申请专利并不意味着要彻底公开相关技术的每个细节。实践中常见的情形是在申请专利的同时将某些关键技术点仍然作为技术秘密隐藏。这就产生了专利代理人在撰写申请文件时如何取舍相关技术信息的问题。

作为一般原则，在保证该发明的充分公开、新颖性和创造性的前提下，对于能够带来进一步的显著的技术优势和商业利益的技术特征都可以考虑保留作为技术秘密，不记载在申请文件中，不予公开。作为经验，建议优选将工艺中的某些技术特征作为技术秘密保留，因为产品中保留的技术秘密公众容易分析得出结论（除非某些制备后发生产品性状变化，从而难以分析得出结构和组成的产品）。而且如果能在工艺上保留技术秘密，通常足以保存自己的竞争优势、妨碍竞争对手的商业行为了。

例如：如上所述的作为新颖性、创造性退路的催化剂加料的不同时机，即“在馏分温度保持不变后，加入催化剂组分 CAT2 进行缩聚”（写入从属权利要求 8 中），可以作为技术秘密保留。另外，从属权利要求 9 中的单体加料顺序也可以作为技术秘密保留。

同时要注意，如上面所述，该发明中还应该留有确立专利性的退路为好，以确保审查过程中不可预知的风险。在取舍哪些技术特征作为技术秘密时，主要应该考虑哪个特征能带来更加显著的经济效益，哪个技术特征更加适合隐藏。而在取舍哪些技术特征作为专利性退路时，主要应该考虑哪个特征更适于确立专利性。适合作为技术秘密的特征并不一定是适于确立专利性的技术特征。

在本案中，即使将上述两个例举的工艺技术特征作为技术秘密不予公开，说明书中还留有“不加入扩链剂”、“一个釜中完成共聚”和“优选适用单体比例”这三个技术特征作为退路，以做到说明书充分公开与保留技术秘密的权衡考虑。

1.4　高分子材料发明专利申请权利要求书的撰写

如同撰写一份好的发明专利申请说明书一样，撰写一份好的发明专利申请权利要求书需要考虑的因素同样有很多。这里仅结合本案例介绍有关权利要求书撰写的三个最主要的方面，即如何确定独立权利要求的合理个数、如何恰当确定独立权利要求的必要技术特征，以及如何合理确定从属权利要求的个数，从而形成一份完整的权利要求书。

1.4.1　确定独立权利要求的合理个数

确定独立权利要求的合理个数首先要全面选定保护主题，确定可以提出哪些具有专利性的技术主题。为此可以参见前面有关挖掘发明改进点的思路。接下来，在满足单一性的前提下尽量多提出可在该申请中申请保护的主题。最重要的是，还应考虑是否有利于专利权人今后有效行使权利，为权利人获得最大可能的保护，包括考虑将来可能的侵权主体是否已经全部被覆盖、针对这些保护主题进行维权时证据取得的难易、专利转让或许可的价值等因素。

其中，确保独立权利要求主题尽可能覆盖所有可能的侵权主体和所有可能的侵权行为是最重要的。首先要从该专利技术的商业化模式（例如生产和市场营销模式的整个产业链）来看哪些环节会出现侵权可能性。通常仅仅是包含该发明的实际应用产品本身还不足够有效限制侵权行为，还需考虑其中的某个部件及其关联产品的延伸保护问题。还有一点实际的考虑就是，选择什么样的侵权被告（是否有足够的经济实力）可以获得最多的赔偿，撰写保护主题时就尤其要注意覆盖该主体可能的侵权形式。

一方面，为了覆盖更多可能的侵权主体，专利代理人都会优选将发明至少撰写出一个产品主题，因为产品的保护是绝对的。即使在该产品发明完成时，申请人还不了解该产品全部可能的应用领域，只要该产品获得授权，在没有专利权人的授权的情况下任何人在任何一个领域使用该产品都将构成侵权。

另一方面，即使某个发明只能撰写为方法保护主题，也要考虑是否应该撰写出指向不同侵权主体的方法。例如，某项工艺方法可以在不同主体间衔接完成，甚至有的最后步骤还是由普通消费者或者专利权人难以起诉的客户主体来启动完成，或者有的步骤可以在不同国家完成，这些情形都会造成具体实践中侵权判定的困难。也就是说，按照侵权判定的全面覆盖原则，专利权人无法起诉任何一个主体。这种情形就要考虑独立权利要求应该如何确定主题、应当包括哪些步骤，以指向不同的可能侵权主体，确保有效制止侵权的发生。

对于独立权利要求为产品的制备方法的专利申请，按照对制造方法的保护延及其直接获得的产品的法律规定，这种延及保护只适用于该方法直接获得的产品。这种情形下，专利代理人要注意考虑该制备方法是否还可以增加某些步骤从而延续制备一些其他有市场利益的衍生产品。如果存在这样的可能性，专利代理人要分别撰写出制备相关直接和间接产品的制备方法的独立权利要求。否则，专利权人今后将难以有效制止侵权行为的发生。

总之，一份撰写周全的权利要求书可以起到足以威慑侵权行为，降低专利权人维权成本的积极作用。

专利代理人要很清楚，不同保护主题是指向不同的侵权主体的。因此，保护主题尽可能多地覆盖不同侵权主体的另一个好处是，使得提起侵权诉讼时管辖法院的选择更多，更利于专利权人作出对自己有益的管辖选择。

该发明提交的申请文件中保留了高分子共聚酯产品、其制备方法和其应用三个可以具备单一性的主题。其中的共聚酯产品权利要求没有限定其具体的应用领域。其他进一步相关的主题，例如催化剂组合物产品，虽然在修改后可以保留某些有新颖性的技术方案，但是如上面所述会牺牲其中制备共聚酯的优选技术方案，意义不大了。而且即使撰写了催化剂产品的权利要求，按照审查实践的要求，催化剂产品权利要求中是需要明确该催化剂的具体催化对象的，这和该申请中的制备共聚酯的方法权利要求的实际差别不大了。另外，这样修改后的催化剂组合物和该发明这些主题之间由于都不再存在相同的特定技术特征，也不具备单一性了，该申请中就没有考虑撰写催化剂产品权利要求。

不仅在撰写阶段周全考虑保护主题的问题，在答复审查意见通知书阶段需要修改权利要求书时同样要周全考虑保护主题的问题有以上介绍的意识。在下面将要介绍的答复审查意见通知书答复中，由于审查员检索到的对比文件 D6 中公开了具有高分子产品公开了该发明的分子量和分子量分布的技术特征的高分子产品，同时公开了该发明优选的共聚酯比例范围内的点值，足以破坏该产品的新颖性。为此，申请人不得不改为撰写方法限定产品的权利要求，这在难以清楚全面地表征高分子产品的微观结构的情形下是允许采用的撰写方式。此时要注意仍然保留制备方法的独立权利要求，而且由于方法限定产品的权利要求仍然是产品权利要求，其应用权利要求仍然可以保留，三个主题之间具备单一性。

1.4.2 恰当确定独立权利要求的必要技术特征

在前面说明书撰写部分已经解释了必要技术特征的含义。所述含义要求独立权利要求中必要技术特征的总和足以构成发明的技术方案，并且使之区别于背景技术中所述的其他技术方案。接下来就介绍本案例中各独立权利要求是如何安排必要技术特征以满足相关要求的。

（1）对于产品独立权利要求 1

首先，写入能够清楚确定请求保护的范围的技术特征，即清楚描述高分子材料本身，清楚定义其结构和组成，包括各共聚重复单元结构、共聚单元比例及其排列形式，这是最基本的要求。

其次，要注意其区别技术特征是否包括在内。由于通过对该发明共聚酯产品检索发现 D2 的聚合物的分子量 130000g/mol 落入了该发明共聚酯的分子量范围 100000 ~ 600000 g/mol，但是 D2 没有公开该发明的分子量分布范围，因此考虑把分子量及分子量分布也作为必要技术特征写入，使独立权利要求 1 所记载的整体技术方案区别于 D2，这是为了确保申请授权的基本要求。

本案例要注意，申请人提供的共聚酯的拉伸强度、应变百分比、降解时间以及黄度指数等，在高分子材料领域一般都是被认为体现材料的性能或效果，即使它们区别于现有技术也不被认为是贡献专利性的技术特征，不能仅依靠它们确立新颖性，不建议把它们写入独立权利要求和从属权利要求中。而且，一旦在权利要求中写入了这些技术特征，在侵权判定时按照全面覆盖原则，该特征是要考虑在内的，因此反而对保护范围将产生不必要的限制。

（2）对于方法独立权利要求 7

首先，如上所述，同样也要写入确保技术方案相对完整性的技术特征，即共聚酯单体原料和共聚合步骤形成一个相对完整的工艺过程。

其次，同样要确保写入方法的区别特征，即特定催化剂组合物的采用。由于破坏催化剂组合物新颖性的 D1 的适用体系与该发明不同，它是用于 PET 均聚酯聚合体系，因此，特定催化剂组合物的采用可以作为针对方法权利要求的区别特征。

但是，该权利要求中没有限定其中单体（b）二元醇与其他单体的投料比，这是考虑到在二元酸单体（a）和（c）用量确定的前提下，本领域技术人员完全可以确定二元醇单体（b）的用量，无需具体限定。同样，由于二元醇和二元酸的酯化反应是十分成熟的工艺，其工艺条件都是常规条件，也无需在方法独立权利要求 7 中限定。这里也解释了上述的“相对完整性”要求并不是面面俱到。这里要指出的是，为了表明权利要求 7 是一种脂肪族/芳香族共聚酯的制备方法，权利要求 7 中限定了芳香二元酸单体（a）和脂肪二元酸单体（c）的用量摩尔比“0∶100 ~ 100∶0”，但是这一特征的写入是存在问题的，或者说是撰写申请文件的“败笔”。在下面的审查意见通知书答复部分中将针对权利要求 6 说明申请人在实质审查阶段如何克服原始申请文件中留下的缺陷。

在撰写独立权利要求时，稳妥的做法是，首先把技术方案涉及的各个技术特征全面列出来，然后按照必要技术特征的判定标准逐一判断以删去非必要技术特征。对于在申请阶段判断为非必要技术特征或不能确定为必要技术特征的技术特征不必写入独立权利要求，但是一定要写入从属权利要求中作为今后可能的修改退路。并且该从属权利要求一定要直接引用它所从属的独立权利要求（即不能通过引用其他从属权利要求来间接引用独立权利要求），以避免在今后可能的无效宣告程序中修改权利要求时过多地损失保护范围（即所述被引用的从属权利要求也要一起并入修改后的独立权利要求）。值得一提的是，专利代理人在撰写产品独立权利要求时要注意多组成或多部件结构的产品有无对于各部分之间空间位置关系的明确要求，同样在撰写方法独立权利要求时要注意各步骤间有无先后时间顺序关系的明确要求。如果有，一定要在独立权利要求中明确；如果没有，在独立权利要求中可以不明确，但是仍然建议在从属权利要求中明确某些优选的位置或顺序关系，这是较稳妥的撰写方式。这些相关问题都是专利代理人在确定独立权利要求的必要技术特征时一定要向发明人提出并交流的重要问题。该发明申请中的共聚酯的制备方法就有制备步骤顺序的明确要求，所以在独立权利要求 7 中明确了各相关步骤的先后顺序。

另一方面，对于每个确定要写入独立权利要求中的必要技术特征，专利代理人要尤其注意以下两点：①该必要技术特征是否写得足够上位或全面概括了，有没有在这里损失有效保护范围；②该必要技术特征的语言描述是否足够清楚无歧义、直观易懂，能尽量避免今后需要借助外部证据或技术鉴定来解释的风险。也就是说，独立权利要求中每个必要技术特征的限定要力求做到：充分概括无损失，直观易懂无风险。

专利代理人应当了解，即使是在实质审查过程中（且不说授权后的无效宣告程序中），从独立权利要求中删除非必要技术特征并不必然会被允许。一方面，这要看经删除该技术特征后的技术方案作为整体在说明书中无有记载，是否产生了修改超出原始公开范围而不符合《专利法》第 33 条的相关规定的问题。例如，对于某个已经写入独立权利要求中的技术特征，在说明书中并没有明确提及它是优选的或非必需的特征，仅仅是申请人在实质审查过程中经过从技术角度分析认为它是非必需的技术特征，这种情形下一般是不允许从独立权利要求中删除该非必要技术特征的。另一方面，众所周知，以往在侵权判定中采用过的“多余指定原则”也早已被新的司法解释所废弃。因此，无论从审查获权的角度还是从授权后维权的角度，在撰写原始申请文件时专利代理人对每个技术特征的慎重定夺和合理安排都是十分重要的。

1.4.3　合理确定从属权利要求个数

为了获得更宽的保护范围并且也留有退路，每套权利要求书通常都会在每个独立权利要求后撰写一定数量的从属权利要求。至于多少从属权利要求才算合理，专利代理人应该在权衡安全性与经济性的前提下作出决定，既避免申请专利中的各种风险，又能给申请人节省费用。本案例对从属权利要求的安排有如下考虑。

（1）为说明书中针对专利性留出的退路逐一写出从属权利要求

具体来说，在本案例的权利要求书中：

① 为了体现催化剂组分 CAT2（即稀土化合物）的优选加入时间，撰写权利要求 8 作为退路。

② 为了体现共聚单体的优选加料顺序，撰写权利要求 9 作为退路。

③ 为了体现该发明制备方法的优选适用对象（即脂肪族/芳香族摩尔比为（40～80）/（60～20）的共聚酯）撰写了从属权利要求 11；由于共聚酯中芳香族/脂肪族组分比基本等于芳香族/脂肪族单体投料比（即单体投料几乎没有浪费的优势），产品从属权利要求 6 也留出了该相同退路。

④针对共聚过程可以在一个反应容器中完成的优势，撰写了从属权利要求 22；和针对共聚过程中可以不加聚合扩链剂的优势，撰写了从属权利要求 23。

（2）为说明书中针对其他实质性问题留出的退路逐一写出从属权利要求

专利代理人可以理解，不仅要针对新颖性和创造性问题留出退路，而且也要为必要技术特征、支持问题或权利要求范围不清楚等其他实质性问题留有退路。该申请中撰写的其他从属权利要求，例如从属权利要求 3、12、14 和 16 等就是为了这一考虑撰写的。具体来说：

① 为了满足权利要求得到说明书支持的要求，从属权利要求 3 进一步限定了独立权利要求 1 的分子量及分子量分布范围。另外，从属权利要求 14 限定了三种共聚单体种类，对独立权利要求 7 中没有限定的单体原料进一步限定。

② 为了满足独立权利要求具备必要技术特征的要求，从属权利要求 12 限定了共聚单体与催化剂之间的比例，从属权利要求 16 限定催化剂组合物中两种催化活性成分之间的比例。这都是为了可能被认定为必要技术特征而准备的，从而形成一套涉及该发明制备方法各主要技术特征方面的更为完整的技术方案。

并且如上所述，要注意作为各种退路的从属权利要求要尽量直接引用相应的独立权利要求，以免在以后可能的无效宣告程序中合并权利要求时损失有效的保护范围。当然，像权利要求 11 再次限定同一参数（单体（a）与单体（c）之比）时没必要引用独立权利要求，而是可以逐级引用。因为在此情况下，即使在无效宣告程序中，权利要求 11 和权利要求 10 一起合并至独立权利要求也没有损失保护范围。

（3）为了今后可能的侵权案件中侵权判定的方便

最后，为了今后可能的侵权判定的方便，还要考虑写入一些易于比对的接近商业实施方式的技术方案。为了该目标的实现，专利代理人应当考虑将今后权利人可能进行商业化的和侵权人较可能实施的具体技术方案逐一明确地写入从属权利要求。例如从属权利要求 15（列出具体共聚单体种类）和权利要求 21（列出具体催化剂种类）就是为此目标作的安排。专利代理人在撰写申请文件时一定要在这些方面向发明人尽到告知义务并与其进行充分交流。

（4）为了权利要求撰写经济性的问题

在这方面，专利代理人主要是应当注意不要写入没有实质意义的从属权利要求，造成申请费用不必要的增加。在这里也要注意，如上所述，申请人提供的共聚酯的拉伸强度、应变百分比、降解时间和黄度指数等，在高分子材料领域一般都被认为是仅仅体现材料的性能或效果、即使区别于现有技术也不能有效贡献专利性的技术特征，不能仅依靠它们确立新颖性，不要为这类技术特征撰写从属权利要求。

在完成整套权利要求书的撰写后，专利代理人不妨重新全部审阅一次，把自己当成恶意侵权人来看看是否还存在利用了该发明的发明构思却能绕开该发明而不侵权的可能性。一方面，如果没有这种可能性了，那么从保护发明创造的角度这就是一套比较完备的权利要求书了。另一方面，如果该套权利要求书同时也满足了专利审查实践对权利要求书撰写的各项形式和实体的规定和要求，那么从申请审查的角度这也是一份可以提交国家知识产权局审查的合格的权利要求书。

以上结合本案例介绍了专利代理人在撰写申请文件阶段需要注意的一些主要事项，以及如何分析和解决其中的问题，从而形成完整的申请文件（见附件4）。为了方便阅读和理解，附件3是附缺陷标记的有关该发明高分子材料的第二次技术交底书，从这里可以更清楚地看到专利代理人在撰写申请文件时应当注意的一些常见问题和典型缺陷。

接下来将介绍该申请文件提交后，在实质审查阶段答复审查意见通知书的过程中遇到的问题及专利代理人相应制定的解决方案和答复策略。

2　申请人答复审查意见通知书

以上定稿后的申请文件提交后，假设收到以下的不同情形的模拟审查意见通知书，通过介绍专利代理人提出的不同答复方案体现专利代理人在答复各种情形的审查意见时，是如何依据原始申请文件，分析对比文件并结合本领域公知常识来制定具体的答复策略和方案的，以及在这个环节专利代理人还需要注意哪些方面的问题。

需要说明的是，在以下每个处理审查意见的情形中，为了集中说明该情形体现的专利代理人的答复策略和方案，每个情形只涉及该模拟审查意见的主要相关内容，其余相关内容略去，没有对每个权利要求逐一评述。

2.1　没有修改申请文件争辩新颖性的情形之一

（1）审查意见通知书主要内容

针对共聚酯产品独立权利要求1，审查员认为基于对比文件D3（以下简称D3）该权利要求没有新颖性。具体来说，D3公开了同时达到所述分子量和分子量分布的范围的脂肪族/芳香族共聚酯，但是没有描述其共聚酯的微观链结构。D3的制备方法是：先加入部分少量的脂肪和芳香族单体和催化剂开始聚合，聚合一段时间后再加入其余的大量脂肪族单体完成整体聚合。审查员据此否定该发明的共聚酯产品的新颖性。

（2）专利代理人制订的答复方案

首先比对和陈述产品技术特征。虽然从两个技术方案已经公开的产品结构特征（指分子量和分子量分布）来看似乎区别不开，但是充分利用对比文件中隐含的信息，仔细分析两者的制备过程上的差异，并且结合本领域技术人员公知常识，可得直接推出 D3 的共聚酯不是该申请权利要求 1 中限定的无规线性微观链结构。

具体来说，D3 的制备方法是：先少量加入脂肪和芳香族单体开始聚合，再加入大量脂肪族单体完成整体聚合。因此本领域技术人员结合高分子材料聚合领域的公知常识可以毫无疑地导出：D3 中的共聚酯是含有脂肪族链段长嵌段排列（不是无规排列的）的微观链结构。据此推出该发明共聚酯和 D3 共聚酯结构上的实质差异。

同时，D3 公开的高分子材料的力学性能明显低于该发明共聚酯可以获得的有益范围，即：拉伸强度和延伸率都明显低于用相同原料制备的该发明材料的该参数范围。而且本领域技术人员知道，大嵌段脂肪族重复单元的存在对高分子材料的力学性能有不利影响，这点有力地佐证和解释了两种高分子材料的确存在明显差异，可见两种高分子材料是不同的材料。在此分析的基础上完成意见陈述。

（3）专利代理人答复方案的点评

以上意见陈述体现如何借助本领域公知常识揭示对比文件隐含公开的技术特征，寻找对申请人有力的证据作为反驳论据。一般来讲，对比文件直接公开的内容是审查员容易掌握和考虑的，而隐含在对比文件中的对申请人有利的信息和内容往往不被审查员所意识到，这需要对该技术领域有很深入的了解，在这一方面显然发明人比审查员和专利代理人都更有优势。因此，专利代理人在制定答复方案时要提醒发明人应该如何深入研读审查员引用的对比文件，并确定哪些信息会对答复审查意见说服审查员有帮助。

另外，在指出该对比文件中的隐含技术特征时，同时说明和指出该对比文件中直接公开的内容作为辅助证据为好。这样容易让答复意见更有事实依据，更具有说服力。

2.2　没有修改申请文件争辩新颖性的情形之二

（1）审查意见通知书主要内容

针对产品独立权利要求 1，审查员认为基于对比文件 D4（以下简称 D4）该权利要求没有新颖性。具体来说，D4 公开了同时达到所述分子量范围 Mw 为 100000 ~ 600000 的脂肪族/芳香族共聚酯，但是没有公开其分子量分布的范围。另外，D4 同时公开了其高分子的数均分子量 Mn 为 30000 ~ 70000，由于 Mw 数值除以 Mn 数值就是共聚酯的分子量分布（Mw/Mn），审查员据此采用两个范围的上下限相除推定 D4 公开的分子量分布为1.4 ~ 20，这一数值与该发明的分子量分布 1.2 ~ 3.0 部分重叠，从而否定该申请权利要求 1 的新颖性。

第五章

（2）专利代理人制订的答复方案

从两个分子量范围 Mw 为 100000～600000 和 Mn 为 30000～70000，得不到具体的 Mw/Mn 范围。因为所公开 Mw 和 Mn 的都是数据范围，不是具体的点值，从中不能得出 Mw/Mn 的确切取值数据。也就是说，当 Mw 取其最小值 100000 时，即没有公开也没有理由认定 Mn 必然能够取到其最大值 70000，从而进行直接的计算。更重要的是，一般来讲，对于一种确定的高分子材料，其 Mw 数值越大，Mn 数值也相应越大，而不是相反的取值趋势。Mw 和 Mn 分别代表重均分子量和数均分子量，两者仅仅是对于分子量的两种不同检测量度和表征方式。所以审查员采用的这种计算方式显然不符合分子量增长的一般规律，从技术角度看是不合理和不能成立的。因此，不能按照审查员的计算方式计算 D4 可能的 Mw/Mn 取值范围，得出该 Mw/Mn 的下限为落入该发明范围的 1.4 这个点值。换言之，D4 没有公开其高分子的分子量分布范围，也就不可能与该发明所限定的 Mw/Mn 范围进行对比，所以，D4 的公开内容不足以破坏权利要求 1 的新颖性。

同时，注意在意见陈述中指出支持申请人判断的具体佐证：D4 中每个实施例中具体公开的 Mw/Mn 的点值都远远大于 3.0，这也有力地支持了我们的观点，证明审查员的论断是没有依据的，不符合 D4 具体公开的内容。

（3）专利代理人答复方案的点评

审查员在拟定审查意见时也需要基于一些事实作出自己的推断和分析，以得出申请是否具备专利性的结论。这些推断和分析是否合理就需要专利代理人来推敲，更确切地说，对于审查员的每一个推断和分析，专利代理人都要逐一作出自己的判断。以上意见陈述体现专利代理人如何作出自己的判定，在审查员推断不合理时，如何有理有据地反驳审查员的推论。这个过程往往涉及技术和法律问题，专利代理人需要和发明人共同来分析判定。

同样，反驳审查员的推断时，对比文件中的直接公开内容（例如 D4 中的实施例）往往是有力的证据，也是申请人常常采用的有说服力的手段。

2.3　没有修改申请文件争辩创造性的情形

（1）审查意见通知书主要内容

针对方法独立权利要求 7，审查员引用对比文件 D5（以下简称 D5）认为该权利要求没有创造性。具体来说，D5 公开了该发明关键催化剂组分 CAT2（即稀土化合物催化活性组分）制备同类共聚酯，而且两者工艺条件也很类似。D5 中也是两种共聚单体和催化剂同时加入，也没有采用扩链剂聚合。同时，审查员基于方法权利要求没有创造性，认为涉及该方法特征限定的产品的权利要求 1 也没有创造性。

（2）专利代理人制定的答复方案

本领域技术人员知道，基于催化剂的特异性这一公知常识，对于一种催化剂组合物，其中一种有效成分的缺失或者差异会产生催化效果的不可预测的变化。虽然D5公开了利用该发明关键催化剂组分CAT2制备同类共聚酯的工艺，而且两者工艺条件也很类似，但是由于D5中使用的催化剂组合物没有该发明催化剂组合物中的CAT1有效组分，其最后获得的高分子产品的结构和性能上的差异是不可预测的。

而且D5只公开了其高分子材料的Mw范围在该发明的Mw的范围内，没有提及分子量分布，而高分子材料的分子量分布是解决该申请技术问题的至关重要的条件之一。因此，应该认为D5没有给出该发明制备方法和获得的产品技术方案的技术启示。

在这种情况下，必要时可以通过相关的数据验证，进一步增强答复意见的说服力。申请人可以和发明人商量补充没有该发明催化剂组合物中的CAT1有效组分的平行对比例实验数据，以验证获得的不同高分子材料性能上的差异。

（3）专利代理人答复方案的点评

与答复新颖性的审查意见不同的是，在答复审查意见通知书有关创造性问题时，专利代理人要充分关注到审查员认为是不重要的技术特征差异，这些差异是否就如审查员所认为的那样对于本领域技术人员来说是显而易见的。这种差异往往是答复审查意见的突破口，专利代理人在这方面要多启发发明人提供有价值的陈述理由。在一些情况下，专利代理人和审查员的理由和依据各持己见，互相难以说服对方，为了利于申请授权，这时专利代理人最好能够作进一步的努力，例如上述的提供一些有针对性的对比实验数据作为事实说服审查员。做这些对比实验时要注意实验条件的可对比性，一般要注意除了要证明的区别技术特征之外的其他技术特征都要相同，否则起不到有效的对比作用，仍然说服不了审查员。

以上意见陈述体现了在创造性问题上如何有理有据地反驳由于审查员的理解偏差或没有充分依据的主观判断产生的不恰当审查意见，争辩该发明方法的非显而易见性，有效确立创造性。

2.4 修改申请文件确立新颖性的情形之一

（1）审查意见通知书主要内容

针对方法独立权利要求7，审查员引用对比文件D6（以下简称D6）认为该权利要求没有新颖性。具体来说，D6公开了用该发明催化剂组合物CAT1+CAT2制备同类共聚酯，而且两者工艺条件也很类似，D6中也是两种共聚单体同时加入。需要注意，虽然D6加入了扩链剂聚合，但是该申请的方法权利要求采用了开放式的方式列出各步骤，即包括了加入和不加入扩链剂这两种情形，因此D6的确落入该发明保护范围。

（2）专利代理人制订的答复方案

鉴于审查意见的合理性，尤其是审查员对于开放式权利要求保护范围的正确解释，专利代理人建议申请人将记载附加技术特征“没有加入扩链剂”的从属权利要求23与方法独立权利要求7合并。这样，明确排除了加入扩链剂的D6的技术方案，从而与D6相区别有效建立了权利要求7的新颖性。

（3）专利代理人答复方案的点评

以上意见陈述体现如何利用撰写时留下的专利性退路确立新颖性，充分利用了专利代理人在申请文件撰写阶段制定的策略。在审查意见明显是合理的情形下，申请人仍然不作任何退让是没有意义的，不仅耽误了申请的授权进程，而且即便获得授权后权利也会不稳定。如果勉强对合理的审查意见进行反驳，还会出现一些不当意见陈述，构成对申请人不利的审查历史。

当然，为了克服上述审查意见，专利代理人也可以把权利要求修改为封闭式，以与D6相区别。但是，上述的排除式修改方式显然比写成封闭式权利要求的保护范围要宽得多，有效地保护了申请人的利益。

另外，此处加入的原始公开的限定技术特征“没有加入扩链剂”虽然是否定性描述语言，但是由于它不会造成权利要求保护范围不确定的问题，本领域技术人员很清楚它的含义；而且没有其他描述方式可以更清楚简洁地表述这个特征，在这种情况下一般是允许权利要求采用否定性描述语言的。这就像是需要采用加前提条件以使得本发明技术方案和现有技术相区别的情形，这种加前提条件的陈述有时是正面描述来限定，有时就不得不采用否定性的描述了，例如马库什组合物权利要求中某个组分的排除式限定。

2.5 通过修改申请文件确立新颖性的情形之二

（1）审查意见通知书主要内容

针对产品独立权利要求1，审查员引用对比文件D7（以下简称D7）认为该权利要求没有新颖性。具体来说，D7公开了权利要求1产品所有的技术特征，D7破坏权利要求1的新颖性。并且D7中公开的共聚酯的特定组成（芳香/脂肪结构单元摩尔比）也落入作为产品权利要求专利性退路的权利要求6中。

（2）专利代理人制订的答复方案

鉴于审查意见的合理性，同时原始公开的内容中也没有能有效贡献共聚酯产品专利性的附加技术特征可以重新确立其新颖性。专利代理人建议申请人将权利要求1修改为方法限定产品权利要求，即将方法独立权利要求7和产品独立权利要求1合并，通过方法中独特的技术特征来确立所述产品的新颖性。争辩的理由是D7中同类高分子材料的力学性能并没达到该发明的性能范围，仍然是不同于该发明共聚酯的产品。同时原有的方法独立权利要求7和应用权利要求24仍然保留。

（3）专利代理人答复方案的点评

以上意见陈述体现在高分子材料领域中，在何种情形下出现了采用方法限定产品权利要求的必要性。专利代理人分析 D7 发现，虽然 D7 的确公开了写入权利要求 1 中的所有技术特征，但是 D7 中同类高分子材料的力学性能并没达到该发明的性能范围，这说明 D7 隐含公开了该发明产品还有没有被申请人认识到和相应表征的结构组成上的差异。

按照上面所述的《专利审查指南 2010》的相关规定，在高分子材料的微观区别特征难以充分表征的时候（例如，由于目前技术分析和检测手段的限制），采用其独特的制备方法限定该产品是一种有效方式。在用结构或组成特征以及物化参数都不能有效确立专利性时，申请人可以考虑采用这一修改方式。

但是要注意，虽然在专利申请审查过程中，对于这类权利要求，审查员按照产品权利要求的审查基准进行审查，也就是说，审查员要确认该方法的确获得了新的产品，而不仅仅是审查该方法是否是新的制备方法。但是在司法侵权判定实务中，这类权利要求的保护范围往往会被作出窄的解释，也就是说，方法限定产品权利要求中的制备方法的技术特征在确定该产品权利要求保护范围时都要考虑在内。换句话说，在这个问题上行政审查标准和司法判断标准是不相匹配的。因此，这种修改方案一般只是专利代理人最后要考虑的救济手段。

2.6　权利要求保护范围得不到说明书支持和确定修改方案的情形

（1）审查意见通知书主要内容

方法独立权利要求 7 中的共聚单体比例范围得不到说明书支持。具体来说：由于定义其中两种共聚单体比例范围为 0∶100～100∶0，因此，当任一共聚单体选择下限 0 时，所得的聚合物是一种均聚物，这并不是该发明要求保护的共聚酯主题。存在和该发明其他处描述相互矛盾的问题，并且说明书中也没有记载制备出均聚物的实施例。因此，权利要求 7 包含了非该发明应该保护的范围，造成权利要求 7 得不到说明书支持。

（2）专利代理人制订的答复方案

鉴于审查意见的合理性，专利代理人建议申请人依据说明书记载的优选数据范围（90～10）∶(10～90）对权利要求进行修改。相应地，删除从属权利要求 10。

（3）专利代理人答复方案的点评

以上意见陈述说明了当原始申请文件中的确存在撰写缺陷，留下了“败笔”时，如何通过审查过程中对申请文件的修改克服缺陷，以及在不同修改方案中如何恰当地选择具体修改方案。只要专利代理人在撰写原始申请文件时遵循一些有效的撰写经验和技巧，即使原始申请文件难以避免地留下了一些撰写缺陷，一般都能够借助其他相关公开内容来克服该缺陷。在这里，专利代理人遵循了关键技术特征多层次公开的撰写经验，使得该撰写缺陷可以在审查过程中得以顺利纠正。

这里要注意，虽然依据实施例 B22 和 B14 中的具体数据作为上下限端点值也可以构成较宽的一个保护范围（13∶87～90∶10），但是按照目前的审查实践，仅仅从实施例概括出新的数据范围会存在修改不符合《专利法》第33条的风险，不建议申请人采用。

这里更重要的是要注意，由于不是要确立新颖性和创造性，此处不能采用作为新颖性和创造性退路的保护范围较窄的摩尔比范围（60～20）∶(40～80)（从属权利要求11），而是要采用保护范围更宽的摩尔比范围（90～10）∶(10～90) 作为修改后的范围（从属权利要求10），这样才能最大程度地维护申请人的利益。这一情形也充分体现了上面介绍的，如果对于关键技术特征不是多层次公开，而是仅留出一个优选范围，就容易造成损失有效保护范围的风险。这一情形也体现了，从属权利要求的撰写不仅仅是为专利性判定留出退路，对其他实质性问题也要留出退路。

3　本案例总结

以上结合本案例对其中涉及的相关规定和要求逐一进行了阐述，下面仅对高分子材料发明的专利申请文件撰写和审查意见通知书答复作个简单总结。

3.1　撰写高分子材料发明申请文件的小结

本案例的重点和难点都在于对高分子材料发明特点的掌握以及对这类发明权利要求书和说明书的撰写的相关规定的准确理解和运用。

概括来说，高分子材料发明撰写的主线是：以高分子链结构为特征，以提供特定性能为目的并以应用体现其效果。高分子材料发明的表征方式主要有：用重复单元表征、结合物化参数表征以及结合制备方法表征，并且在对高分子材料发明进行表征时应当注意每个技术特征是否能对专利性作出有效贡献。在撰写高分子材料发明的权利要求书时应注意根据具体技术方案的情形选择权利要求的适当撰写形式。在撰写高分子材料发明的说明书时应注意清楚地写明高分子材料发明的各种相关结构特征，以及该材料所具有的性质和用途。还应尽量配合各技术特征产生的不同层次保护范围描述其具体实施方案，并注意提供相应的实验数据验证效果和用途。除此之外，由于高分子材料受制备方法各方面因素的影响很大，说明书中还应当充分公开其制备工艺。

撰写专利申请文件是一项法律性和技术性都很强的工作，对专利代理人的知识、技能和经验的要求很高。专利代理人从整体到局部、从抽象到具体处处都要本着严谨求实的精神和态度才能撰写出一份高水平的申请文件。说明书的主要作用是公开要保护的发明，而权利要求书的主要作用则是界定权利人所主张权利的合理范围，两者是相辅相成的关系，任何一个环节的差错都可能在申请文件中留下致命缺陷，对申请人的权益造成不可挽回的损失。

3.2　答复国家知识产权局发出的审查意见通知书的小结

由于高分子材料属于发明创造很多的热门技术领域，在审查实践中审查员很容易检索到与之相近的现有技术。因此专利代理人争辩新颖性和创造性的意见陈述是答复该类审查意见中很重要的一项工作。在处理这类审查意见中，判定审查意见的推断是否合理有依据，反驳审查意见中的不当推断，以及申请人依据对比文件的公开和本领域技术人员的公知常识建立有利于自己的合理推断等，都是我们经常要涉及的问题。

当审查员的确检索到了原来专利代理人在撰写阶段未能漏检漏考虑在内的现有技术时，专利代理人应当考虑利用撰写时留下的退路，以从属权利要求或者说明书中原始公开的其他内容为依据修改独立权利要求，以重新确立专利性。

为了重新确立专利性，克服申请文件撰写中的缺陷，申请人在实审过程中都可能要修改申请文件。注意修改限定保护范围时，要尽量采用原始直接公开的技术特征保护范围，有效避免不符合《专利法》第 33 条修改超范围的风险。

最后，从本案例的整个过程的介绍也可以看出，专利代理人撰写申请文件和答复审查意见通知书的思路和策略是不一样的。专利代理人撰写申请时以防御性思路和策略为主，因为在今后的审查过程以及授权之后的后续程序中存在很多不确定的因素，专利代理人需要具备应有的预见性和风险意识。撰写申请文件除了要做到清楚完整，还要处处留出退路以避免各种潜在的风险。而在答复审查意见通知书时，专利代理人则应该以进攻性思路和策略为主，专利代理人需要足够的积极进取意识和挑战眼光对各项审查意见作出自己准确的判断，用积极的态度尽自己最大的努力为专利申请人争取最大可能的权益。

一项专利申请工作的完成就像是专利代理人为申请人尽心布置好的一个棋局，其中发明技术方案中的每个技术特征都像是一个棋子，专利代理人心里要十分清楚每个技术特征的含义和作用。不仅布局要考虑充分、得当，收官也要力求高效、完美。当这盘棋下完时，专利代理人应该能给申请人一个满意的答复，为每一个好的发明创造获得一个强劲有力的经得起时间考验的有效专利权。

发明是一门科学，代理是一门艺术。专利代理人在学习完本案例后，可以忘记这里具体讲述了一个怎样的发明创造，一个怎样的故事，但是要能够掌握这个案例所体现的专利代理实务中的一些有益的经验、技能和理念，在实际代理工作中充分体现我们的专业性，发挥每个专利代理人服务于发明创造的积极作用，不负时代赋予的光荣使命。

附件1：拟保护催化剂组合物的第一次技术交底书

一种用于可降解共聚酯合成的催化剂体系及其应用

技术领域

本发明涉及聚酯合成用的催化剂体系及其应用，具体地，涉及一种用于可降解的共聚酯合成的催化剂体系及其应用。

背景技术

目前，缩合聚合制备聚酯是较成熟的工艺路线，大多采用钛、锌等的化合物或铅、锡、锑、镉等重金属化合物作为酯化、酯交换和缩聚反应阶段的催化剂。前者存在的问题是副反应严重，所得聚酯制品稳定性差、色泽发黄；后者具有一定的毒性，限制了聚酯制品的应用领域。使用效果较好的氧化锗催化体系，则因为其价格昂贵而难以推广使用。因此开发新型效果好、价格低廉的催化剂体系是聚酯行业研究的热点。我国是稀土元素的大国，占世界储量的80%左右。稀土化合物作为催化剂使用已经引起国内外学者的广泛关注。

近年来，利用镧系金属催化剂合成聚酯的相关技术较多。意大利恩尼彻姆公司的专利申请CN1112573A公开了以镧系金属化合物、金属盐、金属复合盐或含盐配合物为催化剂，得到在熔融状态下具有高抗降解性的热塑性芳香族聚酯。欧洲专利申请EP626425用镧系金属复合盐作催化剂生产热塑性芳基聚碳酸酯/芳基聚酯组分，改善了所述热塑性组分的机械、热和电性能，并有较高的稳定性。中国专利申请CN1446837A公开了一种用于合成聚酯的镧系金属催化剂，该催化剂包含有R1及R2，其中R1为镧系金属卤代盐和/或镧系金属络合物，R2为镧系金属氢氧化物，以上两者的混合物可以使酯交换反应快速、平稳的进行。

芳香族聚酯如聚对苯二甲酸乙二醇酯PET、聚对苯二甲酸丁二醇酯PBT等，在大自然中基本上无法降解，PET的使用寿命可达16～48年，并且还没有明显的细菌或酶可以侵蚀纯的芳香族聚酯，因此带来的“白色污染”是目前人类面临的一个重大灾害，可生物降解材料的研究显得十分紧迫。脂肪族聚酯因其优良的生物相容性、生物降解性、聚合物和降解产物无毒等优点而日益受到关注。与作为工程材料的芳香族聚酯相比，脂肪族聚酯存在熔点低、力学性能差、价格昂贵等缺陷而限制了其作为材料的使用。因此结合芳香族聚酯的优异的使用及加工性能和脂肪族聚酯的降解特性而得到的脂肪/芳香族共聚酯，是当今降解材料发展的热点。

BASF公司的美国专利US5817721公开了一种可生物降解的聚酯，它是将芳香族二元酸或酯，脂肪族二元醇，脂肪族二元酸或酯分步混和，采用锡、钛等化合物作为酯化、酯交换及缩聚反应的催化剂，进行反应得到的。

BASF公司的聚酯生产工艺如US6018004、US6046248、US6114042所公开的，首先，将己二酸与1，4-丁二醇（BDO）酯化，采用二辛酸锡傲催化剂，所得酯化产物备用；然后，将第一步的酯化产物与对苯二甲酸二甲酯（DMT）、BDO、钛酸四丁酯（TBOT）同时加入另一个反应釜，DMT与BDO酯交换完毕，体系抽真空缩聚。所得聚酯产物的分子量不高，数均分子量（Mn）一般在1万左右，重均分子量为3万左右。如果在上述第二步加入含有多个可与聚酯反应的（至少三个）官能团的酸酐、醚、异氰酸酯等作为扩链剂，可以明显增加共聚酯的重均分子量，但数均分子量则不如重均分子量增加得多，产物分子量分布明显变宽（3.5～8）。

目前，现有技术中缩合聚合制备可生物降解脂肪/芳香共聚酯所用的聚合催化剂体系均为烷氧基钛、烷氧基锡、氧化锗等。如《NihonYukagakkaishi》（1999，48(9)，p911～915），欧洲专利EP116640A2，德国专利DEl9923053Al公开的钛酸四丁酯（又名正丁基钛）、异丙氧基钛等，韩国专利KR9709332Bl所公开的正丁基锡，日本专利JP2004018674A2所公开的锗化合物等。在聚酯中普遍使用的催化剂体系，如前面描述的，在聚酯合成中出现的种种弊端如产物色泽发黄，副反应现象严重等仍然存在。

综上所述，现有的聚酯催化剂存在聚合反应速度较慢，副反应多，有毒性，产物色泽发黄等缺点。在可生物降解的共聚酯合成技术中，除上述缺点外，还存在操作工艺复杂，聚合产物分子量分布较宽等不足。

发明内容

为了克服现有技术中催化剂使用过程中存在的种种不足，本发明人开发出一种无毒或低毒的稀土化合物单组分或稀土化合物与其他金属化合物多元复合催化体系，应用于制备可降解的脂肪/芳香共聚酯。

本发明的一个目的是提供一种用于制备可生物降解的聚酯的催化剂体系。

本发明的另一个目的是提供一种应用本发明的催化剂体系合成可生物降解聚酯的方法。

本发明的用于制备可生物降解共聚酯的催化剂体系，其包括：

CAT2，选自稀土金属的无机卤化物LnX_3、羧酸盐Ln（$R^1COO)_3$、烷氧化物Ln（$OR^2)_3$、芳氧化物Ln（$OAr)_3$、和不包括钐的乙酰丙酮化物Sm（$acac)_3$的稀土金属的乙酰丙酮化物Ln（acac），以及它们的水合物中的至少一种，和

CAT1，选自M（$OR^{2'})_x$、M_2O_x、M（$R^{1'}COO)_x$及其混合物，

且CAT1与CAT2的摩尔比为5∶95～95∶5；

其中，稀土金属Ln选自镧La、铈Ce、镨Pr、钕Nd和钪Sc中的一种；

X为卤素离子，acac为乙酰丙酮基团，

R^1、$R^{1'}$选自C_1～C_3的烷基，R^1、$R^{1'}$可相同或不相同，

R^2、$R^{2'}$选自$C_3 \sim C_6$的烷基，R^2、$R^{2'}$可相同或不相同，

Ar选自$C_1 \sim C_4$的烷基取代的苯基，

M为金属钛Ti、锑Sb或锌Zn，x为2、3或4。

本发明的催化剂体系可以通过现有技术中公开的合成或处理稀土化合物的方法制备得到，如文献J. Inorg. Nucl. Chem.（1962，34，p387），Polymer（2001，42，p7，511），Inoganic Chemistry（1970，9，p2，505），J. Chem. Soc.，Chem. Commun.（1983，p1，499）等所公开的方法。

本发明的催化剂体系中所述的钛、锑及锌的化合物可使用市售的产品。

本发明所述的催化剂体系用于制备可生物降解的聚酯的方法，包括在催化剂存在下，由选自至少一种芳香族二元酸、其酯衍生物或其相应酸酐（a），至少一种脂肪族或脂环族二元醇（b）和至少一种脂肪族二元酸、脂环族二元酸、它们的酯衍生物或它们的相应酸酐（c）的单体，进行酯交换反应、酯化反应和缩聚反应，得到可生物降解的聚酯，其中，

所述的单体（a）与（c）的摩尔比为0:100～65:35；

所述的单体（a）与（c）的摩尔数之和、与单体（b）的摩尔数之比为1:(1.0～2.0)；

所述的催化剂体系与单体（a）和（c）的总量的摩尔比为1:(500～10000)。

在本发明的制备聚酯的方法的实施方案中，所述的单体（a）选自对苯二元酸或酯或相应酸酐；所述的单体（b）选自$C_2 \sim C_6$的脂肪族二元醇和$C_5 \sim C_{10}$的脂环族二元醇中的至少一种；所述的单体（c）选自$C_3 \sim C_{10}$的脂肪族二元酸或酯衍生物、$C_5 \sim C_{10}$的脂环族二元酸、它们的酯衍生物和它们的相应酸酐中的至少一种。

本发明的催化剂体系用于制备脂肪族/芳香族共聚酯时，进行酯交换反应温度一般150～230℃，酯化反应温度一般为160～250℃，缩聚反应的温度一般为220～280℃，缩聚反应压力一般≤200Pa。

本发明的制备聚酯的方法，采用单釜操作，所述的催化剂体系可以在反应前与单体原料一同加入反应釜中。

所述的催化剂体系也可以分批加入，即C_2为酯交换和酯化反应阶段的催化剂，与一种二元酸（或酯）和二元醇一起加入反应体系，待小分子馏分收集完毕；再加入第二种酸（或酯）单体，反应完毕；在缩聚阶段加入C_1进行真空缩聚。

具体实施方式

实施例1～4　稀土催化剂CAT2的制备

实施例1　　无水氯化镧（$LaCl_3$）的制备

将10g La_2O_3用过量盐酸溶解，加热浓缩后加入计量的NH_4Cl（与La_2O_3摩尔比为3/1,），小心加热蒸去过量的酸，得到$LaCl_3 \cdot nH_2O + NH_4Cl$的固体，将固体研碎

后加入到石英升华管中，抽真空至<5mmHg；在管式炉中慢慢升温到400℃，抽真空保持1h；真空下冷却至室温，充入氩气，取下升华管，在氩气保护下移入管中备用。

实施例2　乙酰丙酮化镧La（acac）$_3$的制备

在250ml三颈瓶中，将$LaCl_3 \cdot 7H_2O$（3.47g，9.37mmol）溶在50ml的水中，逐滴加入到乙酰丙酮（5.63g，56.2mmol）的50ml水溶液中，室温下搅拌，通过加入2N KOH溶液调整pH到7。反应混合物带有La（acac）$_3$的沉淀物，搅拌，过滤，于60℃真空干燥，得到约4gLa（acac）$_3$。

实施例3　异丙氧基钕的制备

在250ml三颈瓶中，加入4.87g（0.02mol）无水氯化钕和80ml异丙醇，加热回流溶解后冷却至室温，快速搅拌下，滴加异丙醇钠溶液（1.349g金属钠溶于20ml异丙醇和65ml苯的混合溶液），滴加完毕后，加热回流4h，冷却，静置过夜。G4砂芯滤球过滤，滤液蒸馏除去溶剂，真空干燥后，得到异丙氧基钕蓝色粉末约15g。

实施例4　三（2，6-二叔丁基-4甲基苯氧基）稀土的合成

先精确称量无水$LnCl_3$（0.5~0.8g）至聚合瓶中，在氩气保护下操作，根据$LnCl_3$的摩尔数，按1∶3的比例计算出所需2，6-二叔丁基-4-甲基苯酚的重量。

将定量的2，6-二叔丁基-4-甲基苯酚在氩气保护下加入带支管的烧瓶中（支管端通氩气），加入30ml四氢呋喃溶剂，搅拌至溶解，加入过量的金属钠，室温下反应2~3h，至金属钠表面没有气泡生成，继续加入少许金属钠，判定反应是否进行完全，得到2，6-二叔丁基-4甲基苯酚钠的四氢呋喃溶液。

将称量好的无水$LnCl_3$转移至50ml单口反应瓶中，然后将2，6-二叔丁基-4甲基苯酚钠的四氢呋喃溶液转移至反应瓶中，充足氩气。反应物于80~90℃油浴中磁力搅拌2~3天。离心过滤，滤液减压蒸馏蒸出溶剂，真空干燥1h，得到三（2，6-二叔丁基-4甲基苯氧基）稀土催化剂。

对比例1　钛单组分催化剂制备共聚酯

向500ml三颈瓶中加入78g（0.4mol）对苯二甲酸二甲酯、86.5g（0.96mol）丁二醇、0.17g（0.5mmol）钛酸四丁酯，体系氮气保护，搅拌加热至回流，反应温度控制在160~220℃，收集蒸出的甲醇，至甲醇收集完毕。向体系中加入58.5g（0.4mol）己二酸，继续搅拌加热至回流，反应温度控制在180~240℃，收集蒸出的水分，至水分收集完毕。体系抽真空，加热，在反应温度220~260℃，体系压力（200Pa的条件下，真空缩聚10h。所得产物为黄色，GPC法测定分子量，数均分子量Mn为2.68万，重均分子量Mw为5.29万，分子量分布为1.97。

第五章

对比例2

将58.5g（0.4mol）己二酸改为47.2（0.4mol）琥珀酸（丁二酸），其他条件同对比例1。所得产物为黄色，GPC法测定分子量，数均分子量Mn为2.72万，重均分子量Mw为5.79万，分子量分布为2.13。

实施例 5

向 500ml 三颈瓶中，加入 78g（0.4mol）对苯二甲酸二甲酯、86.5g（0.96mol）丁二醇、0.11g（0.32mmol）钛酸四丁酯，0.073g（0.17mmol）乙酰丙酮镧，体系氮气保护，搅拌加热至回流，反应温度控制在 160～220℃，收集蒸出的甲醇，至甲醇收集完毕。向体系中加入 58.5g（0.4mol）己二酸，继续搅拌加热至回流，反应温度控制在 180～240℃，收集蒸出的水分，至水分收集完毕。体系抽真空，加热，在反应温度 220～260℃，体系压力 200Pa，真空缩聚 7h。所得产物为浅黄色，GPC 法测定分子量 Mn 为 3.08 万，Mw 为 6.21 万，分子量分布为 2.02。

实施例 6～9

以合成脂肪族/芳香族摩尔比为 1:1 的共聚酯为例，DMT/ADP 为 1:1，催化剂体系中 CAT1 使用钛酸四丁酯，CAT2 使用不同的稀土化合物，且 CAT1/CAT2 为 2:1。

向 500ml 三颈瓶中加入 78g（0.4mol）对苯二甲酸二甲酯 DMT、86.5g（0.96mol）丁二醇 BD、0.11g（0.32mmol）钛酸四丁酯，体系氮气保护，搅拌加热至回流，反应温度控制在 160～220℃，收集蒸出的甲醇，至甲醇收集完毕。向体系中加入 58.5g（0.4mol）己二酸 ADP，继续搅拌加热至回流，反应温度控制在 180～240℃，收集蒸出的水分，至水分收集完毕。向体系中加入 0.17mmol C1 组分，抽真空，加热，在反应温度 220～260℃，体系压力（200Pa，真空缩聚 7h。所用的催化剂组分 C1 和反应得到的聚酯产物的性能列于表 1。黄色指数采用 TC－PIIG 全自动测色色差计根据 GB 2409——1989 所述方法进行测定。

表 1

编号	催化剂组分 C1	黄色指数	分子量		
			Mn（万）	Mw（万）	Mw/Mn
实施例 6	乙酰丙酮镧 0.073g	47.9	3.84	8.88	2.31
实施例 7	氯化镧水合物 0.063g	49.9	3.96	7.80	1.97
实施例 8	异丙氧基钕 0.055g	36.2	6.25	10.5	1.68
实施例 9	2，6－二丁基－4－甲基苯氧基钕 0.13g	41.7	7.23	12.5	1.73

实施例 10

向 500ml 三颈瓶中加入 78g（0.4mol）对苯二甲酸二甲酯 DMT、86.5g（0.96mol）丁二醇 BD、0.11g（0.32mmol）钛酸四丁酯，体系氮气保护，搅拌加热至回流，反应温度控制在 160～220℃，收集蒸出的甲醇，至甲醇收集完毕。向体系中加入 47.2g（0.4mol）琥珀酸 SCN，继续搅拌加热至回流，反应温度控制在 180～240℃，收集蒸出的水分，至水分收集完毕。向体系中加入 0.055g（0.17mmol）异丙氧基钕，抽真空，加热，反应温度 220～260℃，体系压力（200Pa，真空缩聚 7h。所得产物为白色，GPC 法测定分子量，数均分子量 Mn 为 5.41 万，重均分子量 Mw 为 11.1 万，分子量分布为2.05。

实施例11～21以CAT2乙酰丙酮镧和CAT1钛酸四丁酯，且CAT2/CAT1为1∶1为催化剂体系，合成不同脂肪族/芳香族摩尔比的共聚酯。

实施例11

向500ml三颈瓶中加入136g（0.7mol）对苯二甲酸二甲酯、126g（1.4mol）丁二醇、0.10g（0.3mmol）钛酸四丁酯，体系氮气保护，搅拌加热至回流，反应温度控制在160～220℃，收集蒸出的甲醇，至甲醇收集完毕。向体系中加入乙酰丙酮镧0.13g（0.3mmol），体系抽真空，加热，反应温度在220～260℃，体系压力200Pa，真空缩聚4h。

实施例12

向500ml三颈瓶中加入155g（0.8mol）对苯二甲酸二甲酯、130g（1.34mol）丁二醇、0.13g（0.37mmol）钛酸四丁酯，体系氮气保护，搅拌加热至回流，反应温度控制在160～220℃，收集蒸出的甲醇，至甲醇收集完毕。向体系中加入13.0g（0.089mol）己二酸，继续搅拌加热至回流，反应温度控制在180～240℃，收集蒸出的水分，至水分收集完毕。向体系中加入乙酰丙酮镧0.16g（0.37mmol），抽真空，加热，反应温度在220～260℃，体系压力200Pa，真空缩聚4h。

实施例13

将单体及催化剂组分的用量改变为：117g（0.6mol）对苯二甲酸二甲酯、86.5g（0.96mol）丁二醇、0.09g（0.26mmol）钛酸四丁酯、29.0g（0.2mol）己二酸、0.116g（0.26mmol）乙酰丙酮镧，其他条件同实施例12。

实施例14

将单体及催化剂组分的用量改变为：87.0g（0.45mol）对苯二甲酸二甲酯、108g（1.2mol）丁二醇、0.11g（0.32mmol）钛酸四丁酯、44.0g（0.3mol）己二酸、0.14g（0.32mmol）乙酰丙酮镧，其他条件同实施例12。

实施例15

将单体及催化剂组分的用量改变为：78g（0.4mol）对苯二甲酸二甲酯、86.5g（0.96mol）丁二醇、0.12g（0.34mmol）钛酸四丁酯、58.5g（0.4mol）己二酸、0.15g（0.34mmol）乙酰丙酮镧，其他条件同实施例12。

实施例16

将单体及催化剂组分的用量改变为：58.0g（0.3mol）对苯二甲酸二甲酯、81g（0.9mol）丁二醇、0.11g（0.32mmol）钛酸四丁酯、66.0g（0.45mol）己二酸、0.14g（0.32mmol）乙酰丙酮镧，其他条件同实施例12。

实施例17

将单体及催化剂组分的用量改变为：58.0g（0.3mol）对苯二甲酸二甲酯、108g（1.2mol）丁二醇、0.10g（0.3mmol）钛酸四丁酯、88.0g（0.6mol）己二酸、0.13g

(0.3mmol) 乙酰丙酮镧，其他条件同实施例12。

实施例18

将单体及催化剂组分的用量改变为：58.0g (0.3mol) 对苯二甲酸二甲酯、122g (1.35mol) 丁二醇、0.12g (0.35mmol) 钛酸四丁酯、110.0g (0.75mol) 己二酸、乙酰丙酮镧0.15g (0.35mmol)，其他条件同实施例12。

实施例19

将单体及催化剂组分的用量改变为：39.0g (0.2mol) 对苯二甲酸二甲酯、108g (1.2mol) 丁二醇、0.09g (0.26mmol) 钛酸四丁酯、88.0g (0.6mol) 己二酸、乙酰丙酮镧0.12g (0.26mmol)，其他条件同实施例12。

实施例20

将单体及催化剂组分的用量改变为：26.1g (0.13mol) 对苯二甲酸二甲酯、108g (1.2mol) 丁二醇、0.11g (0.33mmol) 钛酸四丁酯、132g (0.9mol) 己二酸、乙酰丙酮镧0.15g (0.33mmol)，其他条件同实施例12。

实施例21

将单体及催化剂组分的用量改变为：146g (0.75mol) 己二酸、108g (1.2mol) 丁二醇、0.11g (0.33mmol) 钛酸四丁酯、乙酰丙酮镧0.15g (0.33mmol)，其他条件同实施例12。

将实施例11~21得到的共聚酯进行分析，结果列于表2。

表2

编号	单体投料摩尔比 (DMT/ADP)	单体/催化剂摩尔比	单体酸/二醇摩尔比 (DMT+ADP) /BD	聚合物组分摩尔比 (DMT/ADP)	分子量		
					Mn (万)	Mw (万)	Mw/Mn
实施例11	100/0	1170	1/2	100/0	n. d.	n. d.	n. d.
实施例12	90/10	1200	1/1.5	90/10	n. d.	n. d.	n. d.
实施例13	75/25	1500	1/1.2	75/25	n. d.	n. d.	n. d.
实施例14	60/40	1172	1/1.2	60/40	n. d.	n. d.	n. d.
实施例15	50/50	1172	1/1.2	50/50	2.51	5.34	2.13
实施例16	40/60	1172	1/1.2	40/60	2.51	5.91	2.36
实施例17	33/67	1500	1/1.3	35/65	2.8	6.25	2.23
实施例18	29/71	1500	1/1.3	30/70	2.41	5.6	2.32
实施例19	25/75	1540	1/1.5	25/75	2.87	5.43	1.89
实施例20	13/87	1560	1/1.2	13/87	2.44	5.27	2.16
实施例21	0/100	1140	1/1.6	0/100	3.05	5.76	1.89

注：n. d. 表示因为样品不能完全溶于四氢呋喃溶剂，而没有检测其分子量和分子量分布。

附件 2：拟保护高分子材料的第二次技术交底书

窄分布的线性高分子量可生物降解的共聚酯及其制备和应用

技术领域

本发明涉及一种可生物降解的脂肪族/芳香族共聚酯，具体地，涉及一种高分子量、窄分布的可生物降解的脂肪族/芳香族共聚酯及其应用。

背景技术

目前，芳香族聚酯如聚对苯二甲酸乙二醇酯 PET、聚对苯二甲酸丁二醇酯 PBT、聚对苯二甲酸丙二醇酯 PPT 等，作为工程材料已广泛应用于人们日常生活的各个领域，它们可以制成纤维、饮料瓶、薄膜等材料。但是这些聚合物在大自然中基本上无法降解，并且可以抵抗细菌的侵蚀，到目前为止还没有明显的细菌或酶可以侵蚀纯的芳香族聚酯（PET、PBT），对水降解很不敏感，PET 的使用寿命可达 16～48 年，PET 纤维在人体和动物体内可以持续 30 年。因此带来的“白色污染”是目前人类面临的一个重大灾害，研究可生物降解材料就显得十分紧迫。脂肪族聚酯因其优良的生物相容性、生物降解性、聚合物和降解产物无毒等优点而日益受到关注。它们已被应用于生物医用（骨骼固定与支撑材料、药物控释与缓释、神经导管与人造血管、手术缝合线等）和环境友好材料（垃圾袋、购物袋、食品包装、餐具、农用地膜、日用瓶罐、渔具等）中，但是与作为工程材料的芳香族聚酯相比，脂肪族聚酯存在熔点低、力学性能差、价格昂贵等缺陷而限制了其作为材料的使用。因此结合芳香族聚酯的优异使用及加工性能和脂肪族聚酯的降解特性而得到的脂肪－芳香族共聚酯，是当今降解材料发展的热点。

这些共聚酯因为通过缩合聚合制备，有小分子产物脱除，很难制备高分子量的产物，一般只能制备几万的产品。因为分子量低，产品的力学性能很难达到目前广泛使用的非降解材料的标准，因此能制备出高分子量的共聚酯产物以使产物的力学和加工性能满足要求，就显得尤为重要。BASF 公司在专利 U. S. Pat. No. 5817721、5889135、618004、6046248、6114042 中提出了采用加入含有多个可与聚酯反应的（至少三个）官能团的酸酐、醚、异氰酸酯等作为扩链剂，可以明显增加共聚酯的重均分子量（可高达十几万），但数均分子量则不如重均分子量增加得多，产物分子量分布明显变宽（3.5～8）。所得产物为长链支化结构，不利于材料的加工。而且加入扩链剂直接接在聚合物的长链上，也使聚合物的结构变得复杂、不纯净，无法脱除掉。

发明内容

本发明的目的是得到一种窄分布、高分子量的可生物降解的共聚酯。

本发明的可生物降解的脂肪/芳香共聚酯，其重均分子量 Mw（GPC 法测定）为 100000～600000g/mol；分子量分布 1.2～3；由包含 a1）和 b1）的单体混合物通过缩聚反应得到，其中，

a1）25～95mol%的己二酸、其酯衍生物、相应酸酐或它们的混合物，

和 5～75mol%的对苯二甲酸、其酯衍生物、相应酸酐或它们的混合物；

b1）选自 C_2～C_6 的脂肪族二元醇和 C_5～C_{10}的脂环族二元醇中的至少一种；

且 a1）与 b1）的摩尔比为 1∶1～1∶2。

所述的 a1）中脂肪族单体可选自己二酸，芳香族单体可选自对苯二甲酸或对苯一中酸二甲酯。

所述的 b1）可选自 1，4－丁二醇、1，3－丙二醇或乙二醇。

所述的反应在包含钛化合物和稀土化合物的催化剂存在下进行，且所述的催化剂与单体 a1）的摩尔比为 1∶（500～10000）。

所述的催化剂包括：

CAT1，选自 $Ti(OR^{2'})_x$、Ti_2O_x 和 $Ti(R^{1'}COO)_x$ 中的一种，和

CAT2，选自稀土金属的无机卤化物 LnX_3、羧酸盐 Ln（$R^1COO)_3$、烷氧化物 Ln（$OR^2)_3$、芳氧化物 $Ln(OAr)_3$、和不包括钐的乙酰丙酮化物 $Sm(acac)_3$ 的稀土金属的乙酰丙酮化物 $Ln(acac)_3$，以及它们的水合物中的至少一种，

且 CAT1 与 CAT2 的摩尔比为 5∶95～95∶5；

其中，稀土金属 Ln 选自镧 La、铈 Ce、镨 Pr、钕 Nd、钪 Sc 及其结合，

X 为卤素离子，acac 为乙酰丙酮基团，

R^1、$R^{1'}$选自 C_1～C_3 的烷基，R^1、$R^{1'}$可相同或不相同，

R^2、$R^{2'}$选自 C_3～C_6 的烷基，R^2、$R^{2'}$可相同或不相同，

Ar 选自 C_1～C_4 的烷基取代的苯基，

x 为 2、3 或 4。

本发明的可生物降解的共聚酯可用于制备生物可降解的塑料薄膜。

本发明的共聚酯是在不加入扩链剂等组分的条件下，通过加入包含稀土化合物组合物催化剂，通过控制单体和催化剂投料比及相应的工艺参数，来制备本发明高分子量的可生物降解共聚酯，所得产品分子量分布小于 3，为线性结构，共聚物组分结构可通过投料比严格控制，制备统计学无规分布的共聚酯产品。

具体实施方式

实施例 1

向 500ml 三颈瓶中加入 87.09g（0.45mo1）对苯二甲酸二甲酯、108g（1.2mo1）丁二醇、0.11g（0.32mmo1）钛酸四丁酯，体系氮气保护，搅拌加热至回流，反应温度控制在 160～220℃，收集蒸中的甲醇，至甲醇收集完毕。向体系中加入 13.0g

(0.089mol) 己二酸，继续搅拌加热至回流，反应温度控制在180~240℃，收集蒸出的水分，至水分收集完毕。向体系中加入异丙氧基镧0.109 (0.32mmol)，抽真空，加热，反应温度在220~260℃，体系压力≤200Pa，真空缩聚7h。

实施例2

将单体及催化剂组分的用量改变为：78g (0.4mol) 对苯二甲酸二甲酯、86.5g (0.96mol) 丁二醇、0.12g (0.34mmol) 钛酸四丁酯、58.5g (0.4mol) 己二酸、0.11g (0.35mmol) 异丙氧基镧，其他条件同实施例1。

实施例3

将单体及催化剂组分的用量改变为：58.0g (0.3mol) 对苯二甲酸二甲酯、81g (0.9mol) 丁二醇、0.11g (0.32mmol) 钛酸四丁酯、66.0g (0.45mol) 己二酸、0.10g (0.32mmol) 异丙氧基镧，其他条件同实施例1。

将实施例1~3得到的共聚酯进行分析，结果列于表1。

n.d.：因为样品不能完全溶于四氢呋喃溶剂，而没检测其分子量和分子量分布。

Tg表示玻璃化温度。

Tm表示熔点。

表1　不同组分比的共聚酯的制备及性能参数

编号	单体投料摩尔比 (DMT/ADP)	聚合物组分摩尔比 (DMT/ADP)	分子量		
			Mn（万）	Mw（万）	Mw/Mn
实施例1	60/40	60/40	n.d.	n.d.	n.d.
实施例2	50/50	50/50	7.18	15.6	2.17
实施例3	40/60	40/60	6.73	15.0	2.23

第五章

附件3：附缺陷标记的第二次技术交底书

窄分布的线性高分子量可生物降解的共聚酯及其应用

技术领域

本发明涉及一种可生物降解的脂肪族/芳香族共聚酯，具体地，涉及一种高分子量、窄分布的可生物降解的脂肪族/芳香族共聚酯及其制备方法和应用。

背景技术

目前，芳香族聚酯如聚对苯二甲酸乙二醇酯PET、聚对苯二甲酸丁二醇酯PBT、聚对苯二甲酸丙二醇酯PPT等，作为工程材料已广泛应用于人们日常生活的各个领域，它们可以制成纤维、饮料瓶、薄膜等材料。但是这些聚合物在大自然中基本上无法降解，并且可以抵抗细菌的侵蚀，到目前为止还没有明显的细菌或酶可以侵蚀纯的芳香族聚酯（PET、PBT），对水降解很不敏感，PET的使用寿命可达16~48年，PET纤维在人体和动物体内可以持续30年。因此带来的“白色污染”是目前人类面临的一个重大灾害，研究可生物降解材料就显得十分紧迫。脂肪族聚酯因其优良的生物相容性、生物降解性、聚合物和降解产物无毒等优点而日益受到关注。它们已被应用于生物医用（骨骼固定与支撑材料、药物控释与缓释、神经导管与人造血管、手术缝合线等）和环境友好材料（垃圾袋、购物袋、食品包装、餐具、农用地膜、日用瓶罐、渔具等）中，但是与作为工程材料的芳香族聚酯相比，脂肪族聚酯存在熔点低、力学性能差、价格昂贵等缺陷而限制了其作为材料的使用。因此结合芳香族聚酯的优异使用及加工性能和脂肪族聚酯的降解特性而得到的脂肪－芳香族共聚酯，是当今降解材料发展的热点。

这些共聚酯因为通过缩合聚合制备，有小分子产物脱除，很难制备高分子量的产物，一般只能制备几万的产品。因为分子量低，产品的力学性能很难达到目前广泛使用的非降解材料的标准，因此能制备出高分子量的共聚酯产物以使产物的力学和加工性能满足要求，就显得尤为重要。BASF公司在专利U. S. Pat. No. 5817721、5889135、618004、6046248、6114042中提出了采用加入含有多个可与聚酯反应的（至少三个）官能团的酸酐、醚、异氰酸酯等作为扩链剂，可以明显增加共聚酯的重均分子量（可高达十几万），但数均分子量则不如重均分子量增加得多，产物分子量分布明显变宽（3.5~8）。所得产物为长链支化结构，不利于材料的加工。而且加入扩链剂直接接在聚合物的长链上，也使聚合物的结构变得复杂、不纯净，无法脱除掉。

发明内容

本发明的目的是得到一种窄分布、高分子量的可生物降解的共聚酯（缺陷：发明目的与本发明的有益效果不呼应）。

本发明的可生物降解的脂肪/芳香共聚酯，其重均分子量 Mw（GPC 法测定）为 100000～600000g/mol；分子量分布 1.2～3（缺陷：缺少优选数据范围，以下存在多处相同问题）。（缺陷：缺少与高分子结构和组成密切相关的其他重要物化参数，例如熔点、玻璃化温度等，后者可以为今后比对现有技术和作出可能的修改作准备）；由包含 a1）和 b1）的单体混合物通过缩聚反应得到（缺陷：开始就用方法限定产品的写法，给审查和侵权判定带来很多的问题），其中，

a1）25～95mol% 的己二酸、其酯衍生物、相应酸酐或它们的混合物，

和 5～75mol% 的对苯二甲酸、其酯衍生物、相应酸酐或它们的混合物；

b1）选自 C_2～C_6 的脂肪族二元醇和 C_5～C_{10} 的脂环族二元醇中的至少一种；

且 a1）与 b1）的摩尔比为 1∶1～1∶2。

所述的 a1）脂肪族单体可选自己二酸；芳香族单体可选自对苯二甲酸或对苯一中酸二甲酯。

所述的 b1）可选自 1，4－丁二醇、1，3－丙二醇或乙二醇。

所述的反应在包含钛化合物和稀土化合物的催化剂存在下进行，且所述的催化剂与单体 a1）的摩尔比为 1∶（500～10000）。

所述的催化剂包括

CAT1，选自 $Ti(OR^{2'})_x$、Ti_2O_x 和 $Ti(R^{1'}COO)_x$ 中的一种（缺陷：由于同族元素一般认为具有类似的性能，这里没有进行可能的上位概括），和

CAT_2，选自稀土金属的无机卤化物 LnX_3、羧酸盐 $Ln(R^1COO)_3$、烷氧化物 Ln（OR2）$_3$、芳氧化物 $Ln(OAr)_3$ 和不包括钐的乙酰丙酮化物 $Sm(acac)_3$ 的稀土金属的乙酰丙酮化物 $Ln(acac)_3$ 以及它们的水合物中的至少一种，

且 C_1 与 C_2 的摩尔比为 5∶95～95∶5；

其中，稀土金属 Ln 选自镧 La、铈 Ce、镨 Pr、钕 Nd、钪 Sc 及其结合（缺陷：由于同族元素一般认为具有类似的性能，这里没有进行可能的上位概括），

X 为卤素离子，acac 为乙酰丙酮基团，

R^1、$R^{1'}$ 选自 C_1～C_3 的烷基，R^1、$R^{1'}$ 可相同或不相同，

R^2、$R^{2'}$ 选自 C_3～C_6 的烷基，R^2、$R^{2'}$ 可相同或不相同，

Ar 选自 C_1～C_4 的烷基取代的苯基，

x 为 2、3 或 4。

（缺陷：缺少对于不能从市场上获得的催化剂组合物的制备的描述，后面也缺少其制备实施例，造成公开不充分问题）

本发明的可生物降解的共聚酯可用于制备生物可降解的塑料薄膜（缺陷：产品用途过于局限了，由于力学性能的提高，应该在这里对用途作同位扩展）。

本发明的共聚酯是在不加入扩链剂等组分的条件下，通过加入包含稀土化合物组

合物催化剂，通过控制单体和催化剂投料比及相应的工艺参数，来制备本发明高分子量的可生物降解共聚酯（缺陷：这种描述使得单体/催化剂的投料比和合成聚酯的工艺条件不必要地也可能会被认定为必要技术特征），所得产品分子量分布小于3，为线性结构，共聚物组分结构可通过投料比严格控制，制备统计学无规分布的共聚酯产品。

（缺陷：没有公开该发明的各种可能的有益效果。）

具体实施方式

（缺陷：没有公开采用试剂的来源和测试方法等的描述。）

（缺陷：没有从公开特定的催化剂的制备开始，直接从高分子材料的制备方法开始描写。）

实施例1

向500ml三颈瓶中加入87.09g（0.45mol）对苯二甲酸二甲酯、108g（1.2mol）丁二醇、0.11g（0.32mmol）钛酸四丁酯，体系氮气保护，搅拌加热至回流，反应温度控制在160～220℃，收集蒸中的甲醇，至甲醇收集完毕。向体系中加入13.0g（0.089mol）己二酸，继续搅拌加热至回流，反应温度控制在180～240℃，收集蒸出的水分，至水分收集完毕。向体系中加入异丙氧基镧0.109g（0.32mmol），抽真空，加热，反应温度在220～260℃，体系压力≤200Pa，真空缩聚7h。

实施例2

将单体及催化剂组分的用量改变为：78g（0.4mol）对苯二甲酸二甲酯、86.5g（0.96mol）丁二醇、0.12g（0.34mmol）钛酸四丁酯、58.5g（0.4mol）己二酸、0.11g（0.35mmol）异丙氧基镧，其他条件同实施例1。

实施例3

将单体及催化剂组分的用量改变为：58.0g（0.3mol）对苯二甲酸二甲酯、81g（0.9mol）丁二醇、0.11g（0.32mmol）钛酸四丁酯、66.0g（0.45mol）己二酸、0.10g（0.32mmol）异丙氧基镧，其他条件同实施例1。

（缺陷：不同催化剂成分和用量的实施例没有构成合理的分布。）

将实施例1～3得到的共聚酯进行分析，结果列于表1。

n. d.：因为样品不能完全溶于四氢呋喃溶剂，而没检测其分子量和分子量分布。

Tg表示玻璃化温度。

Tm表示熔点。

表1　不同组分比的共聚酯的制备及性能参数

编号	单体投料摩尔比（DMT/ADP）	聚合物组分摩尔比（DMT/ADP）	分子量		
			Mn（万）	Mw（万）	Mw/Mn
实施例1	60/40	60/40	n. d	n. d	n. d.
实施例2	50/50	50/50	7. 18	15. 6	2. 17
实施例3	40/60	40/60	6. 73	15. 0	2. 23

（缺陷：缺少证实为无规线性结构的实验数据。）

（缺陷：缺少对第一区别特征高分子量和窄分子量分布的结合；以及退路区别特征：优选共聚酯适用范围：脂肪族/芳香族摩尔比为（40～80）∶(60～20)；宣称的共聚酯组分基本等于单体投料比优点的合理支持。）

（缺陷：缺少留有退路的对比实施例，例如本发明催化剂组合物的组合意义，和催化剂的不同加入时机。）

附件4：供参考的专利申请文件

说　明　书　摘　要

本发明公开了一种高分子量和窄分子量分布的线性无规的可生物降解的共聚酯及其制备方法和应用。本发明的共聚酯的重均分子量Mw为100000～600000g/mol，分子量分布1.2～3。该共聚酯力学性能明显提高、生物降解性能优异，在型材、膜、纤维及涂层方面有广泛的应用。本发明共聚酯的合成方法中将双金属催化剂组合物CAT1和CAT2加入共聚单体以得到所述的共聚酯，其中所述的催化剂组分CAT1选自金属钛、锑和锌的化合物及其混合物，所述的催化剂组分CAT2选自稀土金属的化合物及其混合物。

说 明 书 摘 要 附 图

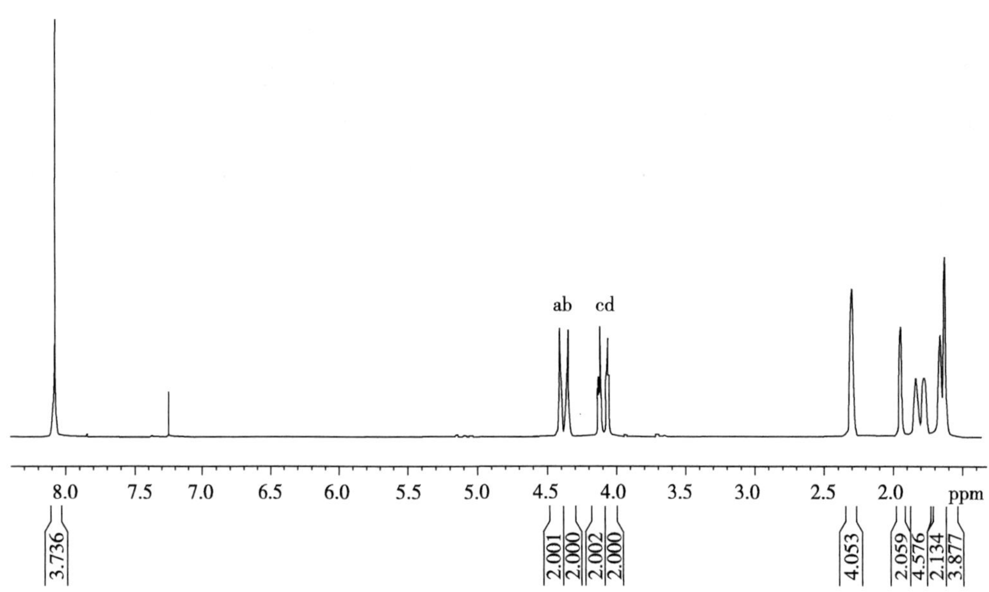
ab
cd
8.0
7.5
7.0
6.5
6.0
5.5
5.0
4.5
4.0
3.5
3.0
2.5
2.0
ppm
3.736
2.001
2.000
2.002
2.000
4.053
2.059
4.576
2.134
3.877

第五章

权 利 要 求 书

1. 一种线型无规的脂肪族/芳香族共聚酯，它含有以下结构单元：

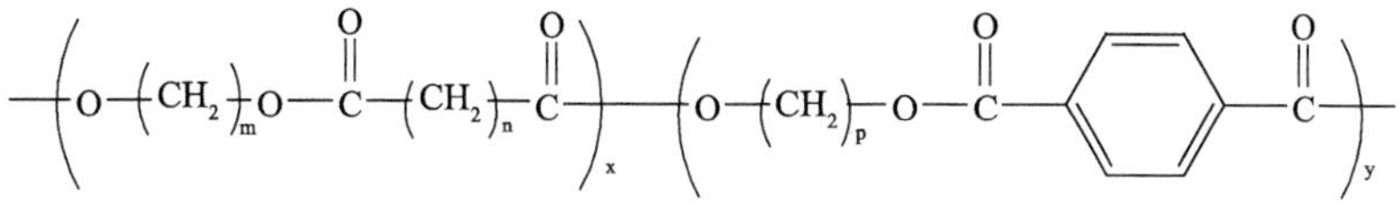

$$-\left(O-\left(CH_2\right)_m-O-\overset{\overset{O}{\|}}{C}-\left(CH_2\right)_n-\overset{\overset{O}{\|}}{C}\right)_x-\left(O-\left(CH_2\right)_p-O-\overset{\overset{O}{\|}}{C}-C_6H_4-\overset{\overset{O}{\|}}{C}\right)_y-$$

其中m为2~10的整数，n为0~8的整数，p为2~10的整数，m、n和p可相同或不同，x为1~10的整数，y为1~10的整数，并且

其中该共聚酯的重均分子量Mw为100000~600000g/mol，和分子量分布1.2~3，由GPC法测定。

2. 根据权利要求1所述的共聚酯，其中m为2~4的整数；n为2~4的整数；p为2~4的整数；x为1~3的整数和y为1~2的整数。

3. 根据权利要求1所述的共聚酯，其中所述的共聚酯的重均分子量Mw为100000~300000g/mol，和分子量分布为1.5~2.5。

4. 根据权利要求1所述的共聚酯，其中所述的共聚酯的熔点范围为20~185℃。

5. 根据权利要求1所述的共聚酯，其中所述的共聚酯的玻璃化温度范围为-55~-7℃。

6. 权利要求1~5之一所述的共聚酯，其中所述共聚酯中芳香族/脂肪族结构单元摩尔比为（60~20）:（40~80）。

7. 一种合成共聚酯的方法，其包括下列步骤：

（1）将以下单体以及催化剂组分CAT1加入反应釜中进行酯交换反应和/或酯化反应：（a）芳香族二元酸、其酯、其酸酐或它们的混合物，（b）脂肪族二元醇、脂环族二元醇或它们的混合物，和（c）脂肪族二元酸、脂环族二元酸、它们的酯、它们的酸酐或它们的混合物，

其中所述的单体（a）与（c）的摩尔比为0:100~100:0；

（2）在真空条件下，将（1）得到的反应体系进行预聚；和

（3）向（2）得到的预聚产物中加入催化剂组分CAT2，进行真空缩聚反应，得到所述的聚酯；

其中，所述的催化剂组分CAT1选自金属钛、锑和锌的化合物及其混合物；

所述的催化剂组分CAT2选自稀土金属Ln的化合物及其混合物，稀土金属Ln选自镧系元素、钪、钇及其结合。

8. 根据权利要求7所述的方法，其中在所述的步骤（2）的反应体系的馏分温度保持不变后，加入催化剂组分CAT2。

9. 根据权利要求7所述的方法，其中在所述的步骤（1）中，首先将催化剂组分Cat1、单体（a）、单体（b），加入反应釜进行反应；然后再加入单体（c），进行

反应。

10. 根据权利要求7所述的方法，其中所述的单体（a）与（c）的摩尔比为（90～10）:（10～90）。

11. 根据权利要求10所述的方法，其中所述的单体（a）与所述的单体（c）的摩尔比为（60～20）:（40～80）。

12. 根据权利要求10所述的方法，其中，所述的单体（a）与（c）的摩尔数之和与单体（b）的摩尔数之比为1:（1.0～3.0），和所述的催化剂体系与单体（a）和（c）的总量的摩尔比为1:（500～10000）。

13. 根据权利要求12所述的方法，其中所述的单体（a）与（c）的摩尔数之和与单体（b）的摩尔比为1:（1.2～1.4）。

14. 根据权利要求7所述的方法，其中所述的单体（a）选自对苯基二元酸、其酯、其酸酐或它们的混合物，所述的单体（b）选自 C_2～C_6 的脂肪族二元醇、C_5～C_{10} 的脂环族二元醇或它们的混合物，和所述的单体（c）选自 C_3～C_{10} 的脂肪族二元酸、C_5～C_{10} 的脂环族二元酸、它们的酯、它们的酸酐或它们的混合物。

15. 根据权利要求14所述的方法，其中所述的单体（a）为对苯二甲酸或对苯二甲酸二甲酯，所述的单体（b）为1，4－丁二醇、1，3－丙二醇或乙二醇，和所述的单体（c）为己二酸、癸二酸或丁二酸。

16. 根据权利要求7所述的方法，其中所述的CAT2与CAT1的摩尔比为5:95～95:5。

17. 根据权利要求16所述的方法，其中所述的CAT2与CAT1的摩尔比为2:3～3:2。

18. 根据权利要求7所述的方法，其中所述的催化剂组分CAT1选自 $M(OR^{2'})_x$、M_2O_x、$M(R^{1'}COO)_x$ 及其混合物，和

所述的催化剂组分CAT2选自稀土金属的无机卤化物 LnX_3、羧酸盐 $Ln(R1COO)_3$、烷氧化物 $Ln(OR2)_3$、芳氧化物 $Ln(OAr)_3$、乙酰丙酮化物 $Ln(acac)_3$、它们的水合物和以上的混合物；

其中，X为卤素离子，acac为乙酰丙酮基团，

R^1、$R^{1'}$ 选自 C_1～C_3 的烷基，R^1、$R^{1'}$ 可相同或不相同，

R^2、$R^{2'}$ 选自 C_3～C_6 的烷基，R^2、$R^{2'}$ 可相同或不相同，

Ar选自 C_1～C_4 的烷基取代的苯基，和

M为金属钛、锑或锌，x为2、3或4。

19. 根据权利要求18所述的方法，其中所述的稀土金属Ln选自镧La、铈Ce、镨Pr、钕Nd和钪Sc及其结合。

20. 根据权利要求18所述的方法，其中

所述的催化剂组分CAT1选自烷氧基钛 $Ti(OR^{2'})_x$、醋酸锑、醋酸锌、锌的氧化

物、锑的氧化物、钛的氧化物及其混合物；和

所述的催化剂组分 CAT2 选自稀土金属的无机卤化物 LnX_3、烷氧化物 $Ln(OR^2)_3$、芳氧化物 $Ln(OAr)_3$、不包括钐的乙酰丙酮化物 $Sm(acac)_3$ 的稀土金属的乙酰丙酮化物 $Ln(acac)_3$ 及其混合物，

其中，X 为氯离子或溴离子，R^2 为异丙基、正丁基或异戊基，Ar 为 2，6－二叔丁基－4－甲基苯基或 4－丁基苯基。

21. 根据权利要求 20 所述的方法，其中所述的 CAT1 为钛酸四丁酯、异丙氧基钛、二氧化钛、三氧化二锑、醋酸锑或醋酸锌。

22. 根据权利要求 7 所述的方法，其中所述合成共聚酯过程在同一釜中完成。

23. 根据权利要求 7 所述的方法，其中所述合成共聚酯过程中没有加入扩链剂。

24. 权利要求 1～6 之一所述的共聚酯在型材、膜、纤维及涂料中的应用。

说　明　书

可生物降解的线型无规共聚酯及其制备方法和应用

技术领域

本发明涉及一种可生物降解的脂肪族/芳香族共聚酯。更具体地，涉及一种高分子量、窄分子量分布的线型无规的可生物降解的脂肪族/芳香族共聚酯及其制备方法和应用。

背景技术

目前，芳香族聚酯如聚对苯二甲酸乙二醇酯（PET）、聚对苯二甲酸丁二醇酯（PBT）、聚对苯二甲酸丙二醇酯（PPT）等，作为工程材料已广泛应用于人们日常生活的各个领域，它们可以制成纤维、饮料瓶、薄膜等材料。但是这些聚合物在大自然中基本上无法降解，并且可以抵抗细菌和真菌的侵蚀，到目前为止还没有明显的细菌或酶可以侵蚀纯的芳香族聚酯（例如 PET 或 PBT），这些聚酯对水降解很不敏感，PET 的使用寿命可达 16 ~48 年，PET 纤维在人体和动物体内可以持续 30 年。因此带来的“白色污染”是目前人类面临的一个重大灾害，研究可生物降解材料就显得十分紧迫。脂肪族聚酯因其优良的生物相容性、生物降解性、聚合物和降解产物无毒等优点而日益受到关注。它们已被应用于生物医用（骨骼固定与支撑材料、药物控释与缓释、神经导管与人造血管、手术缝合线等）和环境友好材料（垃圾袋、购物袋、食品包装、餐具、农用地膜、日用瓶罐、渔具等）中，但是与作为工程材料的芳香族聚酯相比，脂肪族聚酯存在力学性能差并且价格昂贵等缺陷而限制了其作为材料的使用。因此结合芳香族聚酯的优异使用及加工性能和脂肪族聚酯的生物降解特性而得到的脂肪族/芳香族共聚酯，是当今降解材料发展的热点。

这些共聚酯因为通过缩合聚合制备，制备过程中有馏分脱除，很难制备高分子量的产物，一般只能制备几万的产品。因为分子量低，产品的力学性能很难达到目前广泛使用的非降解材料的标准，因此能制备出高分子量的共聚酯产物以使产物的力学和加工性能满足要求，就显得尤为重要。BASF 公司在专利 U. S. Pat. No. 5817721、5889135、618004、6046248、6114042 中提出了采用加入含有多个可与聚酯反应的（至少三个）官能团的酸酐、醚、异氰酸酯等作为扩链剂，可以明显增加共聚酯的重均分子量（可高达十几万），但数均分子量则不如重均分子量增加得多，产物分子量分布明显变宽（3.5 ~8）。所得产物为长链枝化结构，不利于材料的加工。而且加入扩链剂直接接在聚合物的长链上，也使聚合物的结构变得复杂、不纯净，无法脱除掉。

缩聚制备的聚酯，如聚对苯二甲酸乙二醇酯（PET）、聚对苯二甲酸丁二醇酯

(PBT)、聚对苯二甲酸丙二醇酯（PPT）等，都需要经过两个工艺过程制备：对苯二甲酸或其成酯衍生物与脂肪族二元醇的酯化或酯交换，酯化过程在高压条件下发生，酯交换过程则在常压下进行；酯化或酯交换产物的真空缩聚。这两个过程一般都分开进行，需要两个聚合釜。

缩合聚合制备聚酯所用的催化剂体系很多，几乎涉及了除卤族元素和惰性元素之外元素周期表的所有主副族元素。但催化效果最好的可以归纳为三大类：钛系、锑系和锗系。钛系元素作为催化剂使用时，催化活性很高，但所得聚酯制品稳定性差、色泽发黄；锑系元素作为催化剂使用，聚合反应很平稳，目前国内外80%的聚酯产品均为锑系催化剂，但由于锑元素的毒性，不利于环保要求，限制了聚酯制品的应用领域；锗系催化剂是综合效果最好的聚酯催化剂之一，但由于其价格昂贵，不利于大范围推广使用。

BASF公司的美国专利US5817721公开了一种可生物降解的聚酯，它是将芳香族二元酸或酯，脂肪族二元醇，脂肪族二元酸或酯分步混和，采用锡、钛等化合物作为酯化、酯交换及缩聚反应的催化剂，进行反应得到的。

BASF公司的聚酯生产工艺如US6018004、US6046248、US6114042所公开的，大部分都采用两釜操作，分两步进行。首先，将己二酸与1，4－丁二醇（BDO）酯化，采用二辛酸锡作催化剂，所得酯化产物备用；然后，将第一步的酯化产物与对苯二甲酸二甲酯（DMT）、BDO、钛酸四丁酯（TBOT）同时加入另一个反应釜，DMT与BDO酯交换完毕，体系抽真空缩聚。所得聚酯产物的分子量不高，数均分子量（Mn）一般在1万左右，重均分子量（Mw）为3万左右。如果在上述第二步加入含有多个可与聚酯反应的（至少三个）官能团的酸酐、醚、异氰酸酯等作为扩链剂，可以明显增加共聚酯的重均分子量，但数均分子量则不如重均分子量增加得多，产物分子量分布明显变宽（3.5～8）。

目前，缩合聚合制备聚酯一般包括酯化、酯交换和缩聚三个反应阶段。通常是将单体与酯化或酯交换反应催化剂同时加入反应体系，待酯化或酯交换反应完毕，换到另一个聚合釜，同时加入酯化或酯交换产物与缩聚催化剂，进行真空缩聚。

缩合聚合制备聚酯是较成熟的工艺路线，目前大多采用钛、锌等的化合物或铅、锡、锑、镉等重金属化合物作为酯化、酯交换和缩聚反应阶段的催化剂。前者存在的问题是副反应严重，所得聚酯制品稳定性差、色泽发黄；后者具有一定的毒性，限制了聚酯制品的应用领域。使用效果较好的氧化锗催化体系，则因为其价格昂贵而难以推广使用。因此开发效果好、价格低廉的新型催化剂体系是聚酯行业研究的热点。

近年来，稀土化合物作为催化剂使用已经引起国内外学者的广泛关注，尤其是利用镧系金属催化剂合成聚酯的相关技术已经有很多公开，如CN1112573A、EP626425、CN1446837A等。意大利恩尼彻姆公司的专利申请CN1112573A公开了以镧系金属化合物、金属盐、金属复合盐或含盐配合物为催化剂，得到在熔融状态下具有高抗降解性的热塑性芳香族聚酯。欧洲专利申请 EP626425 用镧系金属复合盐作催化剂生产热塑性芳基聚碳酸酯/芳基聚酯组分，改善了所述热塑性组分的机械、热和电性能，并有较高的稳定性。中国专利申请 CN1446837A 公开了一种用于合成聚酯的镧系金属催化剂，该催化剂包含有 R^1 及 R^2，其中 R^1 为镧系金属卤化物盐和/或镧系金属络合物，R^2 为镧系金属氢氧化物，以上两者的混合物可以使酯交换反应快速、平稳地进行。

尽管使用稀土化合物作聚酯催化剂可以提高聚合反应速度，但是具体的工艺和催化剂的选配还有待进一步的研究。在聚酯合成的技术中，还存在操作工艺复杂，聚合产物分子量分布较宽等不足。我国是稀土元素的大国，占世界储量的 80% 左右。因此，研究和提供一种使用新型稀土催化剂体系，简化现有聚酯合成工艺，减少副反应发生的合成聚酯的方法，显然具有可观的发展前景。

目前，现有技术中所报道的缩合聚合制备可生物降解脂肪/芳香共聚酯所用的聚合催化剂体系主要为烷氧基钛、烷基锡、氧化锗等，如《Nihon Yukagakkaishi》(1999，48 (9)，p911－915)，欧洲专利 EP1106640A2，德国专利 DE19923053A1 公开的钛酸四丁酯、异丙氧基钛等，韩国专利 KR9709332B1 所公开的正丁基锡，日本专利 JP2004018674A2 所公开的锗化合物等。在聚酯中普遍使用的催化剂体系，如前面描述的，在聚酯合成中出现的种种弊端如产物色泽发黄，副反应现象严重等仍然存在。

综上所述，现有的聚酯催化剂存在聚合反应速度较慢，副反应多，有毒性，产物色泽发黄等缺点。在可生物降解的共聚酯合成技术中，除上述缺点外，还存在操作工艺复杂，聚合产物分子量分布较宽等不足。

本发明的一个目的是得到一种窄分布、高分子量的力学性能优异的可生物降解共聚酯。

本发明的另一目的是提供一种在包含稀土化合物的催化剂组合物存在下合成聚酯的操作简便的方法。

附图说明

图 1 是本发明的 DMT/ADP＝1/1 的共聚酯产品的 ^{1}H NMR 图谱。

a、b、c、d（a：4.41 ppm，b：4.35 ppm，c：4.12 ppm，d：4.06 ppm）这四个峰中，a 和 d 分别表示均聚链段，b 和 c 分别对应共聚链段。两种单体在聚合物中的摩尔比为 50∶50，而且两种单体直接相连的链段占到了总聚合物链段的 50%，说明共聚酯为统计学无规共聚物。

图 2 是聚己二酸丁二醇酯的结构式。

图 3 是聚对苯二甲酸丁二醇酯的结构式。

图 4 是聚对苯二甲酸丁二醇/己二酸丁二醇共聚酯的结构式。

图 5 是本发明的共聚酯产品的 DSC 曲线，图中“DMT/adipic”表示对苯二甲酸二

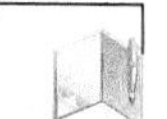

甲酯与己二酸的摩尔比。

发明内容

本文涉及的术语“可生物降解的”是指在微生物作用下，有机化合物被微生物分解为二氧化碳（CO_2）、水（H_2O）及其所含元素的矿化无机盐和新的生物质。

本发明的可生物降解的脂肪族/芳香族共聚酯为线型无规的脂肪族/芳香族共聚酯，它含有以下结构式：

$$-\left(O-(CH_2)_m-O-\overset{\overset{\large O}{\|}}{C}-(CH_2)_n-\overset{\overset{\large O}{\|}}{C}\right)_x-\left(O-(CH_2)_p-O-\overset{\overset{\large O}{\|}}{C}-C_6H_4-\overset{\overset{\large O}{\|}}{C}\right)_y-$$

其中 m 为 2 ~ 10 的整数，n 为 0 ~ 8 的整数，p 为 2 ~ 10 的整数，m、n 和 p 可相同或不同，x 为 1 ~ 10 的整数，y 为 1 ~ 10 的整数；优选其中 m 为 2 ~ 4 的整数，n 为2 ~ 4 的整数，p 为 2 ~ 4 的整数，x 为 1 ~ 3 的整数和/或 y 为 1 ~ 2 的整数，并且由 GPC 法测定，其重均分子量 Mw 为 100000 ~ 600000g/mol，优选 100000 ~ 300000g/mol；分子量分布 1.2 ~ 3，优选 1.5 ~ 2.5。

该脂肪族/芳香族共聚酯中芳香族/脂肪族结构单元摩尔比优选为（60 ~ 20）:（40 ~ 80）。

该脂肪族/芳香族共聚酯熔点范围优选为 20 ~ 185℃，玻璃化温度范围优选为 −55 ~ −7℃。该脂肪族/芳香族共聚酯拉伸强度范围可达到 30MPa，并且拉伸应变范围可达到 1200%。

本发明的可生物降解的共聚酯可用于制备型材、膜、纤维或涂料。本发明的高分子量的可生物降解共聚酯可以通过在聚合反应体系中加入包含稀土化合物的催化剂组合物来制备。所得产品分子量分布小于 3，为线性结构。共聚物组成结构可通过投料比严格控制，制备统计学无规分布的共聚酯产品。

本发明还涉及一种合成共聚酯的方法，其包括下列步骤：

（1）将以下单体以及催化剂组分 CAT1 加入反应釜中进行酯交换反应和/或酯化反应：（a）芳香族二元酸、其酯、其酸酐或它们的混合物，（b）脂肪族二元醇、脂环族二元醇或它们的混合物，和（c）脂肪族二元酸、脂环族二元酸、它们的酯、它们的酸酐或它们的混合物，

其中所述的单体（a）与（c）的摩尔比为 0∶100 ~ 100∶0；

（2）在真空条件下，将（1）得到的反应体系进行预聚；和

（3）向（2）得到的预聚产物中加入催化剂组分 CAT2，进行真空缩聚反应，得到所述的聚酯；

其中，所述的催化剂组分 CAT1 选自金属钛、锑和锌的化合物及其混合物；

所述的催化剂组分 CAT2 选自稀土金属 Ln 的化合物及其混合物，稀土金属 Ln 选

自镧系元素、钪、钇及其结合；

优选地，CAT2 与 CAT1 的摩尔比为 5∶95～95∶5，更优选为 1∶3～3∶1，再优选为 2∶3～3∶2。

在制备脂肪族/芳香族共聚酯时，在所述的步骤（1）中可以先将芳香族的单体（a）与二元醇单体（b）反应，然后再加入脂肪族的单体（c）；也可以先将脂肪族的单体（c）与二元醇单体（b）反应，然后再加入芳香族的单体（a）。优选地，在所述的步骤（1）中，首先将催化剂组分 CAT1、单体（a）、单体（b），加入反应釜进行反应；然后再加入单体（c），进行反应。这样更有利于酯交换和酯化反应的充分进行。

在一个具体实施方案中，单体（a）与（b）同 CAT1 先加入反应釜，优选在 150～230℃先进行酯化或酯交换反应，优选待接收的小分子馏分达到理论量的 90% 以上时，即可以加入反应物（c），反应物（c）加入后进行第二步酯化或酯交换反应，优选在 160～250℃进行，优选小分子馏分接收量再达到理论量的 90% 以上时，进入下一步的预聚。

上述两步酯化或酯交换反应可在常压、真空或压力状态下进行，优选在常压下进行。

优选地，所述的步骤（2）的反应体系在温度为 190～250℃，真空度为 200～600 Pa，优选 200～300 Pa 下预聚，预聚反应 1～3 小时，优选 1～2 小时；或者说是在所述的步骤（2）的反应体系的小分子（包括未反应的单体等）几近抽干，馏分温度保持不变后，进行步骤（3），加入催化剂组分 CAT2。

在所述步骤（3）中，缩聚反应的温度优选为 200～300℃，更优选 220～280℃。优选在真空度≤300Pa，更优选≤200Pa 的条件下进行缩聚反应。优选缩聚 3～8 小时。

本发明所涉及的压力均为表压。

本发明的制备聚酯的方法，可以采用单釜操作，即所述的步骤（1）、（2）和（3）在同一釜中进行。

在本发明方法的一个优选实施方案中，所述的单体（a）与（c）的摩尔比为芳香/脂肪族单体摩尔比为（90～10）∶（10～90），优选芳香/脂肪族单体摩尔比为（60～20）∶（40～80）；所述的单体（a）与（c）的摩尔数之和与单体（b）的摩尔数之比为 1∶（1.0～3.0），优选 1∶（1.0～2.0），更优选 1∶（1.1～1.5），再优选 1∶（1.2～1.4）；所述的催化剂体系与单体（a）和（c）的总量的摩尔比为 1∶（500～10000），优选 1∶（1000～3000）。

在本发明方法的一个优选实施方案中，所述的单体（a）选自对苯基二元酸、其酯或其酸酐，优选为对苯二甲酸或对苯二甲酸二甲酯；所述的单体（b）选自 C_2～C_6 的脂肪族二元醇、C_5～C_{10} 的脂环族二元醇及其混合物，优选为 1，4－丁二醇、1，3－丙二醇或乙二醇；所述的单体（c）选自 C_3～C_{10} 的脂肪族二元酸、C_5～C_{10} 的脂环族二元酸、它们的酯、它们的酸酐及其混合物，优选为己二酸、癸二酸或丁二酸。

在本发明方法的一个优选实施方案中，所述的单体（a）选自对苯二甲酸、其酯、其酸酐或它们的混合物；所述的单体（b）选自 $C_2 \sim C_6$ 的脂肪族二元醇、$C_5 \sim C_{10}$ 的脂环族二元醇或它们的混合物；和所述的单体（c）己二酸、其酯、其酸酐或它们的混合物。其中所述的单体（a）与（c）的摩尔数之和与单体（b）的摩尔数之比为 1∶1 ~ 1∶2。优选地，所述的单体（a）与（c）的摩尔数之和与单体（b）的摩尔数之比为 1∶1.2 ~ 1∶1.5。

在本发明方法的一个优选实施方案中，所述的催化剂组分 CAT1 选自 $M(OR^{2'})_x$、M_2O_x、$M(R^{1'}COO)_x$ 及其混合物，优选为烷氧基钛 $Ti(OR^{2'})_x$、醋酸锑、醋酸锌、锌的氧化物、锑的氧化物、钛的氧化物及其混合物，更优选为钛酸四丁酯、异丙氧基钛、二氧化钛、三氧化二锑、醋酸锑、醋酸锌及其混合物；所述的催化剂组分 CAT2 选自稀土金属的无机卤化物 LnX_3、羧酸盐 $Ln(R^1COO)_3$、烷氧化物 $Ln(OR^2)_3$、芳氧化物 $Ln(OAr)_3$、乙酰丙酮化物 $Ln(acac)_3$、它们的水合物及其以上的混合物，优选选自稀土金属的无机卤化物 LnX_3、烷氧化物 $Ln(OR^2)_3$、芳氧化物 $Ln(OAr)_3$、不包括钐的乙酰丙酮化物 $Sm(acac)_3$ 的稀土金属的乙酰丙酮化物 $Ln(acac)_3$ 及其混合物；

其中，优选所述的稀土金属 Ln 选自镧 La、铈 Ce、镨 Pr、钕 Nd、铽 Td、镱 Yb、镝 Dy、钐 Sm、钪 Sc 及其结合，更优选为镧 La、铈 Ce、镨 Pr、钕 Nd、钪 Sc 及其结合，

X 为卤素离子，优选为氯离子或溴离子，acac 为乙酰丙酮基团，

R^1、$R^{1'}$ 选自 $C_1 \sim C_3$ 的烷基，R^1、$R^{1'}$ 可相同或不相同，

R^2、$R^{2'}$ 选自 $C_3 \sim C_6$ 的烷基，R^2、$R^{2'}$ 可相同或不相同，优选 R^2 为异丙基、正丁基或异戊基，

Ar 选自 $C_1 \sim C_4$ 的烷基取代的苯基，优选 2，6 – 二叔丁基 – 4 – 甲基苯基或 4 – 丁基苯基，

M 为金属钛、锑或锌，x 为 2、3 或 4。

在本发明方法的一个优选实施方案中，所述的催化剂组分 CAT1 选自钛酸四丁酯、异丙氧基钛、二氧化钛、三氧化二锑、醋酸锑、醋酸锌及其混合物；所述的催化剂组分 CAT2 选自稀土金属的无机卤化物 LnX_3、羧酸盐 $Ln(R^1COO)_3$、烷氧化物 $Ln(OR^2)_3$、芳氧化物 $Ln(OAr)_3$ 及其混合物，

其中，所述的稀土金属 Ln 选自镧 La、铈 Ce、镨 Pr、钕 Nd、钪 Sc 及其结合，X 为氯离子或溴离子，

R^1 为乙基、丙基，R^2 为异丙基、正丁基或异戊基，

Ar 为 2，6 – 二丁基 – 4 – 甲基苯基或 4 – 丁基苯基。

本发明采用的上述催化剂是一种无毒或低毒的稀土化合物与其他金属化合物多元复合催化体系，很好地应用于制备可生物降解的脂肪族/芳香族均聚及共聚酯。

本发明的催化剂体系中所述的催化剂组分CAT2稀土化合物可以通过现有技术中公开的合成或处理稀土化合物的方法制备得到，如文献J. Inorg. Nucl. Chem.（1962，34，p387），Polymer（2001，42，p7511），Inorganic Chemistry（1970，9，p2505），J. Chem. Soc.，Chem. Commun.（1983，p1499）等所公开的方法，如以下实施例中提及的。

本发明的催化剂体系中所述的催化剂组分Cat1钛、锑及锌的化合物可使用市售的产品，如以下实施例中提及的。

除非另有指明，本文中使用的所有百分比和比率均以重量计。

本文引用的出版物为所有目的均全文引入本文以供参考。

本发明的可生物降解的共聚酯具有以下特点：

（1）由于合成过程可不需加入扩链剂、稳定剂等添加剂，因此，本发明的共聚酯产物纯净；

（2）本发明的共聚酯产物数均和重均分子量均明显提高，分子量分布小于3；

（3）本发明的共聚酯产物组分比可通过单体投料比严格控制，共聚酯组分比基本等于单体投料比；

（4）本发明的共聚酯产品为长链线性无规结构，有利于降解和结合两均聚物的优异性能；

（5）本发明的共聚酯产品的力学性能达到或超过目前市售LDPE产品，可以广泛用作型材、膜、纤维及涂料。

使用本发明的共聚酯制备方法，具有以下效果：

（1）本发明的方法，采用单釜操作，简化了操作工艺，副反应减少，聚酯产物色泽明显改善；

（2）本发明的方法，使用的催化剂体系为高效、无毒或低毒的催化剂体系，与单组分钛化合物催化体系相比，聚合反应速度明显增加，缩聚时间可从10h减少到3~8h；可在提高聚酯产品的重均分子量的同时提高产物的数均分子量，产物分子量分布没有变宽；同时反应过程平稳，易于控制；

（3）使用本发明的方法，可在不加扩链剂的情况下使聚合产物分子量明显增加；因此聚酯产品纯净，没有扩链剂、稳定剂等添加剂；

（4）本发明的方法尤其适于制备芳香族/脂肪族摩尔比为（60~20）:（40~80）的共聚酯，所得共聚酯产物可在8个月之内完全生物降解。

具体实施方式

本发明的实施例中所用的原料如下：

DMT：对苯二甲酸二甲酯，化学纯，北京市兴津化工厂

ADP：己二酸，分析纯，中国医药集团上海化学试剂公司

BD：丁二醇，分析纯，北京益利精细化学品有限公司

SCN：丁二酸，分析纯，深圳市三利化学品有限公司

醋酸：50%，北京市化学试剂公司

硬脂酸：分析纯，北京市化学试剂公司

钛酸四丁酯：化学纯，北京市化学试剂公司

醋酸锌：分析纯，北京市化学试剂公司

稀土氧化物：纯度99.5%，北京新华试剂厂

稀土氯化物水合物：化学纯，北京新华试剂厂

2，6－二叔丁基－4－甲基苯酚：化学纯，中国医药集团上海化学试剂公司

异丙醇：分析纯，北京化工厂

钠：北京金龙化学试剂有限公司

本发明的实施例中有关数据的测试方法如下：

聚合物组分测定通过核磁共振（NMR）在 Bruker Avance DMX500 超导核磁共振仪（^{1}H NMR：500MHz）上25℃测定，$CDCl_3$ 为溶剂，TMS 为内标。

凝胶渗透色谱法（GPC）测定聚合物分子量及分子量分布，以四氢呋喃（THF）为溶剂，在 Waters－208（带 Waters 2410 RI 检测器，1.5ml/min 流速，30℃）仪器上测量，分子量以苯乙烯标样校准。

粘数（VN）是在邻二氯苯/苯酚重量比 50/50 的 0.005g/ml 聚合物溶液中，在25℃测量，测试标准为 GB/T 17932－1999。

黄色指数采用 TC－PIIG 全自动测色色差计根据 GB 2409——1989 所述方法进行测定。

示差扫描量热（DSC）法测定聚合物的玻璃化温度（Tg）和熔融温度（Tm），在 Perkin Elmer Pyris 1 测定仪上，每个样品从－100℃加热到250℃，经过两次加热扫描，加热速率为20℃/min。

拉伸力学性能根据 ASTM D638－03 方法进行。

聚酯的生物降解特性采用堆肥埋片实验。聚酯样品经过热压成膜（10～20μm），裁成表面积为2cm×2cm 的样片，埋入装有堆肥土的培养皿中，一起放入恒温恒湿的培养箱中。保持湿度约50%，温度58±2℃。定期取样测定样品的失重。

实施例

下列实施例进一步描述和证明了本发明范围内的优选实施方案。所给的这些实施例仅仅是说明性的，不可理解为是对本发明的限制。

除非另有指明，以下各实施例中催化剂和共聚酯的各制备步骤都在常温常压下进行。

实施例 A1～A6　稀土催化剂 CAT2 的制备

实施例 A1　无水氯化镧（$LaCl_3$）的制备（文献 J Inorg Nucl Chem 1962，34，387）

将 10 g La_2O_3 用过量盐酸溶解，加热（温度≥100℃）使溶液浓缩后加入计量的 NH_4Cl（与 La_2O_3 摩尔比为 3/1），小心加热（温度≥100℃）蒸去过量的酸，得到 $LaCl_3 \cdot nH_2O$ + NH4Cl 的固体，将固体研碎后加入到石英升华管中，抽真空至 < 5mmHg；在管式炉中慢慢升温到 400℃，抽真空保持 1h；真空下冷却至室温，升华管中充入氩气，取下升华管，在氩气保护下移入另外的密封管中备用。

实施例 A2　乙酰丙酮化镧 $La(acac)_3$ 的制备（文献 Polymer 2001427511 –7516）

在 250ml 三颈瓶中，将 $LaCl_3 \cdot 7H_2O$（3.47g，9.37mmol）溶在 50ml 的水中，形成溶液 s1，将 s1 逐滴加入到乙酰丙酮（5.63g，56.2mmol）的 50ml 水溶液 s2 中，室温下搅拌，通过加入 2N KOH 溶液调整 pH 到 7。反应混合物带有 $La(acac)_3$ 的沉淀物，搅拌，过滤，于 60℃真空干燥，得到约 4g $La(acac)_3$。

实施例 A3　异丙氧基稀土的制备（文献 Inorg Chem，1970，9（1），2505 –2510）

在 250ml 三颈瓶中，加入 0.02mol 无水氯化稀土和 80ml 异丙醇，加热回流溶解后冷却至室温，快速搅拌下，滴加异丙醇钠溶液（1.349g 金属钠溶于 20ml 异丙醇和 65ml 苯的混和溶液），滴加完毕后，加热回流 4h，冷却，静置过夜。G4 砂芯滤球过滤，滤液蒸馏除去溶剂，真空干燥后，得到异丙氧基稀土粉末约 15g。

实施例 A4　三（2，6 –二叔丁基 –4 –甲基苯氧基）稀土的合成（文献 Inorg Chim Acta 1987，139，183 –184）

先精确称量无水 $LnCl_3$（0.5 ~0.8g）至聚合瓶中，在氩气保护下操作，根据 $LnCl_3$ 的摩尔数，按 1∶3 的摩尔比例计算出所需 2，6 –二叔丁基 –4 –甲基苯酚的重量。

将定量的 2，6 –二叔丁基 –4 –甲基苯酚在氩气保护下加入带支管的烧瓶中（支管端通氩气），加入 30ml 四氢呋喃溶剂，搅拌至溶解，加入过量的金属钠，室温下反应 2 ~3h，至金属钠表面没有气泡生成，继续加入少许金属钠，判定反应是否进行完全，得到 2，6 –二叔丁基 –4 甲基苯酚钠的四氢呋喃溶液。

将称量好的无水 $LnCl_3$ 转移至 50ml 单口反应瓶中，然后将 2，6 –二叔丁基 –4 –甲基苯酚钠的四氢呋喃溶液转移至反应瓶中，充足氩气。反应物于 80 ~90℃油浴中磁力搅拌 2 ~3 天。离心过滤，滤液减压蒸馏蒸出溶剂，真空干燥 1hr，得到三（2，6 –二叔丁基 –4 –甲基苯氧基）稀土催化剂。

实施例 A5　硬脂酸稀土的合成

用烧杯称取计算量的 Ln_2O_3，加入适量蒸馏水，后再加过量的 HCl，加热使溶解呈透明溶液 s3；用另一烧杯称取过量的硬脂酸，加入适量的无水乙醇以加热成透明溶液 s4；取一 100ml 的圆底烧瓶，将 s4、s3 溶液先后加入烧瓶中，再加 10mg 相转移催化剂四丁基溴化铵，加入磁子。烧瓶上方接冷凝水管，以氮气包保护。油浴小于 100℃加热，磁搅拌 5h 左右。取下烧瓶，分液漏斗分取下层清液，将清液蒸干即可。

实施例 A6　醋酸稀土的合成（文献 J Inorg Nucl Chem，1962，24，637 –639）

10g 氧化稀土溶解在 500ml 50%醋酸溶液中，在 75℃蒸干大部分溶剂，然后将稀土盐真空加热至 75～150℃（视不同的稀土而定），干燥至恒重。即可制得相应得稀土醋酸盐。

对比例 A1　钛单组分催化剂制备聚酯

向 500ml 三颈瓶中加入 136g（0.7mol）对苯二甲酸二甲酯、126g（1.4mol）丁二醇、0.20 g（0.59mmol）钛酸四丁酯，体系氮气保护，搅拌加热至回流，反应温度控制在 160～220℃，收集蒸出的甲醇，至甲醇收集完毕。体系抽真空，加热，反应温度在 220～260℃，体系压力≤200Pa，真空缩聚 10h。所得产物为黄色，粘数 VN 为 67ml/g。

对比例 A2　钛单组分催化剂制备共聚酯

向 500ml 三颈瓶中加入 78 g（0.4 mol）对苯二甲酸二甲酯、86.5g（0.96 mol）丁二醇、0.17g（0.5mmol）钛酸四丁酯，体系氮气保护，搅拌加热至回流，反应温度控制在 160～220℃，收集蒸出的甲醇，至甲醇收集完毕。向体系中加入 58.5g（0.4 mol）己二酸，继续搅拌加热至回流，反应温度控制在 180～240℃，收集蒸出的水分，至水分收集完毕。体系抽真空，加热，反应温度在 220～260℃，体系压力≤200Pa，真空缩聚 10h。所得产物为黄色，GPC 法测定分子量 Mn 为 2.68 万，Mw 为 5.29 万，分子量分布为 1.97。

对比例 A3

向 500ml 三颈瓶中加入 78g（0.4mol）对苯二甲酸二甲酯、86.5g（0.96mol）丁二醇、0.11g（0.32mmol）钛酸四丁酯、乙酰丙酮镧 0.073g（0.17mmol），体系氮气保护，搅拌加热至回流，反应温度控制在 160～220℃，收集蒸出的甲醇，至甲醇收集完毕。向体系中加入 58.5g（0.4mol）己二酸，继续搅拌加热至回流，反应温度控制在 180～240℃，收集蒸出的水分，至水分收集完毕。体系抽真空，加热，反应温度在 220～260℃，体系压力（200Pa，真空缩聚 7h。所得产物为浅黄色，GPC 法测定分子量 Mn 为 3.08 万，Mw 为 6.21 万，分子量分布为 2.02。

对比例 A4

向 500ml 三颈瓶中加入 78g（0.4mol）对苯二甲酸二甲酯、86.5g（0.96mol）丁二醇、0.11g（0.32mmol）钛酸四丁酯，体系氮气保护，搅拌加热至回流，反应温度控制在 160～220℃，收集蒸出的甲醇，至甲醇收集完毕。向体系中加入 58.5g（0.4mol）己二酸，继续搅拌加热至回流，反应温度控制在 180～240℃，收集蒸出的水分，至水分收集完毕。向体系中加入乙酰丙酮镧 0.073g（0.17mmol），抽真空，加热，反应温度在 220～260℃，体系压力≤200 Pa，真空缩聚 7h。所得产物为白色，GPC 法测定分子量 Mn 为 3.84 万，Mw 为 8.88 万，分子量分布为 2.31。

实施例 A7

向 500ml 三颈瓶中加入 136g（0.7mol）对苯二甲酸二甲酯、126g（1.4mol）丁二醇、0.10 g（0.29mmol）钛酸四丁酯，体系氮气保护，搅拌加热至回流，反应温度控制在160~220℃，收集蒸出的甲醇，至甲醇收集完毕。抽真空，加热，反应温度在220~260℃，体系压力为400Pa，大约进行1小时，向体系中加入乙酰丙酮镧0.073 g（0.17mmol），抽真空进行缩聚反应，反应温度在220~260℃，体系压力≤200Pa，真空缩聚5h。所得产物为白色，粘数VN为141ml/g。

实施例A8

向500ml三颈瓶中加入78g（0.4mol）对苯二甲酸二甲酯、86.5g（0.96mol）丁二醇、0.11g（0.32mmol）钛酸四丁酯，体系氮气保护，搅拌加热至回流，反应温度控制在160~220℃，收集蒸出的甲醇，至甲醇收集完毕。向体系中加入58.5g（0.4mol）己二酸，继续搅拌加热至回流，反应温度控制在180~240℃，收集蒸出的水分，至水分收集完毕。抽真空，加热，反应温度在220~260℃，体系压力为400Pa，大约进行1小时，向体系中加入乙酰丙酮镧0.073g（0.17mmol），抽真空进行缩聚反应，反应温度在220~260℃，体系压力≤200Pa，真空缩聚6h。所得产物为白色，GPC法测定分子量Mn为4.53万，Mw为10.2万，分子量分布为2.25。

实施例A9

其他条件同实施例A8，乙酰丙酮镧改为异丙氧基钕0.055g（0.17mmol）。

实施例A10

其他条件同实施例A8，乙酰丙酮镧改为三（2，6－二叔丁基－4－甲基苯氧基）镧0.14 g（0.17mmol）。

将对比例A1~A4及实施例A7~A10得到的共聚酯的表征参数列于表A1及表A2。

表A1 稀土化合物加入对共聚酯聚合的影响

编　　号	稀土化合物	缩聚时间（h）	粘数VN（ml/g）	黄色指数
对比例A1	不加	10	67	61.2
实施例A7	加	5	141	41.5

表A2 稀土化合物加入方式对共聚酯聚合的影响

编号	稀土化合物（CAT2）加入方式	缩聚时间（h）	分子量（g/mol）			黄色指数
			Mn	Mw	Mw/Mn	
对比例A2	不加	10	2.68	5.29	1.97	75.5
对比例A3	同CAT1一同加入	7	3.08	6.21	2.02	58.1
对比例A4	酯交换后缩聚前加	7	3.84	8.88	2.31	49.5
实施例A8	预聚之后缩聚之前加	6	4.53	10.2	2.25	47.9
实施例A9	预聚之后缩聚之前加	6	8.12	16.3	2.01	40.1
实施例A10	预聚至馏分温度保持不变后且在缩聚之前加	4	7.76	15.3	1.97	35.2

实施例 B6 ~ B11

以合成脂肪族/芳香族摩尔比为 1/1 的共聚酯为例，DMT/ADP 为 1:1，催化剂体系中 CAT1 使用钛酸四丁酯、醋酸锑或醋酸锌，CAT2 使用不同的稀土化合物。

向 500ml 三颈瓶中加入 78g（0.4mol）对苯二甲酸二甲酯 DMT、86.5g（0.96mol）丁二醇 BD、催化剂组分 CAT1，体系氮气保护，搅拌加热至回流，反应温度控制在 160 ~ 220℃，收集蒸出的甲醇，至甲醇收集完毕。向体系中加入 58.5g（0.4mol）己二酸 ADP，继续搅拌加热至回流，反应温度控制在 180 ~ 240℃，收集蒸出的水分，至水分收集完毕。抽真空，加热，反应温度在 220 ~ 260℃，体系压力为 400Pa，大约进行 1 小时，向体系中加入 0.17mmol CAT2 组分，抽真空，加热，反应温度在 220 ~ 260℃，体系压力≤200Pa，真空缩聚 7h。所用的催化剂组分 CAT2 和反应得到的聚酯产物的性能列于表 B1。

表 B1 不同催化剂体系制备的共聚酯的性能

编号	CAT1/CAT2	黄色指数	分子量（g/mol）		
			Mn（万）	Mw（万）	Mw/Mn
实施例 B6	钛酸四丁酯 0.11g/乙酰丙酮镧 0.073g	37.2	6.82	14.0	2.05
实施例 B7	钛酸四丁酯 0.11g/氯化镧水合物 0.063g	39.5	3.78	10.9	2.88
实施例 B8	醋酸锌 0.5g/异丙氧基钕 0.055g	3.8	47.6	57.6	1.21
实施例 B9	醋酸锌 0.5g/三（2，6－二叔丁基－4－甲基苯氧基）钕）0.13g	5.4	30.8	55.7	1.81
实施例 B10	醋酸锑 0.5g/硬脂酸钪 8.6g	11.7	8.24	13.4	1.63
实施例 B11	醋酸锑 0.5g/醋酸钇 0.3g	6.5	5.95	11.8	1.99

实施例 B12

向 500ml 三颈瓶中加入 78g（0.4mol）对苯二甲酸二甲酯 DMT、86.5g（0.96mol）丁二醇 BD、0.11g（0.32mmol）钛酸四丁酯，体系氮气保护，搅拌加热至回流，反应温度控制在 160 ~ 220℃，收集蒸出的甲醇，至甲醇收集完毕。向体系中加入 47.2g（0.4mol）琥珀酸 SCN，继续搅拌加热至回流，反应温度控制在 180 ~ 240℃，收集蒸出的水分，至水分收集完毕。抽真空，加热，反应温度在 220 ~ 260℃，体系压力为 400Pa，大约进行 1 小时，向体系中加入 0.055g（0.17mmol）异丙氧基钕，抽真空，加热，反应温度在 220 ~ 260℃，体系压力≤200Pa，真空缩聚 7h。所得产物为白色，GPC 法测定分子量，数均分子量 Mn 为 5.41 万，重均分子量 Mw 为 11.1 万，分子量分布为 2.05。

实施例 B13 ~ B23　以 CAT2 乙酰丙酮镧和 CAT1 钛酸四丁酯，且 CAT1/CAT2 为 1:1为催化剂体系，合成不同脂肪族/芳香族摩尔比的均聚及共聚酯

实施例 B13

向 500ml 三颈瓶中加入 136g（0.7mol）对苯二甲酸二甲酯、126g（1.4mol）丁二

醇、0.10g（0.3mmol）钛酸四丁酯，体系氮气保护，搅拌加热至回流，反应温度控制在160～220℃，收集蒸出的甲醇，至甲醇收集完毕。抽真空，加热，反应温度在220～260℃，体系压力为400Pa，大约进行1小时，向体系中加入乙酰丙酮镧0.13g（0.3mmol），体系抽真空，加热，反应温度在220～260℃，体系压力≤200Pa，真空缩聚4h。

实施例B14

向500ml三颈瓶中加入155g（0.8mol）对苯二甲酸二甲酯、120g（1.34mol）丁二醇、0.13g（0.37mmol）钛酸四丁酯，体系氮气保护，搅拌加热至回流，反应温度控制在160～220℃，收集蒸出的甲醇，至甲醇收集完毕。向体系中加入13.0g（0.089mol）己二酸，继续搅拌加热至回流，反应温度控制在180～240℃，收集蒸出的水分，至水分收集完毕。抽真空，加热，反应温度在220～260℃，体系压力为400Pa，大约进行1小时，向体系中加入乙酰丙酮镧0.16g（0.37mmol），抽真空，加热，反应温度在220～260℃，体系压力≤200Pa，真空缩聚4h。

实施例B15

将单体及催化剂组分的用量改变为：117g（0.6mol）对苯二甲酸二甲酯、86.5g（0.96mol）丁二醇、0.09g（0.26mmol）钛酸四丁酯、29.0g（0.2mol）己二酸、0.116g（0.26mmol）乙酰丙酮镧，其他条件同实施例B14。

实施例B16

将单体及催化剂组分的用量改变为：87.0g（0.45mol）对苯二甲酸二甲酯、108g（1.2mol）丁二醇、0.11g（0.32mmol）钛酸四丁酯、44.0g（0.3mol）己二酸、0.14g（0.32mmol）乙酰丙酮镧，其他条件同实施例B14。

实施例B17

将单体及催化剂组分的用量改变为：78g（0.4mol）对苯二甲酸二甲酯、86.5g（0.96mol）丁二醇、0.12g（0.34mmol）钛酸四丁酯、58.5g（0.4mol）己二酸、0.15g（0.34mmol）乙酰丙酮镧，其他条件同实施例B14。

实施例B18

将单体及催化剂组分的用量改变为：58.0g（0.3mol）对苯二甲酸二甲酯、81g（0.9mol）丁二醇、0.11g（0.32mmol）钛酸四丁酯、66.0g（0.45mol）己二酸、0.14g（0.32mmol）乙酰丙酮镧，其他条件同实施例B14。

实施例B19

将单体及催化剂组分的用量改变为：58.0g（0.3mol）对苯二甲酸二甲酯、108g（1.2mol）丁二醇、0.10g（0.3mmol）钛酸四丁酯、88.0g（0.6mol）己二酸、0.13g（0.3mmol）乙酰丙酮镧，其他条件同实施例B14。

实施例B20

将单体及催化剂组分的用量改变为：58.0g（0.3mol）对苯二甲酸二甲酯、122g

(1.35mol) 丁二醇、0.12g (0.35mmol) 钛酸四丁酯、110.0g (0.75mol) 己二酸、乙酰丙酮镧0.15g (0.35mmol)，其他条件同实施例B14。

实施例B21

将单体及催化剂组分的用量改变为：39.0g (0.2mol) 对苯二甲酸二甲酯、108g (1.2mol) 丁二醇、0.09g (0.26mmol) 钛酸四丁酯、88.0g (0.6mol) 己二酸、乙酰丙酮镧0.12g (0.26mmol)，其他条件同实施例B14。

实施例B22

将单体及催化剂组分的用量改变为：26.1g (0.13mol) 对苯二甲酸二甲酯、108g (1.2mol) 丁二醇、0.11g (0.33mmol) 钛酸四丁酯、132g (0.9mol) 己二酸、乙酰丙酮镧0.15g (0.33mmol)，其他条件同实施例B14。

实施例B23

将单体及催化剂组分的用量改变为：146g (0.75mol) 己二酸、108g (1.2mol) 丁二醇、0.11g (0.33mmol) 钛酸四丁酯、乙酰丙酮镧0.15g (0.33mmol)，其他条件同实施例B14。

将实施例B13～B23得到的共聚酯进行分析，结果列于表B2。

表B2　不同组分比的共聚酯的制备及性能参数

编　　号	单体投料摩尔比(DMT/ADP)	单体/催化剂摩尔比	单体酸/二醇摩尔比(DMT+ADP)/BD	聚合物组分摩尔比(DMT/ADP)	分子量(g/mol)		
					Mn(万)	Mw(万)	Mw/Mn
实施例B13	100/0	1170	1/2	100/0	n. d.	n. d.	n. d.
实施例B14	90/10	1200	1/1.5	90/10	n. d.	n. d.	n. d.
实施例B15	75/25	1500	1/1.2	75/25	n. d.	n. d.	n. d.
实施例B16	60/40	1172	1/1.2	60/40	11.2	28.0	2.50
实施例B17	50/50	1172	1/1.2	50/50	6.20	12.6	2.03
实施例B18	40/60	1172	1/1.2	40/60	6.15	11.6	1.88
实施例B19	33/67	1500	1/1.3	35/65	6.08	13.6	2.23
实施例B20	29/71	1500	1/1.3	30/70	6.21	13.2	2.12
实施例B21	25/75	1540	1/1.5	25/75	6.31	11.9	1.89
实施例B22	13/87	1560	1/1.2	13/87	6.50	13.4	2.06
实施例B23	0/100	1140	1/1.6	0/100	6.48	12.0	1.85

注：n. d. 表示因为样品不能完全溶于四氢呋喃溶剂，而没有检测其分子量和分子量分布。

实施例C0

向500ml三颈瓶中加入125.7g (0.65mol) 对苯二甲酸二甲酯、108g (1.2mol) 丁二醇、0.11g (0.32mmol) 钛酸四丁酯，体系氮气保护，搅拌加热至回流，反应温度控制在160～220℃，收集蒸出的甲醇，至甲醇收集完毕。向体系中加入51.1g（0.35mol）己二酸，继续搅拌加热至回流，反应温度控制在180～240℃，收集蒸出的水分，至水分收集完毕。抽真空，加热，反应温度在220～260℃，体系压力为400Pa，大约进行1小时，向体系中加入异丙氧基镧0.10g（0.32mmol），抽真空，加热，反应温度在220～260℃，体系压力≤200Pa，真空缩聚7h。

实施例C1

将单体及催化剂组分的用量改变为：87.0g（0.45mol）对苯二甲酸二甲酯、108g（1.2mol）丁二醇、0.12g（0.34mmol）钛酸四丁酯、13.0g（0.089mol）己二酸、0.11g（0.35mmol）异丙氧基镧，其他条件同实施例C0。

实施例C2

将单体及催化剂组分的用量改变为：78g（0.4mol）对苯二甲酸二甲酯、86.5g（0.96mol）丁二醇、0.12g（0.34mmol）钛酸四丁酯、58.5g（0.4mol）己二酸、0.11g（0.35mmol）异丙氧基镧，其他条件同实施例C0。

实施例C3

将单体及催化剂组分的用量改变为：58.0g（0.3mol）对苯二甲酸二甲酯、81g（0.9mol）丁二醇、0.11g（0.32mmol）钛酸四丁酯、66.0g（0.45mol）己二酸、0.10g（0.32mmol）异丙氧基镧，其他条件同实施例C0。

实施例C4

将单体及催化剂组分的用量改变为：58.0g（0.3mol）对苯二甲酸二甲酯、108g（1.2mol）丁二醇、0.10g（0.3mmol）钛酸四丁酯、88.0g（0.6mol）己二酸、0.09g（0.3mmol）异丙氧基镧，其他条件同实施例C0。

实施例C5

将单体及催化剂组分的用量改变为：58.0g（0.3mol）对苯二甲酸二甲酯、122g（1.35mol）丁二醇、0.12g（0.35mmol）钛酸四丁酯、110.0g（0.75mol）己二酸、异丙氧基镧0.11g（0.35mmol），其他条件同实施例C0。

实施例C6

将单体及催化剂组分的用量改变为：39.0g（0.2mol）对苯二甲酸二甲酯、108g（1.2mol）丁二醇、0.09g（0.26mmol）钛酸四丁酯、117.0g（0.8mol）己二酸、异丙氧基镧0.08g（0.26mmol），其他条件同实施例C0。

实施例C7

将单体及催化剂组分的用量改变为：39.0g（0.2mol）对苯二甲酸二甲酯、108g（1.2mol）丁二醇、0.09g（0.26mmol）钛酸四丁酯、161.1g（1.1mol）己二酸、异丙氧基镧0.08g（0.26mmol），其他条件同实施例C0。

将实施例C0～C7得到的共聚酯薄膜产品进行分析，结果列于表C1。

表 C1 不同组分比的共聚酯薄膜产品的制备及性能参数

编号	单体投料摩尔比（DMT/ADP）	聚合物组分摩尔比（BT/BA）[a]	分子量			Tg（℃）	Tm（℃）	拉伸		完全降解时间（天）
			Mn（万）	Mw（万）	Mw/Mn			强度（MPa）	应变（%）	
实施例 C0	65/35	65/35	n. d.	n. d.	n. d.	－15.5	140.0	34.0	650	420
实施例 C1	60/40	60/40	7.46	15.0	2.01	－18.5	154.2	33.2	688	240
实施例 C2	50/50	50/50	7.18	15.6	2.17	－28.3	129.5	28.7	874	120
实施例 C3	40/60	40/60	6.73	15.0	2.23	－37.0	106.7	23.8	940	30
实施例 C4	33/67	35/65	7.31	17.7	2.42	－40.1	40.8	13.6	972	25
实施例 C5	29/71	30/70	6.72	16.2	2.41	－47.1	20.3	10.6	1204	15
实施例 C6	20/80	20/80	8.15	15.7	1.93	－46.0	42.7	10.5	1100	15
实施例 C7	15/85	15/85	8.00	16.2	2.03	－45.5	42.0	7.1	820	12

a：BT 为芳香族链节，BA 为脂肪族链节。

b：n. d. 表示因为样品不能完全溶于四氢呋喃溶剂，而没有检测其分子量和分子量分布。

Tg 表示玻璃化温度。Tm 表示熔点。

通过采用^{1}H NMR 法对聚合物结构表征发现，以实施例 C2（DMT/ADP＝1/1）为例，如图 1 所示，结合 GPC 单峰特性和 DSC 只有一个熔融峰的特点，发现共聚物结构为典型的无规共聚物，符合统计学分布规律。

第五章

说 明 书 附 图

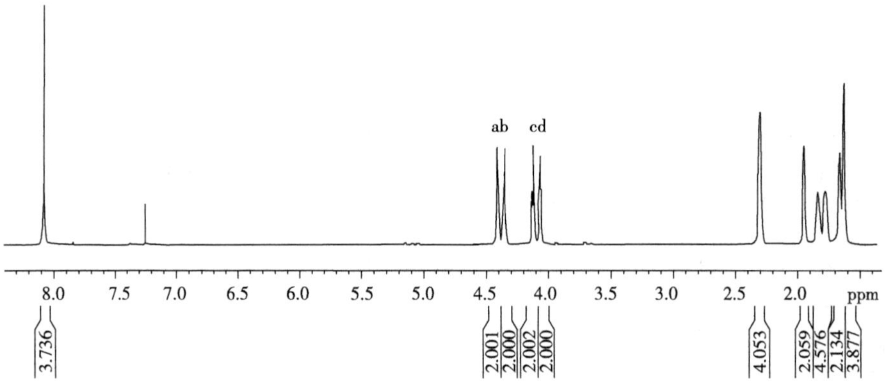

图 1

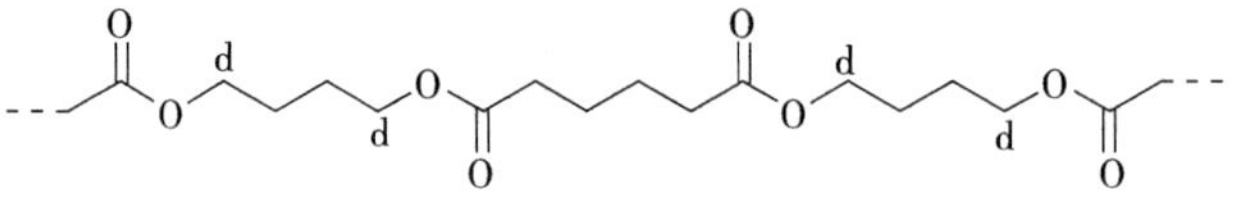

图 2

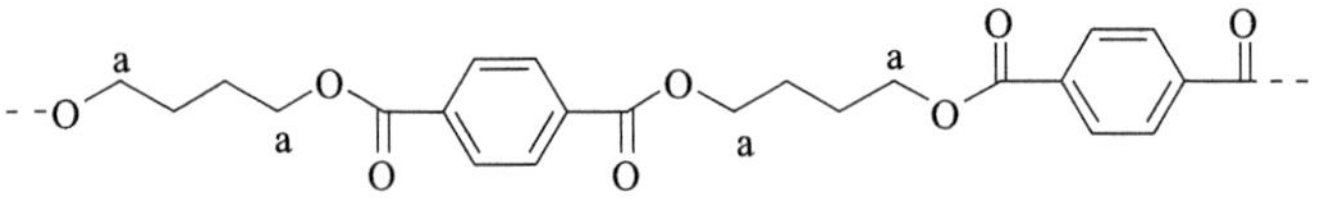

图 3

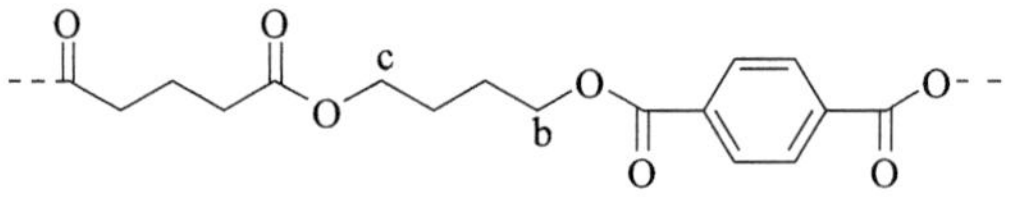

图 4

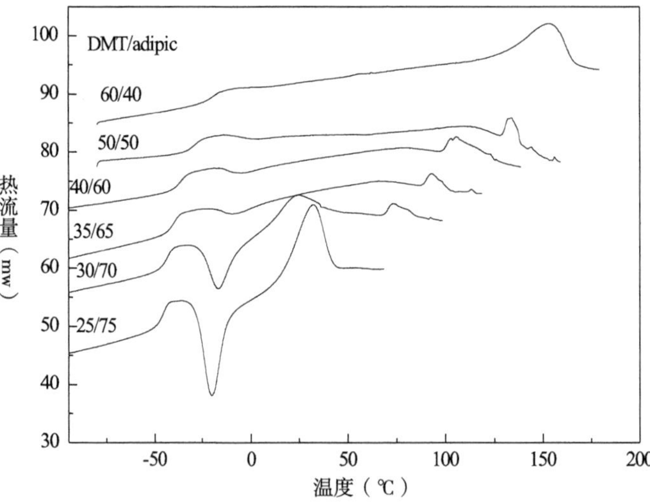

图 5

第四节　案例4：黄病毒疫苗

生物医药发明是化学领域发明专利的一个重要组成部分，由于这类专利申请涉及活生物的生命活动过程，其可预见性较低，因此通常要求原始说明书记载实验证据来证实其说明书已经充分公开了要求保护的技术方案并支持这些技术方案的保护范围。一些发明实施时需要使用的生物材料，如果公众无法获得这些生物材料，将会导致本领域技术人员无法实现该发明。如果发明实施过程中使用了特定遗传资源，还要考虑披露这些遗传资源的来源信息。希望通过分析本案例，专利代理人能够掌握一般生物医药专利申请的撰写，以及生物医药专利申请中一些特殊问题的处理方式。

1　申请人提供的技术交底书

本案例的技术交底书参见本节附件1。

生物医药领域的发明专利申请经常有一些特殊问题。例如，发明是否能够实施往往难以预测，必须借助于实验结果加以证实才能得以确认；《专利法》不保护疾病的诊断/治疗方法，需要用其他撰写方式（如制药用途形式）来描述请求保护的相关技术方案；动植物品种也不属于专利保护的范围；一些发明涉及氨基酸序列和/或核苷酸序列，通常要将这些序列以序列表形式提交；对于发明中使用的公众不能得到的生物材料，需要提交保藏，并提供由保藏机构出具的保藏证明和存活证明；一些发明的完成依赖于遗传资源，需要按要求提供遗传资源来源披露登记表。本案例对这些问题都有涉及，希望专利代理人通过本案例，能够在实际撰写工作中发现相关问题并提出合理的解决方案。

2　对发明创造的初步理解和分析

申请人提供了较为完备的技术交底书，交底书中记载了本案例中，发明人制备了西尼罗病毒的一种重组慢病毒载体，并在小鼠模型中测定了其诱导免疫保护作用的能力，证明这种西尼罗病毒的慢病毒载体能够保护动物避免被西尼罗病毒感染，在免疫动物中引发强的中和性体液免疫应答，并表现出一系列优点（参见技术交底书），表明该重组载体能够用作预防西尼罗病毒的疫苗。申请人在提交上述交底书的同时，为了使专利代理人能够准确理解发明，还提供了相关的背景技术内容。

技术交底书中还记载了多个实施例，其中涉及重组载体的制备和验证，以及西尼罗病毒重组载体引发免疫保护作用的能力（具体请参见技术交底书）。

在技术交底书的实验数据中，利用西尼罗病毒 IS－98－ST1 毒株的基因组 cDNA 作为模板，PCR 扩增了编码分泌型 E 蛋白的序列，并插入慢病毒载体

pTRIPΔU3. CMVEGFP 中，从而制备了一种编码西尼罗病毒分泌型 E 蛋白的重组慢病毒载体质粒 pTRIPΔU3. CMV－sE（WNV）。随之，在 293－T 细胞中，申请人利用水泡性口炎病毒包膜糖蛋白（VSV－G）包装 pTRIPΔU3. CMV－sE（WNV）载体，获得了用 VSV－G 糖蛋白包装的假型病毒。通过间接免疫荧光分析，证实了用重组慢病毒载体 pTRIPΔU3. CMV－sE（WNV）（表达西尼罗病毒 E 蛋白 WNV－sE）转导的 293－T 细胞中表达 WNV－sE 蛋白，还证实了该蛋白质以分泌途径迁移。随后通过定量 PCR 测量了转导后 293 T 细胞中病毒颗粒的滴度。以上内容见技术交底书实验 1。在实验 4 中还制备了西尼罗病毒的另一种重组载体 TRIPΔU3. CMV－prM－E（WNV），随后将该重组载体包装成了假病毒颗粒。在实验 2～3 和 5 中测试了重组载体 pTRIPΔU3. CMV－sE（WNV）的免疫保护作用，在经免疫接种的小鼠体内引发了强烈的体液免疫应答并获得腹水抗 WNV 多克隆抗体，发现该多克隆抗体具有中和 WNV 病毒的能力，免疫接种提供了保护小鼠抵抗 WNV 攻击的免疫保护能力。

作为专利代理人，在阅读技术交底书时通常应当考虑如下几方面的问题，并根据技术交底书寻找这些问题的答案。

① 该发明所要解决的技术问题是什么？

② 解决该技术问题所采取的技术方案是什么？

③ 该发明实现的有益效果是什么？

④ 还需要发明人澄清或补充什么内容？

⑤ 该发明可以要求保护哪些主题？尝试撰写一套权利要求。

⑥ 作为生物医药专利申请，该发明有哪些需要特别关注的因素？

2.1 发明创造的背景技术

在阅读了本案例中发明人提供的基本材料后，应该对该发明的背景知识有一定的了解，以具备与发明人进一步就技术方案进行沟通交流的基础。本案例的背景知识可以概括如下：

近年来在欧洲和北美出现了西尼罗病毒（WNV）传播，使人和动物患上致命的脑炎，使鸟和鸡死亡，对人和动物健康构成了威胁。西尼罗病毒是一种黄病毒科黄病毒属的单链 RNA 病毒，哺乳动物（包括人）和鸟类都可能感染西尼罗病毒，鸟类是该病毒的贮存宿主。尽管该病毒尚未在中国爆发流行，但考虑到候鸟迁徙、频繁的国际人员流动等因素，也迫切需要提出预防该病毒传播，尤其是在人群中传播的策略。众所周知，疫苗接种是应对病毒传播的最有效手段。研究人员已经提出了一些针对西尼罗病毒的疫苗策略，目前提议用于抗击西尼罗病毒感染的疫苗策略主要有如下几种：①灭活的其他相关病毒，如甲醛灭活的日本脑炎病毒；②甲醛灭活的西尼罗病毒；③基于黄热病毒的嵌合病毒，将编码西尼罗病毒抗原的基因（如 prM 和 E 基因）插入黄热病毒或登革热病毒株中，但已报告嵌合病毒不抑制病毒感染；④裸 DNA；

⑤重组 WNV 病毒蛋白 E。

为了帮助专利代理人全面了解与该发明相关的背景技术，本案例还向专利代理人提供了另外的背景资料（参见本节附件 2）。通过对背景资料的分析可以知道，在病毒分类学上，西尼罗病毒属于黄病毒科黄病毒属。黄病毒科包括三个属：黄病毒属、瘟病毒属和丙肝病毒属，其中包括了多种与人类和动物疾病相关的重要病毒。例如，黄病毒属包括登革热病毒、黄热病毒、日本脑炎病毒、西尼罗病毒等；瘟病毒属包括典型猪瘟病毒（CSFV）和猪霍乱病毒等；丙肝病毒属包括丙型肝炎病毒和庚型肝炎病毒。

候鸟可以是其中一些黄病毒科病毒（如西尼罗病毒）的贮存缩主，还已经了解到一些黄病毒科病毒可以跨越人和动物（如马）之间的物种屏障。迄今为止已经提出了一些疫苗策略，其中包括：①含有减毒活病毒或已灭活病毒的疫苗；②含有病毒亚基的疫苗；③含有一或多种病毒抗原的疫苗；④含有嵌合病毒的疫苗；或⑤DNA 疫苗。具体而言，为了优化表达，应选择优化的调控元件（启动子和增强子）；至少就黄病毒而言，推荐使用含 CMV 启动子（例如，pcDNA3 质粒，来自 Invitrogen）或 RSV 启动子并共表达 prM 和 E 基因以及任选地至少一种非结构蛋白质的质粒载体。

2.2 从交底书中读出的技术方案

阅读技术交底书可以得出以下技术方案：

基于慢病毒载体 pTRIPU3. CMV，使用西尼罗病毒 IS－98－ST1 株基因组作为模板，该发明制备了表达西尼罗病毒抗原的重组慢病毒载体 pTRIPΔU3. CMV－sE（WNV）（表达西尼罗病毒 E 蛋白 WNV－sE）和 pTRIPΔU3. CMV－prM－E（WNV）（表达西尼罗病毒 prM 和 E 蛋白）；随后用水泡性口炎病毒包膜糖蛋白包装所制备的重组载体，获得了完成包装的假型病毒颗粒（分别见技术交底书实验 1 和 4）。申请人将该重组病毒疫苗用于预防动物被西尼罗病毒感染，并以细胞和动物实验证明了其免疫功效。

2.3 现有技术

申请提供的技术交底书中并没有提及非常相关的现有技术，基本上属于对该发明创造背景技术的介绍。

2.4 技术问题和技术效果

该发明涉及病毒疫苗领域。具体来说，该发明涉及基于慢病毒载体的西尼罗病毒疫苗。此外，该发明还涉及该疫苗的医学应用。

2.4.1 技术问题

西尼罗病毒正在北美和欧洲等地流行，该病毒会导致人和动物（包括鸟类）感染，人感染者会出现脑炎等症状。为避免该病毒的传播，需要提供有效的预防病毒感染的疫苗。现有技术中已有的西尼罗病毒存在各种缺点，例如灭活病毒通常仅产生较低水平的免疫应答，需要多次注射并且之后每年都要加强免疫；重组病毒蛋白有时无法提供完全的保护作用；由于西尼罗病毒本身就属于黄病毒属，基于黄热病毒减毒株的嵌合病毒存在安全性问题。为了避免现有技术中西尼罗病毒疫苗存在的这样或那样的缺点，该发明提供一种改进的基于慢病毒载体的西尼罗病毒疫苗。

2.4.2 技术效果

首先，该发明证明在小鼠中获得的多克隆抗体能够在 VERO 细胞模型中中和西尼罗病毒，随后证明了用该重组载体颗粒免疫 BALB/c 和 129 小鼠能够使得其抵抗病毒攻击而免于死亡，免疫接种使得小鼠产生强烈的抗体应答，而且接种后小鼠在被病毒攻击后能够完全杀灭侵入病毒而不会发生病毒复制，单次小剂量接种就可以提供完全、快速且长期持续的保护作用（参见技术交底书实验 2 ~3 和 5）。

此外，在技术交底书中还记载了该发明基于重组慢病毒载体的西尼罗病毒疫苗的另一些优点：

所述重组慢病毒载体能诱发抗高剂量西尼罗病毒攻击的非常早期的、长期持续的、完全保护性免疫应答。本发明首次证明，慢病毒载体是诱发抗病原体的体液保护性应答的有效工具，中和性体液应答是实现免疫保护作用的一个重要因素。

——能够在接种动物中诱导强的免疫应答，保护免疫动物避免被西尼罗病毒感染。这种强免疫应答使得在免疫接种时无需使用佐剂，能够在病毒入侵的非常早期起到保护作用，这种保护作用能够长期持续，并且是完全保护性的。在动物实验中，还表现出非常强的中和性体液应答。首次证明慢病毒载体是诱发抵抗病原体的体液保护性应答的有效工具。这拓宽了慢病毒载体作为疫苗接种工具的适用性。

——表现出增强免疫原性的能力。因此，只需给接种对象使用一次就能诱发足够的免疫应答。该载体的有效性同时与以下方面有关：（i）它对抗原呈递细胞或 APC 如树突细胞等的趋向性，尤其是当通过皮下注射施用时；（ii）这些载体所携带的目标序列在细胞基因组中稳定整合，使得抗原可以在体内，尤其是树突细胞内长期持续表达；以及（iii）它刺激树突细胞依赖型免疫应答的能力。由此，抗原在树突细胞中表达的持续时间就长于通常用脉冲处理的树突细胞所获得的时间，这有利地使得有可能免于重复施用所述载体。

——非复制型载体。因此，它很少有或不具有对敏感物种的致病能力并且无传染能力，即没有在周围环境中传播的危险。

——非致瘤性载体。能够使目标序列稳定整合于宿主细胞的基因组中而不引起任何致肿瘤作用。

——表现出无物种限制并且具有扩展的细胞趋向性，尤其是：它可以产生具有其他病毒的包膜蛋白的假型，所述包膜蛋白诸如水泡性口炎病毒（VSV）的、弹状病毒科病毒如狂犬病毒的糖蛋白 G，以及埃博拉病毒的糖蛋白 G。因此，可以通过包装成不同的假型病毒颗粒，而用于免疫接种不同的物种，从而预防和/或治疗西尼罗病毒感染。

3　深入理解发明创造

发明请求保护的主题对申请人将来获得比较全面的专利保护至关重要。首先，根据对申请人提供的技术交底书的理解和本领域常规的保护主题，初步确定该发明创造可以请求保护的主题。

3.1　确定第一保护主题

根据申请人提供的技术交底书可以发现，该发明的目的是开发一种利用西尼罗病毒分泌型 E 蛋白作为免疫原（抗原）、基于重组慢病毒载体 pTRIPΔU3. CMV - sE（WNV）的西尼罗病毒疫苗。申请人在技术交底书中记载了重组载体的制备以及鉴定，并在小鼠模型中验证了这种重组慢病毒载体能够诱导有效的免疫应答（包括体液免疫应答和细胞免疫应答）。单次注射重组慢病毒载体 pTRIPΔU3. CMV - sE（WNV）给小鼠所得的免疫血清中，产生了能够降低西尼罗病毒传染能力的中和性抗体，能够保护 BALB/c 小鼠抵抗高病毒剂量的西尼罗病毒攻击。这种保护作用能够在免疫动物中长期持续保留。

通过以上分析可以看出，该发明的核心是 pTRIPΔU3. CMV - sE（WNV）重组慢病毒载体，该载体基于重组慢病毒，编码西尼罗病毒的分泌型 E 蛋白（截短型）作为免疫原。技术交底书还记载了，这种重组慢病毒载体作为疫苗免疫动物时表现出很多以前没有的优点：增强免疫原性的能力；非复制型因而没有或几乎没有致病性和传染性；非致瘤性，稳定整合于宿主细胞基因组中；宿主范围宽，通过用不同病毒包膜蛋白进行包装可以在众多物种宿主中诱导免疫保护作用；免疫原性强从而无需使用佐剂。

根据以上分析，专利代理人应初步概括一个适当的保护主题作为初步检索的基础，以判断其新颖性和创造性，从而进一步确定最终要保护的适当概括范围。对于该发明，其第一个保护主题可以在重组慢病毒载体 pTRIPΔU3. CMV - sE（WNV）的基础上进行概括，该载体基于重组慢病毒，编码西尼罗病毒的分泌型 E 蛋白（截短型）作为免疫原。有以下几个方面可以进行概括：

① 重组慢病毒载体骨架。技术交底书中使用的慢病毒载体是 pTRIPΔU3. CMV，在独立权利要求中可以将此载体上位到一般的慢病毒载体，或者进一步上位到一般的表达载体。考虑到技术交底书中提到了现有技术已经有裸 DNA 作为疫苗的情形，其中使用了载体 pCBWN，因此选择“重组慢病毒载体”作为初步确定的载体骨架。

② 希望预防的病毒类型。技术交底书中希望预防西尼罗病毒感染，作为概括，可以考虑上位到“黄病毒属”、“黄病毒科”、“病毒”。显然慢病毒载体用于预防一般性病毒感染已经在现有技术中多次使用，因此上位到一般性“病毒”存在概括太宽的问题，初步考虑上位到“黄病毒科病毒”。黄病毒科包括很多重要的病毒，例如日本脑

炎病毒、登革热病毒和丙型肝炎病毒等。如果能够概括至黄病毒科，将能够有效扩大该专利申请的保护范围以及其商业价值。

③ 所用免疫原。技术交底书中使用了西尼罗病毒的带有分泌信号的截短型 E 蛋白（sE），如果希望预防的病毒类型能够上位化，那么免疫原显然可以不作过多限制，只要是待预防病毒所编码蛋白或其免疫原性片段即可。

需要注意的是，考虑到当前审查实践中对支持的要求很高，为了表明从西尼罗病毒概括至黄病毒科能够得到说明书的支持，需要在申请文件中突出西尼罗病毒作为黄病毒科病毒的共性，正是基于这些黄病毒科病毒的共性，才制备得到了该发明的西尼罗病毒的疫苗。

例如，黄病毒科病毒是小的有包膜病毒。它们的基因组是正极性单链 RNA 分子，病毒粒子结构也十分相似，都是在包膜内包裹着核衣壳的结构（参见以下登革热病毒结构模式图），在包膜上有包膜蛋白 E 和膜蛋白 M。作为病毒粒子结构最外侧的部分，E 蛋白和 M 蛋白最早与宿主接触，并且有可能是产生中和性抗体的靶标。而且，在申请人提供的实验数据中，使用西尼罗病毒包膜蛋白（E 蛋白）和膜蛋白（M 蛋白）的片段作为目标抗原，确实产生了能够中和病毒感染性的抗体。因此，基于这些黄病毒科病毒的共性，可以考虑将西尼罗病毒概括至黄病毒科病毒。

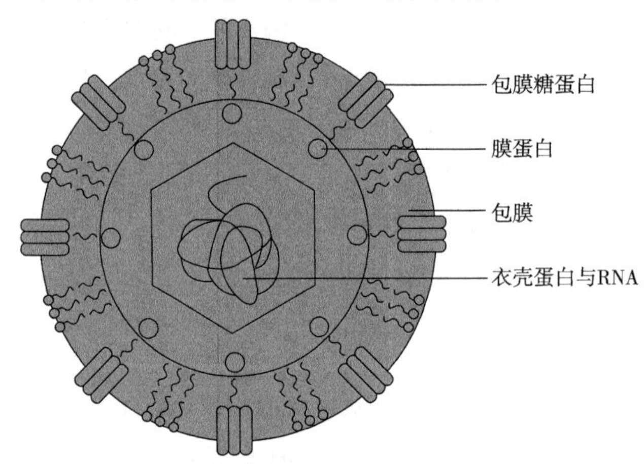

登革热病毒结构模式图

根据以上分析，确定了如下供初步检索用的第一个保护主题：

一种重组慢病毒载体，其包含编码黄病毒科病毒蛋白质或其免疫原性肽的多核苷酸片段。

3.2 确定进一步的保护主题

在确定了第一保护主题以后，可以进一步增加相关的保护主题。作为专利申请，其作用应当是能够利用获得的专利权建立有利于专利权人的市场竞争地位，从而实现所保护技术的商业价值。因此，在设计各保护主题时应当考虑如下因素：①他人在实施该发明时有可能需要做的事情是什么，尤其是无法避免地要去做什么；②商业实施中规避的难易程度；③专利权人获得侵权证据的难易程度等；此外，还可以考虑如下因素：④计算侵权赔偿损失时标的物的价值；⑤潜在侵权人是否是理想的诉讼对象，是否在商业上与专利权人形成竞争关系，能否利用专利权建立有利于专利权人的商业价值链；⑥侵权行为发生地，涉及司法管辖权问题。对于该发明的保护主题来说，首先要考虑的是重组载体本身，然后是包含该载体的疫苗；接着可以考虑这两种产品的制备方法；然后是产品的潜在应用（包括疾病的预防/治疗、诊断、抗病毒化合物的筛选），围绕这些用途可以设计相应的保护主题。

因此，与该发明相关的各种可能的保护主题可以包括：

① 一种重组慢病毒载体，其包含编码黄病毒科病毒蛋白质或其免疫原性肽的多核苷酸片段。这是该发明的核心，围绕该保护主题，要构建足够的保护层次，为后续实质审查和无效宣告程序中可能提出的问题安排好相应的退路。

② 包含该重组慢病毒载体的免疫原性组合物。该发明的重组慢病毒载体是为了用作疫苗而开发的。在商品疫苗中，除了免疫原本身以外，通常还会添加一些佐剂、辅料等，形成最终的作为疫苗使用的组合物。

③ 包含该重组慢病毒载体的细胞。该发明的重组载体需要在宿主细胞中保存和扩增，生产疫苗所需的载体是通过培养细胞而获得的。因此，在制备疫苗时必须使用包含该重组载体的细胞。此外，这种细胞本身也可以制备成疫苗来使用。

④ 构建上述重组慢病毒载体的方法。在研发该发明所述载体时首先要通过分子生物学技术来构建这种重组慢病毒载体，这是在疫苗研发阶段需要做的工作。需要指出的是，在研发阶段完成以后的后续疫苗生产阶段并不需要再构建这种重组载体。也就是说，实施该发明并不需要不断重复该构建过程。由此来看，这种构建方法从专利保护的角度来说相对价值较低。

⑤ 制备上述重组慢病毒载体的方法。这里是指从生产疫苗的角度来制备重组慢病毒载体的方法。为了制备商品疫苗，药厂必须重复制备所述载体。因此，这种制备方法从专利保护的角度来说有较高价值。

⑥ 利用上述载体和/或组合物和/或细胞来预防/治疗黄病毒科病毒感染。这是制备该发明重组慢病毒载体的最终目的，显然对该发明来说处于极其重要的位置。然而，该保护主题涉及疾病治疗方法，而《专利法》不保护疾病治疗方法。可以考虑将该保护主题撰写成制药用途形式。

⑦ 诊断黄病毒科病毒感染的方法。由于病毒感染后会产生抗体，用该发明的重组载体所制备的疫苗作为抗原，可以用于判断来自待测对象的样品中是否存在相应抗体，从而判断该对象是否有感染。《专利法》不保护疾病诊断方法，可以考虑再增加一个诊断试剂盒的主题。

⑧ 筛选抗病毒化合物的方法。由于病毒抗原可以是控制该病毒感染的靶标，因此

所述载体还可以用于筛选抗病毒化合物。需要指出的是，这也是研发阶段的工作，相对市场价值不大。

⑨ 诊断/筛选试剂盒。参见以上⑧和⑨两项，与诊断/筛选方法对应。

3.3 初步检索并调整保护主题

由于检索往往需要使用专门数据库，并需要较大工作量，在实际工作中通常针对检索单独收费，因此要跟申请人沟通确定是否需要进行检索。专利代理人可以提醒申请人，不作检索会增大在后续审查过程中面临未知现有技术的风险。为了充分理解发明的技术方案，专利代理人可以根据需要利用手头可用的检索工具作一些初步检索工作。这些初步检索工具例如包括欧洲专利局网络检索、美国专利商标局网络检索、中国国家知识产权局网络检索、百度搜索引擎（包括百度专利搜索）、Google 搜索引擎（包括 Google Scholar 和 Google Patents）、SooPat 专利检索、中国期刊网、万方数据库等。例如，对于该发明来说，通过初步检索发现了 3 篇相关程度较高的参考文献（参见参考文献 1 ~3）。

参考文献 1：公开了基于猫免疫缺陷病毒 FIV 载体（一种慢病毒载体）的丙型肝炎病毒（HCV）疫苗。参见以上分析，FIV 是一种慢病毒，HCV 属于黄病毒科丙型肝炎病毒属。相比较而言，该发明涉及的西尼罗病毒属于黄病毒科黄病毒属，其中所用慢病毒载体是基于人免疫缺陷病毒 - I（HIV - I）。

参考文献 2：公开了一种基于 HIV 的重组慢病毒载体，这种载体与本发明所用载体骨架一样，都是三链体型慢病毒载体。参考文献 2 中使用该载体用于基因治疗和肿瘤免疫治疗等方法。

参考文献 3：公开了 2 型登革热病毒（DV - 2）包膜蛋白 E 的结构域 III（EIII）参与该病毒和中间宿主蚊子的血清型 - 特异性结合，可以基于该 EIII 结构域来开发抑制 DV 病毒与中间宿主蚊子之间结合的抑制剂。

由于丙肝病毒属于黄病毒科，基于 FIV 的载体属于慢病毒载体，因此参考文献 1 公开的基于 FIV 载体的 HCV 疫苗落入初步确定的第一保护主题范围内。参考文献 2 公开了一种三链体型慢病毒载体，但未公开基于该载体的黄病毒科病毒疫苗。参考文献 3 教导了 2 型登革热病毒包膜蛋白 E 的结构域 III（EIII）可以用作预防病毒传播的候选靶标。因此，需要根据参考文献 1 调整第一保护主题的保护范围，以将丙肝病毒（HCV）排除在保护范围以外。而参考文献 2 和 3 并未公开该发明的技术方案，无需作进一步调整。

考虑到以上情形，可以在第一保护主题中将控制对象“黄病毒科病毒”进一步限定为“黄病毒属病毒”，从而排除了丙肝病毒。由于参考文献 1 并未教导重组慢病毒载体能够诱导中和性体液免疫应答，提供非常早期的、长期持续的、完全保护性免疫应答，因此该发明的重组慢病毒载体具有出乎意料的技术效果，基于此可以确立该发明技术方案的创造性。

参见以上初步确定的保护主题，可以将第一保护主题调整为“一种重组慢病毒载体，其包含编码黄病毒属病毒蛋白质或其免疫原性肽的多核苷酸片段”；并进一步撰写相应的第2~9项保护主题。由于载体构建并不需要重复实施，不易获得侵权证据，而且载体本身已经作为第一保护主题进行了保护，因此在最终撰写的权利要求书中排除了上述第④项的保护主题。

4 需要申请人进一步确认的内容

生物领域发明有一些特殊规定，专利代理人在阅读技术交底书和准备申请文件时需要注意这些特殊规定，并向申请人进一步确认需要补充的信息。例如，需要特别注意的问题包括：

① 发明是否涉及核苷酸/氨基酸序列。

② 发明是否涉及公众不能得到的生物材料。

④ 发明的完成是否依赖于遗传资源。

④ 发明是否涉及疾病的诊断/治疗方法。

⑤ 说明书尤其是实施例的公开程度是否足以让本领域技术人员实现该发明。

⑥ 为了支持要求保护的主题，是否需要补充实施例，或者在说明书中进一步充实相关内容。

以下结合该发明对这些问题进行具体分析。

（1）发明是否涉及核苷酸/氨基酸序列

该发明使用了多种核酸载体以及西尼罗病毒基因组所编码蛋白质，因此，专利代理人应要求申请人提供这些核酸和蛋白质的具体序列，并在申请人所提供序列的基础上准备相应的序列表。

序列表需要根据国家知识产权局于2001年11月1日发布的《核苷酸和/或氨基酸序列表和序列表电子文件标准》来准备。实际工作中，可以使用PatentIn软件来准备序列表，其可以从USPTO网站下载（http：//www. uspto. gov/web/offices/pac/patin/patentin. htm）。

（2）发明是否涉及公众不能得到的生物材料

为了制备该发明的重组慢病毒载体，发明人使用了西尼罗病毒IS－98－ST1株的基因组序列，该病毒株已经在现有技术中使用，但不确定其是否能被公众获得（保藏也有可能得不到，如非专利程序的保藏）；还使用了起始慢病毒载体pTRIPΔU3. CMV－EGFP。因此，需要申请人确认：A）西尼罗病毒IS－98－ST1株能否被公众获得，如果不能，是否已经进行了符合《专利法》规定的保藏，或者其基因组序列是否已经公开；B）起始慢病毒载体是否能被公众获得，或者其序列是否已经公开？

基于此，专利代理人提出两种方案：①将所制备的重组慢病毒载体提交保藏；②在说明书中公开所制备重组慢病毒载体的全序列。基于如下考虑：如果公开了全序列，现有技术已经可以人工合成这种全长序列，因此即便不保藏，本领域技术人员也能够获得该发明的重组慢病毒载体，从而满足了《专利法》第 26 条第 3 款的要求。另外，如果起始慢病毒载体是公众能得到的，其中插入的序列也是明确的，按照说明书的描述，重组慢病毒载体的制备也是本领域技术人员能够实现的，则无需保藏该载体。

关于西尼罗病毒毒株，申请人告知，该毒株来自国外分离的毒株，已经公开发表，序列已经公开于 GenBank 数据库中（Genbank 登记号 AF481864）。申请人随后提供该毒株的来源信息，补充到说明书中，并用于准备遗传资源来源披露登记表。

申请人答复，为了避免任何潜在风险，希望同时提交保藏并提供载体全序列。因此，专利代理人协助完成保藏程序。

关于生物材料的保藏，专利代理人还要注意区分两种情形：国内保藏和国际保藏。国家知识产权局委托两家保藏机构（中国微生物菌种保藏管理委员会普通微生物中心和中国典型培养物保藏中心）负责用于专利申请程序的生物材料保藏事宜，申请人可以选择其中任意一家进行保藏。一般情况下，申请人委托保藏机构进行用于专利申请程序的国内保藏即可。然而，如果申请人希望就相关发明向国外提交专利申请，专利代理人需要提醒申请人进行国际保藏。根据《用于专利程序的微生物保存布达佩斯条约》的规定，这种国际保藏可以被缔约国专利局认可为已经符合该国专利法对生物材料保藏的要求。

（3）发明的完成是否依赖于遗传资源

在制备重组慢病毒载体的过程中，该发明使用了西尼罗病毒 IS－98－ST1 株的基因组序列。虽然该病毒株属于遗传资源，但是参见上述，该病毒的基因组已经在 GenBank 数据库中公开，因此，只有在专利申请说明书中记载该序列已经公开于 GenBank 数据库中（Genbank 登记号 AF481864），就不需要提交遗传资源来源披露登记表。此外，根据《专利审查指南 2010》第二部分第十章第 9.5 节的规定，即便审查员在实质审查过程中认为有必要披露该遗传资源的来源信息，也可以应审查员的要求补充提交该登记表。

（4）发明是否涉及疾病的诊断/治疗方法

该发明涉及利用其重组慢病毒载体来预防/治疗病毒感染的方法，还涉及利用所述载体来诊断病毒感染的方法。众所周知，根据《专利法》第 25 条第 1 款第（3）项，疾病的诊断和治疗方法不能授予专利权，但这些方法可以改写成可授权的主题形式。因此，以上诊断和治疗方法需要改写。

疾病治疗方法的改写相对简单，通常都可以改写成“物质 A 用于制备治疗疾病 B 的药物中的用途”。但是有些疾病治疗方法的改进并不是发现了一种新治疗剂，而是基于现有治疗剂的新治疗方案或者其他用药特征。根据现行《专利审查指南2010》的规定，对制药过程没有限定作用的技术特征不予考虑，因此这种类型的发明即便写成制药用途形式，也很可能无法获得授权。尽管如此，专利代理人可以考虑在撰写申请文件时将治疗方案等其他方面的技术特征尽可能写成对疾病类型、药物最终剂型和剂量等的限定，然后可以在实质审查期间争辩这些技术特征是对制药过程的实质性限定，会对药物最终结构和组成带来实质性改变。然而，需要指出的是，由于实践中具体情形各不相同，这种争辩不一定能够成功，这种变通的撰写方式并不一定能够最终被认可。

另一方面，疾病诊断方法的改写相对就复杂得多。一般来说，疾病诊断方法是基于发现疾病患者与正常个体之间一个或多个生理参数/指标具有差异，通过检测所述参数/指标来作为判断是否患病的依据。因此，疾病诊断方法大体上可以分为三个步骤：①检测待定对象的生理参数/指标；②将检测结果与参考值进行比较；③根据比较结果来判断待定对象是否患病。根据《专利审查指南2010》，由于说明书通常已经公开了健康个体与患病个体之间该指标存在差异，因此即便疾病诊断方法的权利要求中仅包括检测步骤①，审查员往往也会认为已经可以确定诊断结果，从而不能授予专利权。

一项有可能涉及疾病诊断方法的发明可以根据其改进分成两种类型：①改进在于发现了一种新的疾病标志物，通过检测该标志物可以诊断疾病；②改进在于对某种已知标志物的新检测过程，而并非发现新诊断标志物。对于第①种类型，可以考虑采用如下方式撰写权利要求：检测参数/标志A的试剂/仪器/工具在制备用于诊断疾病B的试剂盒/药物中的用途。对于第②种类型，首先在撰写时尽可能不要过于强调该发明的目的就是为了诊断特定疾病，可以考虑在说明书中记载这种检测方法改进的众多其他应用，从而尽可能降低审查员对该发明是疾病诊断方法的强烈预期。此外，在撰写权利要求时直接写成“一种检测参数/标志A的方法，其特征在于改进B”。强调该发明的改进是检测过程，而不是特定诊断结果。相应地，诊断疾病只是这种检测方法的众多潜在应用中的一种具体应用，但并不是该检测方法本身。

对于前面提到的“试剂/仪器/工具”，由于特定参数/指标的检测手段并不一定限于使用试剂，有很多检测方法还可以使用仪器，比如质谱仪可以鉴定特定蛋白质和核酸序列以及某些特异性修饰。因此，除了在多数情况下使用“试剂”这一表述以外，还可以根据具体情形使用其他表述形式。

需要指出的是，即便专利代理人可以如上撰写有关疾病诊断方法的专利申请，在后续审查程序中有可能仍无法得到审查员的认可。如果遇到这类专利申请，专利代理人需要在发现该问题时提醒申请人这种风险。

此外，除了以上提到的方法/用途权利要求以外，诊断方法发明专利申请中还可以考虑撰写以“试剂盒”作为保护主题的权利要求。但是需要注意，尽管诊断/治疗方法具备新颖性，试剂盒可能因为已经用于其他方法/用途中而不一定具备新颖性。

（5）说明书尤其是实施例的公开程度是否足以让本领域技术人员实现该发明

根据《专利审查指南2010》的要求，化学和生物领域的发明通常必须有相应的实验证据，才能使得本领域技术人员确信该发明的确能够实施并实现相应的技术效果。该发明的技术交底书中已经提供了制备所述重组慢病毒载体的实施例并提供了相应实验数据，还进一步在细胞和动物模型中验证了所得重组慢病毒载体的免疫保护作用。该发明的各项保护主题都是基于这一中心衍生而来的。因此，说明书尤其是实施例部分公开的实验数据足以使得本领域技术人员重复实施该发明。

（6）为了支持要求保护的主题，是否需要补充实施例，或者在说明书中进一步充实相关内容

该发明实施例主要基于西尼罗病毒E蛋白作为免疫原制备了重组慢病毒载体。考虑到专利审查实践中经常要求说明书中有多个相应实施例来支持一项概括发明，可以向申请人确认是否还制备了更多的重组载体，尤其是使用不同免疫原的重组载体。就本案例来说，申请人没有更进一步的实验数据，也无意再补充更多实验数据，专利代理人可基于技术交底书中的实验数据来准备申请文件。

5　权利要求书的撰写

参见以上初步检索，发现了一些现有技术文献。黄病毒科包括黄病毒属、瘟病毒属和丙型肝炎病毒属，已经有参考文献1公开了丙肝病毒的重组慢病毒载体（基于FIV（猫免疫缺陷病毒），这是一种慢病毒载体，而丙肝病毒属于黄病毒科）。通过分析参考文献1，发现这种载体在参考文献1中是用于产生细胞毒性免疫应答，而该发明的疫苗则可以产生中和性抗体（属于体液免疫应答）。没有发现基于西尼罗病毒的重组慢病毒载体，也没有发现其他黄病毒属病毒的重组慢病毒载体。因此，在将该发明的慢病毒载体由黄病毒科进一步限定为黄病毒属就可以避免新颖性缺陷，同时基于出乎意料的体液免疫应答的技术效果，可以确立创造性。

基于以上分析，确定最终的保护主题/独立权利要求保护范围中，疫苗所针对的病毒由黄病毒科进一步限定为黄病毒属（因为丙型肝炎病毒属于黄病毒科）。由分析结果可以判断，其保护范围能够满足新颖性/创造性/实用性的要求。最后确定的权利要求1如下：“1. 一种重组慢病毒载体，其包含编码黄病毒属病毒蛋白质或其免疫原性肽的多核苷酸片段。”

基于申请人提供的资料确定从属权利要求。从属权利要求一般用来进一步限定独立权利要求中出现的技术特征，或者增加能够给现有技术带来进一步贡献的新技术特征。在技术交底书中记载了该发明重组慢病毒载体的诸多方面的技术细节，专利代理人需要根据自己对该发明技术方案的理解，确定哪些技术细节能够使该发明进一步区

别于现有技术，给该发明带来现有技术中未曾出现的有益技术效果，或者有助于判断是否侵权。对于一些技术细节在该发明中的作用，可以与发明人进一步沟通，以确定它们是否在增加该发明相对于现有技术的有益效果方面具有积极作用。具体到该发明来说，在载体骨架的结构、待预防病毒类型，以及病毒免疫原性蛋白质的类型等方面，都是可以考虑增加附加技术特征的因素，用于进一步限定该发明的重组慢病毒载体。在撰写从属权利要求时，要考虑根据现有技术设计保护层级，为可能的新颖性/创造性以及支持问题提供修改基础，以加强授权后专利的稳定性。

根据以上分析，从独立权利要求 1 本身所记载的技术方案来看，在从属权利要求中，可以从三个方面来进一步限定其保护范围。

① 慢病毒载体骨架：三链体型病毒，源于 HIV 病毒。

② 黄病毒属病毒：西尼罗病毒、登革热病毒和黄热病毒。

③ 免疫原类型：病毒蛋白质或其免疫原性肽。E 蛋白、分泌 E 蛋白、截短型 E 蛋白、sE 蛋白的氨基酸序列；其他病毒蛋白，包括 M 蛋白等。

除此之外，还可以对技术交底书的实验方案进行研究，确定其中对解决技术问题或者得到最佳技术效果起关键作用的技术特征，在从属权利要求中加以保护。例如，实施例 1 中使用了其他物种病毒的包膜蛋白来制备西尼罗病毒的假型病毒颗粒。黄病毒属包括多种具体病毒，如西尼罗病毒、登革热病毒和黄热病毒（参见附件 2）。

在确定了第一组权利要求以后，需要进一步确定其他各项独立权利要求。在本章第四节第 3.2 小节中已经提到了进一步的保护主题，其中每一个保护主题对应于一个或多个另外的独立权利要求。

权利要求的撰写是撰写专利申请中最重要的内容，它们决定了一项专利的保护范围，是将来判断侵权、排除他人实施该专利的最根本依据。需要注意，权利要求书并不是技术人员实施该发明时所依据的技术手册或操作方案，并不需要在权利要求中记载实施发明技术方案时的全部技术细节。权利要求书的唯一功能是确定一项专利的保护范围，相对于说明书（尤其是实施例）中记载的技术细节，权利要求书更多地要考虑用法律语言来准确、有效地限定其保护范围。专利代理人在撰写权利要求时一定要注意技术语言和法律语言的区别，更多强调权利要求作为确定专利保护范围的法律文本的意义。

以下是一组权利要求的参考示例。

1. 一种重组慢病毒载体，其包含编码黄病毒属病毒蛋白质或其免疫原性肽的多核苷酸片段。

2. 根据权利要求 1 的重组慢病毒载体，其中所述重组慢病毒载体是三链体型的。

3. 根据权利要求 1 或 2 的重组慢病毒载体，其中所述重组慢病毒载体包含其中启动子和激活子已从 U3 区被删除的 3′LTR。

4. 根据权利要求 1 ~ 3 中任一项的重组慢病毒载体，其中用另一种病毒的包膜蛋白质假型化所述重组慢病毒载体。

5. 根据权利要求4的重组慢病毒载体，其中所述包膜蛋白质是水泡性口炎病毒糖蛋白G。

6. 根据权利要求1~5中任一项的重组慢病毒载体，其中所述多核苷酸片段编码黄病毒属病毒的结构蛋白质或其免疫原性肽。

7. 根据权利要求6的重组慢病毒载体，其中所述结构蛋白质是膜蛋白或包膜蛋白。

8. 根据权利要求1~5中任一项的重组慢病毒载体，其中所述多核苷酸片段编码黄病毒属病毒的非结构蛋白质或其免疫原性肽。

9. 根据权利要求1~8中任一项的重组慢病毒载体，其中所述多核苷酸片段既编码黄病毒属病毒的结构蛋白质或其免疫原性肽，也编码同一黄病毒属病毒的非结构蛋白质或其免疫原性肽。

10. 权利要求1~9中任一项的重组慢病毒载体，其中所述免疫原性肽由多种黄病毒属病毒和/或同一黄病毒属病毒不同血清型的免疫原性片段联合构成。

11. 根据权利要求1~10中任一项的重组慢病毒载体，其中所述黄病毒属病毒选自西尼罗病毒、登革热病毒和黄热病毒。

12. 根据权利要求1~11中任一项的重组慢病毒载体，其中所述多核苷酸片段选自：

——编码西尼罗病毒或登革热病毒的E蛋白、任选地prM或M蛋白、和/或C蛋白、和/或非结构蛋白的多核苷酸片段，以及编码以上蛋白质的免疫原性肽的多核苷酸片段，和

——编码1~4型登革热病毒E蛋白的一种或多种结构域III的多核苷酸片段。

13. 根据权利要求12的重组慢病毒载体，其中所述多核苷酸片段编码1~4型登革热病毒E蛋白的四种结构域III，其序列如SEQ ID NO：1~4所示。

14. 根据权利要求1~12中任一项的重组慢病毒载体，其中所述多核苷酸片段是黄病毒属病毒编码序列的片段，所述编码序列对应选自以下的GenBank登记号：M23027、M19197、M93130、M14931、M12294、AF481864、M18370、X3700、U27495、M73835。

15. 根据权利要求12的重组慢病毒载体，其中所述多核苷酸片段编码登革热病毒或西尼罗病毒的E蛋白和prM蛋白。

16. 根据权利要求12的重组慢病毒载体，其中所述多核苷酸片段编码西尼罗病毒IS－98－ST1株的分泌形式E蛋白，包含该载体的大肠杆菌菌株于200×年×月×日保藏于中国典型培养物保藏中心，保藏号为CCTCC NO. M××××××。

17. 根据权利要求1的重组慢病毒载体，其特征在于所述多核苷酸片段处于CMV启动子的控制下。

18. 免疫原性组合物，其特征在于它包含如权利要求 1～17 任一项中所定义的重组慢病毒载体。

19. 根据权利要求 18 的组合物，其特征在于它还包含药用赋形剂和/或载体。

20. 一种细胞，其包含权利要求 1～17 任一项所定义的重组慢病毒载体，优选为真核细胞。

21. 用于生产黄病毒属病毒的蛋白质或其免疫原性肽或者病毒假颗粒的方法，其特征在于所述方法至少包括以下步骤：

a）培养权利要求 20 所述的细胞，使得该细胞所包含的重组慢病毒载体表达其编码的黄病毒属病毒蛋白质或其免疫原性肽，和

b）分离所述蛋白质、免疫原性肽或病毒假颗粒。

22. 根据权利要求 1～17 中任一项的重组慢病毒载体、根据权利要求 18～19 中任一项的组合物或根据权利要求 20 的细胞在制备用于预防和/或治疗黄病毒属病毒感染的药物中的用途。

23. 根据权利要求 1～17 中任一项的重组慢病毒载体、根据权利要求 18～19 中任一项的组合物或根据权利要求 20 的细胞用于鉴定抗病毒化合物或从化合物库中筛选抗病毒化合物的用途。

24. 根据权利要求 1～17 中任一项的重组慢病毒载体、根据权利要求 18～19 中任一项的组合物或根据权利要求 20 的细胞在制备用于诊断黄病毒属病毒感染的试剂盒中的用途。

25. 一种试剂盒，其用于鉴定抗病毒化合物或从化合物库中筛选抗病毒化合物或者用于诊断黄病毒属病毒感染，所述试剂盒包含根据权利要求 1～17 中任一项的重组慢病毒载体、根据权利要求 18～19 中任一项的组合物或根据权利要求 20 的细胞。

6 说明书的撰写

以下说明撰写说明书各部分时应当注意的问题。就说明书撰写来说，专利代理人需要注意的是，首先要满足《专利法实施细则》第 17 条关于说明书撰写的格式要求和规定，其次要注意满足《专利法》第 26 条第 3 款和第 4 款关于“说明书要充分公开要求保护的技术方案”以及“权利要求书要以说明书为依据”的规定，尤其要注意《专利审查指南 2010》第二部分第十章关于化学和生物领域发明专利申请的一些特殊规定。以下将按照各部分在说明书中的出现顺序简要介绍说明书各部分的撰写。本节附件 4～6 提供了专利申请说明书撰写的一个参考示例。

6.1 发明名称

发明名称应当反映该发明的保护主题。该发明的保护主题首先是表达黄病毒免疫原的重组慢病毒载体；其次还涉及这种重组慢病毒载体的制备以及一系列应用。考虑

到《专利审查指南2010》中关于“发明名称一般不得超过25个字”的规定，将发明名称确定“用于表达黄病毒蛋白的重组慢病毒载体及其应用”。

6.2 技术领域

根据《专利审查指南2010》的规定，技术领域应当是发明技术方案所属或者直接应用的具体技术领域，技术领域通常应当反映发明要求保护的主题。在该发明中，除了最核心的重组慢病毒载体以外，其他保护主题都是围绕该载体的一系列应用。为了简明起见，技术领域部分可以如下撰写：

“本发明一般地涉及黄病毒疫苗领域。具体来说，本发明涉及用于表达黄病毒属病毒蛋白质或其免疫原性肽的重组慢病毒载体，以及它用于制备疫苗以预防和/或治疗黄病毒属病毒感染的应用。”

6.3 背景技术

《专利审查指南2010》要求，背景技术部分应当写明对发明的理解、检索、审查有用的背景技术。实际上，“背景技术”是为了介绍相关的现有技术知识，以帮助审查员（以及本领域技术人员）逐步理解该发明的技术方案，从而为审查员能够正确评价各项权利要求的专利性提供依据。背景技术可以介绍在该发明之前与该发明相关的现有技术知识，尤其是那些现有技术中存在的缺陷，从而突出该发明对现有技术的贡献。在介绍这些现有技术知识时，可以适当引用反映这些现有技术的文献（包括专利文献、期刊、书籍等）。从介绍顺序上来说，可以先大致介绍该发明所属的较上位的背景技术，以便审查员先了解整体的技术背景。然后可以更具体地介绍与该发明最为接近的背景技术。

有些情况下，发现现有技术中存在问题的过程本身并非显而易见能够想到的，往往这一发现过程本身也构成了发明的一部分。因此，也可以考虑将对现有技术的分析和评价放在发明内容部分。此外，还可以具体指出，对现有技术的分析和评价并不属于现有技术，而只是为了方便本领域技术人员理解发明。该发明的技术方案是基于西尼罗病毒完成的，但是权利要求书中将西尼罗病毒进一步概括至“黄病毒属病毒”。然而，在技术交底书中缺少与黄病毒属病毒相关的介绍内容。因此，在“背景技术”部分，需要注意增加与黄病毒属病毒相关的现有技术知识。这些内容可以要求申请人进一步提供，专利代理人也可以根据自己对技术方案的理解自行补充，但是要注意请申请人确认专利代理人自行补充的内容。

6.4 发明内容

发明内容包括三部分：①要解决的技术问题；②技术方案；③有益效果。对于该发明的情况，建议采用如下的撰写方式。首先，写明该发明的目的之一在于解决上述一种或多种技术问题。随后描述该发明的技术方案；具体来说，是将权利要求的内容（至少包括独立权利要求）改写成非权利要求语言的形式记载在此处。接着，根据技术交底书中提到的优点，来说明上述技术方案带来的有益效果。

在“背景技术”部分介绍现有技术中黄病毒疫苗相关知识的基础上，在“发明内容”部分可以先概括性地描述，由于现有技术中黄病毒疫苗存在这样那样的缺点和不足，仍然需要开发新的黄病毒疫苗，尤其是核酸疫苗（考虑到该发明的重组慢病毒载体是多核苷酸分子）。鉴于参考文献1中公开了用于预防丙肝病毒HCV的重组慢病毒载体疫苗，可以特别指出该丙肝病毒疫苗存在的一些缺陷和不足。以上可以作为撰写“要解决的技术问题”时重点考虑的内容。

对于该发明的技术方案，由于在随后的“具体实施方式”部分还要展开说明，为了节省篇幅，在“发明内容”部分只需要概括性地记载独立权利要求所对应的保护主题即可。

对于该发明的有益技术效果，在技术交底书中已经记载了该发明载体所表现出的一系列优点，可以将这些内容作为有益技术效果记载在“发明内容”部分中。

6.5　附图及附图说明

为了方便理解发明的技术方案，往往在说明书中包括一系列附图。具体到该发明来说，将技术交底书中的附图按照出现顺序整理成说明书附图，附带的解释性文字作为附图说明记载在说明书中。具体可参见本节附件5。

6.6　具体实施方式

具体实施方式部分的主要目的是充分公开发明要求保护的全部技术方案，使得本领域技术人员能够实现发明，获得期望的有益技术效果。还应注意，说明书中应记载每一项权利要求的技术方案，去掉涉及“权利要求”的表述，将这些技术方案改写成适于在说明书中记载的形式。所描述的内容一定要将发明充分公开，并且应当支持所撰写的权利要求书中所限定的每一项技术方案的保护范围。对于该发明来说，除了根据技术交底书提供的具体实验方案所涉及的内容以外，专利代理人还应当根据权利要求的技术方案，在与申请人沟通后补充必要的技术内容。

有些术语在该发明中比较重要，为了明确这些术语在该发明中的含义，可以考虑在说明书中对这些术语进行定义，以确保涉及这些术语时，权利要求的保护范围是确定的。

基于以上分析，首先在“具体实施方式”部分限定一些重要术语，以明确其在该发明中的具体含义。这些术语可以与申请人讨论确定。例如在本节附件4中提供的说明书文本中，具体定义了“多核苷酸片段”、“免疫原性肽”、“重组慢病毒载体”等术语。

随后参考该发明权利要求书的内容，进一步展开说明该发明要求保护的技术方案。参见本节附件4中的说明书文本，其中增加了一些实施这些技术方案相关的现有技术知识，以确保本领域技术人员能够实现这些技术方案。在将来判断权利要求保护范围时，这些内容也有可能是重要的判断依据（参见《最高人民法院关于审理侵犯专利权纠纷案件应用法律若干问题的解释》）。

《专利审查指南2010》第二部分第十章专门针对化学和生物领域发明专利申请提出了一些特殊规定，尤其是对证实发明技术方案之用途/效果的实验数据作出了一般性要求。在“具体实施方式”的最后部分，整理技术交底书中的实验方案和数据，作为支持该发明技术方案的实施例。对于实施例，需要注意实验方案中应该尽可能记载具体的实验细节，比如所使用的重要实验材料的来源等。这些内容可以在与申请人沟通以后确定。

附件1：技术交底书

西尼罗病毒疫苗

背景技术

西尼罗病毒（West Nile Virus，WNV）是最近在北半球，尤其是美国出现的一种黄病毒科黄病毒属的单链RNA病毒，乙型脑炎、黄热病、登革热病毒、丙型肝炎病毒等也都属于黄病毒科。西尼罗病毒因最初是在1937年从乌干达西尼罗地区一名发热的妇女血液中分离出来而得名，该病毒有包膜，其基因组是正链单链线性RNA分子，长度约为10kb～11kb，含有单个开放阅读框（ORF），在其旁侧是5′和3′末端两个短的非编码区。此开放阅读框被翻译成多蛋白（polyprotein）的前体蛋白形式，在其N末端部分是结构蛋白，在其C末端部分是非结构（NS）蛋白。电镜下该病毒的直径为21～60nm，呈圆形颗粒，对有机溶剂、紫外线等敏感。

西尼罗病毒病是由西尼罗病毒引起的传染病，是一种人兽共患病。近年来西尼罗病毒病出现在欧洲和北美的温带区域，对人和动物的健康构成了威胁。这种病严重的危害是使人和马患上致命的脑炎，使鸟、鸡等死亡。1999年7～10月，在纽约和相邻州的人、马、野鸟和动物园鸟中间发生的一次暴发流行，结束了西半球无人和动物间感染报道的历史，是该病毒发展史上的一个里程碑。鸟是该病毒的贮存宿主，是WNV感染的主要传染源，目前已查明有70多种鸟与传播该病毒有关，其中有些鸟的死亡率很高，如乌鸦、大乌鸦、喜鹊、蓝鸟和灰鸟，但鸟的种类目前尚未完全清楚。病人和隐性感染者亦应该是该病毒的传染源，但还未得到证实。血清学检查提示，在一次流行中，有很多隐性感染者但只是轻微症状或无症状。

现已从很多种蚊子中检测到了西尼罗病毒：如伊蚊、按蚊、库蚊、曼蚊等，蚊子自感染鸟类吸取含有病毒的血液后，病毒在蚊体内经过10～14天，病毒便存在于蚊子的唾腺中，可以经由叮咬其他动物或人类而传播病毒。病毒进入动物或人的血液后，会透过血脑屏障进入脑内，引发脑炎。人类、家禽与鸟类之间无法直接传播。研究发现，西尼罗病毒通常沿着鸟迁移的路径而传播到新的地方。

尽管西尼罗病毒尚未在中国爆发流行，但考虑到候鸟迁徙、频繁的国际人员流动等因素，我们也迫切需要提出预防该病毒传播尤其是在人群中传播的策略。众所周知，疫苗接种是应对病毒传播的最有效手段。研究人员已经提出了一些针对西尼罗病毒的疫苗策略，目前提议用于抗击西尼罗病毒感染的疫苗策略主要有如下几种：

——在小鼠脑中生产的日本脑炎病毒，用甲醛溶液灭活（JE－VAX®，Aventis－Pasteur；Monath等，Curr. Drug Targets Infect. Disord.，2001，1，37－50）；对于它能保护人或马抵抗西尼罗病毒感染的交叉保护作用仍未得到证实并且是有争议的（Monath，AM；Trop. Med. Hyg.，2002，66，113－114）。此外，小鼠的研究显示交叉免疫可能在西尼罗病毒感染期间诱导脑发炎。

——甲醛灭活的西尼罗病毒（国际专利申请 WO 03/61555）；这种被提议用于免疫马的疫苗已被发现在马中无任何致病效果并且有效抵抗西尼罗病毒的感染；不过，由于体液应答的量较低，需要进行数次注射以及之后每年增强免疫。

——来自黄热病毒减毒株的嵌合病毒（17D 株；ChimeriVax™ - WN）；更确切地说，所述 ChimeriVax® - 西尼罗嵌合病毒在减毒病毒 YV 17 D 中包含了 New York 1999 株 WNV 的 prM - E 盒（国际专利申请 WO 03/59384 和 Pletnev AG 等，PNAS，2002，99，5，3036 - 3041；Monath TP 等，Curr. Drug Targets Disord.，2001，1，1，37 - 50）；西尼罗病毒的 prM 和 E 基因被插入黄热病毒或登革热病毒中，因此其可用作载体。编码核衣壳蛋白和非结构蛋白的基因以及来源于 17D 或 DEN4 毒株的非翻译末端区被用于重组嵌合病毒的复制。嵌合病毒在宿主内像 17 D 或 DEN4 病毒一样进行复制，但特异性针对西尼罗病毒免疫（Monath 等，Curr. Drug Targets Infect. Disord.，2001，1，1，37 - 50）。用嵌合病毒进行感染刺激了免疫应答的各条途径。此外，嵌合病毒颗粒包含完整的 E 蛋白，它具有冗余的中和表位。因此，嵌合病毒在宿主中复制诱导预防病毒早期传播的高滴度中和抗体，而细胞毒性 T 免疫性则除去了已经成功感染细胞的病毒。感染后记忆应答是快速的并且比疫苗后应答更强，它也有助于抵抗西尼罗病毒感染。已显示用 17D 毒株预免疫不抑制嵌合病毒的感染，而相反的提高特异性抗体的生产。还已经显示，在小鼠和非人灵长类动物中，ChimeriVax™ - JE 嵌合疫苗的神经毒性较 17D 毒株更低。此外，在体内和细胞培养中重复传代期间嵌合病毒基因组是稳定的。ChimeriVax™ - WN 嵌合病毒来自已证实对人无害且有效的疫苗株，因为该疫苗株是 65 年前为人免疫接种所研发的并且已经用于数百万个体（Monath 等，Curr. Drug Targets Infect. Disord.，2001，1，1，37 - 50）。然而使用嵌合的减毒活病毒产生了安全性问题，不同物种之间的非同源重组是有可能发生的，例如已经发现天然存在的重组黄病毒（Seligman SJ 和 Gould EA，Lancet，2004，363，2073 - 2075）。

——裸 DNA（Davis 等，J. Virol.，2001，75，4040 - 4047；Turell 等，Emerg. Infect. Diseases，2003，9，1077 - 1081）；使用的裸 DNA 载体是含巨细胞病毒早期启动子、来源于日本脑炎病毒编码信号肽的序列，以及编码西尼罗病毒 prM 和 E 蛋白的序列的载体 pCBWN。已显示简单肌肉内注射此质粒在小鼠和马中诱导针对西尼罗病毒感染的保护性免疫。

——重组蛋白 E（Wang 等，J. Immunol.，2001，167，5273 - 5277）；以融合蛋白形式在大肠杆菌中表达并通过亲和层析纯化的完整 E 蛋白或缺失 C 末端区（残基 E1 至 E409）的 E 蛋白在小鼠中诱导抗 E 蛋白的中和抗体。缺失 C 末端区域的可溶性 E 蛋白在小鼠中诱导完全的保护作用，但用完整的 E 蛋白只观察到部分的保护作用。

发明目的和主要贡献

我们制备了一种西尼罗病毒的重组慢病毒载体，并验证了其免疫原性，其可以用作西尼罗病毒疫苗，用于预防西尼罗病毒感染。

我们制备的重组慢病毒载体能够在接种动物中诱发强的免疫应答，能够保护免疫动物避免被西尼罗病毒感染。实验证明，这种免疫应答能够在病毒入侵的非常早期起到保护作用，这种保护作用能够长期持续，并且是完全保护性的。在动物实验中，还表现出非常强的中和性体液应答。通过这项工作，首次证明慢病毒载体是诱发抵抗病原体的体液保护性应答的有效工具。这拓宽了慢病毒载体作为疫苗接种工具的适用性。

我们制备的慢病毒载体有很多以前没有的优点：

——它表现出增强免疫原性的能力；因此，只需给接种对象使用一次就能诱发足够的免疫应答。该载体的有效性同时与以下方面有关：（i）它对抗原呈递细胞或 APC 如树突细胞等的趋向性，尤其是当通过皮下注射施用时；（ii）这些载体所携带的目标序列在细胞基因组中稳定整合，使得抗原可以在体内，尤其是树突细胞内长期持续表达；以及（iii）它刺激树突细胞依赖型免疫应答的能力。由此，抗原在树突细胞中表达的持续时间就长于通常用脉冲处理的树突细胞所获得的时间，这有利地使得有可能免于重复施用所述载体。

——它是非复制型的；因此，它很少有或不具有对敏感物种的致病能力并且无传染能力，即没有在周围环境中传播的危险。

——它是非致瘤性的，它导致感兴趣序列稳定整合于宿主细胞的基因组中而不引起任何致肿瘤作用。

——它表现出无物种限制并且具有扩展的细胞趋向性，尤其是由于这种事实：它可能产生具有其他病毒的包膜蛋白的假型，所述包膜蛋白诸如水泡性口炎病毒（VSV）的、弹状病毒科病毒如狂犬病毒的糖蛋白 G，以及埃博拉病毒的糖蛋白 G；从而，它能有效的在任何敏感物种中用于预防和/或治疗性免疫。并且

——鉴于其强免疫原性，在应用时可以不必使用佐剂。

实验方案

实验 1：TRIPΔU3. CMV－sE（WNV）重组载体的制备

1. pTRIPΔU3. CMV－sE（WNV）载体质粒的构建

用聚合酶链式反应（PCR）扩增代表西尼罗病毒 IS－98－ST1 株基因组第 967～2292 位核苷酸序列并且对应多蛋白第 291～732 位氨基酸的 cDNA。所用正义引物为：

5′－TATCGTACGATGAGAGTTGTGTTTGTCGTGCTA－3′，下划线标示 *BsiW* I 位点；反义引物为：5′－ATAGCGCGCTTAGACAGCCCTTCCCAACTGA－3′，下划线标示 *BssH* II 位点。所扩增的序列从 5′至 3′依次包含：ATG，编码来源于 M 蛋白前体的信号肽的

序列（prM 151～166）和编码截短 E 蛋白的序列（E 1～441），膜锚定区已从中删除。它编码分泌到胞外介质中的 E 蛋白（sE 蛋白）；来源于 prM 蛋白的信号肽用于 E 蛋白在内质网中的转位以及在分泌泡中运输到质膜上，在那里它们被释放入胞外介质中。

消化慢病毒载体质粒 pTRIPΔU3. CMV—EGFP 以切除 EGFP 基因，然后将线性化质粒与含 *BsiW* Ⅰ和 *BssH* Ⅱ位点的连接子连接，从而得到被称为 pTRIPΔU3. CMV－*BsiW* Ⅰ－*BssH* Ⅱ的质粒。将以上获得 cDNA 的 1.4kb 长的 *BsiW* Ⅰ－*BssH* Ⅱ片段，包括 sE 蛋白构建体在内，克隆入质粒 pTRIPΔU3. CMV－*BsiW* Ⅰ－*BssH* Ⅱ的相同位点中，得到被称为 pTRIPΔU3. CMV－sE（WNV）的重组慢病毒载体质粒（图 1）。用 pTRIPΔU3. CMV－sE（WNV）载体质粒转化的大肠杆菌的培养物于 200 ×年×月×日以编号 CCTCC No. M××××××保藏于中国典型培养物保藏中心（地址：中国，武汉，武汉大学，邮编：430072）。

通过限制性酶切以及测序对应 sE 蛋白构建体的插入片段证实 pTRIPΔU3. CMV－sE（WNV）重组载体质粒的正确性。

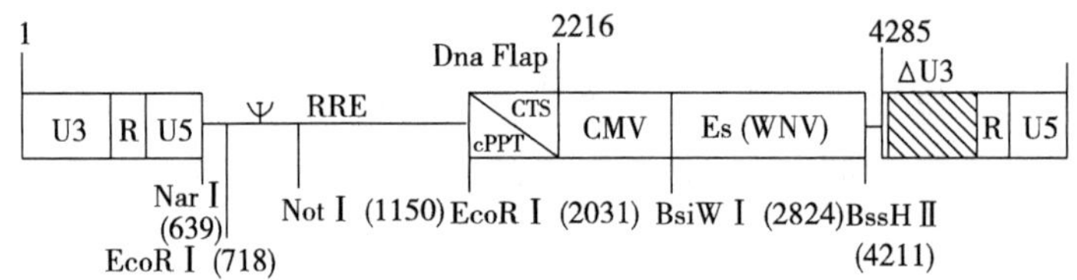

图 1

2. 具有水泡性口炎病毒包膜糖蛋白（VSV－G）假型的 TRIPΔU3. CMV－sE（WNV）载体的病毒颗粒的制备

在添加 10% 胎牛血清（FCS）的 Dulbecco's 改进 Eagle 培养基（DMEM）Glutamax（GIBCO）中培养人成纤维细胞 293T（ATCC）。具有水泡性口炎病毒包膜糖蛋白（VSV－G）假型的 TRIPΔU3. CMV－sE（WNV）载体的病毒颗粒也被称为 TRIPΔU3. CMV－sE（WNV）载体颗粒，是通过磷酸钙共转染 293T 细胞系产生的，用于共转染的质粒是以上定义的 pTRIPΔU3. CMV－sE（WNV）载体质粒、反式提供病毒颗粒结构蛋白和酶的衣壳包装质粒（pCMVΔR8.2：Naldini 等，Science，1996，272，263－267；pCMVΔR8.91 或 p8.7：Zufferey 等，Nat. Biotechnol.，1997，15，871－877）和用于表达 VSV 病毒包膜糖蛋白的质粒（pHCMV－G：Yee 等，PNAS，1994，91，9564－9568），如描述于：Zennou 等，Cell.，2000，101，173－185。

3. 用重组 TRIPΔU3. CMV－sE（WNV）载体表达分泌形式的 WNVE 糖蛋白（WNV－sE）

通过间接免疫荧光检测慢病毒载体转导的 293T 细胞中 WNV－sE 的表达。简而言之，用 TRIPΔU3. CMV－sE（WNV）载体转导培养于 8 室 Glass－Labteks（NUNC）上的人 293T 细胞。48 小时后，用 PBS 配制的 3% 多聚甲醛（PFA）固定 20 分钟并用配制于 PBS 中的 0.1% Triton X - 100 透化 4 分钟。将细胞与 1:100 稀释于 PBS 中的抗 WNV HMAF 一起保温 1 小时。用溶于 PBS 的 0.2% BSA 封闭后，将细胞进一步与 1:500稀释于 PBS 的 0.2% BSA 中的 Cy3 - 偶联的抗小鼠 IgG 抗体（AMERSHAM PHARMACIA）一起保温。用 DAPI 显现细胞核。用配备 ApoTome 系统的 Zeiss Axioplan 显微镜观察玻片。

转导后 48 小时，高比率的细胞被免疫染色。免疫染色模式表明 WNV - sE 通过分泌途径迁移。

4. 重组 TRIPΔU3. CMV - sE（WNV）载体的滴定

4.1 材料和方法

a）通过 ELISA 进行 p24 抗原滴定

用商业 HIV - 1 p24 ELISA 试剂盒（PERKIN ELMER LIFESCIENCES）进行浓缩载体颗粒的 p24 抗原含量的定量。

b）定量 PCR

引物和探针由 PROLIGO 合成。为了检测慢病毒载体中 U5 - R 序列，使用如下的引物和探针（Brussel A 和 Sonigo P，J. Virol.，2003，77，10119 - 10124）（SEQ ID NO：20 to 27）：

——探针（3′荧光素（PITC）或被磷酸化（P））

LTR - FL：5′ - CACAACAGACGGGCACACACTACTTGA - FITC - 3′

LTR - LC：5′ - RED640 - CACTCAAGGCAAGCTTTATTGAGGC - P - 3′

——引物

AA55 M：5′ - GCTAGAGATTTTCCACACTGACTAA - 3′

M667：5′ - GGCTAACTAGGGAACCCACTG - 3′

为检测 CD3，所用的引物和探针序列如下：

——探针

CD3 - P1：5′ - GGCTGAAGGTTAGGGATACCAATATTCCTGTCTC - FITC - 3′

CD3 - P2：5′ - RED705 - CTAGTGATGGGCTCTTCCCTTGAGCCCTTC - P - 3′

——引物

CD3 - in - F：5′ - GGCTATCATTCTTCTTCAAGGTA - 3′

CD3 - in - R：5′ - CCTCTCTTCAGCCATTTAAGTA - 3′

在转导后 48 小时用 QIAamp® DNA Blood Mini 试剂盒（QIAGEN）从大约 3×10^6 个慢病毒载体转导的 293 T 细胞中分离基因组 DNA。为了进行实时 PCR 分析，将 5μl DNA 与 15μl PCR 预混液混合，其由 1 × Jumpstart™ Taq ReadyMix™（SIGMA）、1.9 mM $MgCl_2$、1.5μM 正向和反向引物（AA55M/M667 或 CD3 - in - F/CD3 - in - R）、200 nM 探针（LTR - FL/LTR - LC 或 CD3 - P1/CD3 - P2）和 1.5 单位的 Taq DNA 聚合酶（Invitrogen）组成。用 95℃ 3 分钟一个循环，然后 40 个循环的 95℃ 5 秒、55°C

第五章

15 秒和 72℃ 10 秒进行扩增。考虑到载体贮液的可能质粒污染，总是平行检测用热灭活（70℃ 10 分钟）载体转导的 293T 细胞的 DNA。用来自未转导细胞的 5μl 基因组 DNA 作为阴性对照。各 DNA 样品均为双份检测，然后报告平均值。10 倍系列稀释的已知浓度质粒 pTripCD3，其含相关序列 U5 - R 和 CD3，与 DNA 样品一起平行扩增生成标准曲线。

通过对 293T 细胞数标准化 U5 - R 拷贝数来计算每个细胞的总载体拷贝数，正如用相同基因组 DNA 样品上 CD3 分子的拷贝数进行定量，然后扣除获自用热灭活载体转导的细胞的拷贝数。

4.2 结果

首先用抗 p24 HIV - 1 衣壳蛋白的商品化 ELISA 检测评估此实验所用载体贮液中物理颗粒的数目。测定浓度是每微升 58ng p24。

用定量 PCR 实验、基于载体 DNA 向靶细胞转移计算载体贮液的实际滴度。对载体特异性序列（U5）和细胞基因座（CD3）二者的定量给出了每个细胞的平均 DNA 载体拷贝数。这使得在用限定浓度的载体颗粒转导后可以计算载体制备物的滴度。在本研究中所用 TRIPΔU3. CMV - sE 载体贮液在人 293T 细胞中被滴定为每毫升 5.2×10^7 个转导单位（TU）。换言之，1ng 来自此 TRIPΔU3. CMV - sE 载体制备物的 p24 抗原可转导 900 个人 293T 细胞。

为了简单起见，以下部分中使用的载体颗粒的量将表示为 p24 抗原的 ng 数。

实验 2：在 BALB/c 小鼠中 TRIPΔU3. CMV - sE 载体致免疫能力的分析

1. 材料和方法

1.1 免疫/疫苗接种方案

用如实验 1 所述制备的含 1μg TRIPΔU3. CMV - sE 载体颗粒的 0.1ml Dulbecco's PBS（DPBS）腹膜内注射接种 6 周大的 BALB/c 小鼠（2 组，每组 6 只小鼠；Janvier breeding colony）。对动物进行单次疫苗注射。

对照组是在相同条件下用与 TRIPΔU3. CMV - sE（WNV）载体颗粒相似方式制备的 1μg TRIPΔU3. CMV - GFP 载体颗粒（2 组，每组 3 只小鼠）或者只用 DPBS 缓冲液（2 组，每组 3 只小鼠）进行接种。

在注射疫苗 14 天（D14）和 23 天（D23）后取小鼠血清并在测量抗体应答前将其在 56℃ 热灭活 30 分钟。

1.2 西尼罗病毒株、纯化和滴定

所用的西尼罗病毒株是 IS - 98 - ST1 株，描述于专利申请 FR 01 4599；它在伊蚊细胞（AP61 系）上生产并根据文献 Desprès 等，Virol.，1993，196，209 - 219 所述的方案纯化。更确切地说，以 0.4 的感染复数用西尼罗病毒 IS - 98 - ST1 株感染 AP61 细胞。感染三天后，用 PEG 6000（7%）沉淀培养物上清中存在的病毒颗粒，然后用不连续 30% ~60% 蔗糖梯度和线性 10% ~50% 蔗糖梯度进行纯化。由此获得的病毒粒

子保存于 -80℃的蔗糖（30%）中。

通过病灶免疫测试（Focus ImmunoAssay，FIA）在 AP61 细胞上滴定西尼罗病毒，而感染性滴度表示为病灶形成单位（FFUAP61/ml），根据上述文献中 Desprès 等人所述的方案进行。

纯化后病毒制剂的感染滴度大约为 1010 FFUAP61/ml。

1.3 抗 - WNV 的超免疫腹水

通过用 WNV IS - 98 - ST1 株重复免疫以及随后用肉瘤 180 接种成年小鼠获得抗 WNV HMAF。如前文所述用 103 FFU 的 IS - 98 - ST1 免疫成年 WNV - 抗性 BALB/c - MBT 同系小鼠获得小鼠多克隆抗 WNV 抗体（Mashimo 等，PNAS，2002，99，11311 - 11316）。在初次免疫一个月后收集 WNV - 免疫血清。

1.4 ELISA

根据文献 Mashimo 等，PNAS，2002，99，11311 - 11316 中所述方案用 1.2 段落中所述的蔗糖梯度纯化的 WN IS - 98 - ST1 病毒颗粒作为抗原（每个 96 孔微量滴定板为 106 FFUAP61）通过 ELISA 检测抗 E 总抗体滴度。将 1∶4000 稀释的偶联过氧化物酶的抗小鼠免疫球蛋白（H + L）（JACKSON IMMUNO RESEARCH）、1∶20000 稀释的偶联过氧化物酶的抗小鼠 IgM（μ - 链特异性）（SIGMA）或者 1∶20000 稀释的偶联过氧化物酶的抗小鼠 IgG（γ - 链特异性）（Sigma）用作二级抗体。如上定义，按照对应光密度（OD）值至少是对照动物血清两倍的血清最终稀释度来测定滴度。也可用已描述的亚型特异性 ELISA 检测抗 - E IgG 和 IgM 抗体（Despres P 等，J. Infect. Dis.，2005，191，207 - 214）。

1.5 免疫沉淀（RIP 测试）

实验方案如 Desprès 等人所述（J. Virol.，1995，69，7345 - 7348）。更确切地说，用西尼罗病毒 IS - 98 - ST1 株以感染复数 5 FFUAP61/细胞感染 VERO 细胞。感染后 20 小时，用 Tran35 Slabel（ICN；100 μCi/ml）标记所述细胞蛋白质 3 小时。用冷 PBS 洗涤 3 次后，将细胞在 RIPA 缓冲液（50 mM Tris - Cl，pH 8.0，150mM NaCl，10 mM EDTA，0.1% SDS，0.5% 脱氧胆酸钠，1% Triton X - 100，补充 25μg/ml aprotinin）（Sigma）中 4℃放置 10 分钟。然后将细胞裂解物在 4℃ 10000rpm 离心 5 分钟使其澄清。然后将裂解物与 1∶100 最终稀释度的待测血清在蛋白 A Sepharose 存在下一起保温。然后在非还原条件下用 15% SDS - PAGE 胶分析免疫沉淀产物并通过放射自显影法显影。

1.6 中和试验

被免疫小鼠血清对于西尼罗病毒 IS - 98 - ST1 株的中和活性通过在 VERO 细胞（ATCC）上病毒复制灶的减少来检测。更确切地说，将 56℃灭活 30 分钟的血清的系列稀释液（0.1ml）与西尼罗病毒 IS - 98 - ST1 株接种物（0.1ml 中有 100 FFUAP61）一起保温。然后用混合物在 37℃感染 VERO 细胞（12 孔板的每个孔中有 1.5×10^5 个细胞）2 小时，感染两天后计算病毒复制灶。血清的中和性抗体滴度，称为 TNRF90（病毒复制灶减少 90% 的中和试验），是通过中和每孔中所接种 100FFU 病毒的至少 90 的血清的最终稀释度来测定的。

2. 结果

2.1 有关西尼罗病毒的来自被免疫动物的血清反应性的 ELISA 分析

用纯化的西尼罗病毒作为抗原，通过注射 TRIPΔU3. CMV－sE（WNV）载体颗粒后 14 天和 23 天所采集血清经 ELISA 检测证实抗西尼罗病毒 E 蛋白的抗体的生产。

图 2 给出的结果显示，在注射疫苗后 14 天和 23 天，用 TRIPΔU3. CMV－sE（WNV）载体颗粒免疫的小鼠血清的特异性抗体滴度分别是 1/10000 和 1/20000。

载体	抗－WNV[1] 抗体滴度	$TNRF^{2}_{90}$
TRIPΔU3. CMV－GFP		
D＋14[3]	<100	<10
D＋23[4]	<100	<10
TRIPΔU3. CMV－Es（WNV）		
D＋14[3]	10000	10
D＋23[4]	20000	20

1. ELISA 测试，用纯化的 WN 病毒作抗原。
2. 中和 90% 的 WNV 感染灶的抗体的滴度。
3. 免疫 14 天后采集的血清。
4. 免疫 23 天后采集的血清。

图 2

2.2 用免疫沉淀分析被免疫动物血清的特异性

通过免疫沉淀证实用 TRIPΔU3. CMV－sE 载体免疫的动物的血清的特异性。来自用 TRIPΔU3. CMV－sE 载体免疫小鼠的血清与西尼罗病毒的包膜蛋白 E 反应；疫苗接种后第 23 天的反应性比第 14 天的反应性更强（图 3）。

2.3 有关西尼罗病毒的免疫动物血清的中和活性分析

通过测量 VERO 细胞上病毒复制灶的减少（TNRF90）从实验上证实单次注射 TRIPΔU3. CMV－sE（WNV）载体颗粒免疫小鼠血清对于西尼罗病毒的中和活性。注射疫苗后第 14 天和第 23 天的滴度分别是 10 和 20（图 2）。

实验 3：BALB/c 小鼠中 TRIPΔU3. CMV－sE（WNV）载体保护能力的分析

在 WNV 相关性脑炎的小鼠模型中测试用 TRIPΔU3. CMV－sE（WNV）载体颗粒免疫小鼠后产生的抗 E 蛋白抗体的保护作用（Deubel 等，Ann. N. Y. Acad. Sci.，2001，951，195－206；Mashimo 等，2002，前已引用；国际专利申请 WO 02/81511；Ceccaldi 等，FEMS Microbiol. Lett.，2004，233，1－6）。因此，通过腹膜内注射 10 LD_{50}（使 50% 的小鼠致死的剂量）或 100 LD_{50} 的高神经侵入性和神经毒性的西尼罗病

血清	用WN病毒感染的VERO细胞的放射性标记裂解物										非感染细胞的裂解物	
	1	2	3	4	5	6	7	8	9	10	11	12
非免疫				+								
α -LCMV										+		
α -WNV			+								+	
α -Trip Δ U3.CMV-GFP (D+14)	+											
α -Trip Δ U3.CMV-GFP (D+23)		+										
α -Trip Δ U3.CMV-Es (WNV) (D+14)					+							
α -Trip Δ U3.CMV-Es (WNV) (D+23)						+						
α -Trip Δ U3.CMV-Es (WNV) (D+14：攻击 D+22)							+					
α -Trip Δ U3.CMV-Es (WNV) (D+14：攻击 D+30)								+				
α -Trip Δ U3.CMV-Es (WNV) (D+30：攻击 D+22)									+			+

◄NS 5
◄NS 3
◄ E

图 3

毒 IS－98－ST1 株攻击免疫小鼠。

更确切地说，使用了两种攻击方案：（i）第一组按实验 2 中所述免疫的 6 只小鼠在注射疫苗 15 天后接受 10 LD_{50}的 IS－98－ST1 株病毒；（ii）第二组按实验 2 中所述免疫的 6 只小鼠在注射疫苗 30 天后（D30）接受 100 LD_{50}的 IS－98－ST1 株病毒。攻击病毒稀释于补充 0.2% 牛血清白蛋白（Sigma）的 DPBS（pH 7.5）中；1 LD_{50}相当于 10 FFUAP61/ml。

第一组小鼠的存活曲线（图 4A）显示用 DPBS 或用 TRIPΔU3. CMV－EGFP 载体接种的所有对照小鼠在接种攻击剂量病毒后 13 天死亡。另一方面，用 TRIPΔU3. CMV－sE（WNV）载体免疫的 6 只小鼠可以抗致死剂量并且未显示出发病。

攻击后 22 天，通过 ELISA 发现抗性小鼠具有的抗西尼罗病毒抗体效价（1.7 ± 0.1，稀释度 1∶104）高于攻击前获得的值。在攻击 1 个月后，来自被攻击小鼠的血清与西尼罗病毒的 E 蛋白强烈反应（图 3），且中和抗体效价为 100。

第二组小鼠的存活曲线（图 4B）显示用 DPBS 或 TRIPΔU3. CMV－EGFPs 载体（DPBS）接种的对照小鼠在接种攻击剂量病毒后 9 天内死亡。另一方面，用 TRIPΔU3. CMV－sE（WNV）载体免疫的 6 只小鼠可抗致死剂量并且未显示出发病。与第一组的小鼠一样，在攻击 1 个月后，来自攻击免疫小鼠的血清与西尼罗病毒的 E 蛋白强反应（图 3），且中和抗体效价为 100。

此外，对于西尼罗病毒的非结构蛋白（图 3），被攻击小鼠缺乏抗体反应性，表明 TRIPΔU3. CMV－sE（WNV）载体所诱导的保护性免疫足以防止攻击病毒的感染。

结果显示，在成年小鼠中单次注射小量 TRIPΔU3. CMV－sE（WNV）载体颗粒在免疫两周后诱导产生中和抗体并且使其具有抵抗外周接种西尼罗病毒的致死攻击的保护性免疫力。

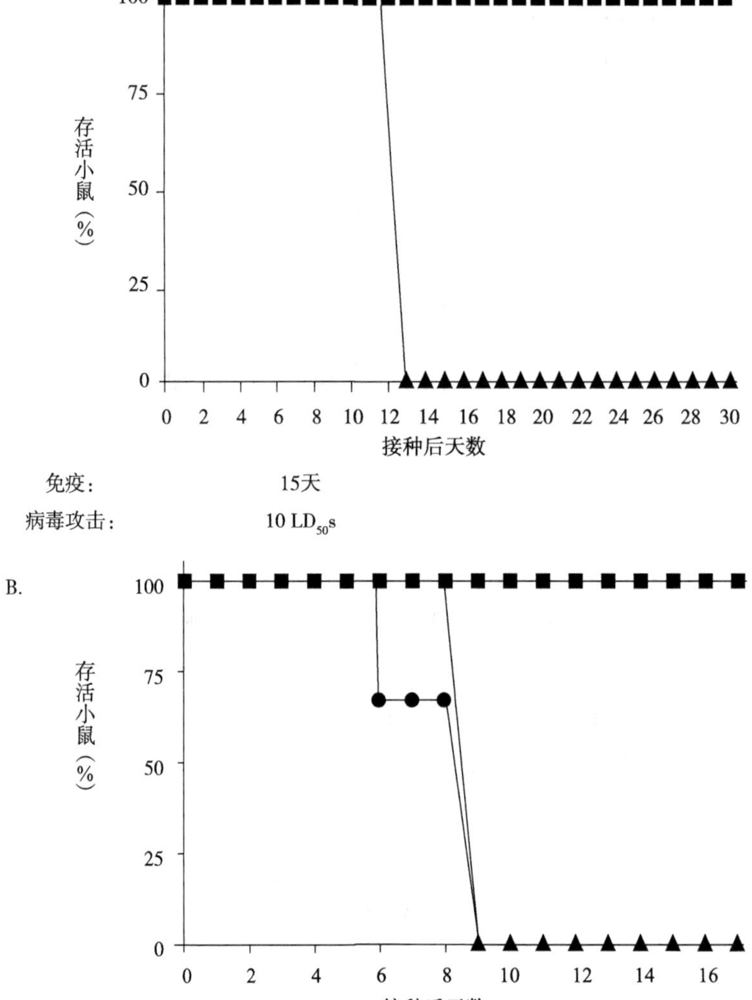

图 4

实验 4：用 TRIPΔU3. CMV－prM－E（WNV）重组载体制备病毒假颗粒

1. TRIPΔU3. CMV－prM－E（WNV）载体的制备

如实验 1 所述构建三重型重组 HIV 载体，其中含有编码西尼罗病毒 IS－98－ST1 株的 prM 和 E 蛋白的 cDNA，这对应其基因组序列的第 399～2469 位（专利申请 FR 01 04599 和 Genbank AF481864）。如实验 1 所述获得用 TRIPΔU3. CMV－prM－E

（WNV）重组载体转导的稳定细胞系。

2. 病毒假颗粒或 VLP 的制备

收获用 TRIPΔU3. CMV－prM－E（WNV）载体转导的细胞培养上清并用 PEG 6000（Fluka，7% W/V）在 4℃温和搅拌沉淀 4～5 小时。所获得的沉淀在 4°C 以 9000rpm 离心 30 分钟，将含 VLP 的沉淀收集于 4ml TNE（20 mM Tris－HCl，pH 8.0；150mM NaCl；2mM EDTA）中并铺在不连续蔗糖梯度（溶于 1×TNE 的 20%～60% 蔗糖）。将所述梯度液在 39000rpm 离心 2 小时并收获 20%～60% 界面的乳白色条带，铺在线性梯度（溶于 1×TNE 中的 11%～55% 蔗糖）上并在 35000rpm 离心 16 小时。收集梯度组分（11 组 0.5ml 组分）并随后用抗 WNV 免疫血清（1∶20）通过 ELISA 进行分析，通过 SDS－PAGE 凝胶电泳和考马斯蓝染色进行分析，以及用抗 WNV 免疫血清通过 Western 印迹进行分析。如图 5 所示，ELISA 的结果表明在所述梯度的组分 6～10 存在纯化的 VLP。

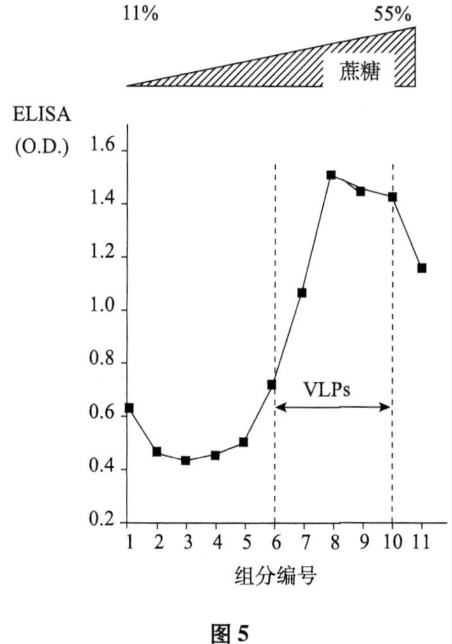

图 5

实验 5：在 129 小鼠中分析 TRIPΔU3. CMV－sE 载体的致免疫能力和保护能力

1. 材料和方法

1.1 免疫/疫苗接种方案

用如实验 1 所述制备的不同剂量 TRIPΔU3. CMV－sE（WNV）载体颗粒经腹膜内注射接种 6～8 周大的 129 小鼠（6 组，每组 6 只小鼠），所述载体颗粒稀释于补充 0.2% 牛血清白蛋白（BSA）的 0.1ml Dulbecco's PBS（DPBS；pH 7.5）中。

对动物进行单次疫苗注射。

对照组是在同样条件下用以与 TRIPΔU3. CMV－sE（WNV）载体颗粒相似方式制

备的500ng p24抗原当量的TRIPΔU3. CMV - GFP载体颗粒（1组6只小鼠）或者只用DPBS缓冲液（1组6只小鼠）进行接种。

在免疫后6天、13天、20天或27天（D6、D13、D20、D27）从小鼠眼窝周围放血并如实验2所述在测量抗WNV总抗体，IgG和IgM，以及体外中和活性之前将合并血清在56℃热灭活30分钟。

通过腹膜内注射接种如实验2所述制备的神经毒性WNV株IS - 98 - ST1进行WNV攻击。随后在免疫后第7天或第14天腹膜内注射1000 LD_{50}（腹膜内注射LD_{50} = 10 FFU）的WNV株IS - 98 - ST1对动物进行攻击。在长达21天的时间内每日监测被攻击小鼠的发病或死亡迹象。

1.2　流式细胞仪测试

用已在70℃热灭活10分钟或未处理（阳性对照）的TRIPΔU3. CMV - GFP载体颗粒转导培养于25cm^2瓶的293 T细胞。48小时后，将细胞分离、洗涤并用2% PFA固定。用FACSscan检测GFP荧光强度并用CellQuest软件进行分析。

2. 结果

为了考虑个体间免疫应答的变异性，选择比BALB/c纯系性更低的129小鼠用于评估由表达WNV - sE的慢病毒载体诱导的体液免疫反应。

2.1　腹膜内注射TRIPΔU3. CMV - sE载体颗粒后的强抗体应答

在用相当于500ng p24抗原的单剂量TRIPΔU3. CMV - sE（WNV）载体颗粒免疫的129成年小鼠中，早在免疫后6天时就可检测到抗WNV的总抗体，尽管存在的浓度较低。相比较而言，在TRIPΔU3. CMV - GFP免疫小鼠的血清中则未检测到抗WNV抗体。正如在此时间点所预期的，体液应答对应于IgM而非IgG抗体。总抗体应答在第13天增加10倍达到平台期，然后随时间维持。在这些稍后的时间点（第13、20、27天），IgM抗体消失，被IgG所取代（表2）。

表2　小鼠对TRIPΔU3. CMV - sE（WNV）疫苗接种的抗体应答

免疫载体[a] 放血日	WNV 抗体效价[b]	WNV IgM 抗体效价[b]	WNV IgG 抗体效价[b]	Anti - WNV FRNT90[c]
TRIPΔU3. CMV - GFP 帘第27天	<100	<100	<100	<10
TRIPΔU3. CMV - sE（WNV）				
帘第6天	3000	300	<100	10
帘第13天	30000	<100	1000	10
帘第20天	30000	<100	1000	10
帘第27天	30000	<100	1000	20

a. 用相当于500ng p24抗原量的慢病毒载体颗粒腹膜内接种成年129小鼠组。

b. 用ELISA对合并的热灭活血清进行测定。

第五章

c. FRNT（感染灶减少中和试验）：将 WNV 的 FFU 数减少至少 90% 的最高血清稀释度。

RIP 测试证明这些抗体与来自感染 IS－98－ST1 的 Vero 细胞裂解物的 WNV E－糖蛋白有反应性（图 6A）。感染灶减少中和试验（FRNT）显示来自 TRIPΔU3. CMV－sE（WNV）免疫小鼠的血清早在免疫后 6 天时就含有可检测水平的 WNV 中和抗体（表 2）。这些数据合起来表明在用 TRIPΔU3. CMV－sE（WNV）载体颗粒免疫的小鼠中发生了早期的和特异性抗 WNV 抗体免疫应答。

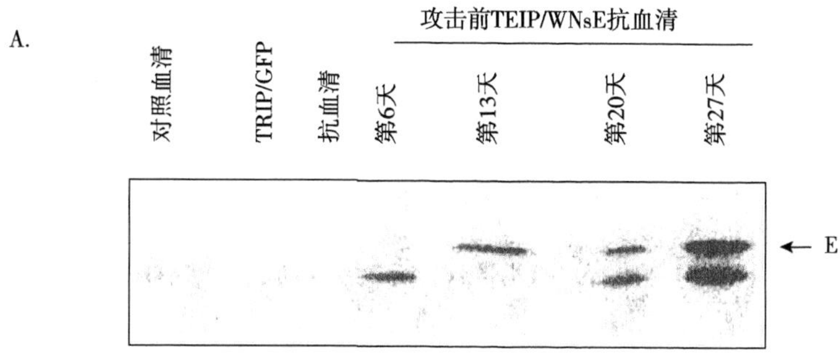

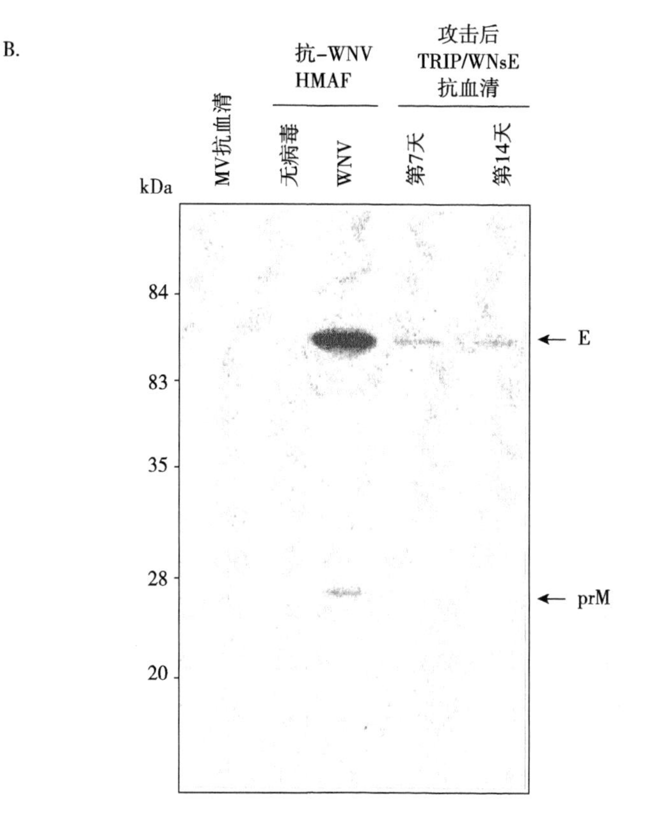

图 6

2.2 TRIPΔU3. CMV－sE（WNV）疫苗接种赋予小鼠抗高剂量 WNV 攻击的早期保护作用

用相当于 500 ng p24 抗原的单次剂量 TRIPΔU3. CMV－sE（WNV）载体颗粒免疫

的小鼠早在免疫后7天时就能完全保护小鼠对抗高病毒剂量攻击，因为在该组中未观察到发病或死亡（表3）。

表3 TRIPΔU3. CMV－sE（WNV）抗WNV感染的快速保护作用

免疫载体[a] 攻击日	保护作用[b] （存活数/被感染数）	攻击后 WNV抗体效价[c]
DPBS		
第7天	0/2	ND
第14天	0/2	ND
TRIPΔU3. CMV－GFP		
第7天	0/2	ND
第14天	0/2	ND
TRIPΔU3. CMV－sE（WNV）		
第7天	6/6	20000
第14天	6/6	30000

a. 用相当于500ng p24抗原的单次剂量慢病毒载体颗粒或用DPBS腹膜内接种成年129小鼠组。

b. 在攻击日，用1000个腹膜内LD_{50}的WNV株IS－98－ST1腹膜内接种小鼠。记录21天中的存活。

c. 用ELISA对合并的热灭活血清进行测定。

ND：未检测。

选择的病毒攻击中所用感染性病毒剂量相当于蚊子叮咬所能传播的最大病毒接种量。据估计此剂量相当于10000个体外FFU（Despres等，J. Infect. Dis.，2005，191，207－214；Mashimo等，2002，前已引用），它自身相当于经腹膜内途径的1000个体内LD_{50}。

用对照载体TRIPΔU3. CMV－GFP或用DPBS免疫的所有小鼠在攻击后11天内全部死亡（表3）。有趣的是，抗WNV总抗体在攻击后提高了10倍，表明TRIPΔU3. CMV－sE（WNV）免疫小鼠中发生了有效的二次应答（表3）。在BALB/c小鼠中也获得了相同的结果。这些结果表明TRIPΔU3. CMV－sE（WNV）疫苗接种使小鼠具有抗高WNV攻击的非常迅速且完全的保护性免疫应答。这在疾病爆发急需保护敏感物种的情况下可具有重要的价值。

2.3 慢病毒载体疫苗所赋予的免疫是杀灭性的

为了确定在已接种疫苗的动物内在攻击时是否会发生WNV初次感染，换言之，所产生的免疫应答是否赋予个体杀灭性（sterilizing）保护性免疫，对在WNV攻击之前和之后21天收集的免疫小鼠的合并血清进行RIP测试。在用相当于500ng p24抗原的单次剂量TRIPΔU3. CMV－sE（WNV）载体颗粒免疫后第13、20和27天获得的血清能与 WNV 的 E 蛋白反应。不过，在免疫后第 6 天获得的血清则不与此蛋白反应（图 6A）。由于 RIP 测试不能检测 IgM，这与 ELISA 的结果是一致的，后者显示在免疫后第 6 天只有抗 WNV 的 IgM 而无 IgG 存在。来自 TRIPΔU3. CMV – GFP 免疫小鼠的血清则不与 WNV E 蛋白反应。

有趣的是，在来自 TRIPΔU3. CMV – sE（WNV）免疫小鼠的攻击后血清中未检测到除 WNV E 之外抗其他任何病毒蛋白质的抗体（图 6 B）。这种抗 WNV 非结构蛋白抗体的缺失强烈表明在所有的 TRIPΔU3. CMV – sE（WNV）接种小鼠中未发生病毒复制。因此，TRIPΔU3. CMV – sE（WNV）接种赋予小鼠完全杀灭性免疫力。

如果该疫苗用于鸟类免疫，这一点就可能具有重要的优势。实际上，尽管马、人和其他哺乳动物被认为是 WNV 感染的死端宿主，但已知鸟类是扩增宿主并且参与流行病的维持（Dauphin 等，Comp. Immunol. Microbiol. Infect. Dis. ，2004，27，343 – 355）。

2.4　单次免疫 TRIPΔU3. CMV – sE（WNV）所提供的保护作用是长期持续的

为了确定用基于 TRIPΔU3. CMV – sE（WNV）慢病毒载体的疫苗单次免疫是否具有引起抗 WNV 的长期保护性免疫的潜能，在注射 TRIPΔU3. CMV – sE（WNV）疫苗 3 个月后，通过 ELISA 和 FRNT 检测来自 129 免疫小鼠的合并血清。

用相当于 500ng p24 抗原的单次剂量 TRIPΔU3. CMV – sE（WNV）载体颗粒免疫小鼠的抗体水平在注射 3 个月后仍然相当高（1:30000）并且中和抗体是持久的（表 4）。

表 4　通过 TRIP/sEWNV 获得的抗 WNV 感染的长期保护作用

免疫载体[a]	WNV 抗体效价[b]（攻击前）	抗 WNV FRNT90[c]（攻击前）	保护作用[d]（存活数/被感染数）	WNV 抗体效价[b]（攻击后）	抗 WNV FRNT90[c]（攻击后）
TRIPΔU3. CMV – GFP	<100	<10	0/3	ND	ND
TRIPΔU3. CMV – sE（WNV）	30000	20	13/13	500000	400

a. 相当于 500ng p24 抗原的 ng。

b. 用 ELISA 对合并的热灭活血清进行测定。

c. FRNT：感染灶减少中和试验：使 WNV 的 FFU 数减少至少 90% 的最高血清稀释度。

d. 免疫后 3 个月，用 1000 LD_{50}的 WNV 株 IS – 98 – ST1 腹膜内接种小鼠。记录 21 天中的生存。

在用 TRIPΔU3. CMV – sE（WNV）免疫并随后腹膜内注射 1000 LD_{50} 剂量 IS – 98 – ST1 WNV 进行攻击的小鼠内即未观察到发病也未观察到死亡，而所有的对照小鼠都死亡（表4）。攻击后总抗体效价以及中和抗体都有所增加，表明用 TRIPΔU3. CMV－sE（WNV）免疫的小鼠早在三个月前已建立了有效的二次应答（表4）。这表明用编码 WNV－sE 的慢病毒载体进行单次免疫足以在小鼠内提供长期持续的保护性免疫。

2.5　单次小剂量的 TRIPΔU3. CMV－sE（WNV）足以提供完全和快速的保护

为了计算获得完全的保护性免疫所需的载体最小剂量，用逐渐降低剂量的 TRIPΔU3. CMV－sE（WNV）腹膜内注射免疫几组 129 小鼠，用 500ng 剂量的 TRIPΔU3. CMV－GFP 载体颗粒免疫小鼠作为对照。7 天后，用 1000 LD_{50} IS－98－ST1 攻击所有小鼠。正如所预期的，接受对照载体的所有小鼠在攻击的 11～13 天内死亡。结果表明完全保护小鼠所需的 TRIPΔU3. CMV－sE（WNV）最小剂量是相当于 50ng p24 抗原的载体颗粒量（表5）。

表5　TRIP/sE WNV 对抗 WNV 感染的剂量依赖性保护

免疫载体[a] 剂量（p24 的 ng）	保护作用[b] （存活数/被感染数）	攻击后 WNV 抗体效价[c]
TRIPΔU3. CMV－GFP		
500	0/6	ND
热灭活的 TRIPΔU3. CMV－sE（WNV）[d]		
50	0/6	ND
TRIPΔU3. CMV－sE（WNV）		
500	6/6	200000
150	6/6	300000
50	12/12	300000
15	5/6	300000
5	2/5	200000
1，5	11/12	ND

a. 用单次剂量的慢病毒载体颗粒接种成年 129 小鼠组。

b. 初次免疫后一周用 1000 个腹膜内 LD_{50} 的 WNV 株 IS－98－ST1 腹膜内接种小鼠。记录 21 天中存活。

c. 通过 ELISA 对合并的热灭活血清进行测定。

d. 慢病毒载体颗粒在 70°C 热灭活 10 分钟。

较低剂量只提供部分保护，由此可计算 50% 的保护剂量是相当于 6.2 ng p24 抗原的载体颗粒。应注意的是，这些剂量保护实验是在最严谨的攻击条件下进行的，在接种后第 7 天早期攻击并且是高病毒攻击接种量（1000LD_{50}）。由于在第 7 天和第 15 天之间总抗体浓度增加了 10 倍，所以如果在仅一周后计算，50% 保护剂量就可能甚至低于 6.2 ng。来自接受了相当于 50 ng p24 的 TRIPΔU3. CMV－sE（WNV）载体颗粒的小鼠的免疫血清没有可检测到的抗 WNV 抗体。假定这样低的 TRIPΔU3. CMV－sE 剂

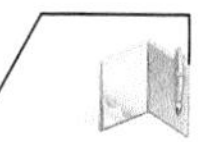

量可以在初次免疫一周后使小鼠完全被保护，那么可以预期基于慢病毒载体的疫苗必须产生启动抗 WNV 的先天免疫的信号。

此外，重要的是要注意完全保护性免疫所需的剂量可能由于所用的模型而被低估了。实际上，资料已显示与包括人细胞在内的其他哺乳动物细胞相比，小鼠细胞对于慢病毒载体转导具有较低的允许度（Giannini 等，Hepatology，2003，38，114－122；Nguyen 等，Mol. Ther.，2002，6，199－209）。鸟类细胞显示出比小鼠细胞更好的转导允许度，使得我们可以预计在家禽内微小的慢病毒载体疫苗剂量就有效。

为了确定获得的保护性是特别由于实际的载体介导的 WNV－sE 抗原表达造成的而非由于残余 WNV－sE 蛋白或污染载体贮液的载体质粒 DNA 造成的，因此，用热灭活的（70°C 10 分钟）TRIPΔU3. CMV－sE（WNV）载体颗粒免疫小鼠，热灭活是终止转导的一种处理方法（图 7）。用 WNV 攻击后，所有注射了热灭活 TRIPΔU3. CMV－sE（WNV）的小鼠死亡（表 5）。因此不可能是游离的裸 DNA 在保护中起作用。

此外，凭借用于使载体颗粒假型化的 VSV－G 衣壳普遍存在的向性，慢病毒载体疫苗理论上可以不经修饰用于任何有感染危险的脊椎动物物种，包括人和动物，如马、家禽和动物园哺乳动物。

这些结果证明，微小剂量的载体颗粒足以在小鼠内获得快速和完全的保护性免疫。这使得该候选疫苗大大节省成本，并且可以在家禽养殖场或马场中建立大规模接种疫苗的方案。

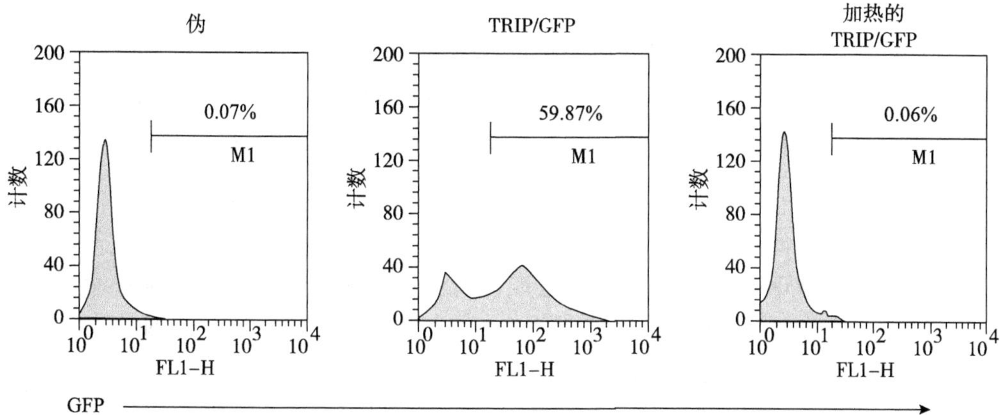

图 7

第五章

附件2：背景资料

一、黄病毒科

黄病毒科被划分成三个属：黄病毒属、瘟病毒属和丙肝病毒或丙型肝炎病毒属；黄病毒科是人和牲畜健康的重要问题，因为大量人畜疾病是由黄病毒科所诱发的。具体而言，例如，有70种以上的黄病毒，其中至少50%是人或牲畜疾病的病因。

黄病毒科是小的有包膜病毒。它们的基因组是正极性单链RNA分子，根据黄病毒科类型长度为9.5～12.5kb，含有单个开放阅读框，在其旁侧是5′和3′末端两个短的非编码区。此开放阅读框被翻译成多蛋白，它是在其N末端部分中结构蛋白和在其C末端部分非结构（NS）蛋白的前体。

更明确地说：

——就黄病毒属而言，它的基因组是正极性的单链RNA分子，长度大约为10～12kb碱基。基因组RNA与数拷贝的衣壳蛋白C结合以形成核衣壳；它被由来源于内质网（ER）膜的脂双层组成的病毒包膜包围，包膜中锚定了包膜蛋白E和膜蛋白M。黄病毒基因组RNA包含约10500个核苷酸的单个开放阅读框，其旁侧是5′和3′末端的两个短的非编码区。基因组被翻译成大约3400个氨基酸的多蛋白，它是在其N末端部分中三种结构蛋白质C、prM（M的细胞内前体）和E，以及在其C末端部分中至少5种非结构（NS）蛋白NS1至NS5的前体。因此观察到以下结构：C－prM/M－E－NS1－NS2 A/2B－NS3－NS4A/4B－NS5。

——就瘟病毒属而言，基因组RNA大于12kb碱基，并且包含单个开放阅读框，被翻译成大约3900个氨基酸的多蛋白，它是11～13种瘟病毒蛋白的前体，其中4种是结构蛋白质：观察到以下结构：Npro－Cems－E1－E2－p7－NS2－NS3－NS4 A/4 B－NS5 A/5 B。以及

——就丙型肝炎病毒属而言，基因组RNA含有大约9.5kb碱基，并且包含单个开放阅读框，被翻译成大约3000个氨基酸的多蛋白，它是在其N末端部分中三种结构蛋白质C、E1和E2、以及在其C末端中至少7种非结构（NS）蛋白NS1至NS5的前体。观察到的结构如下：C－E1－E2－NS1－NS2－NS3－NS4A/4B－NS5 A/5B。

许多严重的人和动物疾病是由此科病毒诱导的；根据感染的病毒，通常观察到的各种症状有发热（周期性或非周期性）、出血热、腹泻、脑炎、肝炎或脓毒性休克。更确切地说，讨论的各种病毒如下：

——黄病毒属：黄病毒中大部分通过蚊（库蚊属、伊蚊属、按蚊属或曼蚊属）或蜱传播给脊椎动物宿主：（i）通过蚊子传播的病毒：登革热病毒（1型至4型）、黄热病毒（YFV）、日本脑炎病毒（JEV）、西尼罗病毒（WNV）、墨累山谷脑炎病毒（Murray Valley encephalitis virus，MVEV）、圣路易脑炎病毒（SLEV）和（ii）由蜱传播的病毒：蜱媒脑炎病毒（TBEV）、科萨努尔森林病病毒、鄂木斯克出血热病毒和跳

跃病病毒。

——瘟病毒属：边界病病毒（BDV）、牛病毒性腹泻病毒（BVDV）和典型猪瘟病毒（CSFV）或猪霍乱病毒。

——丙肝病毒属：丙型肝炎病毒和庚型肝炎病毒。

候鸟可以是某些这类病毒的贮主，尤其是西尼罗病毒，它还被注意到的是跨越了马和人之间的物种屏障。

迄今为止研究者已提出了一定数目的疫苗策略（Gould EA：Flavivirus Infections in Humans，Encyclopaedia of Life Sciences，2001；Pugazchev KV et al.，Internat. J. Parasitol，2003，33，567－582；Putnak R et al.，Advances in Virus Research 2003，61，445－468；Smith DB，Hepatitis C virus，Encyclopaedia of Life Sciences，2001）并且涉及：

——含有减毒活病毒或已灭活病毒的疫苗（Pugachev KV 等，2003，同上；Gould EA，2001，同上；Brinton MA，Annu. Rev. Microbiol.，2002，56，371－402；Hamers C. 等，Vet. Rec.，2003，153，8，236－240；Kovacs F. 等，Vet. Microbiol.，2003，96，2，117－131）；

——含有病毒亚基的疫苗；

——含有一个或多个病毒来源抗原的疫苗（Wang T 等，J. Immunol.，2001，167，5273－5277）；

——含有嵌合病毒的疫苗（Pugachev KV 等，2003，同上）；或

——DNA 疫苗（Putnak R 等，2003，同上；Turell MJ 等，Emerging Infectious Diseases，2003，9，9，1077－1081；Davis BS 等，J. Virol.，2001，4040－4047；Pan CH 等，J. Virol.，2001，75，23，11457－11463）；这些疫苗使用了各种各样的载体。具体而言，上文提及的 Putnak R 等人在 2003 年提出为了进行最适表达，应选择最适当的调控元件（启动子和增强子）；至少就黄病毒而言，推荐使用含 CMV 启动子（例如，pcDNA3 质粒，Invitrogen）或 RSV 启动子并共表达 prM 和 E 基因以及任选的至少一种非结构蛋白质的质粒载体。

二、慢病毒载体

慢病毒载体基本概念

慢病毒（Lentivirus）是逆转录病毒科的一个病毒属，包括人免疫缺陷病毒（HIV）、猴免疫缺陷病毒（SIV）和猫免疫缺陷病毒（FIV）等，其能够将非常大片段的遗传物质导入宿主 DNA 中。与一般的逆转录病毒不同，慢病毒不仅能够在分裂细胞中复制，而且在非分裂细胞中也可以复制，这使得慢病毒非常适于用作高效率的基因转移载体。

慢病毒载体（Lentiviral vector）的研究发展得很快，研究得也非常深入。该载体可以将外源基因有效地整合到宿主染色体上，从而达到持久性表达。在感染能力方面

可有效地感染神经元细胞、肝细胞、心肌细胞、肿瘤细胞、内皮细胞、干细胞等多种类型的细胞，从而达到良好的基因治疗效果，在美国已经开展了临床研究，效果非常理想，因此具有广阔的应用前景。

慢病毒载体较逆转录病毒载体有更广的宿主范围，慢病毒能够有效感染非周期性和有丝分裂后的细胞。慢病毒载体能够产生表达 shRNA 的高滴度的慢病毒，在周期性和非周期性细胞、干细胞、受精卵以及分化的后代细胞中表达 shRNA，实现在多种类型的细胞和转基因小鼠中特异而稳定的基因表达的功能性沉默，为在原代的人和动物细胞组织中快速而高效地研究基因功能，以及产生特定基因表达降低的动物提供了可能性。慢病毒作为 siRNA 的携带者，不但具备特异性地使基因表达沉默的能力，而且充分发挥了慢病毒载体自身所具备的优势，为基因功能的研究提供了更强有力的工具。

慢病毒载体构建基本原理

慢病毒载体系统由两部分组成，即包装成分和载体成分。包装成分由 HIV－1 基因组去除了包装、逆转录和整合所需的顺式作用序列而构建，能够反式提供产生病毒颗粒所必需的蛋白；载体成分则与包装成分互补，即含有包装、逆转录和整合所需的 HIV 顺式作用序列，同时具有异源启动子控制下的多克隆位点及在此位点插入的目的基因。为降低两种成分同源重组恢复成野生型病毒的可能，需尽量减少二者的同源性，如将包装成分上 5′LTR 换成巨细胞病毒（CMV）立即早期启动子、3′LTR 换成 SV40 polyA 等。包装成分通常被分开构建到两个质粒上，一个质粒表达 Gag 和 Pol 蛋白，另一个质粒表达 Env 蛋白，其目的也是降低恢复成野生型病毒的可能。将包装成分与载体成分的 3 个质粒共转染细胞（如人肾 293T 细胞），即可在细胞上清中收获只有一次性感染能力而无复制能力的、携带目的基因的 HIV－1 载体颗粒。

慢病毒载体的改进

（1）包膜蛋白。采用表达水疱性口炎病毒（VSV）糖蛋白 G 的质粒和双嗜性小鼠白血病病毒（MLV）包膜蛋白 Env 的质粒，分别取代表达 HIV 本身包膜蛋白 Env 的质粒，使 HIV－1 载体颗粒包上了 VSV 或双嗜性 MLV 的包膜。这样做的结果至少具有三个方面的积极意义：①包膜的更换进一步降低了慢病毒载体恢复成野生型病毒的可能；②使 HIV 载体感染宿主的范围不再仅限于 CD4＋细胞，而扩大到几乎能感染所有组织来源的细胞；③VSV 的包膜赋予慢病毒载体颗粒高度的稳定性，使其能够通过超速离心而浓缩，达到高滴度。Naldini 等已使慢病毒载体滴度由 105 转录单位（TU）/ml 达到 108 TU/ml。（2）包装成分。包装成分的构建应在不重组病毒的装配和感染力的前提下，尽可能地减少无关的 HIV－1 蛋白的表达，为野生型病毒的恢复设置障碍。Naldini 等在构建包装质粒时，阻止 env 基因的表达。在此基础上，Zufferey 等将包装包装质粒上表达调节蛋白 Nef、Vif、Vpr 和 Vpu 的 4 个基因分别删除或联合删除。这 4 个调节蛋白或已被证实、或被高度怀疑是构成 HIV 毒性的因素，将其删除、加上包膜蛋白的替换，可使制备 HIV 载体过程中产生野生型病毒的可能必微乎其微。(3) 载体质粒。载体质粒上 HIV－1 的顺式序列通常包括两端的 LTR、剪切位点及包装信号 Ψ 等。此外，研究表明，gag 基因 5′端的序列可提高载体 RNA 的包装效率；Rev 蛋白需要与 Rev 反应元件（RRE）相作用，将未剪切的载体转录产物从细胞核转运到胞浆。因此，Naldini 等在载体上保留了 gag 基因 5′端 350 bp 的序列及位于 env 序列中的 RRE，提高了产生载体颗粒的能力。

慢病毒载体与其他常见病毒载体的特征比较

目前常用的病毒载体有腺病毒、逆转录病毒和慢病毒。逆转录病毒载体只能感染分裂期细胞，而且容量有限，腺病毒一般不能整合到染色体上，只能进行瞬时感染。与其他逆转录病毒相比，慢病毒（LV）具有可以感染非分裂期细胞、容纳外源性基因片段大，可以长期表达等显著优点。慢病毒不产生任何有效的细胞免疫应答，可作为一种体外基因运输的工具。慢病毒载体介导的转基因表达能持续数月，且无可观察到的病理学现象。

病毒表达系统	腺病毒表达系统	慢病毒表达系统	逆转录病毒
病毒基因组	双链 DNA 病毒	RNA 病毒	RNA 病毒
是否整合	病毒基因组游离于宿主基因组外，瞬时表达外源基因	病毒基因组整合于宿主基因组，长时间、稳定表达外源基因	病毒基因组整合于宿主基因组，长时间、稳定表达外源基因
感染细胞类型	感染分裂和不分裂细胞	感染分裂和不分裂细胞	感染分裂细胞，但在干细胞中表达效率低
表达丰度	高水平表达	高水平表达	高水平表达
表达时间	快（1～2 天）	慢（2～4 天）	快（1～2 天）
滴度	滴度高达 1012pfu/ml	最高可达 109～10TU/ml	最高可达 109～10TU/ml
克隆容量	可插入高达 8 kb 的外源片段，滴度随插入片段长度增加而降低	可插入不超过 8 kb 的外源片段，滴度随插入片段长度增加而降低	可插入不超过 6 kb 的外源片段
免疫原性	高免疫原性	低免疫原性	低免疫原性
动物模型	不能得到转基因动物	可产生转基因动物，效率达 50 以上	可以，但很难
启动子	可以更换特异性启动子	可以更换特异性启动子	不需要启动子
能否用于 MIRCORNA	可以	可以	不可以
能否用于四环素诱导	不可以	TET－ON，TET－OFF	不可以

附件3：参考文献

参考文献1

猫免疫缺陷病毒基因治疗载体

本发明公开了一种基于猫免疫缺陷病毒FIV载体（一种慢病毒载体）的丙型肝炎病毒（HCV）疫苗，以及相关的包装细胞系，制造该疫苗的方法，以及所述疫苗的使用方法。

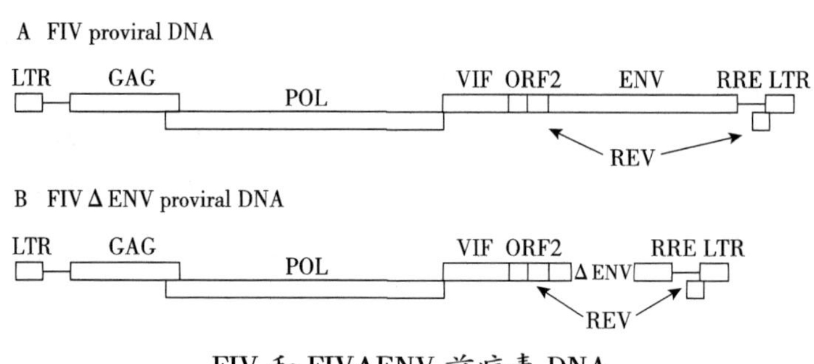

FIV和FIVΔENV前病毒DNA

参考文献2

本发明提供一种包含重组载体的免疫原性组合物，该载体是一种基于HIV的三链体型的重组慢病毒载体，其包含顺式作用中心起始区（cPPT）和顺式作用终止区（CTS）。所述免疫原性组合物能够诱导或刺激针对载体中转基因序列编码之表位的细胞介导的免疫反应，如CTL（细胞毒性T淋巴细胞）反应或CD4反应。使得可以使用该载体用于基因治疗和肿瘤免疫治疗等方法。

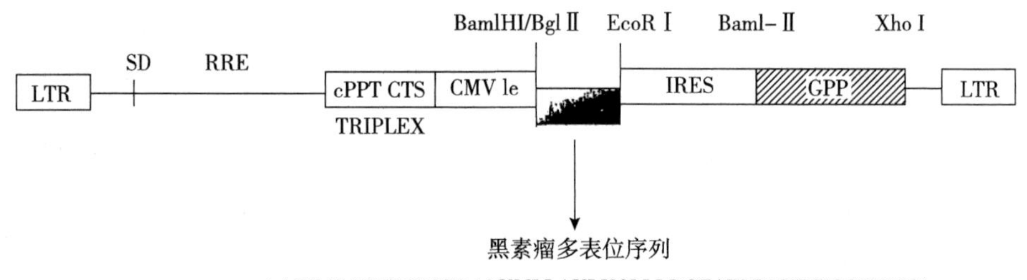

黑素瘤多表位序列

AAGILIL TVFLWGPRALVMLLAVLYCLLLDGTATLRLKTWGQYWQV
YMDGTMSQVITDQVPFSVYLEPGPVTAILTVILGVLVLPDVFIRCV

图1 编码黑素瘤多表位的HIV-1来源的中心DNA阳性重组载体

第五章

参考文献3

2型登革热病毒包膜蛋白结构域III的外部环区参与与蚊子的血清型特异性结合，但不参与与哺乳动物细胞的结合。

登革热病毒（DV）是一种黄病毒，可以通过蚊子作为媒介而感染哺乳动物细胞。本研究调查了2型登革热病毒包膜蛋白的结构域III（EIII）在与宿主细胞结合中的作用。重组 EIII 通过阻断 DV 与细胞的吸附而干扰 DV 感染哺乳动物细胞 BHK21 和蚊子细胞 C6/36。EIII 对 BHK21 细胞的抑制没有血清型特异性；然而 EIII 对 C6/36 细胞的抑制相对具有血清型特异性。可溶性肝素完全阻断了 EIII 与 BHK21 细胞的结合，这提示结构域 III 主要结合细胞表面硫酸乙酰肝素。对此还有更多证据：EIII 与缺乏硫酸肝素的突变哺乳动物细胞系 gro2 C 和 sog9 结合非常微弱。相对而言，肝素不阻断 EIII 与蚊子细胞的结合。而且，包含 EIII 第 380 ~ 389 位氨基酸的合成肽 IGVEPGQLKL 抑制 EIII 与 C6/36 细胞的结合，但不抑制与 BHK21 细胞的结合。该合成肽对应于E 蛋白结构域 III 的外部环区，这表明该环区可能参与与蚊子细胞的结合。本研究的结果提示，可以基于该 EIII 结构域来开发抑制 DV 病毒与中间宿主蚊子之间结合的抑制剂。

附件4：供参考的专利申请文件

说 明 书 摘 要

本发明一般地涉及黄病毒疫苗领域。具体来说，本发明涉及用于表达黄病毒属病毒蛋白质的重组慢病毒载体，以及它用于制备疫苗以预防和/或治疗敏感物种（宿主或贮主）中受黄病毒属病毒感染中的应用。

权利要求书

1. 一种重组慢病毒载体，其包含编码黄病毒属病毒蛋白质或其免疫原性肽的多核苷酸片段。

2. 根据权利要求1的重组慢病毒载体，其中所述重组慢病毒载体是三链体型的。

3. 根据权利要求1或2的重组慢病毒载体，其中所述重组慢病毒载体包含其中启动子和激活子已从U3区被删除的3′ LTR。

4. 根据权利要求1~3中任一项的重组慢病毒载体，其中用另一种病毒的包膜蛋白质假型化所述重组慢病毒载体。

5. 根据权利要求4的重组慢病毒载体，其中所述包膜蛋白质是水泡性口炎病毒糖蛋白G。

6. 根据权利要求1~5中任一项的重组慢病毒载体，其中所述多核苷酸片段编码黄病毒属病毒的结构蛋白质或其免疫原性肽。

7. 根据权利要求6的重组慢病毒载体，其中所述结构蛋白质是膜蛋白或包膜蛋白。

8. 根据权利要求1~5中任一项的重组慢病毒载体，其中所述多核苷酸片段编码黄病毒属病毒的非结构蛋白质或其免疫原性肽。

9. 根据权利要求1~8中任一项的重组慢病毒载体，其中所述多核苷酸片段既编码黄病毒属病毒的结构蛋白质或其免疫原性肽，也编码同一黄病毒属病毒的非结构蛋白质或其免疫原性肽。

10. 权利要求1~9中任一项的重组慢病毒载体，其中所述免疫原性肽由多种黄病毒属病毒和/或同一黄病毒属病毒不同血清型的免疫原性片段联合构成。

11. 根据权利要求1~10中任一项的重组慢病毒载体，其中所述黄病毒属病毒选自西尼罗病毒、登革热病毒和黄热病毒。

12. 根据权利要求1~11中任一项的重组慢病毒载体，其中所述多核苷酸片段选自：

——编码西尼罗病毒或登革热病毒的E蛋白、以及任选地prM或M蛋白、和/或C蛋白、和/或非结构蛋白的多核苷酸片段，以及编码以上蛋白质的免疫原性肽的多核苷酸片段，和

——编码1~4型登革热病毒E蛋白的一种或多种结构域III的多核苷酸片段。

13. 根据权利要求12的重组慢病毒载体，其中所述多核苷酸片段编码1~4型登革热病毒E蛋白的四种结构域III，其序列如SEQ ID NO：1~4所示。

14. 根据权利要求1~12中任一项的重组慢病毒载体，其中所述多核苷酸片段是黄病毒属病毒编码序列的片段，所述编码序列对应选自以下的GenBank登记号：M23027、M19197、M93130、M14931、M12294、AF481864、M18370、X3700、

U27495、M73835。

15. 根据权利要求12的重组慢病毒载体，其中所述多核苷酸片段编码登革热病毒或西尼罗病毒的E蛋白和prM蛋白。

16. 根据权利要求12的重组慢病毒载体，其中所述多核苷酸片段编码西尼罗病毒IS－98－ST1株的分泌形式E蛋白，包含该载体的大肠杆菌菌株于200×年×月×日保藏于中国典型培养物保藏中心，保藏号为CCTCC NO. M××××××。

17. 根据权利要求1的重组慢病毒载体，其特征在于所述多核苷酸片段处于CMV启动子的控制下。

18. 免疫原性组合物，其特征在于它包含如权利要求1～17任一项中所定义的重组慢病毒载体。

19. 根据权利要求18的组合物，其特征在于它还包含药用赋形剂和/或载体。

20. 一种细胞，其包含权利要求1～17任一项所定义的重组慢病毒载体，优选为真核细胞。

21. 用于生产黄病毒属病毒的蛋白质或其免疫原性肽或者病毒假颗粒的方法，其特征在于所述方法至少包括以下步骤：

a）培养权利要求20所述的细胞，使得该细胞所包含的重组慢病毒载体表达其编码的黄病毒属病毒蛋白质或其免疫原性肽，和

b）分离所述蛋白质、免疫原性肽或病毒假颗粒。

22. 根据权利要求1～17中任一项的重组慢病毒载体、根据权利要求18～19中任一项的组合物或根据权利要求20的细胞在制备用于预防和/或治疗黄病毒属病毒感染的药物中的用途。

23. 根据权利要求1～17中任一项的重组慢病毒载体、根据权利要求18～19中任一项的组合物或根据权利要求20的细胞用于鉴定抗病毒化合物或从化合物库中筛选抗病毒化合物的用途。

24. 根据权利要求1～17中任一项的重组慢病毒载体、根据权利要求18～19中任一项的组合物或根据权利要求20的细胞在制备用于诊断黄病毒属病毒感染的试剂盒中的用途。

25. 一种试剂盒，其用于鉴定抗病毒化合物或从化合物库中筛选抗病毒化合物或者用于诊断黄病毒属病毒感染，所述试剂盒包含根据权利要求1～17中任一项的重组慢病毒载体、根据权利要求18～19中任一项的组合物或根据权利要求20的细胞。

说 明 书

用于表达黄病毒蛋白的重组慢病毒载体及其应用

技术领域

本发明一般地涉及黄病毒疫苗领域。具体来说，本发明涉及用于表达黄病毒属病毒蛋白质或其免疫原性肽的重组慢病毒载体，以及它用于制备疫苗以预防和/或治疗黄病毒属病毒感染的应用。

背景技术

黄病毒科分成三个属：黄病毒属、瘟病毒属和丙肝病毒或丙型肝炎病毒属。黄病毒科在人畜健康方面受到重要关注，因为大量人畜疾病是由黄病毒科病毒所诱发的。具体而言，例如，有70种以上的黄病毒，其中至少50%是人或牲畜疾病的病因。在本文中，当使用术语“黄病毒科”时是指“黄病毒科病毒”；而在使用术语“黄病毒”时，除非特别指出，是指“黄病毒属病毒”。

许多严重的人和动物疾病是由黄病毒属病毒诱导的。根据所感染的病毒类型，通常观察到的症状有发热（周期性或非周期性）、出血热、腹泻、脑炎、肝炎或脓毒性休克。更确切地说，在黄病毒属病毒中，大部分是通过蚊（库蚊属、伊蚊属、按蚊属或曼蚊属）或蜱传播给脊椎动物宿主：（i）通过蚊子传播的病毒：登革热病毒（1型~4型）、黄热病毒（YFV）、日本脑炎病毒（JEV）、西尼罗病毒（WNV）、墨累山谷脑炎病毒（MVEV）、圣路易脑炎病毒（SLEV）；和（ii）由蜱传播的病毒：蜱媒脑炎病毒（TBEV）、科萨努尔森林病病毒、鄂木斯克出血热病毒和跳跃病病毒。

黄病毒属病毒是小的有包膜病毒，它的基因组是正极性的单链RNA分子，长度大约为10~12 kb碱基。基因组RNA与若干拷贝的衣壳蛋白C结合以形成核衣壳；核衣壳被由来源于内质网（ER）膜的脂双层组成的病毒包膜包围，包膜中锚定了包膜蛋白E和膜蛋白M。黄病毒基因组RNA包含约10.5 kb核苷酸的单个开放读码框，其旁侧是5′和3′末端的两个短的非编码区。基因组被翻译成大约3400个氨基酸的多蛋白，它是在其N末端部分中三种结构蛋白质C、prM（M的细胞内前体）和E，以及在其C末端部分中至少5种非结构（NS）蛋白NS1至NS5的前体。因此观察到以下结构：C-prM/M-E-NS1-NS2 A/2 B-NS3-NS4 A/4 B-NS5。

候鸟可以是一些黄病毒属（尤其是西尼罗病毒）病毒的贮存寄主，还注意到这些病毒可以跨越马和人之间的物种屏障。

迄今为止研究人员已经提出了一些疫苗策略（Gould EA：Flavivirus Infections in Humans，Encyclopaedia of Life Sciences，2001；Pugazchev KV et al.，Internat. J. Parasitol，2003，33，567-582；Putnak R et al.，Advances in Virus Research 2003，61，445-

468; Smith DB, Hepatitis C virus, Encyclopaedia of Life Sciences, 2001), 其中包括:

——含有减毒活病毒或已灭活病毒的疫苗 (Pugachev KV 等, 2003, 同上; Gould EA, 2001, 同上; Brinton MA, Annu. Rev. Microbiol., 2002, 56, 371 - 402; Hamers C. 等, Vet. Rec., 2003, 153, 8, 236 - 240; Kovacs F. 等, Vet. Microbiol., 2003, 96, 2, 117 - 131);

——含有病毒亚基的疫苗;

——含有一个或多个病毒来源抗原的疫苗 (Wang T 等, J. Immunol., 2001, 167, 5273 - 5277);

——含有嵌合病毒的疫苗 (Pugachev KV 等, 2003, 同上); 或

——DNA 疫苗 (Putnak R 等, 2003, 同上; Turell MJ 等, Emerging Infectious Diseases, 2003, 9, 9, 1077 - 1081; Davis BS 等, J. Virol., 2001, 4040 - 4047; Pan CH 等, J. Virol., 2001, 75, 23, 11457 - 11463); 这些疫苗使用了各种各样的载体。具体而言, 上文提及的 Putnak R 等人在 2003 年提出为了进行最适表达, 应选择最适当的调控元件 (启动子和增强子); 至少就黄病毒而言, 推荐使用含 CMV 启动子 (例如, pcDNA3 质粒, Invitrogen) 或 RSV 启动子并共表达 prM 和 E 基因以及任选的至少一种非结构蛋白质的质粒载体。

西尼罗病毒 (West Nile Virus, WNV) 是最近在北半球、尤其是美国出现的一种黄病毒属的单链 RNA 病毒, 乙型脑炎、黄热病、登革热病毒等也都属于黄病毒属。西尼罗病毒因最初是在 1937 年从乌干达西尼罗地区一名发热的妇女血液中分离出来而得名, 电镜下该病毒的直径为 21 ~ 60nm, 呈圆形颗粒, 对有机溶剂、紫外线等敏感。

西尼罗病毒病是由西尼罗病毒引起的传染病, 是一种人兽共患病。近年来西尼罗病毒病出现在欧洲和北美的温带区域, 对人和动物的健康构成了威胁。这种病的严重危害是使人和马患上致命的脑炎, 使鸟、鸡等死亡。1999 年 7 ~ 10 月, 在纽约和相邻州的人、马、野鸟和动物园鸟中间发生的一次暴发流行, 结束了西半球无人和动物间感染报道的历史, 是该病毒发展史上的一个里程碑事件。鸟是该病毒的贮存宿主, 是 WNV 感染的主要传染源, 目前已查明有 70 多种鸟与传播该病毒有关, 其中有些鸟的死亡率很高, 如乌鸦、大乌鸦、喜鹊、蓝鸟和灰鸟, 但鸟的种类目前尚未完全清楚。病人和隐性感染者亦应该是该病毒的传染源, 但还未得到证实。血清学检查提示, 在一次流行中有很多隐性感染者, 他们只表现出轻微症状或无症状。

现已从很多种蚊子中检测到了西尼罗病毒: 如伊蚊、按蚊、库蚊、曼蚊等, 蚊子自感染鸟类吸取含有病毒的血液后, 病毒在蚊体内经过 10 ~ 14 天, 病毒便存在于蚊子的唾腺中, 可以经由叮咬其他动物或人类而传播病毒。病毒进入动物或人的血液后, 会透过血脑屏障进入脑内, 引发脑炎。人类、家禽与鸟类之间无法直接传播。研究发现, 西尼罗病毒通常沿着鸟迁移的路径而传播到新的地方。

尽管西尼罗病毒尚未在中国爆发流行，但考虑到候鸟迁徙、频繁的国际人员流动等因素，我们也迫切需要提出预防该病毒传播尤其是在人群中传播的策略。众所周知，疫苗接种是应对病毒传播的最有效手段。研究人员已经提出了一些针对西尼罗病毒的疫苗策略，目前提议用于抗击西尼罗病毒感染的疫苗策略主要有如下几种：

——在小鼠脑中生产的日本脑炎病毒，用甲醛溶液灭活（JE－VAX®，Aventis－Pasteur；Monath 等，Curr. Drug Targets Infect. Disord.，2001，1，37－50）；对于它能保护人或马抵抗西尼罗病毒感染的交叉保护作用仍未得到证实并且是有争议的（Monath，AM；Trop. Med. Hyg.，2002，66，113－114）。此外，小鼠的研究显示交叉免疫可能在西尼罗病毒感染期间诱导脑发炎。

——甲醛灭活的西尼罗病毒（国际专利申请公开 WO 03/61555）；这种被提议用于免疫马的疫苗已被发现在马中无任何致病效果并且有效抵抗西尼罗病毒的感染；不过，由于体液应答的量较低，需要进行数次注射以及之后每年增强免疫。

——来自黄热病毒减毒株的嵌合病毒（17D 株；ChimeriVax™－WN）；更确切地说，所述 ChimeriVax®－西尼罗嵌合病毒在减毒病毒 YV 17D 中包含了 New York 1999 株 WNV 的 prM－E 盒（国际专利申请公开 WO 03/59384 和 Pletnev AG 等，PNAS，2002，99，5，3036－3041；Monath TP 等，Curr. Drug Targets Disord.，2001，1，1，37－50）；西尼罗病毒的 prM 和 E 基因被插入黄热病毒或登革热病毒中，因此其可用作载体。编码核衣壳蛋白和非结构蛋白的基因以及来源于 17D 或 DEN4 毒株的非翻译末端区用于重组嵌合病毒的复制。嵌合病毒在宿主内象 17D 或 DEN4 病毒一样进行复制，但特异性针对西尼罗病毒免疫（Monath 等，Curr. Drug Targets Infect. Disord.，同上）。用嵌合病毒进行感染刺激了免疫应答的各条途径。此外，嵌合病毒颗粒包含完整的 E 蛋白，它具有冗余的中和表位。因此，嵌合病毒在宿主中复制诱导预防病毒早期传播的高滴度中和抗体，而细胞毒性 T 免疫性则除去了已经成功感染细胞的病毒。感染后记忆应答很快速并且比疫苗后应答更强，它也有助于抵抗西尼罗病毒感染。已显示用 17 D 毒株预免疫不抑制嵌合病毒的感染，而相反的提高特异性抗体的生产。还已经显示，在小鼠和非人灵长类动物中，ChimeriVax™－JE 嵌合疫苗的神经毒性较 17 D 毒株更低。此外，在体内和细胞培养中重复传代期间嵌合病毒基因组是稳定的。ChimeriVax™－WN 嵌合病毒来自已证实对人无害且有效的疫苗株，因为该疫苗株是 65 年前为人免疫接种所研发的并且已经用于数百万个体（Monath 等，Curr. Drug Targets Infect. Disord.，同上）；然而使用嵌合的减毒活病毒产生了安全性问题，不同物种之间的非同源重组是可能的，就像天然存在的重组黄病毒所证明的那样（Seligman SJ 和 Gould EA，Lancet，2004，363，2073－2075）。

——裸 DNA（Davis 等，J. Virol.，2001，75，4040－4047；Turell 等，Emerg. Infect. Diseases，2003，9，1077－1081 和国际专利申请 WO 03/61555）；使用的裸 DNA 载体是含巨细胞病毒早期启动子、来源于日本脑炎病毒编码信号肽的序列、

以及编码西尼罗病毒 prM 和 E 蛋白的序列的载体 pCBWN。已显示简单肌肉内注射此质粒在小鼠和马中诱导针对西尼罗病毒感染的保护性免疫；

——重组蛋白 E（Wang 等，J. Immunol.，2001，167，5273－5277）；以融合蛋白形式在大肠杆菌中表达并通过亲和层析纯化的完整 E 蛋白或缺失 C 末端区（残基 E1～E409）的 E 蛋白在小鼠中诱导抗 E 蛋白的中和抗体。缺失 C 末端区域的可溶性 E 蛋白在小鼠中诱导完全的保护作用，但用完整的 E 蛋白只观察到部分的保护作用。

发明内容

考虑到现有技术中黄病毒疫苗的各种各样的缺陷和不利因素，即使现有的大部分疫苗总体上是有效的，也仍然存在对新的预防性工具的需求，尤其是在有关黄病毒的核酸疫苗领域；具体而言，确实需要有载体可用于人类医学和兽医学中预防由这些病毒诱发的疾病以及根除贮主中的这些病毒。

事实上，对于同属于黄病毒科的丙肝病毒属，例如更具体地对于丙型肝炎病毒，使用痘苗病毒来表达 HCV 病毒蛋白，然而针对保护患者免于丙型肝炎而进行的试验失败了；因为该病毒引起剪接，导致病毒蛋白被截短从而使保护效力降低（Dumonceaux J 等，J. Virol.，2003，77，24，13418－13424）。

此外，仍需要有只需不多次（一次或最多两次）注射的疫苗，以方便它们的使用，尤其是在待免疫个体难以遵守免疫计划时更是如此。

令人惊奇的是，本发明已经表明，用于表达黄病毒属病毒蛋白或其免疫原性肽的重组慢病毒载体能够有效地在被免疫个体（人或动物）中诱发强免疫应答，尤其是能保护所述个体抵抗此病毒的感染。

所述重组慢病毒载体能诱发抗高剂量西尼罗病毒攻击的非常早期的、长期持续的、完全保护性免疫应答。

本发明首次证明，慢病毒载体是诱发抗病原体的体液保护性应答的有效工具。这拓宽了慢病毒载体作为抗黄病毒等的疫苗接种工具的适用性，其中中和性体液应答是实现免疫保护作用的一个重要因素。

因此，本发明的一个保护主题是一种重组慢病毒载体，其包含编码黄病毒属病毒蛋白质或其免疫原性肽的多核苷酸片段。相应地，本发明的保护主题还包括一种包含上述重组慢病毒载体的免疫原性组合物，以及包含该重组慢病毒载体的细胞。此外，本发明还涉及使用上述重组慢病毒载体、免疫原性组合物和/或细胞用于预防和/或治疗黄病毒属病毒对敏感物种的感染，以及制备这种黄病毒疫苗的方法。作为本发明的重组慢病毒载体的进一步应用，本发明还涉及利用所述载体、免疫原性组合物或细胞来鉴定抗病毒化合物或者筛选抗病毒化合物的用途，以及利用它们来诊断黄病毒感染的用途。相应地，本发明还包括用于实施以上鉴定、筛选和诊断方法的试剂盒。

本发明的载体能够满足以上需要，并具有一系列的优点：

——它具有增加的免疫原能力；因此，单次施用于敏感物种就有效。此载体的有效性同时与以下方面有关：（i）它对抗原呈递细胞或APC如树突细胞等的趋向性，尤其是当它被皮下注射时；（ii）这些载体所携带的目标序列在细胞基因组中稳定整合，使得抗原可以在体内、尤其是树突细胞内长期持续表达；以及（iii）它刺激树突细胞依赖型免疫应答的能力。由此，抗原在树突细胞中表达的持续时间就长于通常用脉冲处理的树突细胞所获得的时间，这有利地使得有可能免于重复施用所述载体。

——它是非复制型的；因此，它很少有或不具有对敏感物种的致病能力并且无传染能力，即没有在周围环境中传播的危险。

——它是非致瘤性的，它导致目标序列稳定整合于宿主细胞的基因组中而不引起任何致肿瘤作用。

——它表现出无物种限制并且具有扩展的细胞趋向性，尤其是由于这种事实：它可能产生具有其他病毒的包膜蛋白的假型，所述包膜蛋白诸如水泡性口炎病毒（VSV）的、弹状病毒科病毒如狂犬病毒的糖蛋白G，以及埃博拉病毒的糖蛋白G；从而，它能有效的在任何敏感物种中用于预防和/或治疗性免疫。并且

——它使得应用时有可能不必使用佐剂。

附图说明

除了提供以上之外，本发明还包含提供其他技术方案，这将从以下有关制备根据本发明的重组载体的实施例和利用所述载体进行免疫接种的用途的实施例和衍生的修饰细胞用于生产蛋白质的用途的实施例以及有关附图中出现，其中：

图1是对应序列SEQ ID NO：5的载体质粒pTRIPΔU3 CMV－sE（WNV）的示意图，其中含有编码西尼罗病毒的截短E蛋白（E 1－411）（SEQ ID NO：7）的cDNA（SEQ ID NO：6）。

图2描述用ELISA或中和测试分析用单次腹膜内注射1μg TRIPΔU3 CMV－sE（WNV）载体颗粒免疫的小鼠的血清。

图3代表感染西尼罗病毒的VERO细胞的裂解物的免疫沉淀，用来自用1μg TRIPΔU3 CMV－sE（WNV）载体颗粒免疫小鼠的血清与对照血清相比较。

泳道1至10：感染了西尼罗病毒的VERO细胞的裂解物与以下血清沉淀：

——泳道1：用TRIPΔU3 CMV－GFP载体免疫后14天的血清；

——泳道2：用TRIPΔU3 CMV－GFP载体免疫后23天的血清；

——泳道3：多克隆抗西尼罗病毒（IS98ST1株）腹水；

——泳道4：非免疫血清；

——泳道5：用TRIPΔU3 CMV－sE（WNV）载体免疫后14天的血清；

——泳道6：用TRIPΔU3 CMV－sE（WNV）载体免疫后23天的血清；

——泳道7：来自用TRIPΔU3 CMV－sE（WNV）载体免疫14天的小鼠的攻击后

22 天（10 LD_{50}的 IS－98－ST1 株）的血清；

——泳道 8：来自用 TRIPΔU3 CMV－sE（WNV）载体免疫 14 天的小鼠的攻击后 30 天（10 LD_{50}的 IS－98－ST1 株）的血清；

——泳道 9：来自用 TRIPΔU3 CMV－sE（WNV）载体免疫 30 天的小鼠的攻击后 22 天（100 LD_{50}的 IS－98－ST1 株）的血清；

——泳道 10：用淋巴细胞性脉络丛脑膜炎病毒免疫的小鼠的血清。

泳道 11 和 12：未感染的 VERO 细胞的裂解物用以下血清沉淀：

——泳道 11：多克隆抗西尼罗病毒（IS－98－ST1 株）腹水；

——泳道 12：来自用 TRIPΔU3 CMV－sE（WNV）载体免疫 30 天的小鼠的攻击后 22 天（IS－98－ST1 株的 100 LD_{50}）的血清。

图 4 代表腹膜内免疫小鼠并随后经相同途径攻击的小鼠的存活曲线，或者在免疫 2 周后用 10 LD_{50}的 IS－98－ST1 株攻击（A），或者在免疫 4 周后用 100 LD_{50}的 IS－98－ST1 株攻击（B）。●：用 DPBS 接种的对照小鼠。▲：用 1μg TRIPΔU3 CMV－EGFP 载体颗粒免疫的对照小鼠。■：用 1μg TRIPΔU3 CMV－sE（WNV）载体颗粒免疫的小鼠。

图 5 表示从用表达西尼罗病毒 prM 和 E 蛋白的重组慢病毒载体转导的真核细胞上清中纯化病毒假颗粒。

图 6 表示在接种 TRIPΔU3. CMV－sE（WNV）的 129 只小鼠血清中检测抗 WNV－sE抗体。将来自 WNV 感染的 Vero 细胞的放射性标记裂解物用来自慢病毒载体接种的 129 只小鼠的合并免疫血清进行免疫沉淀。（A）WNV 攻击前血清。（B）攻击后血清。HMAF＝超免疫小鼠腹水（Hyperimmune Mouse Ascitic Fluid）。对照血清＝未免疫血清。MV 抗血清＝麻疹病毒的抗血清。TRIP/WNsE＝TRIPΔU3. CMVsE（WNV）。TRIP/GFP＝TRIPΔU3. CMV－GFP。

图 7 表示用流式细胞仪分析热处理对重组慢病毒载体转导效率的影响。将 293T 细胞与已在 70℃热灭活 10 分钟（加热的 TRIP/GFP）或未灭活（TRIP/GFP）的 TRIPΔU3. CMV－GFP 载体颗粒一起保温。未感染的 293T 细胞（伪）用作对照。在 48 小时的时候，测量 GFP 荧光强度；指出 GFP 阳性细胞的百分率。

具体实施方式

在本文中，除非另外指出，科学和技术用语具有其所属技术领域通常理解的含义。下面给出一些术语的定义，以清楚表明这些术语在本文中的含义。

——多核苷酸片段：在本文中也可称为“多核苷酸”，是指至少 24 个碱基或碱基对的 DNA 或 RNA 片段，优选长度为 24～5000 个碱基或碱基对，所述多核苷酸片段可以独立存在或者存在于更长的核苷酸序列中。

——免疫原性肽：在本文中也可称为“免疫原性片段”，是指能在对黄病毒感染敏感的物种中诱发特异性体液和/或细胞免疫应答的肽片段，所述免疫原性肽可以独立存在或者存在于更长的氨基酸序列中。免疫原性肽通常至少包含8个氨基酸，优选地至少包含12个氨基酸，例如包含8个、9个、10个、11个、12个、13个、14个、15个、16个、17个、18个、19个、20个或更多个氨基酸。本领域技术人员公知，表现出能够诱发特异性免疫应答的免疫原性肽并不必须具有与原始蛋白质之部分或全部序列完全相同的氨基酸序列，经常只需要一部分序列与原始蛋白质相同就足以使得所述免疫原性肽表现出诱导特异性的抗病毒免疫应答。

——编码黄病毒属病毒蛋白质或其免疫原性肽的多核苷酸片段：以上定义的多核苷酸编码黄病毒科的一种或多种结构或非结构蛋白和/或一种或多种免疫原性片段。黄病毒科多蛋白的开放读码框（ORF）和所述ORF中包括的各种黄病毒科蛋白质的编码序列是本领域技术人员所已知的并且可通过数据库或参考文献获得，尤其是NCBI（http://www.ncbi.nlm.nih.gov）的数据库或者文献，例如Virus Taxonomy. Classification and nomenclature of viruses. Sixth report of the International Committee on taxonomy of viruses（F. A. Murphy等，Archives of Virology Supplement 10，1995，Springer Verlag，Vienna，New York）。本发明包括任何黄病毒的编码序列以及所述编码序列中一或多个核苷酸突变（插入、缺失、替换）或所述开放读码框移动一或两个核苷酸（ORF+1和ORF+2）而产生的变体，只要所述突变基本上不改变所述蛋白质或所述片段的抗原性和/或免疫原性即可。本发明尤其包括由于核苷酸突变（插入、缺失、替换）来自以上序列的多核苷酸变体，只要被修饰的核酸片段在高严紧度杂交条件下保持与衍生它们的修饰多核苷酸特异性杂交的能力。

——高严紧度杂交条件：就本发明的目的而言，表述“高严紧度杂交条件”意指选定的温度和离子强度条件，使其有可能维持互补性多核苷酸之间的特异性和选择性杂交。举例说来，用于定义以上多核苷酸目的的高严紧度条件有利地如下：分两步进行DNA-DNA或DNA-RNA杂交：（1）在含5×SSC（1×SSC对应0.15M NaCl+0.015M柠檬酸钠的溶液）、50%甲酰胺、7%十二烷基硫酸钠（SDS）、10×Denhardt's、5%硫酸葡聚糖和1%鲑精DNA的磷酸盐缓冲液（20mM，pH 7.5）中42℃预杂交3小时；（2）42℃杂交20小时，随后在2×SSC+2%SDS中20℃20分钟洗涤两次，在0.1×SSC+0.1% SDS中20℃20分钟漂洗1次。最后在0.1×SSC+0.1% SDS中60℃洗涤30分钟。

——敏感物种：表述“对黄病毒感染敏感的物种”意指能发生被黄病毒科所诱发的病理状态的宿主物种，诸如人或非人哺乳动物，以及负责病毒传播但不呈现症状的贮存寄主物种，诸如尤其是鸟或爬行动物（鳄鱼）。

——重组慢病毒载体：术语“重组慢病毒载体”意指对应慢病毒载体重组基因组的分离核酸分子，尤其包括质粒（载体质粒），也意指包含所述重组基因组的重组慢病毒颗粒（载体颗粒），它们在合适的细胞体系中产生，任选的具有其他病毒包膜蛋白的假型，诸如水泡性口炎病毒（VSV）、狂犬病毒和埃博拉病毒的糖蛋白 G。

在本发明的第一方面中，提供一种重组慢病毒载体，其包含编码黄病毒属病毒蛋白质或其免疫原性肽的多核苷酸片段。本发明的这种重组慢病毒载体用来表达黄病毒属病毒蛋白质或其免疫原性肽，以在敏感宿主中诱发抗病毒的特异性免疫应答。

根据本发明，所述慢病毒载体可以选自以下来源：HIV（人免疫缺陷病毒），例如 HIV-1 或 HIV-2；CAEV（羊关节炎脑炎病毒）、EIAV（马传染性贫血病毒）、VMV（绵羊脱髓鞘性脑白质炎/羊肺腺瘤病病毒）、SIV（猴免疫缺陷病毒）或 FIV（猫免疫缺陷病毒）。本发明还包括来源于至少两种不同慢病毒的嵌合慢病毒。慢病毒载体的选择尤其依赖于敏感物种；例如，优选来源于 HIV 的载体用于人免疫接种。

慢病毒载体是本领域技术人员已知的；例如它们由重组核苷酸序列（重组慢病毒基因组）组成，其中包含：(i) 置于转录和表达调控信号控制下的目标序列（在本发明情况下是黄病毒的编码序列）；以及 (ii) 衣壳包装、逆转录和病毒整合所必要和充分的慢病毒来源的调控序列，以及任选地针对 Rev 蛋白的调控序列（RRE 或 rev 应答元件）。特别可提及的是由 Poznansky 等人（J. Virol.，1991，65，532-536）和 Naldini 等人（Science，1996，272，263-267）所述的来自 HIV 的慢病毒载体，或者由 Poeschla 等人（Nature Medicine，1998，4，354-357）所述的来自 FIV 的慢病毒载体，还可提及的是来源于以上病毒的最小载体，如国际专利申请公开 WO 99/32646 和 WO 98/17815 中所述。

根据本发明，所述的慢病毒载体例如是在适当的细胞体系中能表达上文所定义的编码序列的载体；所述的载体含有表达盒，其中包括合适的转录调控元件（例如启动子、增强子、Kozak 共有序列、多聚腺苷酸化信号，等等），如上定义的编码序列插入在其控制下；所述的目标编码序列例如包含细胞运输所需要的信号，例如用于在内质网内转位的信号，特别是来源于在所述黄病毒多蛋白中所述编码序列之前的 ORF。例如，以黄病毒科为例，当所述编码序列是 E 蛋白或所述蛋白质的片段的编码序列时，所述信号序列有利地来自 M 蛋白前体（prM）。有利的是，所述表达盒包含诸如巨细胞病毒（CMV）早期启动子等的普遍存在的强启动子或诸如延伸因子 1α（EF1α）或磷酸甘油酸（PGK）启动子等无增强子的启动子。

此外，所述的载体还可以包含自杀基因，如 1 型单纯疱疹病毒胸苷激酶（HSV1-TK），以便通过用适当药物处理除去被转导的细胞，例如对于 HSV1-TK 用无环鸟苷。

本发明包括简单表达载体和可以同时表达来自同一启动子或不同启动子的多个编码序列的多重表达载体，所述的启动子位于所述载体的同一区域或不同区域。

在一个优选实施方案中，所述重组慢病毒载体是三链体型的。

三链体型的载体具体描述于：Zennou 等，Cell，2000，101，173-185，以及国际专利申请公开 WO 99/55892、WO 01/27304 和 WO 01/27300。

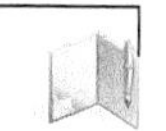

所述三链体型载体的特征在于它们含有能在病毒逆转录期间形成三链体结构（或DNA三聚体）的DNA区域。此三链体DNA区由以下区域组成：用于中央起始的顺式活性区或聚嘌呤区（cPPT），以及用于终止的顺式活性区（CTS），所述区域使得有可能起始其合成由位于慢病毒基因组中央PPT区域启动的+链的转录、并中断其合成开始于慢病毒LTR上游3′PPT位点的+链的转录。慢病毒载体中此三链体DNA区的存在通过刺激载体的核输入速率而显著改进有丝分裂或非有丝分裂细胞中的基因转导。

在另一个优选实施方案中，所述重组慢病毒载体包含3′LTR，其中启动子和激活子已从U3区被删除；此删除提供了额外的安全特性。

根据所述载体的另一优选实施方案，所述重组慢病毒载体用另一种病毒的包膜蛋白被假型化，优选使用水泡性口炎病毒（VSV）糖蛋白G；VSV糖蛋白G使得它有可能获得高滴度的载体颗粒并产生具有广泛细胞趋向性的载体颗粒，尤其是能在有感染风险的任何脊椎动物物种中转导抗原呈递细胞，如树突细胞，所述动物包括马、家禽和动物园动物。

本发明中，所述重组慢病毒载体所针对的目标黄病毒可以选自西尼罗病毒、登革热病毒和黄热病毒。

在一个实施方案中，所述多核苷酸片段编码：（i）一种或多种不同的结构蛋白，包括膜蛋白和包膜蛋白（如C、prM、M、E、E1、E2）；和/或（ii）一种或多种不同的非结构（NS）蛋白；和/或（iii）所述蛋白质的一个或多个不同的免疫原性片段。在一个具体实施方案中，所述蛋白质或其片段可以来源于相同黄病毒（单价疫苗），或者来源于不同黄病毒和/或来源于同一黄病毒的不同血清型或不同类型，用于制备多价疫苗。

在另一优选实施方案中，所述的多核苷酸片段是与表1所列GenBank数据库登录号相对应的黄病毒编码序列的片段。

表1 黄病毒的编码序列

GenBank登记号	序列说明
M23027	1型登革热病毒的多蛋白的5′cDNA序列
M19197	2型登革热病毒基因组的DNA等价物
M93130	3型登革热病毒基因组的DNA等价物
M14931	4型登革热病毒基因组的DNA等价物
M12294	西尼罗病毒基因组的DNA等价物
AF481864	西尼罗病毒IS-98-ST1株基因组的DNA等价物
M18370	日本脑炎病毒基因组的DNA等价物
X3700	黄热病毒（疫苗株17 D）的多蛋白的cDNA
U27495	蜱媒脑炎病毒复合物（TBE复合物）的Neudoerfl病毒的基因组的DNA等价物
M73835	Langat病毒（TBE复合物）的结构蛋白的cDNA

各种黄病毒蛋白质编码序列的位置在与表1列出登记号相应的序列中指出，其对应所述多蛋白质的cDNA或黄病毒基因组的DNA等价物。

在另一优选实施方案中，所述的多核苷酸片段选自：

a. 编码西尼罗病毒或登革热病毒的E蛋白、和任选地prM或M蛋白、和/或C蛋白、和/或非结构蛋白的多核苷酸片段，以及编码以上蛋白质的免疫原性肽的多核苷酸片段，和

b. 编码登革热病毒E蛋白的一种或多种不同结构域III（第295~394位）的多核苷酸片段，分别对应四种类型登革热病毒（1型~4型或DEN-1~DEN-4）之一种，优选编码四种结构域III（DEN-1~DEN-4）的多核苷酸片段，其序列如附录中序列表中的SEQ ID NO：1~4所示。

在一个具体实施方案中，所述多核苷酸片段编码黄病毒（如西尼罗病毒或登革热病毒）的膜蛋白（prM或M）和/或包膜蛋白（E、E1、E2），例如编码E蛋白和prM蛋白。所编码的蛋白质或者以膜形式定位于细胞表面的质膜内，或者以分泌形式表达，即从细胞输出至细胞外培养基中。

此外，当黄病毒prM和E蛋白同时在转导了重组载体（体外或体内）的细胞中表达时，它们可以组装成病毒假颗粒（或病毒样颗粒，VLP）分泌到胞外培养基中。这样的颗粒尤其具有免疫原性并诱导产生中和抗体。

编码所述膜形式蛋白的多核苷酸包含编码成熟蛋白质的序列，在成熟蛋白质编码序列之前是编码在内质网中转位的信号肽的序列，该序列包括在其5′末端的翻译起始密码子（ATG）。对于黄病毒属病毒，所述的信号序列优选来自M蛋白前体（prM）。编码所述分泌形式蛋白的多核苷酸包含编码截短的成熟蛋白质的序列，其中缺失了膜锚定区并且在成熟蛋白编码序列之前是如上所述的信号肽。

例如，对于西尼罗病毒：

——成熟E蛋白对应多蛋白质序列第291~791位，参考Genbank序列AAL87234；相应的核苷酸序列位于西尼罗病毒基因组序列的第967~2469位，参考Genbank序列AF481864；

——已缺失膜锚定区的截短型成熟E蛋白例如可以对应于西尼罗病毒多蛋白序列的第291~732位，参考Genbank序列AAL87234；相应的核苷酸序列位于西尼罗病毒基因组的第967~2292位，参考Genbank序列AF481864；

——来源于M蛋白前体的内部信号肽对应多蛋白质序列的第275~290位，参考Genbank序列AAL87234；相应的核苷酸序列位于西尼罗病毒基因组序列的第919~966位，参考Genbank序列AF481864。

因此，编码西尼罗病毒的膜形式E蛋白、分泌形式E蛋白以及prM和E蛋白的多核苷酸片段分别对应如上定义的所述病毒基因组序列中的第919~2469位、第919~2292位和第399~2469位。

在本发明重组慢病毒载体的一个实施方案中，所述多核苷酸片段处于 CMV 启动子的控制之下。

根据所述载体的另一优选实施方案，所述重组慢病毒载体包含的多核苷酸片段编码西尼罗病毒 IS－98－ST1 株的分泌形式 E 蛋白。作为一个具体实例，所述载体是被称为 pTRIPΔU3. CMV－sE（WNV）的载体质粒，包含编码西尼罗病毒 IS－98－ST1 株分泌形式 E 蛋白的多核苷酸片段，该载体已被转化入大肠杆菌中，包含该载体的大肠杆菌菌株已经于 200 ×年×月×日保藏于中国典型培养物保藏中心（中国，武汉，武汉大学），保藏号为 CCTCC No. M××××××。

可用常规方法并根据标准方案制备本发明的重组慢病毒载体，这些方法在现有技术中是已知的，所述标准方案例如描述于：Current Protocols in Molecular Biology（Frederick M. AUSUBEL，2000，Wiley and son Inc.，Library of Congress，USA）。

更确切地说，可用黄病毒基因组特异性引物通过 PCR 或 RT－PCR 扩增黄病毒基因组 RNA 或 mRNA 或者来源于它们的 cDNA 或 DNA 片段，或者通过用限制性酶消化黄病毒 cDNA，或者通过完全或部分的化学合成获得所述的多核苷酸片段。

将由此获得的多核苷酸片段克隆入含慢病毒载体基因组的载体质粒中，以便产生重组载体质粒。

用如上定义的重组载体质粒、反式提供病毒颗粒的结构蛋白和酶的衣壳包装质粒，以及任选地用于表达诸如 VSV 等病毒的包膜糖蛋白以便产生假型病毒颗粒的质粒共转染细胞，来产生重组慢病毒载体的颗粒（载体颗粒）。

在本发明的第二方面中，提供一种免疫原性组合物，其包含如上所述的重组慢病毒载体。

在一个实施方案中，所述免疫原性组合物包含药用赋形剂和/或载体物质。

所述的药用赋形剂和载体物质例如可以是本领域常规使用的此类物质。例如，所述载体物质优选地可以选自单层脂质体、多层脂质体、皂角苷胶团或者含糖或含金的固态微球。

根据本发明的免疫原性或疫苗组合物可一般性施用（口服、肌肉内、皮下、腹膜内或静脉内）、局部施用（鼻内施用，其他粘膜途径）或经这些途径的组合施用于如上定义的敏感物种（人或非人哺乳动物宿主，或贮主（鸟、爬行动物））。

为了靶向抗原呈递细胞如树突细胞，以便延长抗原在这些细胞中的表达，优选地皮下施用这些组合物。

作为替代，利用根据本发明的免疫原性或疫苗组合物修饰宿主物种的自体细胞，尤其是抗原呈递细胞如树突细胞。然后将修饰过的细胞再次施加于宿主；这种方案尤其有利于治疗人或非人哺乳动物宿主内的黄病毒感染。

载体的剂量可以根据施用途径不同而变化，也可以根据待治疗物种（人或动物）及其重量而变化。

在本发明的第三方面中，提供包含如上定义重组慢病毒载体的细胞。优选地，所述细胞是包含所述重组慢病毒载体的真核细胞，其中所述载体在该真核细胞中稳定表达。表达黄病毒蛋白质或其免疫原性肽的细胞可用于：

——生产所述重组慢病毒载体的颗粒（载体颗粒）；

——生产黄病毒重组病毒蛋白质、所述蛋白质的免疫原性片段、以及黄病毒类型的病毒假颗粒（VLP 或病毒样颗粒），其来源于黄病毒的包膜蛋白和/或膜蛋白，尤其是来自黄病毒 prM 和 E 蛋白；假颗粒优选通过免疫捕获受感染个体体液中存在的特异性免疫球蛋白而用作诊断黄病毒科感染的试剂；

——筛选抗病毒化合物；以及

——用作诊断试剂。

在本发明的第四方面中，根据以下步骤可以生产黄病毒的病毒蛋白质和/或其免疫原性片段或者病毒假颗粒：

a. 培养如上定义的包含所述重组慢病毒载体的细胞，使得该细胞表达由所述重组慢病毒载体编码的黄病毒蛋白质和/或其免疫原性片段，和

b. 用任何合适方法从 a 的培养上清或所述细胞中分离所述的蛋白质、免疫原性片段或假型病毒颗粒。

根据此方法，可通过常规技术从被如上定义重组载体修饰的细胞的培养上清或裂解物中纯化病毒蛋白质或片段，所用的常规技术例如包括：

- 亲和层析：然后将标签如编码多组氨酸尾的核苷酸序列引入载体中，并用镍凝胶（琼脂糖等）柱纯化所述蛋白质。

- 免疫亲和层析：目标病毒序列在 C 末端或 N 末端与编码肽表位的核苷酸序列融合，所述序列还包含适于用诸如凝血酶等酶切割的位点，以便随后将表位序列从蛋白质中分离；可用的表位包括例如，C9 表位（TETSQVAPA）（Mirzabekov T. 等，J. Biol. Chem.，1999，274，28745 - 28750）或 myc 表位。将表达的蛋白质用已连接特异性针对所述表位的抗体（1D14 针对 C9 表位或 9E10 针对 myc 表位）的亲和柱纯化并通过用凝血酶切割分离目标蛋白质；

- 用沉淀剂如聚乙二醇等沉淀，然后离心回收沉淀中的蛋白质。

根据此方法，通过常规技术从用如上定义重组载体修饰的细胞的培养上清中纯化黄病毒类型的颗粒，所用的常规技术诸如：

- 用诸如聚乙二醇等沉淀剂沉淀，然后离心回收沉淀中的假颗粒；和

- 连续或不连续梯度离心，尤其是用蔗糖梯度。

在本发明的第五方面中，提供一种预防和/或治疗黄病毒属病毒感染的方法，其包括向有此需要的对象施用如上所述的本发明重组慢病毒载体、免疫原性组合物和/或细胞。在一个实施方案中，仅向所述对象单次施用如上定义的重组载体、免疫原性组合物和/或细胞，优选皮下注射。与此相对应，本发明还提供所述重组慢病毒载体、免疫原

性组合物和/或细胞在制备用于预防和/或治疗黄病毒属病毒感染的药物中的用途。

在本发明的第六方面中，由于所述重组慢病毒载体编码黄病毒蛋白质或其免疫原性肽，而这些病毒蛋白质（尤其是非结构病毒蛋白质如NS3（解螺旋酶或蛋白酶）或NS5（聚合酶））往往是抗病毒化合物的靶标，因此可以利用这些病毒蛋白质与抗病毒化合物的相互作用，通过测量与候选化合物接触前后所述蛋白质的活性，用于鉴定抗病毒化合物或者从化合物库中筛选具有抗病毒活性的化合物。本领域技术人员已知用于评估此活性的常规方法，例如尤其是以下文献中所述的方法：Borowski 等，Acta Biochimica Polonica，2002，49，597 - 614；Steffens 等，J. Gen. Virol.，1999，80，2583 -2590；Ryan 等，J. Gen. Virol.，1998，79，947 - 959；Bretner 等，Antivir. Chem. Chemother.，2004，15，35 -42。基于此，本发明提供利用所述重组慢病毒载体、包含所述重组慢病毒载体的免疫原性组合物和/或细胞用于鉴定抗病毒化合物和/或从化合物库中筛选抗病毒化合物的用途。

在本发明的第七方面中，当敏感物种感染黄病毒以后，其体液（如血液、血浆等）中能够检测到抗黄病毒蛋白的抗体。由于本发明的重组慢病毒载体能够表达黄病毒蛋白质或其免疫原性片段，可以利用病毒蛋白质与相应抗体形成抗原 - 抗体复合物的免疫反应来诊断敏感物种是否被黄病毒感染。本领域技术人员公知，检测抗原 - 抗体复合物早已经是免疫学领域的常规技术。因此，本发明提供利用所述重组慢病毒载体、包含所述重组慢病毒载体的免疫原性组合物和/或细胞用于诊断黄病毒感染的用途；以及它们用于制备诊断黄病毒感染的试剂盒中的用途。

此外，本发明还提供用于实施如上定义之用途的试剂盒，所述试剂盒包含如上定义的重组慢病毒载体、包含所述重组慢病毒载体的免疫原性组合物和/或细胞。

实施例 1：TRIPΔU3. CMV - sE（WNV）重组载体的制备

1. pTRIPΔU3. CMV - sE（WNV）载体质粒的构建

用聚合酶链式反应（PCR）扩增代表西尼罗病毒 IS - 98 - ST1 株基因组第 967 ~ 2292 位核苷酸序列（Genbank 登记号 AF481864 的序列）并且对应多蛋白第 291 ~732 位氨基酸（Genbank 登记号 AAL87234）的 cDNA，所用的正义引物为：

5′ - TATCGTACGATGAGAGTTGTGTTTGTCGTGCTA - 3′（SEQ ID NO：8），含有下划线标示的 *BsiW* Ⅰ 位点；反义引物为：5′ - ATAGCGCGCTTAGACAGCCCTTCCCAACTGA - 3′（SEQ ID NO：9），含有下划线标示的 *BssH* Ⅱ位点。此 cDNA 对应附录序列表中的序列 SEQ ID NO：6，边界是5′位置的 *BsiW* Ⅰ位点和3′位置的 *BssH* Ⅱ位点。SEQ ID NO：6 的序列从 5′至 3′依次包含：ATG，编码来源于 M 蛋白前体的信号肽的序列（prM 151 ~166）和编码截短的 E 蛋白的序列（E1 ~441），膜锚定区已从中被删除。它编码分泌到胞外介质中的 E 蛋白（sE 蛋白）；来源于 prM 蛋白的信号肽用于 E 蛋白在内质网中的转位以及在分泌泡中运输到质膜上，在那里它们被释放入胞外介质中。

消化慢病毒载体质粒 pTRIPΔU3. CMVEGFP（参见专利申请 WO 01/27302）以切除 EGFP 基因，然后将线性化质粒与含 *BsiW* Ⅰ和 *BssH* Ⅱ位点的连接子连接，从而得到被称为 pTRIPΔU3. CMV - *BsiW* Ⅰ - *BssH* Ⅱ的质粒。将以上获得 cDNA 的 1.4 kb 长的 *BsiW* Ⅰ - *BssH* Ⅱ片段，包括 sE 蛋白构建体在内，克隆入质粒 pTRIPΔU3. CMV - *BsiW* Ⅰ - *BssH* Ⅱ的相同位点中，得到被称为 pTRIPΔU3. CMV - sE（WNV）或 pTRIPΔU3. CMV - sE（WNV）的重组慢病毒载体质粒（图 1 和 SEQ ID NO：5）。用 pTRIPΔU3. CMV - sE（WNV）载体质粒转化的大肠杆菌细菌的培养物于 200 ×年×月×日以编号 CCTCC No. M××××××保藏于中国典型培养物保藏中心（中国，武汉，武汉大学）。

通过限制性酶切以及测序对应 sE 蛋白构建体的插入片段证实 pTRIPΔU3. CMV - sE（WNV）重组载体质粒的正确性。

1.4kb 长的 *BsiW* Ⅰ - *BssH* Ⅱ插入片段对应附录序列表中的核苷酸序列 SEQ ID NO：6；它编码被称为 sE 的分泌 E 蛋白，对应附录中序列表内的氨基酸序列 SEQ ID NO：7。

2. 具有水泡性口炎病毒包膜糖蛋白（VSV - G）假型的 TRIPΔU3. CMV - sE（WNV）载体的病毒颗粒的制备

在添加 10% 胎牛血清（FCS）的 Dulbecco's 改进 Eagle 培养基（DMEM）Glutamax（GIBCO）中培养人成纤维细胞 293T（ATCC）。具有水泡性口炎病毒包膜糖蛋白（VSV - G）假型的 TRIPΔU3. CMV - sE（WNV）载体的病毒颗粒也被称为 TRIPΔU3. CMV - sE（WNV）载体颗粒，是通过磷酸钙共转染 293 T 细胞系产生的，用于共转染的质粒是以上定义的 pTRIPΔU3. CMV - sE（WNV）载体质粒、反式提供病毒颗粒结构蛋白和酶的衣壳包装质粒（pCMVΔR8.2：Naldini 等，Science，1996，272，263 - 267；pCMVΔR8.91 或 p8.7：Zufferey 等，Nat. Biotechnol.，1997，15，871 - 877）和用于表达 VSV 病毒包膜糖蛋白的质粒（pHCMV - G：Yee 等，PNAS，1994，91，9564 - 9568），如描述于 Zennou 等，Cell.，2000，101，173 - 185。

3. 用重组 TRIPΔU3. CMV - sE（WNV）载体表达分泌形式的 WNVE 糖蛋白（WNV - sE）

通过间接免疫荧光检测慢病毒载体转导的 293T 细胞中 WNV - sE 的表达。简而言之，用 TRIPΔU3. CMV - sE（WNV）载体转导培养于 8 室 Glass - Labteks（NUNC）上的人 293 T 细胞。48 小时后，用 PBS 配制的 3% 多聚甲醛（PFA）固定 20 分钟并用配制于 PBS 中的 0.1% Triton X - 100 透化 4 分钟。将细胞与 1∶100 稀释于 PBS 中的抗 WNV 超免疫小鼠腹水（HMAF）一起保温 1 小时。用溶于 PBS 的 0.2% BSA 封闭后，将细胞进一步与 1∶500 稀释于 PBS 0.2% BSA 中的 Cy3 - 偶联的抗小鼠 IgG 抗体（AMERSHAM PHARMACIA）一起保温。用 DAPI 显现细胞核。用配备 ApoTome 系统的 Zeiss Axioplan 显微镜观察玻片。

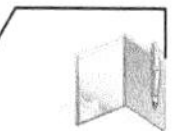

转导后48小时，高比率的细胞被免疫染色。免疫染色模式表明WNV-sE通过分泌途径迁移。

4. 重组TRIPΔU3. CMV-sE（WNV）载体的滴定

4.1　材料和方法

a）通过ELISA进行p24抗原滴定

用商业HIV-1 p24 ELISA试剂盒（PERKIN ELMER LIFESCIENCES）进行浓缩载体颗粒的p24抗原含量的定量。

b）定量PCR

引物和探针由PROLIGO合成。为了检测慢病毒载体中U5-R序列，使用如下的引物和探针（Brussel A和Sonigo P，J. Virol.，2003，77，10119-10124）（SEQ ID NO：10~17）：

——探针（3′荧光素（PITC）或被磷酸化（P））

LTR-FL：5′-CACAACAGACGGGCACACACTACTTGA-FITC-3′

LTR-LC：5′-RED640-CACTCAAGGCAAGCTTTATTGAGGC-P-3′

——引物

AA55 M：5′-GCTAGAGATTTTCCACACTGACTAA-3′

M667：5′-GGCTAACTAGGGAACCCACTG-3′

为检测CD3，所用的引物和探针序列如下：

——探针

CD3-P1：5′-GGCTGAAGGTTAGGGATACCAATATTCCTGTCTC-FITC-3′

CD3-P2：5′-RED705-CTAGTGATGGGCTCTTCCCTTGAGCCCTTC-P-3′

——引物

CD3-in-F：5′-GGCTATCATTCTTCTTCAAGGTA-3′

CD3-in-R：5′-CCTCTCTTCAGCCATTTAAGTA-3′

在转导后48小时用QIAamp® DNA Blood Mini试剂盒（QIAGEN）从大约3×10^6个慢病毒载体转导的293 T细胞中分离基因组DNA。为了进行实时PCR分析，将5μl DNA与15μl PCR预混液混合，其由1×Jumpstart™ Taq ReadyMixTM（SIGMA）、1.9 mM $MgCl_2$、1.5μM正向和反向引物（AA55 M/M667或CD3-in-F/CD3-in-R）、200 nM探针（LTR-FL/LTR-LC或CD3-P1/CD3-P2）和1.5单位的Taq DNA聚合酶（Invitrogen）组成。用95℃ 3分钟一个循环，然后40个循环的95℃ 5秒、55℃ 15秒和72℃ 10秒进行扩增。考虑到载体贮液的可能质粒污染，总是平行检测用热灭活（70°C 10分钟）载体转导的293 T细胞的DNA。用来自未转导细胞的5μl基因组DNA作为阴性对照。各DNA样品均为双份检测，然后报告平均值。10倍系列稀释的已知浓度质粒pTripCD3，其含相关序列U5-R和CD3，与DNA样品一起平行扩增生成标准曲线。

第五章

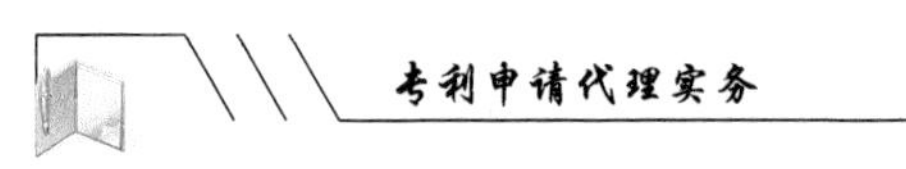

通过对293 T细胞数标准化U5－R拷贝数来计算每个细胞的总载体拷贝数，正如用相同基因组DNA样品上CD3分子的拷贝数进行定量，然后扣除获自用热灭活载体转导的细胞的拷贝数。

4.2　结果

首先用抗p24 HIV－1衣壳蛋白的商品化ELISA检测评估此实验所用载体贮液中物理颗粒的数目。测定浓度是每微升58 ng p24。

用定量PCR实验、基于载体DNA向靶细胞转移计算载体贮液的实际滴度。对载体特异性序列（U5）和细胞基因座（CD3）二者的定量给出了每个细胞的平均DNA载体拷贝数。这使得在用限定浓度的载体颗粒转导后可以计算载体制备物的滴度。在本研究中所用TRIPΔU3. CMV－sE载体贮液在人293 T细胞中被滴定为每毫升5.2×107个转导单位（TU）。换言之，1ng来自此TRIPΔU3. CMV－sE载体制备物的p24抗原可转导900个人293 T细胞。

为了简单起见，以下部分中使用的载体颗粒的量将表示为p24抗原的ng数。

实施例2：在BALB/c小鼠中TRIPΔU3. CMV－sE载体致免疫能力的分析

1. 材料和方法

1.1　免疫/疫苗接种方案

用如实施例1所述制备的含1μg TRIPΔU3. CMV－sE载体颗粒的0.1ml Dulbecco's PBS（DPBS）腹膜内注射接种6周大的BALB/c小鼠（2组，每组6只小鼠；Janvier breeding colony）。对动物进行单次疫苗注射。

对照组是在相同条件下用与TRIPΔU3. CMV－sE（WNV）载体颗粒相似方式制备的1μg TRIPΔU3. CMV－GFP载体颗粒（2组，每组3只小鼠）或者只用DPBS缓冲液（2组，每组3只小鼠）进行接种。

在注射疫苗14天（D14）和23天（D23）后取小鼠血清并在测量抗体应答前将其在56℃热灭活30分钟。

1.2　西尼罗病毒株、纯化和滴定

所用的西尼罗病毒株是IS－98－ST1株，描述于专利申请FR 01 04599；它在伊蚊细胞（AP61系）上生产并根据文献Desprès等，Virol.，1993，196，209－219所述的方案纯化。更确切地说，以0.4的感染复数用西尼罗病毒IS－98－ST1株感染AP61细胞。感染三天后，用PEG 6000（7%）沉淀培养物上清中存在的病毒颗粒，然后用不连续30%～60%蔗糖梯度和线性10%～50%蔗糖梯度进行纯化。由此获得的病毒粒子保存于－80℃的蔗糖（30%）中。

通过病灶免疫测试（Focus ImmunoAssay，FIA）在AP61细胞上滴定西尼罗病毒，而感染性滴度表示为病灶形成单位（FFUAP61/ml），根据上述文献中Desprès等人所述的方案进行。

纯化后病毒制剂的感染滴度大约为1010 FFUAP61/ml。

1.3 抗－WNV的超免疫腹水

通过用WNV IS－98－ST1株重复免疫以及随后用肉瘤180接种成年小鼠获得抗WNV超免疫小鼠腹水（HMAF）。如前文所述用103 FFU的IS－98－ST1免疫成年WNV－抗性BALB/c－MBT同系小鼠获得小鼠多克隆抗WNV抗体（Mashimo等，PNAS，2002，99，11311－11316）。在初次免疫一个月后收集WNV－免疫血清。

1.4 ELISA

根据文献Mashimo等，PNAS，2002，99，11311－11316中所述方案用1.2段落中所述的蔗糖梯度纯化的WN IS－98－ST1病毒颗粒作为抗原（每个96孔微量滴定板为106 FFUAP61）通过ELISA检测抗E总抗体滴度。将1:4000稀释的偶联过氧化物酶的抗小鼠免疫球蛋白（H＋L）（JACKSON IMMUNO RESEARCH）、1:20000稀释的偶联过氧化物酶的抗小鼠IgM（μ－链特异性）（SIGMA）或者1:20000稀释的偶联过氧化物酶的抗小鼠IgG（γ－链特异性）（Sigma）用作二级抗体。如上定义，按照对应光密度（OD）值至少是对照动物血清两倍的血清最终稀释度来测定滴度。也可用已描述的亚型特异性ELISA检测抗－E IgG和IgM抗体（Despres P等，J. Infect. Dis.，2005，191，207－214）。

1.5 免疫沉淀（RIP测试）

实验方案如Desprès等人所述（J. Virol.，1995，69，7345－7348）。更确切地说，用西尼罗病毒IS－98－ST1株以感染复数5 FFUAP61/细胞感染VERO细胞。感染后20小时，用Tran35 Slabel（ICN；100μCi/ml）标记所述细胞蛋白质3小时。用冷PBS洗涤3次后，将细胞在RIPA缓冲液（50mM Tris－Cl，pH 8.0，150mM NaCl，10mM EDTA，0.1% SDS，0.5%脱氧胆酸钠，1% Triton X－100，补充25 μg/ml aprotinin）（Sigma）中4℃放置10分钟。然后将细胞裂解物在4℃ 10000 rpm离心5分钟使其澄清。然后将裂解物与1:100最终稀释度的待测血清在蛋白A Sepharose存在下一起保温。然后在非还原条件下用15%SDS－PAGE胶分析免疫沉淀产物并通过放射自显影法显影。

1.6 中和试验

被免疫小鼠血清对于西尼罗病毒IS－98－ST1株的中和活性通过在VERO细胞（ATCC）上病毒复制灶的减少来检测。更确切地说，将56℃灭活30分钟的血清的系列稀释液（0.1ml）与西尼罗病毒IS－98－ST1株接种物（0.1ml中有100 FFUAP61）一起保温。然后用混合物在37℃感染VERO细胞（12孔板的每个孔中有1.5×10^5个细胞）2小时，感染两天后计算病毒复制灶。血清的中和性抗体滴度，称为TNRF90（病毒复制灶减少90%的中和试验），是通过中和每孔中所接种100 FFU病毒的至少90的血清的最终稀释度来测定的。

2 结果

2.1 有关西尼罗病毒的来自被免疫动物的血清反应性的ELISA分析

用纯化的西尼罗病毒作为抗原，通过注射TRIPΔU3. CMV－sE（WNV）载体颗粒后14天和23天所采集血清经ELISA检测证实抗西尼罗病毒E蛋白的抗体的生产。

图2给出的结果显示，在注射疫苗后14天和23天，用TRIPΔU3. CMV - sE（WNV）载体颗粒免疫的小鼠血清的特异性抗体滴度分别是1/10000和1/20000。

2.2　用免疫沉淀分析被免疫动物血清的特异性

通过免疫沉淀证实用TRIPΔU3. CMV - sE载体免疫的动物的血清的特异性。来自用TRIPΔU3. CMV - sE载体免疫小鼠的血清与西尼罗病毒的包膜蛋白E反应；疫苗接种后第23天的反应性比第14天的反应性更强（图3）。

2.3　有关西尼罗病毒的免疫动物血清的中和活性分析

通过测量VERO细胞上病毒复制灶的减少（TNRF90）从实验上证实单次注射TRIPΔU3. CMV - sE（WNV）载体颗粒免疫小鼠血清对于西尼罗病毒的中和活性。注射疫苗后第14天和第23天的滴度分别是10和20（图2）。

实施例3：BALB/c小鼠中TRIPΔU3. CMV - sE（WNV）载体保护能力的分析

在WNV相关性脑炎的小鼠模型中测试用TRIPΔU3. CMV - sE（WNV）载体颗粒免疫小鼠后产生的抗E蛋白抗体的保护作用（Deubel等，Ann. N. Y. Acad. Sci.，2001，951，195 - 206；Mashimo等，2002，前已引用；国际专利申请WO 02/81511；Ceccaldi等，FEMS Microbiol. Lett.，2004，233，1 - 6）。因此，通过腹膜内注射10 LD_{50}（使50%的小鼠致死的剂量）或100 LD_{50}的高神经侵入性和神经毒性的西尼罗病毒IS - 98 - ST1株攻击免疫小鼠。

更确切地说，使用了两种攻击方案：（i）第一组按实施例2中所述免疫的6只小鼠在注射疫苗15天后接受10 LD_{50}的IS98ST1株病毒；（ii）第二组按实施例2中所述免疫的6只小鼠在注射疫苗30天后（D30）接受100 LD_{50}的IS98ST1株病毒。攻击病毒稀释于补充0.2%牛血清白蛋白（Sigma）的DPBS（pH 7.5）中；1 LD_{50}相当于10 FFUAP61/ml。

第一组小鼠的存活曲线（图4A）显示用DPBS或用TRIPΔU3. CMV - EGFP载体接种的所有对照小鼠在接种攻击剂量病毒后13天死亡。另一方面，用TRIPΔU3. CMV - sE（WNV）载体免疫的6只小鼠可以抗致死剂量并且未显示出发病。

攻击后22天，通过ELISA发现抗性小鼠具有的抗西尼罗病毒抗体效价（1.7 ± 0.1，稀释度1:104）高于攻击前获得的值。在攻击1个月后，来自被攻击小鼠的血清与西尼罗病毒的E蛋白强烈反应（图3），且中和抗体效价为100。

第二组小鼠的存活曲线（图4B）显示用DPBS或TRIPΔU3. CMV - EGFPs载体（DPBS）接种的对照小鼠在接种攻击剂量病毒后9天内死亡。另一方面，用TRIPΔU3. CMV - sE（WNV）载体免疫的6只小鼠可抗致死剂量并且未显示出发病。与第一组的小鼠一样，在攻击1个月后，来自攻击免疫小鼠的血清与西尼罗病毒的E蛋白强反应（图3），且中和抗体效价为100。

此外，对于西尼罗病毒的非结构蛋白（图3），被攻击小鼠缺乏抗体反应性，表明 TRIPΔU3. CMV - sE（WNV）载体所诱导的保护性免疫足以防止攻击病毒的感染。

结果显示，在成年小鼠中单次注射小量 TRIPΔU3. CMV - sE（WNV）载体颗粒在免疫两周后诱导产生中和抗体并且使其具有抵抗外周接种西尼罗病毒的致死攻击的保护性免疫力。

实施例 4：用 TRIPΔU3. CMV - prM - E（WNV）重组载体制备病毒假颗粒

1. TRIPΔU3. CMV - prM - E（WNV）载体的制备

如实施例 1 所述构建三链体型重组 HIV 载体，其中含有编码西尼罗病毒 IS - 98 - ST1 株的 prM 和 E 蛋白的 cDNA，这对应其基因组序列的第 399 ~ 2469 位（专利申请 FR 01 4599 和 Genbank AF481864）。如实施例 1 所述获得用 TRIPΔU3. CMV - prM - E（WNV）重组载体转导的稳定细胞系。

2. 病毒假颗粒或 VLP 的制备

收获用 TRIPΔU3. CMV - prM - E（WNV）载体转导的细胞培养上清并用 PEG 6000（Fluka，7% W/V）在 4℃温和搅拌沉淀 4 ~ 5 小时。所获得的沉淀在 4℃以 9000rpm 离心 30 分钟，将含 VLP 的沉淀收集于 4mL TNE（20mM Tris - HCl，pH 8. 0；150mM NaCl；2 mM EDTA）中并铺在不连续蔗糖梯度（溶于 1 × TNE 的 20% ~60% 蔗糖）。将所述梯度液在 39000 rpm 离心 2 小时并收获 20% ~60% 界面的乳白色条带，铺在线性梯度（溶于 1 × TNE 中的 11% ~55% 蔗糖）上并在 35000rpm 离心 16 小时。收集梯度组分（11 组 0. 5ml 组分）并随后用抗 WNV 免疫血清（1∶20）通过 ELISA 进行分析，通过 SDS - PAGE 凝胶电泳和考马斯蓝染色进行分析，以及用抗 WNV 免疫血清通过 Western 印迹进行分析。如图 5 所示，ELISA 的结果表明在所述梯度的组分 6 ~ 10 存在纯化的 VLP。

实施例 5：在 129 小鼠中分析 TRIPΔU3. CMV - sE 载体的致免疫能力和保护能力

1. 材料和方法

1. 1　免疫/疫苗接种方案

用如实施例 1 所述制备的不同剂量 TRIPΔU3. CMV - sE（WNV）载体颗粒经腹膜内注射接种 6 ~8 周大的 129 小鼠（6 组，每组 6 只小鼠），所述载体颗粒稀释于补充 0. 2% 牛血清白蛋白（BSA）的 0. 1mL Dulbecco's PBS（DPBS；pH 7. 5）中。

对动物进行单次疫苗注射。

对照组是在同样条件下用以与 TRIPΔU3. CMV - sE（WNV）载体颗粒相似方式制备的 500ng p24 抗原当量的 TRIPΔU3. CMV - GFP 载体颗粒（1 组 6 只小鼠）或者只用 DPBS 缓冲液（1 组 6 只小鼠）进行接种。

在免疫后 6 天、13 天、20 天或 27 天（D6 ~ D13 ~ D20 ~ D27）从小鼠眼窝周围放血并如实施例 2 所述在测量抗 WNV 总抗体，IgG 和 IgM，以及体外中和活性之前将合并血清在 56°C 热灭活 30 分钟。

通过腹膜内注射接种如实施例 2 所述制备的神经毒性 WNV 株 IS - 98 - ST1 进行

WNV 攻击。随后在免疫后第 7 天或第 14 天腹膜内注射 1000 LD_{50}（腹膜内注射 LD50 = 10 FFU）的 WNV 株 IS – 98 – ST1 对动物进行攻击。在长达 21 天的时间内每日监测被攻击小鼠的发病或死亡迹象。

1.2　流式细胞仪测试

用已在 70℃ 热灭活 10 分钟或未处理（阳性对照）的 TRIPΔU3. CMV – GFP 载体颗粒转导培养于 $25cm^2$ 瓶的 293T 细胞。48 小时后，将细胞分离、洗涤并用 2% PFA 固定。用 FACSscan 检测 GFP 荧光强度并用 CellQuest 软件进行分析。

2. 结果

为了考虑个体间免疫应答的变异性，选择比 BALB/c 纯系性更低的 129 小鼠用于评估由表达 WNV – sE 的慢病毒载体诱导的体液免疫反应。

2.1　腹膜内注射 TRIPΔU3. CMV – sE 载体颗粒后的强抗体应答

在用相当于 500 ng p24 抗原的单剂量 TRIPΔU3. CMV – sE（WNV）载体颗粒免疫的 129 成年小鼠中，早在免疫后 6 天时就可检测到抗 WNV 的总抗体，尽管存在的浓度较低。相比较而言，在 TRIPΔU3. CMV – GFP 免疫小鼠的血清中则未检测到抗 WNV 抗体。正如在此时间点所预期的，体液应答对应于 IgM 而非 IgG 抗体。总抗体应答在第 13 天增加 10 倍达到平台期，然后随时间维持。在这些稍后的时间点（第 13 天、第 20 天、第 27 天），IgM 抗体消失，被 IgG 所取代（表 2）。

表 2　小鼠对 TRIPΔU3. CMV – sE（WNV）疫苗接种的抗体应答

免疫载体[a] 放血日	WNV 抗体效价[b]	WNV IgM 抗体效价[b]	WNV IgG 抗体效价[b]	Anti – WNV FRNT90[c]
TRIPΔU3. CMV – GFP 第 27 天	<100	<100	<100	<10
TRIPΔU3. CMV – sE （WNV）				
第 6 天	3000	300	<100	10
第 13 天	3000	<100	1000	10
第 20 天	3000	<100	1000	10
第 27 天	3000	<100	1000	20

a. 用相当于 500ng p24 抗原量的慢病毒载体颗粒腹膜内接种成年 129 小鼠组。

b. 用 ELISA 对合并的热灭活血清进行测定。

c. FRNT（感染灶减少中和试验）：将 WNV 的 FFU 数减少至少 90% 的最高血清稀释度。

RIP 测试证明这些抗体与来自感染 IS – 98 – ST1 的 Vero 细胞裂解物的 WNV E – 糖蛋白有反应性（图 6 A）。感染灶减少中和试验（FRNT）显示来自 TRIPΔU3. CMV – sE（WNV）免疫小鼠的血清早在免疫后 6 天时就含有可检测水平的 WNV 中和抗体

（表2）。这些数据合起来表明在用 TRIPΔU3. CMV－sE（WNV）载体颗粒免疫的小鼠中发生了早期的和特异性抗 WNV 抗体免疫应答。

2.2 TRIPΔU3. CMV－sE（WNV）疫苗接种赋予小鼠抗高剂量 WNV 攻击的早期保护作用

用相当于500ng p24 抗原的单次剂量 TRIPΔU3. CMV－sE（WNV）载体颗粒免疫的小鼠早在免疫后7天时就能完全保护小鼠对抗高病毒剂量攻击，因为在该组中未观察到发病或死亡（表3）。

表3 TRIPΔU3. CMV－sE（WNV）抗 WNV 感染的快速保护作用

免疫载体[a] 攻击日	保护作用[b] （存活数/被感染数）	攻击后 WNV 抗体效价[c]
DPBS		
第7天	0/2	ND
第14天	0/2	ND
TRIPΔU3. CMV－GFP		
第7天	0/2	ND
第14天	0/2	ND
TRIPΔU3. CMV－sE（WNV）		
第7天	6/6	200000
第14天	6/6	300000

a. 用相当于500ng p24 抗原的单次剂量慢病毒载体颗粒或用 DPBS 腹膜内接种成年129小鼠组。

b. 在攻击日，用1000个腹膜内 LD50 的 WNV 株 IS－98－ST1 腹膜内接种小鼠。记录21天中的存活。

c. 用 ELISA 对合并的热灭活血清进行测定。

ND：未检测。

选择的病毒攻击中所用感染性病毒剂量相当于蚊子叮咬所能传播的最大病毒接种量。据估计此剂量相当于10000个体外 FFU（Despres 等，J. Infect. Dis.，2005，191，207－214；Mashimo 等，2002，前已引用），它自身相当于经腹膜内途径的1000个体内 LD_{50}。

用对照载体 TRIPΔU3. CMV－GFP 或用 DPBS 免疫的所有小鼠在攻击后11天内全部死亡（表3）。有趣的是，抗 WNV 总抗体在攻击后提高了10倍，表明 TRIPΔU3. CMV－sE（WNV）免疫小鼠中发生了有效的二次应答（表3）。在 BALB/c 小鼠中也获得了相同的结果。这些结果表明 TRIPΔU3. CMV－sE（WNV）疫苗接种使小鼠具有抗高 WNV 攻击的非常迅速且完全的保护性免疫应答。这在疾病爆发急需保护敏感物种的情况下可具有重要的价值。

2.3　慢病毒载体疫苗所赋予的免疫是杀灭性的

为了确定在已接种疫苗的动物内在攻击时是否会发生 WNV 初次感染，换言之，所产生的免疫应答是否赋予个体杀灭性（sterilizing）保护性免疫，对在 WNV 攻击之前和之后 21 天收集的免疫小鼠的合并血清进行 RIP 测试。在用相当于 500ng p24 抗原的单次剂量 TRIPΔU3. CMV－sE（WNV）载体颗粒免疫后第 13 天、20 天和 27 天获得的血清能与 WNV 的 E 蛋白反应。不过，在免疫后第 6 天获得的血清则不与此蛋白反应（图 6 A）。由于 RIP 测试不能检测 IgM，这与 ELISA 的结果是一致的，后者显示在免疫后第 6 天只有抗 WNV 的 IgM 而无 IgG 存在。来自 TRIPΔU3. CMV－GFP 免疫小鼠的血清则不与 WNV E 蛋白反应。

有趣的是，在来自 TRIPΔU3. CMV－sE（WNV）免疫小鼠的攻击后血清中未检测到除 WNV E 之外抗其他任何病毒蛋白质的抗体（图 6 B）。这种抗 WNV 非结构蛋白抗体的缺失强烈表明在所有的 TRIPΔU3. CMV－sE（WNV）接种小鼠中未发生病毒复制。因此，TRIPΔU3. CMV－sE（WNV）接种赋予小鼠完全杀灭性免疫力。

如果该疫苗用于鸟类免疫，这一点就可能具有重要的优势。实际上，尽管马、人和其他哺乳动物被认为是 WNV 感染的死端宿主，但已知鸟类是扩增宿主并且参与流行病的维持（Dauphin 等，Comp. Immunol. Microbiol. Infect. Dis.，2004，27，343－355）。

2.4　单次免疫 TRIPΔU3. CMV－sE（WNV）所提供的保护作用是长期持续的

为了确定用基于 TRIPΔU3. CMV－sE（WNV）慢病毒载体的疫苗单次免疫是否具有引起抗 WNV 的长期保护性免疫的潜能，在注射 TRIPΔU3. CMV－sE（WNV）疫苗 3 个月后，通过 ELISA 和 FRNT 检测来自 129 免疫小鼠的合并血清。

用相当于 500 ng p24 抗原的单次剂量 TRIPΔU3. CMV－sE（WNV）载体颗粒免疫小鼠的抗体水平在注射 3 个月后仍然相当高（1:30000）并且中和抗体是持久的（表 4）。

表 4　通过 TRIP/sEWNV 获得的抗 WNV 感染的长期保护作用

免疫载体[a]	WNV 抗体效价[b]（攻击前）	抗 WNV FRNT90[c]（攻击前）	保护作用[d] 存活数/被感染数	WNV 抗体效价[b]（攻击后）	抗 WNV FRNT90[c]（攻击后）
TRIPΔU3. CMV－GFP	<100	<10	0/3	ND	ND
TRIPΔU3. CMV－sE（WNV）	30000	20	13/13	500000	400

a. 相当于 500ng p24 抗原的 ng。

b. 用 ELISA 对合并的热灭活血清进行测定。

c. FRNT：感染灶减少中和试验：使 WNV 的 FFU 数减少至少 90% 的最高血清稀

第五章

释度。

d. 免疫后3个月，用1000 LD_{50}的WNV株IS－98－ST1腹膜内接种小鼠。记录21天中的生存。

在用TRIPΔU3. CMV－sE（WNV）免疫并随后腹膜内注射1000 LD_{50}剂量IS－98－ST1 WNV进行攻击的小鼠内即未观察到发病也未观察到死亡，而所有的对照小鼠都死亡（表4）。攻击后总抗体效价以及中和抗体都有所增加，表明用TRIPΔU3. CMV－sE（WNV）免疫的小鼠早在三个月前已建立了有效的二次应答（表4）。这表明用编码WNV－sE的慢病毒载体进行单次免疫足以在小鼠内提供长期持续的保护性免疫。

2.5）单次小剂量的TRIPΔU3. CMV－sE（WNV）足以提供完全和快速的保护。

为了计算获得完全的保护性免疫所需的载体最小剂量，用逐渐降低剂量的TRIPΔU3. CMV－sE（WNV）腹膜内注射免疫几组129小鼠，用500ng剂量的TRIPΔU3. CMV－GFP载体颗粒免疫小鼠作为对照。7天后，用1000 LD_{50} IS－98－ST1攻击所有小鼠。正如所预期的，接受对照载体的所有小鼠在攻击的11～13天内死亡。结果表明完全保护小鼠所需的TRIPΔU3. CMV－sE（WNV）最小剂量是相当于50 ng p24抗原的载体颗粒量（表5）。

表5　TRIP/sEWNV对抗WNV感染的剂量依赖性保护

免疫载体[a] 剂量（p24的ng）	保护作用[b] （存活数/受感染数）	攻击后 WNV抗体效价[c]
TRIPΔU3. CMV－GFP		
500	0/6	ND
热灭活的TRIPΔU3. CMV－sE（WNV）[d]		
50	0/6	ND
TRIPΔU3. CMV－sE（WNV）		
500	6/6	200000
150	6/6	300000
50	12/12	300000
15	5/6	300000
5	2/5	200000
1，5	11/12	ND

a. 用单次剂量的慢病毒载体颗粒接种成年129小鼠组。

b. 初次免疫后一周用1000个腹膜内 LD_{50}的WNV株IS－98－ST1腹膜内接种小鼠。记录21天中存活。

c. 通过ELISA对合并的热灭活血清进行测定。

d. 慢病毒载体颗粒在70℃热灭活10分钟。

较低剂量只提供部分保护，由此可计算50%的保护剂量是相当于6.2ng p24抗原

第五章

的载体颗粒。应注意的是，这些剂量保护实验是在最严谨的攻击条件下进行的，在接种后第7天早期攻击并且是高病毒攻击接种量（1000 LD_{50}）。由于在第7天和第15天之间总抗体浓度增加了10倍，所以如果在仅一周后计算，50%保护剂量就可能甚至低于6.2 ng。来自接受了相当于50 ng p24的TRIPΔU3. CMV - sE（WNV）载体颗粒的小鼠的免疫血清没有可检测到的抗WNV抗体。假定这样低的TRIPΔU3. CMV - sE剂量可以在初次免疫一周后使小鼠完全被保护，那么可以预期基于慢病毒载体的疫苗必须产生启动抗WNV的先天免疫的信号。

此外，重要的是要注意完全保护性免疫所需的剂量可能由于所用的模型而被低估了。实际上，资料已显示与包括人细胞在内的其他哺乳动物细胞相比，小鼠细胞对于慢病毒载体转导具有较低的允许度（Giannini 等，Hepatology，2003，38，114 - 122；Nguyen 等，Mol. Ther.，2002，6，199 - 209）。鸟类细胞显示出比小鼠细胞更好的转导允许度，使得我们可以预计在家禽内微小的慢病毒载体疫苗剂量就有效。

为了确定获得的保护性是特别由于实际的载体介导的WNV - sE抗原表达造成的而非由于残余WNV - sE蛋白或污染载体贮液的载体质粒DNA造成的，因此，用热灭活的（70℃ 10分钟）TRIPΔU3. CMV - sE（WNV）载体颗粒免疫小鼠，热灭活是终止转导的一种处理方法（图7）。用WNV攻击后，所有注射了热灭活TRIPΔU3. CMV - sE（WNV）的小鼠死亡（表5）。因此不可能是游离的裸DNA在保护中起作用。

此外，凭借用于使载体颗粒假型化的VSV - G衣壳普遍存在的向性，慢病毒载体疫苗理论上可以不经修饰用于任何有感染危险的脊椎动物物种，包括人和动物，如马、家禽和动物园哺乳动物。

这些结果证明，微小剂量的载体颗粒足以在小鼠内获得快速和完全的保护性免疫。这使得该候选疫苗大大节省成本，并且可以在家禽养殖场或马场中建立大规模接种疫苗的方案。

说 明 书 附 图

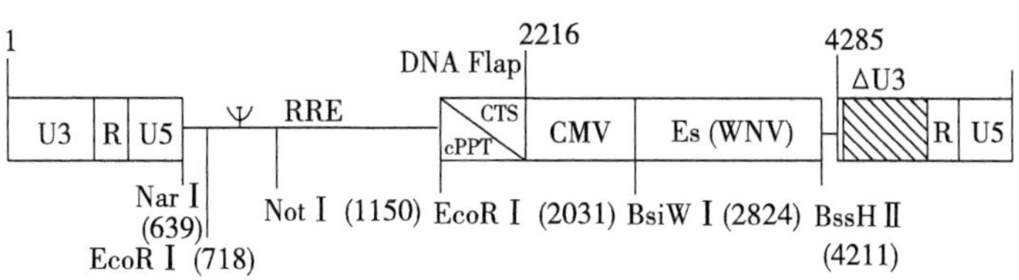

图 1

载体	抗－WNV[1] 抗体滴度	$TNRF^{2}_{90}$
TRIPΔU3. CMV－GFP		
D＋14[3]	＜100	＜10
D＋23[4]	＜100	＜10
TRIPΔU3. CMV－Es（WNV）		
D＋14[3]	10000	10
D＋23[4]	20000	20

1. ELISA 测试，用纯化的 WN 病毒作抗原。
2. 中和 90% 的 WNV 感染灶的抗体的滴度。
3. 免疫 14 天后采集的血清。
4. 免疫 23 天后采集的血清。

图 2

血清	用WN病毒感染的VERO细胞的放射性标记裂解物										非感染细胞的裂解物	
	1	2	3	4	5	6	7	8	9	10	11	12
非免疫				+								
α－LCMV										+		
α－WNV			+								+	
α－Trip Δ U3.CMV–GFP (D+14)	+											
α－Trip Δ U3.CMV–GFP (D+23)		+										
α－Trip Δ U3.CMV–Es (WNV) (D+14)					+							
α－Trip Δ U3.CMV–Es (WNV) (D+23)						+						
α－Trip Δ U3.CMV–Es (WNV) (D+14：攻击 D+22)							+					
α－Trip Δ U3.CMV–Es (WNV) (D+14：攻击 D+30)								+				
α－Trip Δ U3.CMV–Es (WNV) (D+30：攻击 D+22)									+			+

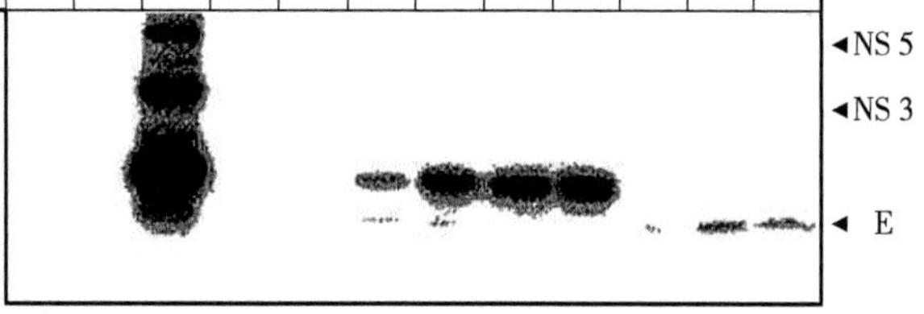

◄NS 5
◄NS 3
◄ E

图 3

第五章

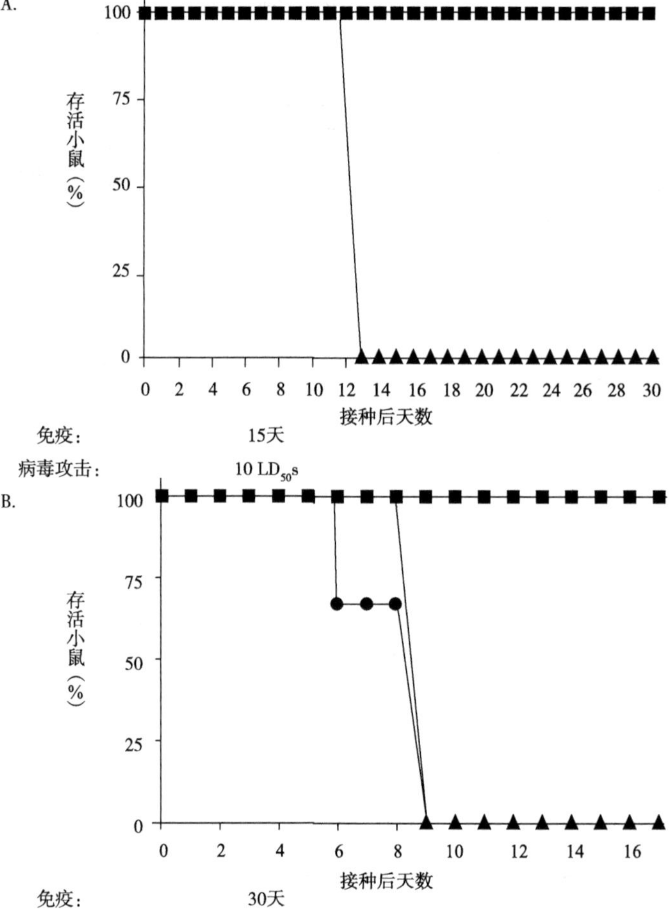
A.
100
75
50
25
0
存活小鼠（%）
0 2 4 6 8 10 12 14 16 18 20 22 24 26 28 30
接种后天数
免疫: 15天
病毒攻击: 10 LD50s
B.
100
75
50
25
0
存活小鼠（%）
0 2 4 6 8 10 12 14 16
接种后天数
免疫: 30天
病毒攻击: 100 LD50s

图4

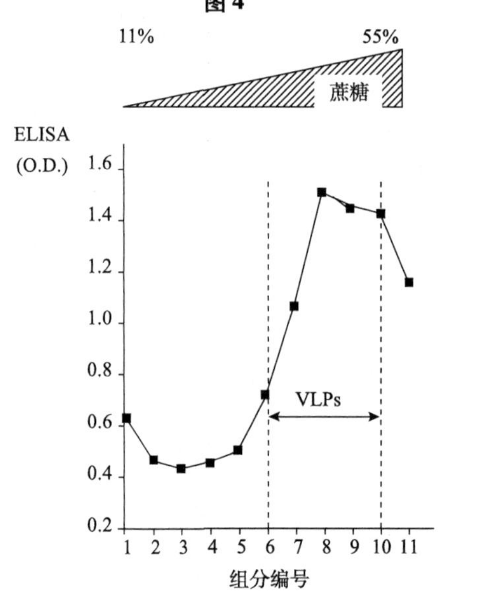
11%
55%
蔗糖
ELISA (O.D.)
1.6
1.4
1.2
1.0
0.8
0.6
0.4
0.2
VLPs
1 2 3 4 5 6 7 8 9 10 11
组分编号

图5

A.

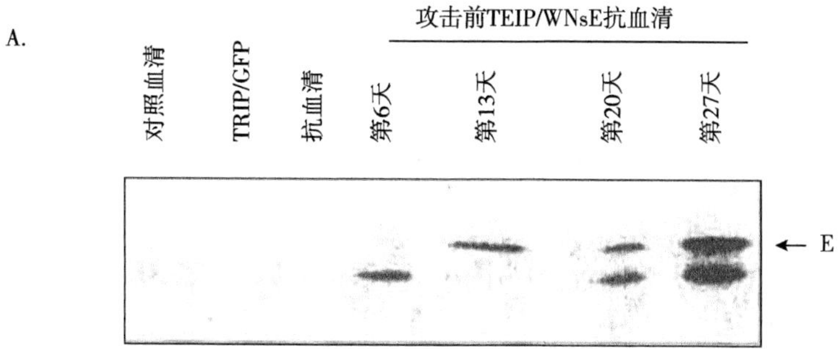

B.

抗-WNV
HMAF

攻击后
TRIP/WNsE
抗血清

MV抗血清
无病毒
WNV
第7天
第14天

kDa
84
83
35
28
20

E
prM

图 6

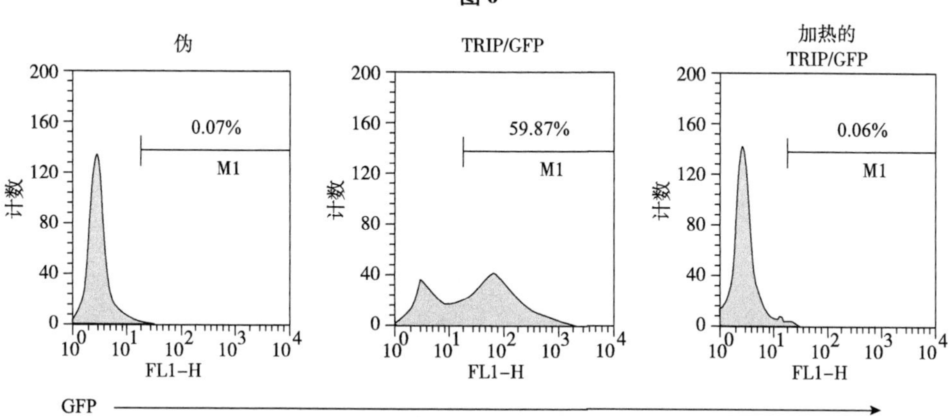

图 7

序 列 表

<110> ××生物技术研究所

<120> 用于表达黄病毒蛋白的重组慢病毒载体及其应用

<130>

<160> 17

<170> PatentIn version 3.3

<210> 1

<211> 100

<212> PRT

<213> 黄病毒属（Flavivirus sp.）

<400> 1

Lys Gly Met Ser Tyr Val Met Cys Thr Gly Ser Phe Lys Leu Glu Lys Glu Val
1 5 10 15

Ala Glu Thr Gln His Gly Thr Val Leu Val Gln Val Lys Tyr Glu Gly Thr Asp
20 25 30 35

Ala Pro Cys Lys Ile Pro Phe Ser Thr Gln Asp Glu Lys Gly Val Thr Gln Asn
40 45 50

Gly Arg Leu Ile Thr Ala Asn Pro Ile Val Thr Asp Lys Glu Lys Pro Ile Asn
55 60 65 70

Ile Glu Thr Glu Pro Pro Phe Gly Glu Ser Tyr Ile Ile Val Gly Ala Gly Glu
75 80 85 90

Lys Ala Leu Lys Leu Ser Trp Phe Lys Arg
95 100

<210> 2

<211> 100

<212> PRT

<213> 黄病毒属（Flavivirus sp.）

<400> 2

Lys Gly Met Ser Tyr Ser Met Cys Thr Gly Lys Phe Lys Val Val Lys Glu Ile
1 5 10 15

Ala Glu Thr Gln His Gly Thr Ile Val Ile Arg Val Gln Tyr Glu Gly Asp Gly
20 25 30 35

Ser Pro Cys Lys Thr Pro Phe Glu Ile Met Asp Leu Glu Lys Arg His Val Leu
40 45 50

Gly Arg Leu Thr Thr Val Asn Pro Ile Val Thr Glu Lys Asp Ser Pro Val Asn
55 60 65 70

Ile Glu Ala Glu Pro Pro Phe Gly Asp Ser Tyr Ile Ile Gly Val Gly Glu Pro
75 80 85 90

Gly Gln Leu Lys Leu Asp Trp Phe Lys Lys
95 100

<210> 3

<211> 100

<212> PRT

<213> 黄病毒属（Flavivirus sp.）

<400> 3

Lys Gly Met Ser Tyr Ala Met Cys Leu Asn Thr Phe Val Leu Lys Lys Glu Ser
1 5 10 15

Glu Glu Thr Gln His Gly Thr Ile Leu Val Lys Val Glu Tyr Lys Gly Glu Asp
20 25 30 35

Ala Pro Cys Lys Ile Pro Phe Ser Thr Glu Asp Gly Gln Gly Lys Ala His Asn
40 45 50

Gly Arg Leu Ile Thr Ala Asn Pro Val Val Thr Lys Lys Glu Lys Pro Val Asn
55 60 65 70

Ile Glu Ala Glu Pro Pro Phe Gly Glu Ser Asn Ile Val Ile Gly Ile Gly
75 80 85

Asp Lys Ala Leu Lys Ile Asn Trp Tyr Arg Lys
90 95 100

<210> 4

<211> 99

<212> PRT

<213> 黄病毒属（Flavivirus sp.）

<400> 4

Lys Gly Met Ser Tyr Thr Met Cys Ser Gly Lys Phe Ser Ile Asp Lys Glu Met
1 5 10 15

Ala Glu Thr Gln His Gly Thr Thr Val Val Lys Val Lys Tyr Glu Gly Ala Gly
20 25 30 35

Ala Pro Cys Lys Val Ile Glu Ile Arg Asp Val Asn Lys Glu Lys Val Val Gly
40 45 50

Arg Ile Ile Ser Ser Thr Pro Leu Ala Glu Asn Thr Asn Ser Val Thr Asn Ile
55 60 65 70

Glu Leu Glu Arg Pro Leu Gly Asp Ser Tyr Ile Val Ile Val Gly Gly Asn Ser
75 80 85 90

Ala Leu Thr Leu His Trp Phe Arg Lys
95

<210> 5

<211> 4555

<212> DNA

<213> 人工序列

<220>

<223> 质粒

<400> 5

tggaagggct aattcactcc caacgaagac aagatatcct tgatctgtgg atctaccaca 60
cacaaggcta cttccctgat tagcagaact acacaccagg gccagggatc agatatccac 120
tgacctttgg atggtgctac aagctagtac cagttgagcc agagaagtta gaagaagcca 180
acaaaggaga gaacaccagc ttgttacaac ctgtgagcct gcatgggatg gatgacccgg 240
agagagaagt gttagagtgg aggtttgaca gccgcctagc atttcatcac ggtggcccga 300
gagctgcatc cggagtactt caagaactgc tgatatcgag cttgctacaa gggactttcc 360
gctgggggac tttccaggga ggcgtggcct gggcgggact ggggagtggc gagccctcag 420
atcctgcata taagcagctg ctttttgcct gtactgggtc tctctggtta gaccagatct 480
gagcctggga gctctctggc taactaggga acccactgct taagcctcaa taaagcttgc 540
cttgagtgct tcaagtagtg tgtgcccgtc tgttgtgtga ctctggtaac tagagatccc 600
tcagaccctt ttagtcagtg tggaaaatct ctagcagtgg cgcccgaaca gggacttgaa 660
agcgaaaggg aaaccagagg agctctctcg acgcaggact cggcttgctg aagcgcggaa 720
ttccgcgcca cggcaagagg cgaggggcgg cgactggtga gtacgccaaa aattttgact 780
agcggaggct agaaggagag agatgggtgc gagagcgtca gtattaagcg ggggagaatt 840
agatcgcgat gggaaaaaat tcggttaagg ccagggggaa agaaaaaata taaattaaaa 900
catatagtat gggcaagcag ggagctagaa cgattcgcag ttaatcctgg cctgttagaa 960
acatcagaag gctgtagaca aatactggga cagctacaac catcccttca gacaggatca 1020
gaagaactta gatcattata taatacagta gcaaccctct attgtgtgca tcaaaggata 1080
gagataaaag acaccaagga agctttagac aagatagagg aagagcaaaa caaaagtaag 1140
accaccgcac agcaagcggc cgctgatctt cagacctgga ggaggagata tgagggacaa 1200
ttggagaagt gaattatata aatataaagt agtaaaaatt gaaccattag gagtagcacc 1260
caccaaggca aagagaagag tggtgcagag agaaaaaaga gcagtgggaa taggagcttt 1320
gttccttggg ttcttgggag cagcaggaag cactatgggc gcagcgtcaa tgacgctgac 1380
ggtacaggcc agacaattat tgtctggtat agtgcagcag cagaacaatt tgctgagggc 1440
tattgaggcg caacagcatc tgttgcaact cacagtctgg ggcatcaagc agctccaggc 1500
aagaatcctg gctgtggaaa gatacctaaa ggatcaacag ctcctgggga tttggggttg 1560
ctctggaaaa ctcatttgca ccactgctgt gccttggaat gctagttgga gtaataaatc 1620
tctggaacag atttggaatc acacgacctg gatggagtgg gacagagaaa ttaacaatta 1680
cacaagctta atacactcct taattgaaga atcgcaaaac cagcaagaaa agaatgaaca 1740
agaattattg gaattagata aatgggcaag tttgtggaat tggtttaaca taacaaattg 1800
gctgtggtat ataaaattat tcataatgat agtaggaggc ttggtaggtt taagaatagt 1860
tttgctgtta ctttctatag tgaatagagt taggcaggga tattcaccat tatcgtttca 1920
gacccacctc ccaaccccga ggggacccga caggcccgaa ggaatagaag aagaaggtgg 1980
agagagagac agagacagat ccattcgatt agtgaacgga tctcgacggt atcgccgaat 2040

第五章

tcacaaatgg cagtattcat ccacaatttt aaaagaaaag gggggattgg ggggtacagt 2100
gcaggggaaa gaatagtaga cataatagca acagacatac aaactaaaga attacaaaaa 2160
caaattacaa aaattcaaaa ttttcgggtt tattacaggg acagcagaga tccactttgg 2220
ggcgataagc ttgggagttc cgcgttacat aacttacggt aaatggcccg cctggctgac 2280
cgcccaacga cccccgccca ttgacgtcaa taatgacgta tgttcccata gtaacgccaa 2340
tagggacttt ccattgacgt caatgggtgg agtatttacg gtaaactgcc cacttggcag 2400
tacatcaagt gtatcatatg ccaagtacgc cccctattga cgtcaatgac ggtaaatggc 2460
ccgcctggca ttatgcccag tacatgacct tatgggactt tcctacttgg cagtacatct 2520
acgtattagt catcgctatt accatggtga tgcggttttg gcagtacatc aatgggcgtg 2580
gatagcggtt tgactcacgg ggatttccaa gtctccaccc cattgacgtc aatgggagtt 2640
tgttttggca ccaaaatcaa cgggactttc caaaatgtcg taacaactcc gccccattga 2700
cgcaaatggg cggtaggcgt gtacggtggg aggtctatat aagcagagct cgtttagtga 2760
accgtcagat cgcctggaga cgccatccac gctgttttga cctccataga agacaccgac 2820
tctagaggac gtacgatgag agttgtgttt gtcgtgctat tgcttttggt ggccccagct 2880
tacagcttca actgccttgg aatgagcaac agagacttct tggaaggagt gtctggagca 2940
acatgggtgg atttggttct cgaaggcgac agctgcgtga ctatcatgtc taaggacaag 3000
cctaccatcg atgtgaagat gatgaatatg gaggcggtca acctggcaga ggtccgcagt 3060
tattgctatt tggctaccgt cagcgatctc tccaccaaag ctgcgtgccc gaccatggga 3120
gaagctcaca atgacaaacg tgctgaccca gcttttgtgt gcagacaagg agtggtggac 3180
aggggctggg gcaacggctg cggattattt ggcaaaggaa gcattgacac atgcgccaaa 3240
tttgcctgct ctaccaaggc aataggaaga accatcttga aagagaatat caagtacgaa 3300
gtggccattt ttgtccatgg accaactact gtggagtcgc acggaaacta ctccacacag 3360
gttggagcca ctcaggcagg gagattcagc atcactcctg cggcgccttc atacacacta 3420
aagcttggag aatatggaga ggtgacagtg gactgtgaac cacggtcagg gattgacacc 3480
aatgcatact acgtgatgac tgttggaaca aagacgttct tggtccatcg tgagtggttc 3540
atggacctca acctcccttg gagcagtgct ggaagtactg tgtggaggaa cagagagacg 3600
ttaatggagt ttgaggaacc acacgccacg aagcagtctg tgatagcatt gggctcacaa 3660
gagggagctc tgcatcaagc tttggctgga gccattcctg tggaattttc aagcaacact 3720
gtcaagttga cgtcgggtca tttgaagtgt agagtgaaga tggaaaaatt gcagttgaag 3780
ggaacaacct atggcgtctg ttcaaaggct ttcaagtttc ttgggactcc cgcagacaca 3840
ggtcacggca ctgtggtgtt ggaattgcag tacactggca cggatggacc ttgcaaagtt 3900
cctatctcgt cagtggcttc attgaacgac ctaacgccag tgggcagatt ggtcactgtc 3960
aacccttttg tttcagtggc cacggccaac gctaaggtcc tgattgaatt ggaaccaccc 4020
tttggagact catacatagt ggtgggcaga ggagaacaac agatcaatca ccattggcac 4080
aagtctggaa gcagcattgg caaagccttt acaaccaccc tcaaaggagc gcagagacta 4140

gccgctctag gagacacagc ttgggacttt ggatcagttg gaggggtgtt cacctcagtt 4200

gggaaggctg tctaatgcgc gcggtacctt taagaccaat gacttacaag gcagctgtag 4260

atcttagcca ctttttaaaa gaaaaggggg gactggaagg gctaattcac tcccaacgaa 4320

gacaagatcg tcgagagatg ctgcatataa gcagctgctt tttgcttgta ctgggtctct 4380

ctggttagac cagatctgag cctgggagct ctctggctaa ctagggaacc cactgcttaa 4440

gcctcaataa agcttgcctt gagtgcttca agtagtgtgt gcccgtctgt tgtgtgactc 4500

tggtaactag agatccctca gaccctttta gtcagtgtgg aaaatctcta gcagt 4555

<210> 6

<211> 1393

<212> DNA

<213> 黄病毒属（Flavivirus sp.）

<220>

<221> CDS

<222> (7)..(1386)

<400> 6

cgtacg atg aga gtt gtg ttt gtc gtg cta ttg ctt ttg gtg gcc cca 48

Met Arg Val Val Phe Val Val Leu Leu Leu Leu Val Ala Pro

1 5 10

gct tac agc ttc aac tgc ctt gga atg agc aac aga gac ttc ttg gaa 96

Ala Tyr Ser Phe Asn Cys Leu Gly Met Ser Asn Arg Asp Phe Leu Glu

15 20 25 30

gga gtg tct gga gca aca tgg gtg gat ttg gtt ctc gaa ggc gac agc 144

Gly Val Ser Gly Ala Thr Trp Val Asp Leu Val Leu Glu Gly Asp Ser

35 40 45

tgc gtg act atc atg tct aag gac aag cct acc atc gat gtg aag atg 192

Cys Val Thr Ile Met Ser Lys Asp Lys Pro Thr Ile Asp Val Lys Met

50 55 60

atg aat atg gag gcg gtc aac ctg gca gag gtc cgc agt tat tgc tat 240

Met Asn Met Glu Ala Val Asn Leu Ala Glu Val Arg Ser Tyr Cys Tyr

65 70 75

ttg gct acc gtc agc gat ctc tcc acc aaa gct gcg tgc ccg acc atg 288

Leu Ala Thr Val Ser Asp Leu Ser Thr Lys Ala Ala Cys Pro Thr Met

80 85 90

gga gaa gct cac aat gac aaa cgt gct gac cca gct ttt gtg tgc aga 336

Gly Glu Ala His Asn Asp Lys Arg Ala Asp Pro Ala Phe Val Cys Arg

95 100 105 110

caa gga gtg gtg gac agg ggc tgg ggc aac ggc tgc gga tta ttt ggc 384

Gln Gly Val Val Asp Arg Gly Trp Gly Asn Gly Cys Gly Leu Phe Gly

115 120 125

第五章

```
aaa gga agc att gac aca tgc gcc aaa ttt gcc tgc tct acc aag gca    432
Lys Gly Ser Ile Asp Thr Cys Ala Lys Phe Ala Cys Ser Thr Lys Ala
            130                 135                     140
ata gga aga acc atc ttg aaa gag aat atc aag tac gaa gtg gcc att    480
Ile Gly Arg Thr Ile Leu Lys Glu Asn Ile Lys Tyr Glu Val Ala Ile
        145                 150                 155
ttt gtc cat gga cca act act gtg gag tcg cac gga aac tac tcc aca    528
Phe Val His Gly Pro Thr Thr Val Glu Ser His Gly Asn Tyr Ser Thr
    160                 165                 170
cag gtt gga gcc act cag gca ggg aga ttc agc atc act cct gcg gcg    576
Gln Val Gly Ala Thr Gln Ala Gly Arg Phe Ser Ile Thr Pro Ala Ala
175                 180                 185                 190
cct tca tac aca cta aag ctt gga gaa tat gga gag gtg aca gtg gac    624
Pro Ser Tyr Thr Leu Lys Leu Gly Glu Tyr Gly Glu Val Thr Val Asp
                195                 200                 205
tgt gaa cca cgg tca ggg att gac acc aat gca tac tac gtg atg act    672
Cys Glu Pro Arg Ser Gly Ile Asp Thr Asn Ala Tyr Tyr Val Met Thr
            210                 215                 220
gtt gga aca aag acg ttc ttg gtc cat cgt gag tgg ttc atg gac ctc    720
Val Gly Thr Lys Thr Phe Leu Val His Arg Glu Trp Phe Met Asp Leu
        225                 230                 235
aac ctc cct tgg agc agt gct gga agt act gtg tgg agg aac aga gag    768
Asn Leu Pro Trp Ser Ser Ala Gly Ser Thr Val Trp Arg Asn Arg Glu
    240                 245                 250
acg tta atg gag ttt gag gaa cca cac gcc acg aag cag tct gtg ata    816
Thr Leu Met Glu Phe Glu Glu Pro His Ala Thr Lys Gln Ser Val Ile
255                 260                 265                 270
gca ttg ggc tca caa gag gga gct ctg cat caa gct ttg gct gga gcc    864
Ala Leu Gly Ser Gln Glu Gly Ala Leu His Gln Ala Leu Ala Gly Ala
                275                 280                 285
att cct gtg gaa ttt tca agc aac act gtc aag ttg acg tcg ggt cat    912
Ile Pro Val Glu Phe Ser Ser Asn Thr Val Lys Leu Thr Ser Gly His
            290                 295                 300
ttg aag tgt aga gtg aag atg gaa aaa ttg cag ttg aag gga aca acc    960
Leu Lys Cys Arg Val Lys Met Glu Lys Leu Gln Leu Lys Gly Thr Thr
        305                 310                 315
tat ggc gtc tgt tca aag gct ttc aag ttt ctt ggg act ccc gca gac   1008
Tyr Gly Val Cys Ser Lys Ala Phe Lys Phe Leu Gly Thr Pro Ala Asp
    320                 325                 330
```

第五章

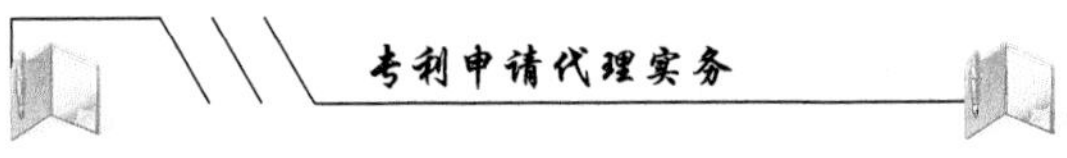

aca ggt cac ggc act gtg gtg ttg gaa ttg cag tac act ggc acg gat 1056
Thr Gly His Gly Thr Val Val Leu Glu Leu Gln Tyr Thr Gly Thr Asp
335 340 345 350

gga cct tgc aaa gtt cct atc tcg tca gtg gct tca ttg aac gac cta 1104
Gly Pro Cys Lys Val Pro Ile Ser Ser Val Ala Ser Leu Asn Asp Leu
355 360 365

acg cca gtg ggc aga ttg gtc act gtc aac cct ttt gtt tca gtg gcc 1152
Thr Pro Val Gly Arg Leu Val Thr Val Asn Pro Phe Val Ser Val Ala
370 375 380

acg gcc aac gct aag gtc ctg att gaa ttg gaa cca ccc ttt gga gac 1200
Thr Ala Asn Ala Lys Val Leu Ile Glu Leu Glu Pro Pro Phe Gly Asp
385 390 395

tca tac ata gtg gtg ggc aga gga gaa caa cag atc aat cac cat tgg 1248
Ser Tyr Ile Val Val Gly Arg Gly Glu Gln Gln Ile Asn His His Trp
400 405 410 415

cac aag tct gga agc agc att ggc aaa gcc ttt aca acc acc ctc aaa 1296
His Lys Ser Gly Ser Ser Ile Gly Lys Ala Phe Thr Thr Thr Leu Lys
415 420 425 430

gga gcg cag aga cta gcc gct cta gga gac aca gct tgg gac ttt gga 1344
Gly Ala Gln Arg Leu Ala Ala Leu Gly Asp Thr Ala Trp Asp Phe Gly
435 440 445

tca gtt gga ggg gtg ttc acc tca gtt ggg aag gct gtc taa tgcgcgc 1393
Ser Val Gly Gly Val Phe Thr Ser Val Gly Lys Ala Val
450 455

<210 > 7

<211 > 459

<212 > PRT

<213 > 黄病毒属（Flavivirus sp.）

<400 > 7

Met Arg Val Val Phe Val Val Leu Leu Leu Leu Val Ala Pro Ala Tyr Ser Phe
1 5 10 15

Asn Cys Leu Gly Met Ser Asn Arg Asp Phe Leu Glu Gly Val Ser Gly Ala Thr
20 25 30 35

Trp Val Asp Leu Val Leu Glu Gly Asp Ser Cys Val Thr Ile Met Ser Lys Asp
40 45 50

Lys Pro Thr Ile Asp Val Lys Met Met Asn Met Glu Ala Val Asn Leu Ala Glu
55 60 65 70

Val Arg Ser Tyr Cys Tyr Leu Ala Thr Val Ser Asp Leu Ser Thr Lys Ala Ala
75 80 85 90

Cys Pro Thr Met Gly Glu Ala His Asn Asp Lys Arg Ala Asp Pro Ala Phe Val
95 100 105

第五章

Cys Arg Gln Gly Val Val Asp Arg Gly Trp Gly Asn Gly Cys Gly Leu Phe Gly Lys
110 115 120 125

Gly Ser Ile Asp Thr Cys Ala Lys Phe Ala Cys Ser Thr Lys Ala Ile Gly Arg
130 135 140 145

Thr Ile Leu Lys Glu Asn Ile Lys Tyr Glu Val Ala Ile Phe Val His Gly Pro
150 155 160

Thr Thr Val Glu Ser His Gly Asn Tyr Ser Thr Gln Val Gly Ala Thr Gln Ala
165 170 175 180

Gly Arg Phe Ser Ile Thr Pro Ala Ala Pro Ser Tyr Thr Leu Lys Leu Gly Glu
185 190 195

Tyr Gly Glu Val Thr Val Asp Cys Glu Pro Arg Ser Gly Ile Asp Thr Asn Ala
200 205 210 215

Tyr Tyr Val Met Thr Val Gly Thr Lys Thr Phe Leu Val His Arg Glu Trp Phe
220 225 230 235

Met Asp Leu Asn Leu Pro Trp Ser Ser Ala Gly Ser Thr Val Trp Arg Asn Arg
240 245 250

Glu Thr Leu Met Glu Phe Glu Glu Pro His Ala Thr Lys Gln Ser Val Ile Ala
255 260 265 270

Leu Gly Ser Gln Glu Gly Ala Leu His Gln Ala Leu Ala Gly Ala Ile Pro Val
275 280 285

Glu Phe Ser Ser Asn Thr Val Lys Leu Thr Ser Gly His Leu Lys Cys Arg Val
290 295 300 305

Lys Met Glu Lys Leu Gln Leu Lys Gly Thr Thr Tyr Gly Val Cys Ser Lys Ala
310 315 320 325

Phe Lys Phe Leu Gly Thr Pro Ala Asp Thr Gly His Gly Thr Val Val Leu Glu
330 335 340

Leu Gln Tyr Thr Gly Thr Asp Gly Pro Cys Lys Val Pro Ile Ser Ser Val Ala
345 350 355 360

Ser Leu Asn Asp Leu Thr Pro Val Gly Arg Leu Val Thr Val Asn Pro Phe Val
365 370 375

Ser Val Ala Thr Ala Asn Ala Lys Val Leu Ile Glu Leu Glu Pro Pro Phe Gly
380 385 390 395

Asp Ser Tyr Ile Val Val Gly Arg Gly Glu Gln Gln Ile Asn His His Trp His
400 405 410 415

Lys Ser Gly Ser Ser Ile Gly Lys Ala Phe Thr Thr Thr Leu Lys Gly Ala Gln
420 425 430

Arg Leu Ala Ala Leu Gly Asp Thr Ala Trp Asp Phe Gly Ser Val Gly Gly Val
435 440 445 450

Phe Thr Ser Val Gly Lys Ala Val
455

<210 > 8

<211 > 33

<212 > DNA

<213 > 人工序列

<220>

<223> 引物

<400> 8

tatcgtacga tgagagttgt gtttgtcgtg cta 33

<210> 9

<211> 31

<212> DNA

<213> 人工序列

<220>

<223> 引物

<400> 9

atagcgcgct tagacagccc ttcccaactg a 31

<210> 10

<211> 27

<212> DNA

<213> 人工序列

<220>

<223> LTR-FL 探针

<400> 10

cacaacagac gggcacacac tacttga 27

<210> 11

<211> 25

<212> DNA

<213> 人工序列

<220>

<223> LTR-LC 探针

<400> 11

cactcaaggc aagctttatt gaggc 25

<210> 12

<211> 25

<212> DNA

<213> 人工序列

<220>

<223> AA55 M 引物

<400> 12

gctagagatt ttccacactg actaa 25

<210 > 13

<211 > 21

<212 > DNA

<213 > 人工序列

<220 >

<223 > M667 引物

<400 > 13

ggctaactag ggaacccact g 21

<210 > 14

<211 > 34

<212 > DNA

<213 > 人工序列

<220 >

<223 > CD3 - P1 探针

<400 > 14

ggctgaaggt tagggatacc aatattcctg tctc 34

<210 > 15

<211 > 30

<212 > DNA

<213 > 人工序列

<220 >

<223 > CD3 - P2 探针

<400 > 15

ctagtgatgg gctcttccct tgagcccttc 30

<210 > 16

<211 > 23

<212 > DNA

<213 > 人工序列

<220 >

<223 > CD3 - in - F 引物

<400 > 16

ggctatcatt cttcttcaag gta 23

<210 > 17

<211 > 22

<212> DNA

<213> 人工序列

<220>

<223> CD3 - in - R 引物

<400> 17

cctctcttca gccatttaag ta 22

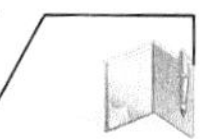

附件 5：保藏和存活证明样张

中国典型培养物保藏中心

用于专利程序的培养特保藏受理通知书（收据）

地址：中国，武汉，武汉大学 邮箱：430012 电话：（027）68752319 传真：（022）64134233 E-mail：cctcc@whu.edu.cn

请求保藏人和其代理人：

请求保藏人：

专利代理人：

专利申请号：

您（们）提供请求保藏的培养物名称及注明的鉴别特征：

本保藏中心保藏编号 CCTCC NO：

上述请求保藏的培养物附有

☐ 科学描述

☐ 提议的分类命名

注：在框内打"√"号表示有，打×号表示没有。

该培养物已于 20 年 月 日由本保藏中心收到，并登记入册，根据您（们）的请求，由该日起保存三十年，在期满前收到提供培养物样品的请求后再延续保存五年。

该培养物的存活性本保藏中心于 20 年 月 日检测完毕，结果为存活。

中国典型培养物保藏中心

负责人（签名）

20 年 月 日

附件6：遗传资源来源披露登记表

<table>
<tr><td colspan="3">请按照“注意事项”正确填写本表各栏</td><td>第②和第④栏未确定的由国家知识产权局填写</td></tr>
<tr><td colspan="3">① 发明名称　用于表达黄病毒属病毒蛋白的重组慢病毒载体及其作为疫苗的应用</td><td>② 申请号</td></tr>
<tr><td colspan="3">③ 申请人　××生物技术研究所</td><td>④ 申请日</td></tr>
<tr><td colspan="4">⑤ 遗传资源名称　西尼罗病毒 IS－98－ST1 株</td></tr>
<tr><td colspan="4">⑥ 遗传资源的获取途径
Ⅰ　遗传资源取自：☒ 动物　☐ 植物　☐ 微生物　☐ 人
Ⅱ　获取方式：☐ 购买　☒ 赠送或交换　☐ 保藏机构　☐ 种子库（种质库）　☒ 基因文库　☐ 自行采集　☐ 委托采集　☐ 其他</td></tr>
<tr><td rowspan="7">⑦ 直接来源</td><td colspan="2">⑧ 获取时间</td><td>200×年　×　月</td></tr>
<tr><td rowspan="3">非采集方式</td><td>⑨ 提供者名称（姓名）</td><td></td></tr>
<tr><td>⑩ 提供者所处国家或地区</td><td></td></tr>
<tr><td>⑪ 提供者联系方式</td><td></td></tr>
<tr><td rowspan="3">采集方式</td><td>⑫ 采集地（国家、省（市））</td><td></td></tr>
<tr><td>⑬ 采集者名称（姓名）</td><td></td></tr>
<tr><td>⑭ 采集者联系方式</td><td></td></tr>
<tr><td colspan="2" rowspan="4">⑮ 原始来源</td><td>⑯ 采集者名称（姓名）</td><td></td></tr>
<tr><td>⑰ 采集者联系方式</td><td></td></tr>
<tr><td>⑱ 获取时间</td><td>1998 年　×　月</td></tr>
<tr><td>⑲ 获取地点（国家、省（市））</td><td></td></tr>
<tr><td colspan="4">⑳ 无法说明遗传资源原始来源的理由</td></tr>
<tr><td colspan="3">㉑ 申请人或专利代理机构签字或者盖章

年　月　日</td><td>㉒ 国家知识产权局处理意见

年　月　日</td></tr>
</table>